CURSOS DE FORMACIÓN
PARA LA CIUDADANÍA
Y LA SOCIEDAD CIVIL
EN CUBA

# ÉTICA Y CÍVICA:

## APRENDIENDO A SER PERSONA Y A VIVIR EN SOCIEDAD.

*EDICIONES CONVIVENCIA*
**2014**

# ÉTICA Y CÍVICA:

## APRENDIENDO A SER PERSONA Y A VIVIR EN SOCIEDAD.

CURSOS DE FORMACIÓN PARA LA CIUDADANÍA Y LA SOCIEDAD CIVIL EN CUBA

www.convivenciacuba.es

*EDICIONES CONVIVENCIA*
**CUBA**
**2014**

# ÉTICA Y CÍVICA:

## Aprendiendo a ser persona y a vivir en sociedad.

### Cursos de formación para la ciudadanía y la sociedad civil en Cuba

Dagoberto Valdés Hernández
Karina Gálvez Chiú
María del Carmen Gort Henríquez
Virgilio Toledo López
Sergio Lázaro Cabarrouy Fernández-Fontecha
Rafael Capote Martínez
Hna. Ana María García Novo
Hna. Magdalena Reyes Nolasco
Padre Manuel Hilario de Céspedes y García Menocal (asesor)

*Ediciones Convivencia*
**CUBA**
**2014**

**Diseño y Corrección:** Yoandy Izquierdo Toledo

El colectivo de autores que redactó estos cursos, en su versión original, concebida por el equipo del Centro de Formación Cívica y Religiosa de la Diócesis de Pinar del Río (1993-2007) y sus colaboradores, estuvo integrado por:

Dagoberto Valdés Hernández
Karina Gálvez Chiú
María del Carmen Gort Henríquez
Virgilio Toledo López
Sergio Lázaro Cabarrouy Fernández-Fontecha
Rafael Capote Martínez
Hna. Ana María García Novo
Hna. Magdalena Reyes Nolasco
Padre Manuel Hilario de Céspedes y García Menocal (asesor)

**Revisión y Actualización:** Dagoberto Valdés Hernández
Karina Gálvez Chiú
y colaboradores.

Este libro forma parte de la colección *Ediciones Convivencia*.

Pinar del Río, Cuba.
**2014**

www.convivenciacuba.es

redaccion@convivenciacuba.es

# ÍNDICE

**PRESENTACIÓN**
La formación ética y cívica: necesidad y desafío para Cuba ........................13

**CURSO 1: "SOMOS PERSONAS"**
**Tema 1:** Somos personas..................................................................21
**Tema 2:** Vivimos en comunidad.........................................................24
**Tema 3:** Valemos por lo que somos....................................................26
**Tema 4:** Todos somos iguales y diversos............................................29
**Tema 5:** Todos tenemos derechos y deberes.......................................32
**Tema 6:** Aprendemos a pensar y a decidir..........................................35
**Tema 7:** Aprendemos a participar......................................................39
**Tema 8:** Aprendemos a ser responsables y resilientes.........................43
**Tema 9:** Aprendemos a tener y a compartir.........................................45
**Tema 10:** Procuramos el bien de todos...............................................48

**CURSO 2: "SOMOS FAMILIA"**
**Tema 1:** La familia: una comunidad de personas.................................55
**Tema 2:** El matrimonio: un proyecto de amor.....................................58
**Tema 3:** Damos la vida y la cuidamos................................................62
**Tema 4:** Educamos a nuestros hijos...................................................65
**Tema 5:** Vivimos en una casa: nuestro hogar.....................................68
**Tema 6:** La familia: una comunidad de participación..........................70
**Tema 7:** Somos una familia abierta y servicial....................................73
**Tema 8:** La familia y el trabajo...........................................................75
**Tema 9:** La familia y el tiempo libre...................................................78
**Tema 10:** La familia y la sociedad civil...............................................80
**Tema 11:** La familia en crisis.............................................................83

**CURSO 3: "VIVIMOS EN SOCIEDAD"**
**Tema 1:** La persona: Derechos Humanos y Deberes Cívicos................93
**Tema 2:** La familia............................................................................97
**Tema 3:** La escuela.........................................................................102
**Tema 4:** La sociedad civil................................................................105
**Tema 5:** La Nación y la cultura cubana.............................................111
**Tema 6:** La Patria y sus símbolos....................................................117
**Tema 7:** El Estado y los poderes públicos........................................122
**Tema 8:** La Constitución de la República.........................................131
**Tema 9:** Gobiernos y partidos políticos............................................138
**Tema 10:** Democracia y participación cívica y política......................145

## Curso 4: "Mi barrio una comunidad"
**Tema 1:** ¿Cómo es nuestro barrio?.................................................................161
**Tema 2:** ¿Cómo están nuestras relaciones humanas?.................................165
**Tema 3:** "Haz bien y no mires a quién"......................................................168
**Tema 4:** El barrio: hacia una comunidad de vecinos................................175
**Tema 5:** Una comunidad que gestiona sus problemas..............................177
**Tema 6:** Una comunidad organizada trabaja mejor..................................181
**Tema 7:** Una comunidad abierta y solidaria..............................................185
**Tema 8:** Aprendemos del pasado: historia del barrio................................188
**Tema 9:** Compartimos el presente: acción-reflexión.................................191
**Tema 10:** Diseñemos nuestro porvenir: proyecto futuro...........................196

## Curso 5: "Reconstruyendo la sociedad civil"
**Tema 1:** ¿Qué es la sociedad civil?.............................................................207
**Tema 2:** Protagonismo de la sociedad civil en la historia de Cuba..........225
**Tema 3:** Impedimentos para formar una sociedad civil sana....................240
**Tema 4:** Persona humana y socialización: Derechos Humanos y
 desarrollo social.............................................................................251
**Tema 5:** Características y ética de la sociedad civil.................................258
**Tema 6:** El protagonismo de la sociedad civil..........................................269
**Tema 7:** Estado y sociedad civil. Marco legal: Constitución y
 Ley de Asociaciones......................................................................276
**Tema 8:** Mercado y sociedad civil: progreso social, Ley de empresas,
 alternativas solidarias....................................................................284
**Tema 9:** Partidos políticos y sociedad civil..............................................289
**Tema 10:** Las Iglesias y el resto de la sociedad civil................................296
**Tema 11:** ¿Cómo se articula la sociedad civil?.........................................305
**Tema 12:** Propuestas operativas para reconstruir la sociedad civil en Cuba..311
**Tema 13:** Somos Tejedores de Convivencia..............................................314

## Curso 6: "Valores humanos"
**Tema 1:** ¿Qué son los valores y cómo educar en ellos?............................327
**Tema 2:** El valor de la Autenticidad..........................................................332
**Tema 3:** El valor de la Fe...........................................................................334
**Tema 4:** El valor de la Responsabilidad....................................................338
**Tema 5:** El valor de la Libertad.................................................................341
**Tema 6:** El valor del Diálogo.....................................................................349
**Tema 7:** El valor de la Comprensión.........................................................356
**Tema 8:** El valor de la Confianza..............................................................361
**Tema 9:** El valor de la Familia...................................................................367
**Tema 10:** El valor de la Honradez.............................................................375
**Tema 11:** El Valor de la Justicia.................................................................381
**Tema 12:** El valor de la Firmeza................................................................390
**Tema 13:** El valor de la Esperanza............................................................394
**Tema 14:** El valor del Esfuerzo..................................................................401
**Tema 15:** El valor de la Fortaleza..............................................................407

Curso 7: "Derechos Humanos"
**Tema 1:** El origen histórico de los Derechos Humanos..............415
**Tema 2:** La clasificación de los Derechos Humanos..............418
**Tema 3:** Declaraciones de Derechos Humanos..............420
**Tema 4:** El Pacto Internacional de Derechos Civiles y Políticos..............427
**Tema 5:** El Pacto Internacional de Derechos Económicos, Sociales y Culturales..............428
**Tema 6:** Los Derechos Humanos y la Biblia..............430
**Tema 7:** Los Derechos Humanos en el Magisterio de la Iglesia..............432
**Tema 8:** Mecanismos internacionales para la protección y aplicación de los Derechos Humanos..............439
**Tema 9:** La gobernabilidad democrática y el Estado de Derecho..............445
**Tema 10:** Los derechos y deberes ciudadanos y la Constitución de la República..............450
**Tema 11:** La Educación Jurídica..............454

Curso 8: "Ética"
**Tema 1:** La persona: sujeto, centro y fin de la moral..............461
**Tema 2:** Pasos para hacer un discernimiento ético..............464
**Tema 3:** Mi escala de valores..............467
**Tema 4:** Formación de la conciencia moral..............470
**Tema 5:** El discernimiento ético..............476
**Tema 6:** De los valores a las actitudes..............478
**Tema 7:** Mi proyecto de vida..............482
**Tema 8:** Comportamiento humano: libertad, responsabilidad y voluntad...484
**Tema 9:** Ética interpersonal..............488
**Tema 10:** Ética y Sexualidad..............492
**Tema 11:** Ética y Política..............496
**Tema 12:** Ética y Economía..............504
**Tema 13:** Ética y Sociedad Civil..............509
**Tema 14:** Ética de las Relaciones Internacionales..............515
**Tema 15:** Educarnos en una ética de la resiliencia..............520
**Tema 16:** Cinco metas para la educación moral..............523

Curso 9: "Educamos para la libertad y la responsabilidad"
**Tema 1:** ¿Qué es educar?..............531
**Tema 2:** Varela: el fundador de la Pedagogía Cubana..............534
**Tema 3:** José Martí: el Maestro..............536
**Tema 4:** Educación para la libertad y la responsabilidad..............542
**Tema 5:** Alumno y profesor ¿Sujetos u objetos? ¿Participantes o animadores?..............549
**Tema 6:** Educación pluralista..............553
**Tema 7:** La autonomía en la educación..............556
**Tema 8:** Educación para el diálogo..............559
**Tema 9:** La escuela liberadora..............561

Curso 10: "Somos trabajadores"
**Tema 1:** Persona y trabajo humano...........................................569
**Tema 2:** Trabajo: vocación, creación y realización personal......572
**Tema 3:** Deberes y derechos de los trabajadores......................576
**Tema 4:** Espiritualidad del trabajo............................................579
**Tema 5:** El trabajo y la familia...................................................581
**Tema 6:** La mujer y el trabajo....................................................583
**Tema 7:** Relaciones humanas en el trabajo..............................586
**Tema 8:** Trabajo y descanso......................................................588
**Tema 9:** Trabajo y participación................................................591
**Tema 10:** El trabajo por cuenta propia.......................................593
**Tema 11:** Trabajo y empresa......................................................597
**Tema 12:** Trabajo y capital.........................................................599
**Tema 13:** Trabajo y salario.........................................................601
**Tema 14:** Desempleo y subempleo...........................................604

Curso 11: "Somos pequeños empresarios"
**Tema 1:** La persona del empresario..........................................611
**Tema 2:** Características de un empresario de éxito..................614
**Tema 3:** ¿Qué es una empresa?.................................................615
**Tema 4:** ¿Cómo lograr los objetivos de una empresa?.............618
**Tema 5:** Una buena administración...........................................621
**Tema 6:** ¿Calidad o productividad?...........................................624
**Tema 7:** La propiedad privada al alcance de todos..................627
**Tema 8:** La participación en la gestión de la empresa..............630
**Tema 9:** Los controles en una microempresa............................634

Curso 12: "Aprendemos economía"
**Tema 1:** La persona humana: centro, sujeto y fin de la economía...............645
**Tema 2:** *Marketing*: La economía al servicio del consumidor....................646
**Tema 3:** ¿Qué, cómo y para quién producir?.............................650
**Tema 4:** Malformaciones de la economía.................................653
**Tema 5:** ¿Con qué producir?.....................................................657
**Tema 6:** ¿Cómo ser propietarios?..............................................660
**Tema 7:** ¿Dónde se produce?....................................................662
**Tema 8:** ¿Cuánto cuesta producir?............................................668
**Tema 9:** Impuestos y Seguros....................................................670
**Tema 10:** La economía en el mundo: Organizaciones Económicas
Internacionales............................................................673
**Tema 11:** La economía en el mundo: relaciones económicas
internacionales............................................................676
**Tema 12:** Un proyecto económico viable y justo para Cuba......680

## Curso 13: "Somos universitarios"
**Tema 1:** Somos universitarios..................................................................691
**Tema 2:** Aprendemos a participar............................................................696
**Tema 3:** Aprendemos a organizarnos.......................................................702
**Tema 4:** Miramos la historia y sacamos lecciones....................................707
**Tema 5:** La Universidad, una casa de todos.............................................713
**Tema 6:** Somos una comunidad autónoma y autogestionada....................718
**Tema 7:** El cristiano y otros creyentes en la Universidad.........................723

## Curso 14: "Aprendemos dinámicas de grupo"
**Tema 1:** Características y funcionamiento del grupo................................729
**Tema 2:** Estructura interna del grupo......................................................734
**Tema 3:** El animador del grupo...............................................................738
**Tema 4:** Tipos de reuniones. ¿Cómo prepararlas?....................................741
**Tema 5:** Técnicas de trabajo en grupo: liberación o manipulación............744

## Conclusiones
Veinte años de educación ética y cívica.......................................................749

# Presentación

## La formación ética y cívica: necesidad y desafío para Cuba

La formación ética y cívica es una de las necesidades más urgentes y uno de los desafíos más difíciles para Cuba en la hora presente y en el futuro.

Es una realidad, reconocida por todos la existencia en Cuba de un analfabetismo cívico y político, así como de una pérdida de los valores y las virtudes morales en la sociedad cubana. No basta con reconocerlo y lamentarlo. Es necesario ponerle remedio efectivo con el único medio adecuado: la educación.

En efecto, ni la dejación de la responsabilidad familiar, ni la represión institucional, ni la queja inútil, resolverán estas dos deficiencias tanto en las personas como en la sociedad cubana. Precisamente, para que una nación sea civilizada, y se desarrolle como tal, el único método para alcanzar tal empoderamiento personal y tal grado de convivencia social es la educación.

Todos los ámbitos y protagonistas de la educación moral y cívica deben cooperar y ayudar a salir de este tipo de ignorancia racional, emocional y volitiva, todos formando unas comunidad educativa: educación familiar, escolar, eclesial, comunitaria, informal, autodidacta y a través de los Medios de Comunicación Social, especialmente con el uso de las nuevas tecnologías.

Antes de 1959 Cuba tenía incluida la asignatura de "Moral y Cívica" en el currículo escolar, sin politizarlo. Los abuelos y padres generalmente transmitían en el seno familiar estos valores y virtudes, sobre todo porque tenían el tiempo y la presencia de los niños y jóvenes en el hogar. La familia no había sido dividida. Los hábitos civilizados y las buenas costumbres eran el mejor patrimonio que se quería dejar en herencia a los hijos y nietos. Todos recordamos aquel refrán popular en Cuba: "pobres, pero honrados". Así se reflejaba una escala de valores que daba primacía a lo ético sobre lo material.

Durante más de 50 años esta situación cambió. Las costumbres cívicas de decencia fueron consideradas rezagos pequeño-burgueses. La moral fue considerada una herencia de la mojigatería religiosa o de los "viejos". Se sustituyó la educación cívica por el indoctrinamiento ideológico. Los valores relacionados con la convivencia pacífica y fraterna se postergaron sustituyéndolos por una cultura de la confrontación y la lucha de clases. Siempre, sin embargo, quedó en algunas familias, en las iglesias y en algunos maestros antiguos, aquella impronta educativa que nos legaron el Padre Félix Varela, José de la Luz y Caballero, el Apóstol José Martí y tantos otros.

Es necesario volver a estas raíces de cubanía en las que se valoraba, en toda su dimensión, "la utilidad de la virtud" -pensamiento martiano que hacía presente a su propio hijo, que llamó Ismaelillo, lo que el Padre Varela decía al símbolo de la juventud cubana que llamó Elpidio Valdés: "No hay Patria sin virtud, ni virtud con impiedad".

Es necesario refundar la educación cubana sobre estas bases éticas. Es necesario, más que nunca antes en nuestra historia, un sistemático y coherente Programa de Educación Ética y Cívica.

Creemos firmemente en la necesidad de formar a cada cubano y cubana como personas libres, responsables y fraternas. El proceso educativo debe llevarnos a que todo hombre y mujer sea una persona, a que cada persona aprenda a ser un ciudadano, a que el ejercicio de la soberanía ciudadana reconstruya el tejido de la sociedad civil y a que esta sea escuela, taller y cuna para la democracia. He aquí un itinerario para el proyecto de una auténtica formación ética y cívica.

La sociedad civil es el nuevo nombre de la democracia. En ella se debe empoderar al ciudadano para crear, para sí mismos, unas instituciones sanas, probas, diligentes y renovables. Sin instituciones no hay democracia posible. De modo que, con la educación ética y cívica se forman las tres columnas de toda Nación libre, próspera y feliz: el ciudadano, la sociedad civil y las instituciones democráticas.

Cuba lo necesita. Debemos ser nosotros, los propios cubanos, los que nos demos esa educación, esa soberanía ciudadana, ese empoderamiento cívico y ese crecimiento ético y moral. Se trata de recrear el alma de la Nación siendo fieles a su génesis y respondiendo, ya desde hoy, a los desafíos del mañana.

Hace 20 años, nacía para este propósito el Centro de Formación Cívica y Religiosa (CFCR) en la Diócesis de Pinar del Río y su órgano de expresión la revista *Vitral* (**www.vitral.org**). Los cursos que ahora presentamos en este libro fueron redactados íntegramente, aprobados e impartidos por los animadores (profesores) de dicho Centro.

El equipo animador del CFCR participó, de diversos modos, en la redacción, revisión y aprobación de estos cursos en su versión inicial. Es por ello que hemos querido nombrarlos a todos como Colectivo de Autores de este Libro. En esencia, hemos querido ser fieles a la letra y al espíritu de aquellos cursos. No obstante, por el tiempo transcurrido y por los cambios en las circunstancias, ofrecemos a los lectores esta versión actualizada, corregida y aumentada, que es de entera responsabilidad del equipo animador del *Proyecto Convivencia*.

Así honramos y agradecemos a los padres fundadores de aquella obra de educación cívica y religiosa reconociendo su autoría de la versión original y, al mismo tiempo, nos honramos en dar continuidad a tan meritorio empeño asumiendo la responsabilidad de la ampliación y publicación de este libro de texto para las presentes y futuras generaciones de cubanos y cubanas.

Desde su inicio, estos cursos fueron abiertos a la participación de todos, sin distinción de religión, opciones políticas o filosóficas. Así como este Centro era abierto en cuanto a sus destinatarios, también los cursos fueron redactados para todos y para servir a Cuba en cualquier ambiente donde se descubriera la necesidad de esta formación y desearan acoger este Manual como guía de clases del formador y libro de texto del participante.

El *Proyecto Convivencia* (www.convivenciacuba.es), que se considera continuador de aquel desaparecido Centro, desea rescatar este rico patrimonio educacional para las presentes y futuras generaciones de cubanos para ofrecer estos cursos a todos: sea en la modalidad informal de las tertulias de formación ética y cívica de los grupos de la sociedad civil, sea en los centros educativos de las iglesias o congregaciones religiosas, sea para cuando, en los próximos años, se refunde el sistema de educación cubano y se vea la necesidad de un contenido de educación ciudadana no ideologizado hecho por nosotros mismos los cubanos, desde nuestra cultura y experiencia y, además, experimentado durante 20 años con magníficos resultados.

Creemos que para utilizar competentemente estos materiales lo mejor sería que en cada lugar se pudiera formar un pequeño equipo para estudiar y preparar las clases o encuentros que ya están muy detallados en este Manual. Basta con que sean dos personas que quieran hacer este voluntariado a favor de la educación para la libertad y la responsabilidad. El equipo de *Convivencia* de Pinar del Río está siempre disponible para acompañarlos en este apasionante camino de empoderamiento ciudadano. Para consultas, buscar el asesoramiento de nuestro equipo, empoderar formadores, obtener el material o cualquier otro servicio relacionado con el tema, contáctenos en la dirección electrónica que se indica al final. Ponemos este libro de *Ediciones Convivencia* en tus manos con la esperanza de que podamos reconstruir, entre todos, el alma de la Nación, consolidemos nuestra identidad y crezcamos en adultez ética y cívica. Deseamos que se extienda por toda la Isla y llegue a los cubanos que viven en la Diáspora con los que formamos la única e indivisible Nación cubana.

Al cumplir dos décadas de este servicio educativo, ofrecemos este libro con la esperanza de que nos ayude a todos a continuar el legado del Padre Varela enseñando a nuestros compatriotas a pensar con cabeza propia y así podamos proseguir el magisterio del Apóstol José Martí, que quiso poner como Ley Fundamental de la República: "El culto de los cubanos a la dignidad plena del hombre".

**Dagoberto Valdés Hernández**
Pinar del Río, Cuba. 8 de septiembre de 2013
Fiesta de la Virgen de la Caridad del Cobre
www.convivenciacuba.es
dagoberto@convivenciacuba.es

# CURSO 1
# "SOMOS PERSONAS"

**Características:** Su objetivo es contribuir a la formación del hombre como persona y como miembro activo, consciente y responsable de la sociedad. Su temática es introductoria a la formación cívica y desea contribuir a la reparación del daño antropológico que obstruye una valoración ética del ser y del quehacer y un ejercicio libre y pleno de la voluntad. Consta de temas muy sencillos y ejercitación práctica mediante dinámicas elementales.

**Destinatarios:** Personas de nivel primario con capacidad de asimilación elemental. Sin preparación previa en el tema.

**Tiempo:** Puede adaptarse a varios encuentros de diversa duración. Fines de semanas u otra variante que convenga al grupo.

**Temas:**

**1.** Somos personas
**2.** Vivimos en comunidad
**3.** Valemos por lo que somos
**4.** Todos somos iguales y diversos
**5.** Todos tenemos derechos y deberes
**6.** Aprendemos a pensar y a decidir
**7.** Aprendemos a participar
**8.** Aprendemos a ser responsables y resilientes
**9.** Aprendemos a tener y a compartir
**10.** Procuramos el bien de todos

# Tema 1: "Somos personas"

**Objetivo:**
1. Reconocer las características que distinguen al ser humano como persona libre y responsable.

**Motivación**

**1.** Se piden cuatro voluntarios para participar en la dinámica llamada: "El hombre, el espejo, el perro y el preso"

**2.** En el centro del local se colocan: un zapato, la pizarra y la tiza (o puede ser también un papel con un marcador).

**3.** La tarea que se le encarga a los cuatro es que cada uno debe hacer al mismo tiempo el dibujo de un paisaje con casa y naturaleza, después de ponerse el zapato, pero cada cual debe hacer su papel:
 - de hombre,
 - de espejo (es decir, repetir lo que hace el hombre),
 - de perro (actuando como tal),
 - de preso (con las manos atadas detrás y un pie atado al otro).
Condición: ninguno puede interrumpir al otro, debe hacerlo con sus medios y después explicarlo a los demás. Tienen solo seis minutos. Los demás observan qué pasa.

**4.** El animador mide el tiempo y cuida del orden. Terminado el ejercicio, pregunta:

 - ¿Qué ha pasado?
 - ¿Por qué el hombre ha podido hacer su tarea?
 - ¿Qué les faltaba a los demás?
 - ¿Por qué no pudieron hacer bien su tarea?

Deja que se expresen libremente y va apuntando en la pizarra palabras claves como (si las mencionan):

 - el espejo: imita, no tiene iniciativa propia, es copia del original, no puede pensar con su cabeza, solo puede hacer lo que hace el otro, le falta iniciativa propia y creatividad.
 - el perro: no es una persona, no tiene inteligencia, no sabe pintar, no sabe cuál es su tarea y cómo hacerla, es solo un animal, no sabe explicar ni hablar, le falta inteligencia.
 - el preso: le falta libertad, está atado, está limitado, no lo han dejado.
 - el hombre: tiene inteligencia, tiene iniciativa, tiene creatividad y es libre.

## Desarrollo

El animador se basa en el ejemplo de la dinámica y va explicando o preguntando:

¿Qué diferencia a los seres humanos de los animales?
- ser inteligente
- tener sentimientos
- tener voluntad propia
- tener un alma o espíritu creador

¿Qué diferencia al hombre real del ejemplo del hombre-espejo?
- piensa con su cabeza
- actúa con su voluntad
- tiene iniciativa propia

¿Qué diferencia al hombre del preso?
- tiene libertad
- es libre de actuar por su cuenta
- tiene posibilidades de hacer tareas
- es responsable de lo que hizo

El preso no lo pudo hacer pero no es responsable de no haberlo hecho porque no podía físicamente, estaba atado.

Escribe en la pizarra o en un cartel estas respuestas u otras similares según vayan expresándose los participantes. Una vez agotado el ejemplo, explica estos puntos que entrega a cada uno en una hoja:

**1.** Cada hombre y mujer debe llegar a ser plenamente UNA PERSONA HUMANA.

**2.** UNA PERSONA ES:
- un ser humano con inteligencia, voluntad y sentimientos.
- un ser humano que ES Y SE SIENTE libre y TIENE libertad.
- un ser humano que tiene iniciativa propia ("piensa con su cabeza", "decide su propia voluntad") y se hace responsable de lo que es y de lo que hace.
- un ser humano capaz de ser creativo y mejorarse a sí mismo.
- un ser humano que es capaz de abrirse a los demás y a Dios por el amor.
- un ser humano es capaz de amar y ser amado.

**3.** Para llegar a ser PERSONA debemos CRECER CADA DÍA aprendiendo a:
- usar la inteligencia para nuestro bien y el de los demás.
- tener fuerza de voluntad para decidir por uno mismo y trabajar.
- sentirse cada vez más libre y luchar por tener plena libertad.
- pensar con su cabeza y hacerse responsable de sus actos.
- aprender a relacionarse con los demás y con Dios por el amor.

## Ejercitación

**1.** Cada participante se detiene 10 minutos para evaluarse como PERSONA. Cada uno de los 5 aspectos del punto 3 anterior vale un total de 10 puntos. Tú mismo decides cuántos te das en cada uno, de 0 a 10. Eres más persona en la medida que te acerques a 50 puntos.

**2.** Después se reúnen en equipo para valorar al hombre y la mujer cubanos promedio: van dándole puntos de 0 a 10 pensando en las personas con las que nos relacionamos cada día. ¿Somos personas? Escribe o recuerda cuál es el punto más flojo o bajo en puntuación. Dilo en la plenaria: En ese debemos crecer más. Se apuntan todos en un cartel o pizarra. El cartel dice: Para SER PERSONA DEBEMOS CRECER EN: (se ponen los puntos más flojos de cada equipo). Se da una puntuación promedio a los restantes si el animador lo cree conveniente. Al final, pregunta:

- ¿Qué les ha parecido la reunión de hoy?
- ¿Qué hemos aprendido?
- ¿Nos sirve para algo en nuestras vidas?

### Notas para el animador

(Estas notas servirán de referencia al animador).

***PERSONA:*** Ser único e irrepetible, dotado de inteligencia y de voluntad, con ansias de libertad y capaz de relacionarse con la naturaleza, con los demás y con Dios.

- La dignidad de la persona se fundamenta en su propia naturaleza humana, lo que para los creyentes significa ser imagen y semejanza de Dios.
- La persona humana es comunicación de pensamiento y de amor. Es una realidad dinámica en constante cambio.
- La persona no es persona y no adquiere su categoría de humano más que en la medida que sea él mismo, en que él mismo es creador, de lo contrario es un animal domesticado y sometido. La libertad y la creatividad son condiciones indispensables para llegar a ser persona.

Hoy reflexionaremos en esto comentando las ideas anteriores (el animador, si es posible, entrega a los participantes los puntos del desarrollo en una hoja). Los discuten usando las notas de pizarra.

# Tema 2: "Vivimos en comunidad"

**Objetivos:**
1. Destacar la dimensión social y comunitaria de la persona humana.

### Motivación

**1.** El animador solicita dos voluntarios para hacer la dinámica de "La Isla": uno de ellos tendrá que pasar un día en una isla solitaria, completamente solo. El otro tendrá que pasar un día en La Habana (en una gran ciudad).

**2.** Cada uno lleva su asiento a una esquina del salón o a otro local cercano y comienza a organizar su día. El de la isla debe preferiblemente salir del salón y traer en un papel escrito o en la memoria cómo va a resolver su día. El de la gran ciudad puede solicitar a los demás participantes diferentes ayudas o ideas. Si alguien sabe hacerlo o darle la idea, se levanta y se une a él. Por ejemplo, necesito un panadero o alguien que sepa hacer el pan o que me de idea de cómo hacerlo, etc.

**3.** Pasados 15 minutos a partir de que se ha comenzado el ejercicio, se invita a ambos viajeros a que regresen al salón. Cada uno presentará una lista con asuntos resueltos y asuntos sin resolver. ¿Qué necesitaba? ¿A quiénes necesitaba?

El animador ayuda a hacer este listado si no pudieron hacerlo. Puede ir escribiendo en unos carteles o en la pizarra que digan:

| ISLA | | CIUDAD | |
|---|---|---|---|
| Resueltos | No resueltos | Resueltos | No resueltos |

Pregunta a los participantes que se le unieron al de la ciudad: ¿Por qué lo hicieron?
Pregunta a los viajeros: ¿Cómo les fue en su día? ¿Por qué les fue así?

**Resumen:** Nadie puede vivir solo. Todos necesitamos de la ayuda de los demás.

Ese será nuestro tema de hoy. Pone el título y explica el objetivo con palabras sencillas.

### Desarrollo

- Como hemos visto en la motivación, VIVIMOS EN SOCIEDAD.

- El hombre para SER PERSONA tiene que APRENDER A RELACIONARSE. Esto es: APRENDER A VIVIR EN COMUNIDAD.

**1.** Nadie puede vivir solo.

**2.** Para SER PERSONA debemos APRENDER A RELACIONARNOS.

**3.** Aprender a relacionarse es aprender a VIVIR EN SOCIEDAD.

**4.** Vivir en sociedad es trabajar por formar UNA COMUNIDAD.

Una COMUNIDAD se forma así:

- Conocer personalmente a los demás.
- Reconocer en los demás que son PERSONAS y lo que esto significa (ver tema 1).
- Respetar a los demás, dándose a respetar.
- Establecer "lazos de relaciones" de amistad y servicio: No ser "casa sola", "hacer el bien y no mirar a quien", "servir al que me necesita".
- Abrirse a la ayuda de los demás y perdonar sus errores.
- Hacer entre todos un proyecto de vida para la comunidad y trabajar generosamente por realizarlo.

**5.** Vivir en comunidad es ejercer la solidaridad mutua por amor. Así expresó Martí "esta fórmula del amor triunfante: CON TODOS Y PARA EL BIEN DE TODOS."

### Ejercitación

Los participantes se forman equipos de 4 a 8 personas y contestan estas preguntas:

**1.** ¿Qué significa que una persona sea "casa sola"?

**2.** ¿Cómo debe comportarse una persona que quiera tener "buenas relaciones en su pueblo"?

**3.** Piensa en los viajeros del principio del tema y ponte en su lugar. ¿Qué significa VIVIR EN COMUNIDAD: CON TODOS Y PARA EL BIEN DE TODOS? Pon ejemplos.

Cada equipo puede traer a la plenaria sus respuestas. El animador ayuda si no hay personas que puedan tomar notas. Hace el resumen en la pizarra, dividiéndola en tres partes: El "CASA SOLA" -PERSONAS DE RELACIONES- VIVIR EN COMUNIDAD, y debajo escribe palabras claves de las respuestas. Termina preguntando:

- ¿Qué les ha gustado más de la reunión de hoy?
- ¿Qué habría que mejorar?
- ¿Qué hemos aprendido? ¿En qué nos ayuda?

# Tema 3: "Valemos por lo que somos"

**Objetivos:**
1. Aprender que las personas valen por lo que son y no por lo que tienen, pueden o saben.

## Motivación

1. El animador organiza con tiempo o desde el encuentro anterior un sociodrama o pequeña representación con los datos que siguen:

PERSONAJES: Fefita, Pepito y dos vecinas.
SITUACIÓN: Fefita va apurada para casa de su amiga María que tiene una fiesta. Pepito se la encuentra pero él va para el hospital a quedarse con un compañero operado. Las vecinas escuchan la conversación y comentan. Fefita y Pepito se encuentran y se saludan. Las dos vecinas están a un lado cuchicheando y escuchando atentas.

FEFITA: Buenas, Pepito. ¿Cómo estás? ¿Quieres ir conmigo a una fiesta que dan en casa de María, mi amiga?
PEPITO: Lo siento Fefita, pero ahora mismo voy para el hospital para quedarme esta noche con Pancho, mi compañero de trabajo que operaron ayer. Me encantaría ir a la fiesta pero ya ves que no puedo.
FEFITA: Muchacho, no seas bobo, inventa, mira que te conviene ir a la fiesta. Yo quiero mucho a María porque ella lo que tiene es mucho. Fíjate que tiene un celular, video, televisor a color, una casa "que se pasó" de linda y grande, el papá tiene carro y ganan entre él y su mamá una "pila de pesos". Oye esa gente vale cantidad, mira como tienen cosas y acuérdate que "quien a buen árbol se arrima, buena sombra lo cobija". Vamos, te convienen estas amistades. Ya te dije lo "suave" que son.
PEPITO: Gracias Fefita, pero ya hice este compromiso y me gusta quedar bien. Pero, sobre todo, Pancho me necesita pues su familia es cortísima y están viejos la mayoría. Que te diviertas y no te demoro más.
FEFITA se va y dice: Tú te lo pierdes. Chao.
VECINA 1: Mira muchacha, para ese chiquito qué bobo. Como están las cosas hoy de duras y perderse ese festín. Además le conviene relacionarse con esa chiquita que lo que tiene "es mucho-con bastante".
VECINA 2: No muchacha, y además pierde el chance de hacer amistad con el padre de María que, además de tener carro, tiene un puestazo tremendo y viaja cantidad. Creo que es dirigente provincial y tú sabes que esa gente "puede resolver" y te sacan de un aprieto como nada. Yo hubiera ido porque las relaciones son las relaciones y con "pinchos" más todavía si son gente sociable como estas. Con la posición que tienen. ¡Pero los muchachos son así!
VECINA 1: Sí, les falta la experiencia de la vida para saber valorar las personas y las oportunidades. Chao, mi amiga.
Se despiden y se van.

**2.** El animador pide a los participantes que se dividan en equipos y contesten las siguientes preguntas:
   - Para Fefita: ¿por qué valen las demás personas?
   - Para las vecinas: ¿por qué valen las demás personas?
   - ¿Qué valores tiene Pepito como persona?

### Desarrollo

Los equipos traen a la plenaria sus respuestas. El animador hace el resumen con las intervenciones de ellos que pudieran ser, más o menos así:

   - Fefita valora a las personas por lo que tienen: cosas materiales, casa, carro, etc.
   - La vecinas valoran a las personas por su posición: por su poder, cargo, poder para resolver, etc. Creen que la experiencia de la vida enseña a relacionarse por interés y a valorar a las personas y considerarlas por su posición social y no por sus virtudes y sentimientos.
   - Pepito vale como persona porque sabe sacrificarse: por su compañero operado, le gustan las fiestas pero prioriza lo más necesario: servir a los demás. Pepito vale por sus sentimientos, por sus obras, por sus cualidades. Es muy humanitario.

Entonces el animador pone el título en la pizarra y explica el objetivo de este tema con sus palabras. Luego presenta a los participantes una hoja con los puntos que siguen:

**1.** Todos somos personas y valemos por lo que SOMOS.

**2.** A las personas no se les debe valorar o considerar solamente, ni sobre todo, por lo que tienen, por la posición social o el poder que tengan, ni siquiera deben valorarse por lo que saben.

**3.** Pueden existir personas muy buenas que tienen muchas cosas materiales, pero pueden existir personas que tienen mucho y son pobres como seres humanos. Pueden existir personas que saben mucho y son muy buenas, pero pueden haber personas muy sabiondas, pero malas como personas.

**4.** Pueden existir personas con mucho poder o buena posición social que sean muy buenas y usen esa posición y poder para servir desinteresadamente a la sociedad. Pero no se pueden valorar por su posición porque pueden existir personas con posición que son malas como personas y se aprovechan de sus cargos y se corrompen.

**5.** Debemos aprender a valorar y a considerar a una persona por lo que ES: Es decir, por sus virtudes, sus cualidades, sus sentimientos humanitarios. Esto es un buen principio para nuestras relaciones sociales como PERSONAS. Esto no significa que despreciemos a las personas que tienen aquellos defectos. Debemos ayudarlos a mejorar y crecer como personas.

El animador explica con sus palabras y entra en diálogo con ejemplos sobre cada punto.

### EJERCITACIÓN

El animador invita a cada participante a escoger la frase que más le parece importante en cada punto y subrayarla. Dos minutos de reflexión personal para responder a estas preguntas:
- ¿Cómo valoro a las personas que se relacionan conmigo?
- ¿Qué debo mejorar en esto?

Se puede poner alguna experiencia en común. El animador termina evaluando el encuentro con estas o similares preguntas:
- ¿Cómo han encontrado hoy la reunión?
- ¿Qué habría que mejorar en ellas?
- ¿Cómo me ayuda para la vida?

### NOTAS PARA EL ANIMADOR

## *LA PERSONA VALE POR LO QUE ES, NO POR LO QUE TIENE, PUEDE O SABE*

Las relaciones interpersonales no deben fundarse en el tener, en el saber o en el poder sino en el ser. Cuando la persona o los grupos sociales no son valorados por lo que son, la sociedad está enferma y en ello se encuentra la raíz de sus males. Surgen la corrupción y el tráfico de influencias.

El afán de tener cada más induce a considerar a los otros como meros competidores a los que tengo que enfrentar. De esta forma el trabajo del hombre, sus cualidades como son el talento, la honradez, etc., se convierten en puras mercancías que se compran y venden, lo cual trae como consecuencia: la desigualdad, la dominación y la represión. El afán de poder se ha convertido en un culto y una fascinación, con el objetivo de obtener bienes particulares y sojuzgar a los demás y no para la búsqueda del bien de todos y la realización del hombre como persona, usando el poder para defender los derechos y deberes fundamentales de todos. El afán de saber solamente para obtener un prestigio personal, una autoridad, un cargo, una posición segura y desahogada y no para poner sus conocimientos en función del desarrollo social es otro de los males de la sociedad actual que genera agresividad, intolerancia, injusticia, en fin, una alienación colectiva.

La alternativa para todo hombre de buena voluntad es entregar su vida a la transformación de la sociedad para que cada vez más se valore a la persona por lo que es debido a su naturaleza propia y no por lo que tiene, puede o sabe, luchando por la instauración de una sociedad que se caracterice por la igualdad, el servicio y la solidaridad.

## TEMA 4: "TODOS SOMOS IGUALES Y DIVERSOS"

**OBJETIVOS:**
1. Aprender que todas las personas son iguales en derecho y dignidad y son diversas por sus características personales y formas de relacionarse.
2. Reconocer que esta pluralidad del ser humano es una riqueza para la sociedad y defender el derecho y la existencia de esa pluralidad llamada pluralismo.

### MOTIVACIÓN

**1.** El animador divide al grupo en varios equipos para desarrollar la dinámica de "El Censor".

**2.** El animador pide un voluntario por equipo. La tarea (secreta) de estos voluntarios es describir en una hoja a cada miembro del equipo mientras este trabaja en la descripción del cuadro. El animador explica aparte esta misión a los voluntarios y les entrega una hoja con el siguiente formato:

Equipo: _____
Participantes:_____
Otorga a cada participante una letra, A, B, C, etc.
Participante A: Estatura: alto, mediano, bajo.
              Color de piel:
              Ojos:
              Pelo:
              Hablador: poco, regular, mucho.
              Forma de hablar: alto, normal, bajito.
                            rápido, normal, lento.
              Ayuda al equipo: mucha, regular, poca, ninguna.
              Toma de iniciativa: siempre, a veces, nunca.

(Así para cada uno de los participantes).

Estos voluntarios deben hacer discretamente su trabajo y los miembros del equipo no lo deben saber hasta la plenaria.

**3.** En la plenaria cada equipo describe primero el cuadro. El animador destaca que cada descripción es diferente siendo igual el cuadro. Pregunta ¿por qué?

**4.** Después de cada voluntario describe a los participantes diciendo: Participante A y lo describe por la guía. Si el animador lo desea, puede al final preguntar que identifiquen a cada uno, si se puede. ¿Qué nos demuestra este ejercicio?

Todos somos diferentes aunque todos somos iguales como personas humanas. Esta es nuestra reflexión de hoy. Pone el título y explica con sus palabras los objetivos.

### Desarrollo

Como hemos visto en la motivación, "cada persona es un mundo" y "cada maestro tiene su librito". Estos refranes nos enseñan que en la tradición de nuestro pueblo y de nuestra cultura reconocemos que "en el mundo, para que sea mundo, tiene que haber de todo". Es decir, reconocemos como algo natural que haya diversidad, diferencias, en el mundo en que vivimos. ¿Qué les parece? El animador puede entregar una hoja con estas ideas que explicará sencillamente (puede ponerlas también en un cartel o en la pizarra):

**1.** Todos los hombres y mujeres somos IGUALES ante Dios, ante los hombres y ante la ley.

**2.** Todos tenemos la misma dignidad de seres humanos y todos somos, y estamos llamados a ser hermanos: Esta es la vocación humana fundamental.

**3.** Pero "cada persona es un mundo". Es decir, cada persona es única y diferente a los demás en cuanto a: sus características físicas, su inteligencia, su fuerza de voluntad, su forma de comportarse, su forma de pensar, su forma de hablar, etc.

**4.** Todos somos DIVERSOS. Si todos fuéramos "idénticos", nos aburriríamos mucho y el mundo fuera más pobre. Ser diversos es una suerte, es una riqueza para cada persona porque puede dar lo que otros no tienen y puede recibir de otros lo que le falta y lo que necesita. Ser diferentes, pensar diferentes, tener diferentes habilidades, hablar diferente y actuar diferente es una riqueza para la sociedad y una dicha para las personas.

**5.** Reconocer que somos diferentes y que esto es bueno porque podemos ayudarnos unos a otros le llamamos PLURALISMO que significa que es bueno que el mundo y las personas sean plurales, diferentes, variados.

**6.** Nadie puede despreciar, perjudicar o separar a las demás personas porque sean diferentes en su forma de pensar, en su color, en sus creencias, en su sexualidad, en sus ideas políticas, en su cultura. Separar a las personas en bandos o grupos, o perjudicarlos en su trabajo, estudio o vida social por ser distintos se llama DISCRIMINACIÓN. La discriminación es una injusticia porque no respeta la igualdad fundamental de las personas y su derecho a ser diferentes.

**7.** Nadie puede intentar que todos pensemos igual, actuemos igual, hablemos igual o tengamos ideas políticas o creencias religiosas iguales. Presionar a las personas para que pensemos y actuemos igual que otros es una injusticia porque no respeta la diversidad de las personas y por creer que la unidad se logra uniformando la forma de pensar o actuar.

**8.** Edificar la UNIDAD EN LA DIVERSIDAD: La unidad verdadera hay que alcanzarla contando con la diversidad de las personas y reconociendo que todos somos iguales en derechos y deberes. Todos construimos la unidad trabajando por el bien común de diversas formas. Es alcanzar la unidad en la diversidad. Única forma ética de construir la unidad.

### EJERCITACIÓN

**1.** Cada participante escoge un punto del desarrollo que tenga palabras en mayúscula, después que el animador ha explicado cada uno detenidamente y con sus palabras. Todos los que hayan escogido el mismo punto se reúnen. Si alguno no tiene compañero puede hacerlo solo o con ayuda del animador.

**2.** En el equipo: Cada uno dice por qué escogió esa frase y pone un ejemplo de la vida real que tenga que ver con el punto que escogió.

**3.** Se puede hacer una plenaria en que cada equipo, o libremente algunos participantes, relaten algo de lo que se habló en el equipo. Para facilitar la participación se puede empezar por relatar el ejemplo que escogió el equipo y los demás pueden intervenir expresando si se dan estos casos muy frecuentes o no en nuestra sociedad y "cómo debía ser para actuar como personas bien formadas".

Terminar con alguna pregunta de evaluación del tema:
  - ¿Qué les ha parecido?
  - ¿Aprendimos algo nuevo hoy?
  - ¿Qué debemos mejorar para que salga mejor?
  - ¿Cómo me ayuda para mi vida?

### NOTAS PARA EL ANIMADOR

***IGUALDAD Y DIVERSIDAD:*** Todos los hombres y mujeres han de ser considerados iguales ante la ley (Artículo 1, Declaración Universal de Derechos Humanos) y protegidos por ella en un mismo plano de igualdad. Todos son iguales ante Dios en el plano espiritual. No existen más diferencias que las que de un modo natural se dan en cada individuo en cuanto a su capacidad física, intelectual o moral las cuales ayudan en la complementación de todos y de la sociedad. Cualquier discriminación o negación de este derecho fundamental de igualdad entre los hombres es una injusticia y garantizarlo es fundamento de toda convivencia social.

# Tema 5: "Todos tenemos derechos y deberes"

**Objetivos:**
1. Aprender que para ser persona plenamente humana es necesario conocer, ejercer y defender sus propios derechos y respetar y defender los derechos de los demás.
2. Aprender que para ser persona es necesario conocer y cumplir sus propios deberes y contribuir al cumplimiento de los deberes de los demás.

## Motivación

**1.** Los participantes se reúnen en cuatro equipos para una dinámica del estudio de "Casos".

**2.** Dos equipos analizan el Caso 1 y los otros dos equipos analizan el Caso 2.

**Caso 1:** Isabel participó ayer en una reunión de producción en su centro de trabajo. Estaban discutiendo las causas de las llegadas tarde y cuando Isabel pidió la palabra para dar su opinión, el secretario le dijo que había que pasar a otro punto y terminar rápido porque ya llevaban 10 minutos en la reunión. Isabel se puso de pie y lo interrumpió diciéndole: "Yo tengo derecho a hablar, ¿no es así? Entonces, ¿por qué no me das la palabra si yo creo que el asunto no está bien aclarado todavía?" Todos empezaron a hablar a la vez y algunos comenzaron a agitar al secretario para que agilizara aquello "porque había que irse rápido".

**Preguntas:**
  - ¿Tenía Isabel derecho a hablar?
  - ¿Qué es tener derecho?

**Caso 2:** Juanito y Grisel son muy buenos y se llevan muy bien como esposos. Ellos tienen dos hijos que ya están en la escuela. El mayor está en sexto grado y tiene muy buenas notas pero su disciplina es pésima. El más chiquito es al revés, se porta muy bien pero tiene dificultades con lectura y escritura. Cuando sus padres asisten a la reunión de la escuela, Juanito sale de lo más furioso diciendo: "Esta maestra es una vaga, dice que el niño tiene problemas de conducta y que nosotros debemos atenderlo más. ¿Qué se ha creído esa maestra?". Grisel le contesta: "A mí me informaron que el niño se porta muy bien pero que tiene problemas con la lectura, yo creo que nosotros como sus padres tenemos el deber de ayudarlos a los dos". Juanito contesta: "Y la maestra, ¿para qué está? Que cumpla ella con su deber y no nos eche a nosotros la culpa".

**Preguntas:**
  - ¿Cumplen estos padres con su deber?
  - ¿Qué es un deber?

## Desarrollo

El animador escucha en la plenaria las respuestas de cada equipo y va poniendo en la pizarra: DERECHO y DEBER (palabras claves que vayan diciendo los equipos).

Después resume con sus palabras y reparte, si es posible, una hoja con estas ideas que le servirán para concluir el desarrollo. (Debe explicarlas con sus palabras sencillas y relacionándolas con el ejemplo de los casos estudiados).

**Todos tenemos derechos y deberes:**

**1.** Para ser PERSONAS debemos conocer cuáles son nuestros derechos y deberes. Nadie concede derechos a otros. Nadie puede negárselos. Todos tenemos nuestros derechos por ser personas humanas y no porque alguien nos lo permita.

**2.** TENER DERECHO es: tener la posibilidad real y legal de ser o hacer lo que conduzca al bien de la persona y que nadie puede negarle por ser propio de su naturaleza humana. Los derechos existen aunque las leyes lo nieguen. En ese caso la ley es injusta. El Estado no otorga los Derechos Humanos, solo los reconoce y defiende.

**3.** TENER DEBER es: tener la obligación para hacer o no hacer algo. Esta obligación puede ser legal (por la ley) o moral (por el deber). Hay deberes que hay que cumplir sin que sea ley. Todas las leyes justas son deberes. Las leyes injustas no lo son. El Estado solo puede establecer aquellos deberes que sean éticos y reconocidos. Los deberes morales solo pueden ser asumidos por cada persona. El Estado no tiene incumbencia en ellos.

**4.** Los derechos deben practicarse y defenderse por sí mismos sin esperar por el permiso o la ayuda de los demás.

**5.** Los derechos de los demás deben respetarse y debemos ayudar a defenderlos por solidaridad humana.

**6.** Para ser una Persona Responsable debemos conocer y cumplir los propios deberes y respetar y ayudar a cumplir los deberes de los demás, por propia conciencia, sin esperar a que nadie nos lo imponga o castigue por ello: es un deber de solidaridad. Es ejercitar el amor.

**7.** Los Derechos Humanos fueron consagrados en tres documentos fundamentales que debemos conocer y estudiar:

- Carta Universal de los Derechos Humanos, aprobada por la ONU el 10 de diciembre de 1948.

- El Pacto Internacional de Derechos Civiles y Políticos (16 de diciembre de 1966).
- El Pacto Internacional de Derechos Económicos, Sociales y Culturales (16 de diciembre de 1966).

El animador puede ir poniendo ejemplos que concreten más estos conceptos.

### Ejercitación

En la misma hoja pero por detrás o a continuación se coloca el siguiente ejercicio:

"Casar" cada derecho con su respectivo deber (porque tampoco están en orden de prioridad).

| Derechos | Deberes |
|---|---|
| 1. Derecho a la existencia y a un nivel de vida digno. | 1. Deber de participar en la vida social y política. |
| 2. Derecho a vivir los valores morales y culturales. | 2. Deber de enseñar a los demás. |
| 3. Derecho a creer en Dios según la propia conciencia. | 3. Deber de cuidar la vida. |
| 4. Derecho a la salud. | 4. Deber de respetar la opinión de los demás. |
| 5. Derecho al trabajo. | 5. Deber de vivir moralmente y de respetar y promover nuestra cultura. |
| 6. Derecho a la educación. | 6. Deber de respetar las creencias ajenas. |
| 7. Derecho a la propiedad privada. | 7. Deber de trabajar y de hacerlo bien. |
| 8. Derecho a reunirse y asociarse libremente. | 8. Deber de contribuir a la salud pública. |
| 9. Derecho a la libertad de pensamiento. | 9. Deber de respetar la propiedad ajena y la propiedad social. |
| 10. Derecho a participar en política según su propia opción o abstenerse sin perjuicios. | 10. Deber de respetar las opiniones y participar activamente en las asociaciones propias. |
| 11. Derecho a emigrar. | 11. Deber de pensar y decidir con su propia cabeza y voluntad y respetar la decisión y el pensamiento ajeno. |
| 12. Derecho a expresarse y dar su propia opinión. | 12. Deber de defender y desarrollar su Patria, el mundo y la naturaleza. |
| 13. Derecho a ser ayudado en la necesidad. | 13. Deber de ayudar desinteresadamente al necesitado. |

### Notas para el animador

***DEBERES Y DERECHOS:*** En toda convivencia humana bien organizada y fecunda hay que colocar, como fundamento de todo, el principio de que todo ser humano es persona, es decir, una naturaleza dotada de inteligencia y de voluntad libre y que, por tanto, de esa misma naturaleza nacen directamente y al mismo tiempo, derechos y deberes que al ser universales e inviolables, son también absolutamente inalienables.

## Tema 6: "Aprendemos a pensar y a decidir"

### Objetivos:

**1.** Comprender que para ser personas responsables tenemos que "aprender a pensar" y "aprender a decidir" con independencia y voluntad propias.
**2.** Comprobar que la reflexión es el método y la actitud para tomar decisiones responsables y libres.

### Motivación

**1.** Se comienza invitando a todos a participar en el juego de "DICE SIMÓN".

**2.** Las reglas del juego son las siguientes:

- El animador es un enviado de "Simón" que es "el jefe" de todos los presentes y trae órdenes que cumplir. Cuando el vocero manda "Dice Simón que se pongan de pie", todos deben obedecer; si alguno no lo hace, sale del juego y se coloca en el grupo B de los perdedores.
- Cuando el animador o vocero de Simón ordena "pónganse de pie" sin anteponer el "dice Simón..." nadie debe obedecer y todos deben quedar en la postura anterior. El que obedezca pierde y sale para el grupo A de los perdedores.
- El animador o vocero dirá indistintamente y rápido una veces: "dice Simón..." y otras veces "hagan esto o lo otro".
- Si se quiere, se puede preparar de antemano un listado de órdenes, por ejemplo: dice Simón que se peinen, dice Simón que aplaudan, dejen de aplaudir, dice Simón que no dejen de aplaudir, dice Simón que levanten un pie, siéntense, dice Simón que se sienten, dice Simón que levanten los dos pies, bajen un pie, etc. (Como se verá, mientras más rápido se logre dar las órdenes más equivocados habrá). La clave está en la rapidez y la seguridad con que el animador logre dar las órdenes combinando las órdenes con "dice Simón" y las suyas propias.
- Los del grupo A son los que actuaron sin pensar, sin atender, sin fijarse. Los del grupo B son los que no tuvieron decisión rápida y correcta. (Pero esto no se dice hasta después). El juego puede durar 10-15 minutos.

**3.** Terminar el juego, se aplaude a los ganadores y se les pide que formen el equipo vencedor. Los tres equipos contestan estas preguntas:

- **Equipo campeón:** ¿por qué lograron no equivocarse y ganar?
- **Equipo A:** ¿por qué se equivocaron?
- **Equipo B:** ¿por qué se equivocaron?

Cada equipo apunta las respuestas que dirán en plenaria.

**4.** El animador pone en la pizarra o en un cartel dividido en tres: Equipo campeón, Equipo A y Equipo B. (Pone las palabras claves de las respuestas de los equipos). Pudieran ser: *más atención, no entendimos, no tuvimos decisión, pensamos más, no nos fijamos, no actuamos con seguridad, más escucha, hicimos lo que nos mandaron sin pensar, estábamos indecisos, etc.*

El animador resume diciendo con sus palabras: Este juego nos ayuda a darnos cuenta que cuando actuamos sin pensar, nos equivocamos, que cuando no tenemos decisión propia y hacemos lo que nos mandan sin pensar, nos equivocamos, si no tenemos decisión y fuerza de voluntad para hacer rápido y bien las cosas, incumplimos y nos equivocamos.

Pone el título en la pizarra y enuncia con sus palabras los objetivos.

### DESARROLLO

Hoy estamos reflexionando este importante tema: PARA SER PERSONAS HAY QUE APRENDER A PENSAR CON SU CABEZA. HAY QUE APRENDER A DECIDIR POR VOLUNTAD PROPIA.

Todos sabemos, dice el animador, que uno de los grandes aportes de un cubano a quien Martí llamó "Patriota entero" y "santo cubano" fue que nos enseñó a pensar. Ese fue el Padre Félix Varela, de quien José de la Luz y Caballero dijo: "Mientras se piense en Cuba, se pensará con respeto y veneración en el primero que nos enseñó en pensar". Por eso hoy insistiremos en estas ideas (entrega el resumen en una hoja o lo va poniendo en la pizarra y lo explica con palabras sencillas como lectura comentada y ejemplificada):

**1.** Para ser PERSONAS debemos "aprender a pensar y decidir" por nosotros mismos, "con nuestras propias cabezas".

**2.** Aprender a pensar significa: APRENDER A REFLEXIONAR, es decir:
  - No ser superficiales.
  - No hacer las cosas porque otros las hacen.
  - No hacer las cosas sin darnos un tiempo para pensarlas bien: darle "taller antes de decidir.
  - No ser de una forma o actuar de otra sin antes saber por qué. ¿Por qué queremos y debemos ser así? O ¿por qué queremos o debemos actuar así?

Aprender a reflexionar es :
- Detenerse con un poco de tiempo.
- "Mirar" para dentro de uno mismo.
- Razonar:
-¿Qué quiero ser o qué quiero hacer?
-¿Qué debo ser o qué debo hacer?
-¿Por qué quiero serlo o hacerlo?
-¿Por qué debo serlo o hacerlo?
-¿Es para mi bien sin perjudicar a los demás?
-¿Es para el bien de los demás?
-¿Cuáles son las causas de esto?
-¿Cuáles serán sus consecuencias?
-Si eres cristiano: ¿Qué haría Jesús en mi lugar?
- Escuchar consejos de personas sensatas. Pero decidir por sí mismo.
- Sopesar las razones a favor o en contra de tomar esa decisión.
- Decidirse a tomar una decisión y pedir la ayuda de Dios y de los demás.

**3.** Para aprender a pensar y a decidir bien se necesitan dos condiciones:

- SER LIBRE Y TENER LIBERTAD.
- SER RESPONSABLE Y TENER FUERZA DE VOLUNTAD.

**4.** Para aprender a pensar y decidir bien hay que vencer:

- EL MIEDO: al "qué dirán" y al "que me perjudica", al "ser diferente".
- EL COMPLEJO: "yo no sé", "yo no puedo", "no estoy preparado".
- LA SUPERFICIALIDAD Y EL APRESURAMIENTO: "a la ligera" y "a lo loco".

**5.** Para aprender a pensar y decidir bien, libre y responsablemente hace falta ENTRENAMIENTO. Ir creando hábito de hacerlo. Al principio con mucha dificultad. Después lo haremos casi "por costumbre". Habremos avanzado cuando nos digan: Fulano "asentó cabeza", Fulano "piensa con su cabeza". Fulano le está "dando taller" a sus decisiones. Sobre todo, ¡ESTAR ALERTAS! ¡ATENTOS! Porque nos cogen desprevenidos y "perdemos".

El animador puede invitar a los participantes a subrayar o decir la frase que más le impresionó o más le gustó o no entendió.

### Ejercitación

**1.** Equipos de no más de 5 personas.

**2.** Cada equipo escoge uno de estos refranes populares:
- "DONDE VA VICENTE VA LA GENTE".
- "MONO VE, MONO HACE, LO QUE SE VE NO SE HACE".

- "CADA CUAL PIENSA CON SU CABEZA".
- "NADIE ESCARMIENTA POR CABEZA AJENA".
- "ACTÚA COMO UNA VELETA Y SE ADAPTA COMO EL CAMALEÓN".

Se preguntan: ¿Qué quiere decir este refrán popular? ¿Hemos actuado alguna vez así?

**3.** Si hubiera tiempo (opcional) o como "tarea" para trabajo individual:
**a.** Cada participante piensa en un hecho o decisión de su vida bien concreta y sobre ese hecho contesta los "pasos" que en forma de preguntas se sugieren en el punto 2 de la hoja: "Aprendemos a pensar y decidir" que se les entregó o se escribió en la pizarra. Así se entrenan en la reflexión personal.
**b.** Si comprendo que no decidí o no pensé suficiente la decisión me pregunto: ¿POR QUÉ? (¿Miedo, complejo, apresuramiento, superficialidad?).

**4.** Otra opción: Evaluarse rellenando el siguiente cuadro:

| Lo que pienso | Lo que digo | Lo que hago |
|---|---|---|
| A | A | A |
| A | B | B |
| A | A | B |

**Fila 1:** Lo que pienso, hago y digo coincide _____ (siempre, a veces, frecuentemente).
**Fila 2:** Lo que pienso no coincide con lo que digo y hago _____ (nunca, a veces, frecuentemente).
**Fila 3:** Lo que pienso y lo que digo no coincide con lo que hago _____ (nunca, a veces, frecuentemente).

¿Por qué actuó así? Esta misma evaluación puede hacerse en equipo teniendo como referencia al "cubano promedio". Cada equipo presenta su cuadro. Se puede buscar consenso en plenaria. El animador, en consideración del grupo de participantes, puede escoger una de las tres opciones de los puntos 2, 3 y 4 de la ejercitación o si dispone de tiempo hace las tres o da a escoger o deja una de ellas para trabajo en casa o en otro encuentro.

Termina como siempre:
- ¿Cómo encontramos este encuentro?
- ¿Qué hay que mejorar?
- ¿Ha sido útil lo aprendido?

### Notas para el animador

***PENSAR Y DECIDIR:*** Decidir, es determinar lo que es y debe ser. La decisión tiene en sí un carácter de novedad y creatividad. Se coloca en la raíz misma de la historicidad del hombre y se hace sustancia de la historia real, abierta al futuro: como superación, crecimiento, devenir. El hombre se realiza en la historia y vive en la historia. La historia es su destino, él crea su historia. Todo esto se da en cuanto su decisión es disposición de sí mismo en la libertad y trascendencia de su realidad, en la novedad inédita de su posibilidad. El hombre es un ser histórico, por eso puede y debe pensar con libertad y decidir con responsabilidad.

## Tema 7: "Aprendemos a participar"

**Objetivos:**
**1.** Comprender que para ser personas integrales y plenas es necesario participar, "tomar parte" en todos los ambientes en que estemos presentes.
**2.** Aprender que participar significa: comprometerse, aportar, debatir, criticar, discrepar, optar, mejorar, rectificar; no solo aceptar, consentir, apoyar.
**3.** Ejercitar "hacer proyectos" de participación sencillos en diversos ambientes.

### Motivación

**1.** Hay que preparar una "actividad", una excursión a la playa.

**2.** Se forman dos equipos y quedan fuera de ellos 2 o 4 personas (con características de líder, pueden ser rápidamente propuestos y elegidos por todos). Se propone: debemos elegir 2 o 4 responsables del grupo. Rápido se forman los equipos. El equipo No. 1 está formado por personas que "no van a la playa" pero que deben preparar el viaje para los que van. El equipo No. 2 es de personas que van a la playa.

**3.** Trabajo de los cuatro responsables (se les explica aparte después que los dos equipos han ido a trabajar):
**1er Responsable:** Preparará él solo el viaje a la playa (él también va). No puede preguntar ni consultar.
Si es posible se va a otra habitación. Con lápiz y papel apunta todos los preparativos. Es el "hacelotodo" para que quede bien y rápido y más fácil y seguro que andar contando con ellos.
**2do Responsable:** Este espera que los demás terminen y entonces escogerá con qué grupo le gustaría ir a la playa. No hace nada más que "soñar" como le gustaría y le convendría ir a la playa.
Apunta sus sueños. Espera a que terminen y dice con qué grupo iría y por qué y con quién no iría a la playa y por qué. Es el soñador no comprometido.
**Los otros dos:** Son los "abogados del diablo". Su misión es criticar cada proyecto después que los que trabajaron lo presentan. Intervienen solo en la

plenaria y para encontrar defectos a los proyectos de viaje. Ellos van pero están inconformes siempre. Si son convencidos por los demás se incorporan al viaje.

**4.** En plenaria cada equipo y cada responsable informan o hacen su papel en este orden:
- el que lo hizo solo
- los equipos
- el soñador
- los criticones

Después de cada uno, se da la palabra al resto (solo durante 3 minutos).

**5.** El animador agiliza la plenaria y llega a conclusiones: ¿Cómo es mejor organizar el viaje? Con la mayor participación y compromiso de todos. ¿Cómo nos sentimos mejor como personas?

Esta es precisamente la reflexión de este encuentro. Poner el título en la pizarra y explicar los objetivos con sus palabras.

### Desarrollo

Con palabras sencillas, pone ejemplos relacionados con la motivación y con otros proyectos más serios, explica:

**1.** Para ser personas hay que aprender a PARTICIPAR, es decir, TOMAR PARTE en las obras, tareas, proyectos, en los diferentes ambientes en que estamos presentes.

**2.** Para participar como personas es necesario saber de antemano en qué vamos a participar, conocer el proyecto y participar en él plenamente. Todo proyecto debe hacerse con la participación de las personas interesadas o sus representantes y debe tener:

### Partes de un proyecto de participación
**a.** ¿Cómo están estas personas, ambiente o grupo hoy? ANÁLISIS DE SU REALIDAD.
**b.** ¿Cómo creemos que deberían estar o queremos que estén? EL FIN O META.
**c.** ¿Qué necesitarían para llegar a esa meta? NECESIDADES CONCRETAS.
**d.** ¿Cómo satisfacer esas necesidades? OBJETIVOS.
**e.** ¿Qué tareas concretas debemos realizar? TAREAS CONCRETAS.
**f.** ¿Qué necesitamos para hacer estas tareas? MEDIOS Y RECURSOS.
**g.** ¿En qué tiempo lo podemos hacer? ETAPAS-TIEMPO-CRONOGRAMA.
**h.** ¿Quiénes realizarán cada tarea? PARTICIPANTES Y COORDINADORES.

**3.** Para participar en la evaluación del proyecto se recomienda:
**a.** ¿Hemos cumplido el fin propuesto?

**b.** ¿Se cumplieron los objetivos y necesidades?
**c.** ¿Qué tareas salieron bien y cuáles mal? ¿Por qué?
**d.** ¿Cómo se usaron los medios y recursos? ¿Fueron los adecuados?
**e.** ¿Lo hicimos en el tiempo planificado?
**f.** ¿Cómo lo hicieron los participantes? ¿Participaron todos? ¿Qué falló y por qué?
**g.** ¿Qué debemos mejorar para el próximo proyecto o etapa?

**4.** Para que la participación sea como persona y no como "robots", "títeres" o "payasos" es necesario que cada persona implicada o en caso de ser muchas, sus representantes elegidos libre y responsablemente, puedan participar en: génesis del proyecto, su planificación, ejecución, evaluación, continuidad y mejoramiento. En ese sentido proponemos estudiar este cuadro sinóptico:

| PARTICIPAR-SÍ | NO-PARTICIPAR |
|---|---|
| - Libremente. | - Por presiones, coaccionado, amenazado, por miedo. |
| - Por decisión propia: sin infantilismo ni paternalismo o autoritarismo. | - Porque "me mandaron" porque todo el mundo lo hace, porque "hay que hacerlo pa' quedar bien". |
| - Comprometidamente: "metiendo el hombro", "como una cosa de uno". | - Sin compromisos. "A ver si puedo", "zafándole el cuerpo", "desde afuera", cómodamente. |
| - Como somos, con lo que podemos aportar, sinceramente. | - No como quieren que seamos, fingiendo papeles o diciendo las cosas que se esperan que digamos. |
| - Constructivamente: aportando ideas, soluciones, sin poner "podridas" inventadas para ponerlo malo. | - Como criticones o jueces. Como derrotistas que solo ven dificultades y fantasmas. Poner en crisis sin aportar soluciones posibles. |
| - Críticamente: reconociendo lo bueno y lo deficiente del proyecto o los medios a emplear, o la forma de hacerlo, o los objetivos propuestos. Discrepar sanamente es bueno y ayuda a mejorar el proyecto. | - Solo para asentir, para aceptar sin pensarlo, por no buscarnos problemas o por terminar primero. Hacer lo que otros quieren sin contar conmigo y mis opiniones. |
| -Respetuosamente: sabiendo que otros tendrán opiniones y soluciones diversas: mejores y peores. Que cada cual tiene derecho de participar y merece respeto y escucha. | - Imponiendo mis criterios, aplastando el de los demás con críticas destructivas a su proyecto o a su persona. Silenciando a los demás. No escuchándolos. |
| - Perseverantemente: porque no es "pan para hoy y hambre para mañana". Porque toda obra buena merece constancia. Solo el que persevera: triunfa. Para no desanimar ni desanimarnos. | - Con "apagones". Es decir, hoy participo y mañana le zafo. Es la medida de mi inmadurez como persona. Arrancamos bien y sabemos que perdemos "la cuerda" rápido. |
| -Plenamente: en la planificación, en la ejecución del proyecto, en la evaluación, en su mejoramiento. | - Solo cuando otros planifican y deciden y yo ejecuto. O cuando planifico y ejecuto y otros evalúan y rectifican sin mi aporte. |

**5.** Los mejores espacios de participación se miden por la inclusión, la horizontalidad de su gestión y la apertura a otros proyectos o espacios de participación. Por tanto, serán mejores espacios de participación aquellos que sean:

- más inclusivos
- menos caudillistas
- menos sectarios

### Ejercitación

**1.** Se presentan los siguientes "espacios de participación" y se propone que los interesados en cada ambiente formen equipos y hagan un "Proyecto" de participación en ese ambiente siguiendo los pasos del punto 2.

- Barrio
- Comunidad Cristiana (grupo de matrimonios, jóvenes, otros)
- Grupo de padres de un aula
- Grupo musical
- Proyecto de "trabajo por cuenta propia"
- Cooperativa campesina
- Trabajadores de una paladar
- Otros que sugiera el mismo grupo

**2.** Estos proyectos van a servir de motivación para el próximo tema. Se termina, como siempre, evaluando el encuentro:

- ¿Qué les ha gustado más?
- ¿Qué habría que mejorar?
- ¿Cómo me ayuda esto para mi vida?

### Notas para el animador

***PARTICIPACIÓN (TOMAR PARTE):*** La persona humana, en el ámbito de los grupos y las instituciones en que se mueve, no puede ser considerada como puro objeto de decisiones provenientes de arriba sino que debe tener posibilidades efectivas y garantizadas de participar de forma activa, auténtica y no manipulada en la formación de las decisiones que le afectan.

Esta es la clave para superar las situaciones críticas por las que atraviesa el mundo de hoy y la vía para poner en marcha una vida democrática y real. La participación concebida en forma positiva, crítica y liberadora es experiencia altamente humana, por ser experiencia de responsabilidad y servicio.

# Tema 8: "Aprendamos a ser responsables y resilientes"

## Objetivos:
1. Aprender que para ser personas bien formadas es necesario ser responsables.
2. Relacionar el grado de responsabilidad con el grado de libertad y participación y la relación entre paternalismo e irresponsabilidad.
3. Aprender qué es la resiliencia y qué es ser una persona resiliente.

### Motivación

1. Siguen los equipos del tema anterior que se presentarán:
   - Leen el proyecto confeccionado en el tema anterior.
   - ¿Quiénes son los responsables de este proyecto?
   - ¿Qué es ser responsable y hacerse responsable de un proyecto?

2. Dan las respuestas en plenaria.

3. El animador resume con estas palabras o similares: vemos que hay una diferencia entre ser responsable y tener responsabilidades. Hoy estudiaremos que para ser personas bien formadas hay que SER responsables y TENER responsabilidades. Pone el título en la pizarra y explica con sus palabras los objetivos.

### Desarrollo

El animador reparte una hoja con las siguientes ideas que explica o pide que sean leídas y expresadas con sus palabras por varios participantes:

**1.** Para ser personas hay que aprender a ser RESPONSABLES Y RESILIENTES.

**2.** SER RESPONSABLE es: Tener la capacidad para responder a situaciones, problemas, necesidades o solicitudes con libertad, creatividad y perseverancia con el fin de alcanzar el bien propio y el de los demás.

**3.** Si no hay libertad para actuar no hay responsabilidad. No es responsable el que actúa presionado, por miedo o por amenaza o quien es privado de la posibilidad material o espiritual de hacerlo, de escoger el camino y los medios para hacerlo.

**4.** Si no hay creatividad, si no hay espacio para la iniciativa personal y todo viene de "arriba" o de "afuera", no hay responsabilidad. "Esto no es mío", se dice, "no es asunto mío", o sencillamente, se cumple una tarea porque "lo orientaron" así. Se ejecuta lo que otro mandó. Nadie es responsable, es el paternalismo y la dependencia infantil.

**5.** Si ni hay perseverancia y no concluimos las obras que comenzamos, no hay responsabilidad. No somos constantes. Nos desanimamos.

**6.** SER RESILIENTES es cultivar la capacidad de convertir la adversidad en nueva fuerza para la vida. Es capitalizar las dificultades y transformarlas en energía para crecer, perseverar y ser feliz. No es resistencia, no es soportar con fortaleza los reveses y problemas o limitaciones.

RESILIENCIA es la habilidad para pasar de la resistencia a la capacidad. Es "pararse" sobre los infortunios o persecuciones, usarlos como trampolín y transformarlos en "energía positiva" para impulsar nuestro proyecto de vida o la obra en la que nos hemos entregado. Cuba necesita cubanos responsables y resilientes. Es decir, que respondan ante los desafíos y que, además, aprendan a convertir lo negativo en fuerza y plenitud de vida.

**7.** Una cosa es SER una persona responsable y otra TENER responsabilidades. Ser responsable: es tener esta cualidad humana. Es tener la capacidad de responder a la necesidad o tarea, responder a los desafíos de la vida. Es una actitud ante la vida. Tener una responsabilidad es aceptar libremente dar respuesta a una situación concreta y asumir sus trabajos y riesgos.

**8.** Sin participación personal, libre y consciente no hay responsabilidad. Por eso cuando se da una tarea o encomienda a alguien que no participa ni en su planificación, ni en su evaluación, ni conoce los motivos y consecuencias, solo ejecuta. A esa persona no se le ha dado espacio para la responsabilidad madura. Se convierte en "ejecutor", "correa de transmisión", pero no persona responsable hasta que no lo asume libre y conscientemente si no hubo posibilidad de mayor participación, que es lo mejor.

### EJERCITACIÓN

**1.** Los participantes forman 3 equipos:

- Un equipo responde: Escribe 5 características que distinguen a una persona que es responsable.
- Otro equipo responde: Escribe 5 características de una persona que tenga responsabilidades.
- El otro equipo responde: Escribe 5 características de una persona que es resiliente.

**2.** Se hace en plenaria un cuadro comparativo entre estas características.

Se termina, como siempre, evaluando el encuentro:
  - ¿Aspectos positivos?
  - ¿Algo que mejorar?
  - ¿Me ayuda para la vida cotidiana?

### Notas para el animador

***RESPONSABILIDAD:*** La responsabilidad desde el punto de vista moral es más que la responsabilidad civil o penal, va ligada constitutivamente al ser de la persona. Es una respuesta a una palabra dirigida que ha interpelado la persona en su interior; es por tanto, un diálogo existencial y conlleva a un compromiso por algo y ante alguien, a una acción consciente y libre en la que la persona siente cuando actúa que es ella la que efectúa sus propios actos por iniciativa propia.

La responsabilidad se refiere al ser con los demás hombres, al hecho de compartir su propia humanidad con la humanidad de los demás y de ser responsable de ellos y delante de ellos. En la responsabilidad se manifiesta la nobleza de la persona humana. La responsabilidad es una tarea personal e histórica. Cuando una persona tiene un encargo, una función, una misión y la realiza adecuadamente como respuesta, se dice que es una persona "responsable".

La historia es el tiempo de la responsabilidad del hombre y de la resiliencia: ante sí mismo, ante los hombres, ante la creación, ante la propia historia y ante Dios que se manifiesta en ellos y en ellos habla y se encarna.

## Tema 9: "Aprendamos a tener y a compartir"

### Objetivos:
**1.** Aprender que para ser personas plenamente humanas es necesario conocer la verdadera dimensión de la propiedad, "saber tener".
**2.** Aprender que la solidaridad, al abrirse a los demás y "saber compartir", es una característica de una persona bien formada.
**3.** Distinguir la diferencia entre la "sed de tener" que conduce al consumismo y la virtud de compartir que conduce a la sinceridad.

### Motivación

**1.** El animador explica en qué consiste el "juego de las tarjetas" o del "rompecabezas compartido":

Se prepara con anterioridad sobre cartón o cartulina rectangular "piezas de un rompecabezas" del mismo tamaño y color. No se enumeran. Se hacen 2 o 4 juegos. Respetar las formas de las tarjetas pero el tamaño del juego puede ser mayor o menor según la disponibilidad del cartón o cartulina. Se recomienda el tamaño de una hoja para todo el rectángulo.

**2.** Las reglas del juego son las siguientes:
 - Se forman equipos de 2 o de 4 y por cada equipo se designa un observador.
 - Cada participante tiene un juego de tarjetas en su mano.

- El juego consiste en formar un rectángulo lo antes posible.
- Es competitivo con los demás equipos. Gana el equipo que primero complete la figura.
- Las condiciones: nadie puede hablar, ni hacer señas, ni gestos indicativos, ni solicitar al otro que ponga su tarjeta, ni recriminarle que no ceda la suya. Se trata de respetar la propiedad individual. Solo por iniciativa espontánea del que la tiene este puede ofrecer una tarjeta. Considerando su aporte para formar más rápido la figura. Todos pueden aportar pero solo donando su tarjeta o retirándola si estorbara para formar la figura. Pero solo por iniciativa del dueño de la tarjeta. Se trata de ejercer la solidaridad, el compartir y dar lo que tengo.
- El observador saca del juego a cualquiera de los participantes que rompa estas reglas. El equipo pierde si no logra formar figura con los restantes. No pueden sobrar tarjetas.

**3.** Cada equipo necesita una mesa, un espacio de piso, o lugar plano para formar el rompecabeza. Cada jugador solo puede tocar (quitar o poner) su tarjeta.

**4.** Terminado el juego el animador felicita al equipo ganador y muestra cómo era posible en todos los casos.

Pregunta (al equipo ganador): ¿Por qué lograron hacer la figura primero?
Pregunta a los demás: ¿Qué les pasó? ¿Por qué no lograron hacer la figura?

Concluye la motivación diciendo: Es importante saber aportar la parte que nos corresponde para que una obra se realice. Esto es "saber tener y compartir". Es el tema de hoy. Pone el título y explica con sus palabras los objetivos.

### Desarrollo

El animador había escrito en la pizarra las palabras que salían de las respuestas de las últimas preguntas de la motivación. Se apoya en el "juego del rompecabezas" y en esas palabras claves que salieron de los participantes y explica estas ideas que entrega en una hoja a cada uno:

**1.** Para que una persona llegue a su plenitud debe "SABER TENER". Esto es:
 - Comprender que la propiedad privada debe respetarse. Es un derecho.
 - Comprender que la propiedad privada debe compartirse. Es un deber.

**2.** Al derecho de cada persona a poseer sus bienes y a administrarlos libremente sin intervención estatal o ajena inadecuada, se le llama DERECHO DE PROPIEDAD. Y a la actitud de los demás hacia ese derecho: RESPETO A LA PROPIEDAD. Este es un derecho al que le corresponde ese deber.

**3.** Al deber de compartir libremente y por propia iniciativa la propiedad que poseemos, los bienes que tenemos se llama SOLIDARIDAD. La solidaridad no se puede decretar por ley porque coarta la libertad personal. Pero sin solidaridad no hay persona madura y plenamente formada porque se encierra en su EGOÍSMO.

**4.** La solidaridad solo es válida cuando surge de la necesidad de compartir de una persona madura, generosa, y de la disposición de ella a reconocer en cada hombre y mujer otra PERSONA.

**5.** El destino universal de los bienes de la naturaleza y de aquellos creados por el trabajo humano es el fundamental, primero y principal de la distribución equitativa y la solidaridad humana.

**6.** SABER COMPARTIR es ABRIRSE A LA PRIMERA TRASCENDENCIA O SOLICITUD DEL AMOR. Al amor de familia: filial y fraternal. Al amor de amigos. Al amor de esposos. Al amor social. Es abrirse a la primera trascendencia. Es decir, la primera puerta para salir del propio egoísmo.

**7.** La persona que aprende a compartir y se abre a esta primera trascendencia, es decir, traspasa la primera puerta para liberarse del egoísmo propio, ha dado el primer paso para ABRIRSE A LA SEGUNDA Y TOTAL TRASCENDENCIA: El amor de Dios: que es filial, que es fraterno, que es total y absoluto. Es abrirse a la plenitud del amor que nos hace personas INTEGRALES Y PLENAS porque nos da la conciencia de ser -y lo somos- HIJOS DE DIOS Y HERMANOS DE LOS DEMÁS HOMBRES. Así alcanza la persona humana su verdadera estatura, la plenitud de su vida.

**8.** Las personas agnósticas o ateas, por supuesto que también pueden alcanzar esa plenitud y estatura humanas, cuando logran abrirse al amor de tal manera que experimentan el llamado amor-ágape que significa aquella entrega de tal magnitud que ofrece todo sin esperar nada a cambio más que la felicidad de dar y compartir.

### Ejercitación

**1.** Se forman tríos para encontrar casos concretos de solidaridad en los siguientes ambientes: familia, vecindario, centro de trabajo, comunidad cristiana, escuela, grupo de amigos, ambiente cultural, político, trabajadores por cuenta propia, de los más pobres de hoy.

**2.** Si da tiempo (o para su casa) hacen un Concordar-Discordar con el refrán popular: "el que da lo que tiene a pedir se queda". Si la dinámica del principio no se logra, este ejercicio 2 puede servir también de motivación al tema.

**3.** Puede hacerse plenaria o no. Se termina evaluando el encuentro:
 - ¿Qué nos gustó más?
 - ¿Ha sido bueno y útil para la vida?
 - Aspectos a mejorar.

### Notas para el animador

***TENER Y COMPARTIR: SOLIDARIDAD:*** El develamiento de la propia persona tiene lugar en que ella entra en relación con otras personas, en el ámbito de la solidaridad humana que no es más que el deber de compartir lo que se tiene y por ello es una virtud.

La solidaridad relaciona al individuo con la sociedad ya que es la determinación firme y perseverante de empeñarse en el bien de todos y cada uno, para que todos seamos verdaderamente responsables de todos. El ejercicio de la solidaridad es válido solo cuando los miembros de la sociedad se reconocen unos a otros como personas y como hermanos en la única dignidad y naturaleza humanas. Los que tienen más, al disponer de una porción mayor de bienes y servicios comunes, han de sentirse responsables de los más débiles y estar dispuestos a compartir con ellos lo que poseen. Estos, por su parte, en la misma línea de solidaridad, no deben adoptar una actitud meramente pasiva sino que reclamando sus derechos han de realizar lo que les corresponde para el bien de todos.

## Tema 10: "Procuramos el bien de todos"

**Objetivos:**
1. Aprender que para ser plenamente personas es necesario procurar, con todos, el bien de todos: el BIEN COMÚN.
2. Relacionar la solidaridad personal-individual con la correspondiente y complementaria solidaridad social o comunitaria.

### Motivación

**Opción 1. Juego de la soga:** Se piden 6 voluntarios que tendrán que separarse en 4 y 2. Tiran de la soga y gana quien logre hacer caminar el grupo hacia delante.

**Opción 2. Juego de la tela de araña:** Se piden 6 voluntarios. Se le entrega a cada uno un pedazo de hilo de diferente tamaño. Se amarran 6 cabos de hilo a 6 puntos del salón, de modo que se contrapongan y puedan amarrarse en el centro. Hay un inconveniente: los hilos no alcanzan y cada participante intentará ayudar para lograr el fin, aportando su pedazo. Los demás de la sala pueden ayudar. Todo se hará en 6 minutos. Si el equipo no lo logra, entrega los pedazos de hilo y entra a jugar otro equipo.

**Opción 3:** Los participantes forman 6 equipos. Tres de ellos tienen la tarea de hacer un listado de necesidades cotidianas de los ciudadanos en Cuba. Ej: leche para los niños, desayuno, transporte para ir a la escuela (al trabajo), ropa, alimentos, vivienda, reparación de algo en la misma, etc.

Los otros tres equipos harán una relación de oficios comunes en nuestra sociedad.

En la plenaria se trata de preguntar: ¿se pueden satisfacer estas necesidades solos o aislados? Tratemos de alcanzar el bien de todos casando estos oficios con las necesidades que resuelven.

El animador resume la motivación destacando que es necesario que cada cual aporte a la sociedad sus dones y trabajos para alcanzar entre todos el bien común. Este es precisamente el tema de hoy. Pone el título y explica con sus palabras los objetivos.

### Desarrollo

Basándose en el ejemplo de la motivación y en la vida diaria explica con palabras sencillas estas ideas que entrega copiadas en una hoja:

**1.** El BIEN COMÚN es el conjunto de condiciones individuales y sociales que permiten a los miembros de la sociedad, desarrollar integral y plenamente su propia PERSONA.

**2.** El bien común no solo garantiza las condiciones para el desarrollo personal de quien contribuye a alcanzarlo y encuentra el modo de SER MÁS PLENAMENTE PERSONA: SER MÁS HUMANO, sino que garantiza un "hábitat", unas estructuras, un dinamismo social que favorece, promueve y defiende el bienestar y el desarrollo humano integral (DHI) de cada ciudadano y de toda la sociedad.

**3.** Procurar el bien común es avanzar DE CONDICIONES MENOS HUMANAS A CONDICIONES MÁS HUMANAS (Pablo VI).

**4.** El bien común no es solamente la suma de la satisfacción de necesidades de cada ciudadano. Es también luchar porque las estructuras, organizaciones y asociaciones sociales favorezcan este bienestar integral, de todas las dimensiones de la persona: material, cultural, espiritual, etc.

**5.** Luchar por el logro progresivo y constante del bien común es no solo deber de toda persona, sino que es el fin y la razón de ser del Estado y de la sociedad civil.

**6.** El respeto y desarrollo de la PERSONA HUMANA y la búsqueda del BIEN COMÚN de toda la sociedad son las dos columnas que sostienen e inspiran toda obra humana y social y son las premisas para discernir si una obra es buena y justa. Esos son también los raseros para evaluar la gestión de los políticos y del Estado.

### EJERCITACIÓN

Se profundiza en equipo:

1. ¿Qué significa en la práctica la frase de José Martí inscrita en nuestra Constitución: "CON TODOS Y PARA EL BIEN DE TODOS"?

2. Poner tres ejemplos de cómo puede una persona contribuir al bien común de la sociedad en que vive.

3. Poner tres ejemplos de cómo debe un Estado contribuir al bien común de la sociedad a la que sirve.

4. Se termina evaluando este encuentro con las preguntas informales acostumbradas:
   - ¿Qué te gustó?
   - ¿Mejoró en algo tu vida?
   - Aspectos a mejorar.

### NOTAS PARA EL ANIMADOR

***BIEN DE TODOS (BIEN COMÚN):*** El bien común es norma moral de la sociedad y por ello es el fin de todo el conjunto social y de cada miembro del mismo. En la sociedad real y concreta no existe un bien común sino que coexisten diversos fines, pero los fines particulares no deben oponerse a la realización del bien común. El bien común ideal ejerce una función integradora hacia un mínimo de concurrencia de los demás, un mínimo de cooperación a la formación de la unidad en la diversidad deseada. El bien común no es solamente el que requiere que todos hagan algo por lograrlo, sino también, aquel en el que todos pueden participar y del que tienen derecho a beneficiarse; no es la simple suma o elección de los bienes particulares sino que se basa en que todo hombre tenga su propio y suficiente bien.

El bien común es el fin del Estado como marco legal de la comunidad civil, por lo cual le corresponde autoridad moral, poder material y cierta autonomía, pero sin identificarse con la nación ni con la patria. La soberanía sobre el bien común reside en cada ciudadano. El bien común reside tanto en el efectivo disfrute de los derechos como en el fiel cumplimiento de los deberes y con ello se logra el desarrollo integral de cada persona; es el bien social, comunitario, no solo material, sino también espiritual. El bien común es un "estado de cosas" o situación social que, por encima de todo, garantiza a cada uno el lugar que le corresponde en la comunidad, lugar en el cual puede desplegar las fuerzas que le han sido dadas por Dios a fin de alcanzar su perfección corporal, intelectual y moral y, sirviendo a la comunidad, enriquecerse a la vez en bienes externos e internos, o sea, aquello que le conserva, complementa o satisface. Es decir, que le permite acceder a la felicidad.

# CURSO 2
# "SOMOS FAMILIA"

**Características:** Contribuye a cumplir y a cultivar la vocación y el compromiso matrimonial y familiar Este es un curso sobre los fundamentos éticos de la familia. En este curso se propone a la familia como el primer y principal espacio de socialización de la persona humana, como la primera escuela de formación ética y cívica y como la primera comunidad de amor y democracia. Se recomienda facilitar a los participantes una copia de la Carta de los Derechos de la Familia. Sus artículos se irán estudiando y aplicando a Cuba a lo largo de este curso.

**Destinatarios:** Familias y otros grupos de la sociedad civil, grupo de matrimonios de la comunidad, novios que se preparan para el matrimonio, grupo de padres de las escuelas e Iglesias, jóvenes, personas de buena voluntad en general.

**Tiempo:** Cada encuentro tendrá una duración de hora y media. Puede adaptarse a las necesidades del grupo. Si el grupo participa mucho la duración de cada encuentro puede llegar a dos horas. Pueden dividirse algunos temas en dos encuentros. Todo puede darse en 25 horas totales.

**Temas:**

1. La familia: una comunidad de personas
2. El matrimonio: un proyecto de amor
3. Damos la vida y la cuidamos
4. Educamos a nuestros hijos
5. Vivimos en una casa: nuestro hogar
6. La familia: una comunidad de participación
7. Somos una familia abierta y servicial
8. La familia y el trabajo
9. La familia y el tiempo libre
10. La familia y la sociedad civil
11. La familia en crisis

# Tema 1: "La familia: una comunidad de personas"

**Objetivos:**
1. Conocer el concepto y la realidad de la familia como una comunidad de personas que busca el desarrollo integral de sus miembros.

## Motivación

**1.** Los participantes forman pequeños grupos de dos o tres personas. Preferentemente se agruparán los padres con los demás padres, los hijos o solteros, las abuelas, las madres, etc.

**2.** Cada grupo escribirá las respuestas a estas tres preguntas:

  - ¿Cómo me siento como madre, padre, hijo, abuela... (según el grupo)?
  - ¿Cuáles son tus actividades normales durante un día cualquiera?
  - Escribe la hora aproximada y la actividad al lado. Escribe una oración donde digas qué es para ti la familia.

**3.** Cada grupo informa a la plenaria sus respuestas en tres rondas, una para cada pregunta (deja que participen espontáneamente en cada pregunta):

  - ¿Creen ustedes que las actividades que realizamos en un día cualquiera contribuyen a mantener y cuidar nuestras familias?
  - ¿Qué concepto de familia tenemos? (1: teóricamente resume en la pizarra las respuestas a la pregunta 3; 2: en la realidad, resume en la pizarra las respuestas a la segunda pregunta).

Hoy vamos a comenzar un curso sobre la familia que nos puede ayudar a tomar conciencia de la importancia de estabilizar, cuidar y fortalecer nuestras familias.

## Desarrollo

Se pone el título en la pizarra y se enuncia el objetivo que se espera alcanzar. Para ello les proponemos comentar estas ideas que tenemos a mano (se entrega el papel con los siguientes puntos y se invita a guardarlo para comentarlo en la casa con el resto de la familia, durante la semana):

**1.** La familia: es una COMUNIDAD DE PERSONAS. Es decir, cada miembro de la familia ya sean padres o hijos de cualquier edad, abuelos y nietos de cualquier edad y estado de salud, DEBEN ser tratados y considerados como PERSONAS que son.

**2.** Cada miembro de la familia debe ser respetado tal cual es: con su edad, con sus virtudes, con sus defectos, con sus limitaciones de salud o de entendimiento, con sus gustos y su carácter. El respeto a la persona del otro aunque sea mi esposa o mi hijo es la base de toda la relación familiar. La familia es la primera ESCUELA DE LOS DERECHOS HUMANOS. En ella aprenderán todos a respetar derechos y cumplir deberes.

**3.** Cada miembro de la familia debe ser QUERIDO POR LO QUE ES como persona y no por lo que pueda ser en el futuro ni por lo que aporta materialmente a la familia. Si fuera así los esposos se valorarían solo por lo que cargan para la casa y no por lo que aportan como personas.

**4.** La familia es una COMUNIDAD porque en ella compartimos no solo la casa, comida, el dinero, sino por sobre todo compartimos la vida, el cariño, las angustias, la enfermedad, las alegrías y los proyectos. En ella también aprendemos a renunciar a deseos egoístas y a ponernos al servicio de la vida y de la comunidad familiar.

**5.** La familia es una comunidad de personas que tiene como finalidad:

- respetarse y quererse con amor: vivir el amor.
- dar y compartir la vida: cuidarla y conservarla.
- ayudar al desarrollo personal e integral de cada miembro.

Por eso podemos resumir que:

- La familia es una COMUNIDAD DE VIDA Y DE AMOR.
- La familia es la CÉLULA FUNDAMENTAL de la sociedad.
- La familia es la PRIMERA ESCUELA de la sociedad civil.

**6.** Leamos lo que dice la Carta de los Derechos de la Familia: (se copian o leen los párrafos del A al H) propuesta por la Santa Sede en 1983.

### Carta de los Derechos de la Familia

Preámbulo.

Considerando que:

**a.** Los derechos de la persona, aunque expresados como derechos del individuo, tienen una dimensión fundamentalmente social que halla su expresión innata y vital en la familia.
**b.** La familia está fundada sobre el matrimonio, esa unión íntima de vida, complemento entre un hombre y una mujer, que está constituida por el vínculo indisoluble del matrimonio, libremente contraído, públicamente afirmado, y que está abierto a la transmisión de la vida.
**c.** El matrimonio es la institución natural a la que está exclusivamente confiada la misión de transmitir la vida.

**d.** La familia, la sociedad natural, existe antes que el Estado o cualquier otra comunidad, y posee unos derechos propios que son inalienables.

**e.** La familia constituye, más que una unidad jurídica, social y económica, una comunidad de amor y de solidaridad, insustituible para la enseñanza y transmisión de los valores culturales, éticos, sociales, espirituales y religiosos, esenciales para el desarrollo y bienestar de sus propios miembros y de la sociedad.

**f.** La familia es el lugar donde se encuentran diferentes generaciones y donde se ayudan mutuamente a crecer en sabiduría humana y a armonizar los derechos individuales con las demás exigencias de la vida social.

**g.** La familia y la sociedad, vinculadas mutuamente por lazos vitales y orgánicos, tienen una función complementaria en la defensa y promoción del bien de la humanidad y de cada persona.

**h.** La experiencia de diferentes culturas a través de la historia ha mostrado la necesidad que tiene la sociedad de reconocer y defender la institución de la familia (el animador puede pedir que cada participante lea una oración o un punto y que los demás comenten o pongan ejemplos o pregunten).

### EJERCITACIÓN

**1.** La actividad que realizaremos se llama "La Familia ante el tribunal". Se divide el grupo en 4 equipos que realizarán las siguientes funciones:

 - 1ro. grupo de TRIBUNAL.
 - 2do. grupo de FISCAL O ACUSADOR.
 - 3ro. grupo de ABOGADO DEFENSOR.
 - 4to. grupo de la FAMILIA EN JUICIO (familia cubana).

**2.** Se da un tiempo de 15 o 20 minutos para prepararse cada uno en su función:

 - El Tribunal tiene en sus manos el papel con las ideas que presenta el recuadro y debe juzgar si la familia acusada cumple o no su misión como familia, da el veredicto final y dicta la "sentencia" que puede ser una serie de tareas para mejorar la familia acusada.
 - El Fiscal tiene en sus manos el resumen de las respuestas a la 2da. pregunta de la motivación (actividades de un día normal) y sobre esa base ACUSA a los responsables por no dedicar el tiempo, esfuerzos y cariño-presencia familiar.
 - El Abogado Defensor tiene en sus manos las respuestas a la tercera pregunta (qué dicen los participantes sobre lo que es la familia para ellos) y trata de defender a la familia acusada (familia cubana) basándose en aquellos criterios.
 - La Familia en Juicio (familia cubana) tiene una oportunidad para intervenir en el juicio y decir lo que estime conveniente sobre su situación actual.

**3.** Se desarrolla el juicio por este orden: El tribunal abre el juicio y dice que se va a juzgar a la "familia cubana" sobre lo que ES y lo que HACE actualmente. Da la palabra al Fiscal. Después da la palabra al Defensor y por último a la Familia en Juicio. Después lee el recuadro diciendo antes de cada punto: CONSIDERANDO QUE... Y lee el punto. Al final da el veredicto: CULPABLE O INOCENTE o mejor SI ES Y HACE LO QUE DEBE o NO. Dicta la "sentencia" que es: Una serie de recomendaciones para mejorar la familia cubana que preparó en los 15 minutos anteriores.

**4.** El animador resume e invita a compartir lo reflexionado en familia durante la semana. Terminan evaluando brevemente este encuentro.

## Tema 2: "El matrimonio: un proyecto de amor"

**Objetivos:**
1. Reconocer el matrimonio como un proyecto de amor siempre renovable y realizable en Cuba hoy y mañana.
2. Estudiar los elementos fundamentales para la estabilidad del matrimonio: fidelidad, diálogo, reconciliación.

### Motivación

**1.** El animador comienza preguntando si han comentado en el seno de la familia y con otras personas el recuadro del tema anterior y qué experiencias hubo.

**2.** Pide tres voluntarios que desempeñarán los papeles de: papá, mamá, el hijo.
**Padre:** (llega del trabajo) Buenas... y sigue quitándose los zapatos, buscando el periódico, etc. Se sienta y comienza a leer.
**Hijo:** Se acerca y le pide que necesita hablar con él para un problema con un amigo que quiere resolver algo en su empresa.
**Padre:** Bueno, ya hablaremos, pero ahora no porque estoy cansado del trabajo y quiero "refrescar un poco". Dile a tu madre que venga.
**Hijo:** ¡Mami te llama papá!
**Madre:** Llega apresurada y sin saludar a su esposo se para delante y descompuesta le dice: ¿Qué quieres ahora, no ves que estoy muerta de trabajar y todavía no está la comida? Tú repochado leyendo el periódico y sin hacer nada en lugar de ayudar. Bueno, pero termina de decir lo que quieres no ves que no tengo tiempo para tus caprichos.
**Padre:** ¿Pero por qué no me saludas...
Ella interrumpe y le dice: Tú tampoco me saludaste cuando llegaste y total para qué... Él sigue: bueno pero ya estamos discutiendo, te llamaba para preguntarte por las chancletas. Ya no te puedo llamar. En esta casa ya no hay paz. Y te advierto que me he pasado el día trabajando para que me digas que no hago nada.
**Madre:** Si vas a seguir con tus peleas me lo dices para irme a hacer todo lo que tengo que hacer para mis hijos. Contigo tampoco se puede hablar. No paras aquí y cuando llegas de mal humor.
**Padre:** ¿Mal humor yo? La que siempre estás erizada eres tú. En fin de cuentas nunca salimos a ningún lado juntos, nunca hablamos de nuestras cosas y de

noche cuando terminamos, cuando no hay apagón, terminamos muertos del cansancio y a dormir pa´ comenzar un día igual.
**Madre:** Es verdad, pero no me saques más las cosas en cara. Tú llevas cuentas, siempre estás sacándome los errores. No hay arreglo, así que no vamos a hablar porque hablar contigo es perder el tiempo y el tiempo es lo que me falta. (Gira y se va). El esposo tira el periódico y dice: Con esta mujer no hay quien hable. Me voy a casa de mi socio a jugar dominó (Se va).

El animador pregunta en general o hace equipos si son muchos para responder esta pregunta: ¿Qué aspectos positivos y negativos ves en este matrimonio? ¿Por qué ocurre esto?

Si se hicieron equipos se informa en plenaria. De lo contrario cuando se agotaron las respuestas el animador dice: hoy continuaremos nuestra reflexión sobre la familia abordando el tema del matrimonio. Pone el título del tema en la pizarra y dice los objetivos.

### Desarrollo

Si es posible, entrega las hojas con el recuadro y pide a los participantes que lean uno a uno los puntos y los comenten, pongan ejemplos, pregunten, hagan observaciones.

**1.** El matrimonio es un proyecto de amor que se realiza cada día y puede ser renovado siempre. Decimos un "proyecto" porque nada está acabado y cumplido en el matrimonio. Todo debe ser nuevamente proyectado y mejorado. Los que ven el matrimonio como algo "hecho" comenzarán a verlo como algo viejo, de "aquellos tiempos", y dirán: "Aquellos tiempos pasaron".

**2.** En el matrimonio cada esposo es una persona y como tal debe ser tratado, respetado y querido. Pero no es cualquier persona, es la persona que escogimos libremente para COMPARTIR LA VIDA Y EL AMOR, EL HOGAR Y LOS HIJOS.

**3.** Por eso cada matrimonio debe esforzarse diariamente por vivir como una comunidad de amor. No es un contrato. No es un negocio a ver si me conviene. Debe ser una comunidad estable, duradera, para siempre, solidaria. Es como único se puede compartir la vida sin reserva, porque no vas a entregarte y compartir la vida hoy con alguien que pienses que puedas dejar mañana.

**4.** La relación entre esposos en la comunidad matrimonial se resume en tres palabras que significan mucho en la vida cotidiana: RESPETARSE, ENTREGARSE y QUERERSE. Es la primera ESCUELA DE AMOR para sus hijos. El amor de los padres hacia sus hijos y demás familiares forma parte inseparable del proyecto de amor de la comunidad matrimonial.

**5.** Un peligro mayor del matrimonio es la INESTABILIDAD de la pareja que se ve amenazada por la situación económica, la falta de tiempo, problemas de vivienda, falta de privacidad, crisis periódicas de relación, etc.

**6.** Tres elementos fundamentales para la estabilidad y consolidación del matrimonio son:

- LA FIDELIDAD
- EL DIÁLOGO
- LA CAPACIDAD DE RECONCILIACIÓN

**7.** LA FIDELIDAD: entre la pareja no es solo ser fieles sexualmente frente a una tercera persona. Es fidelidad al compromiso contraído, fidelidad al vínculo matrimonial a pesar de todo, en las buenas y en las malas. Pero sobre todo en las malas. No es fiel la pareja que se cansa y quiere abandonar la lucha cotidiana por mantener el matrimonio.

**8.** EL DIÁLOGO: entre esposos es tener la actitud y la voluntad de querer hablar cuando todo se cierra. Es hacer el tiempo y quitárselo a todo lo demás para hablar de nuestras cosas. El diálogo no es solo hablar sino estar juntos en silencio. Es acompañar. Es contemplarse mutuamente sin más. Discrepar es también dialogar. La cerrazón no es diálogo.

**9.** LA RECONCILIACIÓN: siempre es necesario volver a empezar. Para eso no se puede "llevar cuentas", "sacar trapos sucios", es necesario "borrón y cuenta nueva". Siempre habrá disgustos pero debemos cultivar la capacidad de reconciliación que significa superar los razonamientos y los sentimientos y complementarlos con la VOLUNTAD, con la fuerza de la voluntad, para querer seguir adelante, para querer volver siempre a empezar. En una palabra: PERDONAR. Y si unos esposos no tienen capacidad para perdonarse entre sí... ¿A quién podrán perdonar de los ajenos? El divorcio, por ejemplo, es la "puerta de escape" con que se consuelan los que son incapaces de perdonarse y perdonar. Con otra persona volveremos a necesitar de la capacidad de reconciliación y de perdón.

**10.** Veamos que dice sobre el matrimonio la Carta de los Derechos de la Familia:

**ARTÍCULO 1:** Todas las personas tienen el derecho de elegir libremente su estado de vida y por lo tanto derecho a contraer matrimonio y establecer una familia o a permanecer célibes.
**a.** Cada hombre y cada mujer, habiendo alcanzado la edad matrimonial y teniendo la capacidad necesaria, tiene el derecho de contraer matrimonio y establecer una familia sin discriminaciones de ningún tipo, las restricciones legales a ejercer este derecho, sean de naturaleza permanente o temporal, pueden ser introducidas únicamente cuando son requeridas por graves y objetivas exigencias de la institución del matrimonio mismo y de su carácter

social y público, deben respetar en todo caso, la dignidad y los derechos fundamentales de la persona.
**b.** Todos aquellos que quieren casarse y establecer una familia tienen el derecho de esperar de la sociedad las condiciones morales, educativas, sociales y económicas que les permitan ejercer su derecho a contraer matrimonio con toda madurez y responsabilidad.
**c.** El valor institucional del matrimonio debe ser reconocido por las autoridades públicas, la situación de las parejas no casadas no debe ponerse al mismo nivel que el matrimonio debidamente contraído.

**ARTÍCULO 2:** El matrimonio no puede ser contraído sin el libre y pleno consentimiento de los esposos debidamente expresado.
**a.** Con el debido respeto por el papel tradicional que ejercen las familias en algunas culturas guiando la decisión de sus hijos, debe ser evitada toda presión que tienda a impedir la elección de una persona concreta como cónyuge.
**b.** Los futuros esposos tienen el derecho de que se respete su libertad religiosa. Por lo tanto, el imponer como condición previa para el matrimonio una abjuración de la fe, o una profesión de fe que sea contraria a su conciencia, constituye una violación de este derecho.
**c.** Los esposos, dentro de la natural complementariedad que existe entre hombre y mujer, gozan de la misma dignidad y de iguales derechos respecto al matrimonio.

### Ejercitación

**1.** Las parejas presentes harán, por separado y en privado, el siguiente ejercicio:
**a.** Leer cada una un punto del desarrollo. Ambos lo comentan viendo como se cumple entre ellos.
**b.** Cada uno por separado revisará en la vida de la pareja cómo se cumplen los tres elementos para la estabilidad del matrimonio, dando una puntuación de 0-10 a cada punto (fidelidad, diálogo y reconciliación).
**c.** Se vuelve a unir la pareja y se intercambian los papeles con la puntuación. Se explica por qué se dieron esos puntos y qué hacer para mejorar.

**2.** Los restantes participantes pueden reunirse en equipos y hacer personalmente el punto b (pero pensando en las parejas cubanas, en general). Después de dar la puntuación individualmente se reúnen y llegan a un promedio en el equipo que será presentado en plenaria explicando por qué dieron tal puntuación. Las parejas no informan sus reflexiones ni sus puntuaciones.

**3.** El animador resume y recomienda que se compartan los puntos anteriores y la calificación en el seno de la familia durante esta semana. Se termina evaluando sencillamente este encuentro:
 - ¿Qué les ha gustado más?
 - ¿Qué debemos mejorar para la próxima?
 - ¿Ha sido útil para la vida de la familia?

# TEMA 3: "DAMOS LA VIDA Y LA CUIDAMOS"

**OBJETIVOS:**
1. Reafirmar que la familia es germen de vida y que esa vida que damos hay que respetarla y cuidarla desde su concepción hasta la muerte.
2. Conocer los valores de la fecundidad, procreación, gestación, paternidad responsable.
3. Definir la realidad del aborto, la eutanasia y la esterilización forzosa y no terapéutica como crímenes contra la vida humana, la fecundidad y las personas del hijo, de la madre y del padre.

## MOTIVACIÓN

1. Se divide la pizarra en dos partes: en una apuntamos la lluvia de ideas que surgirá del juego que a continuación haremos sobre la palabra VIDA.
En la otra parte se anotará la lluvia de ideas que surgirá del juego con la palabra HIJO.

2. Los participantes forman dos equipos contrarios. Cada equipo debe responder inmediatamente al animador cuando este pregunte una palabra que venga a tu mente cuando escuchamos la palabra VIDA y el otro equipo hará lo mismo pero con la palabra HIJO. Una vez cada uno. Si contesta rápido gana 1 punto el equipo. La rapidez es la clave del juego. Alguien debe servir de anotador de los puntos y las palabras en la pizarra.

El animador puede empezar diciendo: ¿Qué piensas cuando te hablan de VIDA? ¿Qué piensas cuando te hablan de HIJO? Después simplemente para ganar agilidad puede ir diciendo: ¿VIDA? ¿HIJO?

3. Cuando estén ambas listas se declara el equipo ganador y el animador pide que una persona lea cada lista. Entonces dice que hoy reflexionaremos sobre la familia como germen de vida. Pone el título del tema y dice los objetivos.

## DESARROLLO

El animador relaciona las dos listas diciendo con sus palabras lo que han dicho sobre la vida y los hijos que han traído a la vida. Después le entrega un papel con los puntos siguientes:

1. Transmitir la VIDA es una misión exclusiva y fundamental de la familia. Todos los miembros de la familia, pero en primer lugar los padres, tienen el DEBER IRRENUNCIABLE de respetar y cuidar la vida desde el mismo momento de la concepción de sus hijos hasta su muerte natural.

2. LA FECUNDIDAD es la capacidad para transmitir la vida naturalmente. Ambos esposos deben ser fecundos para poder dar la vida a sus hijos

naturalmente. Todo lo que contribuya a desarrollar esta capacidad para tener hijos es bueno siempre que respete la vida y los derechos de la persona de los hijos y los padres.

Si una pareja o alguno de sus miembros no es fecundo y no puede mejorar esta situación, con las terapias que la ciencia y la ética pongan a su disposición, ambos deben asumir esta situación como un acicate para profundizar en la comunión matrimonial y la entrega al servicio del resto de familia, de otras familias y de la sociedad. La adopción puede ser una forma de cuidar la vida aún cuando hemos podido darla.

**3.** LA PROCREACIÓN es uno de los fines del matrimonio y es un derecho de los padres, deben decidir responsablemente el momento y la cantidad de hijos que puedan mantener y educar adecuadamente, a esto le llamamos PATERNIDAD RESPONSABLE. Hay dos elementos para discernir: respeto a la vida y responsabilidad material, ética y espiritual para con los hijos.

**4.** LA GESTACIÓN, es decir, cuando las madres están cuidando a sus hijos en el vientre, es una etapa importantísima, bella y delicada para la mujer. Debe recibir de su esposo y demás miembros de la familia, estímulo, cuidados, cariños y atención médica. Ninguna mujer se destruye o se perjudica con su etapa de gestación, esto es una mentira, hasta biológicamente se renueva su organismo.

**5.** EL ABORTO provocado es acabar con la vida en su mismo principio. No es un "feto" lo que matan los médicos sino un niño, aún cuando no haya nacido. La EUTANASIA es otro atentado contra la vida. Los ancianos y enfermos crónicos deben tener derecho a terminar su vida de forma natural y a recibir los cuidados paliativos y afectivos que merece todo ser humano.

**6.** La PENA DE MUERTE es otro crimen contra la vida. Nadie es dueño de la vida humana. Nadie puede disponer de ella. La pena de muerte debe ser abolida en Cuba y en todo el mundo.

**7.** La Carta de los Derechos de la Familia nos dice al respecto:

**ARTÍCULO 3:** Los esposos tienen el derecho inalienable de fundar una familia y decidir sobre el intervalo entre los nacimientos y el número de hijos a procrear, teniendo en plena consideración los deberes para consigo mismos, para con los hijos ya nacidos, la familia y la sociedad dentro de una justa jerarquía de valores y de acuerdo con el orden moral objetivo que excluye el recurso a la contracepción, la esterilización y al aborto.
**a.** Las actividades de las autoridades públicas o de organizaciones privadas, que tratan de limitar de algún modo la libertad de los esposos en las decisiones acerca de sus hijos constituyen una ofensa grave a la dignidad humana y a la justicia.

**b.** En las relaciones internacionales, la ayuda económica concedida para la promoción de los pueblos no debe ser condicionada a la aceptación de programas de contracepción, esterilización o aborto.
**c.** La familia tiene derecho a la asistencia de la sociedad en lo referente a sus deberes en la procreación y educación de los hijos. Las parejas casadas con familia numerosa tienen derecho a una ayuda adecuada y no deben ser discriminadas.

**ARTÍCULO 4:** La vida humana debe ser respetada y protegida absolutamente desde el momento de la concepción.
**a.** El aborto es una directa violación del derecho fundamental a la vida del ser humano.
**b.** El respeto por la dignidad del ser humano excluye toda manipulación experimental o explotación del embrión humano.
**c.** Todas las intervenciones sobre el patrimonio genético de la persona humano que no están orientadas a corregir las anomalías, constituyen una violación del derecho a la integridad física y están en contraste con el bien de la familia.
**d.** Los niños, tanto antes como después del nacimiento tienen derecho a una especial protección y asistencia al igual que sus madres durante la gestación y durante un período razonable después del alumbramiento.
**e.** Todos los niños, nacidos dentro o fuera del matrimonio, gozan del mismo derecho a la protección social para su desarrollo personal integral.
**f.** Los huérfanos y los niños privados de la asistencia de sus padres o tutores deben gozar de una protección especial por parte de la sociedad. En lo referente a la tutela o adopción, el Estado debe procurar una legislación que facilite a las familias idóneas acoger a niños que tengan necesidad de cuidado temporal o permanente y que al mismo tiempo respete los derechos naturales de los padres.
**g.** Los niños minusválidos tienen derecho a encontrar en casa y en la escuela un ambiente conveniente para su desarrollo humano.

### Ejercitación

- Se agrupan dos equipos. En uno se valora el cumplimiento en Cuba del Artículo 3 de la Carta de los Derechos de la Familia dando a cada epígrafe (a,b,c) de 0-30 y al primer párrafo de 0-10 puntos respectivamente.
- El otro equipo valora el cumplimiento en Cuba del Artículo 4 de la Carta de los Derechos de la Familia dando a cada epígrafe del a al g de 0-10 puntos y al primer párrafo de 0-30 puntos.
- Cada equipo informa a la plenaria. El animador resume e invita a compartir en la familia y con amigos los puntos de este encuentro durante la semana.

Termina como siempre con una breve evaluación del tema:
  - Aspectos positivos de hoy.
  - Aspectos negativos a mejorar.
  - Utilidad práctica para nosotros.

# Tema 4: "Educamos a nuestros hijos"

**Objetivos:**
1. Conocer que la educación de los hijos es un importante deber y un derecho irrenunciable de los padres.
2. Establecer correctamente las relaciones que deben existir entre la familia y la escuela.

## Motivación

1. El animador comienza preguntando si han compartido con los demás miembros de la familia y otros amigos los puntos del tema anterior y qué reacción hubo.

2. La motivación de este tema se hará en forma de panel-debate. Se piden cuatro voluntarios que forman cuatro grupos:

**1er grupo o panelista:** Tres panelistas analizarán la frase de José de la Luz y Caballero: "ENSEÑAR PUEDE CUALQUIERA, EDUCAR SOLO QUIEN SEA UN EVANGELIO VIVO". ¿Qué significa esta frase? ¿Qué es lo que hacemos los padres? ¿Qué está haciendo la escuela de nuestros hijos?

**2do grupo o panelista:** Tres panelistas analizarán el refrán popular: "LA EDUCACIÓN COMIENZA EN LA CUNA Y TERMINA CON LA MUERTE". ¿Qué significa esta frase? ¿Qué es lo que hacemos los padres? ¿Qué hace el resto de la familia?

**3er grupo o panelista:** Tres panelistas analizarán esta afirmación de algunos padres: "VOY A BECAR A ESTE MUCHACHO A VER SI SE ARREGLA O LO EDUCAN". ¿Qué quieren decir estos padres? ¿Están ustedes de acuerdo con esta afirmación? ¿Por qué?

**4to grupo o panelista:** Tres panelistas analizarán esta frase de algunos padres: "YA LE HE DICHO A SU MADRE QUE SE OCUPE DE LA EDUCACIÓN DE ESTE MUCHACHO". ¿Qué quiere decir este papá? ¿Están de acuerdo con él? ¿Por qué?

3. Cada grupo prepara las respuestas y después en plenaria expone lo que se respondió en el equipo. Los demás deben debatir cada frase (haciendo preguntas, comentarios, dando opiniones contrarias, poniendo ejemplos).

## Desarrollo

El animador propone comentar leyendo uno a uno los puntos del recuadro que entrega a cada participante:

1. Instruir es transmitir conocimientos teóricos y prácticos. Es dar la información necesaria para dominar alguna asignatura, oficio, profesión o materia útil para la vida.

Educar es formar la conducta y actitudes ante la vida. Es crear hábitos de comportamiento personal y social. Transmitir las normas morales. Fomentar la virtud.

**2.** La educación es uno de los primeros deberes y derechos de los padres para con sus hijos. Nada ni nadie, ni la escuela, ni el Estado, ni las organizaciones políticas o sociales pueden violar este derecho-deber de los padres. Tampoco los padres deben incumplirlo por ninguna razón.

**3.** Es misión de los padres y de toda la familia dar la debida educación a sus hijos que se puede resumir en FORMARLOS COMO PERSONAS (Cf. Curso 1 de este libro), como personas libres, responsables, sociables, con vocación trascendente, abiertos a la fe en Dios.

**4.** La educación es, en primer lugar, tarea de la familia. La escuela ayuda en esta tarea. La escuela debe estar al servicio de la familia. La escuela debe subordinarse a la voluntad de la familia y no al revés. La escuela no tiene derecho para decidir por los PADRES de sus alumnos. Los tutores u otro familiar asumen esta responsabilidad cuando los padres no tengan la capacidad moral y psicológica para decidir bien. La escuela no puede separar a los hijos de sus padres por ninguna razón. La escuela no puede inculcar a los hijos una forma de pensar y de vivir en contra de la voluntad de sus padres. Le corresponde a los padres reclamar, ante los maestros, la escuela y el Estado, que se respeten las decisiones y los derechos de la familia.

**5.** Veamos lo que nos dice al respecto la Carta de los Derechos de la Familia en su **ARTÍCULO 5**: "Por el hecho de haber dado la vida a sus hijos, los padres tienen el derecho originario, primario e inalienable de educarlos, por esta razón ellos deben ser reconocidos como los primeros y principales educadores de sus hijos".

**a.** Los padres tienen el derecho de educar a sus hijos conforme a sus convicciones morales y religiosas, teniendo presentes las tradiciones culturales de la familia que favorecen el bien y la dignidad del hijo, ellos deben recibir también de la sociedad la ayuda y asistencia necesaria para realizar de modo adecuado su función educadora.
**b.** Los padres tienen el derecho de elegir libremente las escuelas y otros medios necesarios para educar a sus hijos según sus conciencias. Las autoridades públicas deben asegurar que las subvenciones estatales se repartan de tal manera que los padres sean verdaderamente libres para ejercer su derecho, sin tener que soportar cargas injustas. Los padres no deben soportar directa e indirectamente, aquellas cargas suplementarias que impiden o limitan injustamente el ejercicio de esta libertad.
**c.** Los padres tienen el derecho de obtener que sus hijos no sean obligados a seguir cursos que no estén de acuerdo con sus convicciones morales y religiosas. En particular, la educación sexual -que es un derecho básico de

los padres- debe ser impartida bajo su atenta guía, tanto en casa como en los centros educativos elegidos y controlados por ellos.

**d.** Los derechos de los padres son violados cuando el Estado impone un sistema obligatorio de educación del que se excluye toda formación religiosa.

**e.** El derecho primario de los padres a educar a sus hijos debe ser tenido en cuenta en todas las formas de colaboración entre los padres, maestros y autoridades escolares, y particularmente en las formas de participación encaminadas a dar a los ciudadanos una vez en el funcionamiento de las escuelas, y en la formulación y aplicación de la política educativa.

**f.** La familia tiene el derecho de esperar que los medios de comunicación social sean instrumentos positivos para la construcción de la sociedad y que fortalezcan los valores fundamentales de la familia. Al mismo tiempo esta tiene derecho a ser protegida adecuadamente, en particular respecto a sus miembros más jóvenes, contra los efectos negativos y los abusos de los medios de comunicación.

**6.** El sistema educacional debe ser pluralista, no dogmático, no ideologizado, por una sola forma de pensar; debe ser cívico, creativo y liberador. Que ayude al desarrollo de la persona de forma integral: cuerpo, psiquis, cultura, espíritu trascendente, como un todo.

### Ejercitación

**1.** Los mismos 4 equipos se reúnen ahora para ver la realidad cubana de la familia en cuanto a la educación de sus hijos:

**1er Equipo:** Trata de responder a esta pregunta pensando en la familia cubana: ¿Cómo realizan los padres la labor educativa de sus hijos? Poner ejemplos y casos concretos.

**2do Equipo:** Responde a esta pregunta: ¿Qué tareas o actitudes sugerirías a los padres cubanos de hoy para cumplir con su deber-derecho de educar a sus hijos? Haz dos listas: Actitudes y Acciones.

**3er Equipo:** Evaluará el Artículo 5 (primer párrafo y epígrafes a, b, c) dando a cada uno de 0-25 puntos pensando en la familia cubana de hoy.

**4to Equipo:** Evaluará el Artículo 5 (primer párrafo y epígrafe d, e, f) dando a cada uno de 0-25 puntos pensando en la familia cubana de hoy.

Cada equipo informará a la plenaria y los demás pueden hacer preguntas, comentarios, discrepar. Se llega a un consenso.

**2.** El animador resume e invita a los participantes a compartir el recuadro de hoy con su familia y amigos.

Termina como siempre evaluando el encuentro:
 - Aspectos más destacados.
 - Aspectos más deficientes.
 - ¿Ha sido útil para nuestra vida familiar?

# Tema 5: "Vivimos en una casa: nuestro hogar"

**Objetivos:**
1. Reconocer las normas de convivencia en una casa. Describir y rescatar las características de un hogar familiar.
2. Conocer el derecho de toda familia a una vivienda decente y a un hogar estable y próspero.

## Motivación

**1.** El animador comienza preguntando si han compartido con la familia y amigos el recuadro del tema pasado y qué experiencias tienen.

**2.** La motivación de este tema consistirá en un juego de simulación: "El que se casa, casa quiere". Motivados por este refrán popular -el animador organizavamos a resolver este problema de la familia Pérez. Pide 3 voluntarios que serán el equipo de ARQUITECTOS, otros 2 voluntarios que serán los esposos Pérez-López, otros 3 voluntarios que serán funcionarios de VIVIENDA Y URBANISMO, el resto serán la CONCIENCIA CRÍTICA. Los esposos piden a los arquitectos que les proyecten una casa. Los arquitectos se reúnen en equipo y en un papel o cartulina o en la pizarra hacen el plano de una casa para los Pérez-López y la presentan. Los esposos critican y modifican su casa. Los de Urbanismo se tienen que oponer a lo que no sea estrictamente necesario. El resto de los participantes como "conciencia crítica" pueden estar de parte de cualquier grupo siempre que lo crean conveniente para la familia.

**3.** El animador que es el "MODERADOR" da la palabra hasta pasados 15 minutos de debate en que se resume en que quedó la casa de estos esposos.

El animador pone el título en la pizarra y dice los objetivos.

## Desarrollo

A continuación entrega el recuadro y comienza a comentarlo como de costumbre.

**1.** Toda familia que se crea, es decir todo matrimonio que va a fundar una nueva familia, debe aprender a tener una casa. Debe tener capacidad y gusto para sostenerla y arreglarla. Debe tener derecho a su propia casa.

**2.** La casa es UN LUGAR DE CONVIVENCIA donde la familia comparte la vida. Comparte la cocina y los alimentos, comparte el agua y el baño. Comparte la distracción y los problemas. Esa convivencia debe estar basada en tres pilares: RESPETO, SOLIDARIDAD Y CARIÑO.

**3.** Las normas de convivencia hacen que la casa sea un lugar de apoyo al desarrollo de cada miembro de la familia como PERSONA HUMANA que es. Esas normas establecen que cada cual tenga su espacio y hallan espacios, compartidos (Ej: los dormitorios son espacios más privados que la sala o el portal). Esas normas de convivencia establecen que la casa no sea un hotel, un comedor obrero o un hospedaje donde vamos, tanto el hombre como la mujer o los hijos, a pasar ese "tiempo intermedio" de hacer la comida o bañarse y dormir. En la casa no se debe estar de "pasada". De paso se está en la calle. La casa debe ser lugar de estancia aunque esta sea corta pero debe ser bien vivida, disfrutada, a pesar de las dificultades económicas porque es un lugar donde nos sentimos confiados: "como en mi casa" -dicen algunos-. la casa es la primera ESCUELA DE CONVIVENCIA.

**4.** Toda "casa" no es un "hogar". Pero debería serlo. De lo contrario pierde su razón de ser, grande o chica, cómoda o incómoda, pero si es un hogar todo se vive mejor, todo se comparte mejor, todo hasta se "sufre mejor". HOGAR significa espacio donde encontramos cercanía, cobija y calor. El "calor humano", el afecto y la comprensión distinguen un hogar de un hospedaje. O descansamos en el hogar o casi no descansaremos.

**5.** En la casa-hogar encontramos:

- Equilibrio emocional y psíquico
- Privacidad-intimidad
- Orden y belleza sencilla
- Paz, aún en la tribulación
- Confianza-sin doble cara
- Gratuidad-sin negociar convivencia y amor
- Hospitalidad para el visitante

**6.** Nos parecerá -en los tiempos que vivimos- que esta es una ilusión. No se trata de lograr lo perfecto. Se trata de preservar, en medio de un mundo hostil, un ESPACIO DE PRIVACIDAD Y CONFIANZA, un lugar de ESTABILIDAD Y DESCANSO. Hay que ir lográndolo y defenderlo a toda costa. Nadie puede violentar este espacio-hogar. Es un DERECHO DE TODA PERSONA Y FAMILIA.

**7.** Veamos lo que dice la Carta de los Derechos de la Familia:

**ARTÍCULO 11:** "La familia tiene derecho a una vivienda decente, apta para la vida familiar, y proporcionada al número de sus miembros, en un ambiente físicamente sano que ofrezca los servicios básicos para la vida de la familia y de la comunidad".

**8.** Los hijos tienen derecho a "estar" y convivir en el hogar. Se equivocan los padres que buscan las formas de "sacar" a sus hijos ya sea para una beca, un seminternado, unos vecinos, la calle, para que no molesten o para tener "más tiempo" para los trabajos de la casa o de la calle. Gana tiempo y tranquilidad pero pierde a los hijos. Estos se sentirán rechazados hasta en su propia casa. ¿Qué serán como personas? Después los padres se preguntan: Pero, ¿por qué este muchacho ha salido así? Los padres tienen la respuesta y la responsabilidad.

**9.** Aquellos matrimonios que tienen que compartir la vivienda de sus padres y abuelos, pueden y deben esforzarse para hacer de esa misma casa un hogar. Los abuelos pueden tener un papel importante en garantizar un clima de acogida, calor humano y estabilidad del hogar. En Cuba los abuelos han desempeñado una labor callada pero sostenida en favor del hogar, las buenas costumbres, la tradición de cada familia, la religión, la educación de los niños. Si no fuera por ellos en ocasiones nada contribuiría a la virtud en las nuevas generaciones. Es duro decirlo, no es en todos los casos. Pero, ¿no es así?

**10.** En Cuba, además, las casas están llenas de tíos, primos, parientes, becados, amigos que hospedamos, etc. Esto no es normal como regla, pero debemos abrirnos a ellos y servirlos, al mismo tiempo que todos ellos tienen el deber de corresponder luchando por la convivencia hogareña integrándose a ella y tratando de formar su propio hogar.

### Ejercitación

**1.** Cada matrimonio presente se reúne -aparte- y revisa si su casa reúne las características de un hogar.

**2.** Se responden las siguientes preguntas: ¿Cuáles son las causas que provocan que en Cuba sea tan difícil vivir y convivir en una casa-hogar? ¿Qué recomendarías a un matrimonio que quisiera hacer un hogar de su casa y que ha decidido vivir en estas circunstancias difíciles?

**3.** Plenaria y resumen por parte del animador que invita a compartir con los demás de la casa el recuadro: ¿Qué te ha gustado más? ¿Qué no te parece bueno? ¿Ha sido útil?

## Tema 6: "La familia: una comunidad de participación"

**Objetivos:**
1. Destacar a la familia como el primer ambiente de participación personal y comunitario.
2. Aprender a hacer de cada familia una escuela de participación.

### Motivación

**1.** El animador comienza preguntando si han compartido el recuadro del tema anterior con la familia y qué reacciones hubo.

**2.** La motivación de este tema consistirá en un análisis de "casos". Se hacen dos grupos y cada uno analizará un caso:

**Caso 1:** En la familia González todo está decidido y planificado. El padre decide qué se hace con el dinero y lo va entregando para eso. La madre se ocupa de todo lo de la casa y no le gusta que se "metan" en esos asuntos. Los hijos ya saben a quién acudir si se trata de pedir dinero, a su padre. Si se trata de lavar una ropa, a su madre. La abuela que vive allí dice que a ella no le pregunten por nada porque es mejor no hablar. Lo de ella es tejer y dormir.

**Caso 2:** En la familia Hernández a cada rato hay reunión familiar. Eso cae un poco pesado a todos pero si no lo hacen no marcha bien la cosa. Cada uno coge "por su rumbo" dice el hijo mayor y esto parece un albergue. Pero cuando organizamos bien la casa, a cada uno le toca proponer soluciones y hacer algo. Ahora están tratando de arreglar el patio de atrás para sembrarlo. Todos han opinado. Al principio casi no se ponen de acuerdo. Al final ya han empezado a arreglar aquello. Dice la abuelita que a ella le tocó recoger las flores para el borde de delante y en la casa escoger el arroz y cuidar la "candela". Hay veces que se discute porque alguno se "recuesta" pero enseguida hay reunión familiar para "ajustar". Todo en medio de chistes que hace el "viejo".

En cada equipo se responden estas preguntas:

- ¿Qué te parece la familia de este caso?
- ¿Cómo está compartida la responsabilidad en esta casa?
- ¿Cómo está la participación en esta casa?

Plenaria después de 15 minutos de equipos. El animador introduce el tema y escribe el título en la pizarra, enunciando los objetivos.

### Desarrollo

El animador entrega los recuadros a cada participante y procede a leer y comentar cada punto.

**1.** Cada familia debe ser un AMBIENTE DE PARTICIPACIÓN para cada uno de sus miembros. El primer espacio de participación. Es más, la familia debe ser la PRIMERA ESCUELA DE PARTICIPACIÓN.

**2.** PARTICIPAR significa "tomar parte", aún más, "ser parte" (Cf. Curso 1, Tema 7). Por tanto, todos y cada uno de los miembros de la familia deben sentirse parte de la familia realmente y deben tomar parte en las tareas y proyectos, en las alegrías y las penas de la familia. Es sentirse responsable y libre para tener iniciativas y creatividad para que la familia avance.

**3.** Es más "fácil" hacerlo todo uno solo y se asegura que va a salir como "uno quiere". Pero esto no forma a las demás personas, a los hijos. Esto los deforma. Se llama paternalismo. Aunque sea "más difícil" organizar la participación en un principio, después todo contribuye a la formación de los hijos, a la realización de cada miembro de la familia como personas responsables y a que el hogar sea verdaderamente un espacio de participación: EL PRIMER ESPACIO DE DEMOCRACIA.

**4.** El lema escogido por la ONU para el Año Internacional de la Familia en 1995 fue precisamente: "CONSTRUIR LA MÁS PEQUEÑA DEMOCRACIA EN EL CORAZÓN DE LA SOCIEDAD". Eso queremos cuando buscamos que la familia sea participativa. Solo sembrando en el corazón y en la célula fundamental de la sociedad ese espíritu y actitud democrática se podrá aspirar a una democracia más participativa en todo el cuerpo social.

**5.** Para aprender a participar es necesario:

- RESPETAR AL OTRO
- DIALOGAR EN FAMILIA
- DECIDIR EN FAMILIA
- EVALUAR EN FAMILIA

**6.** Para lograr la participación en la familia es conveniente aprender a tener organización en la familia. Al principio es difícil, pero algo que logremos, es un paso. No hay organización familiar sin encontrarse la familia. Hay que encontrarse, estar juntos, hacer el tiempo.

### Ejercitación

**1.** Se reúnen por equipo y evalúan en la familia cubana de hoy. Se establece una relación de actividades en que los miembros de la familia participan y pudieran participar. Así:

|  | **PARTICIPA** | **PUDIERA PARTICIPAR** |
|---|---|---|
| Padre | | |
| Madre | | |
| Hijo Varón | | |
| Hija Hembra | | |
| Abuela | | |
| Abuelo | | |

## Tema 7: "Somos una familia abierta y servicial"

### Objetivos:
1. Destacar la dimensión solidaria de la familia y su apertura a otras familias, al barrio, al necesitado, al resto de la sociedad civil.
2. Reafirmar el carácter de comunidad de servicio que debe tener toda familia en su seno y con los demás.

### Motivación

**1.** El animador pregunta si han compartido con la familia o amigos el recuadro del tema anterior y si pudieron estudiar en familia el proyecto familiar. ¿Qué reacciones y experiencias hubo?

**2.** La motivación de hoy consistirá en la dinámica "el juego de los zapatos".
   - Se hacen grupos o "casitas" de dos o cuatro personas que mueven sus sillas y hacen un círculo cerrado.
   - Todos deben depositar los zapatos en el centro del salón.
   - El animador espera que todos estén sentados, "que las casitas estén cerradas". Nadie puede entrar en el círculo que forman las sillas. Revuelve los zapatos y va repartiendo uno en cada "casa" hasta la señal.
   - El juego consiste en que cada "casa" debe lograr completar sus zapatos gestionándolos con las demás "casitas", pero además intercambiando entre los mismos miembros de la "familia".
   - Condiciones del juego: Solamente puede salir de la "casa" uno de sus miembros cada vez. Si salen dos a la vez pierden. Deben rotarse en la gestión. Se puede ayudar desde el asiento, pero el que se pare pierde. El que sale a gestionar puede llevar los zapatos que quiera para intercambiar o donar a los demás. El último que complete sus zapatos, perdió el juego. Todos los demás son ganadores. Si quedan dos o más equipos sin completar: pierde el que se quedó con más zapatos incompletos.

**3.** El animador vela por que se cumplan las reglas. El juego no debe durar más de 15 minutos ¿qué conclusiones podemos sacar de este juego?
   - El que más sale de su "casita" sirve más y gestiona más. Los que no salieron mucho son más "casa sola".
   - Solo con la ayuda de las demás "familias" puede uno completar sus zapatos, es decir necesidades, ya sean materiales o espirituales.
   - Gana el que guardó menos sus propios zapatos. El que más sirvió, el que más ayudó aunque no haya podido resolver el suyo. Se puede discutir el refrán de "El que da lo que tiene, a pedir se queda" y se puede destacar el otro: "Haz bien y no mires a quien".

**4.** El animador escribe el tema en la pizarra y enuncia los objetivos.

## Desarrollo

**1.** Existen familias buenas. En ellas sus miembros no carecen de casi nada. Pero todo el mundo en el barrio dice que son muy "CASA SOLA"; no visitan a nadie para que nadie los moleste. Ellos dicen: "CADA CUAL EN SU CASA Y DIOS EN LA DE TODOS", como dice el refrán popular.

**2.** A este tipo de familia le falta algo. La familia puede ser un "quiste", no puede ser un círculo cerrado, porque sus miembros aprenderán el EGOÍSMO. Porque eso no es vivir en sociedad. Eso es huir del mundo. Se le ha llamado "insilio" en contraposición del escape hacia el exterior: "exilio".

**3.** No hay nada más lindo que una FAMILIA ABIERTA Y SERVICIAL. En ella:

  - Cada miembro se abre y está atento a las necesidades de los otros miembros de la familia amplia.
  - Cada miembro y la familia en grupo se abre a otras familias y está atento en lo que pueda servir.
  - Cada miembro de la familia y toda ella se abre al barrio donde vive y comparte los problemas del barrio y coopera en la búsqueda de soluciones para la comunidad.
  - Cada miembro de la familia y ella como comunidad de servicio se abre al resto de la sociedad, sin perder su propia identidad y sus derechos y educa a sus miembros en el SERVICIO SOLIDARIO.
  - Cada miembro de la familia aprende a tener y a compartir con los más necesitados y la familia acoge a esas personas y las acompaña en la gestión de sus problemas (Cf. Curso 1, Tema 9).

**4.** Una familia abierta y servicial es una ESCUELA DE SOLIDARIDAD. Es la primera experiencia de ayuda mutua que prepara a los ciudadanos para vivir en sociedad como hermanos por la común condición humana. Una familia cerrada y avariciosa es ESCUELA DE EGOÍSMO, de sectarismo, de exclusión para sus hijos y demás miembros del hogar, en la que se forma "el hombre lobo para el hombre".

**5.** La familia generosa y servicial vive como una COMUNIDAD DE SERVICIO: cada miembro de la familia, y ella en su conjunto, siempre está dispuesto a "servir al que lo necesita".

**6.** El barrio será lo que las familias que en él conviven sean. La sociedad civil será lo que las familias sean. Es falso que pueda organizarse un barrio como una comunidad de vecinos si cada familia "halara para sí". Un barrio abierto, servicial y fraterno se hace abriendo a las familias al servicio desinteresado, respetando y ayudando también a las familias que no se han abierto a la solidaridad todavía. El barrio debe ser una comunidad de familias donde se respete la integridad de cada núcleo familiar y se organice un espacio para la participación familiar (Cf. Curso 4: "Mi barrio: una comunidad").

**7.** Las familias de un barrio o reparto tienen derecho a formar asociaciones de familias para ayudarse mutuamente y aumentar la gestión de sus necesidades materiales y espirituales.

### EJERCITACIÓN

**1.** Se reúnen en equipo los participantes que viven en un mismo barrio y pertenecen a las mismas familias. Hacen una lista de algunos servicios que pueden hacer a las demás familias del barrio. Los demás pueden reunirse en un grupo y hacer la misma lista de servicios.

**2.** Plenaria y resumen del animador. Este invita a compartir en familia y en el barrio este tema y termina, como siempre, evaluando este encuentro.

## TEMA 8: "LA FAMILIA Y EL TRABAJO"

**OBJETIVOS:**
**1.** Reconocer que el trabajo debe ser digno y suficiente para fundar una familia decorosa, mantenerla y disfrutar con ella de espacios de recreación y descanso.
**2.** Destacar las relaciones entre la familia y el trabajo de modo que este no sea obstáculo para la unidad, bienestar, salud y estabilidad de la familia.

### MOTIVACIÓN

**1.** El animador comienza preguntando si pudieron compartir el recuadro del tema anterior con el resto de la familia y el barrio. ¿Qué experiencias hubo?

**2.** La motivación de hoy será un juego de representación o "roles".

- Un voluntario hará de Administrador del trabajo de Ofelia.
- Una voluntaria hará de Ofelia que no tiene con quién dejar a sus hijos.
- El "sindicato".

Desde el encuentro anterior o un poco antes de este el animador entrega a Ofelia, el Administrador y el Sindicato un guión con esta situación, más o menos ellos tienen que improvisar un poco también:

- Ofelia pide un despacho con el Administrador y el Sindicato para plantearle un problema familiar. Ella no puede quedarse a todas las asambleas que dan a las 5:30 de la tarde porque a esa hora lo tiene que hacer todo en su casa. Su marido llega a las 6:30 pm y los niños salieron del seminternado desde las 4:00 pm. Tampoco tiene durante la semana de receso escolar con quién dejar a sus dos niños.

Por eso viene a decir que no asistirá a todas las asambleas sino cuando pueda y que se va de licencia en la semana de receso escolar.

- El Administrador con poco tacto le dice que el problema de la asamblea es del Sindicato pero que la semana de licencia no se le autorizará de ninguna manera porque coincide con el "balance" trimestral. Además le sugiere que deje los muchachos en el barrio hasta que ella llegue pero le adviterte que esos días son de mucho trabajo.

- Ofelia replica y acude al Sindicato. Este se desentiende de lo de la administración diciendo que el problema del Administrador es la semana de licencia pero que a las asambleas de las 5:30 pm y a los trabajos voluntarios los domingos si debe hacer un esfuercito y venir. Hay que sacrificar un poco los ratos libres y aportar al país.

- Ofelia se levanta airada, se despide y dice: total para lo que me pagan, ¡me da lo mismo! Sale.

**3.** ¿Qué les parece esta representación? ¿Están de acuerdo con Ofelia? ¿Por qué? ¿Están de acuerdo con el Administrador? ¿Por qué? ¿Están de acuerdo con el Sindicato? ¿Estará de acuerdo el esposo y los hijos de Ofelia con la solución dada por el trabajo? Estas preguntas pueden servir para el debate en equipo o plenaria.

**4.** El animador resume y presenta el tema poniendo el título en la pizarra y enunciando los objetivos de hoy.

### Desarrollo

**1.** Toda la familia debe tener garantizado su DERECHO A UN TRABAJO DIGNO Y CON UN SALARIO SUFICIENTE para garantizar su bienestar y un mínimo de seguridad y sano esparcimiento. Garantizar lo que dijo la ONU en el Año Internacional de la Familia: "Los recursos y la responsabilidad de la familia en el mundo que cambia".

**2.** EL TRABAJO debe estar al SERVICIO DE LA FAMILIA. Los intereses del trabajo o la empresa deben subordinarse a los intereses de la familia. La Empresa, su dirección, no tiene derecho a decidir en lugar de la familia. El trabajo no puede separar a los padres de sus hijos por ninguna razón mas allá de la jornada laboral. Desde hace muchos años se viola una de las conquistas laborales más humanas de nuestro país: la jornada de 8 horas y el descanso semanal.

**3.** El trabajo "no puede ser usado para presionar", coaccionar, intentar cambiar la forma de pensar o de convivir de la familia. Como actualmente todavía casi todos los puestos de trabajo dependen de alguna manera del Estado, usar la amenaza de la pérdida del puesto de trabajo por razones ideológicas, políticas, económicas, etc., es una forma de explotación del hombre por el Estado. Los empresarios privados no deben tampoco amenazar con el desempleo o explotar a sus empleados.

**4.** Ninguna familia puede vivir en la incertidumbre de que pueden ser "perjudicados" en su trabajo aquellos que son el único sostén de la familia a causa de "no obedecer" las consignas, las directrices y el robo del tiempo libre que debieran dedicar a su familia. Cuando esto ocurre en otro régimen económico el despedido busca trabajo con un particular o reclama a través de sus sindicatos libremente. Cuando esto ocurre en una economía estatal se violan los derechos de la familia y del trabajador y no hay a quién recurrir porque todo es del Estado. Por eso favorecer el trabajo "por cuenta propia" es otra forma de buscar espacios de libertad de la familia y en relación con el Estado

**5.** Los sindicatos deben ser independientes y defensores de los derechos del trabajador y su familia. El tiempo dedicado a la familia jamás puede ser absorbido por actividades laborales o sindicales.

**6.** El trabajo no puede lesionar la salud del trabajador y su familia. Los niños no pueden ni deben ser llevados a trabajar en las mismas condiciones de sus padres. La mujer embarazada o los padres con niños lactantes o pequeños deben recibir licencias.

**7.** Una familia donde cada cual tenga algo que hacer para el bien común es la PRIMERA ESCUELA DE TRABAJO donde los niños y jóvenes aprenderán a valorar el trabajo como la única fuente de bienestar, el trabajo como medio para el desarrollo personal y el trabajo como aporte a la familia y la sociedad. Aprenderán a ser útiles, a trabajar, a ser responsables y a defender sus derechos.

**8.** Veamos que dice la Carta de los Derechos de la Familia:

**ARTÍCULO 10:** Las familias tienen derecho a un orden social y económico en el que la organización del trabajo permita a sus miembros vivir juntos, y que no sea obstáculo para la unidad, bienestar, salud y estabilidad.

**a.** La remuneración por el trabajo debe ser suficiente para fundar y mantener dignamente a la familia, sea mediante un salario adecuado, llamado "salario familiar", sea mediante otras medidas sociales como los subsidios familiares o la remuneración por el trabajo en casa de uno de los padres; y debe ser tal que las madres no se vean obligadas a trabajar fuera de casa en detrimento de la vida familiar y especialmente de la educación de los hijos.

**b.** El trabajo de la madre en casa debe ser reconocido y respetado por su valor para la familia y la sociedad.

### EJERCITACIÓN

**1.** Se agrupan en tres equipos:

- El primero hará un esquema o gráfico con el tiempo que como promedio dedican los padres cubanos al trabajo y a la familia en una jornada de 24 horas (un día) y en una semana.
- El segundo equipo hará una lista de aquellas actividades laborales o extralaborales relacionadas con su trabajo que entorpecen el bienestar y la unidad de la familia o le roban el tiempo.
- El tercer equipo analizará si los actuales salarios percibidos por la familia cubana son suficientes para fundar y mantener decorosamente una familia.

**2.** Plenaria y debate. El animador resume e invita a llevar el recuadro a la familia y los compañeros de trabajo para comentarlo durante la semana. Termina evaluando brevemente este encuentro.

## TEMA 9: "LA FAMILIA Y EL TIEMPO LIBRE"

**OBJETIVOS:**
**1.** Reconocer que la familia tiene la necesidad y el derecho a un tiempo libre de trabajos sociales para dedicarlo a su disfrute y expansión espiritual y corporal.
**2.** Destacar que la familia debe contar con los recursos, el tiempo y las posibilidades reales para la convivencia familiar en viajes, fiestas, visitas y otras actividades culturales y recreativas, con sencillez y decoro.

### MOTIVACIÓN

**1.** El animador comienza el encuentro preguntando si pudieron compartir el recuadro del tema anterior con la familia y amigos. Experiencias.

**2.** La motivación de hoy será la siguiente: Agrupar tres equipos:

- La Familia que forman Pedro, su esposa Zenaida y sus dos hijos: uno de 13 años y el otro de 20, que van a: "Planificar su tiempo libre".
- Dos señoras hacen de abuelas que desean apoyar pero ponen problemas y dificultades. Pueden agregarse dos abuelos y formar un equipo de 4 personas. Se reúnen y ven "pros y contras" de la planificación del tiempo libre de la familia para los abuelos.

**3.** El Buró de Reservaciones de Turismo: Lo conforman 4 personas que harán una propuesta de diversiones posibles hoy para la familia en un ángulo, el Buró de Turismo al frente y los abuelos al lado, cada uno dirá el trabajo que hizo en equipo en este orden:
**1ro:** La familia dice sus planes para el tiempo libre cuidando planificar no solo vacaciones sino fines de semana y noches durante 15 días. Una semana de vacaciones y la otra trabajando.
**2do:** Los abuelos dicen los aspectos positivos y negativos que ellos ven en la planificación del tiempo libre de la familia. Se admiten sugerencias.
**3ro:** El Buró de Turismo informa sus ofertas al alcance de la familia cubana

promedio. Después responde a las solicitudes de la familia para ver si pueden satisfacer sus planes.

**4.** El animador pide a los participantes que hagan ellos mismos sus conclusiones. Introduce el tema poniendo el título en la pizarra y enunciando los objetivos. Reparte los recuadros de este tema.

### Desarrollo

**1.** El disfrute del tiempo libre para el sano esparcimiento es un derecho y una NECESIDAD DE LA PERSONA Y DE LA FAMILIA. Todos deben respetar este derecho-necesidad: El Estado, la Empresa, la Escuela, las organizaciones políticas y sociales, la Iglesia, etc.

**2.** La familia debe, por su trabajo, contar con los RECURSOS Y POSIBILIDADES REALES para dedicar un tiempo a la distracción y el descanso. Estas posibilidades deben garantizarse a la familia en dependencia de su poder adquisitivo, pero deben existir opciones para los más pobres. "La discriminación social" debe ser eliminada de todos los lugares y centros de recreación y turismo. Es una violación de los DERECHOS HUMANOS limitar playas, hoteles, zonas geográficas, parques y viajes al acceso de unos cuantos ya sea por su posición o nacionalidad.

**3.** El uso del tiempo libre cumple una triple función:
- Descanso: Recuperación luego de la fatiga de un trabajo.
- Diversión: Liberarnos de la monotonía cotidiana y cambiar de actividad.
- Desarrollo espiritual y corporal: contemplación de la naturaleza, ejercicios físicos, desarrollo de cualidades humanas: fraternidad, colaboración, alegría, educar el sentido ecológico de sus hijos (cuidado de la naturaleza).

**4.** La utilización del tiempo libre debe saberse equilibrar y distribuir de modo que podamos cumplir esa triple función:
- Tiempo para reposo, serenidad, sueño y alegría.
- Tiempo para el amor, es tiempo de familia, de estrechar lazos, de revivir a tensiones y "estar un rato juntos".
- Tiempo para la amistad, tener convivencia con amigos, visitar alejados, escribir cartas, invitar a visitarnos.
- Tiempo para el ejercicio de la libertad y del cuerpo: Ser libres para escoger juegos, deportes, paseos, etc.
- Tiempo para la contemplación, contemplar la propia familia, los hijos crecidos durante sus juegos, contemplar la naturaleza, su belleza, sus dones, etc.
- Tiempo para el espíritu, para "entrar" en nosotros y mirar cómo vamos, para pensar con detenimiento, reflexionar, meditar. Para lecturas edificantes, oración personal, participación en oraciones familiares y comunitarias "con tiempo".

**5.** Dicen algunos que no saben en qué ocupar el tiempo libre. No saber utilizar el tiempo libre es señal de analfabetismo cívico y de esclavitud de espíritu. Debemos romper esto en la familia con creatividad. La familia debe ser ESCUELA DE SANO ESPARCIMIENTO.

Aquí va un listado para despertar su inquietud: conversación familiar, oír música, interpretarla si hay instrumentos a mano, televisión cuando haya un buen programa, leer un buen libro, ver películas instructivas o recreativas, buen uso de internet, de juegos de mesa (dominó, damas, etc.), paseos en familia caminando, alguna vez hay algo de teatro, circo, bailes en casas de familia o en centros adecuados, visitas a amigos y familiares, deportes sencillos, playas, ríos y presas, cuidar el jardín y el patio, pescar, encuentros de varios matrimonios, fiestas de cumpleaños sin mucho "aseguramiento", pero con ganas de divertirse, peregrinaciones a santuarios o lugares histórico-religiosos, etc. Lo mejor es lo que surja espontáneamente, fácil de hacer y posible de realizar.

**6.** La función del Estado es favorecer la sana utilización del tiempo libre de la familia por lo menos de tres formas:

- Limitando efectivamente la jornada laboral a 8 horas diarias, cada semana, día y medio libre, cada año, un mes de vacaciones pagadas.
- Favoreciendo el trabajo doméstico y los recursos económicos de modo que quede más tiempo para distracción y descanso. Esto es facilitando el trabajo de la ama de casa, la gestión en la calle, los servicios primarios, etc.
- Creando el marco legal para que los centros de recreación no sean discriminatorios, garantizando a los empresarios particulares que tengan iniciativas y puedan desarrollarlas para fomentar el turismo nacional.

### Ejercitación

Consistirá esta vez en escuchar música, hacer juego libre, hacer una ronda con los cuentos más recientes. Pasar un rato sano y alegre. El animador despide y evalúa más breve que nunca, ¿qué les pareció hoy?

## Tema 10: "La familia y la sociedad civil"

**Objetivos:**
1. Reconocer a la familia como la célula primera y fundamental de la sociedad.
2. Definir que la familia es anterior al Estado y a la sociedad civil, y debe ser respetada por este en todos sus derechos.
3. Definir a la familia como escuela de socialización, promotora de justicia y libertad, impulsora del desarrollo social.

## Motivación

**1.** El animador comienza preguntando a los participantes si pudieron compartir el recuadro del tema anterior con su familia y amigos. Experiencias.

**2.** La motivación de hoy consistirá en la organización de una "Asociación para la familia".

El grupo se divide en tres equipos:
**1ro:** Buscará aquello que la familia necesita de la sociedad: hará una lista de demandas o solicitudes.
**2do:** Buscará aquello que la familia puede aportar a la sociedad: hará una lista de estos aportes.
**3ro:** Buscará la forma de organizar una "Asociación para la familia".

**3.** El animador convoca a la plenaria después de 15 minutos de trabajo en equipos y una vez que informen introduce el tema, pone el título en la pizarra y enuncia los objetivos.

## Desarrollo

**1.** La familia es la CÉLULA PRIMARIA Y FUNDAMENTAL DE LA SOCIEDAD CIVIL. Esta afirmación significa que ninguna otra institución, organización, empresa o ley de la sociedad puede perjudicar, violar los derechos o decidir algo en contra de la familia. Si algo de esto sucede se está matando la célula fundamental del cuerpo civil y pronto vemos sus consecuencias negativas para toda la sociedad.

**2.** La familia está primero que el Estado. El Estado debe estar al servicio de la familia. El Estado no tiene derecho a decidir por los padres ni en contra de la voluntad de los padres. El Estado no puede separar a los hijos de los padres y a los demás miembros de la familia, al contrario debe contribuir a la unificación familiar.

**3.** La familia es la PRIMERA ESCUELA DE SOCIALIZACIÓN. Esto quiere decir que en ella las personas comienzan a relacionarse con los demás y aprenden las normas de convivencia en sociedad. Si la familia no puede realizar esta misión, de ella saldrán niños y jóvenes inadaptados, incapacitados para vivir en sociedad con armonía. Es una de las causas de la delincuencia juvenil. Esta situación ha tenido, a su vez, como causa primaria la separación de los hijos del seno familiar en becas, internados, etc. y el mal ambiente predominante en estos.

**4.** La familia es también PROMOTORA DEL DESARROLLO SOCIAL. Esto quiere decir que debe dar su aporte a todas las obras sociales sin lesionar ni renunciar a sus derechos. Es escuela de justicia y libertad. Una familia donde

se vive en libertad y la responsabilidad personal y donde se viva la solidaridad efectiva y cotidiana, está ya aportando a la sociedad civil:
- un clima donde aquellas virtudes cívicas se viven.
- una comunidad de personas que han aprendido a vivirlas.
- la más pequeña democracia en el corazón de la sociedad.

**5.** Veamos qué dice la Carta de los Derechos de la Familia sobre este aspecto:

**ARTÍCULO 8:** La familia tiene el derecho de ejercer su función social y política en la construcción de la sociedad.
**a.** Las familias tienen el derecho de formar asociaciones con otras familias e instituciones, con el fin de cumplir la tarea familiar de manera apropiada y eficaz, así como defender, fomentar el bien y representar los intereses de la familia.
**b.** En el orden económico, social, jurídico y cultural, las familias y las asociaciones familiares deben ver reconocido su propio papel en la planificación y el desarrollo del programa que afectan a la vida familiar.

**ARTÍCULO 9:** Las familias tienen el derecho de poder contar con una adecuada política familiar por parte de las autoridades públicas en el terreno jurídico, económico, social y fiscal, sin discriminación alguna.
**a.** Las familias tienen el derecho a unas condiciones económicas que les aseguren un nivel de vida apropiado a su dignidad y a su pleno desarrollo. No se les puede impedir que adquieran y mantengan posesiones privadas que favorezcan una vida familiar estable; las leyes referentes a herencias o transmisión de propiedad, deben respetar las necesidades y derechos de los miembros de la familia.
**b.** Las familias tienen derecho a medidas de seguridad social que tengan presentes sus necesidades, especialmente en caso de muerte prematura de uno ambos padres, de abandono de uno de los cónyuges, de accidentes, enfermedad o invalidez, en caso de desempleo, o en cualquier caso en que la familia tenga que soportar cargas extraordinarias en favor de sus miembros por razones de ancianidad, impedimentos físicos o síquicos, o por la educación de los hijos.
**c.** Las personas ancianas tienen derecho de encontrar dentro de su familia, o cuando esto no sea posible en instituciones adecuadas, un ambiente que les facilite vivir sus últimos años de vida serenamente, ejerciendo una actividad compatible con su edad y que les permita participar en la vida social.
**d.** Los derechos y necesidades de la familia, en especial el valor de la unidad familiar, deben tenerse en consideración en la legislación y política penal, de modo que el detenido permanezca en contacto con su familia y que esta sea adecuadamente sostenida durante el período de la detención.

**6.** Todo lo que hemos estudiado en los temas anteriores es una contribución de la familia a la sociedad civil:
- Si es una comunidad formadora de personas: aporta personas a la sociedad.
- Si es un proyecto de amor: aporta amor, matrimonios estables a la sociedad.

- Si da la vida y la cuida: aporta la defensa de la vida desde el principio.
- Si educa a los hijos en la virtud: aporta ciudadanos íntegros y virtuosos.
- Si hace de cada casa un hogar: aporta un modelo insustituible de convivencia para el hogar nacional.
- Si es una comunidad de participación: aporta la primera escuela de democracia participativa para la sociedad civil.
- Si es abierta y servicial: aporta ciudadanos tolerantes y solidarios.
- Si es trabajadora y se hace respetar: por el trabajo, aporta trabajadores conscientes de su propia dignidad y derechos.
- Si respeta el tiempo libre y sabe usarlo: aporta ciudadanos equilibrados, sanos y cultivadores de la naturaleza y lo bello, aporta alegría y fiesta a la sociedad.

De modo que no se puede decir que en este tema se ha dicho todo lo que la familia aporta o espera de la sociedad porque todo este curso lo ha ido haciendo en cada tema. EL MAYOR APORTE DE LA FAMILIA A LA SOCIEDAD ES: LA MISMA FAMILIA.

Si algo de lo que hemos estudiado de la familia falla, algo está enfermo en la sociedad. Algo se derrumba, algo muere. Al final si no se remedia puede llegar a morir -por falta de virtud- la misma sociedad civil: "NO HAY PATRIA SIN VIRTUD", dijo el Padre Félix Varela.

### EJERCITACIÓN

**1.** Cada matrimonio-familia si está presente se reúne y responde: ¿Qué significa para mi familia esa frase del Padre Varela: "No hay Patria sin virtud"?

**2.** Las demás personas se reúnen en equipo y contestan la misma pregunta.

**3.** El animador resume y termina invitando a compartir el recuadro con la familia y amigos. Evalúa como siempre el desarrollo de este encuentro.

## TEMA 11: "LA FAMILIA EN CRISIS"

**OBJETIVOS:**
**1.** Conocer que toda familia pasa por crisis de distinto origen y la necesidad de salvaguardar la integridad de la familia en todo momento.
**2.** Diferenciar algunas crisis mayores como la infidelidad, el divorcio, la división de la familia por el exilio, falta de vivienda, las madres solteras, la infecundidad, los hijos con enfermedades crónicas.

### MOTIVACIÓN

**1.** El animador comienza preguntando si han podido compartir con la familia el tema anterior y experiencia.

**2.** Luego comenzará la motivación diciendo que a lo mejor a lo largo de este curso hemos pensado que el tipo de familia que deseamos no tiene problemas, no pasa por crisis de crecimiento, otras morales, o problemas que sufre la familia cubana de hoy.

**3.** Hace un listado en la pizarra de palabras o frases que anuncian las crisis o problemas: Ej: falta de vivienda, divorcio, viajes, misiones, etc. Entonces pone el título del tema en la pizarra y dice con sus palabras los objetivos.

### Desarrollo

El animador reparte el recuadro de este tema e invita a los participantes a formar dos grupos que se sentarán a ambos lados del salón. Un participante lee uno de los puntos del recuadro. Entonces el grupo A busca las CAUSAS que producen ese problema y el grupo B las CONSECUENCIAS. Así se procede con cada punto.

**1.** Toda la familia tiene problemas. Unas veces los problemas dependen de alguno de los miembros de la familia, otras veces dependen de otras personas y en otras ocasiones dependen de situaciones ajenas a su voluntad, salud, problemas económicos, sociales, políticos, etc.

**2.** Aunque los problemas y crisis de la familia dependan de ella misma o de factores externos a ella: SUPERAR LAS CRISIS siempre depende de la familia, de la voluntad de sus miembros por salvarla, del esfuerzo por buscar soluciones o sanar heridas.

**3.** Cuando la familia en crisis se deja aplastar por sus problemas entonces necesita de la compañía y la ayuda de otras familias, de amigos de un grupo social o religioso. El asunto no es resolverle el problema desde afuera, sino ayudarle a levantarse y a no dejarse vencer por la crisis. Es motivar su deseo de luchar. De empezar siempre de nuevo. La ayuda consiste en AYUDARLOS A SEGUIR LUCHANDO más que resolverle el problema en detalle. Es educarlo para ser resiliente, para ser una familisa resiliente (Cf. Curso 1, Tema 8).

**4.** La familia, y el matrimonio en ella, no es una institución o comunidad estática. Es un organismo vivo, en crecimiento, en transformación. Por tanto, sufre CRISIS DE CRECIMIENTO, como algunos insectos, soltamos la piel, mudamos la coraza porque ya no cabemos en ella: ALGO MUERE Y SE DESECHA, sirvió en un tiempo pero ya no, entonces podemos dejar morir todo con eso o CRECER y renovar la piel que mudamos. ALGO NACE NUEVO. Es muy doloroso y se dice fácil, no todos pasan por la prueba, pero sabiéndolo es mejor para seguir luchando. Es una mentira que el matrimonio y la familia deben seguir siempre igual que al principio: es como si un niño no creciera.

**5.** LA INFIDELIDAD, es faltar al compromiso contraído, al amor entregado, a la promesa dada para los momentos felices y para los tristes, para la abundancia y la escasez, para la salud y la enfermedad. Hay también infidelidad cuando no se quiere seguir luchando por salvaguardar el matrimonio y la familia.

**6.** EL DIVORCIO es uno de los mayores enemigos de la familia. Es enemigo que siempre "asoma la cabeza" ante la más pequeña dificultad. Entonces todo está perdido si se considera como una posibilidad. El divorcio tiene que desterrarse del pensamiento y de las alternativas del matrimonio porque pasa como un "virus" que si lo dejamos "entrar" en el cuerpo, cuando menos lo pensamos, "NOS MATA". El divorcio es una mentira cuando lo que queremos es no luchar más, no sacrificarnos por la familia, no mejorar y cambiar. Siempre podemos cambiar, eso pensamos muchos hombres y mujeres de buena voluntad que creemos en la capacidad del ser humano para cambiar SI QUIERE Y AMA EN SERIO.

**7.** Del divorcio se produce otro nuevo problema: un nuevo matrimonio donde tienen que convivir hijos de distintos padres. Esto es un problema grave y es una falacia decir "que los niños no entienden y no saben". Las consecuencias vienen después. Además, es necesario decir que esto del divorcio y casarse de nuevo buscando "la felicidad" puede ser un engaño. Siempre se encontrará una nueva persona, pero ella también tiene defectos y problemas. Seguiremos para otro e igual. El secreto está en aprender a aceptar a las personas con sus limitaciones y lo demás lo suple el amor, el amor de esposos, amor a la familia. Respeto a la familia y a uno mismo. Esta crisis se supera no con el divorcio sino aprendiendo LAS NORMAS DE CONVIVENCIA EN EL AMOR Y EL RESPETO MUTUO.

**8.** LA FAMILIA DIVIDIDA POR EL EXILIO o las colaboraciones laborales de largo tiempo, son otros de los más graves problemas que azotan a nuestro país. Las familias van destruyéndose y no tienen asidero. Todos sufren. Lo material no llena el vacío sino el estómago que se vuelve a vaciar. Los "trapos" no tapan el hueco que dejó el que se fue ni cubre su misión en el seno familiar. Es una verdadera tragedia. NO HAY QUE DEJARSE VENCER: LA DECISIÓN DEPENDE DE NOSOTROS.

Veamos lo que dice la Carta de los Derechos de la Familia sobre los emigrantes:

**ARTÍCULO 12:** Las familias de emigrantes tienen derecho a la misma protección que se da a la otra familia.

**a.** Las familias de los inmigrantes tienen el derecho de ser respetadas en su propia cultura y recibir el apoyo y la asistencia en orden a su integración dentro de la comunidad a cuyo bien contribuyen.
**b.** Los trabajadores emigrantes tienen el derecho de ver a su familia reunida lo antes posible.

**c.** Los refugiados tienen derecho a la asistencia de las autoridades públicas y de las Organizaciones Internacionales que les facilite la reunión de sus familias.

**9. LA FALTA DE VIVIENDA** es otro problema y causa de muchas crisis familiares. Pero deben tener cuidado las familias que pueden esconder falta de voluntad para cambiar o problemas de convivencia que después de tener su casa propia vuelvan a aparecer. Esto debe analizarse antes de sucumbir frente a esta crisis.

**10. LAS MADRES SOLTERAS** es otro problema para la familia no solo de sus padres, sino, y sobre todo, del niño sin padre. Estas jóvenes deben ser acogidas una vez consumado el hecho y deben encontrar un hogar estable para el bien de ella y de sus hijos.

**11. LA INFECUNDIDAD** en alguno de los esposos es otra crisis que no depende de ellos mismos en la mayoría de los casos. Debe tratarse con los médicos. Si no hay solución es una llamada para afianzar sus relaciones conyugales y entregarse más totalmente a cultivar su amor y ayudar a otros matrimonios y a entregarse a servicios útiles y sacrificados por los demás. Es una vocación especial, de entrega.

**12. LOS HIJOS CON ENFERMEDADES CRÓNICAS** son otro de los problemas permanentes de la familia. No se trata de una crisis sino de algo crónico que continuamente puede provocarla. Es necesario aceptar valientemente y para siempre esta situación sin remedio físico. Hay REMEDIO MORAL Y ESPIRITUAL. EL AMOR Y LA ENTREGA DESINTERESADA hace del problema una fuente de serenidad y profundidad en la relación de la familia. Ella debe seguir su camino contando y respetando a este miembro limitado.

**13. EL ABORTO** o el hijo no deseado son una fuente de crisis. La estabilidad del matrimonio y la familia pueden ser amenazadas por estas situaciones. La familia debe asumir -fuera cual fuera la situación en que está la madre, el padre o el hijo- la salvación de esta vida humana y acompañar a los padres después en sus consecuencias. La familia no puede romperse por esta causa, debe prevenirla y sanarla.

**14. EL ALCOHOLISMO** es hoy uno de los problemas y fuente de crisis más comunes en nuestra sociedad. Deben buscarse no solo "remedios" sino las causas profundas que lo provocan y erradicar esas causas. El mismo empeño en erradicarlas puede ser causa de motivación para el alcohólico. La familia hay que salvarla con la persona afectada en su seno: esta es una obra tremenda para unificar a los demás miembros siempre que haya respeto y serenidad en el tratamiento. La Asociación "Alcohóilicos Anónimos" debe promoverse y ser consultada e integrada por los concernidos.

**15.** LA SITUACIÓN SOCIAL de violencia, droga y corrupción es otro de los problemas y crisis de la familia, podemos decir que la familia es la más que lo sufre, La familia está siendo aplastada por la situación económica, social y política. Tomar conciencia de que estos problemas pueden desesperarnos y no debemos dejarnos engañar por ellos. Sabiendo discernir: qué depende de uno y qué ha sido impuesto, es muy importante para soportar la crisis. EN CUANTO LA FAMILIA TOMA CONCIENCIA DE LA CRISIS SOCIAL como fuente de crisis familiar reacciona y puede fortalecerse al luchar contra esa situación unidos en la familia que entonces se convierte en el único "remanso" para respirar y salir a luchar.

**16.** Ante las crisis, debemos fomentar y educar para la RESILIENCIA. Aprender a ser resilientes en familia es convertir la crisis en fortaleza y fuente de energía para perseverar en la lucha paciente contra las causas profundas de las crisis y para ayudar a paliar sus consecuencias.

### Ejercitación

**1.** El animador explica que es imposible tratar todos los problemas que pone a la "Familia en Crisis" por eso invita a tomar las palabras que se pusieron en la pizarra en la motivación y tratar en equipo aquellas que no fueron tratadas en el recuadro. Este tema puede tener dos sesiones y entonces se recomienda tratar los problemas pendientes según la dinámica del desarrollo de este tema.

**2.** El animador resume: Hay que salvar la familia a toda costa. Las crisis son amenazas pero pueden ayudar a profundizar en las relaciones y la convivencia familiar. Invita a compartir el recuadro con la familia y amigos. Evalúa como siempre. Si es en dos sesiones, evalúa después de la segunda ambos encuentros.

# CURSO 3
# "VIVIMOS EN SOCIEDAD"

**Características:** Contribuye a fomentar la pertenencia y la participación democrática y a brindar una sólida educación cívica. Consta de temas sencillos con dinámicas de aplicación.

**Destinatarios:** Personas de secundaria, preuniversitario y profesionales sin preparación previa en el tema. Se recomienda especialmente para adolescentes jóvenes y estudiantes.

**Tiempo:** Puede adaptarse a varios encuentros de diversa duración, fin de semana u otra variante que convenga al grupo siempre que el tiempo total sume 15 horas para el nivel medio.

**Temas:**

1. La persona: Derechos Humanos y Deberes Cívicos
2. La familia
3. La escuela
4. La sociedad civil
5. La Nación y la cultura cubana
6. La Patria y sus símbolos
7. El Estado y los poderes públicos
8. La Constitución de la República
9. Gobiernos y partidos políticos
10. Democracia y participación cívica y política

# Tema 1: "La persona: Derechos Humanos y Deberes Cívicos"

**Objetivos:**
1. Conocer el concepto, contenido y fin de la educación cívica.
2. Conocer los rasgos fundamentales de la persona humana.
3. Conocer los Derechos Humanos y los Deberes Cívicos y aplicarlos a nuestra situación concreta.

## Motivación

**1.** Se entregan hojas de periódicos por parejas y se invita a buscar noticias relacionadas con los derechos y deberes de las personas en la sociedad ya sea porque son violados o porque son reconocidos. Una por pareja (5 minutos).

**2.** Cada pareja presenta la noticia y explica por qué la escogió, brevemente. Un minuto por pareja (como el noticiero "El Rápido" o "En tres minutos" (10 minutos).

**3.** El animador resume destacando:
  - Vivimos en sociedad y todo lo que hacemos repercute en la comunidad civil.
  - Todos tenemos en la sociedad: derechos y deberes.
  - Hoy conoceremos (un poco más) sobre estos derechos y deberes personales y sociales. Estudiaremos cómo los hombres y mujeres debemos vivir cada vez más como personas y la importancia de que todos tengamos una educación cívica. Es decir, para vivir en sociedad es necesario aprender a vivir y a participar democráticamente en la sociedad civil. Para eso comenzamos este curso. Se pone el título en la pizarra o pancarta y se enuncia los objetivos a alcanzar.

## Desarrollo

Después de poner el título pregunta: ¿Quiénes saben qué significa educación cívica? Espera a la reacción y da la palabra si alguno sabe. Después pone la definición en un cartel o pancarta o en la pizarra. (Mejor traerlo preparado para ahorrar tiempo y tenerlo en letra grande y legible).

Aquí les presento una definición, discutámosla:

**CÍVICA:** "Es la ciencia práctica que tiene como objetivos:
  - Preparar al ciudadano para vivir en sociedad,
  - Para participar libre, consciente y responsablemente en la sociedad civil,
  - Y para conocer los derechos y deberes que tiene como persona y ciudadano.

¿Consideran que es útil para nosotros aprender más de esto en los tiempos que vivimos? ¿Cuál sería entonces el contenido de la enseñanza cívica y de este curso?

Este tema es una profundización del Curso 1: "Somos personas" que puede servir de referencia y ser recordado si los participantes lo han recibido.

Se leen o presentan en una pancarta o en pizarra los 10 temas de este curso. ¿Creen que faltaría algún tema que tuviera relación con estos y fuera urgente tratar? Deja tiempo para reacciones y apunta en la pizarra si surgiera un tema que no está incluido en los existentes para incluirlo si así lo acordaran y hubiera tiempo.

Entonces comenzaremos por presentar los rasgos fundamentales que caracterizan a los seres humanos y los distinguen de los demás seres vivos como personas.

**1.** Los hombres y las mujeres somos PERSONAS. Cada cual es una PERSONA cuando llega a ser:

- un ser libre
- un ser en relación
- un ser en el mundo
- un ser social
- un ser trascendente

Ahora explicaremos cada aspecto brevemente y ustedes irán pensando en qué medida esto se cumple en cada uno y en los demás miembros de la sociedad en que vivimos.

**Un ser libre:** Somos libres cuando podemos conducir nuestra propia vida y no permitimos que otros (personas o instituciones o Estado) decidan por nosotros. Esto es ser responsable de nuestros actos. Somos libres cuando nos liberamos de: instintos, complejos, individualismos, opresiones sociales, políticas, económicas, culturales, religiosas. Somos libres no para el libertinaje sino para ser más humanos, para establecer relaciones más humanas, para respetar la libertad y los derechos de los demás.

**Un ser en relación:**
- Cuando nos relacionamos personalmente con los demás.
- Cuando somos CON los otros y salimos del individualismo.
- Cuando somos PARA los otros y salimos del egoísmo.
- La relación interpersonal se basa en poder vivir para los demás: sentido del amor, de la generosidad, de la donación personal, del desinterés.

**Un ser en el mundo:**
- Cuando "tenemos los pies puestos en la tierra", es decir, vivimos en este mundo: con su historia concreta, con sus limitaciones actuales, con sus proyectos futuros.

Si un hombre vive en el pasado no se realiza como persona. Si un hombre no acepta las limitaciones presentes y lucha por superarlas sin desesperarse no es "un ser en el mundo", se ve limitado como persona. Si un hombre no tiene proyectos para el futuro, se "cierra", no puede desarrollarse como persona.

Un ser en el mundo es cuando respetamos "el mundo en que vivimos", la naturaleza, sus ritmos y funcionamiento. Cuando dominamos la naturaleza en beneficio del hombre pero sin destruirla, con respeto ecológico.

**Un ser social:**
- Cuando aprendemos a vivir en sociedad como personas y no como masa, no como colectivo sino como comunidad.
- Un hombre que no logra "ir más allá" del marco de su yo personal y de sus relaciones personales con otros "tú" y no sea capaz de formar un "nosotros", no se realiza como persona. Somos personas cuando somos capaces de relacionar el "yo personal" con el "nosotros" como una comunidad de personas; no como un "corral de carneros" o como una "masa boba". Cuando en la sociedad respetamos al hombre como persona, con sus derechos y deberes, y cuando somos capaces de tener un proyecto común y trabajar en comunidad por ese proyecto sin aplastar, ni excluir a ninguna persona.
- Aprender a relacionarnos en sociedad nos ayuda a desarrollarnos como personas.

**Un ser trascendental:**
- Cuando el hombre no se encierra en su existencia cotidiana sino que se "abre" a una búsqueda de "algo más" que dé sentido a su vida.
- Cuando el hombre lucha por unos valores que lo ayudan a superarse, por "ser más", ser más humano: la verdad, lo bueno, lo bello, el amor, la paz...

Para los cristianos buscar la trascendencia es "ir cada vez más allá de nuestras limitaciones humanas" y encontrar "algo más alto", significa encontrar un Dios que es Padre, que es el Padre de Jesucristo, que vino a presentarnos a su Padre y a enseñarnos a vivir como hermanos en el amor.

(Estas explicaciones son para el animador, él buscará la forma más sencilla de presentarlas, puede ser con ejemplos):

- Un hombre que yo conozco hace lo que le da la gana. Ese no es libre. Otro que conozco no deja que otros decidan por él. Es dueño de su vida: Ese es más libre que el otro. Y es más libre todavía porque no se deja llevar por sus instintos e impulsos sino que razona, los domina y encauza para hacer el bien a los demás, etc.
- Yo conozco a una persona que es muy individualista: siempre está pensando que compartir con los demás lo va a perjudicar en sus planes. Ese joven no se realiza como persona porque es muy "casa sola".

El animador puede también pedir ejemplos (si tiene tiempo).

Todos quisiéramos llegar a ser PERSONAS integrales, que vivamos creciendo como personas humanas, tal como hemos descrito. Esto es una tarea para toda la vida. Es un crecimiento progresivo: paso a paso. Alcanzando, cada vez, más grados de libertad, más grados de relaciones interpersonales, más grados de relaciones sociales, mejores relaciones con el mundo en que vivimos, etc.

**2.** Para poder VIVIR EN SOCIEDAD como PERSONAS: Todos tenemos DERECHOS. Todos tenemos DEBERES. Este es el contenido de la educación cívica:

- Conocer y respetar los Derechos Humanos.
- Conocer y cumplir los Derechos Cívicos.
- Si cada ciudadano respeta los derechos de los demás y siente los suyos respetados.
- Si cada ciudadano cumple sus deberes cívicos y ayuda a cumplirlos a los demás: LA SOCIEDAD CUBANA SERÍA MEJOR.

Se presenta un cartel o se escribe en la pizarra la definición de:

**DERECHO:** Es la facultad, poder y libertad que tiene cada ser humano para desarrollarse íntegramente como persona y para participar mejor en la sociedad.

Estos derechos no deben perjudicar la dignidad y los derechos de los demás hombres. Los derechos del hombre son de validez universal y son superiores a los derechos de las instituciones y del Estado.

**DEBER:** Es la obligación y las exigencias que brotan de la ética personal y las leyes sociales para buscar el desarrollo armónico de las personas, el bien común de la sociedad y la pacífica convivencia de los ciudadanos, con el fin de evitar lo que perjudique a la persona y para la sociedad y fomentar el ordenamiento y el desarrollo de la sociedad civil. Estos deberes cívicos no deben perjudicar la dignidad y los derechos de las personas. Los deberes cívicos son de estricto cumplimiento por cada uno de los ciudadanos.

Pongamos ejemplos:

**Un derecho:** "Todo individuo tiene derecho a la vida, a la libertad y a la seguridad de su persona" (Artículo 3 de la Declaración Universal de los Derechos del Hombre).

**Un deber:** "Es deber de cada uno cuidar la propiedad pública y social..." (Artículo 64 de la Constitución de la República de Cuba).

Se reparte un pequeño plegable con la Declaración de los Derechos del Hombre, de la ONU, que fue firmada por Cuba como país miembro en 1948.

Se dice su origen y vigencia y se exhorta a estudiarla, conservarla y darla a conocer a otros, especialmente a los jóvenes. (Se presenta en una pancarta o en una hojita los Deberes Cívicos consagrados en la actual Constitución, Art. 64, 65 y 66) o en las demás que ha tenido Cuba.

### Ejercitación

**1.** Se forman equipos de no más de cinco personas.

**Variante 1:** Todos los equipos analizan cómo se cumplen en Cuba los Derechos Humanos y los Deberes Cívicos, teniendo a mano los textos.
**Variante 2:** La mitad de los equipos analizan la aplicación de los Derechos y la otra mitad el cumplimiento de los Deberes.
**Variante 3:** Un tercio de los equipos analiza la aplicación de las características o rasgos fundamentales de la persona en Cuba. Otro tercio analiza la aplicación de los Derechos Humanos y otro de los Deberes Cívicos.
**Preguntas:** ¿Cómo se cumple esto en Cuba? ¿Cómo podemos contribuir a que se conozcan y cumplan?

**2.** Un secretario apunta las respuestas que se pueden presentar en plenaria si hubiera tiempo o se pueden poner en carteles que se pondrían en las paredes o lugar apropiado del local o se presentarían en el próximo encuentro.

Se termina evaluando el encuentro muy brevemente:
 - Aspectos positivos.
 - Aspectos negativos.
 - ¿Cómo me sirve para mi vida?

## Tema 2: "La familia"

**Objetivos:**
**1.** Conocer y debatir la definición y los diferentes conceptos de familia.
**2.** Instruirse sobre la finalidad y funciones de la familia y su realización en nuestra sociedad.
**3.** Buscar formas de ejercitación sobre los derechos y deberes familiares.

### Motivación

El "retrato" de una familia cubana. Se forman dos grupos (pueden ser también cuatro, según el número de asistentes). La mitad buscará "retratar" los aspectos positivos de una familia cubana promedio y otro grupo "retratará" los aspectos negativos de una familia cubana. Atendiendo a:
 - Tiempo real en familia.
 - ¿Qué hace cada miembro por la familia?
 - Problemas y ventajas de la familia cubana.
Se ponen en una pancarta los aspectos de cada grupo (o en la pizarra).

## Desarrollo

Es tema es continuidad y profundización del Curso 2: "Somos familia" que puede servir de referencia y ser recordado por los participantes que lo hayan recibido.

Se pone el título del tema en la pizarra y se enuncian los objetivos que se espera alcanzar.

**1. Definición de familia.** De las siguientes definiciones escoge la mejor según tu criterio y di por qué. (Se pueden llevar las definiciones en una pancarta o poner en la pizarra o repartir en papeles separados).

**FAMILIA:** Es una institución natural que se forma por la unión y la vida en común de un hombre, una mujer y sus descendientes.
**FAMILIA:** Es la comunidad de personas formada por padres, hijos y demás familiares que busca el desarrollo de sus miembros.
**FAMILIA:** "Es el elemento natural y fundamental de la sociedad y tiene derecho a la protección de la sociedad y del Estado" (Declaración de Derechos Humanos, ONU, 1948, Artículo 16, párrafo 3).
**FAMILIA:** "El Estado reconoce en la familia la célula fundamental de la sociedad y le atribuye responsabilidades y funciones esenciales en la educación y formación de las nuevas generaciones" (Constitución de la República de Cuba, 1992, Artículo 35).

El grupo puede rehacer otra definición a partir de estas o con otros elementos.

**2. Tipos de familia:** se pueden ir haciendo los esquemas en la pizarra o traerlos en un cartel:

*Familia nuclear:* se refiere al grupo constituido por un hombre, una mujer y sus hijos socialmente reconocidos. El término nuclear indica que tal unidad puede considerarse como el elemento básico más simple a partir del cual se forman grupos familiares más extensos.
*Familia ampliada:* es la que se compone por la familia nuclear más los parientes colaterales como: abuelos, tíos, sobrinos, primos, suegros, etc.
*Familia compuesta:* formada por parte de familias nucleares que ya no lo son. Ejemplo: viudos o divorciados que se vuelven a casar conservando consigo sus hijos que pueden convivir con los nuevos hijos, etc.
*Familia extensa:* es cuando varios núcleos familiares emparentados entre sí mantienen una estrecha relación de convivencia aunque no residan en una misma vivienda. Ejemplo: familias campesinas que van construyendo sus casas alrededor o cerca de la paterna, labran la tierra en común, el mismo pozo, animales, etc.
*Familia doméstica:* es cuando viven en una misma vivienda personas que no tienen un parentesco sanguíneo pero forman familia por convivencia.

¿Cuál de estos tipos de familia abunda más en nuestro país? ¿Qué ventajas y desventajas tienen? (Opcional, si hubiera tiempo).

**3. Conceptos de familia.** Algunos aprenden a conocer mejor la familia clasificándola por sus funciones y tareas y no solo por las características o el número de sus miembros como en el aspecto anterior:

*Familia institucional:* Considera a la familia como una institución estable, inmodificable, estática (siglo XIX y principios del XX). Es la institución básica de la sociedad que perdura en el tiempo y que cumple por lo menos cuatro funciones esenciales encaminadas a satisfacer necesidades primarias tanto individuales como sociales:

- Función sexual (conyugal)
- Función económica
- Función reproductiva
- Función educativa

*Familia estructural-funcional:* considera a la familia no como una microsociedad cerrada como la anterior. No como respuesta a las necesidades naturales-instintivas como la anterior, sino como: una parte de la sociedad civil que se especializa en dos funciones importantes para todos: la socialización primaria de los hijos y la estabilización psicológica de los adultos. Divide su estructura según el rol familiar y laboral:

- padre-marido: responsable del sostén y el poder,
- madre-esposa: responsable del hogar y el amor,
- hijo-varón: continuador de su padre,
- hija-hembra: continuadora de su madre.

(Esta división es criticada por discriminatoria, machista y rígida).

*Familia marxista:* la familia se considera como un producto de la historia y de las relaciones sociales dominantes. Es un hecho privado y se basa en el contrato social que puede disolverse en cuanto cesen las condiciones que lo provocaron. Supone plena igualdad jurídica del hombre y la mujer, esposo-esposa. La educación familiar se considera importante pero se subordina a los grandes principios e intereses sociales, ideológicos y estatales.

*Familia personalista:* considera a la familia como comunidad de personas interactuantes que atiende a la realización de cada uno de los miembros considerado como sujeto-persona y no como mero sujeto-función o parte contratante. Cada persona en este concepto de familia es no-dependiente de los demás miembros de la familia. Es creativa como persona que toma iniciativas para el bien de la familia y no solamente cumple su "papel" como sobre-carga-trabajo contratado.

En este concepto se debe profundizar más en las relaciones extrafamiliares, es decir, en la interacción familia-instituciones sociales: escuela, trabajo, Estado, etc. A este concepto se une el de familia en desarrollo que considera al núcleo familiar en constante desarrollo tanto por su ciclo vital (1ro. pareja sin hijos, 2do. pareja con hijos pequeños, 3ro. pareja con hijos mayores, 4to. hijos que se separan para formar nuevas familias, 5to. pareja anciana sola o en familia ampliada) como por el desarrollo personal de cada miembro y de la comunidad de personas. Este concepto pone a la familia en constante evolución ajuste-reajuste, adaptación, crecimiento para adecuarse a las realidades cambiantes dentro de sí misma y en el entorno social.

*Familia cristiana:* el concepto de familia que la Iglesia propone y enseña toma de los anteriores algunos elementos que considera importantes y coincidentes con los valores cristianos, agrega además sus propios conceptos: "La familia ha recibido de Dios la misión de ser célula primera y vital de la sociedad". Es una comunidad de vida y de amor. Es la primera escuela de las virtudes sociales. "La familia es escuela del más rico humanismo" y "el humanismo completo es el desarrollo integral". "La familia es origen y fundamento de la sociedad y tiene sobre ella derecho propio y primordial". "La familia es una Iglesia doméstica. Debe ser una comunidad evangelizada y evangelizadora".

Los participantes pueden hacer su propia definición con aspectos de todas las anteriores y otras.

### 4. Finalidad y funciones de la familia

*Finalidad general:* la familia es la comunidad que forman padres e hijos y demás miembros del hogar con la finalidad de alcanzar el desarrollo integral de cada persona y contribuir así al desarrollo de toda la sociedad.

De esta finalidad general se desprenden otros fines y funciones más específicos que no deben ni separarse entre sí, ni privilegiar unos a costa de olvidar o preferir los otros.

*Finalidad demográfica o biológica:* la familia tiene como uno de sus fines transmitir y cuidar la vida humana, asegura así la supervivencia del ser humano.

*Finalidad económica:* satisface las necesidades primarias de sus miembros, alimento, vivienda, salud, vestido, etc.

*Finalidad educativa:* forma a todos sus integrantes y especialmente a los niños como personas y miembros activos, libres y responsables de la sociedad. Educa la inteligencia emocional. Transmite valores humanos, sentimientos, principios éticos, costumbres sociales, modales personales, normas de convivencia. Fomenta virtudes y transmite y crea cultura.

***Finalidad recreativa:*** porque forma al niño y a la niña y crea el espacio para su esparcimiento, relación con la naturaleza, disfrute del tiempo libre, deportes, relación y creación artística y cultural.

***Finalidad social:*** la familia comienza el proceso de socialización de los hijos e hijas. Les enseña las primeras relaciones humanas. Los ejercita en la vida social. Los enseña a contribuir al bien común. Despierta su conciencia ética y cívica y les educa en sus derechos y deberes individuales y civiles.

***Finalidad estabilizadora:*** porque crea el ambiente adecuado para la estabilidad psicológica de sus miembros adultos y niños. Contribuye a la salud mental y al equilibrio emocional en medio de una sociedad vertiginosa, violenta y competitiva o productivista.

Los cristianos encuentran en la familia otro fin: como parte de nuestro pueblo es cristiano consideramos este punto, teniendo presente que este es un curso de Cívica para todos.

***Finalidad trascendente:*** puede ser la primera comunidad de fe, esperanza y amor. En ella se trasciende los límites de las carencias materiales o espirituales y se puede cultivar una espiritualidad doméstica que marca y enrumba toda la vida.

Para desarrollar la misión integral de la Iglesia los creyentes destacan tres tareas fundamentales:

**a. Formadora de personas:** "Es deber de los padres crear un ambiente de familia animado por el amor a Dios y hacia los demás que favorezca la educación íntegra, personal y social de los hijos. Permanece en cada familia la obligación de conservar lo esencial de toda persona humana, en lo que sobresalen: los valores de la inteligencia, de la voluntad, de la conciencia, de la fraternidad... La familia es, en primer lugar, como la madre y nodriza de esta educación".

**b. Educación en la fe:** "Los esposos cristianos pueden ser para sí mismos, para sus hijos y demás familiares, y testigos de la fe. Son para sus hijos los primeros predicadores de la fe y los primeros educadores en las virtudes evangélicas mediante la palabra oportuna, el ejemplo y la oración en familia".

**c. Promotora del desarrollo:** "La familia es la primera escuela de las virtudes sociales". "La familia en la que coinciden diversas generaciones que se ayudan mutuamente para adquirir una sabiduría más completa y para armonizar los derechos de la persona con los deberes de la vida social, constituye el fundamento de la sociedad". "A los padres corresponde el preparar en el seno de la familia a sus hijos, sobre todo, con el ejemplo, a preocuparse de las necesidades del prójimo, tanto materiales como espirituales".

**5. Derechos y deberes de la familia:** Buscar en la Declaración Universal de los Derechos Humanos entregada en la primera clase, el Artículo 16, el 25 y el 26. Lectura comentada. Leer y comparar los artículos 35, 36, 37, 38, 39 y 40 de la actual Constitución cubana. Se pueden poner palabras o frases claves en dos columnas en la pizarra para ir comparando.

### Ejercitación

Se divide en pequeños grupos y se realiza esta ejercitación y aplicación de los contenidos:

**1.** ¿En cuál concepto de familia explicados en el aspecto 3 del desarrollo colocarías a la familia media cubana? ¿Tendrías que unir aspectos de varios conceptos para describirla? Hazlo.

**2.** Confecciona un círculo y divídelo en secciones que tengan el tamaño proporcional al tiempo que dedican en tu familia o las que tú conoces a cada una de las finalidades enumeradas en el aspecto 4. Si hubiera alguna finalidad que no cumple no le dejes espacio en la esfera de tu "reloj familiar".
En dependencia del tiempo disponible:
 - Se pone en común en una plenaria.
 - Se deja para el próximo encuentro.

**3.** Se termina en el trabajo de equipos haciendo una breve evaluación del desarrollo del encuentro:
 - ¿Qué aspectos me han parecido mejores?
 - ¿Qué había que mejorar?
 - ¿Ha sido útil para la vida?

## Tema 3: "La escuela"

**Objetivos:**
1. Reconocer y analizar los diversos conceptos de escuela-educación y su función socializadora: formación ética y cívica.
2. Describir las relaciones entre la escuela y otros ambientes.
3. Conocer y aplicar a nuestra realidad los distintos tipos de "escuela" o sistemas educativos.
4. Fomentar la educación pluralista, participativa y liberadora.

### Motivación

En un "cuchicheo" de dos o tres participantes se contesta: ¿Qué relaciones mantienen los padres con la escuela de sus hijos? Enumera los hechos por orden de importancia. Intercambio breve si se cree oportuno. Escribe el tema en la pizarra y enuncia los objetivos a alcanzar.

## DESARROLLO

**1.** Después de la familia está la escuela como ambiente de socialización o formación ética y cívica de las personas, especialmente de los jóvenes y niños. Muchos padres dejan a la escuela su deber irrenunciable de formar a sus hijos para la vida.

Se colocan en la pizarra o pancarta dos palabras: *instruir* y *educar* y se pide a los participantes que relacionen contenidos a estas palabras según su propia experiencia. Por ejemplo:

**INSTRUIR:** Leer, sacar cuentas, escribir, enseñar geografía, historia, etc.

**EDUCAR:** Formar hábitos, adquirir conductas ante diversas circunstancias, "aprender a pensar": educación del pensamiento lógico, cultivar los sentimientos, etc.

Se presentan los conceptos de:

**INSTRUIR:** Proceso por el cual se transmiten conocimientos teóricos. Educación intelectual.

**EDUCAR:** Es la implicación o influencia que sobre la conducta humana tiene la enseñanza transmitida. Se concreta en normas morales y actitudes ante la vida. Formación ética.

**EDUCACIÓN CÍVICA:** Es el proceso por el cual se transmiten conocimientos acerca de la sociedad y su funcionamiento y se ayuda a formar conductas sociales por el ejercicio y respeto de los derechos humanos y los deberes cívicos. Por tanto, tiene parte de instrucción cívica y parte de educación para vivir en sociedad. Es un proceso de socialización de la persona.
La familia y la escuela deben contribuir, cada una a su modo, a la formación cívica del ciudadano, tanto por la instrucción como por la educación.

**ESCUELA:** Ya nos vamos dando cuenta que hay distintas formas de educación a lo que no llamaremos distintas formas de "escuela", teniendo en cuenta que en nuestra sociedad, como en muchas otras, se deja casi exclusivamente a la "instrucción-escuela" la función de educar e instruir. La familia y la sociedad civil han abandonado o cedido, en gran parte, su papel educador e instructivo.

Existen dos tipos de escuela en cuanto a su lugar y función en la sociedad:

**ESCUELA:** medio o instrumento del poder y la sociedad para conformar a los ciudadanos según las necesidades sociales y las decisiones del poder. Se trata de formar individuos leales a las instituciones establecidas para perpetuarlas y evitar su cambio.

**ESCUELA:** en interdependencia y relación con la familia y con otros grupos sociales, todos al servicio de la formación humana, intelectual y moral de la persona en igualdad de posibilidades y según el rol o aporte de cada uno de esos grupos o instituciones. Relación de autonomía, interdependencia relativa.

**2.** Existen cuatro tipos de escuela-educación según su metodología o tipo de pedagogía:

**EDUCACIÓN PATERNALISTA:** es aquella en que se impone por la autoridad, el paternalismo o la falta de información un único sistema de valores, una sola orientación ideológica y el único modelo de comportamiento personal y social aceptado por el poder o el sistema social.
 - Es la escuela autoritaria o paternalista.
 - Pedagogía represiva e impositiva que usa el miedo, la desinformación y la coerción.

**EDUCACIÓN ALIENANTE:** es aquella que trata de aislar a los alumnos del resto de la sociedad para preservarlos de sus peligros y transmitirles una instrucción intelectual y un modelo educativo diferente del resto de la sociedad.
 - Es la escuela sectaria y fanática.
 - Pedagogía alienante y doctrinaria.

**EDUCACIÓN NEUTRALISTA:** es aquella que supuestamente sostiene una postura imparcial o neutral frente a las diferentes corrientes ideológicas, modelos de comportamiento y normas de convivencia social. No se "mete" en esos asuntos porque considera que la escuela debe dedicarse a la instrucción intelectual y a la transmisión de principios generales. Limita la función socializadora de la escuela. Ostenta frente a la conflictividad social una falsa indiferencia o neutralidad.
 - Es la escuela individualista, conservadora o indiferencista.
 - Pedagogía estática y elitista, separada de los asuntos sociales específicos.

**EDUCACIÓN PLURALISTA:** es aquella que trata de conocer los diversos sistemas de valores, modelos de comportamiento y orientaciones ideológicas presentes en la sociedad. Aporta los medios para la crítica constructiva y el discernimiento que debe hacer cada persona sobre aquellas alternativas y dota al alumno de actitud y aptitudes para realizar nuevas síntesis. Es la escuela pluralista y comprometida con la sociedad abierta y democrática.
La presentación de los tipos de "escuela" puede hacerse entregando a cada participante una hoja con los tipos y haciendo lectura comentada por parte de ellos y el animador.

**3.** Relaciones entre la escuela y demás ambientes sociales:

Si en el punto anterior presentamos el lugar de la escuela en relación con la persona y al servicio de su desarrollo integral, ahora consideraremos a la escuela en relación con el resto de la sociedad con la que debe interrelacionarse de forma respetuosa y solidaria:

**ESCUELA:**
- familia
- trabajos, economía y empresas
- política e ideología
- grupos naturales de amigos
- instituciones culturales
- espacios e instituciones recreativas
- sociedad civil
- naturaleza (ecología)
- instituciones religiosas

(Esta parte se puede ir haciendo entre todos, preguntando ambientes o instituciones que se relacionen con la escuela). El diálogo se puede conducir hacia ejemplos concretos de esas relaciones. Este tema puede ser complementado con el Curso 9: "Educamos para la libertad y la responsabilidad" y con el Curso 13 "Somos universitarios".

EJERCITACIÓN

1. Pensando en la escuela de sus hijos, clasifícala según:

 - Tipo de escuela por su lugar y función en la sociedad.
 - Tipo de educación por su pedagogía.

Puedes construir un nuevo modelo o tipo reuniendo características preferidas.

2. En tu familia y en la mayoría de las familias cubanas se preocupan más por la instrucción que por la educación. Especifica qué tiempo (en horas) a la semana dedicas a la educación de tus hijos (horas de instrucción, horas de educación). ¿Qué hacer?

Si hubiera tiempo e interés se puede poner en común en una plenaria.
Los que contesten la primera pregunta pueden tener en cuenta además de su experiencia personal, el Capítulo V, Artículos 39, 40 y 51 del texto reformado de la Constitución de la República de Cuba, 1992.

Se termina evaluando brevemente.

## TEMA 4: "LA SOCIEDAD CIVIL"

**OBJETIVOS:**
1. Conocer y aplicar los conceptos de comunidad, organizaciones intermedias y sociedad civil.

**2.** Describir y aplicar los fines, tipos de organización y características de las comunidades locales y organizaciones intermedias. Su función personalizadora y socializadora.
**3.** Establecer la relación entre comunidad local y sociedad civil, entre el Estado y la sociedad civil.

### MOTIVACIÓN

**1.** Los participantes forman tres grupos o seis si fueran muchos y cada grupo hace la descripción o el "retrato" de:

- la comunidad rural cubana
- un grupo de amigos
- una asociación ecológica

**2.** ¿Cómo se organizó? ¿Cómo son las relaciones humanas entre sus miembros? ¿Hay verdadera libertad y participación consciente y efectiva? Se escriben las respuestas en palabras-claves. Se ponen en común. Se pregunta: ¿Cómo deberá ser una comunidad civil? ¿Cuáles son sus fines y funciones?

Esto es lo que trataremos hoy. Se pone el título del tema y se enuncian sus objetivos.

### DESARROLLO

**1.** CONCEPTO DE COMUNIDAD CÍVICA. Se escribe en la pizarra:

Tres son los principales centros de formación de la persona para vivir en sociedad:

- LA FAMILIA
- LA ESCUELA
- LA SOCIEDAD CIVIL

Después se aclara que existen otros ambientes donde se contribuye a la PERSONALIZACIÓN Y LA SOCIALIZACIÓN pero en estos tres transcurre la mayor parte del tiempo y la mayor intensidad del proceso de "formación para la vida".

**2.** Hemos estudiado los dos primeros. Hoy trataremos la sociedad civil.
Existen diversos conceptos sobre ¿QUE ES UNA SOCIEDAD CIVIL? Los invito a debatir algunos de ellos y a encontrar según nuestra propia experiencia cuál se acerca más a nuestra realidad y cuál desearíamos que fuera el "ideal" de esa comunidad civil.(Se presenta un cartel o pancarta con los conceptos o se distribuyen en papeles para que cada uno los tenga. Lectura en silencio individual. Subrayar las palabras claves).

## COMUNIDAD CIVIL:

**Concepto geográfico:** Comunidad es un conjunto de personas en un lugar determinado. Es decir, la comunidad es el grupo con su territorio. Ejemplo: el municipio o comunidad municipal.

**Concepto ecológico:** Comunidad es el conjunto relativamente estable de personas y grupos humanos que están relación entre sí y con el ambiente en que viven, en relación con los elementos naturales (tierra, agua, aire, etc.) y elementos artificiales creados por ellos (viviendas, máquinas, espacios de debate y creación, etc.). Estas relaciones son de interdependencia y competencia por la vida y se llama ASENTAMIENTO o ECOSISTEMA. En resumen: comunidad = individuos + ambiente + competencia.

**Concepto autonomista:** Comunidad es el grupo social más pequeño en el que la persona puede satisfacer todas sus necesidades y desempeñar sus funciones. Es el primer nivel de organización social completo y autosuficiente.

**Concepto psicológico:** Comunidad es: **a.** Una cualidad de las relaciones entre las personas cuando estas relaciones se caracterizan por sentimientos de solidaridad, identificación, apertura, unión, integración, amor, etc. **b.** Una entidad u organización que surge como resultado de las relaciones descritas.

**Concepto comunidad-comunión:** Comunidad es un grupo social en que la voluntad comunitaria predomina sobre el interés egoísta de los individuos, la armonía sobre la competencia, la cooperación sobre el conflicto, la naturaleza sobre la habilidad y los sentimientos sobre la razón. Ejemplos: la familia, la antigua comunidad rural, las comunidades de algunas religiosas, etc.

**Concepto de conjunto de comunidades:** Comunidad es el grupo de personas que pertenecen a un conjunto de comunidades de distinto tipo que se insertan una dentro de la otra y se relacionan interdependientes entre sí. Ejemplos: familia, vecindario, barrio, municipio, provincia, nación, etc. Se amplía el concepto de comunidad de pertenencia y comunidad de referencia. Es una: comunidad de comunidades.

(Se comparten las relaciones a la lectura personal y se ponen en común las palabras claves que se escriben en la pizarra. Se puede construir un concepto nuevo de comunidad a partir de los descritos. Crítica de los mismos).

## 3. Fines de la comunidad civil

La comunidad no es un fin en sí misma. Es un medio, un ambiente, una forma de vida para que todo hombre llegue a ser PERSONA. La comunidad, por lo tanto, tiene como finalidad ese proceso de: PERSONALIZACIÓN-SOCIALIZACIÓN.

**Personalización:** Contribuir a la libertad y a la responsabilidad, al desarrollo de subjetividad, a la apertura o lo trascendente, a ser plenamente una persona.

**Socialización:** Contribuir a la comunidad interpersonal, a las relaciones grupales, a la participación consciente y responsable, a la apertura a otros grupos mayores. En pocas palabras: la comunidad debe ser un grupo de pertenencia en que cada persona encuentra el ambiente propicio para:

- abrirse, conocerse, aceptarse a sí mismo y crecer como persona.
- abrirse, conocer, aceptar a los demás y crecer en relaciones.
- abrirse, conocer, aceptar la naturaleza (su dinámica y sus limitaciones) y crecer en la conservación, relación y dominio respetuoso de la misma.
- abrirse, conocer, aceptar al Absoluto y Trascendente y crecer en espiritualidad.

Se puede ir haciendo en la pizarra un cuadro sinóptico, como el siguiente:

ABRIRSE, CONOCER Y ACEPTAR................. PARA CRECER
A sí mismo .................................................... como persona
A los demás ................................................... en relaciones, etc.

(Se puede llevar un cartel o hacerlo en pancarta).

La comunidad o grupo de referencia que no tenga como finalidad y logre en algún grado estos procesos (que nunca terminan) no puede considerarse todavía una verdadera comunidad. Por ahí podemos evaluar las comunidades o grupos a los que pertenecemos.

### 4. Tipos de grupos civiles

**Comunidad paternalista y autoritaria:** Es aquella que entre sus miembros y sus dirigentes o "animadores" o líderes o grupos jerárquicos existen relaciones de dependencia y no de libertad, relaciones de opresión y no de cooperación, relaciones de imposición y no de persuasión y consenso, relaciones autoritarias y no de compartir los diversos servicios y funciones. No existe la participación consciente y creativa sino el "cumplimiento" de tareas que vienen de una decisión superior. No existe espacio para la iniciativa personal o grupal, sino que la "comunidad" o grupo repite y espera la decisión paternalista, quedando en un estado de postración y dependencia infantil. Fomenta el caudillismo.

**Comunidad-correa de transmisión:** Es aquella que externa y superficialmente tiene cierta autonomía a diferencia de la autoritaria. En ciertos aspectos que no afectan lo esencial, pueden tener iniciativa y creatividad. Pero en lo fundamental es instrumento intermedio entre el poder superior y la base. Aún cuando surja este grupo para satisfacer necesidades de sus miembros y para defender o promover valores comunitarios, sigue siendo instrumento de un poder porque el "método más eficiente para ejercer el poder sobre otros es el de apoyarse en sus valores y necesidades". Es una "correa de transmisión", no una comunidad libre y corresponsable. Fomenta el populismo y los "mesianismos".

**Comunidad cerrada:** Es cuando el grupo se aísla del resto de las comunidades y de la sociedad. Se considera tan autosuficiente que ignora la necesaria interdependencia con el resto de la sociedad. Es alienante y sectaria. Es un "quiste", no una comunidad o grupo de la sociedad civil. Fomenta la exclusión y obstruye los consensos cívicos y políticos.

**Comunidad pluralista y participativa:** Es aquella en que se aceptan como una riqueza la diversidad de personas y de iniciativas. La participación libre, activa, consciente y responsable es el modo de vida de la comunidad y a la vez su "ideal" siempre mejorable. Fomenta la autogestión sin cerrarse a las demás comunidades. Trata de ser eficiente sin olvidar la humanización de la vida. Conserva y promueve los valores culturales propios abriéndose a la riqueza de los demás sin perder la propia identidad. Es una expresión genuina de la capacidad de relacionarse y organizarse de los grupos humanos por sí mismos, desde "abajo". Resuelve los conflictos, normales en todo grupo, a través del diálogo y la concertación. Es la escuela de la democracia social porque enseña en la práctica a participar. Es escuela de personalización y de humanismo porque en ella se experimenta el respeto por la persona y se desarrolla su nivel de responsabilidad e iniciativa personal. Fomenta la horizontalidad, la inclusión y los consensos.

**Comunidad local, organizaciones intermedias y sociedad civil:** Para que una sociedad crezca sana necesita de: comunidades locales fuertes y activas, organizaciones intermedias creativas y autónomas, y una sociedad civil madura y diferente del poder político. Cuando el poder político debilita la cohesión y actividad de las comunidades locales, hace de las organizaciones intermedias "correas de transmisión" sin iniciativa ni verdadera autonomía y hace desarticular el tejido de la sociedad civil por la dependencia y la identificación de esta con el sistema o la estructura política, la sociedad está enferma y los ciudadanos se desarraigan, pierden la iniciativa y la creatividad y son débiles y despersonalizados (irresponsables y dependientes) frente al poder político. La medida de la salud y autenticidad de una sociedad civil es un ciudadano libre, responsable, participativo y tolerante.

**Comunidad local:** Es el barrio, poblado o municipio que tenga conciencia de ser comunidad, la calidad de sus relaciones se corresponda con su proyecto comunitario aunque esté en formación o desarrollo (siempre lo estará si crece y es genuina comunidad) y su organización y servicios contribuyen al desarrollo integral de las personas y el bien común. Debe estar abierta a las demás comunidades y mantener su identidad.

**Grupo intermedio:** Es la comunidad de personas que tienen un proyecto en común pero no necesariamente tienen que tener un espacio geográfico definido.

Generalmente se desarrolla entre la comunidad local o de base y la sociedad global, por eso su nombre de organizaciones intermedias.

Ejemplos: asociaciones de mujeres, de ecologistas, de artistas con un proyecto común, de profesionales, etc. Cuanto más organizaciones intermedias verdaderamente autónomas y creativas haya, tanto más fuerte y sana será la sociedad civil y el sistema democrático.

Dentro de las organizaciones intermedias se encuentran:

- **Las organizaciones formales:** Más institucionalizadas, reconocidas oficialmente y con cierta personalidad jurídica. Proyecto, estudios, reglamentos, estructuras estables, etc. Ejemplo: Asociación de Juristas.

- **Las organizaciones informales:** Representan un sector o grupo con intereses comunes pero con estructuras flexibles, metas progresivas o parciales, con identidad pero sin legalizaciones formales. Ejemplo: vendedores de un barrio, conjunto musical, etc.

Ambas formas de organización intermedias responden a situaciones, necesidades y soluciones a problemas diferentes y a proyectos comunes diversos. Ambas enriquecen la sociedad civil y dan oportunidad al desarrollo personal del ciudadano y a su iniciativa creadora. Son también llamadas Organizaciones No-Gubernamentales (ONGs).

La articulación entre la comunidad local o de base, las organizaciones o grupos intermedios y la sociedad global (poder político y economía nacional) es un desafío, una tarea y un deber de todo ciudadano, comunidad y poder político o económico que sean democráticos.

La articulación entre comunidad local o de base, las organizaciones intermedias (asociaciones, sindicatos, grupos informales y la estructura superior de la sociedad es un signo del tipo de relaciones sociales y de sistema social imperante: (autoritario, participativo, autogestionario, democrático, etc.).

La educación cívica debe ir encaminada a la sana articulación de estas comunidades formando a un ciudadano informado sobre ellas, educado según las normas éticas apropiadas y ejercitado en la creatividad y acción necesarias para lograrlo.

Articular la sociedad civil, es decir, relacionar respetando la identidad y dinámicas propias de cada grupo de la sociedad civil, es una tarea y un desafío primordial para el futuro próspero y democrático de Cuba. Es la función de los "tejedores de convivencia".

### EJERCITACIÓN

**Trabajo en grupos:**

**1.** Un grupo analizará qué "tipo de comunidad"(Cfr. punto 3) es su barrio, otro grupo, la escuela, otro grupo el municipio, otro su sindicato o asociación de profesionales o su organización cívica. ¿Por qué le otorga esa clasificación?

**2.** Evalúa nuestra sociedad civil según los criterios del punto 4. Otorga a cada uno de los tres aspectos, de un total de 3 puntos, la calificación que consideres justa según la realidad que conoces. Los 10 puntos restantes hasta 1, otórgalos en proporción con la medida en que cumple, en general, los fines de una comunidad civil (Cfr. punto 2).

**Calificación:**

**De 0-4 puntos:** Sociedad civil en extinción.
**De 41-60 puntos:** Sociedad civil muy deteriorada.
**De 61-70 puntos:** Sociedad civil deficiente.
**De 71-80 puntos:** Sociedad civil en desarrollo.
**Más de 80 puntos:** Sociedad civil en proceso de consolidación y madurez.

Recuerda que estos ejercicios solo deben servirte de punto de referencia para tu formación cívica y no constituyen un diagnóstico rígido ni exacto. Se puede compartir en plenaria o colocar los resultados en murales.

Se termina, como siempre, evaluando el encuentro.

## TEMA 5: "LA NACIÓN Y LA CULTURA CUBANA"

**OBJETIVOS:**
**1.** Presentar el surgimiento y desarrollo de la Nación y la cultura cubana.
**2.** Reconocer que la conservación de la identidad y la promoción de la cultura es un elemento esencial para el fortalecimiento de la nación.
**3.** Aprender a discernir la realidad de Nación y cultura del resto de entes sociales como Estado, Gobierno, Ideología partidaria, etc.

### MOTIVACIÓN

Se lee y comenta el fragmento de Fernando Ortiz: "Cuba es un ajiaco" que se escribe a continuación:

*Cuba es un ajiaco* -nos ha dicho en cubanísima síntesis este etnólogo- *ante todo, una cazuela abierta. Eso es Cuba, la Isla, la olla puesta al fuego de los trópicos...Cazuela singular la de nuestra tierra, que ha de ser de barro, muy abierta. Luego, fuego de llama ardiente y fuego de ascua y lento, para dividir en dos la cocedura: tal como ocurre en Cuba, siempre a fuego de sol pero con ritmo de dos estaciones: lluvia y seca, calidez y templanza.*

*Y ahí van las sustancias de los más diversos géneros y procedencias. La indiana nos dio el maíz, la papa, la malanga, el boniato, la yuca y el ají picante... con carnes de jutía, de iguanas, de cocodrilos, de majáes, de tortuga. Los castellanos desecharon esas carnes indias y pusieron las suyas. Ellos trajeron con sus calabazas y sus nabos, las carnes frescas de res, los tasajos, las cecinas y el lacón. Y todo ello fue a dar sustancias al nuevo ajiaco de Cuba. Con los blancos de Europa, llegaron los negros del África y estos nos aportaron guineas, plátanos, ñames y su técnica cocinera. Y luego los asiáticos, con sus misteriosas especies de Oriente; luego los franceses con su ponderación de sabores que amortiguó la causticidad del pimiento salvaje; y los angloamericanos con sus mecánicas domésticas que simplificaron la cocina y quieren metalizar y convertir en caldera de su "Standard" el cacharro de tierra que nos fuera dado por la naturaleza junto con el fogaje del trópico para calentarlo, el agua de sus cielos para el caldo y el agua de sus mares para la salpicadura del salero. Con todo ello se ha hecho nuestro nacional ajiaco.*

*Y en todo momento el pueblo nuestro ha tenido, como el ajiaco, elementos nuevos y crudos acabados de entrar en la cazuela para cocerse...y allá en lo hondo del puchero, una masa nueva ya posada, producida por los elementos que al desintegrarse en el hervor histórico han ido sedimentando sus más tenaces esencias en una mixtura rica y sabrosamente aderezada, que ya tiene un carácter propio de creación. Mestizaje de cocinas, mestizaje de razas, mestizaje de culturas. Caldo denso de civilización que borbotea en el fogón del Caribe...*

*Acaso se piense que la cubanidad haya que buscarla en esa salsa de nueva y sintética suculencia formada por la fusión de los linajes humanos desleídos en Cuba, pero no, la cubanidad no está solamente en el resultado sino también en el mismo proceso complejo de su formación, desintegrativo e integrativo, en los elementos substanciales entrados en acción, en el ambiente en que se opera y en las vicisitudes de su transcurso"* (Fernando Ortiz. Factores humanos de la cubanidad. Revista *Bimestre Cubano*. No. 2, Vol. XLV. Marzo-abril de 1994, p. 161-186).

Se pueden agregar otros componentes al ajiaco cubano para actualizar el concepto de Ortiz.

Hoy estudiaremos los rasgos principales de la cultura cubana y el surgimiento de nuestra nacionalidad. Seguro nos ayudará a tener una más sólida formación cívica porque partimos de sus raíces.

Se pone el título en pizarra y se enuncian los contenidos.

## Desarrollo

### 1. Concepto de Nación y cultura

En muchas ocasiones confundimos o identificamos los conceptos de Nación, Cultura nacional, Estado, Patria, Ideología.

La formación cívica, que tiene como objetivo preparar al ciudadano para vivir en una sociedad democrática y conocer sus derechos y deberes, debe contribuir al discernimiento de estos conceptos para poder comprometernos con la sociedad conociendo cada una de sus realidades y no confundir los campos y funciones de cada una.

Discutamos los conceptos:

**CULTURA:** Es el conjunto de conocimientos, creencias, valores morales, expresiones artísticas, costumbres, formas de comunicación y otras capacidades adquiridas y cultivadas por el hombre, como miembro de la sociedad y que constituye el estilo de vida común transmitido como patrimonio de generación en generación, enriqueciéndolo en cada momento con el continuo cultivo de esas formas de convivencia y creación.

**NACIONALIDAD:** Es el conjunto de características sociales y culturales que distinguen a un grupo de personas que comparten la conciencia, las costumbres y el proyecto de avanzar hacia la autonomía política, económica y cultural. La nacionalidad puede existir sin Estado o Nación institucionalizada. Puede haber un estado institucionalizado con varias nacionalidades dentro de sí. Pueden existir varias culturas dentro de una misma nacionalidad.

**NACIÓN:** Es aquel grupo humano que se constituye a partir de un patrimonio histórico, social y cultural, se institucionaliza en una comunidad geográfica y política soberana y sus miembros se unen para trabajar en un proyecto común a fin de consolidar su identidad y crecer como sociedad civil. Nación es una nacionalidad que ha alcanzado su soberanía.

**ESTADO:** Es el conjunto de instituciones que organiza y representa la voluntad soberana de la Nación y está dotada de estructuras políticas y jurídicas que tutelan el bien común. Pueden haber Estados multinacionales. El Estado puede cambiar sin afectar substancialmente a la Nación, la nacionalidad y la cultura de un pueblo, pues lo que cambian son las estructuras. Para cambiar las estructuras del Estado es estrictamente necesario hacer una consulta ciudadana, un referéndum constitucional. Esto no debe hacerse ni frecuentemente, ni para perpetuar a una persona o partido en el poder, ni para restar libertades y derechos a los ciudadanos.

## 2. Surgimiento y desarrollo de la Nación cubana. Características de su cultura

El desarrollo o devenir de la cultura y Nación en Cuba se pude presentar a partir de la siguiente tabla que se puede ir haciendo en la pizarra o llevar hecho en un cartel.

| Raíces | Siglos XVI-XVIII | Siglo XIX | Siglo XX |
|---|---|---|---|
| Cultura española | Transculturación, mestizaje, sincretismo. | Despertar de la conciencia nacional: Cultura y nacionalidad. | Intervención norteamericana: su influencia cultural. |
| Cultura africana | | Padre Félix Varela. Padre de nuestra cultura. | Recuperación de la conciencia nacional: República y Nación. |
| Otras (indígena, francesa, china, etc.) | | Seminario San Carlos. Guerras de Independencia: Céspedes, Bandera, Himno. | Conciencia nacional. Crecimiento cultural. |
| | | Martí y el Proyecto de República. | Nuevos proyectos nacionales. |
| | | | Nuevos ingredientes al ajiaco de nuestra nacionalidad. |
| **Procesos** | Lo criollo-la cultura | La cultura-la Nación | El Estado-la República |

Nótese que las etapas se superponen pues el proceso de formación de la cultura y la nacionalidad se difuminan en el tiempo pero se puede fijar la primera mitad del siglo XIX como la época del nacimiento de nuestra nacionalidad y el paso del criollismo a la cultura cubana: el Padre José Agustín Caballero, a quien Martí llamó "Padre de los pobres y de nuestra filosofía", el Padre Félix Varela, "el primero que nos enseñó a pensar" en independencia y libertad integral, a quien todos conocemos como el Padre de nuestra cultura, como "progenitor y defensor de la libertad cubana", y otros fundadores que en el Seminario de San Carlos de La Habana, dejaron "una huella profunda y radical. Es innegable, en la inspiración de aquellas décadas germinales de nuestra nacionalidad, de nuestra cultura: la huella de Cristo, el soplo de su Espíritu" (Cintio Vitier, Velada del ENEC, 1986) (Se refiere a las primeras décadas del siglo XIX).

El surgimiento de la Nación cubana se considera a partir del año de 1868 en que se crea la República en Armas, una Constitución, una Bandera Nacional y un Himno, los poderes Ejecutivos, Legislativos y Judiciales pero en Armas. El 20 de octubre de 1868 se cantó por primera vez en público el Himno Nacional, se ha institucionalizado ese día como el Día de la Cultura Cubana. No obstante, la República de Cuba nace oficialmente en la comunidad internacional como

Nación independiente y con Estado propio, el 2 de mayo de 1902. Es nuestra Fiesta Nacional.

**Características de la cultura cubana**

Debemos recordar que toda cultura y nacionalidad está siempre -si sigue viva- en constante gestación, crecimiento y desarrollo. Siempre nuevos ingredientes y nuevas síntesis. Es una realidad viva. (Se puede entregar una hoja con lo siguiente y hacer "lectura comentada").

Escuchemos a Cintio Vitier que en "Lo cubano es la poesía", 1970, nos dice:

*No hay una esencia inmóvil y preestablecida, nombrada "lo cubano" que podemos definir con independencia de sus manifestaciones sucesivas y generalmente problemáticas, para decir: Aquí está, aquí no está. Nuestra aventura consiste en ir al descubrimiento de algo que sospechamos pero cuya identidad desconocemos. Algo además que no tiene entidad fija, sino que ha sufrido un desarrollo y que es inseparable de sus diversas manifestaciones históricas.*

Podemos resumir las características de la cultura cubana de la forma siguiente:

- Es **mestiza:** desde el punto de vista racial, estilos de vida, formas de pensamiento, sentimientos religiosos.
- Es **cristiana:** por su origen y su devenir. Cristianismo mezclado pero presente en la memoria del pueblo con perseverante sustrato, con referencia católica.
- Es **pluralista:** porque siempre dio cabida a diversas formas de opción política, diversas formas de creer, diversas formas de crear aunando, atrayendo, no dispersando... "con todos y para el bien de todos" -como quiso Martí.
- Es **progresista:** desde sus mismas raíces, siempre ligada a la liberación integral de la persona y la sociedad. Su profundo humanismo así lo corrobora.
- Es **latinoamericana y caribeña:** forma parte del "alma latinoamericana" y por lo tanto tiene con esas culturas una gran parte en común, sin la cual perderíamos nuestra propia identidad, color, idioma, religión, origen común, similares vicisitudes históricas, semejantes protagonistas de lo "real maravilloso" en la naturaleza y en los hombres y mujeres de nuestros pueblos. Perspectiva de integración regional.
- Tiene **gran poder de recuperación:** nuestra identidad, siempre en crisis, siempre en gestación, luego de grandes períodos de descomposición moral y desintegración social ha podido perseverar y salir adelante. Los períodos que hemos sufrido de influencias foráneas o advenedizas así lo comprueban, de algunas de ellas hemos salido siendo cubanos, vamos saliendo aún hoy.

Se puede completar esta relación haciendo otra lista con características negativas de nuestra cultura o identidad cubana, con vistas a superarlas en lo adelante. Toda cultura tiene valores y desvalores. Todo es proceso de mezcla y gestación:

Por ejemplo: "Es necesario que cada cubano recupere:
frente a la doblez..... la transparencia del vitral.
frente al miedo......... la expresividad y la valentía del gallo.
frente a la fragilidad personal y la superficialidad..... la dignidad y sencillez .de la palma real (símbolos de nuestra cubanía).
frente a la desintegración y la violencia... la convivencia pacífica.

### EJERCITACIÓN

**Tres opciones:**

**1ra:** Cada equipo busca 5 símbolos (objetos, palabras, personas) que representen la Nación y la cultura cubana. Explican por qué lo escogieron en la plenaria y entre todos escogen aquellos que parezcan más apropiados sin pasar de 10 símbolos ni menos de 3.

**2da:** Escoger una figura histórica que represente cada período o etapa de nuestra Nación:
 - Etapa colonial (1492-1800).
 - Nacimiento de la nacionalidad (fines del siglo XVIII y primera mitad del siglo XIX).
 - Surgimiento de la Nación cubana (1868-20 mayo 1902).
 - Etapa Republicana (1902-1959).
 - Etapa del socialismo marxista-leninista (1961-?).

**3ra:** Leer en cada equipo el siguiente párrafo de Fernando Ortiz y contestar las preguntas que a continuación se formulan:

*La cubanidad es condición del alma, es complejo de sentimientos, ideas y actitudes... Pero, hay algo inefable que completa la cubanidad del nacimiento, de la Nación, de la convivencia y aún de la cultura. Hay cubanos que, aún siéndolo por tales razones no quieren ser cubanos y hasta se avergüenzan y reniegan de serlo. En estos la cubanidad carece de plenitud, está castrada. No basta para la cubanidad tener en Cuba la cuna, la Nación, la vida y el porte; aún falta tener conciencia. La cubanidad plena no consiste meramente en ser cubanos por cualesquiera de las contingencias ambientales que han rodeado la personalidad individual y le han forjado sus condiciones: son precisas también la conciencia de ser cubano y la voluntad de quererlo ser* (Fernando Ortiz, citado por Reneé Méndez Capote en "Amables figuras del pasado", p. 204-205).

- ¿Crees que hay algunos cubanos que hoy se avergüencen de serlo, no quieran o no lo sean conscientemente? Di en cada caso por qué.

- Evalúa cada uno de los aspectos de la cubanía mencionados con una puntuación de 0 a 10 puntos, en dependencia de las condiciones actuales de nuestra cubanía y mirando la totalidad de los cubanos, por supuesto:

- Por nacimiento
- Por nacionalidad
- Por convivencia
- Por cultura (vida y porte)
- Por conocimientos
- Por conciencia
- Por voluntad

- Argumentar la puntuación.

Si se quiere se da a cada equipo una de las preguntas o una de las variantes o parte de ellas, si hubiera muchos equipos se puede dar a cada uno un ejercicio independiente de las variantes para en la plenaria abarcar todas ellas.

Se termina evaluando, como siempre, este encuentro.

## Tema 6: "La Patria y sus símbolos"

**Objetivos:**
1. Profundizar en la simbología histórica y actual de la Bandera, el Escudo y el Himno Nacional.
2. Conocer y distinguir el concepto de Patria en relación con otros como Nación, Estado, Gobierno, Partidos, etc.

### Motivación

Se comienza la reunión escuchando o cantando las notas de nuestro Himno Nacional. Deben colocarse en lugar apropiado la Bandera y el Escudo. Se debe entregar o copiar en la pizarra o en un cartel la letra del Himno. El animador dice: Hoy estudiaremos los símbolos patrios, los invitamos a comenzar con el canto del Himno Nacional. Una vez sentados se pregunta:

- ¿Todos cantamos en nuestros actos y en nuestras escuelas el Himno como se debe cantar?
- ¿Alguna vez nos hemos detenido a reflexionar sobre su letra y su significado?
- ¿Conocemos el significado de cada parte de la Bandera y del Escudo?
- ¿Se reduce la Patria y el amor que le debemos al respeto de los símbolos nacionales?

Terminada esta breve conversación que puede hacerse con estas u otras preguntas, según el ambiente, se pone el título en la pizarra y se enuncian los objetivos de este tema.

## Desarrollo

### 1. Los símbolos patrios

**a. La Bandera.** (Se extiende la bandera y se van señalando sus partes, se puede ir preguntando lo que saben los asistentes y completando con los datos siguientes):

La Bandera Cubana, principal símbolo de la Patria, ondeó por primera vez en Cuba el 19 de mayo de 1850 en la ciudad matancera de Cárdenas, donde desembarcó Narciso López, quien la había concebido con la ayuda del poeta matancero Miguel de Teurbe Tolón, quien la dibujó con las indicaciones de López. Como sabemos el simbolismo de nuestra bandera es el siguiente:

**Tres franjas azules:** que simbolizan los tres Departamentos (o provincias) en que se dividía Cuba en aquel tiempo: Occidente, Centro y Oriente. Refleja también el azul de nuestro cielo.

**Dos franjas blancas:** que simbolizan la pureza de las intenciones y la causa de los cubanos en su lucha por la libertad.

**El triángulo rojo:** simboliza la sangre derramada por los cubanos para alcanzar la independencia.

**La estrella solitaria:** que aparece en el centro del triángulo con una de sus puntas hacia arriba, simboliza la soberanía, independencia y libertad de Cuba en medio de las demás naciones del mundo y sin anexarse a ninguna de ellas.

La bandera cubana tiene forma rectangular de doble largo que ancho. Está regulado su uso por la Ley para garantizar decoro y respeto en su utilización. Debe colocarse a la derecha de la presidencia de los actos. No deben ponerse sobre ella objetos, fotos o letreros, ni debe usarse como mantel ni para bustos o figuras patrias. Ella merece, como símbolo que es, el honor que le rendimos a la Patria, a su historia, a sus mártires.

Debemos saber también que al iniciar las Guerras de Independencia el 10 de octubre de 1868, Carlos Manuel de Céspedes, el Padre de la Patria, diseñó y enarboló una bandera con los tres colores: azul, blanco y rojo, pero en otra forma: Era rectangular, también de doble largo que ancho, dividida horizontalmente al medio. La franja inferior, azul, la franja superior dividida a su vez en un cuadrado rojo a la izquierda, junto al asta, y un rectángulo blanco a la derecha. La estrella solitaria va colocada al centro del cuadrado rojo.

En la Asamblea de Guáimaro en 1869 se adoptó como bandera oficial la de Narciso López y se acordó que la de Carlos Manuel de Céspedes estuviera siempre presente, junto a la enseña nacional, en el Salón de Sesiones de la

Cámara de Representantes, entonces Parlamento cubano. Hoy se usa también en el actual Parlamento como se considera a la Asamblea Nacional del Poder Popular. Es por eso que en su presidencia vemos a ambos lados del Escudo, la Bandera Nacional y la de Carlos Manuel de Céspedes, cumpliendo aquel acuerdo de nuestra primera reunión parlamentaria y constituyente.

**b. El Escudo.** (Se debe ir haciendo la explicación en forma de diálogo con el escudo, una lámina o un dibujo al frente):

El Escudo Nacional es otro símbolo de la Patria que sirve para legitimar y sellar documentos oficiales. Para presidir actos públicos y para presidir el Parlamento. Para señalar edificios oficiales. Forma parte de las insignias del Ejército y sus uniformes.

**Forma:** El escudo cubano tiene forma de adarga ojival o escudo de corazón sobre haz de varas y flanqueado por ramas de laurel y encina. Está dividido en tres campos: una línea horizontal divide el tercio superior de los dos inferiores que se dividen por una línea vertical al mismo medio del escudo.

**El campo o cuartel superior:** Representa nuestra situación geográfica por la que Cuba siempre ha sido considerada "llave del Golfo". Aparece el mar Caribe, el Sol de la libertad sobre el horizonte, dos penínsulas o puntas de tierra: Península de Yucatán al oeste y la Península de la Florida al nordeste y cerrando o abriendo en medio de estas, una "llave de oro" que simboliza a Cuba. haz

**El campo o cuartel inferior de la derecha:** Representa la tierra cubana: Nuestros fértiles valles, nuestras suaves montañas y en medio la dignidad y sencillez de la Palma Real, identificada como el árbol nacional por su altivez y verdor: somos verdes como las palmas, símbolo de esperanza e hidalguía.

**El campo o cuartel inferior a la izquierda mirando al escudo:** Representa las franjas azules y blancas de nuestra bandera con su mismo simbolismo pero reforzado al unirse estos dos símbolos patrios.

**El haz de varas:** Detrás del escudo asoma por encima y por debajo del mismo y simboliza la unidad de los cubanos y la justicia de nuestros ideales republicanos y libertarios.

**El gorro frígido:** Que corona el haz de varas simboliza nuestro ideal más alto: la libertad. En él se inscribe también la estrella solitaria para reforzar ese mismo simbolismo de liberación e independencia. Es un símbolo de la República y del ideal republicano que es la forma de organizar el Estado con que soñaron nuestros próceres de 1868 y de 1895: Recordemos la República Cordial de José Martí: "Con todos y para el bien de todos". Algún día se debía inscribir esta frase junto al escudo y la bandera, esa frase que Martí recomendó grabar

*Aprendiendo a ser persona y a vivir en sociedad*

alrededor de la estrella solitaria y a la que llamó "fórmula del amor triunfante", debe ser asumida algún día oficialmente como símbolo patrio e inscrita como Lema Nacional, tal como en otros países se acompaña a los escudos y sellos oficiales: Una cinta u orla bajo el escudo que tenga esa inscripción sujeta al haz de varas que representa nuestra unidad y diversidad. En la cinta blanca las letras doradas "Con todos y para el bien de todos".

**Las ramas:** Que flanquean el Escudo son de diversos árboles: A la izquierda mirando el escudo, aparece una rama de encina que representa la fortaleza necesaria para alcanzar nuestros ideales como Nación. La rama de la derecha es de laurel que representa la victoria que coronará nuestro proyecto como Nación y como República.

**c. El Himno Nacional.** (Se tiene la letra en mano o en cartel visible. No se canta dos veces).

La música del Himno Nacional actual no es exactamente la que compuso su autor Pedro Figueredo (no obstante los arreglos posteriores). En efecto, sus compañeros de lucha de 1868 le pidieron, una marcha o himno al que se llamó La Bayamesa por alusión a lo que fue para Francia La Marsellesa. Esa marcha tenía influencia, en su composición musical, de la misma Marsellesa con notas muy claras y otra referencia casi explícita al Don Juan de Mozart. Ambas intencionales.

Luego en la historia, cuando se convierte ya en Himno Nacional, se llama a un músico de mucha valía para que haga el arreglo a La Bayamesa de Perucho Figueredo que no debe confundirse con La Bayamesa de Céspedes y Fornaris que, en su inicio, fue una canción de amor y después tuvo versiones revolucionarias de la época. Ese arreglista quitó de la obra de Figueredo las notas parecidas a La Marsellesa francesa y al Don Juan de Mozart de nuestros días. También en la versión definitiva y oficial redujo las estrofas de 10, que eran en principio, a solo dos que son las que hemos cantado y tenemos en nuestras manos. Este ya no es La Bayamesa sino el Himno de Bayamo o Himno Nacional que son sus nombres actuales y oficiales reconocidos por la Ley y la Constitución.

Este Himno se interpretó por primera vez como instrumental en la procesión del *Corpus Christi* en Bayamo. El 20 de octubre de 1868 al tomar la villa de San Salvador de Bayamo, las tropas mambisas encabezadas por Céspedes y todo el pueblo piden a Perucho Figueredo que se entone el Himno cuya letra, es obvio, tuvo que haber compuesto días antes y no al fragor de la lucha. Los dodecasílabos para 10 estrofas no se improvisan sobre un caballo al terminar un combate; sobre el caballo se pueden sacar las copias y repartir y entonar por primera vez bajo la emoción del primer gran triunfo mambí. Ese día es señalado actualmente como el Día de la Cultura Cubana.

Se puede comentar la letra o que cada participante repita un verso y diga por qué le llama más la atención y su significado. Su significado para entonces y para hoy. Destacar que el carácter guerrero de su letra se debe al contexto histórico en el que nace, la Primera Guerra de Independencia. Hoy debemos cultivar la convivencia pacífica y la no-violencia. El combate de hoy es con las armas del diálogo, la razón y la negociación.

## 2. La Patria. Su concepto

A continuación hacemos las siguientes preguntas:

- Hemos recordado el significado de los símbolos que representan nuestra Patria, pero ¿se reduce el amor a la Patria o patriotismo a respetar y honrar estos símbolos? ¿En qué consiste? ¿Son ellos la Patria?

La idea de Patria nace con las luchas por la Independencia y se concreta con la obtención de la misma en el concierto de las naciones soberanas. En Cuba esta idea y aspiración comienza con Varela, sigue con Céspedes, culmina en Martí y se alcanza con la independencia el 20 de mayo de 1902.

Leamos el concepto de Patria: (llevarlo en un cartel o pizarra o papeles para cada uno).

**PATRIA:** "Tierra de nuestros padres". De ahí viene el vocablo. Nación independiente en la que se unen las personas que conviven como comunidad social por lazos territoriales, idiomáticos, culturales, históricos y políticos. La Patria está constituida por elementos objetivos: el suelo o territorio, con su geografía característica, sus próceres o patriotas fundadores, su economía, su estructura política, las personas que la integran. Elementos subjetivos como la cultura, la historia pasada, la religión, los elementos de la nacionalidad, los proyectos comunes para el futuro, el afecto por "lo nuestro", el esfuerzo comunitario del presente, etc.

Cada participante puede subrayar aquellas 8 palabras que le parezcan más esenciales. La Patria puede ser por nacimiento, por ascendencia de origen de padres, por elección debido a la voluntaria adhesión de la persona que se integra a ella libremente. La Patria no se debe confundir, ni identificar con:

- el Estado
- el Gobierno
- la ideología oficial
- un Partido
- una persona
- un movimiento histórico
- una revolución
- una religión

### Ejercitación

Contestar en equipos las siguientes preguntas:

**1.** Explica las diferencias que existen entre la Patria y la lista de otras realidades con las que no se debe confundir.

**2.** Haz una marca de VERDADERO (V) o FALSO (F) o DISCUTIBLE (D) al lado de cada uno de los siguientes conceptos de patriotismo:

\_\_\_\_ Entrega desinteresada a la Patria.
\_\_\_\_ Ofensa o agravio a otros países.
\_\_\_\_ Compartir la historia pasada y la realidad presente.
\_\_\_\_ Fomentar la agresividad contra lo extranjero.
\_\_\_\_ La Patria es ara, no pedestal.
\_\_\_\_ Compartir un proyecto futuro comunitario.
\_\_\_\_ Honrar los símbolos y vivir de ella.
\_\_\_\_ Exaltar y promover los valores nacionales pero sin chovinismos.
\_\_\_\_ Sentirse superiores a otras naciones.
\_\_\_\_ Trabajar hoy para que los anhelos de mañana se realicen integrados en la comunidad internacional.
\_\_\_\_ Sentir nostalgia por su historia pasada sin comprometerse con el presente.
\_\_\_\_ Olvidar la historia y tradiciones para hacer algo nuevo y mejor.
\_\_\_\_ Superar los intereses individualistas y convivir en comunidad.
\_\_\_\_ Defender un sistema político determinado.
\_\_\_\_ Preservar y desarrollar los valores culturales autóctonos e insertarlos en la comunidad global.
\_\_\_\_ Proponer un proyecto para el bien común cuando el futuro es incierto.
\_\_\_\_ Adhesión personal y libre a la historia, el presente y el destino de una Nación.
\_\_\_\_ Conocer los patriotas y honrar los símbolos.
\_\_\_\_ Adherirse a una ideología y luchar por su proyecto.

Se termina, como siempre, evaluando el encuentro:
 - Aspectos positivos.
 - Aspectos a mejorar.
 - ¿Es útil? ¿Hemos aprendido?

## Tema 7: "El Estado y los poderes públicos"

**Objetivos:**
**1.** Conocer el concepto y la estructura orgánica del Estado. Su función y sus fines.
**2.** Conocer y valorar la importancia de los poderes del Estado. Sus funciones, autonomía y mutuo control del poder.
**3.** Aplicar estos conceptos a nuestra realidad histórica.

## MOTIVACIÓN

Se divide el grupo en tres partes o equipos. Cada parte contesta en 3 minutos estas preguntas:

**1er Equipo:** ¿Quiénes hacen las leyes y las aprueban en nuestro país?
**2do Equipo:** ¿Quiénes administran la justicia en nuestro país?
**3er Equipo:** ¿Quiénes administran los organismos y los recursos nacionales y hacen cumplir y ejecutar las leyes de nuestro país?

Cada equipo informa brevemente sus respuestas. El animador apunta en un cartel o pizarra auxiliar, las respuestas en un cuadro así:

Hacen leyes: _____
Administran justicia: _____
Administran los órganos y recursos nacionales: _____
Ejecutan las leyes y gobiernan: _____

Después pone el título en la pizarra y enuncia los objetivos.

## DESARROLLO

El desarrollo de este tema se puede hacer mediante un cartel donde se haya preparado con anterioridad el organigrama del Estado, también se puede ir haciendo el esquema en la pizarra.

| NACIÓN | | |
|---|---|---|
| La soberanía y el poder residen en el pueblo, en cada ciudadano. Este ejerce ese poder a través de las instituciones del Estado y de los espacios de la sociedad civil. | | |
| **PODERES DEL ESTADO** | | |
| **Poder legislativo** | **Poder ejecutivo** | **Poder judicial** |
| - Función: debatir y aprobar las leyes. Controlar los demás poderes.<br>- Formado por: Representantes del pueblo.<br>- Elegidos por él como diputados y senadores que forman el Parlamento Nacional. | - Función: ejecutar y hacer cumplir las leyes.<br>- Gobernar y administrar los servicios y otras fuentes de riqueza.<br>- Formado por: El Presidente de la República y el Consejo de Ministros. | - Función: administrar la justicia y defender los derechos del ciudadano, de la sociedad civil y del Estado como servidor de la comunidad nacional.<br>- Formado por: el Tribunal Supremo, los Tribunales Provinciales, Municipales. |

El cuadro se puede ir explicando por sí solo y se puede agregar algún dato complementario o respondiendo alguna duda. Ampliamos a continuación para el animador y para los participantes, si lo necesitaran.

## 1. Formación del Estado

El hombre vive en familia: su primera comunidad. Las familias, a su vez, se reúnen en comunidades locales o naturales. Estas comunidades se desarrollan y relacionan entre sí en el tejido de la sociedad civil. Comparten los lazos de: un pasado común, un presente compartido y un proyecto futuro de bienestar social. Entonces las comunidades se convierten en naciones.

La Nación es la comunidad de personas, grupos de la sociedad civil y comunidades, que tienen un patrimonio histórico común y un proyecto futuro que se va realizando desde el presente compartido.

El Estado surge y se forma cuando esas naciones se institucionalizan con sus estructuras políticas con el objetivo de organizarse, defenderse y controlarse a fin de alcanzar la finalidad suprema del Estado. El BIEN COMÚN DE SUS INTEGRANTES: Personas, familias, comunidades, Nación, mediante un sistema democrático participativo.

## 2. Elementos del Estado

Para que exista un Estado deben estar presentes estos elementos:

**La Nación:** La comunidad de personas que se organiza y ejerce su poder delegando a través del Estado y sus estructuras o directamente. Es servicio a la Nación y no su dominio. Es la razón de ser del Estado.

**El Territorio:** La palabra Estado significa elementalmente "algo estable", "establecido", luego, toda Nación necesita un lugar geográfico para establecerse de forma duradera y para satisfacer sus necesidades materiales y espirituales, interactuando y conservando la naturaleza.

**La Soberanía:** Es el poder que ejerce cada ciudadano y que debe existir en una Nación para que esta pueda organizarse, dirigir sus proyectos, alcanzar sus fines libremente y sin intromisión extranjera ni desorden interno. Esta soberanía o poder emana y reside en el pueblo, en la Nación y no en parte de ella, ni en el Estado. Este la representa, la promueve y la custodia. No hay soberanía nacional sin soberanía ciudadana. En el mundo actual las soberanías nacionales se integran en comunidades regionales e internacionales con mutua y beneficiosa interdependencia.

**El Gobierno:** Es la forma en que se dirige el Estado y se ejercita su poder y soberanía para garantizar los derechos de las personas, la organización y el orden social, la correcta administración del territorio y la consecución del bien común. Garantiza también la defensa del país y la soberanía ciudadana y nacional sin confundirse con ella. Pueden existir diversas formas de gobierno y este puede cambiar sin lesionar, ni la soberanía, ni la Nación.

## 3. Fines del Estado

1. Defender los Derechos Humanos y su ejercicio real.
2. Defender la soberanía de los ciudadanos y de la Nación y el poder de esta sobre su territorio y destino inviolables.
3. Promover el bienestar general, el desarrollo integral de la sociedad civil basado en la justicia, la paz y el trabajo para alcanzar el crecimiento económico, cultural y espiritual de la Nación.
4. Eliminar toda forma de explotación del hombre por el hombre, por el Estado u otra institución.
Porque ambas formas de explotación atentan contra la dignidad, la libertad, la igualdad y la justicia que merece toda persona humana.
5. Basar la vida comunitaria de la sociedad en la justicia, la fraternidad y la solidaridad. En una palabra: el fin último del Estado es servir y promover el BIEN COMÚN.

## 4. Los tres poderes del Estado

**CONCEPTO:** Los Poderes del Estado son las funciones esenciales que este realiza cuyas características específicas requieren de órganos diferentes, especializados y autónomos. Los Poderes del Estado se controlan entre sí.

Los Poderes del Estado no son propiedad de la estructura política o de personas o grupos, emanan, residen y son ejercidos por cada ciudadano y por todo el pueblo, ya sea directamente o por delegación o representación.

### PODER LEGISLATIVO

**Funciones:** Representar la soberanía ciudadana. Tiene la función de hacer las leyes, es decir, las normas de carácter general y obligatorio que deben cumplir todos los ciudadanos. Aprobar el Presupuesto General de la República. Aprueba los acuerdos internacionales, etc. Tiene también las funciones de controlar los demás poderes. Por ejemplo: cuando enjuicia políticamente al Presidente por cualquier violación de la Constitución, corrupción, etc. Al Poder Legislativo se le llama PARLAMENTO o Congreso Nacional.

**Organización:** Existen dos sistemas para organizar el Poder Legislativo: UNICAMERAL Y BICAMERAL.

**Unicameral:** Es cuando el Parlamento, formado por los representantes del pueblo, se reúne en una sola asamblea o cámara. Ejemplo: Asamblea Nacional Francesa, Asamblea Nacional de Nicaragua; formada por diputados elegidos directamente por el pueblo.

*Ventajas:* Es más ágil la aprobación de leyes y su trabajo.
*Desventajas:* Puede ser más superficial el análisis y debate.

**Bicameral:** Es cuando el Parlamento se organiza y se reúne en dos asambleas o cámaras: la Cámara Baja o Cámara de Representantes que es la más numerosa y está formada por Representantes o Diputados elegidos directamente por el pueblo para un período determinado. Y la Cámara Alta o Senado que es menos numerosa y está formada por Senadores elegidos de la misma forma por el pueblo pero en representación de provincias.

*Ventajas:* El análisis y debate de las leyes es más profundo y riguroso por estar sometidos a dos asambleas con más tiempo y criterios diversos.
*Desventajas:* El proceso legislativo y todo su trabajo puede ser más lento. En el sistema bicameral a la reunión de ambas Cámaras se le llama también Congreso Nacional y a sus miembros congresistas en general.

El Congreso o Parlamento (ya sea unicameral o bicameral) se reúne generalmente de forma ordinaria durante una o dos sesiones al año que pueden durar cada una de ellas meses o semanas para poder debatir y aprobar con seriedad las leyes y otros trabajos. A este tiempo en que sesiona el Parlamento se le llama LEGISLATURA.

Puede convocarse el Parlamento para ocasiones extraordinarias. Ejemplo: Fallecimiento del presidente, Fiesta Nacional, visita de un presidente extranjero, etc. Estas reuniones extraordinarias no son legislaturas.

**PARLAMENTARIOS:** Son los que representan la voluntad soberana de todo el pueblo porque son elegidos y revocados por sus electores de forma directa y secreta para un tiempo determinado y deben rendir cuenta a los mismos de su gestión parlamentaria: presentar leyes, oponerse a proyectos no beneficiosos, etc. Los parlamentarios se pueden llamar de forma diferente: diputados, congresistas, representantes, senadores, etc.

**Derechos de los Parlamentarios**

- **Inviolabilidad:** Es el derecho a no poder ser detenido son la previa autorización de la Cámara a la que pertenece.
- **Inmunidad:** Es el derecho a una plena libertad de opinión y de expresión sin perjuicio personal por oponerse, criticar o condenar programas, propuestas políticas, decisiones del Ejecutivo o de otros parlamentarios o políticos. Todo dentro del respeto a la ley y la moral.
- **Incompatibilidad:** El cargo de parlamentario es incompatible con otro cargo público estatal, esto significa que no puede recibir salario estatal por otros cargos oficiales pues quedaría la posibilidad de quedar bajo presión o influencia extraña a su conciencia y la de sus electores. Se exceptúan los Catedráticos de Universidades Autónomas que alcanzan su magisterio por oposición.

**Deberes de los Parlamentarios**

- **Representación:** Es decir, representar y ser la voz de sus electores y de toda la voluntad soberana de la nación. Si así no fuera, debe ser revocado. Debe rendir cuentas de su gestión parlamentaria.
- **Probidad:** Honradez en el obrar y en el hablar. Integridad personal. Rectitud de conciencia. Madurez personal y política. Respeto a las opiniones diversas. Descartar el uso de la ofensa personal, la vida privada o los defectos personales para el ataque o descrédito de sus opositores políticos. Recto uso de los medios políticos para alcanzar fines nobles.
- **Solicitud:** Es decir, agilidad en sus gestiones. Activa participación en los trabajos y debates parlamentarios. Efectiva gestión entre una elección y otra para garantizar una democracia más efectiva y real. Frecuentes contactos con sus electores para garantizar el conocimiento de sus postulados y rendirle cuenta de sus gestiones. Debe ser solícito en su preparación personal, competencia y conocimiento, tanto de la realidad de la Nación como de sus leyes, para poder formarse una adecuada opinión y pueda informarse para tomar decisiones coherentes con la realidad y la justicia. Un Parlamento o Congreso puede ser elegido para redactar, aprobar y someter a plebiscito una nueva Constitución de la República; entonces se llama ASAMBLEA CONSTITUYENTE. Se disuelve al concluir su labor, para dar paso a la elección del nuevo Parlamento según lo establecido en la Constitución aprobada.

**Estructuras del Parlamento**

**a. Presidencia del Parlamento:** Cada una de sus Cámaras elige de su seno un Presidente, un Secretario y un Vicepresidente que tienen como función moderar y presidir los debates del Parlamento y convocarlo para sus legislaturas. Estos son cargos de servicio al Parlamento y no son del Ejecutivo.
**b. Comisiones parlamentarias:** Los diputados, representantes o senadores pueden formar comisiones especializadas en diversos temas o asuntos de interés permanente o transitorio. Ejemplos: Comisión de Educación y Cultura, Comisión de Investigación de un delito presidencial, etc.

## PODER EJECUTIVO

**Funciones:** Cumplir y hacer cumplir las leyes, la Constitución y los Tratados de la Nación. Velar por el orden interno y la seguridad exterior de la República. Por eso preside las instituciones de defensa y de orden interior en forma delegada (por Ministros) o en forma directa, excepcionalmente, en tiempos de guerra o emergencia o desastres. En esas circunstancias el presidente ejerce como Comandante en Jefe del Ejército

El poder ejecutivo promueve el desarrollo y la buena administración de las riquezas nacionales y presta servicios esenciales a la sociedad. Para eso preside el Consejo de Ministros en que cada uno de ellos atiende y administra un sector: Industrias, Relaciones Exteriores, Trabajo y Seguridad Social, Educación, Salud, etc. Puede presidir él o delegar en un Primer Ministro.

Dirige y administra el Gobierno ordinario de la Nación y para eso dirige a los gobiernos provinciales y municipales que se le subordinan, aunque estos deben tener la misma autonomía para los asuntos locales. Representa a la Nación en sus actos oficiales y relaciones internacionales.

**Organización:** Al Poder Ejecutivo se le llama también Presidencia de la República o Jefatura del Estado o del Gobierno. Se organiza para el gobierno de los asuntos nacionales en un Consejo de Ministros formado por el número de ministros que requiera la complejidad y diversidad de los frentes de desarrollo y servicios. El Poder Ejecutivo en algunos países también crea un Consejo de la Presidencia o Consejo de Estado para asesorar la labor de los Jefes del Estado. Generalmente el Consejo de Estado o de la Presidencia atiende asuntos políticos y el Consejo de Ministros atiende asuntos económicos y sociales.

**Estructuras:** El cargo de presidente de la República o del Consejo de Estado se elige en algunos países de forma directa y secreta por toda la ciudadanía. En otros, esta elección es de forma indirecta, es decir, por medio de otras personas a su vez elegidas o designadas o en el Parlamento. El Presidente o Jefe del Ejecutivo puede designar a su Gabinete o Consejo de Ministros o encargar a un Primer Ministro también elegido por él para que forme el Gobierno o Consejo de Ministros.

Hay países donde el Jefe de Estado y el Jefe del Gobierno (o sea, la Administración Pública) coinciden en una misma persona: El Presidente. En otros, el Jefe de Estado es una persona (Ej: El Rey o presidente y el Jefe de Gobierno o Administración es el Primer Ministro). Hay países donde el Ejecutivo tiene un régimen presidencialista, es decir, el Presidente tiene amplios poderes. En otros, el régimen es parlamentarista, es decir, el Parlamento tiene amplios poderes y restringe los del Presidente, otorgándole o retirándole su confianza, lo que equivale a su renuncia y elección de otro gobierno.

## PODER JUDICIAL

**Funciones:** El Poder Judicial tiene la función de administrar justicia para que haya paz y armonía en la comunidad nacional. Para defender la libertad individual y los derechos humanos reconocidos por la Constitución frente a cualquier persona o autoridad del Estado mismo que las viole. También juzga las medidas del Poder Ejecutivo y de los gobiernos regionales, municipales y locales que actúen contra la Constitución y las Leyes.

Nadie puede intervenir en el ejercicio de las funciones del Poder Judicial que es autónomo.

**Organización:** El Poder Judicial se organiza en tres niveles: nacional, provincial y municipal.

***Tribunal Supremo de Justicia:*** Es la más alta instancia en la administración de justicia. Radica en la Capital. Está dividido en salas: una para lo penal y otra para lo civil, etc. Revisa las causas y conoce de los recursos llamados de casación que presentan los condenados para que se revisen sus procesos y condenas. Sus decisiones solo son apelables ante el Jefe del Poder Ejecutivo que puede ejercer indultos, rebajas de condenas o conmutación de las mismas.

***Tribunales Provinciales y Municipales:*** Conocen y juzgan los procesos de justicia a esos niveles, según establezca la ley, y conocen y deciden en la sala de lo civil los asuntos judiciales no criminales sino de paz: herencia, familia, divorcios, etc. Cada tribunal tiene el número de jueces que establece la ley.

**Regularidad y garantías procesales o judiciales**

Para que un proceso judicial sea válido tienen que intervenir las siguientes partes que garantizan sus funciones efectivamente y no solo formalmente. A ello se llama garantías procesales:

**El tribunal:** Que conoce los datos aportados por las partes y juzga de su culpabilidad e impone sentencia.

**Ministerio Fiscal:** Que representa a la legalidad y al Estado. Hace la acusación y tipifica el delito según las leyes. Propone las penas que corresponden.

**Defensa:** Que representa al acusado y sus derechos. Si no tuviera recursos el Estado provee un abogado defensor que se llama entonces de "oficio".

**El acusado:** Nadie puede ni debe ser juzgado en ausencia involuntaria.

**Los testigos:** Tanto de la defensa a favor del acusado como de la fiscalía a favor del acusador.

**ESTADO DE DERECHO:** Es aquella organización política del Estado en que su elección, organización, funcionamiento y control del poder se realizan conforme al derecho y sometidos todos a él. Se basa en la división, autonomía y mutuo control de los poderes del Estado: legislativo, ejecutivo y judicial. Se basa en el respeto irrestricto a los Derechos Humanos y en el acatamiento de todos los ciudadanos a los deberes y obligaciones que establecen las leyes. Nadie está por encima de la Ley ni queda impune ninguna violación de la misma sea cual fuere el poder, puesto público o responsabilidad oficial del que delinque. Lo contrario del Estado de Derecho es la tiranía, las dictaduras o los gobiernos llamados *"de facto"*, es decir, "de hecho", impuesto por los hechos y no por las leyes que emanan el pueblo.

**Tribunal Constitucional:** Es un tribunal especial y supremo cuyo fin es garantizar el Estado de Derecho, juzgando si se ha respetado la Constitución, la confección de las leyes o procedimientos y en caso de que se haya violado la Carta Magna, tiene poder de anular leyes y procedimientos.

**Tribunal de Cuentas:** Se encarga de velar por la transparencia de la gestión administrativa. Lucha contra la corrupción y la evasión de deberes fiscales o estatales. Garantiza la honestidad y pureza de la Administración.

### Ejercitación

Los participantes forman 4 equipos.

**El 1er equipo:** se organizará como Poder Legislativo según sus características. Dirá al plenario cada una de las funciones, nombrará cargos, responsabilidades. Dará un ejemplo de funcionamiento.

**El 2do equipo:** se organizará como Poder Ejecutivo según sus características. Dirá al plenario cada una de sus funciones, se nombrarán cargos y responsabilidades. Dará un ejemplo de su funcionamiento.

**El 3er equipo:** se organizará como Poder Judicial según sus características. Dirá al plenario cada una de sus funciones, se nombrarán cargos y responsabilidades. Dará un ejemplo de funcionamiento.

**El 4to equipo:** representará a la Nación, es decir, al Pueblo, de donde emanan todos estos poderes. Este equipo se constituye en Tribunal Constitucional o de Derecho y juzgará si los demás equipos han organizado bien cada poder y su funcionamiento. Hará estas preguntas u otras similares:

- ¿Quién o quiénes les han entregado este poder?
- ¿Cómo participa efectivamente el pueblo, es decir, todos los ciudadanos, en el funcionamiento de este poder?
- ¿Cómo se controla y limita el ejercicio de este poder?

Este equipo otorga puntuación revisando: si las funciones están bien presentadas (10 puntos). Si la organización está bien establecida (10 puntos). Si los cargos o nombramientos están bien dados, falta alguno y los nombres corresponden (10 puntos). Si funciona en plenario correctamente como poder constituido (20 puntos). Si respondió correctamente a la primera pregunta (10 puntos). Si respondió bien a la segunda pregunta (20 puntos). Si responde bien a la tercera pregunta (20 puntos).

Al final se dan las puntuaciones y se hace el resumen de la clase. Se invita a cada participante a que cumpla individualmente el tercer objetivo de este encuentro: Aplicar estos conceptos a nuestra realidad (Confrontar la Constitución de la República en los Capítulos XI, XII y XIII).

Se evalúa, brevemente, este encuentro en la forma acostumbrada.

# Tema 8: "La Constitución de la República"

**Objetivos:**
1. Conocer brevemente las diversas Constituciones que se han adoptado en la Historia de Cuba.
2. Saber cuáles son las partes esenciales de una Constitución.
3. Conocer y analizar las partes de la actual Constitución de la República de Cuba (Texto reformado en 1992).

### Motivación

**1.** Se reparten uno o varios textos Constitucionales y se pide que cada grupo haga un cuadro sinóptico con los Títulos y Capítulos que la forman. Debe consignarse el país y la fecha de aprobación.

**2.** Estos esquemas puestos en carteles se pueden presentar a la plenaria o fijar en la pared o pizarra.

**3.** Como ustedes podrán haber observado, existen diferentes formas de redactar una Constitución y en un mismo país pueden haberse adoptado diferentes textos constitucionales a lo largo de la Historia. Hoy estudiaremos algo sobre esto. Se pone el título en pizarra y se enuncian los objetivos.

### Desarrollo

**1. Constitución. Concepto**

Comencemos recordando qué es una Constitución:

- Se llama Constitución a la Ley o conjunto de leyes que constituyen el fundamento del Estado de Derecho y que tiene como finalidad organizar los poderes del Estado y garantizar los derechos de cada ciudadano así como los deberes cívicos.

- A la Constitución de la República se le llama también Carta Magna, Ley Fundamental, Ley de Leyes.

- Todas las demás leyes deben someterse a la Constitución y ninguna ley o acto personal o institucional debe ir contra ella, violar alguno de sus postulados o ignorarlos. Estas leyes o actos son considerados nulos y se denuncian como inconstitucionales.

- Se constituye permanentemente un Tribunal Constitucional que es el órgano encargado de custodiar y promover el cumplimiento de la Constitución y procesar y condenar los actos o leyes inconstitucionales.

## 2. Las Constituciones en Cuba

Se escribe en la pizarra o en un cartel este cuadro:

**La historia constitucional en Cuba se puede dividir en tres períodos**

| DESDE EL EXILIO | ÉPOCA COLONIAL | ÉPOCA REPUBLICANA | ÉPOCA SOCIALISTA |
|---|---|---|---|
| La de Joaquín Infante (1812) | LA DE GUÁIMARO (1869) | LA CONSTITUCIÓN DE 1901 | Constitución Socialista (1976) |
| La de Narciso López (1850) | La de Jimaguayú (1895) | Modificaciones (1928) | Reforma Constitucional (1992) |
| La del Ave María (1850) | La de La Yaya (1897) | Estatutos Constitucionales (1935) | |
| | | LA CONSTITUCIÓN DE 1940 | |

Explicaremos brevemente las características de cada una de ella a través de las siguientes tarjetas que repartiremos por grupos, los que después de leer harán la presentación de cada Constitución a sus compañeros.

Se reparten las tarjetas con el siguiente contenido:

**Proyectos de Constitución desde el exilio (1812-1868)**

### a. PROYECTO DE CONSTITUCIÓN PARA LA ISLA DE CUBA (1812)

Publicada en Venezuela por su autor Joaquín Infante que cuando vio fracasado su movimiento separatista de 1809 huyó a los Estados Unidos y más tarde a Venezuela, donde publica este Proyecto en 1812. Creaba cuatro poderes del Estado: Ejecutivo, Legislativo, Judicial y Militar. Creaba como símbolo patrio una bandera con franjas horizontales: verdes, moradas y blancas. No abolía la esclavitud y establecía diferencia racial.

### b. CONSTITUCIÓN DE NARCISO LÓPEZ (1850)

Publicada en Nueva Orleans, Estados Unidos, en el año de 1850. Fue redactada o inspirada por Narciso López y servía de sostén legal a su movimiento revolucionario. Este la trae a Cuba al desembarcar por Cárdenas con su famosa expedición el 19 de mayo de 1850 y servía de base al Estado que soñó implantar.

Establecía una República con carácter provisional y en el Artículo 21 de los 23 con que constaba la Constitución se establecía que tan pronto fuera expulsado de Cuba el enemigo español será deber del Gobierno Provisional convocar a una Asamblea Constituyente.

Establecía la Bandera Nacional según el diseño que conocemos hoy en nuestro emblema patrio. La Bandera de Narciso López sería adoptada por la Asamblea y Constitución de Guáimaro y por todas las demás Constituciones de Cuba.

### c. CONSTITUCIÓN DEL AVE MARÍA (1860)

Los cubanos exiliados en los Estados Unidos después de la fracasada conspiración de Narciso López, la de Vueltabajo y la de Ramón Pinto, se reunieron allá en una Sociedad secreta que tuvo por nombre el Ave María, siendo directores de esta Sociedad: Juan Clemente Zenea, José Elías Hernández, etc. Esta Constitución se basaba en la de Narciso pero se le introdujo un Artículo más, el No. 19, que trataba de la abolición de la esclavitud.

**Constituciones de la etapa de las luchas por la independencia (1869-1900)**

### a. CONSTITUCIÓN DE GUÁIMARO (1869)

Esta fue la primera Asamblea Constituyente elegida y celebrada en Cuba y dio lugar a nuestra Primera Constitución proclamada en Cuba y que sí tuvo vigencia y efecto legal en el territorio liberado y entre los insurrectos. Se dice que con ella nace la verdadera Historia Constitucional de Cuba.

Después del levantamiento del 10 de octubre de 1868 se elige entre los patriotas mambises una Asamblea Constituyente para dotar a la República en Armas de una Carta Magna. El 10 de abril de 1869, a los 6 meses del Grito de Independencia, se reúne la Convención Constituyente en Camagüey, en el poblado de Guáimaro, en sesión secreta con el fin de redactar y aprobar la Constitución de la República cubana en Armas.

Esta Constitución constaba de 29 artículos. Creaba una República Federal y Parlamentaria (es decir, donde el Parlamento tenía amplios poderes, incluso más que el Presidente, véase Tema 7). Era Federal porque se consideró como Estados, aunque sin legislación propia, a: Oriente, Camagüey, Centro y Occidente. Se adoptó la Bandera de Narciso López y se acordó que la de Carlos Manuel de Céspedes ondeara para siempre en el Parlamento cubano. Crea una Cámara de Representantes (Parlamento) que sesionará en la manigua y elige Primer Presidente de la República de Cuba a Carlos Manuel de Céspedes. Esta Cámara de Representantes tenía tanto poder legal, aunque no militar que llegó hasta destituir al presidente Céspedes en 1873 en virtud del Artículo 9 de esta Constitución.

### b. CONSTITUCIÓN DE JIMAGUAYÚ (1895)

Después de la muerte de José Martí siguió la lucha por la independencia. En correspondencia con los ideales martianos expresados en sus discursos políticos y escritos y sobre todo, en el Manifiesto de Montecristi, documento primordial donde mejor se refleja el alma de la Nación, con el deseo de plasmar en una Constitución, el espíritu y la legalidad de la República que soñó el Apóstol, se reúnen en una nueva Convención Constituyente el día 16 de septiembre de 1895 en los históricos campos de Jimaguayú.

Estuvieron presentes: Salvador Cisneros Betancourt, Enrique Loynaz del Castillo, Fermín Valdés Domínguez, etc. Esta Constitución constaba de 24 Artículos y establecía la organización general del Estado conferida a un Consejo de Gobierno formado por un Presidente, un Vicepresidente y cuatro Secretarios de Estado (o Ministros): para la Guerra, Exterior, Interior y Hacienda. Se crea y organiza un Poder Judicial independiente. Se establece como plazo para esta Constitución el de dos años si la Guerra de Independencia no terminaba antes.

### c. CONSTITUCIÓN DE LA YAYA (1897)

Surge por mandato de la anterior Constitución que establecía un plazo de dos años, si la guerra no terminaba antes, para redactar una nueva Carta Fundamental. Se firmó en La Yaya el 29 de octubre de 1897. Fue la más completa y la última del período colonial. Constaba de 48 Artículos y cinco Títulos que eran: Territorio y Ciudadanía, Derechos individuales y políticos, Régimen de Gobierno de la República, Asamblea de Representantes o Parlamento y Disposiciones Generales.

**Época republicana (1901-1958)**

### a. CONSTITUCIÓN DE LA REPÚBLICA DE CUBA de 1901

Fue la primera Constitución de Cuba Republicana. Nació del ansia de muchos cubanos de poner fin a la intervención norteamericana al finalizar la Guerra de Independencia y venir la intervención que cesa en 1902 formalmente. Fue firmada en La Habana y participaron en la Asamblea Constituyente 31 delegados. Presidió los trabajos de la Convención el General Domingo Méndez Capote y otros como Rius Rivera, Alfredo Zayas, etc.

Esta Constitución tenía 115 Artículos contenidos en 14 Títulos y permaneció vigente e inalterable hasta 1928 en que se modificó para beneficiar una coyuntura política.

### a.1. MODIFICACIONES CONSTITUCIONALES DE 1928

No fue en sí una Constitución. Fue una desafortunada modificación de la anterior Constitución para beneficiar una situación política coyuntural.

Se redactó en La Habana bajo la presidencia de Antonio Sánchez Bustamante y la firmaron 52 Delegados a dicha Convención Constituyente.

## a.2. ESTATUTOS CONSTITUCIONALES DE 1935

Se establecieron bajo el Gobierno Provisional del Coronel Mendieta y en vistas a que en meses anteriores fue derogada la Constitución de 1901. Se encargó su redacción a un Consejo de Estado que tenía carácter legislativo. Estos estatutos rigieron hasta 1940. Fueron reconocidos más tarde por el Congreso de la República.

## b. CONSTITUCIÓN DE LA REPÚBLICA DE CUBA DE 1940

Se efectuaron elecciones generales para Delegados a la Asamblea Constituyente, saliendo electos 76 Delegados de toda la Nación. Se instala la Asamblea Constituyente el 9 de febrero de 1940.

La Constitución se firma el 1ro de julio de 1940 en Guáimaro, en homenaje a la primera Constitución de la República en Armas. Constaba de 286 Artículos y 19 Títulos que eran:

**Primero:** De la Nación, su territorio y forma de gobierno (Art. 1-7)
**Segundo:** De la Nacionalidad (Art. 8-18)
**Tercero:** De la Extranjería (Art. 19)
**Cuarto:** Derechos Fundamentales(Art. 20-42)
**Quinto:** De la Familia y la Cultura (Art. 43-59)
**Sexto:** Del Trabajo y la Propiedad (Art. 60-96)
**Séptimo:** Del Sufragio y de los oficios públicos (Art. 97-117)
**Octavo:** De los Órganos del Estado (Art. 118)
**Noveno:** Del Poder Legislativo (Art. 119-137)
**Décimo:** Del Poder Ejecutivo (Art. 138-146)
**Onceno:** Del Vicepresidente de la República (Art. 147-150)
**Duodécimo:** Del Consejo de Ministros (Art. 151-163)
**Décimotercero:** De las relaciones entre el Congreso y el Gobierno (Art. 164-169)
**Décimocuarto:** Del Poder Judicial (Art. 170-208)
**Décimoquinto:** Del Régimen Municipal (Art. 209-232).
**Décimosexto:** Del Régimen Provincial (Art. 233-250)
**Décimoséptimo:** Hacienda Nacional (Art. 251-280)
**Décimoctavo:** Del Estado de la Constitución (Art. 285-286)
**Décimonoveno:** De la Reforma de la Constitución (Art. 285-286)

Se considera por los estudiosos del Derecho Constitucional que esta Carta Magna es una muestra del pensamiento político y del Derecho más avanzado para aquella época. Es, todavía hoy, ejemplo de una buena Constitución, aunque hay que considerarla en su contexto histórico. Representa el momento más alto en la institucionalización republicana.

## Época socialista (1960-?)

### a. CONSTITUCIÓN SOCIALISTA DE (1976)

Se redacta por una Comisión de Redacción elegida por el Partido Comunista de Cuba (PCC). Se sometió a la "discusión" popular un anteproyecto en la forma acostumbrada y formal de costumbre. Se sometió a Referéndum y salió aprobada por más del 90% de los votos emitidos en un tipo de evento como este. Se proclamó el 24 de febrero de 1976. Fue una constitución muy similar a la adoptada por los demás países del campo socialista y la URSS. Proclama al Partido Comunista de Cuba como la fuerza dirigente superior de la sociedad, a él se subordinan todos los demás poderes estatales y organizaciones sociales.

### a.1. REFORMA CONSTITUCIONAL DE 1992

Después de la caída del campo socialista y la desaparición de la URSS, Cuba pierde el 85% aproximadamente de su comercio exterior y se considera por parte del PCC que debe hacerse una reforma constitucional para eliminar de la anterior aquello que hacía referencia al bloque socialista, lo que restringía las inversiones extranjeras y se introducen otras reformas referentes al Estado laico, a la facilidad para las inversiones extranjeras y el Sistema Electoral se modifica en el sentido de mantener el sistema de Partido único y fuerza superior de la Sociedad y cambiar la forma de elegir a los diputados provinciales y nacionales que ahora se elegirán de forma directa, no así al Jefe de Estado y al Gobierno.

Lo demás, es decir, lo esencial de la anterior Constitución Socialista, de inspiración marxista-leninista, se mantiene en lo fundamental. Los cambios constitucionales en cuanto al Sistema Electoral son esencialmente de forma y no de contenido.

Se introduce el concepto y la potestad de declarar el Estado de Emergencia que no aparecía en la anterior como se aprueba en esta. No se somete a "discusión" popular como la de 1976 sino que se debate en la Asamblea Nacional del Poder Popular y se aprueba en dicha Asamblea. El texto ya modificado y aprobado es entonces que se publica para conocimiento general. Consta de 137 Artículos en 15 Capítulos.

### 3. Partes esenciales de una Constitución

Toda buena Constitución debe tener las siguientes partes:

**a. Fundamento:** Establece los principios en que se basa la legalidad y organización del Estado. Recoge la tradición histórica, cultural, política y social de la Nación. Puede escribirse en forma de Preámbulo o puede incluirse en el Articulado.

**b. Derechos de las personas y Garantías constitucionales:** Se incluyen en el Articulado y declara la aplicación de los Derechos Humanos contenidos en los pactos principales de las Naciones Unidas: el Pacto Internacional de Derechos Civiles y Políticos y el Pacto Internacional de Derechos Económicos, Sociales y culturales, aprobados el 16 de diciembre de 1966 y aquellas garantías que la Ley establece para que se puedan aplicar y salvaguardar estos Pactos que Cuba firmó. En Constituciones de inspiración personalista estos son los primeros capítulos. En Constituciones de carácter más colectivista se colocan en segundo lugar, después de otros preceptos más Estatales o sociales.

**c. Parte Orgánica:** Es aquella en que se establece la organización, funcionamiento, control y duración de los Órganos del Poder del estado: Legislativo, Ejecutivo y Judicial, así como algunos principios del Sistema Electoral.

**d. Cláusulas de Reforma:** Son los Artículos que establecen los mecanismos que garantizan una necesaria Reforma Constitucional con el fin de no dejar esto en manos de alguno de los poderes o de grupos de personas o del arbitrio coyuntural. Para diferentes tipos de reformas atendiendo a su profundidad y extensión se establecen mecanismos cada vez más severos de consulta popular obligatoria. Ej: Si las reformas son de forma o "cosméticas" se decide en el Parlamento, pero si se refiere a algún principio o derecho o reforma profunda de alguno de los Poderes se somete a Referéndum.

Las Constituciones pueden tener un Preámbulo y unas Disposiciones Transitorias que garanticen el tránsito a la nueva legalidad.

**4. Partes de la actual Constitución de la República de Cuba**

La actual Constitución reformada consta de los siguientes Capítulos:

**Preámbulo**
**Capítulo I:** Fundamentos políticos, sociales y económicos del Estado
  (Art. 1-27).
**Capítulo II:** Ciudadanía (Art. 28-33)
**Capítulo III:** Extranjería (Art. 34)
**Capítulo IV:** Familia (Art. 35-38)
**Capítulo V:** Educación y Cultura (Art. 39-40)
**Capítulo VI:** Igualdad (Art. 41-44)
**Capítulo VII:** Derechos, deberes y garantías fundamentales (Art. 45-66)
**Capítulo VIII:** Estado de Emergencia (Art. 67)
**Capítulo IX:** Principios de organización y funcionamiento de los Órganos del
  Estado (Art. 68)
**Capítulo X:** Órganos superiores del Poder Popular (Art. 69-101)
**Capítulo XI:** División político-administrativa (Art. 102)
**Capítulo XII:** Órganos Locales del poder Popular (Art. 103-119)
**Capítulo XIII:** Tribunales y Fiscalía (Art. 120-130)

**Capítulo XIV:** Sistema Electoral (Art. 131-136)
**Capítulo XV:** Reforma Constitucional (Art. 137)
Esta parte puede animarse con el texto de la Constitución en la mano y hojeándolo en forma comentada.

### Ejercitación

La ejercitación es la presentación por parte de los equipos de sus respectivas Constituciones. El último equipo puede presentar las partes de una Constitución y las partes de la Reforma Constitucional de 1992.

Terminada esta presentación en forma de panel (o si no se hace) se puede abrir el debate en plenaria con las siguientes preguntas u otras parecidas:

- ¿Conocemos suficientemente nuestro Texto Constitucional?
- ¿Por qué hemos tenido varios textos constitucionales?
- ¿Reflejan estos textos tus aspiraciones como ciudadano?
- ¿Por qué debemos acatamiento legal a la Constitución, aún cuando no estemos éticamente de acuerdo con alguna de sus partes?

## Tema 9: "Gobiernos y partidos políticos"

**Objetivos:**
1. Distinguir los conceptos y funciones de un gobierno y los partidos políticos.
2. Conocer diferentes formas de gobierno y de partidos.

### Motivación

Los participantes forman grupos de tres y escriben en dos tarjetas tres palabras que definan la función del gobierno y tres las funciones de un partido político. Se colocan todas las tarjetas en dos grupos según el tema que definan. Se dejan para la ejercitación final. El animador plantea dejar estas tarjetas para compararlas con lo que estudiaremos hoy en la ejercitación final y pone el título del tema en la pizarra enunciando los objetivos propuestos.

### Desarrollo

El animador presenta este tema como una continuación del Tema 7 ya que profundizaremos en el ejercicio del Poder Ejecutivo o Gobierno. Comencemos definiendo más claramente el Gobierno:

*Es la forma en que se ejercita el poder para dirigir y administrar los asuntos públicos, hacer cumplir las leyes, garantizar el orden social y gestionar el desarrollo integral de la Nación mediante la explotación racional de sus recursos con el debido respeto al medio ambiente, a fin de alcanzar el bien común. El gobierno está al servicio de los ciudadanos y de la Nación, no al revés.*

**1.** Hay diversas formas de ejercer el Gobierno (se escribe en la pizarra o se lleva en cartel):

- Por la persuasión y el consenso.
- Por la retribución económica, inducción o corrupción material.
- Por la manipulación.
- Por la coerción y la fuerza.

Generalmente no existen estas formas de ejercer el poder ejecutivo de manera aislada o pura. Se trata de proporciones o de mayor o menor uso de cada método de gobierno. Esto no se restringe necesariamente al gobierno de los asuntos políticos. Podemos aplicarlo a cualquier forma de ejercicio del poder o administración o relaciones sociales, etc.

Difícilmente puede un Gobierno ejercer eficazmente su poder en las condiciones actuales (teniendo en cuenta el nivel delictivo y materialista de la sociedad a nivel mundial) sin formas permitidas de fuerzas para mantener el orden social y disminuir la delincuencia. Esto no siempre legitimiza su uso éticamente, pero ocurre de hecho. Hay que conocerlo para discernir sus proporciones en un momento determinado (pues tampoco se mantiene estático) y tratar de influir para que cada vez más se disminuya la fuerza, la manipulación y la corrupción y se incrementen la persuasión, la justa retribución y el consenso, que es el proyecto a alcanzar.

**2.** El Gobierno puede organizarse de diversas maneras:

**a. Monarquía:** Cuando gobierna una persona, el rey, y ejerce de forma hereditaria, no elegible. Puede darse: la Monarquía Absoluta: el Rey gobierna unipersonal y soberanamente. Monarquía Constitucional: cuando existe un parlamento y otros poderes con los que el monarca comparte su poder y ejerce cooperadamente su gobierno.

Los casos actuales de Monarquía simbólica o representativa no se consideran en este tipo de gobierno pues el Monarca no ejerce efectivamente el poder ejecutivo sino que simboliza y representa al Estado y la Nación y el gobierno lo ejerce un Presidente de Gobierno o Primer Ministro. Ej: España y Gran Bretaña.

**b. Autarquía:** Cuando gobierna una sola persona que asume en sí todos los poderes del Estado. Se diferencia de la monarquía en que aquella es hereditaria y puede ser aceptada por los ciudadanos. Los autócratas han sido a lo largo de la historia tiranos. Personas que ejercen el poder despóticamente contra la voluntad popular y sin contar con ella; quienes invocando el interés público ejercen el poder fuera o por encima de la ley sin limitaciones y de forma absoluta. Pueden ser legítimamente elegidos al principio, pero después ejercen el poder ilegítimamente, manipulando a los ciudadanos con un estilo populista, paternalista y providencialista, hasta lograr modificar la Constitución para "legitimar su poder".

**c. Aristocracia:** Cuando gobierna un grupo selecto de personas que se consideran o se les consideran "los más preparados, los más conscientes o decididos: los mejores. Si la aristocracia gobierna sin consultar a los ciudadanos y despóticamente se le llama Oligarquía.

**d. Teocracia:** Cuando el gobierno es ejercido en "nombre de Dios" y toda la sociedad se organiza sobre bases religiosas o confesionales. Los planos políticos y religiosos se fusionan y se confunden sus métodos y funciones. La unión entre el poder político y el poder espiritual de alguna religión o, aún más, el ejercicio del poder político por religiosos que excluyen toda forma diversa de ver el mundo y vivir en sociedad es una de las formas de dominación más absoluta. Esta forma de gobierno no solo perteneció al pasado (pueblo de Israel) sino que hoy día existen países islámicos como Irán que se organizan como una especie de teocracia. Puede caer en el fanatismo y la "cacería de brujas".

**e. Democracia:** Cuando el gobierno es ejercido por el pueblo a través de sus representaciones elegidos por él en forma libre, directa, secreta y periódica. El pueblo también debe participar directamente, cada ciudadano que lo desee, en el ejercicio del poder efectivo para que la democracia no sea solo representativa sino también participativa, especialmente a través de las organizaciones y grupos de la sociedad civil.

Cuando los gobiernos elegidos democráticamente no responden a la soberanía ciudadana, a sus proyectos y necesidades, o lo hacen de forma superficial e ineficaz y busca sus propios beneficios y proyectos, se le llama demagogia. Generalmente las naciones que eligen el régimen de gobierno democrático organizan el Estado en forma de República: es cuando de acuerdo con una Constitución se elige a un Presidente por un tiempo determinado. Puede ser una República presidencialista o parlamentaria en la medida de la proporción de poder que ejerce el legislativo o el ejecutivo.

(Los participantes pueden tener en sus manos estas definiciones y el animador escribir en la pizarra el nombre de la forma de gobierno. Cada uno busca aquella explicación que más le satisfaga y la dice. Los demás concuerdan o no. Amplían. Ejemplifican).

### 3. Los partidos políticos. Sus fines y funciones

Comentemos este concepto de:

**PARTIDO:** Es un grupo de personas organizadas en torno a un núcleo ideológico o de valores, que en el ámbito de un sistema competitivo, promueve y plantea problemas y programas que atañen a los ciudadanos o a toda la sociedad; presenta candidatos para los cargos públicos elegidos y participa en las elecciones intentando captar el mayor número de votos para obtener el poder, ya sea legislativo o ejecutivo, con el fin de realizar el proyecto político de que es portavoz. Intenta, además, mantener implicadas en una acción política, comprometida y programada, a un gran número de personas creando canales de comunicación y de participación, reforzando actitudes y opiniones políticas ya existentes o introduciendo nuevas.

Es obvio, pero necesario, decir que un Partido no puede, ni debe, representar a toda la Nación. Su nombre mismo lo dice: Partido es una parte. Por eso ningún Partido debe descalificar a los otros partidos opuestos como si fueran apátridas, antinacionales, mercenarios, etc. Los partidos opositores son "la otra parte" de la Nación con sus programas y propuestas.

Si cada participante tiene en su mano la definición se invita a subrayar todas las frases claves. El animador puede ir escribiendo en la pizarra:

**Funciones**

**1.** Agrupa y organiza a personas en torno a principios ideológicos o de valores.
**2.** Promueve y plantea problemas y programas que atañen a la persona y la sociedad.
**3.** Presenta candidatos y participa en las elecciones.
**4.** Intenta captar el mayor número de votos.
**5.** Si lo logra, intenta realizar su programa político.
**6.** Mantiene en acción política a sus miembros y simpatizantes.
**7.** Crea canales de comunicación y participación política.
**8.** Refuerza opinión y actitudes políticas o propone nuevas.

El fin de los partidos es canalizar una forma de participación política y acceder al poder (ejecutivo o legislativo) con el objeto de poner en práctica su programa a nivel de toda la sociedad, si es de oposición. Si está en el poder, mantenerse en él. Los partidos políticos se distinguen de las organizaciones de la sociedad civil en que ellos aspiran al poder estatal y las organizaciones ejercen la soberanía ciudadana para controlar, criticar, presionar o apoyar el proyecto del poder estatal.

La sociedad civil actúa como fuerza organizada de opinión, participación, decisión y acción. Estos se llaman movimientos, foros cívicos, etc. Pueden permanecer siempre así o pueden devenir totalmente o en parte de sus miembros, en partido político, quizás con el mismo programa pero para realizarlo desde alguno de los poderes (Cf. Curso 5: Reconstruyendo la sociedad civil).

## Tipos de Partidos

Se escribe en pizarra o cartel: Los partidos se pueden diferenciar por:

**a.** Su ideología
**b.** Tipo de pertenencia.
**c.** Tipo de estructura organizativa interna.
**d.** Origen.
**e.** Objetivos que persiguen.
**f.** Actitudes frente al resto de la sociedad.
**g.** Su compromiso social.

Explicaremos cada uno:

**a. Por su ideología:** Pueden ser liberales, socialdemócratas, demócratacristianos, socialistas, comunistas, etc.

**b. Por su pertenencia:** Se mide por el grado de compromiso y pertenencia a la organización y se dividen en:
*Partidos de masas:* Exigen a sus miembros una adhesión casi formal pero personal y directa. Son la base popular electoral.
*Partidos de cuadros:* Exigen a sus miembros una militancia política muy comprometida pero restringen y seleccionan los militantes y generalmente se dividen a su vez en directos e indirectos, cuando se comprometen directamente los militantes pero no tienen o escasamente tienen base popular porque exige de ella ninguna forma de inscripción o adhesión, solo espera su voto o apoyo. Aunque el partido sea de cuadro puede tener una base popular como los de masa, con adhesión o inscripción formal, que participa indirectamente a través de los cuadros: Es un partido de cuadros e indirecto. Por su pertenencia, generalmente los partidos tienen: ejecutivos, militantes y simpatizantes.

**c. Por su estructura:** Ya sea que se organicen en células territoriales o en núcleos ocupacionales (centros de estudio o trabajo).
Partidos con estructuras centralizadas y autoritarias y partidos con estructuras descentralizadas y democráticas. Entre estos últimos pueden permitirse grupos o tendencias dentro de un mismo partido (se llama partido "parlamentario"). La diversidad no siempre rompe la unidad, en ocasiones obliga a profundizar sus razones y motivaciones. Por eso tienen elecciones primarias o internas del Partido para elegir sus candidatos al poder.

**d. Por su origen:** Cuando surge como agrupación de políticos en el Parlamento o en la sociedad por tener ideas y proyectos comunes y luego surgen las estructuras y las bases. Por la radicalización de organizaciones, movimientos, asociaciones de la sociedad civil que teniendo las bases, algunos de ellos se deciden a profundizar su opción política y se organizan en partidos.

**e. Por los objetivos que persiguen:** Cuando se diferencian por el énfasis que se pone en los objetivos:
*Partido de personalidades:* Es cuando lo que se busca es seguir a una o varias personas por sus méritos históricos, carisma personal, tipo de liderazgo, propuestas personales o grupales. La masa es más bien clientela y apoyo, otras oportunismo y carrera personal, populismo, mesianismos y caudillismos.
*Partido de programa:* Es cuando el objetivo es seguir y adherirse a un programa político, a un proyecto de futuro, a unos principios con su metodología y concreciones prácticas. Es el contenido del partido y sus fines, su programa y propuestas, no las personas, lo que nuclea y organiza. No olvida tampoco el rol de los líderes pero crea mecanismos para poner el énfasis en el programa y limitar su poder adecuadamente. Estos son más estables pues salen más fácilmente de crisis por problemas personales.

**f. Por la actitud frente a la sociedad:**
*Pueden ser partidos democráticos y pluralistas:* cuando aceptan como un bien y de hecho (no solo de derecho) la participación del resto de la sociedad civil que no tiene militancia política partidista y la existencia de otros partidos con iguales derechos y deberes.
*Pueden ser partidos hegemónicos y autoritarios:* Son totalitaristas, es decir, consideran que su misión abarca y representa a toda la sociedad. Luchan por la hegemonía o el dominio político absoluto considerando a los demás miembros de la sociedad como ejecutores de sus postulados y tareas o enemigos de la Nación. Si se declaran oponentes se consideran al margen de la "sociedad sana".
*Puede darse el caso de partidos democráticos selectivos:* que aceptan un grupo de partidos y opciones políticas dentro de la sociedad pero rechazan e ilegalizan si asumen el poder a otras tendencias que consideran inaceptables, aún cuando sean éticamente aprobadas y no vayan contra el bien común y los derechos fundamentales. Se trata de partidos racistas, radicales, etc.

**g. Por su posición social:**
*Partidos de gobierno:* Cuando han accedido al mismo por votación general y libre. Solo mientras cumplen su período de mandato.
*Partidos de oposición:* Cuando participan en el debate político y en las elecciones frente al partido o los partidos de gobierno. Garantizan la posibilidad de cambio y el control sobre el partido o partidos gobernantes para que cumplan sus proyectos. Garantizan, sobre todo, la posibilidad de que los ciudadanos tengan canales apropiados de participación política partidista diversos.
*Partidos de mayoría:* Por tener el mayor número de simpatizantes. Por tener el mayor número de votantes. Por estar en mayoría en el Parlamento.
*Partidos de minoría:* Cuando desde el gobierno o la oposición tienen una minoría de votos o de parlamentarios en el Poder Legislativo. Es más difícil gobernar con minoría parlamentaria porque las mociones del Ejecutivo pueden ser rechazadas y demoradas por el Parlamento que son de oposición, en su mayoría.

Estos partidos son muchas veces expresión del pluralismo y la tolerancia de una sociedad madura. El sistema de partidos puede dividirse substancialmente en tres tipos:

## 1. MONOPARTIDISMO

Cuando existe un Partido Único. Este modelo está en extinción. Puede dividirse en:

*Monopartidismo hegemónico:* Cuando un régimen ya consolidado de Partido Único permite un margen de actuación política a un grupo de formas asociativas, sujetas siempre a su control.
*Monopartidismo monopolista o excluyente:* Cuando el Partido Único excluye toda forma real de participación política en partido totalizante o totalitario.

## 2. BIPARTIDISMO

Cuando se alteran en el poder dos partidos. Puede dividirse a su vez en:
*Bipartidismo puro:* Es cuando se da un régimen político apoyado en dos partidos únicos que se alternan periódicamente en el poder.
*Bipartidismo funcional:* Cuando el gobierno de una nación se alterna entre dos partidos y una oposición pluripartidista se articula el cuerpo electoral prácticamente en dos grupos pero existen tres o más partidos.

## 3. PLURALISMO Y PLURIPARTIDISMO

Cuando hay más de dos partidos que se alternan periódicamente en el poder, generalmente hay partidos de mayoría y de minoría pero todos entran en el debate político y acceden de alguna forma al poder en alguna ocasión. Se exige constitucionalmente o por ley electoral una representación o membresía mínima indispensable para constituir un partido con el fin de moderar o racionalizar el número de pequeños grupos que no alcanzan a representar a una cantidad razonable de ciudadanos. Obliga a estos grupos a trabajar por alcanzar ese mínimo, por tanto, aumenta la acción política.

(Estos tipos de sistemas de partidos pueden presentarse con esquemas en pizarra o cartel, representando a los partidos en un círculo y sus relaciones con flechas dentro de un círculo más amplio que es la Sociedad).

Aceptar diversas opciones políticas, económicas, sociales, culturales y religiosas en el seno de la sociedad y valorarlo como un bien y no como una amenaza a la unidad nacional, es ser pluralista, es el pluralismo.

No siempre el pluripartidismo es sinónimo de pluralismo y democracia, pero es muy difícil canalizar la democracia real y participativa sin pluripartidismo. Siempre debería existir la posibilidad de movimientos, organizaciones intermedias de la sociedad civil, tendencias dentro del partido, etc., realmente autónomas y libres con posibilidades de canalizar la diversidad de opiniones políticas.

Todo partido debidamente organizado debe determinar:

- Declaración de principios y valores generales. Su ideología.
- Programa político concreto.
- Medios para alcanzar estos fines.
- Tareas y "tiempos": cronograma a corto, mediano y largo plazo.
- Estatutos: pertenencia, vida interna, finanzas, etc.
- Relaciones públicas: nacionales e internacionales.

### Ejercitación

Los participantes forman dos grupos que a su vez pueden formar varios equipos. El primer grupo toma las tarjetas correspondientes a la Motivación que se referirían a las funciones del Gobierno y hace un cuadro comparativo con lo estudiado en el tema de hoy.

El otro grupo de equipos toma las tarjetas de las funciones del Partido y las compara con lo estudiado en un cuadro comparativo. Ambos cuadros deben presentarse en plenaria o ponerse en un lugar visible.

Se termina evaluando el encuentro, como de costumbre.

## Tema 10: "Democracia y participación cívica y política"

**Objetivos:**
1. Estudiar el concepto y las diversas formas de democracia.
2. Profundizar en diversas formas de participación.
3. Conocer los elementos que favorecen la democracia y la participación: autoestima, autogestión y pluralismo.

### Motivación

Los participantes forman dos grupos: un grupo de 3 personas es observador: Su cometido es evaluar y apuntar actitudes y participación según una guía:

**a.** ¿Quiénes participaron y cuántas veces? Nombre y número de veces.
**b.** ¿Quiénes aportaron ideas que facilitaron el proyecto? Nombre y número de veces.
**c.** ¿Quiénes dirigieron el debate? (Si hubo alguien). Nombre y cómo lo evalúa (BIEN, REGULAR, MAL).

- Ayudó a alcanzar el fin propuesto.
- Aceptó las ideas de los demás.
- Promovió que surgieran nuevas ideas.
- Promovió que todos participaran.
- Impuso sus ideas y criticó las de los demás.
- No permitía que hablaran y participaran.

Los demás hacen un grupo que debe organizar todo lo necesario para repetir uno de estos temas en su grupo de referencia. Debe utilizar el local, los medios, los temas, distribuir responsabilidades, todo, en solo 15 minutos. Los resultados se guardan para el final. El animador presenta el título y los objetivos del tema, escribe el título en la pizarra.

### Desarrollo

## 1. Democracia: Concepto. Tipos de democracia. Principios para evaluarla

**DEMOCRACIA:** Es el comportamiento ético, cívico y político que se interpone entre el autoritarismo y la anarquía. Consiste en tomar decisiones y ponerlas en práctica después de haber consultado a los demás y haber contado con su participación real tanto en la decisión como en la ejecución y evaluación. Todo esto respetando los derechos ciudadanos y buscando el bien común.

Subraya las frases claves. Colócalas en la pizarra o en tu cuaderno.

Etimológicamente, DEMOCRACIA significa el ejercicio del poder con la participación y el control real del pueblo.

Es necesario entonces que especifiquemos que significa para la verdadera democracia el concepto y la realidad llamado PUEBLO.

El animador puede preguntar primero a los participantes y después coloca de un lado de la pizarra las frases de los participantes al intentar definir "Pueblo". Del otro lado de la pizarra colocará las frases claves que escojan los participantes de la siguiente definición:

**PUEBLO:** "Pueblo y multitud amorfa o "masa" como suele decirse, son dos conceptos diferentes: El pueblo vive y se mueve por su vida propia; la masa es inerte en sí misma y no puede ser movida sino del exterior. El pueblo vive en virtud de la plenitud de la vida de los hombres que lo componen, en la que cada uno -en su lugar y manera que le sean propios es persona consciente de sus propias responsabilidades y de sus propias convicciones. Al contrario, la masa recibe el impulso desde fuera, es juego fácil en manos de quien explota sus instintos y sus impresiones, pronta a seguir según el turno, hoy día una bandera y mañana otra" (Papa Pío XII en su radiomensaje de Navidad de 1944).

Ser pueblo en este sentido es una CONDICIÓN INDISPENSABLE para la DEMOCRACIA REAL. Es por eso que donde falta esa vivencia de pueblo es más necesaria la EDUCACIÓN CÍVICA Y POLÍTICA y sobre todo PERSONALISTA.

### Tipos de democracia

Aunque la democracia es una de las palabras y realidades más "traídas y llevadas" hoy día por todos los Gobiernos y por muchos ciudadanos, como toda realidad social y dinámica, su significado y, sobre todo, su aplicación práctica es diferente según se interprete o según las intenciones políticas de los que ostenten el poder. Ahora le presentaremos algunos de los tipos de democracia que existen en la práctica política actual, por lo menos, así se nombran cada una de ellas:

**"Democracia burguesa":** Generalmente se basa en la democracia representativa, en la división de poderes y en la garantía de los derechos individuales de los ciudadanos. Se le critica no garantizar siempre la posibilidad social de ejercer algunos de los derechos económicos y sociales: trabajo-desempleo, etc.

**"Democracia socialista":** Generalmente se basa en la unidad monolítica de los poderes del Estado subordinados a las dirección superior del Partido Único. Las libertades individuales se limitan en su ejercicio a no oponerse al proyecto político de construir el sistema comunista (Cfr. Constitución Cubana de 1976, Artículo 62).

Esta "democracia" se entiende como la participación del pueblo en la ejecución de las decisiones superiores del Partido que se considera la vanguardia del pueblo. En teoría, prioriza la posibilidad de los ciudadanos de ejercer los derechos llamados sociales y económicos: trabajo, seguridad social, salud, etc. Y considera que esta es la forma más genuina de la democracia aún cuando se vean pretéritos o anulados los demás derechos civiles y políticos o supeditados a la ideología. Este tipo de "democracia" se resume en aquel principio: "Dentro del proyecto político del Partido, todo; fuera de él, nada".

**Democracia representativa:** Es aquella que el pueblo, los ciudadanos conscientes y responsables, ejercen su soberanía a través de representantes elegidos por ellos

***Ventajas:*** Es la única forma, hasta hoy, de hacer viable el ejercicio cotidiano del poder ya que sería casi imposible consultar y participar todos en todas las decisiones ordinarias y tareas de gobierno. Entonces el pueblo elige y delega.

***Desventajas:*** Los elegidos pueden no representar bien a sus electores, buscar sus intereses personales y olvidar el encargo recibido. Corrupción, etc.

**Democracia directa:** Es cuando los ciudadanos participan directamente en la elección, decisión, planificación, ejecución y evaluación del gobierno y sus poderes. También cuando a su nivel (barrial, laboral, escolar, municipal, organizaciones intermedias, partidos, etc) participan efectivamente en las decisiones.

*Ventajas:* Es la expresión más eficaz de la democracia, garantiza la riqueza personal de cada participante, permite un mejor control de las decisiones.

*Desventajas:* Es lento, complicado, imposible en el caso del gobierno central a no ser en casos importantes de decisiones que afecten a la sociedad profundamente. En algunos países se hacen cada vez más frecuentes (pero son muy costosas) las consultas populares para estos casos: plebiscitos, referéndum, etc. Pero en los niveles de base e intermedios hay que promover esta democracia participativa y perfeccionarla porque es más posible y puede ser cotidiana.

**Democracia formal:** Es aquella que está garantizada por las leyes, incluso se puede ejercer mediante un voto o propuesta, pero no decide ni influye efectivamente en los asuntos verdaderamente importantes. Es democracia para "legitimizar" un sistema o proyecto pero no cambia nada esencial. Se llama también en algunos casos, democracia "de derecho".

**Democracia sustancial:** Es aquella en que la participación efectiva de los ciudadanos o miembros de un grupo pueden decidir y optar por alternativas en asuntos sustanciales, esenciales, que verdaderamente afectan y transforman a la sociedad o grupo. Se llama también en algunos casos, democracia "de hecho".

**Democracia política:** Es cuando los ciudadanos tienen posibilidades de ejercer su poder de decisión en las tareas o consultas políticas y tienen un amplio campo de libertad de acción en este ambiente político: organizar partidos, expresar y publicar opiniones políticas aún cuando fueran de oposición, hacer reuniones y proyectos de la sociedad civil, etc.

**Democracia social:** Es aquella en que los ciudadanos tienen la posibilidad de ejercer su poder de decisión en el campo social, es decir, en el tejido de la sociedad civil porque tiene el espacio y los medios para ejercerla. Se trata de participar y decidir en obras sociales a todos los niveles. Garantiza aquellos logros sociales para ejercer los derechos económicos y sociales: trabajo, salud, educación y los ciudadanos deciden y participan en la planificación, ejecución y control de esas obras.

Evidentemente, esta división o esquema nunca se da puro o aislado en la sociedad. Es para encontrar las proporciones y evaluar qué tipo de modelo democrático predomina.

Cada participante puede leer un tipo de democracia y otro lo resume con una o dos frases o con sus palabras.

**Principios para evaluar las democracias**

No se trata solo de saber qué tipo de democracia predomina si no tener los instrumentos necesarios para evaluarla más profundamente y no solo "etiquetarla". Ponemos en sus manos algunos de esos principios:

**a. Principio de la efectividad:** Es cuando el derecho establecido formalmente por las leyes pueda ejercerse efectivamente porque las condiciones sociales y los mecanismos políticos y económicos así lo permitan. Ejemplo: los ciudadanos tienen derecho a la salud, pero no se garantizan las instituciones de salud ni las medicinas suficientes o son inaccesiblemente caras. Otro ejemplo: que todos tengan el derecho a nominar candidatos pero solo a través de las comisiones de candidatura, no elegidas por el pueblo.

**b. Principio de la participación:** Primero: que la participación de los ciudadanos sea libre y responsable. Segundo: que esta participación no se reduzca a unas elecciones cada cierto tiempo sobre asuntos o elección de personas que después no van a trabajar eficazmente al servicio de sus electores y de toda la comunidad. Tercero: la participación debe ser efectiva y sustancial, no solo formal o de apoyo.

**c. Principio de mediación o partidista:** como la democracia actual tiene que pasar necesariamente por mediaciones, representaciones o delegación para que pueda ser funcional, hay que garantizar la eficacia de las organizaciones partidistas o de la sociedad civil independiente ya que estos son los canales ordinarios para articular y organizar a los ciudadanos con opiniones comunes y garantizar el respeto a las opiniones diferentes.

Sin los partidos y las organizaciones de la sociedad civil la democracia puede quedarse en manos de los que ostentan el poder político o económico o de minorías "astutas o iluminadas". ¿Cómo podrá un ciudadano aislado ejercer hoy con mediana eficacia su poder democrático a nivel de estructuras sociales provinciales o nacionales sin organización que aglutine, encauce, represente, etc.? Cuando se deja la responsabilidad cívica y política solo a los partidos el modelo se llama Partidocracia. Las sociedad civil es silenciada o desarticulada o manipulada.

Por el contrario, sin instituciones públicas y partidos políticos no hay verdadera democracia, por lo menos a nivel de estructuras municipales, provinciales y nacionales. Como sin organizaciones de base e intermedias no hay democracia social ni siquiera sociedad civil viva. (Cf. Lapierre, J. W. Análisis de los sistemas políticos. Península. Barcelona, 1976).

**"Democracia es:**

**1.** Participación libre y correcta de los ciudadanos en la comunidad política, al servicio del bien común.
**2.** Una alternativa frente a regímenes totalitarios o anárquicos que emplean el poder a favor de grupos restringidos.
**3.** Libre expresión en las elecciones, justa repartición del poder según esa voluntad de los ciudadanos y libre discusión del bien real del pueblo.
**4.** Estructuras de participación, iniciativa de los cuerpos intermedios de la sociedad y aplicación equitativa de las leyes." (Cfr. Discurso de Juan Pablo II a Parlamentarios Europeos, Florencia, 18 de octubre de 1986).

Con estos principios podemos evaluar el ejercicio de la democracia en cualquier organización o Estado que se precise de ella. Hoy los utilizaremos en la Ejercitación.

**2. Participación: Concepto. Formas de participación**

Democracia y participación están estrecha e indisolublemente unidas. Por eso profundizaremos en la participación que es una de las bases fundamentales de la democracia y de la vida en la sociedad.
Los participantes tienen en sus manos estas tres definiciones y tres de ellos las leen en voz alta mientras los demás subrayan frases claves:

**PARTICIPACIÓN:** "Es la presencia de la persona en el tejido familiar, laboral, social, escolar, vecinal, sindical, deportivo, eclesial y cultural que le permite ser y actuar, no como simple objeto de decisiones procedentes de "arriba" o de "fuera", sino como sujeto con posibilidades y garantías reales de tomar parte en la determinación y evaluación de las decisiones, en su planificación, ejecución y control, de manera activa, responsable y no manipulada. Esta participación puede ser en grupos espontáneos, asociativos, institucionales y productivos y también de forma personal o individual" (Cfr. Jornada Social Católica. "Pluralismo y Participación". Habana, 1991, que hace referencia a Diccionario Sociológico, p. 123 y ss.)

**PARTICIPACIÓN:** "Consiste en la intervención de los ciudadanos en los asuntos públicos, en diversos niveles administrativos y políticos de decisión, y por diversos medios: desde la emisión de un sufragio hasta la intervención de las personas en el funcionamiento de las organizaciones que moldean la vida cotidiana, de trabajo, etc. Tales organizaciones de participación tienen por objeto aunar esfuerzos y cualesquiera otros recursos a fin de alcanzar los objetivos que se han fijado" (Cfr. Declaración del Consejo Económico y Social de la ONU, 1984).

**PARTICIPACIÓN:** "Es un medio para promover el desarrollo y asegurar la plena realización de los Derechos Humanos. Pero es también un fin en sí misma ya que existe en el hombre una profunda aspiración social a participar en la edificación de las bases sobre las que reposa su propia existencia y de contribuir, en cierta medida, a construir el porvenir del mundo. La satisfacción de esta aspiración es un aspecto esencial de la dignidad humana" (Cfr. Declaración del Consejo Económico y Social de la ONU, 1984).

**Formas de participación: cívica y política**

Hay diversas formas de participación, conocemos las positivas: personal, grupal, vecinal, laboral, política en sentido amplio (cuando trabajamos cívicamente por el bien común), política en sentido estricto (política partidista), participación en la gestión económica, participación en la comunidad, etc.

Específicamente por su utilidad para evaluar nuestra participación otras formas muy limitadas de participación son:

**Participación integrativa:** Se permite para "integrar" a las personas o grupos a un proceso animado, facilitado y controlado por quienes detentan el poder. Estos definen: marco de participación, modos de participación y límites de participación.

**Participación frenada:** Es una participación cuyo contenido es puramente técnico o puramente organizativo y nunca se refiere a problemas globales, a principios de acción, causas generales o cambios estructurales. Esta participación no es otra cosa que una manipulación o falsificación de la dinámica política, social o laboral, económica o cultural, según sea el ambiente donde se ejerce.

Es la participación que no gestiona su propio poder sino que apoya el poder de otros. Carece de posibilidades de someter los objetivos y la organización misma a las exigencias de su persona y del bien común. Esta participación salvaguarda el equilibrio y la seguridad interna del grupo que la promueve.

**Categorías de participación cívica y política**

Para evaluar los grados de participación debemos conocer lo que algunos autores llaman categorías de participación en dependencia del grado de compromiso:

- **Los apáticos:** Son los que se mantienen al margen. No es ese su problema. Sus intereses son individualistas o no son.
- **Los espectadores:** Se implican mínimamente, son participantes discretos y más bien pasivos. Están atentos e interesados en el problema pero lo ven desde muy afuera. En otras ocasiones observan "desde las gradas" para cuando se decide el juego tomar partido.

- **Los gladiadores:** Fuertemente comprometidos con la actividad. Toman iniciativas. Son los "gallos de pelea". Se lo juegan todo en el "terreno". Son responsables, críticos, creativos. Denuncian y además presentan alternativas de solución.

¿En cuál estaremos? ¿Por qué no participamos? También es necesario conocer las **causas o motivaciones de la participación cívica y política** por las cuales no participamos en algún proyecto o tarea o en la sociedad:

**1. Relaciones beneficio-costo:** Es el contador. Saca la cuenta que los beneficios que le reportaría participar, votar o abstenerse, proponer soluciones, participar en reuniones, etc, son menores o nulos con relación al costo: riesgo, tensiones, tiempo. Se prefieren otras actividades de beneficio más inmediato y visible.

**2. Impotencia:** Es el complejista. Cree que él no puede, que no sabe. Piensa que su acción no tiene valor o que no influirá para nada y no cambiará nada entonces -se dice: ¿para qué participar? Puede ser impotencia interna: venida de una escasa autoestima. Impotencia externa: venida de la ineficiencia de las estructuras de participación o de frenos a las mismas impuestos por el poder. Puede ser por miedo.

**3. Desconfianza:** Es el desconfiado. Nunca cree que la obra avanzará. Desconfía de los demás participantes. Desconfía del método adoptado. No se solidariza. No confía en el líder o grupo de dirección. Se convierte en un "electrón libre", aislado o, peor, en un anarquista.

**4. Dependiente:** Es el infantil. Cree que más vale que le "den" lo que le toca hacer que gestionarlo. Más vale esperar a que la solución venga de los de arriba, de los "padres" del asunto que meterse él a resolverlo con otros. Espera "el permiso" para participar, proponer o decidir, si es que lo hace. Es un fruto del paternalismo que cree que ayuda pero crea dependencia y no libera. Siempre pregunta: ¿Cómo lo van a resolver? ¿Permitirán hacer esto? ¿Qué van a decir? ¿Qué van a dar? ¿Habrá otros tipos de estos?

**Elementos que favorecen la democracia y la participación cívica y política**

Un verdadero proceso democrático y su consecuente participación se ve favorecido por:

**a. La Autoestima:** Es cuando cada persona es capaz de reconocer en sí misma con libertad y objetividad su propia dignidad, sus valores, sus capacidades y carismas y su vocación y derecho a participar con sus aportes en la sociedad. Así lo plantea el Papa Juan Pablo II en la encíclica *Centesimus annus*:

*"Toda la actividad humana tiene lugar dentro de una cultura y tiene una recíproca relación con ella. Para una adecuada formación de esa cultura se*

*requiere la participación directa de todo el hombre, el cual desarrolle en ella su creatividad, su inteligencia, su conocimiento del mundo y de los demás hombres. A ella dedica también su capacidad de autodominio, de sacrificio personal, de solidaridad y disponibilidad para promover el bien común. Por esto, la primera y más importante labor se realiza en el corazón del hombre y el modo como este se compromete a construir el propio futuro depende de la concepción que tiene de sí mismo y de su destino. En efecto, el hombre cuando no reconoce el valor y la grandeza de la persona en sí mismo y en el otro se priva, de hecho, de la posibilidad de gozar de la propia humanidad y de establecer una relación de solidaridad y comunión con los demás".*

**b. La Autogestión:** Es una alternativa, tanto a la participación en una democracia de formalismo electoral, como a la participación en un modelo democrático más participativo.

Parte del criterio de que, si se admite que el Estado paternalista, providente y burocrático o tecnocrático, legitimice su pretensión de "conocer" la sociedad y de "saber" responder a todas sus necesidades no queda fundamento alguno ni espacio real para el pluralismo político. La autosuficiencia estatal es la muerte del pluralismo y la participación cívica y política autogestionada. La participación autogestionada es también un mecanismo de control para las autosuficiencias personales o grupales de donde se generan los caudillismos y las hegemonías políticas de grupo.

La autogestión es una forma de gestión social personalista y personalizante, lo que responde plenamente al principal objetivo político que es el desarrollo del hombre como persona. La autogestión no es un modelo político, ni una estructura social alternativa: es una respuesta ética a lo que Jurgen Habermas llama "nueva legitimación del dominio" como poder de disposición técnica sobre los hombres y sobre la naturaleza que necesita nuevas y adecuadas formas de consenso para controlar el poder del saber. Para superar el peligro de una civilización exclusivamente técnica, que pierde la conexión entre la teoría y la praxis, una civilización amenazada por la escisión de la conciencia y por la división de los hombres en dos clases: ingenieros sociales y huéspedes de instituciones globales.

**Objetivos y tareas:** El objetivo primordial de la autogestión como estilo de participación es eliminar progresivamente la dicotomía existente:

- entre quienes tienen el poder real y los que no lo tienen;
- entre la participación política ocasional, electoral y la participación cívica y política cotidiana;
- entre la ruptura que puede existir entre lo que se considera como político y lo que se considera económico, sobre todo, cuando en uno u otro sistema se liberaliza uno y se absolutiza el otro (Ej: la liberación económica y la liberación política).

En fin, resolver la dicotomía que existe en ambos sistemas, entre el Estado y la sociedad civil, entre la organización intermedia o de base y las articulaciones del poder central o hegemónico.

**Definición de autogestión**

**Autogestión:** Es una forma interesante de definir la participación en sentido amplio.

*"Es el esfuerzo de los hombres por asumir por sí mismos la organización de lo cotidiano, por adueñarse de su propio ser social para poner fin a la separación entre el dominio técnico del mundo y el estancamiento de las relaciones prácticas, entre el poder sobre la naturaleza y la indigencia de la naturaleza humana"* (Lefevre. H).

*"Es una forma de gestión social absolutamente nueva y autónoma frente a la sociedad en su conjunto, efectuada por todos los sujetos interesados y en todos los ámbitos a los que la misma se extienda. Por tanto, ella no constituye una atomización del cuerpo social sino una asociación del mismo bajo una forma nueva, es la gestión directa tanto del poder como de la autoridad (reducidos a sus funciones esenciales) no crea ni desempeña ningún tipo de dominio del hombre sobre el hombre sino que acompaña y favorece el desarrollo libre y responsable con que cada uno se autodetermina en sus relaciones consigo mismo y con los demás. Se tiende, entonces, a debilitar toda forma institucionalizada de dominio humano (estatal, partidista, etc.) pero no se acaba con todo tipo de organización social y política. Esto le permite a Lefevre afirmar que la autogestión es hoy la apertura hacia lo posible"* (Cfr. Diccionario Sociológico, p. 144).

Consiste en una nueva forma de relación y organización económica, política, social y cultural en que las personas y los grupos reconquistan su propia iniciativa y creatividad para ponerla al servicio del bien común.

**c. El pluralismo:** No hay democracia sin pluralismo. La participación se ve restringida y manipulada si no hay pluralismo. Hay una diferencia entre la Pluralidad o diversidad y el Pluralismo:

**Pluralidad:** Es constatar la diversidad de la vida toda: personas, culturas, formas de pensar, creencias, ideologías, opciones políticas, sistemas económicos, formas de convivencia social. El mundo y la vida es plural, diverso. Hacer consciente este dato de la realidad es aceptar la diversidad o pluralidad.

**Pluralismo:** Es cuando además de aceptar que el mundo es plural y diverso se asume este hecho como legítimo, positivo y enriquecedor. Creer que la pluralidad es un valor que beneficia a la persona y a la sociedad y no una amenaza para ellas es asumir y ser pluralistas.

El pluralismo no es soportar las diferencias o tolerar la diversidad de criterios, opciones y actitudes. Es aceptar que la necesaria unidad no se logra con la uniformidad sino equilibrando y complementando las diversas opciones al servicio del bien común. Buscar la unidad en la diversidad.

**d. La inclusión:** Otro elemento indispensable para promover la participación cívica y política es la inclusión. Se trata de que todas las "piezas del rompecabezas social" estén sobre la mesa y puedan encontrar su "lugar", su espacio de participación.

Se puede medir el grado de democracia de un grupo de la sociedad civil por el grado de inclusión que tenga y que promueva en el resto de la sociedad. La exclusión por cualquier causa es un atentado contra la democracia y la participación cívica y política.

Debemos concluir diciendo que la democracia y la participación son tareas permanentes que se alcanzan progresivamente y siempre se pueden perfeccionar y ampliar. Este curso debía contribuir a dar un modesto paso en ese sentido.

### Ejercitación

Se vuelven a formar los grupos del principio.

Los evaluadores toman las notas de este tema y los del grupo la evaluación que le habían hecho al principio. El grupo lee la evaluación y la Comisión Evaluadora dice cómo debía haber sido por lo que aprendimos en este Tema. De ahí surge el debate abierto. Se debe poner un resumen en la pizarra. Este resumen se puede ir haciendo a medida que se llegue a una conclusión para cada pregunta de la motivación.

# CURSO 4
# "MI BARRIO: UNA COMUNIDAD"

**Características:** Este curso contribuye a "fomentar la pertenencia y la participación en el amor a una comunidad humana". Estudiar los diferentes ambientes sociales y aprender a asumir en ellos la participación y responsabilidad según la propia vocación. Sirve para introducir a los vecinos en el conocimiento de su barrio y mejorar las relaciones humanas en el vecindario. Aprender a organizar una comunidad de vecinos de forma autónoma y democrática. Ejercitarse en la confección de un proyecto de sociedad civil para el barrio.

Al final del curso puede dedicarse una sesión a la exposición de murales de la comunidad y su explicación a otros vecinos del barrio. Puede tener continuidad por iniciativas del propio barrio, reflejar en la memoria o crónicas del barrio los pasos dados. En este curso se rescatan y utilizan numerosos refranes populares que reflejan, como nada, la cultura popular y vecinal.

**Destinatarios:** Vecinos de barrios urbanos y rurales. Barrios periféricos y nuevas urbanizaciones. Trabajadores sociales de barrios.

**Tiempo:** Se calcula de 90 a 120 minutos en cada encuentro. Algunos temas deben desarrollarse en dos o tres encuentros para promover mayor participación y protagonismo de los vecinos. Tiempo total: 40 horas.

**Temas:**

1. ¿Cómo es nuestro barrio?
2. ¿Cómo están nuestras relaciones humanas?
3. "Haz bien y no mires a quién"
4. El barrio: hacia una comunidad de vecinos
5. Una comunidad que gestiona sus problemas
6. Una comunidad organizada trabaja mejor
7. Una comunidad abierta y solidaria
8. Aprendemos del pasado: historia del barrio
9. Compartimos el presente: acción-reflexión
10. Diseñemos nuestro porvenir: proyecto futuro

# Tema 1: ¿Cómo es nuestro barrio?

**Objetivos:**
1. Hacer un análisis de la realidad del barrio donde se está haciendo el curso:
   - Las personas que viven en él.
   - Sus características físicas y sociales.
   - Sus necesidades y posibilidades.
2. Sensibilizar a los participantes con la realidad del barrio, como célula activa de la sociedad civil.

### Motivación

**1.** Se comienza explicando las características y temas de este curso. Al finalizar este curso nuestro barrio contará con que: lo conocen mejor, ayuden a las buenas relaciones entre los vecinos y contribuyan a la organización para que pueda resolver por sí mismo alguno de sus problemas, con la mayor participación.

**2.** Inmediatamente el animador deja espacio para algunas reacciones de los participantes y a continuación invita a la siguiente dinámica:

### Fotografía de mi barrio

Se necesitan 5 voluntarios que a su vez buscarán otros para formar equipos rápidamente.

Uno será el ARQUITECTO: La misión de este y de su equipo es ubicar al barrio "por fuera", es decir, pintar o describir hasta qué calles llega, (más o menos) por la confianza y relación que haya y por conocerse la vecindad. Cuáles son sus principales lugares de uso social, parques, monumentos, casas de vivienda, placitas, oficinas, etc.

Si se puede hacer un croquis del barrio para dejarlo pegado a la pared durante todo el curso sería lo ideal, a mano alzada sin muchos requisitos pero que se entienda, se pueden recortar figuras que representen algo del barrio y pegarla al papel o cartulina o a la maqueta artesanal del barrio. Todo para estimular la creatividad y la participación además de la conciencia de "ser" barrio.

Otro será el HISTORIADOR: Debe ser una persona o equipo de los mayores del barrio o que lleven más tiempo allí. Su misión es escribir en una o dos páginas la historia de ese barrio o por lo menos lo que recuerde de él mientras han vivido por allí. De dónde han venido la mayoría de los vecinos, cómo fue creciendo, etc.

Otro será el FOTÓGRAFO: Este equipo se encargará de "retratar" a las personas del barrio. ¿Cómo son? ¿Quiénes son las familias conocidas? ¿Quiénes están siempre en el barrio y quiénes vienen de pasada (porque trabajan o tienen familiares, escuela, etc.)? Ojalá se pudiera ir recordando y pintando las familias más conocidas y cercanas. Puede pedir fotos antiguas del barrio.

Otro será el DELEGADO: Este, con su equipo de trabajo recibe y relaciona las necesidades más urgentes y de mayor beneficio para el barrio. No se debe reducir a necesidades individuales solamente sino también vecinales y sociales. Hacer, si se puede, un orden de prioridades o urgencias enumerando la lista de necesidades: materiales, culturales, recreativas, servicios sociales, religiosas, etc.

Otro será el "SOÑADOR" O "PROYECTISTA" O "PLANIFICADOR": Este y su equipo son los encargados de descubrir las posibilidades que ya existen en el barrio para mejorarlo. "Sueña" con los pies bien puestos en la tierra, (realidad del barrio) las posibilidades que tiene y no está utilizando bien. "Proyecta" qué se podría hacer en el barrio contando únicamente con sus propios recursos materiales y humanos. "Planifica" como le gustaría que fuera el barrio teniendo en cuenta su propia realidad y sus posibilidades concretas y alcanzables. Este es el equipo del futuro del barrio. El de "luz larga". Hace dos columnas en un cartel: posibilidades y acciones (empieza con verbos).

**3.** Cada equipo trabaja por separado durante 40 minutos. Esto es prácticamente lo más importante del encuentro. Hay que dejar tiempo y facilitar condiciones de trabajo mínimas.
  - Si necesitaran más tiempo, dejarlos. Esto es básico para todo el curso. El tema puede dividirse en dos encuentros: uno, este trabajo y otro, la plenaria y reflexiones del recuadro.
  - Si no pudieran terminar lo pueden completar durante la semana y traer en el próximo encuentro. Si da el tiempo se hace la plenaria y si diera más, el recuadro.

**4.** Plenaria: Cada equipo o voluntario informa sobre su trabajo en el "retrato" del barrio. Sería muy bueno poner en pancartas que se mantuvieran visibles para otros encuentros en que se necesitarán y para la "historia o crónicas" del barrio. Es la "Memoria" visible.

El animador va relacionando los diferentes perfiles del retrato del barrio. Pregunta: ¿Por qué hemos hecho esto? ¿Para qué nos sirve?

### Desarrollo

Este análisis de la realidad de nuestro barrio nos servirá para comenzar este curso y durante todo su desarrollo. Porque lo primero que es necesario hacer para trabajar en un barrio o vecindario es conocerlo bien. Este es el objetivo del encuentro de hoy. Comenta el objetivo y lo explica y pone el título del tema en la pizarra. Luego reparte el recuadro y lo comenta en este encuentro o en el próximo:

**1.** Dice el refrán popular "Más vale un vecino cercano que un hermano lejano". ¿Qué nos quiere decir esta voz popular? Nos indica que toda persona necesita a su familia y además necesita también a sus vecinos. Nadie puede vivir solo, de manera egoísta. Todos necesitamos de la ayuda de los demás y los demás necesitan de la nuestra.

**2.** Los vecinos deben ser como familia. A veces están más cercanos y serviciales que la propia familia lejana. Los vecinos son los que viven más cerca de nosotros y comparten el mismo barrio. El barrio es el grupo de vecinos que se relacionan entre sí por lazos de amistad cívica y ayuda mutua.

En este curso vamos a tratar sobre lo que en nuestro país se conoce como barrio. No se trata de repartos grandes donde deben organizarse varios barrios, si fuera necesario, interrelacionados en una comunidad de comunidades.

**3.** Para vivir en un barrio y ser parte de ese grupo de personas lo primero es conocerse:
 - conocerse las personas y no solo "de vista".
 - conocer las características del barrio.
 - conocer las necesidades de las personas, de las familias y del barrio en general.
 - conocer las posibilidades o talentos y recursos propios del barrio y de los que viven en él.

**4.** Nadie puede sentirse parte, comprometerse y trabajar por su vecindario si no conoce cómo es, quiénes son las personas que viven en él, cuáles son sus problemas y con qué cuentan para trabajar por sí mismos. Esto se llama ver la realidad. Hay muchos que vivimos en el barrio y somos "ciegos" a la realidad que vivimos o viven los otros. Somos como el avestruz: metemos la cabeza en el hoyo del egoísmo y de mi casa y... cada cual que resuelva como pueda.

**5.** Ver la realidad del barrio, analizar esa realidad para ver lo bueno y lo deficiente y lo que tenemos para trabajar es el primer paso para que el barrio sea una comunidad de personas. Es decir, una familia de hermanos. Toda familia debe empezar por conocerse bien, con sus defectos para perdonarlos y tolerarlos y mejorarlos. Sus virtudes, para ponerlas al servicio de los demás. Así queremos que sea nuestro barrio.

**6.** Pero ahora puede ser que le falte mucho para llegar a ser una comunidad de personas. Esto no vendrá de fuera del barrio, ni de una orientación superior, ni de otras organizaciones que quieran "trabajar" el barrio. Esto depende del mismo barrio. Puede recibir acompañamiento o ayuda, pero sin el esfuerzo propio, sin la gestión de cada vecino, sin la organización que se da a sí mismo, el barrio nunca llegará a ser nuestro vecindario una verdadera comunidad de personas.

7. El "retrato" que hoy hemos hecho entre todos los aquí presentes es el primer paso para conocernos mejor: nuestra historia como barrio, nuestra situación presente y las necesidades más urgentes, es algo; pero para conocernos mejor hay que ir completando este análisis de la situación del barrio con otras opiniones, aportes, debates, estudios, etc. Al final de este curso volveremos a actualizar este primer paso y estamos seguros que será mejor. Recuerden que solo somos una parte de este barrio. Hay que contar "CON TODOS Y PARA EL BIEN DE TODOS". Invitemos a otros a compartir estas reflexiones sobre su propio barrio, pueden venir para el próximo encuentro.

8. Debemos sensibilizarnos (sentir con) (poner nuestros sentidos sobre) la realidad de nuestro barrio. Si no sentimos en nuestra propia "carne" y no vemos con nuestros propios ojos la realidad del barrio no podremos formar una comunidad de vecinos. Los cubanos somos tan sensibles y nos "entran" las cosas por los sentidos, debemos poner esta característica de nuestra forma de ser al servicio del proceso de formación de una verdadera comunidad de vecinos como células del amplio tejido de la sociedad civil.

### Ejercitación

1. Si se hace en dos encuentros la ejercitación tendrá más tiempo. Los participantes se forman tres equipos y cada uno responde a una de las siguientes preguntas:

**Equipo 1:** El consejo de la Iglesia de este barrio ha decidido comenzar en él una reunión semanal de adultos del barrio. La semana pasada llegaron por primera vez los animadores y comenzaron a encontrarse en una casa. Pero resulta que no vienen muchos. La casa es muy chiquita y está en un extremo alejado del vecindario. ¿Qué ha pasado? ¿Cómo resolverlo en el mismo barrio?

**Equipo 2:** El Estado quiere arreglar el problema del agua en este barrio y para eso ha traído muchos equipos grandes, una brigada de trabajadores movilizados de lejos y unos técnicos que nunca habían venido al barrio pero dicen que hay que abrir las zanjas por donde ellos dicen. Hace dos meses que están en eso y no avanza la obra por tres razones:
 - los equipos no pueden doblar en las esquinas por lo grandes que son y no caben en la calle, han roto las aceras que había.
 - faltan siempre hombres para trabajar porque son movilizados viajeros y el transporte está malo.
 - abrieron un hueco pero no era por ahí el salidero, no era tampoco por ahí por donde había que conectar la nueva tubería porque como decía el viejito por allí pasaba el desagüe que se hizo hace mucho tiempo por los años 40. ¿Qué ha pasado? ¿Cómo resolverlo contando con el barrio?

**Equipo 3:** Una organización ha convocado a un trabajo voluntario en el barrio. Habían recibido la orientación de arriba que debía ser el próximo domingo en "algo" que se buscara para trabajar con el fin de saludar una efeméride. La responsable pasó citando para el domingo reunirse en el parque de la esquina para un trabajo voluntario en saludo a tal fecha. Llegó el domingo, amaneció lloviendo, pero la responsable no se dejó vencer y salió con capa pensando que escamparía. En efecto a las 9:30 am escampó y salió el sol pero la gente del barrio no acudió. Solo fueron 5 personas y entonces la responsable se puso a buscar en qué trabajar porque había que saludar la fecha señalada. Se pusieron a recoger algunos papeles y basura del parque. Alguien recordó que detrás de la carnicería habían hecho un vertedero grandísimo, pero todos siguieron recogiendo los papeles sucios y desperdicios del parque. Terminaron a las 10:00 am. Habían cumplido. ¿Qué ha pasado? ¿Qué se debía hacer?

**2.** Se comparten las respuestas en plenaria. Se invita a compartir el recuadro con otros vecinos del barrio, y a tratar experiencias similares el próximo encuentro. Se termina evaluando este encuentro. Señalando aspectos positivos, interesantes y sugerencias.

Nota: El animador pedirá unos voluntarios que serán los "cronistas" del grupo que guardarán el croquis o retrato del barrio que se hizo en cartulinas o papel y que se pondrán en el salón de encuentro cada vez que se reúnan. Se irán sumando los trabajos de los demás encuentros y todos se utilizarán en el último tema o reunión. Son como la "ruta" visible del camino recorrido por el barrio. Es muy importante y deben ser bien guardados y mejorados. Algún día podría ser la semilla para la historia de este barrio. Pueden también escribirse en la Libreta de Crónicas del Barrio que se hagan los equipos y se actualizará cada semana. Los carteles se pondrán en una exposición si se hace un encuentro entre distintos barrios que hayan hecho este curso. El animador debe ser muy insistente en esta Memoria del Barrio, pero deben responsabilizarse personas de allí.

Este análisis de la realidad del barrio se hace desde el punto de vista de los propios vecinos: ¿cómo ven ellos su propio barrio? Se puede y debe completar con un análisis sociológico más profundo y sistemático que lo enriquezca o contraste, pero esto no es objetivo de este encuentro. El animador, no obstante, si va a seguir trabajando en la formación de esta comunidad pudiera hacerlo con un equipo de personas asesorado por un especialista y dotado de la metodología apropiada. Si estas personas vivieran en el barrio sería lo mejor.

## Tema 2: ¿Cómo están nuestras relaciones humanas?

Objetivos:
**1.** Destacar que las relaciones humanas son la base de la convivencia en el barrio.
**2.** Buscar acciones concretas para mejorar las relaciones humanas en el barrio.

## Motivación

**1.** Hacer referencia al recuadro del tema 1 y si se compartió con algún vecino.

**2.** Se organiza la dinámica "El termómetro de nuestras relaciones".

- El animador hace o encarga un dibujo de tres termómetros grandes en una cartulina o en la pizarra de modo que todos vean. Debajo del dibujo se pone la frase: ¿Cómo están nuestras relaciones humanas? Y encima de cada termómetro se ponen estas palabras: en uno amistad, en otro visitas, en otros saludo, ayudarse, conversar y conocerse. Los participantes forman tres equipos que evaluarán cómo están las relaciones humanas del barrio otorgando los puntos al revés.

- si están buenas-muy buenas...... de 35 a 37 grados.
- si están regular o frías............... de 0 a 34 grados.
- si están malas o muy malas....... de 38 a 42 grados.

- Se evalúa la plenaria: cada equipo su punto y los demás opinan. Puede variar la "temperatura" al tener en cuenta la opinión de los demás. Se fomenta el diálogo para llegar a un consenso. Un "enfermero" va coloreando en rojo cada termómetro con el resultado de la plenaria.

- El animador pide el diagnóstico de las relaciones humanas del vecindario: Tiene mucha fiebre -está grave. Están buenas -temperatura normal aunque debe cuidarse de no recaer. Están con "descenso"-frías, debe atenderse y buscar la causa de cada situación.

## Desarrollo

El animador anuncia que hoy trataremos sobre las relaciones humanas en el barrio. Pone el título y explica con sus palabras los objetivos. Luego entrega el recuadro y lo comenta y debate entre todos.

**1.** Para CONVERTIRSE Y SENTIRSE PARTE de un barrio no basta con conocer a las personas y las características del barrio. Ese solo es el primer paso. El segundo paso es ESTABLECER y ESTRECHAR LAS RELACIONES HUMANAS.

**2.** LAS RELACIONES HUMANAS son la base, el cimiento de la vida en el barrio. Puede haber un grupo de casas juntas pero puede ser que las personas que allí viven no "se llevan bien", no se relacionan, no se saludan, ni se visitan, ni se ayudan en la necesidad. Entonces hay un caserío no un barrio-comunidad.

**3.** Puede ser que una persona esté sensibilizada con los problemas de su barrio pero no pasa de aquí: lo siento mucho, me quejo, y punto. Eso no basta. Dice el refrán popular que "El que tiene un amigo tiene un central". ¿Qué nos dice esta voz popular? ¿Podemos verlo solo desde el punto de interés propio? En realidad la amistad es recíproca y el que tiene amigo pasa de sentir su problema a tratar de acompañarlo en su difícil situación.

**4. ACOMPAÑAR A OTROS** en sus situaciones difíciles y también en las buenas **ES TENER RELACIONES HUMANAS.** El otro debe saber y sentir que puede contar conmigo, con su vecino, que es su hermano más cercano. Muchas veces **ESTAR AL LADO DE ALGUIEN** en un momento duro vale más que todas las cosas materiales que le podemos dar.

**5. LA AMISTAD CÍVICA** es otra forma de relaciones humanas. Es la mayor expresión de la fraternidad humana. Pero hay amistad verdadera y amistades falsas, que no son amistades cívicas. No podemos ser amigos de verdad de todo el mundo. Esta relación humana es muy estrecha y comprometida, exige sacrificio y entrega desinteresada. En un barrio debemos tender a establecer amigos de verdad, pero estos siempre serán una parte del vecindario. Las **ATENCIONES** conservan la amistad.

**6. LAS VISITAS-CONVERSACIONES** son otra expresión de las relaciones humanas, no tan exigentes como la amistad profunda pero pueden ir por ese camino. El barrio debe ser el lugar de visitas, encuentros, fiestas, trabajos en común, velorios, cuidado de enfermos, etc. Todo esto ayuda a formar la comunidad de vecinos. Conversar es una manera de relacionarnos con los demás como personas que son: "La gente, conversando se entiende". Este refrán nos ayudará siempre a mejorar nuestras relaciones humanas, especialmente entre los miembros de un mismo barrio. El diálogo es la forma más humana de resolver los problemas entre los vecinos.

**7. EL SALUDO Y EL CONOCER** a todos los miembros del barrio es el mínimo que se puede pedir para **SER BARRIO DE VERDAD.**
Es algo que se debe ir alcanzando poco a poco: saludar, conocer, conversar, dialogar, visitar, ayudarse, hacer buenas amistades. Cada uno de nosotros debe ver cómo están sus relaciones humanas en el vecindario. ¿Por cuál de estas etapas vamos?

**8.** Pueden existir también dificultades para las relaciones humanas en el barrio. Señalaremos algunas:

- EL EGOÍSMO: ser casa sola.
- LA HIPOCRESÍA: tener doble cara.
- EL CHISME: hablar divulgando o difamando defectos, descalificando a los demás.

Hagamos la prueba. Paremos en seco estos tres males, aunque sea solamente cuando se nos presente a uno de nosotros y veremos cómo mejora el ambiente del barrio y tus propias relaciones con los vecinos. Todo el mundo dirá: "con fulano si no podemos venir a hablar de los demás."

**9.** A estos tres defectos podemos reaccionar con otras muchas actitudes constructivas como son:

- EL COMPARTIR: aún lo poco que tenemos.
- LA SINCERIDAD: andar siempre con la verdad.
- RECONOCER LAS CUALIDADES DE LOS DEMÁS: destacando lo bueno
- LA TOLERANCIA: aceptando que todos somos-diversos y merecemos respeto. No ser fanático en nada: ni en la pelota. Tolerar los defectos ajenos.
- EL DIÁLOGO: como actitud frente a los problemas, como método para aclarar y resolver las discrepancias. Sin cerrazón ni violencias.
- EL PERDÓN: todos tenemos algo que perdonar y algo que nos perdonen.

### Ejercitación

**1.** Mirando los termómetros de la motivación se forman tres equipos y responden: ¿Qué podemos hacer para mejorar las relaciones humanas en mi barrio? Tareas concretas. Se puede hacer un proyecto de participación para mejorar las relaciones vecinales. Esto ejercitaría "Aprender a participar" del curso "Somos Personas".

**2.** Plenaria. Se termina colocando al lado del croquis del barrio los termómetros y el proyecto de relaciones humanas.

Este se puede hacer en un segundo encuentro con más tiempo o dejarlo de ejercicio para la semana. Termina evaluando como de costumbre. Ambos murales irán formando la "memoria" del barrio. Se usarán al final. Se pueden ir poniendo en el salón o habitación cada vez que se reúna el barrio.

## Tema 3: "Haz bien y no mires a quién"

**Objetivos:**
**1.** Revalorizar el servicio desinteresado y la solidaridad fraterna como hechos que miden nuestro compromiso sincero con la comunidad de vecinos.
**2.** Buscar formas concretas de ayuda mutua en el barrio tanto a nivel interpersonal y ocasional como a nivel vecinal y sistemático.

### Motivación

**1.** El animador pregunta si se compartió el recuadro y la experiencia del encuentro pasado con algún conocido del barrio. ¿Qué reacción o impresión le causó?

**2.** Hoy desarrollaremos la dinámica: "La muleta o el bastón".

- Se agrupan los participantes en dos equipos: un equipo será de "cojos", es decir personas que necesitan ayuda de cualquier tipo. El otro equipo será de "muletas y bastones", es decir de distintos tipos de ayudas o servicios.

- El animador tiene preparado unos papelitos o tarjeticas (para que le sirvan en otra ocasión) con necesidades (una en cada tarjeta) y con ayuda o servicios (una en cada tarjeta).

El animador debe tener en cuenta las necesidades reales del barrio o grupo específico pero le sugerimos dos listados para despertar su propia iniciativa.

**NOTA IMPORTANTE:** las necesidades deben ser personales y vecinales o sociales. Las ayudas o servicios deben ser ocasionales (para remediar una vez) y sistemáticas (para resolver el problema en sus causas o por lo menos por todo el tiempo necesario).

**Necesidades** (poner una en cada tarjeta)

**1.** Leche para los niños y ancianos.
**2.** Cuarto para una pareja que se casa.
**3.** Mayor formación cívica.
**4.** Atender a un anciano enfermo.
**5.** Una vecina no tiene aceite para cocinar hoy.
**6.** A un asmático le falta la medicina.
**7.** Hay niños que no tienen la debida educación formal.
**8.** El barrio está dividido.
**9.** Hay un padre de familia sin trabajo.
**10.** No hay templo para reunirse.
**11.** Los niños no tienen donde jugar.
**12.** En casa de Alfredo no hay arroz.
**13.** Hay una viejita sola que no tiene quien le cocine y atienda.
**14.** El techo de María se le está cayendo arriba.
**15.** Los jóvenes no saben qué hacer en tiempo libre.
**16.** Hay miedo de decir lo que se piensa.
**17.** Hay una pareja que tiene problemas y se quieren divorciar.
**18.** A los niños de Juana se les "quedó" toda la ropa chiquita.
**19.** En el barrio hay una plaga de mosquitos y moscas por la cría de animales.
**20.** Josefa necesita sacar un pasaje para La Habana y no puede ir.

**Ayuda o servicios** (poner todos los de un mismo número en cada tarjeta)

**1.** Conseguir un vaso de leche para mi vecino.
**1.** Que cada día le toque a una familia llevar un vaso de leche.
**1.** Hacer la leche en polvo de Cáritas y repartirla a niños y ancianos.
**1.** Comprar entre todos los de un vecindario una vaca o dos.
**1.** Poner las vacas que tenemos en función de vender la leche.

**2.** Prestar un cuarto a la pareja.
**2.** Ayudar a hacer un cuarto a la pareja.

**3.** Asistir a los encuentros de cívica.
**3.** Pasar la hoja que me dan en el curso de cívica y comentarla.
**3.** Invitar a otros a los cursos de cívica.
**3.** Organizar estos encuentros de cívica en más lugares del barrio.
**3.** Pedir que se den los cursos de cívica en las escuelas.

**4.** Atender a un anciano enfermo cuando podamos.
**4.** Organizar una lista para ir a casa del enfermo una vez cada semana.
**4.** Hacer un equipo de atención a enfermos y ancianos, que ellos organicen.

**5.** Darle un poco de aceite a la vecina.
**5.** Criar un puerco de grasa para vender al que no tiene.
**5.** Criar un puerco de grasa para repartir a los vecinos que lo cuidaron.
**5.** Repartir el aceite de Cáritas hasta que alcance.

**6.** Gestionar en el hospital la medicina del asmático.
**6.** Ir a pedir la medicina del asmático a la Iglesia.

**7.** Reunir a los padres para entrenarlos en dar educación formal a sus hijos.
**7.** Regañar y orientar a cada niño que falte a la educación formal.
**7.** Hacer un plegable sobre educación formal y repartirlo.

**8.** Reunir al barrio para fiestas y trabajos de beneficio común.
**8.** Si está dividido juntarlo un día para que se aclare el asunto.

**9.** Dar al padre de familia una ayuda de Cáritas.
**9.** Reunir entre todos un dinero para darle al padre de familia desempleado.
**9.** Con el dinero de la leche y la grasa de la vaca y el puerco que criamos, que vendimos al vecindario poner a trabajar al padre desocupado cuidando los animales.
**9.** Crear puestos de trabajos por cuenta propia.

**10.** Si no hay templo, reunirse en una casa de familia cada vez.
**10.** Reunir a la Comunidad Cristiana en una casa que alguien ofrezca.
**10.** Comprar una casa para templo.
**10.** Comprar entre todos un terreno y reunir para hacer un templo de tabla y guano o lo que tengamos.
**10.** Pedir al Obispo que haga una Iglesia.
**10.** Pedir al delegado del gobierno local que gestione la construcción de un templo con la ayuda de los vecinos.
**10.** Reunirse debajo de una mata o en un solar vacío.

**11.** Que los niños jueguen en una casa o en el patio de la escuela.
**11.** Que los vecinos limpien el solar abandonado y lo usen para jugar.

**11.** Pedir un parque infantil al gobierno local.
**11.** Que jueguen en el patio de la Iglesia si hay.
**11.** Organizar excursiones al Parque (donde haya) para que jueguen.

**12.** Darle una latica de arroz a Alfredo.
**12.** Que cada familia dé una latica de arroz a Alfredo una vez al mes.
**12.** Que Alfredo haga un grupo de vecinos para preparar un terrenito y sembrar arroz si tiene salud y con qué hacerlo (buscar entre todos).

**13.** Cada familia se compromete a ir un día a casa de la viejita.
**13.** Pedir al equipo de la Iglesia responsable de la tercera edad que atienda a la viejita.
**13.** Pagarle a alguien entre todos para cuidar a la viejita.
**13.** Llevarla para un Asilo de Ancianos.
**13.** Cocinarle y llevarle el almuerzo, todos los días alguien distinto.

**14.** Ayudar a María a comprar tejas o guano.
**14.** Hacer una brigada de hombres del barrio para arreglar techos y cobrar lo justo por el trabajo.

**15.** Reunir a los jóvenes del barrio y preguntarle qué desean hacer en el tiempo libre. Llevar esto a la reunión del barrio.
**15.** Organizar un grupo de jóvenes que resuelva este problema con todos.
**15.** Pedir libros para organizar una Biblioteca para los jóvenes del barrio.
**15.** Organizar cada rato fiestas para que los jóvenes tengan dónde ir.

**16.** Comentar los miedos en la reunión del barrio y buscarle re medio entre todos.
**16.** Rezar para que se nos quite el miedo y podamos solidarizarnos con el perseguido.
**16.** Aconsejar a cada persona que tiene miedo y darle valor.
**16.** Erradicar de raíz, la causa del miedo y darle valor.

**17.** Ayudar a la pareja en sus problemas familiares o conyugales.
**17.** Hacer un equipo de matrimonios del barrio.
**17.** Comisionar a una pareja para que los atienda.
**17.** Buscar a alguien viejo para que los aconseje.
**17.** Mandarlos a un abogado para que los oriente.
**17.** Mandarlos a un psicólogo o sacerdote.

**18.** Recoger ropas para los niños de Juana.
**18.** Pedir ropas a Cáritas para remediar este asunto.
**18.** Organizar con dos o tres costureras un Taller de Corte y Costura, pagándole algo que recojamos para que arreglen, adapten y cosan ropita para niños del barrio con recortes que se consigan.

**19.** Matar las moscas y mosquitos en cada casa como se pueda.
**19.** Limpiar entre los vecinos los corrales.
**19.** Buscar petróleo para fumigar y echar en los charcos y alrededor de los corrales y en las zanjas.
**19.** Pedir al gobierno local que fumigue.
**19.** Eliminar las crías y también los charcos y salideros.

**20.** Sacarle el pasaje a Josefa brindándose alguien para hacer la cola.
**20.** Pidiendo que se terminen las listas y la "mafia" de los pasajes.

**3.** El animador tiene en cuenta el número de participantes para entregar un problema para cada uno de los "cojos" y dos o tres o más tarjetas a las "muletas y bastones" ya que hay más de una solución para cada problema. Si el animador lo estima conveniente divide en dos partes esta motivación y la realiza en dos encuentros sucesivos. Esto servía para profundizar mucho más y crear hábitos para enfrentar problemas y discernir soluciones verdaderamente autónomas, creativas y comunitarias.

**4.** Una vez repartidas las tarjetas sin decir nada de que se trata cada tarjeta, el animador invita a que cada "cojo" busque su muleta o cada bastón también busque su "cojo". Se trata de reunir necesidades con todas las posibles soluciones.

**5.** Cada grupo formado por cojos y muletas se reúne en cuchicheo y decide:

   - ¿Cuál de estas soluciones son muletas? (Sirven para remediar la cojera).
   - ¿Cuál de estas soluciones resuelven definitivamente el problema?
   - ¿Se llega a la causa del problema o se queda en el remedio?
   - ¿Cuál escogerías por orden de importancia?
   - ¿Cuál de estas espera la solución de otros o de arriba y cuál fomenta la autogestión del barrio?

**6.** El animador debe dar bastante tiempo a este trabajo ya que es parte del desarrollo del tema y no solo motivación. Si lo cree oportuno hace la plenaria y deja para el próximo encuentro los puntos del desarrollo.

### Ejercitación

Plenaria. Cada grupo explica:

   - ¿Qué muleta escogió y por qué? Si esto resuelve definitivamente el problema.
   - Si pensaron en las causas que lo provocan.
   - Si pensaron en qué hacer (el animador puede ir motivando estas preguntas).

Un secretario apunta problema, causa, y solución escogida. El animador se sensibiliza con la cantidad de problemas existentes y la necesidad de resolverlos y anuncia que el tema es precisamente la ayuda y el servicio entre los miembros del barrio recordando el refrán popular "haz bien y no mires a quién". Explica los objetivos con sus palabras y pone el título en la pizarra. Si hay tiempo comenta el recuadro y si no lo deja para el próximo encuentro.

### Desarrollo

El animador entrega el recuadro y lo debate.

**1.** Para convivir y sentirse miembros de un barrio hemos estudiado los dos primeros pasos: conocerse muy bien el barrio y relacionarse con las personas que en él viven. Es necesario un tercer paso, como dice el refrán: "Obras son amores y no buenas razones".

**2.** Las obras concretas con que ayudamos a los demás en el barrio son la MEDIDA DE NUESTROS COMPROMISOS CON EL BARRIO. De la sinceridad con que queremos formar una comunidad de vecinos.

**3.** Es necesario que busquemos la forma de desarrollar y fortalecer la AYUDA MUTUA entre los miembros de un mismo barrio. Esto se llama SOLIDARIDAD, pero no puede ser una palabra hueca y manoseada, una consigna politiquera. Solidaridad es compartir la vida del necesitado y dar y recibir desinteresadamente, sin mirar a quién, ni qué recompensa o prestigio alcanzaremos.

**4.** Hay un viejo dicho oriental que dice: "Quien da un pescado al hambriento, le está dando comida para un día. Quien da muchos pescados al hambriento le está dando comida para muchos días". Pero, quien enseña a pescar por sí mismo, al hambriento lo ha convertido en pescador y el se buscará la comida todos los días. ¿Qué nos enseña esta lección asiática?

**5.** Que la ayuda social y ocasional es necesaria pero solo remedia el problema una vez. Que la ayuda social y ocasional: es necesaria pero solo remedia muchos problemas de forma paternalista y dependiente del que "da los pescados". Que la ayuda personal y social debe ser autogestionada y sistemática, es decir: que las personas y los grupos y comunidades deben aprender a solucionar y gestionar los problemas por sus propios esfuerzos, buscando la causa o raíz del problema, y no solo remediando por un tiempo sus consecuencias. Fíjense que dice solucionar: cuando dependa solo de ellos o estén en sus manos las soluciones y dice gestionar con su propio esfuerzo cuando las soluciones se van más allá de sus posibilidades.

**6.** En el barrio será necesario estudiar los problemas y necesidades como hemos empezado a hacer hoy. Los pasos pueden ser:
**a.** El problema o necesidad: el tronco del asunto.
**b.** Las causas que lo provocan: la raíz del asunto.

**c.** Las consecuencias que provocan: las ramas del asunto.
**d.** Las soluciones remediales o definitivas: ¿qué hacemos con este árbol o problema?

Lo mejor no es hacerlo como en la motivación de este encuentro, donde nos dieron problemas y soluciones "prefabricadas". Lo mejor es buscar entre todos los problemas que nos afectan y buscar entre todos como en una "lluvia de ideas", las mejores soluciones, todas las soluciones. Es la forma en que el barrio crezca adulto e independiente.

### Ejercitación

Como el animador decidirá si hace este tema en dos encuentros le sugerimos varias variantes de ejercitación.

**1.** Dividir los problemas y soluciones "cojeras" y "muletas" del principio y volver sobre las que faltaron en la ejercitación después de debatir el recuadro. Insistiendo en buscar soluciones propias más que las sugeridas. Plenaria, resumen y evaluación.

**2.** Si se hace en dos encuentros y la motivación se compartió a principio de cada una. En la ejercitación hacer el "árbol de problemas de mi barrio" por equipos, tres o cuatro equipos. Cada uno busca el problema que considere más urgente en lo material, otro equipo en lo espiritual, otro en lo social, otro en lo cultural, etc. El árbol de problemas consiste en pintar un árbol: la raíz -la causa del problema. El tronco es el problema en sí, describirlo claramente. Las ramas son las consecuencias que trae ese problema -una en cada rama. Un hombre al lado es la solución del problema o soluciones que le damos personal o grupalmente.

**3.** Plenaria: Colocar los árboles en el mural del local donde se irán poniendo los trabajos anteriores de cada tema y los que vendrán sirven de "MEMORIA" del barrio y de "ruta" en este proceso de reflexión-acción. Pueden colocarse los carteles en el salón o habitación donde se hace el encuentro o irlos colocando y quitarlos durante cada encuentro. Al final deben estar todos para el próximo encuentro (trabajar con ellos).

**4.** Ejercitación para el segundo día: escoger una de las soluciones a uno de los problemas concretos del barrio o grupo y llevarla a la práctica durante la semana (escoger una que sea posible-realizable). En el próximo encuentro evaluar cómo nos fue en este primer paso de servicio al barrio.

**5.** Colocar un cartel (que se hace en la ejercitación) que diga: el BARRIO "(nombre del barrio): AQUÍ ESTAMOS PARA SERVIRNOS" y debajo se escriben las soluciones que se acuerden para resolver los problemas más urgentes. Poner en el mural del barrio o Memoria del Barrio.

# Tema 4: "El barrio: hacia una comunidad de vecinos"

**Objetivos:**
1. Tomar conciencia de que el fin o la meta hacia la que se encaminan estos encuentros es la promoción del barrio como una comunidad de vecinos.
2. Destacar las características de una verdadera comunidad. De personas que comparten la vida de un barrio o vecindario.

### Motivación

**1.** El animador pregunta si compartieron el recuadro y la experiencia de los encuentros anteriores con algunos vecinos del barrio. ¿Qué vivencias tienen para comunicar al grupo?

**2.** La motivación de hoy será debatir en cuatro equipos la diferencia que ellos consideran que existen entre:

- COLECTIVO DE VECINOS DE UN BARRIO.
- COMUNIDAD DE VECINOS DE UN BARRIO.
- CONSEJO DE VECINOS DE UN BARRIO.

**3.** Plenaria y el animador apuntará en la pizarra en dos columnas las diferencias que salgan de los equipos. Una columna para "colectividad" y otra para "comunidad".

**4.** El animador resume las diferencias y propone el tema de hoy poniendo el título en la pizarra y explicando con sus palabras los objetivos.

### Desarrollo

Entrega el recuadro y lo debate como de costumbre.

**1.** Durante los tres encuentros anteriores hemos venido reflexionando sobre la vida de nuestro barrio: hemos tratado de recordar su pasado, su historia, cómo surgió, cómo creció, etc. También hicimos un "retrato" de su presente, su físico, ¿cómo es por fuera?, las personas y familias que conviven en el barrio, sus necesidades y problemas actuales, sus posibilidades o "talentos" escondidos. También reflexionamos ¿cómo es por dentro? Es decir, sus relaciones humanas, sus sentimientos de solidaridad, la ayuda concreta que se brinda mutuamente.

**2.** Pero no podemos quedarnos en el pasado y en el presente de nuestro barrio. Es muy necesario que pensemos en su futuro. Su futuro "por fuera": sus necesidades y problemas. Su futuro "por dentro": sus cualidades humanas, sus valores éticos, sus virtudes cívicas, su forma de enfrentar la vida del mañana.

**3.** Todo grupo humano, todo colectivo de ciudadanos, unidos por diferentes lazos, ya sean familiares, territoriales, laborales, religiosos o culturales, está LLAMADO A FORMAR UNA COMUNIDAD DE PERSONAS. Es la forma más humana de convivir fraternalmente.

**4.** Por tanto, la finalidad y la meta de estos encuentros de reflexión sobre el barrio es promoverlo HACIA UNA VERDADERA COMUNIDAD DE VECINOS. Una comunidad de personas que viven cerca, que conviven, que comparten el lugar, el estilo y los servicios de su vecindario. Entonces la primera característica de una comunidad de barrio es la VECINDAD, es decir, la PROXIMIDAD DE LA VIDA DOMÉSTICA, por tanto es una comunidad de PRÓJIMOS (próximos).

**5.** Pero a veces resulta que aunque vivamos cerca no estamos próximos, cercanos, si no extraños, uraños, aislados. Es por eso que debemos tomar conciencia de que estamos llamados a convivir en una comunidad de vecinos. Esto no es fácil. Es distinto, como hemos visto en la motivación: colectivo de vecinos que comunidad de vecinos. Por ejemplo es muy difícil formar comunidades en urbanizaciones de edificios multifamiliares grandes que no estimulan la convivencia sino el aislamiento y la incomunicación.

La diferencia entre colectivo y comunidad de vecinos es que el "colectivo" es masa manipulable y sin lazos, mientras que la comunidad es convivencia de personas libres y responsables con lazos de afecto y compromiso con el barrio.

**6.** Las características de una verdadera comunidad de vecinos pueden ser:
**a.** Tratar a cada vecino como a una PERSONA: "no como animales o enemigos".
**b.** EL RESPETO: base de las relaciones del barrio: "respeto para que me respeten".
**c.** Ser TOLERANTE con los que piensan y actúan distintos: "no busquemos divulgar los problemas, que todo quede en casa".
**d.** El DIÁLOGO para resolver los problemas: "las personas hablando se entienden".
**e.** Estar CERCANO al que sufre o está solo: "más vale un vecino cercano que un hermano lejano".
**f.** La AYUDA MUTUA prueba de que nos queremos: "obras son amores..., estamos para servirnos".
**g.** Con la GESTIÓN COOPERADA Y AUTÓNOMA resolvemos nuestros propios problemas: "sin esperar por nadie de "arriba" o de "afuera": en la unión está la fuerza".
**h.** La HISTORIA del barrio: conocerla y reflexionarla: "oír la voz de la experiencia para no chocar con la misma piedra y seguir los buenos pasos".
**i.** Vivir en el PRESENTE: conocerlo, compartirlo, mejorarlo. "No zafar el cuerpo, ni venderle a esto: meter el hombro y echar pa'lante".
**j.** ORGANIZAR el barrio para que TODOS PARTICIPEN: "juntos pero no revueltos, contar con todos y halar parejo".

**k.** Hacer un PROYECTO FUTURO para el barrio es una forma de mejorarlo: "abriendo camino: soñando pero con los pies en la tierra".
**l.** ABRIRNOS a otros barrios: "saliendo del cascarón. Hay que mirar para el lado y oír consejo, porque el que no oye consejo no llega a viejo".
**m.** EVALUAR nuestros trabajos y proyectos: "midiendo bien el paso". ¿Cómo vamos? ¿Qué hay que mejorar?
**n.** PERSEVERAR: formar una comunidad es un proceso largo. "El que persevera triunfa". Caminar "sin prisa y sin pausa". Método: reflexión-acción-reflexión. De las palabras a la concientización.

**7.** Sabemos que nos falta mucho para llegar a este IDEAL pero precisamente saberlo, y reconocerlo como nuestro fin y nuestra meta, es el primer paso para trabajar sin pausa, por alcanzarlo y saber que nunca llegaremos a la perfección de la comunidad de vecinos pero lo que vale es estar en camino: ENCAMINADO. De hoy en adelante podremos trabajar y profundizar en cada una de las características de la comunidad de vecinos en un lugar visible o en nuestra cartelera, pero sobre todo en nuestro corazón y acciones.

### Ejercitación

**1.** Hacer un equipo que plasme en un cartel y si puede ilustre con ejemplos o figuras: las características de una Comunidad de Vecinos.

**2.** El resto se divide en equipos y ponen en una columna de un papel las características ideales de la comunidad de vecinos y en la otra columna cómo es la realidad del barrio donde viven. Esto podrá servir con el anterior para la memoria gráfica o ruta de la comunidad y se utilizará en posteriores encuentros. Si el animador logra hacer en tarjeticas pequeñas las características de la comunidad de vecinos puede repartirlas para llevar a la casa de otros vecinos y poner en lugar visible. Si esto lo hacen los mismos participantes del barrio, mucho mejor.

**3.** Plenaria. Resumen y evaluación.

## Tema 5: "Una comunidad que gestiona sus problemas"

**Objetivos:**
**1.** Fomentar la conciencia de que cada barrio-comunidad de vecinos debe gestionar sus propios problemas de forma cooperada y autónoma: Autogestión.
**2.** Estimular la iniciativa del barrio para crear los servicios que necesita y pueda organizarse por sí mismo.

### Motivación

**1.** El animador comienza preguntando si compartieron el recuadro del encuentro anterior con alguno de los vecinos del barrio. ¿Qué experiencias obtuvieron?

**2.** La motivación de hoy será EL JUEGO DE LOS MUÑECOS.

**a.** Se forman grupos de 4 o 5 personas-muñecos y sus respectivas personas que los manejan por detrás. Se colocan las sillas en círculo. Se sientan los muñecos y su comportamiento es el de "muñecos de trapo" sin más vida que la que le den otros. Ej: Si quieren que saluden tienen que levantarle la mano y abrir la boca y mandar a decir adiós, etc. Si quieren que trabajen como zapatero tienen que darle el zapato, ponerle en la mano el martillo y moverle el brazo. Si los suelta baja el brazo. Si un muñeco actúa por sí mismo, pierde y sale del juego.

**b.** Se forman "Comisiones" de 3 personas que tienen la encomienda de organización de una tarea para cada grupo de muñecos. Ej: Formar una fila con las sillas: discutir un comunicado y aprobarlo por votación, preparar un vaso de agua con azúcar para un enfermo del barrio, arreglar algo roto, escribir una frase en un aviso al barrio que puede decir "Todos a participar en la limpieza del barrio", etc. Las comisiones tienen que hacer todo lo posible por cumplir su tarea. La que no lo logre pierde y sale del juego.

**c.** Este juego se desarrolla durante no más de 10 o 15 minutos. Al final el animador que había dado las tareas a cada comisión en secreto, dice la tarea si la comisión no logró explicarla. Pregunta ¿quién es el ganador?

**3.** El animador pregunta: ¿Qué ha pasado? ¿Qué dificultades tenían las comisiones? ¿Actuaron bien? ¿Qué dificultades tenían los vecinos-muñecos? ¿Actuaron como les correspondía actuar? ¿Cómo se hubieran hecho las cosas mejor? Presenta el tema de hoy. Explica los objetivos del tema con sus palabras haciéndolo entendible para todos. Pone en la pizarra el título y reparte el recuadro.

### Desarrollo

Se debate como de costumbre este recuadro y se recomienda compartirlo con otras personas del barrio.

**1.** Todos los barrios o vecindarios tienen sus propios problemas y necesidades. Las necesidades de las personas que en él viven y las necesidades comunitarias o sociales que surgen de la convivencia humana.

**2.** En otro tema decíamos que la ayuda solidaria es una forma de resolver y enfrentar estas necesidades y problemas del barrio. Pero como dice el refrán popular: "Hay ayudas que matan". Y otro dicho expresa "La ayuda que crea dependencia no libera".

**3.** Por tanto hay diferentes formas de ayudar al barrio a resolver sus problemas: Hay un tipo de ayuda que viene de "afuera" del barrio, de "arriba", esta ayuda puede ser buena cuando sirva para promover los esfuerzos propios del barrio.

Pero si provoca que la "gente se acomode", "se duerma en los laureles" y se ponga a esperar que le "caiga el maná del cielo" entonces esta ayuda no es ayuda, lo que está es deformando a las personas y al barrio.

¿Por qué? Porque por un lado provoca que las personas no desarrollen sus potencialidades, su talento, su iniciativa y creatividad sino que se comprometen de manera infantil, como los "pichones" con la boca abierta a ver que cae. Es promover "la cultura del pichón" Dependen del que los atiende y suministra. Están esclavizados al "qué darán" y "qué traerán". Porque por otro lado las personas, instituciones y el Estado que asumen esta forma de ayuda toman una postura paternalista es decir, como si fueran los "papás" de la gente. Como te alimento, te doy todo y te cuido, entonces tengo "derecho" a exigirte, explotarte, decirte qué tienes que hacer y pensar y castigarte cuando "no te portas bien" y además, para colmo debes "agradecerme" y serme "fiel" por todo lo que te doy. Esta es una de las formas mas sutiles, enmascaradas y crueles de someter a las demás personas ya sean hijos, miembros de una institución o simples ciudadanos.

**Ponemos varios ejemplos:** Si un vecino da todas las semanas un poco de grasa para cocinar a otro que lo necesita, en lugar de invitarlo a criar juntos un puerco para tener grasa y carne para ambas familias con el esfuerzo mutuo aunque no sea lo mismo lo que pueda aportar uno u otro, pero el caso es que coopere.

**Otro ejemplo:** La Iglesia reparte leche en polvo y medicina cada vez que recibe una donación y lo hace de manera aislada y sin orden ni continuidad de atención, o por el contrario, lo hace con personas que pudieron hacer algo por ellas mismas, entregando esta ayuda en el marco de un programa de promoción de las posibilidades humanas creativas y laborales de las personas que reciban ayuda, para no darle el pescado solamente sino enseñarles a buscar el pescado por sí mismos, entre varios, etc.

**Otro ejemplo:** El Estado entregaba casas, atención médica, escuelas, pero la gente destruye las casas, roba en los hospitales y acaban con la escuela, porque consideran que no es de ella. En realidad no lo son, porque todo depende de los niveles superiores y nadie puede decidir sobre lo fundamental de la gestión de esas instituciones si no recibe orientaciones de "arriba".

**4.** Existe otro tipo de ayuda que es la que descubre las posibilidades de los propios miembros de la comunidad y facilita su entrenamiento y organización para enfrentar por sí mismos, sus problemas. Es la verdadera ayuda fraterna y solidaria que "enseña a pescar".

**5.** Toda comunidad de personas libres y participativas debe aprender a gestionar sus propios problemas y resolver, por sí mismos en cuanto sea posible sus necesidades, a esto le llamamos AUTOGESTIÓN DE LA COMUNIDAD:

Es la gestión de cada persona-miembro del barrio que según su vocación y cualidades humanas, con sus talentos y habilidades, oficios y profesión, aporta sus esfuerzos y trabajo para el bien de toda la comunidad.

**6.** Cuando cada miembro de la comunidad de vecinos pone su "grano de arena" cuando la misma comunidad se organiza:

- Planteándose el problema tal cuál es.
- Sensibilizando a los miembros del barrio sobre esa necesidad.
- Buscando todas las ideas e iniciativas del barrio para resolver de la mejor forma. Escoger las mejores ideas.
- Buscando los medios y personas más idóneas, para llevar a cabo esas ideas con sus propias iniciativas.
- Cooperando todos en la solución del problema. Formando equipos de trabajo.
- Evaluando cómo se va resolviendo para el beneficio de todos. Entonces decimos que esta comunidad se ha ADUEÑADO DE SU VIDA COTIDIANA, para gestionar sus propios problemas. Si necesita ayuda de otros barrios o instituciones será siempre para facilitar la obra del grupo de vecinos y con su intervención directa.

**7.** La gestión debe ser COOPERADA, es decir, no se trata de dejar caer en los hombros de un miembro de la comunidad todo el problema por muy disponible que esté. Se trata de COLABORAR con el aporte de cada uno de modo organizado: Eso es un esfuerzo cooperativo en el cual se busca tanto la PARTICIPACIÓN de la comunidad, como su CORRESPONSABILIDAD en la obra emprendida en beneficio del barrio. Si no hay una responsabilidad compartida, aunque haya participación de todos, se llegará a creer, casi siempre, que se trabaja para uno que tuvo la iniciativa o que es el único responsable. Por eso muchas veces escuchamos aquello de "qué buena le quedó la fiesta del barrio a fulana (la de la casa o la más cercana al animador, o también "A fulana le quedó el encuentro de lo más bueno, aunque es verdad que todos la ayudaron". En lugar de considerar la fiesta y el encuentro de la comunidad y la ayuda de todos para la comunidad.

**8.** Cuando la comunidad de vecinos se ha concientizado de que sus gestiones deben ser AUTÓNOMAS, COOPERADAS Y CORRESPONSABLES ha llegado "la mayoría de edad" para esa comunidad. Ha dejado de ser infantil, dependiente, manipulable. Comenzó a ser una comunidad adulta.

**9.** Entonces llega el momento de preguntarse seriamente, responsablemente cuáles son los servicios comunitarios que necesita el barrio. Entendemos por SERVICIOS COMUNITARIOS O VECINALES aquellas ayudas que van más allá de la "Ayuda personal y ocasional". Se trata de AYUDAS O SERVICIOS PARA TODA LA COMUNIDAD de forma sistemática y permanente (Cfr. Tema 3) Por ejemplo: un servicio comunitario es una vaquería o lechería, la recogida de basura, una lavandería, un grupo de mantenimiento y reparaciones (plomeros, electricistas, albañiles, de la misma comunidad), peluquería, posta médica o médico de la familia, taller de corte y costura, taller de artesanías, bodega, farmacia, etc. También lo son: grupo de atención a enfermos y ancianos, a niños adolescentes y jóvenes, equipo de animadores de educación cívica o popular, catequistas o misioneros, animadores de la cultura del barrio, deporte y recreación del barrio, etc.

**10.** No solo preguntarse cuáles de estos u otros servicios necesitamos, sino también cómo los vamos a organizar entre todos de forma autónoma, corresponsable y cooperada. Y qué otra ayuda necesitamos de fuera del barrio y en qué condiciones la recibiremos para que no cree dependencias, manipulaciones, "compromisos" forzados o deshonestos.

### EJERCITACIÓN

**1.** Se forman equipos por cuadras o vecindarios cercanos, si fuera posible, si no cada cual piensa en su barrio de origen y responden:
**a.** ¿En mi barrio se gestionan los problemas de forma autónoma, cooperada y corresponsable o todo lo esperamos de otros, de arriba, de afuera?
**b.** ¿Qué servicios comunitarios necesita organizar o mejorar tu barrio? ¿Por qué no los otros?

**2.** Plenaria. El animador resume y pide al cronista o Equipo de la Memoria del Barrio que ponga en un cartel los servicios necesarios y los servicios a mejorar.

## TEMA 6: "UNA COMUNIDAD ORGANIZADA TRABAJA MEJOR"

**OBJETIVOS:**
**1.** Aprender a organizar los trabajos de la comunidad con la participación de todos: aprender a hacer proyectos de participación.

### MOTIVACIÓN

**1.** El animador preguntará si compartieron el recuadro con otros vecinos del mismo barrio. Experiencias tenidas.

**2.** Hoy la motivación será el juego "HABLAR PAREJO".

Se piden 5 voluntarios (los más jóvenes). Se atan por una mano y un pie del compañero de al lado hasta formar una cadena cerrada. Uno por cada equipo. Se le vendan los ojos a dos de ellos de modo que no vean.

El animador coloca en dos extremos opuestos del salón dos objetos escondidos con anterioridad sin que los equipos lo vean. Pueden invitarse a salir antes de amarrarlos y decirle de qué se trata, a buscar dos objetos. Una vez listos se pide silencio al resto de la sala y dos "observadores-periodistas" deben escribir, sin hablar, lo que suceda en detalle. El animador dice que al contar hasta tres deben salir a buscar dos objetos escondidos en dos puntos distintos de la sala, y entregarlos a cada periodista (que se sentará lejos de los objetos escondidos y separados entre sí. El primer equipo que lo logre será el ganador).

**3.** Terminado el juego (no más de 10 minutos) el animador desata a los jugadores y pregunta a los periodistas lo que escribieron. ¿Qué ha sucedido? ¿Por qué sucedió? Se supone que la desorganización al halar cada cual para su lado haya entorpecido. Si lograron organizarse, lo lograron mejor. Si fueron dos equipos mejor porque se podría comparar.

**4.** El animador introduce el tema diciendo que el equipo que logró organizarse y halar parejo "alcanzó primero el objetivo". Que la coordinación entre los miembros del equipo fue fundamental. Que orientar al que tenía los ojos vendados y no sabía por donde se iba caminando "ni que objetivo" buscaba el equipo lo ayudó a colaborar con el trabajo del grupo. Hoy precisamente reflexionaremos que a nuestro barrio puede sucederle lo que a uno de estos equipos del "juego". Es necesario organizarse, coordinar los pasos para llegar hasta donde queremos. Pone el título y explica el objetivo del tema con sus palabras.

### Desarrollo

El animador reparte los recuadros a cada participante y debate los puntos contenidos en él pidiendo a cada persona que lea un punto.

**1.** Para que un barrio o vecindario llegue a ser una comunidad que gestione sus propios problemas es necesaria la organización. Organizar es formar relaciones de trabajo como los órganos del cuerpo humano. Un órgano está formado por diferentes partes y estas a su vez por tejidos y células vivas que desempeñan una función determinada.

**2.** Un barrio que quiera llegar a ser una comunidad de vecinos debe crear de COMÚN ACUERDO relaciones de trabajo en las que cada vecino tenga, como las células del cuerpo, una función que pueda realizar por sí mismo y con la ayuda del resto de los vecinos formando un "tejido" armónico. Si una tela vieja la halamos por cada esquina ¿qué sucederá?

**3.** La organización del barrio para realizar los trabajos de la comunidad NO ES UN FIN -organizar por organizar, por cumplir. Es un MEDIO O INSTRUMENTO DE TRABAJO PARA QUE LA GESTIÓN DEL BARRIO SEA MAS EFICAZ. Cuando la organización es muy complicada y para cumplir, no es organización sino BUROCRACIA, ORGANIZACIONISMO. No hay que trabajar cada cual halando para su lado, pero tampoco hay que ir al extremo de que la "organización" entorpezca la gestión rápida y con resultados palpables.

**4.** Para organizar el barrio hay que aprender a hacer proyectos comunitarios. Como para hacer cualquier cosa hay que prepararse. Fijémonos en qué le pasó a los equipos del principio. Dedicaron un tiempo a ponerse de acuerdo, a coordinar los movimientos, para "halar parejo", caminar hacia el objetivo lo más rápidamente posible, sin que ningún miembro del equipo se cayera por el camino, ni fuera rastro de los otros, ni estuviera "ciego" de lo que se pretendía lograr. El equipo que mejor coordinó llegó primero al objetivo.

**5.** Aquí hay cuatro actitudes que pueden asumir los miembros de una comunidad de vecinos si no se organiza y coordina bien una gestión:

- "el que se cae por el camino": el que abandona antes de llegarle "zafa el cuerpo" a la gestión, se raja".
- "el que camina a rastro": es el que coopera pero porque lo empujan o siempre hay que llevarlo de la mano. No tiene iniciativa y gestión independiente o autónoma (como la célula).
- "el que está, "ciego": es el que va pero no sabe para qué va. No conoce los objetivos que se buscan en la gestión. No ve claro cuál es la finalidad del trabajo. Hay que explicarle: "abrirle los ojos y quitarle la venda".

Con estos personajes no se puede organizar bien un proyecto de comunidad. Como con los que se quedan fuera del ruedo y siempre están diciendo "eso que ustedes están organizando..."

- "el que se sitúa fuera", no se siente ni es parte de la gestión. Es un "satélite" que solo transmite de "larga distancia" para que los que "están metidos en eso" le metan el hombro.

En una palabra: para organizar una gestión en el barrio hay que contar con todos, encontrar los que quieran hacerla voluntariamente, y organizar el trabajo de modo que cada cual tenga su parte en el proyecto de la comunidad de vecinos.

**6.** Debemos aprender a organizarnos ejercitando un Proyecto Comunidad de Vecinos del Barrio (nombre).

**1er paso:** ANÁLISIS DE LA REALIDAD: ¿Cómo estamos en el barrio?
**2do paso:** NECESIDADES: ¿Qué necesitamos en este barrio?
**3er paso:** PRIORIZAR: ¿Cuál de estas necesidades vamos atender primero?
**4to paso:** OBJETIVO O FIN A ALCANZAR: ¿Qué queremos lograr al final?
**5to paso:** TAREA O GESTIÓN: ¿Qué vamos a hacer para alcanzar el objetivo?
**6to paso:** CONVOCATORIA: ¿Quiénes quieren y pueden trabajar en la gestión?
**7mo paso:** COORDINACIÓN: ¿Qué nos toca hacer a cada uno y a los grupos?
**8vo paso:** MEDIOS: ¿Con qué medios cuenta el barrio y cuáles debemos gestionar fuera?
**9no paso:** TIEMPOS: ¿Qué tiempo necesitamos para hacer la gestión u obra? ¿Qué plazos nos damos para no ir dejándolo?

**10mo paso:** EVALUACIÓN: Una vez ejecutada la obra o gestión nos preguntamos. ¿Se cumplió el objetivo? ¿Se resolvió la necesidad? ¿Qué experiencias sacar de esta obra o gestión? ¿Cómo darle continuidad?

**7.** Este proyecto de participación vecinal debe ser flexible y adaptable a las condiciones del barrio y a la envergadura de la tarea. Mientras más compleja y difícil sea, y mientras más personas intervengan en la gestión, más cuidadosos debemos ser en la organización. Las tareas sencillas no requieren tanta exigencia en su organización, pero la llevan.

**8.** Hablemos de las REUNIONES:
**a.** Hay algunos que no les gustan las reuniones. Depende por lo que sea: si es por larga e inútil, si es por mal conducida, si es por no querer comprometerse o enterarse, si es por comodidad propia.
**b.** Las reuniones siempre deben tener una RAZÓN DE SER. Conocerse, estudiar, trabajar, planificar, reflexionar, evaluar, coordinar, festejar, rezar, acompañar a alguien en un momento difícil, etc.
**c.** Si queremos SER una Comunidad de Vecinos hay que reunirse:
  - No se concibe una comunidad que no se reúna.
  - Mientras más unida sea una comunidad, más se reunirá, pero las reuniones producirán más gusto y serán más útiles para todos.
  - El mundo de hoy tiene más reuniones por dos razones contrarias:
**Una negativa:** Hay más burocratismo y papeleo.
**Una positiva:** Hay más conciencia y necesidad de trabajar coordinadamente y en comunidad o equipo.
**d.** Lo importante es:
  - Saber para qué es la reunión: motivación.
  - Qué tengo yo que ver o hacer: implicación.
  - Cómo se desarrolla: organización.
  - Qué beneficio para mí u otros: resultado esperado.
  - Qué tiempo nos tomará.

Es muy difícil que conociendo esto alguien -que no sea cómodo, individualista o descomprometido- no se vea motivado a participar en una reunión. Hay que prepararla bien, con anticipación, siguiendo estas cinco preguntas. Sus respuestas deben ponerse, de algún modo, en la cita o convocatoria a la reunión o decirlo de viva voz a los participantes para que puedan prepararse o motivarse.

**9.** La reunión del barrio es el momento más destacado de la vida de la comunidad y le vamos a llamar: ENCUENTRO del Barrio. Fíjense bien, el más destacado porque se destaca, se revela, se aprecia mejor el carácter comunitario del barrio. Un barrio que no se encuentra nunca o escasas veces, así mismo reunido:
  - no se conocerán bien sus miembros.
  - no podrán compartir momentos alegres y dolorosos.

- no podrán gestionar cooperadamente y de forma autónoma sus propios problemas.
- no podrán organizar las tareas y servicios del barrio.
- no podrán evaluar la vida del barrio para mejorarlo.
- no podrán aceptar nuevos miembros y abrirse a otros barrios.

Cuando hablamos de encuentro no pensemos solo en las de planificación o evaluación. El punto 8.b nos aclara esto. Pero todo no pueden ser encuentros, hay que servir y trabajar, convivir y acompañar personal y eventualmente a los demás.

Hay que descansar y atender a la familia. Hay que "retirarse" cada cierto tiempo por unas horas o unos pocos días para reconciliarse con uno mismo y profundizar en la relación con los otros y con Dios.

**10.** Por último estar reunidos no necesariamente significa estar unidos; pero reunirse contribuye -cuando lo hacemos bien- a profundizar en la unión entre los vecinos y con los demás barrios.

### EJERCITACIÓN

**1.** Se forman equipos de 6 o 10 personas y cada equipo hace un proyecto de participación según los pasos del punto 6 y prepara una reunión de un tipo diferente cada equipo. El Proyecto y el Encuentro o reunión pueden relacionarse.

**2.** Plenaria. Se informan los proyectos y se invitan a las reuniones preparadas. Se colocan los proyectos en el mural-memoria de la comunidad.

**3.** Se termina evaluando, como de costumbre, este encuentro.

## TEMA 7: "UNA COMUNIDAD ABIERTA Y SOLIDARIA"

### OBJETIVOS
**1.** Comprender la necesidad que tiene el barrio-comunidad de abrirse a los demás barrios y a toda la sociedad para evitar el sectarismo y la atomización del cuerpo social.

### MOTIVACIÓN

**1.** El animador pregunta si compartieron los puntos del encuentro anterior con otros vecinos del barrio y las experiencias vividas.

**2.** La dinámica de la motivación de hoy consistirá en el ejercicio "DINÁMICA AUTOSUFICIENTE".
**a.** Diez voluntarios formarán un "barrio-comunidad autosuficiente". Su

tarea es organizar el barrio donde viven de tal forma que gestione de manera totalmente independiente todos los servicios y necesidades del barrio. Este equipo no tiene que ceñirse a la realidad en que vivimos hoy, sino que puede "soñar" con todo lo que pudiera hacer para valérselas solo contando con sus miembros que son muchos y muy preparados y con muchas aptitudes.

**b.** Los demás del grupo observarán la reunión de los diez representantes del barrio-cerrado SIN HABLAR. Cada uno de los observadores, tienen un pedazo de papel en la mano y apuntará aquellas formas de resolver las necesidades del barrio en que su opinión le parezca mejor en lugar de las que va organizando el equipo del barrio autosuficiente. Pero debe recordar el tema 5 en que aprendimos a gestionar con nuestros propios medios aquello que esté en nuestras posibilidades: Autogestión. Pero el criterio es diferenciar lo que puede hacer el barrio con todas las posibilidades soñadas y lo que nunca podrá llegar a hacer solo.

**c.** El animador invita en la plenaria a informar al equipo de la comunidad y a informar al resto de los observadores que encontraron otras formas de gestionar las necesidades del barrio.

**Pregunta a todos:** ¿Qué ustedes creen? Por mucha autogestión y organización que haya en el barrio ¿podrá llegar a resolver todas sus necesidades y servicios aislados del resto de la sociedad y de otros barrios?

### Desarrollo

El animador anuncia el tema de este encuentro, lo pone en la pizarra, explica con sus palabras el objetivo. Reparte el recuadro y lo debate como de costumbre, invitando a compartirlo con otros barrios.

**1.** Es muy deseable y conveniente que un barrio llegue a gestionarse por su propio esfuerzo y con sus propios medios los servicios y necesidades de todo tipo: materiales y espirituales. Esto es la autogestión cooperada. Pero esta gestión autónoma no puede "ENCERRAR" AL BARRIO COMO UN CARACOL.

**2.** Todo barrio que aspire a formar una verdadera comunidad de vecinos debe estar ABIERTO Y SOLIDARIO con los demás barrios y con toda la sociedad civil por dos razones fundamentales: 1ra razón: La realidad de las limitaciones personales y comunitarias no permiten a ningún grupo humano, en la vida actual, vivir normalmente de manera cerrada, separado del resto de la sociedad de la cual tiene necesidad. Pero esta razón no es suficiente aunque convincente: 2da razón: Para SER UNA COMUNIDAD y no un quiste, o una secta, el barrio necesita abrirse, relacionarse, solidarizarse con los demás barrios y con toda la sociedad civil de la que forma parte.

Ser sectario, tener rasgos de autosuficiencia personal o de grupo, encerrarse para resolver sus propios problemas de forma aislada NO SON CARACTERÍSTICAS DE UNA VERDADERA COMUNIDAD. Comunidad no es isla: es, en todo caso, archipiélago o continente integrado por muchos y diversos. Aún las islas tenemos necesidad real de abrirnos al mundo.

**3.** Las personas que en la Comunidad de Vecinos estén siempre buscando aislar al barrio, fomentando discordias con el resto de la sociedad civil o rivalidades entre barrios, no están defendiendo al barrio, lo están perjudicando porque lo quieren convertir en quiste maligno dentro del cuerpo social.

**4.** Las personas que sirven de "puente" entre barrios diferentes, que promueven encuentros entre distintas comunidades, son tejedores de convivencia entre los diversos grupos de la sociedad civil y actúan en consecuencia, estos no disgregan el barrio sino que LO AYUDAN A CRECER EN RELACIONES Y SOLIDARIDAD.

**5.** "Hay que mirar para el lado", dice el refrán popular: para valorar los problemas de los demás y los de uno mismo. Para aprender de las experiencias de los demás y protagonizar las propias. Para caminar junto con los demás: acompañarlos, ayudarnos mutuamente, compartir la vida en las buenas y en las malas, para construir juntos la paz social. "LA SOLIDARIDAD ES EL NUEVO NOMBRE DE LA PAZ".

**6.** Los regionalismos, los caudillismos, los sectarismos, fueron en nuestra historia cubana causa de amargos fracasos, de muertes numerosas y de grandes frustraciones. Recordemos la Guerra de los Diez Años, las rivalidades entre provincias, los enfrentamientos entre barrios y caudillos. Todo con un carácter tan sectario y provinciano. De esas experiencias negativas debemos sacar una lección: NUNCA MÁS LOS SECTARISMOS, NUNCA MÁS LOS FANATISMOS, NUNCA MÁS LOS PARTIDISMOS.

**7.** Cuando trabajamos para que cada barrio sea una comunidad abierta y solidaria con otros barrios y con toda la sociedad estamos contribuyendo, poniendo las bases, para edificar "con todos y para el bien de todos": LA CIVILIZACIÓN DEL AMOR.

### Ejercitación

**1.** Ahora se forman dos equipos que buscarán las formas de cooperación y solidaridad que pueden realizarse entre varios barrios de la zona donde se hace el curso.

**2.** Se puede organizar un encuentro entre los participantes de este curso en varios barrios de la ciudad o poblado.

**3. Plenaria.** Se informa lo planificado. Se resumen en una pancarta los PUENTES CON OTROS BARRIOS: formas de cooperación y solidaridad que salieron en equipos. Para el Mural-Memoria del Barrio.

**4.** Se termina evaluando como de costumbre.

## TEMA 8: "APRENDEMOS DEL PASADO: HISTORIA DEL BARRIO"

**OBJETIVOS:**
**1.** Conocer que para la formación de una comunidad de vecinos, es necesario rescatar y escribir los hitos fundamentales del surgimiento y evolución del barrio hasta nuestros días.
**2.** Apreciar esta historia del vecindario como raíz de la comunidad y como experiencias de donde debemos sacar enseñanzas para el presente y el futuro de la comunidad vecinal.

### MOTIVACIÓN

**1.** El animador pregunta si han compartido con otros vecinos del barrio el tema del encuentro anterior y las experiencias vividas.

**2.** La motivación de hoy consiste en un PANEL-ENTREVISTA que se organizará desde el encuentro anterior con los vecinos más antiguos del barrio y si lo hubiera con algún "historiador" del lugar.

**a.** La semana anterior se explica lo del Panel-Entrevista y se piden opiniones sobre las personas que conocen mejor la historia pasada y reciente del barrio o poblado. Se coordina para hablar con estas personas (pueden ser del grupo que asiste a los cursos de cívica o invitados especialmente para ese día).

**b.** Se elige un equipo de tres "periodistas" que serán los que realizarán las preguntas al panel. El animador es el moderador y puede destacar al final algunas ideas claves o momentos importantes. Estos momentos claves se representan en un gráfico histórico del barrio que en una línea que representa los años se señalan fechas importantes y procesos entre esas fechas. Ej: primeros edificios, primera misa, etc.

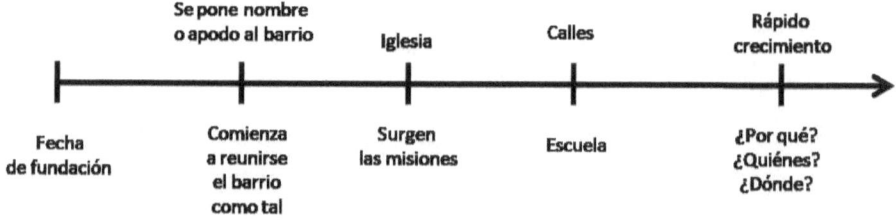

Esto se puede preparar con anterioridad o se hace en la EJERCITACIÓN con los datos recopilados por todos y por el panel.

**c.** El animador puede ayudar a los entrevistadores a preparar un listado de preguntas que entregarán con anticipación a los panelistas. O puede hacerse de otra forma: cada panelista dice lo que recuerda del barrio y después se hacen las preguntas si no han sido respondidas. MUY IMPORTANTE: el animador o un CRONISTA toma nota de todo con detalle, graba o filma el panel.

**3.** Todo el panel y entrevista puede durar alrededor de 30 minutos. Es lo más importante aunque se considera a la vez motivación para la reflexión del desarrollo. No hay que quedarse en el esquema rígido de una motivación o dinámica en el sentido estricto. Luego el animador resume, presenta el título y los objetivos con sus palabras y dice que la parte más importante del tema ya se ha realizado. Ahora tendremos una reflexión sobre lo que hemos hecho en el panel.

### Desarrollo

Reparte el recuadro invitando a compartirlo con otros vecinos del barrio. Lo debate o reflexiona como de costumbre pidiendo que algunos lean lento los párrafos y todos comenten.

**1.** Dice un viejo refrán que "La experiencia es la madre de la ciencia" y otro refrán dice que: "El hombre es el único "animal" que choca dos veces con la misma piedra". Pues bien, si queremos hacer de nuestro barrio una comunidad cívica debemos APRENDER LAS LECCIONES DE LA HISTORIA del propio vecindario para ganar en experiencia y no caer en los mismos errores en que otros cayeron.

**2.** Por otro lado "Todo árbol que no tiene raíz se seca". Por tanto, si queremos que nuestro barrio crezca sano, dé muchos frutos de convivencia civil y fraternidad humana, DEBEMOS BUSCAR SUS RAÍCES, es decir, su historia, su pasado, su origen, los cambios que ha sufrido, sus errores... Sin pasado conocido, apreciado y reflexionado para sacar experiencias no habrá verdadera comunidad de vecinos, aún cuando el barrio sea muy joven debe conocer sus antecedentes y su historia.

**3.** Para conocer la historia sencilla de un barrio hay que BUSCARLA, INVESTIGARLA, ESCRIBIRLA, ayudado de los mayores, de los libros, de los que se aficionan a los recuerdos y aguardan papeles. Todos los del barrio pueden contribuir en esta hermosa tarea comunitaria: ESCRIBIR UNA SENCILLA HISTORIA O CRÓNICA DEL BARRIO. Esta se debe ir actualizando con el paso de tiempo, de ahí la importancia de nombrar un cronista del barrio que lleve el Libro de Crónicas que presentará a la comunidad. Todos podemos recomendar al cronista que refleje algún hecho que considere importante.

**4.** Pero la historia no basta. Es importante también conocer y escribir los PROCESOS O CAMINOS por donde ha transitado el barrio entre una fecha y otra. ¿QUÉ CAMBIOS ha tenido? ¿QUÉ MEJORAS ha disfrutado? ¿QUÉ DIFICULTADES ha vivido y han marcado su existencia? ¿QUÉ PERSONAJES han vivido y transitado por el barrio (personas populares o históricas)? ¿Qué LUGARES deben señalarse y presentarse por SIGNIFICAR ALGO para el barrio? ¿Cuál ha sido la CAUSA del origen del barrio? ¿Cuál es su principal OCUPACIÓN? ¿Cuál ha sido su HISTORIA CRISTIANA: primera Iglesia, primera misión, primera casa donde se reunió la comunidad cristiana, evolución de todo esto? ¿Primeros misioneros o animadores de barrios y quiénes vinieron después? ¿Cuál es el PATRONO DEL BARRIO y por qué eligieron entre los vecinos? Y otras experiencias que deben conservarse.

**5.** Ya tenemos FECHAS Y PROCESOS pero no basta, para la Historia del Barrio se necesita, para bien de la comunidad actual y futura: SACAR LAS ENSEÑANZAS O LECCIONES DE LA HISTORIA. Esto se logra reflexionando entre todos. ¿Qué nos enseñan estos sucesos y procesos, estos logros y dificultades? Para "sacar lo bueno" y no volver a "chocar con la misma piedra". Para poner todo de raíz y alimentarnos por ella. Se trata no solo de la historia de los hechos sino también la historia moral, cultural, en una palabra historia espiritual. El barrio que no tenga un "alma", una "fuerza de espíritu", se desintegra, se corrompe o se seca. Es lo que el Papa Juan Pablo II llama la "subjetividad de la sociedad civil".

**6.** Una poetisa cubana muy importante nos dice esto mismo en una sencilla poesía, refiriéndose a cada persona pero podemos aplicarlo a todo grupo humano y a la sociedad civil. Recordemos a un sacerdote cubano sabio, que fue Ministro de Educación de la República, el Padre Pastor González que gustaba decir: "los pueblos como las personas tienen alma y se salvan o se condenan..." Tiene relación con el poema de Dulce María Loynaz que leemos a continuación:

*"Solo clavándose en la sombra,
chupando gota a gota el jugo vivo de la sombra,
se logra hacer para arriba
obra noble y perdurable.*

*Grato es el aire, grata la luz
pero no se puede ser todo flor...
y el que no ponga el alma de raíz, se seca".*

(Poemas sin nombre III, Dulce María Loynaz).

**7.** La historia forma parte del "alma de los pueblos y de los grupos y comunidades". La integración de cada historia local logrará una nueva síntesis de la Historia de la Nación cubana con la riqueza tremenda de las comunidades en todos los niveles que conforman una historia de y desde la sociedad civil. Qué bueno sería que cada barrio llevara su Libro de Crónicas, memorias duraderas de la vida de esa porción de nuestro pueblo que es el vecindario, nuestra patria chica.

### EJERCITACIÓN

**1.** Hacer el esquema de los principales momentos y procesos o caminos de la historia del barrio. Ver motivación.

**2.** Comenzar el Libro de Crónicas con el resumen de la historia local que se presentó en el panel.

**3.** Preguntarse ¿Qué lecciones de la historia de nuestro barrio podemos reflejar en el Mural-Memoria de la vecindad?

El animador podrá recoger entre estas tres ejercitaciones o podrá dividir el grupo en tres equipos que realizarán cada una de estas tareas. Plenaria si fuera necesario. Evaluación. Poner en el mural la Historia del Barrio. Dar a alguien en custodia el Libro de Crónicas del Barrio.

## TEMA 9: "COMPARTIMOS EL PRESENTE: ACCIÓN-REFLEXIÓN"

### OBJETIVOS:
**1.** Conocer que para la formación de una comunidad es necesario compartir el presente mediante la acción y la reflexión común de modo que aprendiendo del pasado podamos construir un futuro mejor desde hoy.
**2.** Aprender los pasos de un proceso de crecimiento sostenido y sostenible, que dé continuidad y profundidad a la vida comunitaria del barrio.

### MOTIVACIÓN

**1.** El animador comparte con los participantes las experiencias que han tenido al dar a conocer y comentar el recuadro del encuentro anterior.

**2.** La motivación de hoy forma parte ya del desarrollo pero para comenzar haremos la dinámica del ACCIDENTADO.

**a.** El animador anuncia: se ha producido un accidente. Es una urgencia y el cirujano necesita salvar la vida del herido.
Para ello necesita con urgencia hacer varios trasplantes de órganos que han sido dañados.
Pero antes un equipo de médicos debe comprobar el estado de los órganos y sus funciones principales.
Al final el cirujano debe comprobar que el paciente recobra plenamente sus capacidades.

**b.** Se forman rápidamente 5 equipos, cada uno de ellos tendrá esta función:

**1ro:** Será el equipo médico que atiende al paciente accidentado, inconsciente y grave.
**2do:** Será el equipo médico que examine el corazón a trasplantar.
**3ro:** Será el equipo médico que examina el cerebro a trasplantar.
**4to:** Será el equipo médico que examina los ojos a trasplantar.
**5to:** Será el equipo médico que examine las manos y pies a trasplantar.

El primer equipo tratará de alargar la vida del paciente y cuando reciban un órgano lo trasplanta y da el parte médico de qué capacidad ha recobrado el paciente.

Los demás equipos, buscarán todas las funciones vitales que realizan los órganos que trasplantan y qué capacidades le devolverán al paciente en una lista sencilla. Ej: el corazón: la circulación, el calor, los sentimientos (ya que el corazón simboliza los mismos). Esto no es una clase de medicina sino un juego. El cerebro conciencia de sí, reflejos, pensamientos, ideas nuevas, etc.

**c.** Una vez preparados todos, el animador da la señal de URGENCIA y cada equipo se pone a trabajar (apuntando en el papel, que se supone que hace la lista de capacidades recobradas por cada órgano). Todo muy rápido porque el accidentado puede morir. En la medida que cada equipo termina, levanta la mano y corre hasta el equipo médico que atiende al paciente aportando el órgano que le tocó. Al final el equipo médico informa lo que entregó cada colega y lo que fue mejorando el paciente. Y concluye diciendo por qué recobró la vida y qué puede hacer ahora.

**3.** El animador da por terminado el juego y pregunta: ¿Podría vivir el paciente sin alguno de los órganos afectados y llevar una vida normal? ¿Por qué? ¿Por qué el paciente recobró la CONCIENCIA y comenzó a actuar? ¿Qué necesitaba para recobrar la conciencia y sobrevivir e incorporarse a la vida normal de su familia? ¿Qué hubiera pasado si algún equipo se hubiera "abandonado", hubiera sido moroso o no hubiera actuado con tesón y perseverancia?

### DESARROLLO

**1.** Hemos hecho este "juego" para aprender hoy lo que muchos abuelos nuestros ya nos decían: "EL QUE PERSEVERA TRIUNFA". "EL TRIUNFO ES DE LOS QUE SE SACRIFICAN Y LUCHAN". "EL QUE SE CANSA, SE QUEDA EN EL CAMINO".

**2.** En el camino de la comunidad de vecinos, no podemos cansarnos, no podemos abandonarnos. Es urgente que cooperemos para salvar la vida comunitaria siempre "golpeada" por las dificultades y acciones de todo tipo.

- El paciente que cuidamos y salvamos es la comunidad.
- El corazón son los sentimientos, la sensibilidad de la comunidad.
- El cerebro es la mente, la memoria, las nuevas ideas y soluciones.
- Los ojos son el modo de "VER" la realidad y el mundo de la comunidad.
- La conciencia recobrada es la conciencia crítica, madura y responsable de la comunidad sana y comprometida con la vida y el cambio para mejorar.

Las manos y los pies son las acciones constructivas de la comunidad.

**3.** EL PRESENTE de la comunidad de vecinos, su vida, su salud, su recuperación, luego de un golpe grande depende del esfuerzo y el aporte de cada uno de nosotros, de cada equipo de la comunidad. Si nos abandonamos se muere la comunidad, se divide el barrio, se desintegra el vecindario. Es una urgencia cuidar y sanar el presente de nuestros barrios, enfermos de tantas violencias, miserias, egoísmos, injusticias, opresiones, mutilaciones:

- Los que arrancan el corazón: porque se ponen duros y no quieren. "Se acabó el querer" como decía la canción exageradamente.
- Los que le arrancan el cerebro: porque no los dejan pensar y hablar sin hipocresía. Tienen doble cara, no piensan con su cabeza.
- Los que le arrancan los ojos: porque no los dejan ver claro, no tienen información, no pueden analizar la realidad que los rodea, viven en la incertidumbre, las sombras del miedo y la muerte civil. "Ojos que no ven, corazón que no siente".
- Los que no tienen manos ni pies: porque no pueden hacer y andar lo que estimen mejor. No lo dejan hacer porque no está orientado de "arriba", no los dejan andar por un camino nuevo y distinto del trillado por los que "señalan el que suponen como único camino".
- Los que no tienen conciencia: porque viven como dormidos, drogados, como "muertos" en vida. Están "idos del mundo" sin conciencia de lo que está pasando, sin conciencia para agarrar las riendas de su historia. Hay que despertar estas conciencias.

¡ES UNA URGENCIA! ¡ES ASUNTO DE VIDA O MUERTE! Y no solo de arriba, es desde el corazón del hombre, del barrio, de la sociedad civil... Todo está dañado, accidentado, abandonado. Hay que salvar este paciente que es nuestra sociedad civil. ¡YA! ¡AHORA! ¡EN EL PRESENTE!

**4.** Esta urgencia no puede ser "a lo loco". Ningún médico actúa así. Para garantizar salvar vidas de personas y de comunidades hay que ACTUAR Y REFLEXIONAR hay que REFLEXIONAR Y ACTUAR con perseverancia. "SIN PAUSA Y SIN PRISA" pero moviéndose. La inmovilidad es un síntoma de muerte inminente de cualquier comunidad o grupo o humano. El inmovilismo es quedarse quieto, esperando "a ver qué pasa", es quedarse "tieso" y cuando uno está siempre así es porque está muerto.

**5.** Para garantizar la CONTINUIDAD del desarrollo de un barrio como comunidad de vecinos es necesario mantener tres pasos:

- UN PROYECTO FUTURO que es lo que queremos alcanzar para el barrio.
- UNA ORGANIZACIÓN: que permita llevar a cabo el proyecto de manera coordinada y eficaz, participada y autogestionada.
- UNA REFLEXIÓN: que nos permite ir pensando, midiendo, evaluando, enmendando e inventando la mejor forma de acortar el camino que nos separa del PROYECTO COMUNITARIO que queremos desarrollar.

Nuestro barrio debe estar atento a estos tres pasos y garantizar que un número cada vez mayor de vecinos participen en los tres momentos y no solo en la ejecución de tareas aisladas e inconscientes.

**6.** Aprendemos ahora los pasos para un PROCESO DE CRECIMIENTO SOSTENIDO DE LA COMUNIDAD DE VECINOS: Es una ayuda para encaminar nuestro barrio hacia un PROCESO DE LIBERACIÓN, de madurez humana y social, de una participación crítica y consciente y de una DEMOCRACIA integral, verdadera, que reconstruya el tejido de la sociedad civil.

**Proceso de crecimiento sostenido y liberador**

**1.** DEFINIR BIEN EL PROBLEMA, o la tarea, o la situación de la comunidad o de un servicio, o de un sector del barrio (el paciente).

**2.** SENSIBILIZARNOS con el problema, las personas, la situación propia o ajena: SENTIR CON ellos; repercusión en los sentimientos, no quedarse insensible, frío. Para ello necesitamos saber, VER, enterarnos, acompañar en el sentimiento ya sea doloroso, gozoso o dudoso (ver con el corazón).

**3.** MENTALIZAR el problema, la situación. No quedarse en el puro sentimiento que sería sentimentalismo, sensiblería si se queda mocho. Es "pensar el problema", "meterle el coco", "darle taller". Reflexionar para buscar razones a favor, para solucionar el problema. Pero no será intelectualismo falso, "cerebrismo frío y descarnado" porque en el paso anterior hemos puesto el corazón y los sentimientos.

**4.** TOMA DE CONCIENCIA de la realidad TAL CUAL ES y no "como nos la pintan". "El abrir los ojos". Despertar la conciencia. Asumir la realidad sin "tapujos", sin "caretas", sin "inflar globos". Es conocer las causas y consecuencias de la situación para poder juzgarla justamente, en su desnuda realidad pero desde nuestra humanidad íntegra: sentimientos, ideas (los ojos y la voz de la conciencia que nunca nos engañan).

**5.** CONCIENTIZACIÓN es cuando los ojos de la conciencia y la voz de la conciencia nos MUEVEN a tomar parte, a ubicarnos ante el problema y la situación, a tomar partido con una conciencia crítica que no solo aprecia la realidad, no solo la "ve" en su integralidad sino que la JUZGA, la critica, le busca "lo bueno y lo malo" y por fin la voz de la conciencia desde adentro nos mueve a ACTUAR para según nuestros sentimientos e ideas, ACTUEMOS EN CONSECUENCIA de forma constructiva y permanente.

**6.** EVALUAR cómo anda la solución del problema o la situación de las personas necesitadas o el sector del barrio que atendemos. Evaluar también si nuestro comportamiento ha respondido a este PROCESO que nos hace más libres, conscientes y responsables de nuestros actos. Si es necesario hay que recomenzar por el primer paso buscando CÓMO CONTINUAR nuestra respuesta al problema o el servicio al necesitado, etc. Este proceso de crecimiento, de despertar de la conciencia personal y comunitaria no es solo para resolver problemas, dar servicios, aprender un método de trabajo, es sobre todo un proceso de PROMOCIÓN HUMANA DE MEJORAMIENTO HUMANO, como diría Martí. Y nosotros como cubanos "creemos en el mejoramiento humano y en la virtud".

**7.** Por eso creemos que nuestro barrio "a pesar de todos los pesares" puede CRECER EN HUMANIDAD pasando "de condiciones menos humanas a condiciones más humanas" (Pablo VI). Esto es un proceso, no un suceso, un accidente, como el de la motivación de este encuentro. Es un PROCESO LARGO Y SIEMPRE MEJORABLE. Por eso el presente del barrio necesita mucha PERSEVERANCIA: "El que persevera, triunfa".

**8.** Y como los cubanos tenemos un defecto de que "empezamos con mucho embullo y pronto nos desinflamos". Como decía el refrán en un lenguaje castizo que queremos comprender: "los cubanos tienen arrancadas de potro jerezano y paradas de burro manchego". Es decir, arrancamos fuerte, rápido y bien, pero cuando decimos a frenar nos pasa como a la llama del Perú, ni a palos la levantamos cuando se echa. Entonces hay que insistir en este proceso de formación de comunidades cívicas, en este caso de comunidades de vecinos, "EL CAMINO ES LARGO Y EL PASO ES CORTO".

**9.** Pero los cubanos tenemos una virtud que nos enseña nuestra historia pasada y reciente: TENEMOS UN GRAN PODER DE RECUPERACIÓN después de una crisis o una frustración o caída. Entonces cultivemos esta virtud, nuestra capacidad para levantarnos y avanzar rápido y cuando tengamos una dificultad en el barrio, en lo comunidad, con las autoridades, con los animadores del barrio, no nos dejemos aplastar por el desaliento: REFLEXIONEMOS Y ACTUEMOS EN CONSECUENCIA.

### Ejercitación

**1.** Se escoge una situación o problema del barrio y se ejercita el proceso de crecimiento sostenido, paso a paso, escribiendo en una hoja cada actitud o acción que se debe emprender para satisfacer cada paso. Debemos aclarar que seguiremos los pasos fielmente para aprender el método pero que en la realidad no es tan rígido y los pasos pueden cruzarse. Si fuera necesario se toma otro encuentro para hacer esta ejercitación. Empezamos por recordar los pasos y pasando directamente al ejemplo escogido.

**NOTA IMPORTANTE:** SI EL ANIMADOR LO CREE CONVENIENTE: explica que este método está inspirado en la pedagogía de Paulo Freire, educador brasileño, llamada Educación Liberadora o Proceso de Concientización o Despertar de la Conciencia Crítica. Pero no es necesario complicar mucho con esto en dependencia del grupo y del barrio. Lo importante es trasmitir este "estilo" o "proceso" para la vida comunitaria del barrio. Más adelante se puede profundizar en el Curso 9: "Educamos para la libertad y la responsabilidad".

Si nos fijamos bien se va reiterando en cada curso desde el "Somos Personas" un método de participación-planificación-proyecto que se basa en esto y en la metodología del VER-JUZGAR-ACTUAR. Precisamente vamos ejercitando y profundizando para dotar a los participantes en un entrenamiento adecuado, para enfrentar por sí mismos sus problemas y asumir de forma autónoma sus proyectos cívicos.

## TEMA 10: "DISEÑAMOS NUESTRO PORVENIR: PROYECTO FUTURO"

OBJETIVOS:
1. Conocer que toda comunidad de vecinos necesita proyectar su futuro para mejorar el presente y no volver al pasado.
2. Hacer el proyecto futuro de la comunidad de vecinos de este barrio.

### MOTIVACIÓN

1. El animador pregunta si han compartido el recuadro del encuentro anterior con otros vecinos del barrio.

2. La dinámica de hoy se llama "NUESTROS SUEÑOS".

 - El animador solicita tres voluntarios que harán de "conciencia crítica" de "abogados del diablo" y su trabajo será poner dificultades reales a los sueños que haya tenido la comunidad de vecinos.
 - El resto de los participantes formarán varios equipos en dependencia del número total de participantes. Cada equipo "soñará": cómo desearía que fuera el futuro del barrio en el aspecto que le tocó soñar:

- relaciones humanas en este barrio.
- el médico de la familia (del barrio).
- limpieza y orden del barrio.
- escuela del vecindario.

- recreación de las familias del barrio.
- vida y misión de la Iglesia en el barrio.
- organización de la propia comunidad de vecinos (interna).
- los servicios que necesitan ancianos y enfermos y todo el barrio.

Los equipos pueden ser de tres-cuatro o más personas, aunque si son pocos los asistentes puede hacerse en dúos. Se les da un tiempo de 3 minutos y deben presentar a la comunidad del barrio en la plenaria una lluvia de ideas, iniciativas, proyectos para que el barrio mejore en ese aspecto. Cuando haya terminado de informar el equipo, los "abogados del diablo" tienen la palabra y después todos para llegar a lo que se puede hacer con nuestros medios si tuviéramos libertad para hacerlo. Evitar el pesimismo. Se trata de soñar en esta primera etapa.

**3.** Un secretario o el mismo animador apunta en una pancarta o pizarra o pedazo de papel: TODAS LAS INICIATIVAS O SUEÑOS y le va poniendo al lado (R) si es realizable con los medios del barrio. Poner (G) si hay que gestionar fuera del barrio alguna ayuda pero con ella es realizable el proyecto y (F) si no puede realizarse por el momento pero es posible quizás en un futuro. Todo en dependencia de la opinión general de la comunidad.

**4.** El animador resume diferenciando bien la primera parte del trabajo en equipo, que ha sido una "catarsis" un "descargar" sueños, todos con relación al barrio o comunidad de vecinos y la segunda parte (plenaria) donde hemos clasificado lo realizable y lo gestionable y lo futuro. Fíjese que no hemos puesto "irrealizable" pues se trata de abrir horizontes y dar espacios a la iniciativa y la creatividad del grupo. Es muy probable que todo o casi todo lo soñado pueda ser realizado algún día en el barrio ya sea con su autogestión o con la ayuda del resto de la sociedad civil. No dar cabida al desaliento ante la inmensa tarea y la pobreza de medios y personas. Somos emprendedores. Tenemos poder de recuperación. La prueba está en los que todos los días empiezan, aquí o fuera, "otra vez, de nuevo, con una mano *alante* y la otra atrás".

**5.** El animador pregunta ¿Cómo se han sentido "soñando el futuro"? ¿Por qué no lo hacemos más a menudo, personal y comunitariamente? "Soñar no cuesta nada" y puede servirnos mucho a nuestros proyectos e iniciativas para el presente y el futuro del barrio. Por eso hoy estamos desarrollando este tema. Pone el título. Explica con sus palabras los objetivos.

### Desarrollo

**1.** ¿Qué nos pasa? ¿Por qué tanta desconfianza en nosotros mismos? ¿Por qué tanta incertidumbre sobre nuestro futuro? ¿Quién tiene interés en que haya miedo al futuro y a mejorarlo? ¿Quién nos impide soñar? ¿Quiénes han matado nuestros sueños? ¿Será que quieren paralizar nuestros sueños, secar la creatividad y parar la iniciativa para adueñarse de nuestro futuro?

**2.** Nadie, ninguna persona, ninguna institución, ninguna religión, ningún Estado o Partido, puede hacerse DUEÑO DEL FUTURO de las personas, de las familias, de los barrios, de la sociedad civil, de la Nación.

**3.** Nadie puede MATAR NUESTROS SUEÑOS, ni impedir que soñemos con un futuro distinto al presente y al pasado. Con un FUTURO NUESTRO Y MEJOR.

¿Estamos convencidos de esto? Si no estamos convencidos no hay que seguir adelante. Si no se puede soñar y otros son dueños de nuestro presente y de nuestro futuro es PORQUE NOSOTROS LOS HEMOS DEJADO ADUEÑARSE POCO A POCO... Y resulta que ya, ni nosotros mismos, creemos que se pueda ser dueño de su propio futuro, ni siquiera que se pueda soñar libremente. ¿Qué nos pasa? No hay que "suicidarse", aunque "una vida así no es vida". Lo que hay que hacer es:

- EMPEZAR A MOVERSE: A DESPERTAR.
- IR GANANDO, POCO A POCO, LO QUE ES NUESTRO: NUESTRA VIDA.
- RECOBRAR NUESTRA INICIATIVA: NO DEJÁRSELA A OTROS.
- NO DEJAR QUE EL DESALIENTO APLASTE NUESTRA CREATIVIDAD.
- NO DEJAR QUE EL MIEDO NOS ESCLAVICE: VIVIR, SOÑAR.
- ADUEÑARNOS DE NUESTRO FUTURO PORQUE PUEDE SER NUESTRO: ES NUESTRO TENER DERECHO A ÉL.

**4.** Lo más importante para dar estos pequeños pasos es:

- Superar la desconfianza en nosotros mismos: ¿Quién nos ha convencido que no podemos hacer nada?
- Ir venciendo el MIEDO, poco a poco, paso a paso, ganándole terreno al "policía" que llevamos dentro; miedo a lo nuevo, a lo diverso, a lo contrario, a perder la uniformidad, la paz de los muertos espiritualmente, civilmente.

**5.** Hay tres caminos, entre otros:

- Reconquistar la AUTOESTIMA: ¡Si queremos, podemos!
- Reconstruir la SOCIEDAD CIVIL: la vida en grupo: Si no podemos solos, unámonos a otros.
- Formar COMUNIDADES DE PARTICIPACIÓN: Si juntos no cabemos, abramos, entre todos, el espacio que nos toca.

**6.** Empecemos HOY MISMO, aquí tenemos el espacio, aquí estamos formando un grupo, aquí confiamos en nosotros mismos. Entonces nuestro barrio comenzará a adueñarse de su futuro. Ya lo viene haciendo desde el primer encuentro. Pero hay que CONCRETAR: ¿QUÉ PODEMOS HACER?

**7.** Si miramos al pasado: nuestra historia es para NO VOLVER AL PASADO, "no chocar con la misma piedra". Pero hoy se están viendo cosas que se parecen mucho a nuestro pasado. Hay que estudiarlas bien y si son las mismas cosas con distinto nombre. "El mismo perro, con distinto collar". Hay que recordar las experiencias de aquel pasado y primero: llamar a las cosas por su nombre para que nadie nos "duerma", nos engañe. Nuestros sueños los soñamos nosotros, pero muy despiertos y con los pies bien puestos en la tierra, ¡En esta tierra! Y segundo: resistiremos a regresar al pasado, a lo malo del pasado, a nada del pasado que no sirva para hacer un futuro mejor.

**8.** Si miramos el presente: Perseverar en este empeño de organizar la comunidad de vecinos:

- Es nuestro espacio de participación y de vida.
- Es nuestro apoyo cuando desconfiamos de nosotros.
- Es nuestra fortaleza cuando nos imponen miedo.
- Es nuestra familia cuando necesitamos ayuda.
- Es nuestra esperanza cuando todo se cierra.
- Es nuestro aporte a una nueva sociedad: más libre, más fraterna, más democrática, más responsable de su presente y su futuro.

**9.** Si miramos al futuro: hay que concretar nuestros sueños en un PROYECTO DE COMUNIDAD de vecinos cuya meta final, siempre mejorable sea: QUE NUESTRO BARRIO SEA UNA VERDADERA COMUNIDAD: SOLIDARIA Y SERVICIAL, AUTOGESTIONADA Y PARTICIPATIVA, PLURALISTA Y DEMOCRÁTICA, ABIERTA AL RESTO DE LA SOCIEDAD CIVIL.

Si comenzamos hoy a hacer este proyecto, ya que venimos dando pasos desde el primer encuentro, entonces estaremos HACIENDO que nuestra SOCIEDAD CIVIL renazca del autoritarismo y el paternalismo, comenzando por "ABAJO", desde las bases del edificio social que es por donde se comienza a construir "para arriba toda obra noble y perdurable", sino se vuelve a caer el edificio cuando vuelva a pasarle el tiempo por arriba. DESDE ARRIBA NO SE CONSTRUYE NADA SÓLIDO. No esperemos más que el "maná" venga del cielo, de arriba, de fuera. En nuestras familias y en nuestros barrios está la semilla y los cimientos de la libertad y la fraternidad que soñamos. ¡COMENCEMOS YA! ¡Esto sí depende de nosotros!

### EJERCITACIÓN

**1.** Si el animador lo cree conveniente, le recomendamos que se deje la ejercitación para otro encuentro que podamos recordar lo fundamental de este recuadro y dedicar la mayor parte del tiempo a diseñar el PROYECTO DE ESTE BARRIO. ¡Esto es muy recomendable! Hasta en dos encuentros más: uno para trabajarlo y otro para debatirlo y asumirlo, redactarlo y repartir responsabilidades.

**2.** Se retoman los sueños por sectores que hicimos en la motivación del primer encuentro de este mismo tema. Se colocan en el mural de la comunidad y se extrae de ellos los sueños marcados con (R) y con (G).

**3.** Los equipos por sectores trabajan estos sueños convirtiéndolos en objetivos de trabajo de la comunidad (comenzar por un verbo cada uno) y buscando qué TAREAS CONCRETAS se harían para llevar a la práctica esos OBJETIVOS DE TRABAJO en este barrio específicamente. Además de las tareas se buscan los MEDIOS MATERIALES que necesitarían y los EQUIPOS DE TRABAJO DE LA COMUNIDAD que deben organizarse y asumir estas tareas. Pueden ser los mismos que lo están trabajando hoy o con otros que busquen en el barrio para completar el equipo. Especificando cada cuándo se reunirá el equipo para ver cómo está la marcha de esas tareas y qué ayuda hay que pedir al resto del barrio.

**4.** Mientras tanto el equipo que hizo de "abogado del diablo", hace una "propuesta" que resume en pocos puntos lo que se ha venido trabajando como (F) perspectivas futuras a muy largo plazo.

**5.** Este trabajo dura todo el tiempo del segundo encuentro de este tema 10 si se termina con una plenaria en que cada equipo comparte con el resto del grupo lo que propone:

- OBJETIVOS DE TRABAJO.
- TAREAS CONCRETAS.
- MEDIOS MATERIALES.
- ORGANIZACIÓN DEL EQUIPO DE TRABAJO.
- QUIÉNES LO FORMARÁN.
- CUÁNDO SE REUNIRÁN.

Todos los presentes deben debatir, enriquecer, modificar, arreglar, eliminar lo que la mayoría considere oportuno. Debe aprobarse por todos al final.

**6.** En el tercer encuentro de este Tema 10 se escribirán unos resúmenes de las pancartas o murales que hemos venido haciendo como MEMORIA de la comunidad de modo que quede incorporado todo al PROYECTO. Esto se puede hacer por equipos que usen los murales y apuntes (de ahí la importancia de hacerlos y mantenerlos a la vista de todos) en cada encuentro o por lo menos al final en estos tres encuentros. Redactan:

1. Historia del barrio (Tema 8).
2. Características del barrio en general (Tema 1). Análisis de su realidad.
3. Situación de las relaciones humanas.
4. Necesidades del barrio. Árboles de problemas. Causas y consecuencias. (Tema 3).
a. Servicios necesarios en el barrio y servicios a mejorar (Tema 5).

**5.** Características de una comunidad de vecinos y cómo se cumplen en el barrio (Tema 4).
**6.** Puentes con otros barrios (Tema 7).
**7.** Objetivo general del barrio: formar una comunidad (Tema 10, Punto 9).
**8.** Objetivos de trabajo (Tema 10. Ejercitación).
**9.** Tareas concretas (Tema 10).
**10.** Medios materiales necesarios y disponibles (Tema 10)
**11.** Equipos de trabajo que se forman (Tema 10 y 6).
**12.** Método de acción-reflexión para perseverar (Tema 10).

Si el animador lo estima conveniente se reúne con varios del barrio para preparar con anterioridad este resumen. Que someterá luego al debate y aprobación de todos los del grupo. Sería muy recomendable comunicar este proyecto a otros vecinos que no han participado del curso.

Insistimos que es el FRUTO VISIBLE o el signo del trabajo desarrollado por el grupo en este curso y sería lamentable perderlo por no llevar bien la MEMORIA O MURAL. Si no hay papel o cartulina se hacen en hojas de escribir o en una libreta vieja, en lo que se consiga. Lo importante es recopilar todo el esfuerzo y trabajo del grupo durante tres meses de reflexión. Esto es responsabilidad del mismo barrio y del animador por conocer toda la dimensión desde el principio.

# CURSO 5
# "RECONSTRUYENDO LA SOCIEDAD CIVIL"

**Características:** Al analizar la realidad de Cuba hoy, podemos comprobar que los dos grandes daños antropológicos producidos por la falta de libertad, democracia y sentido trascendente son: la despersonalización de los cubanos y cubanas a consecuencia de la masificación forzada y la desarticulación minuciosa del tejido de la sociedad civil a consecuencia del control totalitario del sistema político-económico-social. Cuba tiene urgente necesidad de rehacer su subjetividad social, es decir, el alma de la Nación. Reconstruir el tejido de la sociedad civil en Cuba debe ser un desafío de gran prioridad.

**Destinatarios:** Educadores, animadores cívicos y culturales, promotores de iniciativas cívicas, religiosos comprometidos en el campo social, líderes juveniles y adultos, animadores de comunidades locales, activistas cívicos y políticos, otros miembros de la sociedad civil. Cualquier persona de buena voluntad.

**Temas:**

1. ¿Qué es la sociedad civil?
2. Protagonismo de la sociedad civil en la historia de Cuba
3. Impedimentos para formar una sociedad civil sana
4. Persona humana y socialización: Derechos Humanos y desarrollo social
5. Características y ética de la sociedad civil
6. El protagonismo de la sociedad civil
7. Estado y sociedad civil. Marco legal: Constitución y Ley de Asociaciones
8. Mercado y sociedad civil: progreso social, Ley de empresas, alternativas solidarias
9. Partidos políticos y sociedad civil
10. Las Iglesias y el resto de la sociedad civil
11. ¿Cómo se articula la sociedad civil?
12. Propuestas operativas para reconstruir la sociedad civil en Cuba
13. Somos tejedores de convivencia

# Tema 1: "¿Qué es la sociedad civil?"

**Objetivos:**
1. Presentar de forma sintética la evolución histórica del concepto y el rol de la sociedad civil desde Platón hasta Marx.
2. Definir y asumir el actual concepto del término "sociedad civil" y su papel en relación con el Estado, el Mercado y los partidos políticos.
3. Aprender a articular proyectos de la sociedad civil.

### Motivación

1. El animador pide a los participantes que cada uno elabore su definición de sociedad civil.

2. Pasados unos minutos pide a cada uno que presente su definición. El animador en la pizarra va poniendo: Coincidencias y Diferencias. Se deja un tiempo para el debate. Luego el animador hace el resumen. Presenta el tema y enuncia los objetivos.

### Desarrollo

**Nota:** El animador puede resumir esta Introducción y la Evolución histórica en dependencia de los participantes, podrá presentarlo así mismo, dividirlo en dos encuentros, sintetizarlo, presentarlo en un esquema sencillo, en una pancarta como se sugiere en el Anexo, o eliminar estos epígrafes, según lo crea conveniente, de todas formas sirven para su formación personal, y comenzar directamente a partir del epígrafe 3.

## 1. Introducción

*Con el dolor de toda la Patria padecemos y para el bien de toda la Patria edificamos... aquí velamos, aquí aguardamos, aquí anticipamos... aquí intentamos atraer... para el bien de todos, el alma que se desmigajaba en el país* (José Martí, "Discurso conmemorativo del 10 de octubre", Obras completas, Ed. Ciencias Sociales, Habana, 1975, Tomo 4, p. 259-266).

Estas palabras del Apóstol de nuestra independencia, José Martí, pueden expresar, mejor que ninguna otra, las intenciones y sentimientos que nos impulsan a reflexionar sobre la sociedad civil en Cuba a la luz de las enseñanzas de nuestros patricios y de las ciencias humanísticas que nos ayudan en el intento de ser fieles en el servicio desinteresado a nuestra noble Nación. También suenan con especial acento en nuestros oídos aquel llamado, hoy más que nunca vigente en nuestro pueblo, que dirigiera el Papa Pablo VI:

*Urge reconstruir a escala de calle, barrio o de gran conglomerado el tejido social en que el hombre pueda desarrollar las necesidades de su personalidad.*

*Hay que crear o fomentar centros de interés y de cultura a nivel de comunidades y parroquias, en sus diversas formas de asociación, círculos recreativos, lugares de reunión... donde cada uno podrá crearse nuevamente relaciones fraternales* (Pablo VI, encíclica *Octogesima adveniens*, 1971, II).

La reconstrucción de la sociedad civil se hace más urgente en Cuba hoy, si tenemos en cuenta que durante décadas ha sido manipulado y desentrañado el tejido social por la total intervención del Partido y el Estado, que han bloqueado la iniciativa y creatividad de las personas y grupos. No puede ser ajena a la vocación y al compromiso de los cubanos esta obra para el cambio y el futuro incierto de nuestro país.

*Construir la ciudad, lugar de existencia de los hombres y de sus extensas comunidades, crear nuevos modos de proximidad y de relaciones, percibir una aplicación original de la justicia social, tomar a cargo este futuro colectivo que se anuncia difícil* (Pablo VI, encíclica *Octogesima adveniens*, 1971, 12).

Así pues, respondiendo a esta llamada trataremos de aplicar a nuestras condiciones específicas un proyecto original de justicia social que nos ayude a todos los cubanos a empeñarnos en la reedificación de nuestra querida Patria a partir del renacimiento de la sociedad civil, alma y subjetividad de la Nación.

Y aunque *es cierto que las primeras señales de los pueblos nacientes no las saben discernir, no las saben obedecer sino las almas republicanas* -como ha alertado Martí- *queremos labrar aquí sin alarde, un porvenir en que quepamos todos* (José Martí, "Discurso conmemorativo del 10 de octubre", Obras completas, Ed. Ciencias Sociales, La Habana, 1975, Tomo 4, p. 259-266).

En efecto, eso creemos, es aquí en Cuba y desde Cuba que debemos diseñar, entre todos los cubanos, ese proyecto de Nación franca y cordial donde nadie quede excluido y donde cada uno de los ciudadanos encuentre el lugar y la forma de participar libre y responsablemente.

## 2. Evolución histórica del concepto de sociedad civil

(Para formación del animador o para participantes de nivel superior. Se puede pasar directamente al epígrafe 3).

Para llegar a reflexionar sobre la actual situación de la sociedad civil en Cuba y proponer un proyecto para su reconstrucción, nos parece conveniente enunciar algunos presupuestos teóricos, que nos ayuden a conocer cuáles han sido los diferentes puntos de vista y conceptos sobre el ser y el quehacer de la sociedad civil que ha ido evolucionando a lo largo de los siglos en las ciencias humanísticas y sociales.

## Del Estado platónico a la ciudad natural

En su diálogo "La República", Platón nos ofrece su concepción sobre la sociedad y el Estado ideal. Partiendo de la concepción organicista del Estado, elaborada por los griegos, establece una analogía entre el Estado y el hombre. En sus investigaciones sobre el ideal de Justicia, Platón parte de la consideración de que existe una justicia que es propia del "hombre particular", y otra, propia de una "ciudad entera". Parécele "natural" que "la justicia sea mayor en el objeto mayor y que resulte más fácil reconocerla en él". Es así como Platón se dedica primero a estudiar "cuál es la naturaleza de la justicia en las ciudades" para, después, "estudiarla en cada individuo particular" (Platón. La República. Ed. Ciencias Sociales, La Habana, 1973, p. 62-63).

La ciudad es para Platón un hombre aumentado, es decir, un organismo que goza de gran perfección en cuanto es un todo integrado por diversas partes entre las que existe una estable armonía basada en la justicia. Al establecer con exactitud una semejanza entre el Estado y el individuo, considera que la ciudad, a semejanza de las tres virtudes presentes en el alma humana se compone de las de tres grandes clases sociales con sus funciones específicas. Podemos representarlo de la siguiente forma:

| **Virtudes** | Justicia<br>Sabiduría | Fortaleza<br>Valor | Templanza<br>Laboriosidad |
|---|---|---|---|
| **Clases** | Filósofos | Guardianes<br>Guerreros | Comerciantes<br>Industriales<br>Agricultores |
| **Funciones** | Dirección suprema<br>Legislación<br>Educación<br>de todas las clases | Defensa del Estado<br>Orden social y político | Producción<br>Sostiene económicamente<br>a todas las demás clases |

Por cuanto en el individuo la justicia (sabiduría) esclarece y domina, la fortaleza (valor) obra y la templanza (laboriosidad) obedece: en el Estado se mantendrá esa misma correlación. Es decir, la fortaleza y la templanza, con sus correspondientes clases, estarán subordinados a la justicia, a los filósofos. Estos últimos serán los máximos representantes del Estado. De esta forma, según Platón, el individuo queda subordinado, absorbido totalmente por el Estado. Este último es un ser perfecto que todo lo domina exhibiendo un poder ilimitado, omnímodo sobre todas las manifestaciones de la vida social. La libertad del individuo queda así subordinada a los intereses del Estado, incluida su educación. No concede Platón función alguna a las asociaciones intermedias entre el individuo y el Estado. Todo queda subordinado a los intereses de la *polis*. Inclusive, para las dos clases superiores, Platón establece un régimen comunitario de bienes: mujeres e hijos que pertenecen todos al Estado.

Para Aristóteles, lo mismo que para Platón, el bien supremo es la felicidad producida por la virtud: la justicia. Considera el Estado como una necesidad. Como una unidad orgánica perfecta en la que se desenvuelve, en toda su plenitud, la naturaleza animal civil (política) del hombre. En su investigación sobre el origen del Estado, llega a la conclusión de que la familia es un núcleo y lo antecede cronológicamente. Podemos representar esquemáticamente el análisis de la siguiente manera:

| Forma de comunidad | Casa Familia | Aldea | Ciudad |
|---|---|---|---|
| Miembros | Macho, amo Hembra, esclavo | Agrupación de varias familias | Unión de varias aldeas Forma suprema de comunidad |
| Función | Perpetuar la especie Satisfacer necesidades cotidianas | Lograr el bienestar Satisfacer las necesidades no cotidianas | Tiene por fin la virtud y la felicidad universal |

Es decir, para Aristóteles: "en primer lugar se unen de modo necesario los que no pueden existir el uno sin el otro, como la hembra y el macho para la generación"; en segundo lugar, "la primera comunidad constituida por varias casas en vista de las necesidades no cotidianas es la aldea"; y en tercer lugar, "la comunidad perfecta de varias aldeas es la ciudad, que tiene, por así decirlo, el extremo de toda suficiencia" (Aristóteles, Metafísica, Instituto del Libro, La Habana, 1968, p. 370-371).

Contrariamente a los sofistas y cínicos, que consideraban a la ciudad como resultado de una convención, Aristóteles incluye a la ciudad, el Estado, en la naturaleza: "toda ciudad es por naturaleza, si lo son las comunidades primeras; porque la ciudad es el fin de ellas, y la naturaleza es fin". De todo esto resulta "que la ciudad es una de las cosas naturales, y que el hombre es por naturaleza un animal social" (ídem, p. 371).

En su valoración de las relaciones existentes entre las diferentes formas de comunidad Aristóteles establece que "la ciudad es por naturaleza anterior a la casa y a cada uno de nosotros, porque el todo es necesariamente anterior a la parte" (ídem, p. 372). Es así como, en su sistema, no es posible concebir el individuo sin el Estado: "la ciudad es por naturaleza anterior al individuo, porque si el individuo separado no se basta sí mismo, será semejante a las demás partes en relación con el todo, y el que no puede vivir en sociedad o no necesita nada por su propia suficiencia, no es miembro de la ciudad, sino una bestia o un Dios" (ídem).

Si Platón postula la eliminación de las asociaciones intermedias existentes entre el Estado y el individuo, Aristóteles, en cambio, considera necesaria su conservación concibiendo el Estado como comunidad suprema de convivencia.

Otra importante idea planteada por Aristóteles es la de que no existe una buena dirección del Estado sin que la clase media sea la más poderosa. Nos planteó: "La ciudad debe estar constituida de elementos iguales y semejantes en el mayor grado posible, y esta condición se da especialmente en la clase media, de modo que una ciudad así será necesariamente la mejor gobernada" (ídem, p. 519).

En toda ciudad hay tres elementos: los muy ricos, los muy pobres y los intermedios entre unos y otros. Como se conviene en que lo moderado, lo intermedio, es lo mejor, queda claro "que también la mejor comunidad política es la constituida por el elemento intermedio, y que están bien gobernadas las ciudades en las cuales este elemento es muy numeroso y más fuerte que los otros dos juntos, o por lo menos que cada uno de ellos, pues su adición produce el equilibrio e impide los excesos contrarios" (ídem, p. 520). Por lo tanto, el elemento medio desempeña una función equilibradora de los extremos en la sociedad, y el poder del Estado deberá estar en sus manos.

## El absolutismo del poder estatal: Leviatán

La obra más importante de Hobbes es "Leviathan" (1561), título que responde a la semejanza que se establece entre el monstruo bíblico Leviatán y el Estado. Su objetivo es teorizar acerca de un gigantesco cuerpo artificial: el Estado. Plantea Hobbes que "la naturaleza (el arte con que Dios ha hecho y gobierna el mundo) está imitada de tal modo, como en muchas otras cosas, por el arte del hombre, que este pueda crear un animal artificial", pero, continúa, "el arte va aún más lejos, imitando esta obra racional, que es la más excelsa de la naturaleza: el hombre". En efecto, gracias al arte se crea ese gran Leviatán que llamamos República o Estado (en latín: *civitas*) que no es sino un hombre artificial, aunque de mayor estatura y robustez que el natural para cuya protección y defensa fue instituido (Hobbes, T. Leviatán, F.C.E., México, 1940, p. 3).

La premisa de que parte Hobbes en su doctrina política consiste en el análisis del comportamiento de los hombres en el Estado de naturaleza. Se entiende por este "la libertad que cada hombre tiene de usar su propio poder como quiera, para la conservación de su propia naturaleza, es decir, de su propia vida; y por consiguiente, para hacer todo aquello que su propio juicio y razón considere como los medios más aptos para lograr ese fin" (ídem, p. 106). Este Estado conduce a "una condición de guerra de todos contra todos, en la cual cada uno está gobernado por su propia razón, no existiendo nada, de lo que pueda hacer uso, que no le sirva de instrumento para proteger su vida contra sus enemigos" (ídem, p. 106-107). De esta condición natural deriva Hobbes la que llama Ley fundamental de la naturaleza: "Cada hombre debe esforzarse por la paz mientras tiene la esperanza de lograrla; y cuando no puede obtenerla, debe buscar y utilizar todas las ayudas y ventajas de la guerra" (ídem, p. 107).

El límite a esta situación de fuerza natural entre los hombres es el instinto natural de conservación. Para salir de este Estado de naturaleza llegan los hombres a la creación del Estado, encargado por medio de la coacción de imponer la paz social.

Se logra la creación del Estado por medio de un pacto: "Dícese que un Estado ha sido instituido cuando una multitud de hombres convienen y pactan, cada uno con cada uno, que a cierto hombre o asamblea de hombres se le otorgará, por mayoría, el derecho de representar a la persona de todos" (ídem, p. 142).
Por las funciones que está llamado a ejercer, el Estado deberá adquirir la forma de un poder absoluto que se extiende al poder civil y a la Iglesia, a toda la vida social. En estas condiciones la sumisión del individuo y de la sociedad civil al Estado será absoluto.

En la instrucción del pueblo en los derechos esenciales de la soberanía, Hobbes nos especifica, entre otras (ídem, p. 278-279):
**Primero:** Se enseñará al pueblo "que no debe entusiasmarse con ninguna forma de gobierno que vea en las acciones vecinas, más que con la suya propia".
**Segundo:** Debe señalarse "que no ha de sentir admiración hacia las virtudes de ninguno de sus conciudadanos, por elevados que se hallen ni por excelsa que sea su apariencia en el Estado".
**Tercero:** "Se les advertirá cuán grande falta es hablar mal del representante del soberano (sea un hombre o una asamblea de hombres), o argüir y discutir su poder".
Es así como, en su teoría, Hobbes coloca el contrato social (pacto social), en defensa del poder absoluto del Estado, negando el origen natural de la sociedad civil (señalado por Aristóteles). En otras palabras, estado de naturaleza y pacto social sirven a Hobbes para justificar el absolutismo del poder estatal.

## Del Estado de naturaleza a la sociedad civil

En su sistema teórico, Locke se basa, al igual que Hobbes, en el estado de naturaleza y en el contrato social, pero llegando a conclusiones diferentes. Contrario a Hobbes, sostiene ante todo la sociabilidad de los hombres, rechazando la "condición de guerra de todos contra todos". En el Estado de naturaleza, los hombres se encuentran en "un estado de completa libertad para ordenar sus actos, y para disponer de sus propiedades y de sus personas como mejor les parezca, dentro de los límites de la ley natural, sin necesidad de pedir permiso, y sin depender de la voluntad de otra persona". Es, además, "un Estado de igualdad, dentro del que todo poder y toda jurisdicción son recíprocos, en el que nadie tiene más que otro, puesto que no hay cosa más evidente que el que seres de la misma especie y de idéntico rango, nacidos para participar sin distinción de todas las ventajas de la Naturaleza y para servirse de las mismas facultades, sean también iguales entre ellos, sin subordinación ni sometimiento" (Locke, Ensayo sobre el gobierno civil, Ed. Aguilar, Buenos Aires, 1963, p. 31).

Con el objetivo de introducir el orden en ese estado en el que cada uno es legislador de sí mismo, con ayuda del contrato social, se llega a la formación de la sociedad civil como superación del Estado de naturaleza: "siempre que cierto número de hombres se une en sociedad renunciando cada uno de ellos al poder de ejecutar la ley natural, cediéndolo a la comunidad, entonces, y solo entonces, se constituye una sociedad política o civil" (ídem, p. 110-11).

El hecho de someterse a un poder legislativo que elabore las leyes y las ejecute "es lo que saca a los hombres de un Estado de naturaleza y los coloca dentro de una sociedad civil" (ídem, p. 111).

Ahora bien, quien es investigado con el poder mediante este procedimiento, no puede hacer una utilización arbitraria de él, porque su principal finalidad es proteger los derechos de los hombres. En caso de que abusara del poder estaría violando el contrato al que debe obediencia, por lo que el pueblo entonces recobraría de nuevo su soberanía originaria. Para Locke, por tanto, la formación del Estado no puede conducir a una negación de las libertades individuales, sino a su protección dentro de los límites acordados por el contrato social. Para ello propone la teoría de la división de los poderes en legislativo, ejecutivo y federativo que más tarde sería reelaborada por Montesquieu.

**Del miedo a la virtud: los tres poderes y el control del poder**

Otra figura, cuyas ideas nos interesa exponer, es la del Barón Carlos de Montesquieu. En su gran obra "El espíritu de las Leyes" investiga el origen de las leyes en la vida de los pueblos. Considera Montesquieu, que "las leyes, en su significación más extensa, no son más que las relaciones naturales derivadas de la naturaleza de las cosas" (Montesquieu, El espíritu de las leyes, Ed. Ciencias Sociales, La Habana, 1976, p. 43). Es decir, las circunstancias naturales en que se desarrolla la vida de un pueblo condicionan la aparición de las leyes. En primer lugar Montesquieu analiza las leyes de la naturaleza que se derivan únicamente de la constitución de nuestro ser, para lo cual es necesario la consideración del hombre antes de existir las sociedades, es decir, en su Estado de naturaleza.

La satisfacción de las necesidades. La atracción recíproca de los sexos diferentes. El deseo de vivir juntos. Todas estas leyes no describen un Estado de naturaleza primario donde reina la armonía y la paz. La ley natural que invoca "el deseo de vivir juntos" condiciona que los hombres empiecen a vivir en sociedad, perdiendo desde ella el sentimiento de su flaqueza. Es entonces que se termina la paz y la igualdad y comienza el Estado de guerra. Consciente la sociedad de sus fuerzas, se originan dos tipos de conflicto: la guerra de nación a nación y la lucha entre los particulares. Para establecer un control sobre ese Estado de guerra social es que los hombres establecen las leyes que se dirigen a mantener la paz entre los Estados y entre los ciudadanos.

Para analizar las leyes que se derivan directamente de la naturaleza, distingue tres formas de gobierno en las cuales el factor determinante no es quién y cuántos detentan el poder, sino cómo utilizan ese poder. Su clasificación es la siguiente (ídem, p. 49):

| Forma de gobierno | Despotismo | Monarquía | República |
|---|---|---|---|
| Principio Rector | Miedo | Honor | Virtud |
| Naturaleza del gobierno | El poder está en uno solo, sin ley, ni regla, pues gobierna según su voluntad y caprichos | Gobierna uno solo, pero con sujeción a leyes fijas y preestablecidas | El poder está en el pueblo o en una parte del pueblo |

Como podemos notar, para las tres formas de gobierno, una cuestión central radica en el poder. Se pregunta cómo alcanzar un régimen en el que existan libertad cívica, política y que a la vez impidiera la aparición de cualquier forma de tiranía. Es aquí donde alcanza mayor celebridad su obra, al plantear la teoría de la división de los poderes (legislativo, ejecutivo, judicial), basándose en la constitución inglesa y la obra de Locke.

**Del contrato social y los límites de la voluntad general**

En sus obras "Discurso sobre el origen y los fundamentos de la desigualdad entre los hombres" y el "Contrato social", Rousseau, al igual que los anteriores representantes, considera necesario remontarse hasta el Estado natural para adquirir un adecuado conocimiento de las bases sobre las cuales descansa la sociedad humana. Mientras no conozcamos al hombre primitivo, plantea Rousseau, "es inútil que queramos determinar la ley que ha recibido o la que conviene más a su constitución" (Rosseau, J. J. Obras Escogidas, Ed. Ciencias Sociales, La Habana, 1973, p. 529). En el Estado de naturaleza los hombres vivían en libertad, existía la igualdad y se vivía en correspondencia con los dictámenes de la naturaleza. En el mismo "todas las cosas marchaban de manera tan uniforme y en el que la superficie no está sujeta a esos cambios bruscos y continuos que causan las pasiones y la inconstancia de los pueblos reunidos en sociedad" (ídem, p. 534). Los hombres abandonaron ese estado de felicidad cuando por la obra de la civilización se apartaron de él. Los más fuertes se impusieron a los más débiles: "El primero que, habiendo cercado un terreno, descubrió la manera de decir: esto me pertenece, y halló gentes bastante sencillas para creerle, fue el verdadero fundador de la sociedad civil" (ídem, p. 553).

El surgimiento de la sociedad civil dio origen a una profunda contradicción entre la constitución natural del hombre y su condición social de existencia. La solución a esta contradicción no puede ser el regreso "al Estado de naturaleza ni tampoco la renuncia a la sociedad civil". Se trata, en lo esencial, de buscar un modo de convivencia social que permita a los hombres el disfrute de sus derechos naturales: la igualdad y la libertad. Para ello, Rousseau recurre a la idea del contrato social: "Encontrar una forma de asociación que defienda y proteja con la fuerza común la persona y los bienes de cada asociado, y por la cual, cada uno, uniéndose a todos, no obedezca sino a sí mismo y permanezca tan libre como antes". Tal es el problema fundamental cuya solución da el contrato social (ídem, p. 612).

Esta forma ideal de asociación tiene como resultado la creación de un cuerpo político encargado de velar por el respeto de los derechos naturales de libertad e igualdad de los hombres. Para ello es que se constituye el Estado, representante, por lo tanto, de los derechos naturales del hombre: "Pierde su libertad y el derecho ilimitado a todo cuanto desea y puede alcanzar, ganando en cambio la libertad civil y la propiedad de lo que posee" (ídem, p. 615).

Queda sometido el hombre de esta forma a la "voluntad general", constituyendo un acto de soberanía. "Así como la naturaleza ha dado al hombre un poder absoluto sobre todos sus miembros, el pacto social da al cuerpo político un poder absoluto sobre todos los suyos. Es este el mismo poder que, dirigido por la voluntad general, toma, como ya he dicho, el nombre de "soberanía" (ídem, p. 621). En la "voluntad general" es que se expresa la verdadera soberanía del pueblo en su conjunto, y la misma no puede ser patrimonio de un hombre o un grupo de hombres.

**La democracia: la ciencia de asociarse, es la ciencia madre**

Quizás sea el político e historiador francés Alexis de Tocqueville uno de los primeros en estudiar profundamente el papel de las asociaciones un una sociedad civil democrática. Para Tocqueville "después de obrar solo, lo más natural al hombre es lo de combinar sus esfuerzos con los de sus semejantes y obrar en común. El derecho de asociación me parece casi tan inalienable por su naturaleza como la libertad individual" (Tocqueville, A. La Democracia en América, Ed. Fondo de Cultura Económica, México, 1957). De tal forma, que quien se propone destruir la ataca y socava los cimientos de la propia sociedad. Una asociación, señala, consiste solamente en la adhesión pública que da cierto número de individuos a tales o cuales doctrinas, y en el compromiso que contraen de contribuir de cierta manera a hacerlas prevalecer. "En el seno de la sociedad gozan de autonomía, estableciendo una especie de gobierno civil que garantiza su independencia y la plena libertad a sus miembros".

"La independencia, subraya, encuentra en él su parte: como en la sociedad, todos caminan allí al mismo tiempo hacia el mismo fin; pero no está obligado cada uno a moverse en él por el mismo camino. No se hace entonces sacrificio de la voluntad y de la razón; sino que se aplica la voluntad y la razón para hacer triunfar una empresa común" (ídem, p. 212).

El autor de la "Democracia en América" reconoce que hay quienes ven en la libertad de asociación una amenaza a los gobiernos, lo cual no es más que el resultado de la inexperiencia en "materia de libertad". Remitiéndose a la experiencia europea, nos habla del carácter de aquellas asociaciones que se fundan para "actuar y no hablar, combatir y no convencer", con lo cual se ven inclinadas a "darse una organización que no tiene nada de civil, y a introducir en su seno los hábitos y las máximas militares".

Es así como "los miembros de esas asociaciones responden a un santo y seña como los soldados en campaña; profesan el dogma de la obediencia pasiva, o más bien, al unirse hacen de un solo golpe el sacrificio entero de su juicio y de su libre albedrío", llegándose a un Estado de "tiranía" dentro de las mismas (ídem, p. 211). Para la sociedad civil en su conjunto las consecuencias son funestas, ya que, tal situación: "disminuye mucho su fuerza moral y pierden así el carácter sagrado que es inherente a la lucha de los oprimidos contra los opresores. Porque, aquel que transige con obedecer servilmente en ciertos casos a algunos de sus semejantes, les entrega su voluntad y les somete hasta su pensamiento, ¿cómo podrá pretender que quiere ser libre?" (ídem, p. 211-212).

Tocqueville establece una estrecha relación entre la libertad de asociación y la democracia: "no hay país donde las asociaciones sean más necesarias, para impedir el despotismo de los partidos o el arbitrio del príncipe, que aquellos cuyo Estado social es democrático" (ídem, p. 209).

La prohibición de la libertad de asociación conduce inevitablemente al despotismo egoísta, ve en el aislamiento de los hombres la garantía más segura de su propia duración y procura aislarlos por cuantos medios están a su alcance: "Un déspota, continúa señalando, perdona fácilmente a los gobernados que no le quieran, con tal de que ellos no se quieran entre sí; no les exige su asistencia para conducir al Estado, y se contenta con que no aspiren a dirigirlo por sí mismos. Llama espíritus turbulentos e inquietos a los que pretenden unir sus esfuerzos para crear la prosperidad común y, cambiando el sentido natural de las palabras, llama buenos ciudadanos a los que se encierran estrechamente en sí mismos" (ídem, p. 469).

"El despotismo condiciona la prevalencia de la indiferencia general en la sociedad". La libertad de asociación en la sociedad civil es condición inseparable del progreso social, forzando a los hombres a salir de sus "intereses individuales" para tratar en común los "negocios públicos", los obliga a "ayudarse mutuamente" a pesar de las fuerzas que le incitan a la separación. Para Tocqueville: "un pueblo en que los particulares perdiesen el poder de hacer aisladamente grandes cosas, sin adquirir la facultad de producirlas en común, volvería bien pronto a la barbarie" (ídem, p. 474). Su pensamiento es más conclusivo en los siguientes planteamientos: "En los países democráticos, la ciencia de las asociaciones es la ciencia madre y el progreso de todas las demás depende del progreso de estas", y "para que los hombres permanezcan civilizados o lleguen a serlo, es necesario que el arte de asociarse se desarrolle entre ellos y se perfeccione en la misma proporción en que la igualdad de condiciones aumenta" (ídem, p. 476).

Para el logro de este objetivo el autor nos ofrece un método y lanza un reto: "el país más democrático de la tierra, es aquel en que los hombres han perfeccionado más el arte de seguir en común el objeto de sus deseos y han aplicado al mayor número de objetos esta nueva ciencia" (ídem, p. 473).

**"Hacia el mismo fin pero por diferentes caminos"**

En su análisis de la sociedad, Carlos Marx introduce la concepción materialista, que busca las raíces de la "superestructura" en las condiciones materiales de vida: "tanto las relaciones jurídicas como las formas de Estado no pueden comprenderse por sí mismos ni por la llamada evolución del espíritu humano, sino que radican, por el contrario, en las condiciones de vida cuyo conjunto resume Hegel, siguiendo el precedente de los ingleses y franceses del siglo XVIII, bajo el nombre de sociedad civil y que la anatomía de la sociedad civil hay que buscarla en la Economía Política" (Marx, C. Prólogo de la contribución a la crítica de la economía política, Ed. Ciencias Sociales, La Habana, p. 182). En la sociedad civil, entendida como conjunto de "fenómenos económicos", es el lugar donde se despliegan los "antagonismos de clases" que sirven de base para la formación de los "partidos políticos" y su lucha. Estas condiciones son las que originan el Estado, a diferencia de Hegel, que consideraba este proceso a la inversa.

Veamos como lo expresa Marx: "no es el Estado el que condiciona y regula la sociedad civil, sino esta la que condiciona y regula al Estado" (Engels, F. Contribución a la historia de la liga de los comunistas. Ed. Ciencias Sociales, La Habana, p. 458). "El Estado, el régimen político, es el elemento subalterno, y la sociedad civil, el reino de las relaciones económicas, el elemento decisivo. La idea tradicional, a la que también Hegel rindió culto, veía en el Estado el elemento determinante, y en la sociedad civil el elemento condicionado por aquel".

La formulación clásica del marxismo sobre este asunto, que se ha constituido en fundamento de toda la comprensión marxista de la sociedad, queda resumida en las siguientes palabras del propio Marx: "¿Qué es la sociedad, cualquiera que sea su forma? El producto de la acción recíproca de los hombres. ¿Pueden los hombres elegir esta o aquella forma social? Nada de eso. A un determinado nivel de desarrollo de las facultades productivas de los hombres, corresponde una determinada forma de comercio y de consumo. A determinadas fases de desarrollo de la producción, de comercio, del consumo, corresponden determinadas formas de constitución social, una determinada organización de la familia, de los estamentos o de las clases; en una palabra, una determinada sociedad civil. A una determinada sociedad civil, corresponde un determinado estado político, que no es más que la expresión oficial de la sociedad civil" (Carta de C. Marx a P. V. Annenkov del 28 de diciembre de 1846).

En trabajos posteriores, Marx sustituye el término "sociedad civil" por un sistema de conceptos que expresan la llamada "concepción materialista de la historia": base económica, modo de producción, estructura económica de la sociedad y otros.

## La sociedad civil en Cuba hoy: el Partido y la Constitución

En correspondencia con la concepción marxista de la sociedad es imprescindible el análisis del término "organización política de la sociedad", expresión de la sociedad civil en su conjunto. Continuando la lógica expositiva del marxismo, el origen de la organización política de la sociedad se encuentra en la división de la sociedad en clases antagónicas, lo cual condiciona la diferenciación de la vida social y política, apareciendo nuevas relaciones sociales: políticas y jurídicas, con sus correspondientes organizaciones e instituciones (Estado y partidos políticos), fundadas para conquistar el poder.

De esta forma la organización política de cualquier sociedad dividida en clases se define como: "el sistema de instituciones, organizaciones y organismos que regulan las relaciones políticas entre las clases, las naciones y los Estados" (Konstantinov, F., Fundamentos de la filosofía marxista-leninista, Parte II, Materialismo Histórico, Ed. Ciencias Sociales, La Habana, 1968, p. 149). Para otros autores marxistas, la organización política en su sentido estrecho representa el "sistema de la dictadura de la clase dominante", y en su sentido amplio "todos los que participan en los asuntos del Estado".

Con el término organización política de la sociedad se establece una diferenciación entre sociedad civil y Estado, ya anotada en Hegel, y según la cual "la relación de la sociedad civil con su organización política puede ser expresada como la relación entre el contenido y la forma. El concepto de organización política de la sociedad es comparable con el de organización estatal, su relación es la del todo y la parte" (Colectivo de autores. Teoría marxista-leninista del Estado y el Derecho, Ed. Política, La Habana, 1985, p. 294).

En lo que se refiere a la organización política de la sociedad socialista nos encontramos con que el Estado Socialista se levanta sobre la sociedad civil a la manera hegeliana: "El Estado Socialista es, en primer término, un instrumento destinado a unir a las masas, darles una educación comunista y edificar la sociedad nueva" (Konstantinov, E. Op. cit., p. 42). Es decir, el Estado asume la responsabilidad de encausar a todos los hombres hacia la "unidad monolítica" en el pensar y el actuar, hacia la "unidad político-social e ideológica e indisoluble del pueblo" alrededor del partido comunista (Afanasiev. Fundamentos del comunismo científico, Ed. Política, La Habana, p. 43).

El logro de este objetivo solo es posible privando de autonomía a toda la sociedad civil, imponiéndole por la fuerza los esquemas de solo una parte de la misma. Se trata, por lo tanto, de que el Estado, Partido y sociedad civil se conviertan en un todo homogéneo indiferenciado. En el programa del PCC se plantea que "el Partido Comunista de Cuba, vanguardia de la clase obrera y de todo el pueblo, es la fuerza dirigente superior de este sistema y de toda la sociedad" (Programa del PCC, Ed. Política, La Habana, 1987, p. 65).

Al referirse al llamado sistema de la democracia socialista se plantea que el mismo está integrado "por un conjunto de instituciones estatales, organismos y organizaciones políticas, de masas y sociales, de contenido diverso e interrelacionadas en su funcionamiento. El Partido dirige y coordina el trabajo de ese conjunto, y controla que cada uno de sus integrantes cumpla a plenitud sus funciones específicas" (ídem). Más adelante, se reafirman estos propósitos totalizadores: "Nuestro Partido Comunista constituye la fuerza rectora de la sociedad cubana. Determina las líneas más generales del desarrollo del país y la política que corresponde a cada etapa de la Revolución; precisa las direcciones principales en las esferas económica, social y cultural; dirige la política exterior de la Nación; trabaja por profundizar la conciencia revolucionaria y comunista de las masas y las prepara para el enfrentamiento ideológico contra los enemigos de clase; organiza la defensa de la Patria a través de la concepción de la guerra de todo el pueblo" (ídem).

Luego de estas consideraciones solo nos queda concluir que, en estas circunstancias, el Estado es el Partido, el Partido es el Estado, y ambos pretenden asimilar la sociedad civil en su totalidad. Estos planteamientos no quedan en simples declaraciones programáticas de un partido, sino que se han convertido en Ley en la Constitución de la República:

**Artículo 5:** El Partido Comunista de Cuba, martiano y marxista-leninista, vanguardia organizada de la Nación cubana, es la fuerza dirigente de la sociedad y el Estado, que organiza y orienta los esfuerzos comunes hacia los altos fines de la construcción del socialismo y el avance hacia la sociedad comunista.

(Hasta aquí pudiera ser una clase o encuentro. Si el animador lo cree conveniente no enseña esta primera parte teórica y comienza en el epígrafe 3 directamente).

## 3. Concepto actual de sociedad civil

Como hemos podido estudiar en este encuentro, el concepto de sociedad civil, como todos los conceptos y conocimientos del ser humano, ha evolucionado de concepciones muy primitivas y simples a concepciones más modernas y complejas. Todavía hoy existen personas e instituciones que tienen un gran analfabetismo sobre sociedad civil. Es aún un tema novedoso para muchos, peligroso para otros y poco comprensible para otros, debido a que su complejidad y diversidad, su misma estructura plural, articulada y en extensión, hacen el concepto algo muy debatido y en ocasiones inasible o incomprensible para muchos.

Se confunden términos y miembros de la sociedad civil, se le concibe de manera reductiva, refiriéndose por una parte a la oposición y por otra a las empresas lucrativas. Se le confunde, de modo tradicional, y se le define por oposición con lo militar. Se le quiere enmarcar y eso es imposible porque está en constante expansión; se le quiere estructurar como si fuera una institución o conjunto de ellas regida por un poder central y eso es destruirla porque su esencia es la autogestión y la articulación, no la estructuración rígida y jerárquica y se le manipula para convertirla en correa de transmisión de intereses económicos o políticos y eso es desfigurarla y prostituirla.

Veamos algunas definiciones actualizadas de sociedad civil, de algunos pensadores como: Víctor Pérez Díaz, en su obra "La primacía de la sociedad civil", Alianza Editorial S. A., Madrid, 1993, p. 76-81, lo sistematiza así: "Algunos de los problemas con los que nos enfrentamos a la hora de aplicar, en la situación presente, el concepto de sociedad civil, radican en la ambigüedad del mismo. En parte esta ambigüedad es el resultado de una complicada historia intelectual:

**1.** En un primer momento, el término "sociedad civil" fue usado en su acepción más amplia, como sinónimo de "sociedad política". Más tarde, su significado cambió, y comenzó a ser utilizado en oposición al concepto de "Estado". Este parece ser su uso más extendido hoy día. Por ahora solo queremos comenzar distinguiendo claramente entre los dos significados diferentes que aparecen ligados al uso del término, y aplicando diferentes términos para cada uno de estos significados: sociedad civil *sensu latu* o en sentido amplio y sociedad civil *sensu stricto* o en sentido restringido.

**a. Sociedad civil en sentido amplio (1):** denota un entramado de instituciones sociopolíticas que incluye: un gobierno (o Estado) limitado que opera bajo el imperio de la ley; un conjunto de instituciones sociales tales como mercados (u otros órdenes espontáneos extensos) y asociaciones basadas en agentes voluntarios entre agentes autónomos, y una esfera pública, en la que estos agentes debaten entre sí, y con el Estado, acerca de asuntos de interés público, y se comprometen en actividades públicas. Este es el tipo de sociedad civil al que se refieren los filósofos escoceses del siglo XVIII, como Ferguson (1769, edición de 1980).

Esta construcción conceptual de sociedad civil en sentido amplio, tiene una consistencia interna. La sociedad es "civil" en tanto sus agentes son "ciudadanos" (y no meros súbditos de un déspota o una casta dominante) y por tanto miembros de una sociedad "civilizada" (y no de una sociedad bárbara o atrasada). Pero la cuestión es que pueden ser ciudadanos solo porque son agentes autónomos, y pueden ser autónomos frente al Estado solo porque este tiene un poder limitado para entrar dentro del dominio reservado de estos agentes. De esto se deduce que, dentro de la sociedad civil en sentido amplio, hay una importantísima línea divisoria entre el Estado y el ciudadano. Esta línea divisoria ofrece un punto de partida para el desarrollo de un segundo concepto de sociedad civil en sentido restringido (o estricto).

**b. Sociedad civil en sentido estricto (2):** Se reduce a las instituciones sociales, tales como mercados y asociaciones, y a la esfera pública, (donde se debaten asuntos de interés público, entre ellas y con el Estado) pero excluyendo (de este concepto de sociedad civil) a las instituciones estatales. Sin embargo, esta autonomía de la sociedad civil (2) (en sentido estricto) puede existir de una manera más o menos mitigada. Solo será plena cuando el Estado forme parte de una sociedad civil en sentido amplio (sociedad civil uno), esto es, cuando sea un Estado limitado operando bajo el imperio de la ley.

Si esto no es así, las instituciones de la sociedad civil dos (en sentido estricto: mercados, asociaciones, esfera pública, menos las estatales) existirán de manera mitigada, o precaria, en el marco de configuraciones históricas tales como aquellas que han estado dominadas por regímenes políticos autoritarios, o totalitarios (por ejemplo, la España franquista y las sociedades socialistas de Europa oriental).

Por ello cabe argüir que el desarrollo o la emergencia de una sociedad civil en sentido restringido dentro de un régimen autoritario o totalitario, prepara el camino para su transición a una democracia liberal y, en consecuencia, para el completo establecimiento de una sociedad civil en sentido amplio.

A su vez puede también argumentarse que, una vez que la sociedad civil en sentido amplio (1) ha sido establecida, ello implica el reforzamiento de las instituciones de la "sociedad civil dos": los mercados, las asociaciones voluntarias y la esfera pública. Existe pues, una estrecha relación entre "sociedad civil uno" y "sociedad civil (2)", pero esta (relación) no supone una total implicación recíproca: Aunque la "sociedad civil (1)" (en sentido amplio) es inconcebible sin una sociedad civil en sentido restringido (2) que sea parte de ella; en cambio, esta "sociedad civil dos" puede existir con o sin, un régimen político de democracia liberal, o su equivalente, y por tanto, puede existir dentro o no, de una sociedad civil en sentido amplio.

## Distinción entre sociedad civil y Estado

Para mayor claridad, de aquí en lo adelante usaremos el término "sociedad civil" para referirnos a la sociedad civil en sentido restringido: es decir, a instituciones sociales tales como los mercados y las asociaciones voluntarias, y a la esfera pública, que están fuera del control directo por parte del Estado. En realidad ha sido precisamente la necesidad urgente de entender mejor estas relaciones la que ha empujado a tantos actores sociopolíticos a reinventar, o aplicar de nuevo, el concepto de sociedad civil. La distinción entre Estado y sociedad civil parece ser así una previa condición lógica e histórica, para poder analizar las relaciones entre ambos, mientras que, en cambio, del empeño en desdibujar aquella distinción solo podrían esperarse confusiones analíticas y normativas.

## La esfera pública y los mercados forman parte de la sociedad civil

En primer lugar, incluimos la esfera pública, o del debate público, dentro del área de la sociedad civil. La razón es que entendemos que la sociedad civil está compuesta de agentes implicados tanto en actuaciones privadas como en debatir y actualizar diferentes versiones del interés público (y ello incluye tanto agentes individuales como colectivos, tales como grupos de interés y movimientos sociales). Con ello queremos hacer hincapié en la relación y la compatibilidad, entre estas dos dimensiones: privada y pública, en la actuación de los agentes, y expresar nuestro desacuerdo con quienes entienden que la sociedad civil solo hace referencia a la actuación de los agentes en tanto que sean portadores de intereses particulares o privados. Por ello también diferimos de los autores que sugieren un término diferente, el de "sociedad política", para referirse a aquellos agentes sociales en tanto que estén involucrados en el debate público y en la actividad pública.

En segundo lugar, en nuestro esquema conceptual, o modelo analítico, las instituciones sociales de la sociedad civil incluyen tanto los mercados (empresas lucrativas) como las asociaciones voluntarias. Esto implica la complejidad de la sociedad civil (Keane 1988b, 64), y su peculiar combinación de cooperación y competencia entre sus unidades constituyentes. Jürgen Habermas, por ejemplo, considera que el núcleo de la sociedad civil estaría compuesto por las asociaciones voluntarias, situadas de algún modo fuera del Estado y de la economía (entendidos estos últimos como campos de actuación sistemáticamente integrados que operarían con arreglo a su propia lógica).

En tercer lugar, desde nuestro punto de vista, los mercados, las asociaciones voluntarias y la esfera pública, constituyen un sistema de cooperación y competencia que, afectando a un gran número de agentes autónomos, abarca una amplia variedad de áreas de la vida (económica, social, política y cultural) y dispone de un alto nivel de autocoordinación.

Estas premisas contradicen dos postulados de las teorías sobre la sociedad civil dentro de la tradición marxista. **Primero**, los escritores marxistas suelen usar el término (sociedad civil) para denotar un lugar o territorio particular de la sociedad. **Marx tiende a reducir la sociedad civil al mercado y Gramsci, a las instituciones socioculturales de la sociedad.** Segundo, los pensadores marxistas consideran que ese lugar o territorio tiene una significación estratégica extraordinaria, y **relacionan su teoría de la sociedad civil con una teoría de la lucha de clases (o en Gramsci, de una lucha por la hegemonía**; ver Bobbio 1988), que abocaría a una transformación radical, y eventualmente la desaparición, de la sociedad civil. Pero por otra parte, obsérvese que aquellas premisas de nuestro modelo analítico son compatibles con la incorporación de grados diversos de conflictividad y mecanismos de control autoritario en el interior de la sociedad civil (lo que cabe llamar los límites internos de la sociedad civil). (Hasta aquí la cita de Víctor Pérez Díaz, en su obra "La primacía de la sociedad civil", Alianza Editorial S. A., Madrid, 1993, p. 76-81).

Consideremos ahora otra fuente: lo que el Compendio de la Doctrina Social de la Iglesia (2004) expresa como sociedad civil: "Es imposible promover la dignidad de la persona humana si no se cuidan las familias, los grupos, las asociaciones, las realidades territoriales locales, en definitiva, aquellas expresiones agregativas de tipo económico, social, cultural, deportivo, recreativo, profesional, político, a las que las personas dan vida espontáneamente y que hacen posible su efectivo crecimiento social." Es este el ámbito de la sociedad civil, entendida como el conjunto de las relaciones entre individuos y entre sociedades intermedias, que se realizan en forma originaria y gracias a la "subjetividad creativa del ciudadano". La red de estas relaciones forma el tejido social y constituye la base de una verdadera comunidad de personas, haciendo posible el reconocimiento de formas más elevadas de sociabilidad.

"La sociedad civil es un conjunto de relaciones y de recursos, culturales y asociativos, relativamente autónomos del ámbito político y económico: "el fin establecido para la sociedad civil alcanza a todos en cuanto persigue el bien común, del cual es justo que participen todos y cada uno según la proporción debida. Se caracteriza por su capacidad de iniciativa, orientada a favorecer una convivencia social más libre y justa, en la que los diversos grupos de ciudadanos se asocian y se movilizan para elaborar y expresar sus orientaciones, para hacer frente a sus necesidades fundamentales y para defender sus legítimos intereses" (Compendio de la Doctrina Social de la Iglesia, CDSI, 417).

Hasta aquí hemos visto diversos conceptos de sociedad civil, desde Platón a Montesquieu, desde Marx y Gramsci hasta el crsitianismo. A continuación presentamos lo que en este curso entendemos por sociedad civil.

## Nuestra definición de sociedad civil

**En este curso entendemos por sociedad civil:** Es el conjunto abierto, complejo, diverso, incluyente, articulado, de las relaciones y recursos que conforman un tejido social o entramado cívico de todos aquellos grupos naturales, asociaciones sociales, culturales, deportivas, empresariales, políticas, profesionales, asistenciales, solidarias, sean lucrativas o no, de todas aquellas instituciones religiosas, fraternales, humanitarias, de todas aquellas organizaciones ya sean de carácter local, nacional e internacional, y que todas ellas tienen como rasgos comunes:

- **Su autonomía:** de fundación, de gestión, de financiamiento, de organización y acción con respecto a cualquier estructura del Estado (que sean de verdad no-gubernamentales).
- **Sus métodos y fines pacíficos.**
- **La esfera pública o espacio público:** libre y participativo, donde pueden debatir entre ellos los asuntos cívicos, políticos, públicos, también forma parte de la misma sociedad civil como su atmósfera o hábitat. Este espacio público también le permite a los grupos de la sociedad civil debatir, presionar, denunciar o cooperar con el Estado y con las Estructuras del Mercado macroeconómico, así como crear estados de opinión y presión pacífica y democrática con relación al Estado y al Mercado.

Consideramos que las empresas y otras formaciones de la economía forman parte de la sociedad civil aún cuando algunas de ellas actúen en el ámbito de la sociedad civil oponiéndose o cooperando con las estructuras de la macroeconomía o del Mercado internacional globalizado. Las empresas son espacios de participación ciudadana y deben contribuir al sostenimiento de los miembros no lucrativos o de voluntariado que comparten con ellas el tejido social. La sociedad civil no debe ser reducida a las iniciativas empresariales lucrativas solamente.

Las formaciones políticas (partidos, movimientos, etc.) deben ser consideradas como parte de la sociedad civil cuando están en la oposición y cuando cumplen con los rasgos comunes arriba mencionados, es decir, su carácter autónomo con relación al Estado y su carácter pacífico.

Además las formaciones políticas deben acoger, interpretar y canalizar las aspiraciones del resto de la sociedad civil orientándolas al bien común, ofreciendo a los ciudadanos la posibilidad efectiva de concurrir y participar en la formación de las diversas opciones y propuestas políticas que emanan del seno del mismo tejido social. La sociedad civil no debe ser reducida a las formaciones políticas opositoras solamente.

#### EJERCITACIÓN

**1.** Si el grupo es grande se forman equipos que responderán a las preguntas y al final se hace una plenaria.

- Hacer un esquema o cuadro sinóptico de los presupuestos teóricos en que se relacionen, por orden cronológico: los autores mencionados, las obras que escribieron y su concepto de sociedad civil.
- Poner 10 ejemplos de instituciones o grupos cubanos que pertenezcan y 10 que no pertenezcan a la sociedad civil, según la definición dada en este curso.

**2.** Evaluación del encuentro.

## TEMA 2: "PROTAGONISMO DE LA SOCIEDAD CIVIL EN LA HISTORIA DE CUBA"

#### OBJETIVOS:
**1.** Reflexionar sobre la presencia y el grado de protagonismo de la sociedad civil en las diferentes etapas de la historia de Cuba, especialmente en los siglos XIX y XX.
**2.** Que los participantes deduzcan las lecciones de esta breve historia de la sociedad civil en Cuba.

#### MOTIVACIÓN

**1.** El animador pide a los participantes que piensen que son para ellos: Patria, Nación, Estado, Gobierno, Sociedad. Entrega a cada uno lápiz y papel. Deja un tiempo para trabajo personal.

**2.** En plenaria anima una "lluvia de ideas". En pizarra pone los conceptos: Patria-Nación-Estado-Gobierno-Sociedad.
Anima a cada participante a ir aportando elementos a cada definición. No pasan al siguiente hasta que no se haya completado el anterior.

**3.** Al terminar hace el resumen, dejando claras las diferencias. El animador presenta el tema y explica los objetivos.

#### DESARROLLO

**1.** Para vislumbrar mejor un futuro en que la República se haga adulta en el ejercicio de una participación cívica enraizada en el tejido de la sociedad civil, debemos echar una ojeada, aunque fuera somera, a esas **"señales de los tiempos"** que, en las diferentes épocas de nuestra historia como nación, fueron marcando el sentido y la dirección en que ese entramado social se tejía y destejía, según el devenir de períodos de autoritarismos o de mayores espacios y dinámicas de participación democráticas.

**2. Las minorías guiadoras** y los gérmenes no desenvueltos del siglo XIX: los que hacían señales en la noche. Cuando un día se haga, como lo espero, una historia de la sociedad civil en Cuba, de ese tejido social intermedio con dinámica y conciencia particulares, habría que empezar por aquellos pequeños grupos de creadores y comerciantes, de educadores y religiosos, que fueron "marcando la diferencia" entre "lo insular y lo peninsular", entre lo criollo y lo castizo, primero en sus cabezas y en su corazón, luego en sus ojos y con sus propias manos.

No intentaremos ni siquiera esbozarlo, pues no es el fin ni el lugar, pero no podríamos comprender el devenir de la sociedad civil cubana sin acudir a la noche, antes del alba, de ese "sol del mundo moral" que viene de lo alto, y sin acudir a lo más profundo y silencioso del *humus* histórico en el que se enraízan, muchas veces sin hacerlo muy consciente, el por qué del talante acogedor del cubano, su sentido de la justicia, su ansia irrefrenable de escapar de los conflictos, su poder de recuperación, su miedo ignoto a cambiar radicalmente, su religiosidad, su falta de perseverancia, su espíritu emprendedor y, sobre todo, lo que Manuel Márquez-Sterling ha dicho así: Cuba es "un pueblo que siempre ha padecido de una obsesión mesiánica."

Ya sabemos que el término sociedad civil, tal como lo entendemos hoy, y con las connotaciones y vericuetos que ha ido adquiriendo, no era usado en aquellos siglos de abono y sementera. Pero la realidad de grupos, asociaciones, instituciones cívicas, culturales y religiosas, sí marcaron una dinámica social que por su significación es imprescindible mencionar:

**El mundo de las sociedades gremiales** de azucareros, de cafetaleros, pero sobre todo de tabaqueros que impactaron a toda la sociedad con sus demandas y "rebeldías", signos de autonomía con relación a la metrópoli y motor para marcar la diferencia con ella.

**El mundo de la cultura y la creación literaria,** con sus obras impresas y sus tertulias, células estaminales de libertad, identidad y nacionalidad. La fundación de la Universidad, del Seminario de San Carlos, de la Sociedad Económica de Amigos del País, del Papel Periódico, son muestras de la gravidez de ese mundo, sin duda, uno de los más fecundos en la gestación del entramado social y en la formación de protagonistas de esta gestión.

**El mundo de la creación científica y tecnológica,** o lo que pudiéramos llamar el mundo de la industria y el comercio que, como nadie, ha recopilado e imbricado en nuestra historia, el ya fallecido Dr. Moreno Fraginals, en "El ingenio". En esta obra monumental el insigne historiador dice sin ambages: "Al construir su mundo económico el sacarócrata prueba a la metrópoli, y se prueba a sí mismo, que hay un futuro de posibilidades insospechadas y que él pertenece a ese futuro. Lo prueba de manera tangible, constante y sonante, con un triunfo económico que es a la vez victoria política de primer orden. La vida azucarera ha sido edificada por sus propias manos, no la ha importado de España, es un fenómeno insular, autóctono... y esto va a significar una inversión en los valores fundamentales de la vida".

El mundo de la Iglesia, con su labor humanística y social, pero sobre todo con el servicio de sus "espacios", terreno, aire y regadío, para un enjambre de asociaciones piadosas, educacionales, promocionales y de asistencia social que pudiéramos llamar, sin rubor, el primer panal, totalmente estructurado y capilarmente abarcador del territorio insular, con que pudo contar Cuba y del que pudieron asumir y criticar, aunque fuera solo como modelo de tejido social, los gestores cívicos que, aún después, desde la radicalización secularista tardía, tomaron de este entramado de espacios repletos de laboriosidad y miel para curar heridas sociales, arquetipos de una sociedad organizada con autonomía relativa en relación con un "Estado" lejano en su centro de poder, colonialista en su dinámica de explotación de los recursos, e insuficiente por la pobreza de los recursos y métodos políticos utilizados para gobernar o desgobernar.

**Todos estos gérmenes modélicos de asociación cívica y religiosa**, hicieron que los siglos anteriores desembocaran en el paradigmático siglo XIX cubano barboteando una nación que solo vería luz de Estado reconocido internacionalmente otro siglo después. Estos espacios generadores de sociedad civil fueran llamados por Medardo Vitier "agencias alteradoras que comunican densidad a una época". Creemos que en la medida en que se desarrolle más la red de la sociedad civil, más garantías existirán para la libertad y la democracia.

**Agencias alteradoras que comunican densidad a la sociedad civil del siglo XIX cubano**

Sirva como resumen, indicativo del sentido en que quisiéramos demostrar este postulado, las "agencias de alteración" que configuraron la cubanidad en el siglo XIX: "La configuración de ese período resulta de los factores siguientes:

- **los modos del pensamiento político** (unos reformistas, otros separatistas).
- **las grandes revistas** (*Bimestre*, la Revista de Cuba, etc.), conservadas hoy en numerosos volúmenes.
- algunos **periódicos diarios** (*El Habanero, El Siglo, El País*).
- una serie de **folletos políticos**, que llamaríamos ahora **ensayos** ("La Isla de Cuba tal cual es" de Domingo del Monte, "Cuba: su porvenir" de José María Zayas, "Cuba contra España" de E. José Varona).
- el prestigio que alcanzó **la creación y la crítica literaria** ("Hojas Literarias" de Manuel Sanguily y otras de Del Monte).
- **las tertulias literarias** de Piñero, Heredia, Milanés, Justo de Lara, Varona, Montoro, Domingo del Monte, etc.).
- la influencia de varias **instituciones** (El Seminario San Carlos, la Sociedad Económica de Amigos del País, que conserva su gran

biblioteca y parte de la ingente labor cívica anterior, el Colegio "El Salvador" de José de la Luz, etc.).
- el auge de **la oratoria** (en Sociedades como el Liceo de Guanabacoa, la Caridad del Cerro y en otros donde se escuchó con veneración a Montoro, Martí y otros).
- los representantes del **pensamiento filosófico** (Varela, Luz, los "Elementos de la Filosofía del Derecho" de Antonio Bachiller y Morales, Varela Zequeira, Montoro, Varona, etc.).

Varias "lecciones" de estos siglos pudieran ser hechas y actualizadas según conveniencias e intereses; debemos recordar aquellas dos que el mismo autor citado propone:

- Que "la transición de una mentalidad a otra debía ser etapa previa" a la transición político-económica.
- Que "Cuba necesitaba en su último siglo colonial, levantar la conciencia... al mundo de los problemas". "Azúcar, café, esclavitud doméstica, eran garantía de bienestar en lo material... Sobreviene al sopor del espíritu. Nuestros guiadores interrumpían el monótono disfrute y hacían señales en la noche."

Es permitido recordar dos frases del Padre Félix Varela que resumen, de cierta forma, la intención de las minorías guiadoras que cruzaron el fin del siglo XVIII y entraron en el siguiente, gestando la Nación cubana:

- "Se trata de formar **hombres de conciencia** en lugar de farsantes de sociedad, hombres que no sean soberbios con los débiles ni débiles con los poderosos".
- "¿Quién le pone el cascabel al gato?... **Créase el estado de opinión** y... gato escaldado del agua fría huye".

Aquellas dos "moralejas" y estos dos pensamientos, no por repetidos todavía bien asumidos, nos invitan a prepararnos para una nueva transición en Cuba. Si tuviéramos que dejar en nuestro equipaje mínimo dos señales del siglo XVIII y XIX cubanos para esta transición hacia una nueva república desde la sociedad civil, dejaríamos estas:

**1.** Es necesario trabajar en la transición de la conciencia, de la mentalidad, lo que hoy se diría en la creación de nuevos estados de opinión.

**2.** Es necesario que las minorías den señales claras y elocuentes que puedan guiar a los demás en la transición. Entre las señales que más credibilidad y capacidad de convocatoria tienen se encuentran las asociaciones, organizaciones, movimientos y espacios autónomos de la sociedad civil.

## El siglo XIX: una historia no de las guerras solamente sino de la sociedad civil

Concluía una centuria fundacional, quizá lo que más destaque en nuestras historiografías sean las guerras de independencia. Es una mirada propia de aquel siglo. Una mirada épica y violenta, una mirada a lo grande y extraordinario, una mirada desde arriba. Pero el siglo XIX en Cuba fue más que guerras y treguas. Su carácter fundacional no viene solamente, ni principalmente, de las contiendas bélicas con todo el mérito que ellas tienen desde el punto de vista de aquella mentalidad.

Viene del diseño de un proyecto de nación, de la apertura de una mentalidad diferente, de la siembra de valores y virtudes que formó hombres y mujeres fundadores, viene de la búsqueda de una identidad propia, de un camino hacia la libertad característico; viene, en fin, de consolidar una cultura devenida en nacionalidad y defendida durante las guerras como "República en Armas". No se trataba de separarnos de España por la fuerza para comenzar a ser diferentes. Ya éramos diversos. Era más bien independizarse de España para que el *ethos* cubano ya existente pudiera pasar de una "cultura cautiva" a una "cultura en expansión". Ni se trataba de alcanzar la libertad para diseñar una nacionalidad. Ya había una comunidad de cubanos que vivían con esa mentalidad y conducta. Era más bien que esa nacionalidad se convirtiera en nación mientras gestionaba su propia libertad. Tampoco se trataba de esperar a que llegara la plenitud de esa libertad para comenzar a estructurar una República. La República "vivía en la manigua" y creaba sus tribunales, parlamentos y gobiernos, destituía presidentes y redactaba constituciones. Era más bien que esa República en Armas se convirtiera, con la independencia, en una República en Paz, en una República en Almas, es decir, en una República Moral, cuya eticidad y democracia fueran (para todos los cubanos y aún para los españoles honestos) lo que es una República: un espacio público "donde quepamos todos", no el terreno excluyente de intereses partidarios.

José Martí, quien vivió y animó este proceso de fundación de la República en Almas, nos lo describe, de una manera insigne, apasionada y anticipada, un 10 de octubre de 1881, veinte años antes del nacimiento de la primera República: "Aquí velamos; aquí aguardamos; aquí anticipamos; aquí ordenamos nuestras fuerzas; aquí nos ganamos los corazones; aquí recogíamos y fundíamos y sublimábamos, y atraíamos para el bien de todos, el alma que se desmigajaba en el país... Con el dolor de toda la Patria padecemos, y para el bien de toda la Patria edificamos, y no queremos revolución de exclusiones ni de banderías... ni nos ofuscamos ni nos acobardamos. Ni compelemos ni excluimos. ¿Qué es la mayor libertad, sino para emplearla en bien de los que tienen menos libertad que nosotros? ¿Para qué es la fe, sino para enardecer a los que no la tienen? Es cierto que las primeras señales de los pueblos nacientes, no las saben discernir, ni las saben obedecer, sino las almas republicanas... Y esto hacemos aquí, y labramos aquí sin alarde, un porvenir en que quepamos todos..."

Un siglo después, esta República incluyente está todavía por alcanzar. Pero aprendamos a discernir "las primeras señales" como almas republicanas del siglo XXI.

### 3. El siglo XX: de la sociedad civil al totalitarismo

### a. La República recién nacida

**Al comenzar el siglo XX se instituyó nuestra primera República**; pero el 20 de mayo de 1902 la República ni comenzó a gestarse, ni pudo dar a luz a la plenitud del proyecto. Aquel día la gestación alcanzó reconocimiento oficial en el seno de la comunidad internacional. Se reconocía una criatura viva, con un rostro propio, hoy diríamos que con una información genética inconfundible, pero, al fin y al cabo, una criatura sin madurar como adulto, prendida aún, tanto de la matriz de España, como del cordón umbilical enredado en su cuello por Estados Unidos. Así fue, por las razones que conocemos y que debemos ir profundizando, sobre todo viendo estos hitos del proceso con "los ojos" y la mentalidad de aquella época. La República de Cuba fue reconocida por la comunidad internacional, querámoslo o no, desde nuestra visión contemporánea. Pero reconocida, al fin y al cabo, como nación independiente cuando aún estaba en gestación y no tenía el índice de madurez que requería para el parto. Esto lo vemos más claro a medida que pasan las décadas. Al filo de un siglo, nos hubiera gustado que el nacimiento fuera más a término, que la criatura no naciera con el cordón enredado en el cuello "por razones de seguridad", que se hubiera desprendido antes de esa matriz colonial que de tanto quererla la retuvo hasta que no pudo más, a riesgo de la vida de la siempre querida "Perla de las Antillas".

Aún queriendo a un pueblo se le puede entorpecer su crecimiento en adultez. Aún queriendo ser garante de "su seguridad y estabilidad" se le puede mantener "acordonado" con el pretexto de que necesita ser "alimentado" ya que, por sí mismo, "todavía no se sostiene".

Podemos decir que el 20 de mayo de 1902 la comunidad internacional asistía al reconocimiento de una República que tenía ya su propio *ethos*, su cultura, su nacionalidad, su estructura y rostro diferentes y reconocibles. Pero asistía a ese reconocimiento como la familia que un poco de tiempo antes del parto es convocada por un médico amigo para que "vea" a la nueva criatura a través de la pantalla del ultrasonido.

Así, la primera década transcurrió con dos gobiernos y una intervención norteamericana. Mientras, los cubanos irían asumiendo que les tocaba a ellos mismos ser los protagonistas de su República. Primero la aspiración al poder de los antiguos generales de la guerra, luego la de los civiles de la segunda generación, pero aún poniendo como escalera los méritos de la guerra del 95 y marcados por lo que pudiéramos llamar la "infancia política" que provocaba, con frecuencia, una situación en la que se podía apreciar que muchos no sabían qué hacer con el "juguete nuevo" de la independencia formal.

**b. La República adolescente**

**La década del 20 en Cuba está considerada como "la década crítica".** En ella nos fijaremos en la evolución de la sociedad civil que comienza a "cubanizarse" muy lentamente, pero con un punto de inflexión claro y decisivo. Las organizaciones y movimientos cívicos, las Iglesias, las Logias y Fraternidades, los empresarios y profesionales, comienzan a crear nuevos espacios de concienciación y participación ciudadana que mueve, efectivamente, la sintonía de Cuba como "República adolescente". Adolescencia, edad crítica en la que comienza a darse cuenta, ella misma, de su crisis de crecimiento, que la coloca en la disyuntiva de seguir "jugando" como niños a "los generales y doctores" o, por el contrario, ir saliendo del seno de la familia anterior, ir dejando atrás la curiosidad sobre las estructuras del Estado que no pueden funcionar bien si no existen ciudadanos responsables, demócratas para una verdadera democracia, que asuman la construcción y el destino de un nuevo país más allá y más debajo de su propio juego político y de sus recién estrenadas estructuras de poder. Julio Le Riverend, en su prólogo a la segunda edición de "Entre cubanos" de Fernando Ortiz, da su propia apreciación sobre esta inflexión crítica de la década de los veinte en Cuba:

*Las primeras respuestas al fenómeno de desintegración histórica se vuelve contra el choteo, humorismo cubano que encubre tanto cinismo como honrada crítica, imputa la carencia de disciplina y unión, o sea, la indiferencia del frustrado y el deterioro de la nación detenida... subraya la ligereza como falta de tenacidad en la persecución de los objetivos individuales y nacionales, no se deja de señalar la irresponsabilidad, grado mayor de la indiferencia, ni la incultura como caracteres que integran el ser nacional en momentos en que se requieren las más altas virtudes.*

De esta valoración pudiéramos subrayar que hay unas "primeras respuestas"; se esboza un diagnóstico del "ser nacional", destacando irresponsabilidad y falta de cultura cívica, y se reconoce estar en un "momento" en que se requerían "altas virtudes". Coincidimos con el análisis de la realidad pero nos gustaría matizar la apreciación global del proceso. Le Riverend y otros cercanos a su misma escuela de pensamiento, parece que ven en este proceso una dinámica de desintegración-integración, de negación de la negación, de unidad y lucha de contrarios, de avances y retrocesos.

Aunque esta pudiera ser una visión (marxista) sobre el devenir histórico, preferiríamos acercarnos a otra forma de interpretarlo, evaluándolo como un proceso de crecimiento en el que necesariamente se van dejando atrás etapas de inmadurez que aparecieron como consecuencia lógica de la "edad" de la República, como rasgos de su niñez, de su adolescencia, de su primera juventud. Pero al fin y al cabo, crisis de crecimiento en el sentido de la madurez progresiva, de la gradualidad de las responsabilidades, no del traumatismo de la lucha de clases.

### c. La República joven (1930-1940)

La tesis de Medardo Vitier pudiera acercarse más a esta forma de interpretar el devenir republicano: "Nuestro siglo XIX está lleno de gérmenes, de tal suerte que llegamos a la República sin haberlos desenvuelto todos. Parte de nuestro pasado conserva su vigencia." Creemos que interpretar el devenir del siglo XX cubano a la luz de aquellos "gérmenes" de nuestro siglo fundacional nos permitirá aprehender una visión más acorde con nuestra cultura, y especialmente con nuestro humanismo, más que una interpretación de nuestra historia a partir de filosofías totalmente foráneas que comenzaron a ser infiltradas en la sociedad civil cubana, precisamente, en esa década crítica de los años 20.

Sería muy importante para la "comprensión" de nuestra historia seguir usando el "instrumental" filosófico fraguado en nuestro siglo XIX (desde un eclecticismo mestizo, es verdad, pero así fuimos y somos), mezclado en un molde criollo, en unas cabezas autóctonas y abiertas a lo mejor del mundo, moldeado en una escuela cubana de pensamiento que también durante el siglo XX tuvo sus pensadores insignes que prefirieron seguir en la clave de Caballero, Varela, Luz y Martí. En esta clave se pudo atravesar el mar de ciclones y dictaduras, el mar de tormentas y desconciertos, hasta llegar a la Constitución de 1940 y toda esa década de nuestra primera juventud institucional, no exenta de granos en la cara y dislates en la calle, de corrupciones y tanteos, pero con la solidez y el ímpetu del que sabe ya lo que hace y lo hace para llegar a ser plenamente adulto, aunque no le salga como soñó en su primera juventud y aunque algunos sueños atraviesen un "mar rojo" de pesadillas (siempre hay una orilla, y una "pascua", un paso, una transición).

Ese instrumental de interpretación filosófico se mantiene hoy útil y sin oxidar. Tiene "una huella profunda y radical, es innegable, en la inspiración de aquellas décadas germinales de nuestra nacionalidad, de nuestra cultura: la huella de Cristo, el soplo de su voz... en la voz de aquel sacerdote José Agustín Caballero, a quien Martí llamó el Padre de los pobres y de nuestra filosofía" -como expresara Cintio Vitier en la Velada cultural del Encuentro Nacional Eclesial Cubano, en 1986 en el Seminario de San Carlos, donde nació nuestra nacionalidad.

Pero no basta con esa "pleamar, visión, llamamiento de lo superior en la naturaleza humana y, a la sazón, las estructuras estatales, y ese "mar de fondo", ese movimiento sísmico incontenible que saldrá a la superficie del 1930 al 33 con la "revolución que se fue a bolina"-como dijera Raúl Roa- y que venía ya gestándose de diversas formas desde mucho antes por el capilar tejido de la sociedad civil republicana. Así, van surgiendo iniciativas y espacios de inspiración marxista: la "Protesta de los Trece", la *Revista de Avance*, un nuevo sindicalismo, un partido de "nuevo tipo" dan figura a una forma de ver la historia y de "hacerla". Por otro lado, la Iglesia Católica y otras intentaban desembarazarse de su matriz española (o norteamericana si eran iglesias evangélicas) y funda en la misma década de los 20 las primeras organizaciones laicales de Acción Católica: los Caballeros Católicos en el 25, las Juventudes Católicas en el 28, la Agrupación Católica Universitaria en el 31. Ese proceso de cubanización, hay que decirlo así, fue especialmente fomentado por órdenes religiosas como los Jesuitas, los Hermanos de la Salle, los Dominicos, etc.

Estos últimos se adelantaron a la década del 20 creando el espacio, patrocinando la labor de laicos como el Dr. Mariano Aramburo y Machado, jurisconsulto católico e intelectual brillante, quien fundara el 26 de octubre de 1919 la **Academia Católica de Ciencias Sociales** en los espacios que los dominicos cedieron en el nuevo Convento de San Juan de Letrán en el Vedado habanero. Esa Academia no se entretuvo en ejercicios utópicos del pensamiento sino que a un año escaso de su fundación, presentó en el Senado de la República de Cuba el **Primer Proyecto de Código del Trabajo**, el 20 de julio de 1920. En sus palabras de presentación del Proyecto de Código del Trabajo en el plenario del Senado, el Dr. Aramburo expresaba: "esta codificación, a pesar de lo mucho que fragmentariamente se ha legislado sobre la materia en casi todos los pueblos modernos, aún no se ha llevado a cabo en ninguna parte, siendo Cuba la primera nación en realizarla, por el esfuerzo de la Academia."

Eran estas iniciativas de la pujante sociedad civil a partir de la década crítica (1920-30), las que marcaron el derrotero de lo más sano de la República de Cuba. Fue el camino hacia la adultez que aún no hemos alcanzado; pero, camino al fin, marcaba el rumbo. Se ha escrito demasiado de la sucesión de gobiernos y dictaduras, de golpes de Estado e intervenciones norteamericanas, de revoluciones y metrópolis ya fueran española, norteamericana o soviética. Esta sigue siendo una historia contada desde arriba y desde fuera del seno de la sociedad civil cubana.

Es la historia del poder estatal, no del poder civil. Es la historia de los gobernantes, no de los ciudadanos. Es la historia, en fin, de las veleidades políticas, que desconocen mucho y bueno de la audacia, la creatividad, y de la responsabilidad, decisoria en ocasiones, de las organizaciones cívicas intermedias en la historia de la colonia, de la República, de la conquista del poder por parte de una Revolución hecha, sostenida y secundada, en sus primeros años, por la sociedad civil. Y ahora, la historia reciente, aún en el horno y en la fragua de una transición (si se acepta que ya comenzó), muestra, a todas luces, que se inició por la reconstrucción de un nuevo tejido autónomo y creciente de la sociedad civil postotalitaria.

Marifeli Pérez-Stable, en su monumental libro sobre la Revolución cubana, precisamente titula el capítulo que abarca de 1902-1958: Política y Sociedad.

Al leerlo, nos acordamos de ese contrapunteo que mencionamos en el párrafo anterior. Ella presenta hechos e interpretaciones: por un lado una República plattista que intentaba sostener su propia gobernabilidad, por otro y al mismo tiempo, en su propio seno, una sociedad que retaba la estructura y el funcionamiento, la honestidad y el decoro de esa misma estructura política: "Contener a las clases populares se convirtió en la razón *sine qua non* de la República mediatizada... Como principio la clase política intentaba evitar la intervención... para la clase política la corrupción era la condición tácita de la estabilidad, mientras que para los Estados Unidos la mala administración del Estado era evidencia de la capacidad limitada de los cubanos para autogobernarse... Varias conmociones en diversos sectores no tardaron en desafiar la política de la república plattista. Durante la primera década del siglo veinte, los obreros de las ramas del azúcar, el tabaco, la construcción, los ferrocarriles y los puertos iban a huelga con relativa frecuencia. Convergencia solícita de cuantas doctrinas explican al hombre... no digo que el fenómeno haya sido exclusivo de nuestra historia... pero aquí se acusó más a causa de haberse demorado largamente nuestra independencia... son unos treinta años en que la cultura, como por irresistible instinto histórico, se arma del ideario que va a necesitar... el grupo de cubanos vigilantes del momento está ordenando sus ideas, orientando las energías del país."

**Los dos ingredientes: el marxismo y el humanismo cristiano**

No basta con la fragua del pensamiento, es necesario la fragua de los espacios de participación y la de la capacidad organizativa de los ciudadanos. Esto ocurrió en la primera mitad del siglo XIX, y volvió a ocurrir, con nuevos ingredientes, en la primera mitad del siglo XX. Los nuevos ingredientes filosóficos de la República, predominantes en estas décadas del 20 al 60, fueron por un lado las ideas marxistas-leninistas y, por otro, el existencialismo y el humanismo de inspiración cristiana. Ingredientes que, por algunos resquicios, fueron informando a las nuevas minorías guiadoras, llegando a grupos de intelectuales, marcando el perfil ideológico de las mejores publicaciones, determinando el estilo y los métodos de los movimientos.

Eso explica, de alguna forma, la nueva arquitectura de la sociedad civil en la época republicana. **Por un lado la continua amenaza latente de intervención** norteamericana si Cuba no lograba la estabilidad política, lo que Jorge Mañach llamaba "complejo de subalternidad... que impedía una política audaz, resuelta, creadora, plenamente responsable"; **por otro lado, una sociedad civil que, por debajo de ese complejo de las clases políticas, comienza a organizarse**, a conquistar autonomía, a proponer con creatividad. No veo contradicción entre la visión de Mañach, más bien referida a la política oficial y a la subordinación de lo que Pérez-Stable llama "conmociones". Deberán verse un día, cuando se escriba la historia desde ese otro ángulo, como "pujos" del parto de una sociedad civil protagónica (es decir, *proto*: primera; agónica: en la agonía, la lucha) de una República que aspiraba a la mayoría de edad.

Más adelante, en los años 30, "el cooperativismo provocó una amplia oposición. Los estudiantes de la Universidad de La Habana promovieron actividades antigubernamentales en las que exigía la autonomía universitaria y, a medida que la economía se deterioraba, la clase obrera se tornaba más combativa... se elevaba el número de organizaciones que se oponían al gobierno..." La autora cita alguna de ellas: "La asociación revolucionaria ABC, el Directorio Estudiantil Universitario (DEU), El Partido Comunista de Cuba (PCC) y la Confederación Nacional de Obreros de Cuba (CNOC) a su vez replicaban a la represión oficial con su propia violencia. Incluso la clase política se dividió..."

Con demasiada frecuencia, en estos últimos 50 años, se ha subrayado esta "historia" revolucionaria violenta. Y se ha desconocido en la historia republicana lo que podemos llamar, con razones sobradas, "otra revolución": cívica, cultural, no violenta, gradual; vilipendiada por no ser todo lo radical que querían otros, pero ahora vamos descubriendo que la violencia revolucionaria sembró e hizo nacer nuevas formas de violencia, no solo armada, sino desalmada, no solo física sino psíquica y espiritual que desembocó en el totalitarismo.

En un callejón sin salida ha desembocado esa opción de una sociedad civil violenta y "guerrillera", urbana o rural. Mientras que, sin ruido, sin historia escrita todavía pero espesando la historia desde abajo, ha existido, creo, un entramado de organizaciones y movimientos sociales, un tejido sostenible y flexible, sin techos partidistas ni fronteras ideológicas excluyentes, a modo del acero en el hormigón (sostiene sin verse), a modo de fermento en la masa (la hace crecer sin cambiar su naturaleza), a modo de esperma en el óvulo (lo penetra, lo fecunda y engendra una nueva criatura), que sin violencia traumática pero con incansable e inalienable voluntad de cambio, ha venido haciendo la "otra revolución", la que va adelantando el proceso de madurez cívica de la República cubana: es la historia, el fermento y la revolución pacífica de la sociedad civil cubana.

### d. La República adulta: la Constitución de 1940, la "carta de ciudadanía" de la sociedad civil cubana

Consideramos que la Constitución de 1940 y la década que siguió pueden señalar la etapa, en este proceso, en el que la República pasó de la primera juventud a un compromiso más serio con su propio forja y destino. Pudiera decir que la sociedad civil encontró verdadera "carta de ciudadanía" en el articulado de aquella Constitución. Y no solo en su articulado, sino y sobre todo en la dinámica que provocó la Asamblea Constituyente y la inspiración y consenso que aportó esa Carta Magna a todo el movimiento cívico de las décadas del 40 y del 50 que en la historia de Cuba se pudieran considerar como las décadas del protagonismo de la sociedad civil pujante.

Tenemos la certeza de que, precisamente, por reconocer institucionalmente a las organizaciones de la sociedad civil, por proveerlas de espacios constitucionales, por crearles un marco legal asertivo y no coactivo, por darle a esas organizaciones un rol no antagónico con las estructuras del Estado, y no necesariamente opuestas a la clase política, sino creando un clima de concertación y cooperación, por todo ello, y por el ejercicio cívico y político que constituyó la redacción, el debate y la aprobación de la Constitución de 1940, es que ella misma se convirtió en un signo, en un punto de encuentro, en un proyecto viable y aceptable para la inmensa mayoría de los cubanos. Fue esto lo que dio al movimiento revolucionario, después del Golpe de Estado de Fulgencio Batista en 1952, el más amplio apoyo popular de la historia republicana. Fue esto lo que favoreció que ese movimiento fuera plural y articulado en sus inicios, y no monolítico y excluyente como cuando llegó al poder. Fue ese marco constitucional quien permitió que las organizaciones intermedias creyeran más en sí mismas, tuvieran espacio para entrenarse en la participación democrática cotidiana y no solo electoral, y que asumieran su propio protagonismo sin esperar por la clase política tradicional.

Los grupos de intelectuales como los que se reunieron alrededor de la Revista *Orígenes*, la Juventud Obrera Católica (JOC), la Juventud Ortodoxa, la Federación Estudiantil Universitaria (FEU) de la época de José Antonio Echeverría, las Semanas Sociales Católicas de 1938 y de 1951, los movimientos cívicos como "El Comité Todo por Pinar del Río" (1948) y otros similares que se extendieron en otras localidades del país para el mejoramiento social, sanitario y cultural, las escuelas de Artes Plásticas, de Música, de Arquitectura; y los movimientos de compromiso social que generaron las nuevas publicaciones católicas como *La Quincena, El Mensajero* y otras publicaciones religiosas y obras masónicas, las asociaciones de artesanos, comerciantes, profesionales, transportistas, tabacaleros; las cooperativas agrícolas y de servicio urbano; la red de Bibliotecas y Clubes de instrucción y recreo; mutuales de salud, sindicatos y sociedades culturales de todo tipo y tendencia, son solo una muestra, muy incompleta y somera, pero muestra al fin, de cómo creció y maduró la sociedad civil cubana entre 1940 y 1959.

La capacidad de convocatoria, el consenso logrado, las conquistas sociales, la mentalidad fraguada, el nivel de vida alcanzado, la vitalidad del entramado social, la consolidación de la cultura nacional, el ímpetu de la labor creadora tanto artística como técnica y científica, incluso la presencia digna de Cuba en la arena internacional (recordemos su papel en la redacción y debate de la Declaración Universal de los Derechos Humanos en la ONU, en 1948, con intelectuales y artistas como Guy Pérez Cisneros y Ernesto Dihigo), marcan una tendencia a la adultez en aquellas décadas de nuestra República, a pesar de la frustración del golpe de Estado en el plano político. Es la misma lógica de siempre, que venimos intentado hacer consciente en esta reflexión: mientras la gobernabilidad del poder político puede flaquear y frustrarse, incluso en épocas de florecimiento económico, el tejido independiente de la sociedad civil va, por su camino de autogestión y desarrollo, aportando un *ethos* y una *praxis* que salvaguardan, consolidan y hacen crecer la identidad y la soberanía de la Nación.

## La sociedad civil: garante de la estabilidad de la Nación

Pudiéramos, incluso, llegar a constatar que lo que da verdadera consistencia a una nación no es ni siquiera su dinámica de gobierno político sino la solidez del entramado de la sociedad civil y su energía social. Pensemos en viejos países de Europa que cambian con increíble frecuencia de primeros ministros y de gabinetes, que entran y salen de crisis y retiros de la confianza de su parlamento; sin embargo, son países que no pierden su estabilidad social, ni su crecimiento económico, ni su rol internacional, ni su gobernabilidad se hace insostenible aun cuando aparezca oscilante. Creo encontrar la explicación en el papel asignado, en la estructura de gobierno, a la función estabilizadora de la sociedad civil, a la independencia del poder económico y a una plataforma jurídica de consenso que permite el respeto del juego democrático sin grandes sobresaltos. Ello nos lleva a pensar que mientras más fuerte sea el rol de la sociedad civil más reducido y eficaz será el papel regulador del Poder Político, como marco jurídico y garantía de la seguridad social. Y por lo contrario, mientras más absoluto y totalizador sea el poder del Estado, más débil y fragmentado será el papel de la sociedad civil que sobreviva a su control.

## El totalitarismo: desmembrar el cuerpo de la sociedad civil

Esto explica una parte de la historia del siglo XX de nuestra República que aún no está escrita. Esto explica por qué el gobierno revolucionario, después de consolidarse en el poder político durante 1959, comenzó su más basta, compleja y callada campaña de todas sus 5 décadas: la campaña para desarticular el tejido de la sociedad civil, desmembrar y dispersar a los asociaciones y grupos naturales, y suprimir los espacios físicos, jurídicos y psicológicos en que los ciudadanos ejercían su soberanía desde abajo y entre las asociaciones en que se experimentaba cotidianamente la democracia como participación libre, consciente y responsable.

En su lugar, porque el lugar de la sociedad civil no puede permanecer vacío so pena de ser recuperado, el gobierno marxista-leninista creó, sostuvo y controló, unas bien llamadas organizaciones "de masa" que no son más que correas de transmisión del poder político totalitario, ahora devenido, al agotarse el proyecto político y desfallecer la convocatoria de su ideología, en puro autoritarismo, sin más -como afirma el profesor Jorge Ignacio Domínguez en una de sus más preclaras reflexiones. Consideramos que este es el mayor desastre cívico sufrido por Cuba en la segunda mitad del siglo XX. Fue un verdadero genocidio cultural. Esta es, pues, la explicación, tanto del fracaso antropológico de la revolución socialista en Cuba, como del inexplicable control que todavía ejerce en su ciudadanía secuestrada. Muchos piensan, desde fuera o desde lejos, o desde arriba, o desde su ingenuidad al valorar los autoritarismos de izquierda con los parámetros de los de derecha, para llamarlos con una terminología cada vez más ambidextra, que el control viene, en primer lugar, de la represión de los órganos de la policía política.

Ese control existe y es real, pero resulta ser lo que Milán Kundera llama una pequeña mentira creíble a cuyas espaldas se esconde una inmensa verdad increíble: esa verdad, en el tema que nos ocupa, es que el control casi totalitario que se ha ejercido en Cuba durante estos años de sistema "socialista" sostiene su eje central en dos mecanismos que no se ven tanto como quisiéramos los que los sufrimos:

 - **Uno: el gobierno es todavía el mayor empleador**; por tanto, quien disiente se queda sin sustento para él y para la familia. Todas las otras opciones caían en en la ilegalidad y bajo la ley de la peligrosidad. El trabajo por cuenta propia es una puerta de salida pero aún muy estrecha e insuficiente.
 - **Dos: el gobierno desmanteló y clausuró los espacios y organizaciones de la verdadera sociedad civil**, autónoma y participativa. Todos los demás espacios fuera de sus correas de transmisión caen en la asociación ilícita, la subversión y el clandestinaje. La naciente sociedad civil independiente es otra puerta de salida que debe crecer y articularse cada vez más.

Así pues, más de la mitad del siglo XX cubano transcurrió hacia la tendencia de un Estado fuerte, abarcador, paternalista. Era la versión cubana de lo vivido en todo el siglo XX en la cultura occidental con estados autoritarios por la derecha y totalitarios por la izquierda Solo la Iglesia escapó, en cuanto pudo, como institución religiosa y por ende como parte de la sociedad civil, a este eje de control totalitario. Ella alcanzó mantener, a duras penas, un mínimo de autonomía. Ella, sin duda, ha sido un reservorio de concienciación y libertad. Ella fue durante muchos años el único espacio no totalmente controlado de entrenamiento para la participación comunitaria y ciudadana. Ella fue la única que logró sobrevivir al desmantelamiento, conservando su red de redes en pequeñísimas comunidades casi exiguas, pero testimoniantes de que no todo estaba perdido. Por esto mismo su responsabilidad es y será de marca mayor.

**La última década del siglo XX cubano es la época del incipiente resurgimiento de una nueva sociedad civil**

Conformada ya no solo por las iglesias, sino por los grupos de defensa de los derechos humanos, las publicaciones católicas y las independientes, los periodistas y bibliotecas independientes, los nuevos partidos políticos opositores (algunos de los cuales ya tienen un programa político elaborado y serio).

Casi al finalizar la década de los 90´, a la que unos periodistas franceses corresponsales en Cuba llamaron "de la transición secuestrada", se produce otro consenso importante en el seno de la naciente sociedad civil. Se trata del Proyecto Varela, gestado por el Movimiento Cristiano Liberación y, luego, en los primeros años del siglo XXI, fue nuevamente revitalizado y más adelante fue patrocinado por "Todos Unidos", una concertación de casi un centenar de organizaciones, partidos, centros de estudios, agencias de prensa y personalidades de la disidencia y la oposición política. Este ejercicio de búsqueda de consensos y de entrenamiento para la participación cívica, consistió en la recogida de más de 10 mil firmas para avalar la iniciativa legislativa proveniente de cualquier ciudadano y que consagra la Constitución socialista actual, por lo menos en teoría.

El Proyecto Varela, que culminó con la respuesta de más de 20 mil ciudadanos, es por sí mismo, e independientemente de sus resultados estrictamente políticos, una muestra de la creciente capacidad de trabajo con las bases y a lo largo de toda la Isla de estas organizaciones de la nueva sociedad civil cubana. Creo que pudiera servir como ejemplo para futuros proyectos y devenir en una práctica cotidiana de concertación cívica y participación democrática. Cuba lo necesita cada vez más.

Este trabajo no puede, como decíamos al principio, hacer la historia de esta jungla civilista de la sociedad cubana que va desde los albores de la nacionalidad hasta la segunda década del siglo XXI y que es, todavía hoy, casi desconocida en su inmensidad, capilaridad e influencia. Pero quisiéramos dejar esta propuesta: recoger un elenco, lo más abarcador posible, de las organizaciones intermedias de la sociedad civil en los diferentes períodos históricos desde la colonia hasta nuestros días. Y aún más, intentar escribir el rol que desempeñaron estas organizaciones en el devenir histórico de Cuba. En una palabra, escribir una historia de Cuba desde la perspectiva de su sociedad civil.

### Ejercitación

**1.** Los participantes forman 3 equipos que sacarán las "lecciones de la historia" o moralejas que se desprenden del papel de la sociedad civil en los tres períodos principales de nuestra historia:

**Equipo 1:** Lecciones del papel de la sociedad civil en el siglo XIX.
**Equipo 2:** Lecciones del papel de la sociedad civil en la época republicana de la primera mitad del siglo XX
**Equipo 3:** Lecciones del papel de la sociedad civil en la época del socialismo real hasta la fecha.

**2.** Se exponen los trabajos de cada equipo en una plenaria.

**3.** Evaluación del encuentro.

# Tema 3: "Impedimentos para formar una sociedad civil sana"

**Objetivos:**
1. Presentar los principales impedimentos que se interponen para el desarrollo de una sociedad civil sana en Cuba.

## Motivación

1. Se responderá la siguiente pregunta: ¿Qué limitaciones al desarrollo de una sociedad civil sana en Cuba ponen hoy las personas, las organizaciones intermedias y el gobierno?

2. Puesta en común. El animador presenta el tema y explica los objetivos.

## Desarrollo

### 1. Libertad y sociedad civil

El primer impedimento es la falta de libertad de expresión y asociación. Para que haya una sociedad civil sana, autónoma, diversa del poder político y no manipulada por otros intereses o poderes, es necesario que exista un autentico ámbito de libertad. Precisamente es este uno de los obstáculos para que en Cuba podamos participar en grupos, organizaciones e instituciones con la iniciativa y las posibilidades de acción propias de una sociedad libre. Libre de los egoísmos personales y de las hegemonías de grupos. Libre de los intereses mezquinos y de las presiones ideológicas totalitarias. Pero, además, libre para proyectar, organizarse, actuar y pensar sin miedo a las represalias. Donde hay miedo no se goza de total libertad. Toda sociedad debe crear para sí misma y para sus miembros ese clima y espacio de libertad que unido a la responsabilidad hacen crecer en humanidad. Pero "donde la sociedad se organiza reduciendo de manera arbitraria o incluso eliminando el ámbito en que se ejercita legítimamente la libertad, el resultado es la desorganización y la decadencia progresiva de la sociedad" (Juan Pablo II, encíclica *Centesimus annus*, 1991, 25).

Los cubanos hemos experimentado en las últimas décadas esta realidad y decimos, con pena y deseos de mejorar esta situación, que mientras no se pueda ejercitar la libre iniciativa y la libertad de asociación, la sociedad civil sufrirá este primer obstáculo en su crecimiento. La raíz de la indisciplina social, la causa primaria y fundamental de la decadencia de la calidad de la vida social en Cuba es la falta de libertad. Es necesario saberlo y enmendarlo. Es necesario y urgente una nueva Ley de Asociación.

## 2. Alienación y sociedad civil

El segundo impedimento es la alienación producida por el Estado totalitario. El marxismo-leninismo, estatalmente impuesto en Cuba, postulaba en su teoría que la sociedad individualista de corte liberal-capitalista alienaba al hombre de su verdadera y cruda realidad económica, política y social, y predecía que cuando la explotación cesara, se acabaría esa enajenación y el hombre liberado de la opresión podría construir su propio proyecto de vida.

Este sueño, mientras más se iba induciendo en toda la información y los sistemas de enseñanza, tanto más lejos de la realidad de la vida cotidiana de nuestro pueblo se iba colocando. En realidad, la práctica de la llamada "dictadura del proletariado", que consiste en el control total por parte del Estado de todos los miembros de la sociedad, fue anulando la libertad de acción y maniatando o disolviendo toda la trama de las organizaciones intermedias en Cuba: tildando a muchas de burguesas, a otras de contra-revolucionarias, a otras de obsoletas e innecesarias, a otras tolerándolas o asfixiándolas. Al final podemos decir que solo las Iglesias y algunas asociaciones muy insignificantes o simbólicas quedaron como único espacio de comunión y participación verdaderas.

La colectivización de nuestra sociedad aplastó su propia subjetividad y cerró la puerta a la auténtica y voluntaria solidaridad, al imponer por decreto la "solidaridad proletaria". Por eso constatamos en nuestra propia existencia como pueblo, aquellas palabras del Papa Juan Pablo II en la Encíclica con motivo de la caída del comunismo en Europa: "Se aliena el hombre que rechaza trascenderse a sí mismo y vivir la experiencia de la autodonación y de la formación de una auténtica comunidad humana orientada a su destino último que es Dios... Está alienada una sociedad que, en sus formas de organización social, de producción y consumo, hace más difícil la realización de la donación y la formación de esa solidaridad interhumana... El colectivismo no acaba con la alienación sino que más bien la incrementa, al añadirle la penuria de las cosas necesarias y la ineficacia económica" (Juan Pablo II, encíclica *Centesimus annus*, 1991, 41).

Cuando se tiene que luchar cotidianamente por la subsistencia y se cierra el horizonte por la ineficacia de las gestiones estatales, se cierra el horizonte y se aliena el hombre de su realidad plena y compleja, reduciendo su mirada a la cercanía de un pan sin libertad de gestionarlo, ni posibilidad de producirlo. Este es uno de los impedimentos más serios para reconstruir la sociedad civil en Cuba, pero es, a la vez, la prueba de que solo conviviendo en esa urdimbre de un cuerpo social diversificado y creativo, puede la persona humana liberarse plenamente de la alienación que lo hace extraño espectador de su propia historia y destino.

## 3. Partido único y sociedad civil

El tercer impedimento para el desarrollo pleno de la sociedad civil, y quizás estructuralmente el más importante, es la hegemonía excluyente y totalitaria del Partido Comunista de Cuba como fuerza superior que dirige a la sociedad y al Estado, como citamos en la primera parte de nuestro trabajo. Realidad esta consagrada en el Artículo 5 de la Constitución de la República como ley suprema. No se trata solamente de que se prohíba la existencia de otros partidos políticos, se trata, además, de la prohibición de la existencia y la acción de organizaciones civilistas que tienen fines y medios pacíficos y que declaran su propósito de defender los Derechos Humanos y denunciar sus violaciones. Cualquier asociación cívica es puesta en sospecha y presionada para que no ejerza su función en beneficio de nuestra sociedad o de una parte de ella.

Puestos a iluminar con la Doctrina Social de la Iglesia esta realidad que nos resulta tan cercana y dolorosa a los cubanos, dijo el Papa Juan pablo II: "Es necesario recalcar además, que ningún grupo social, por ejemplo, un partido, tiene derecho a usurpar el papel de único guía porque ello supone la destrucción de la verdadera subjetividad de la sociedad y de las personas -ciudadanos como ocurre en todo totalitarismo. En esta situación, el hombre, el pueblo, se convierten en "objeto", no obstante todas las declaraciones y las promesas verbales" (Juan Pablo II, encíclica *Sollicitudo rei socialis*, 15).

Escuchémoslo bien y que sirva para nuestra reflexión: ni siquiera se trata de que con un Partido único se excluya el pluralismo partidista o un modelo determinado de democracia, es más grave y más profunda la causa que nos hace postular la posibilidad de organizarse en grupos políticos o civilistas, siempre que ellos contribuyan al bien común, y se den a sí mismos la seriedad, naturaleza, fines y medios que les corresponde en cada caso; se trata de algo más radical: **la destrucción de la subjetividad de la sociedad**. Y esto no es opcional ni corresponde al campo de los modelos admisibles de organización social, ni es patrimonio de un grupo, se trata de la vida espiritual de la sociedad. Sin ella, todo el organismo civil muere. Esa es la realidad que hay por debajo de los desórdenes y asfixias económicas y sociales que sufrimos los cubanos.

## 4. Burocracia y sociedad civil

La burocratización de la vida cotidiana es otro impedimento para el crecimiento de la sociedad civil en Cuba. Muchas veces nos hemos preguntado los cubanos qué extraña y mixtificadora realidad nos rodea cuando presenciamos que la vida se convierte en rito y la dinámica social en dogma. Otras veces observamos la sustitución de los mitos milenarios que son raíz esencial de nuestra cultura, por mitos advenedizos, "que ni de oro han salido", como ha dicho la más preclara de las poetisas cubanas, Dulce María Loynaz, haciendo referencia al áureo becerro del Sinaí.

Las mismas festividades (reyes magos, Navidad, etc.) y asociaciones que han sido suplantadas por decreto, nos hablan hoy de una especie de religión secular cuyo origen es la autosuficiencia y soberbia colectiva que cree poseer toda la verdad, y cuya expresión es la burocracia que seca de raíz toda iniciativa de la sociedad civil: "De hecho, donde el interés individual es suprimido violentamente, queda sustituido por un oneroso y opresivo sistema de control burocrático que esteriliza toda iniciativa y creatividad. Cuando los hombres se creen en posesión del secreto de una organización social perfecta, que haga imposible el mal, piensan también que pueden usar todos los medios, incluso la violencia y la mentira para realizarla. La política se convierte entonces en una "religión secular", que cree ilusoriamente que puede construir el paraíso en este mundo" (Juan Pablo II, encíclica *Centesimus annus*, 1991, 25).

Está claro que si un grupo social o político se considera como el único poseedor de la verdad y que quiere imponerla estructuralmente mediante una burocracia policial, entonces la sociedad civil se convierte en el espacio negado a la esperanza.

### 5. Un Estado totalitario o la subjetividad de la sociedad

El quinto impedimento -esta vez legal-estatal- se interpone entre el deseo irrefrenable del hombre de libertad y autonomía y la ejecución de ese deseo en proyectos concretos y perfectibles de organizaciones cívicas. Se trata de un Estado que no admita en sí mismo la realidad incuestionable de que la vida es diversa y plural. "En efecto, al principio del Estado de Derecho... se ha opuesto en tiempos modernos el totalitarismo, el cual, en la forma marxista-leninista, considera que algunos hombres en virtud de un conocimiento más profundo de las leyes del desarrollo de la sociedad, por una particular situación de clases o por contacto con las fuentes más profundas de la conciencia colectiva, están exentos de error y pueden, por tanto, arrogarse el ejercicio de un poder absoluto... La raíz del totalitarismo moderno hay que verla en la negación de la dignidad trascendente de la persona humana, imagen visible de Dios invisible, y precisamente por esto, sujeto natural de derechos que nadie puede violar: ni el individuo, el grupo, la clase social, ni la Nación o el Estado. No puede hacerlo tampoco la mayoría del cuerpo social, poniéndose en contra de la minoría, marginándola, explotándola o incluso intentando destruirla (Cfr. León XIII, encíclica *Libertas praesiantissimum*).

El Estado totalitario tiende además, a absorber en sí mismo la nación, la sociedad, la familia, las comunidades religiosas y las mismas personas, "realidades todas que gozan de su propio ámbito de autonomía y soberanía" (Juan Pablo II, encíclica *Centesimus annus*, 1991, 44).

Luego no se trata de que se oponga artificialmente el Estado y la sociedad civil. Tampoco se trata de asimilarse uno al otro, ni colaborar incondicionalmente. Si se acepta -como lo hace el Derecho Internacional- que todo Estado debe garantizar la estabilidad de toda la sociedad, asegurando en ella, de manera ordenada, espacio para todas las agrupaciones sociales que contribuyan al bien común, entonces comprenderemos la justa y equilibrada relación que debe existir entre el Estado y la sociedad civil, aspecto que profundizaremos más adelante.

## 6. Cambios económicos y sociedad civil

El sexto impedimento para el desarrollo de la sociedad civil es la falta de libertad económica. En Cuba están ocurriendo en los últimos años, luego de la caída del campo socialista y especialmente de la Unión Soviética, de quienes dependía el 85% de nuestra economía, algunos cambios económicos que pueden sorprender a algunos o confundir a otros por su naturaleza y por la falta de información y educación económica.

En efecto, la apertura al capital extranjero, a las tecnologías foráneas, a las asociaciones empresariales, pueden parecernos un cambio radical. Debemos, sin embargo, alegrarnos de que las autoridades hayan comprendido que no se puede permanecer como una Isla perdida en medio de un mundo regido por la economía de mercado. La ambigüedad de esta economía y las reservas que desde el punto de vista ético pueden hacerse cuando las ciegas leyes de la concurrencia olvidan la esencia del hombre, no pueden ocultar su eficacia y vigencia. No obstante, sería bueno reflexionar sobre la naturaleza y alcance de estos cambios en relación con la sociedad civil cubana.

En realidad, lo que está ocurriendo es que nuestra economía está siendo conducida, sobre los restos que dejó el derrumbe del socialismo, hacia un "capitalismo de Estado", superado por la historia por los magros resultados a que ha conducido una economía con la máxima intervención del Estado en muchos países desarrollados y especialmente en los países del tercer mundo. Fijémonos que quien protagoniza el cambio, lo planifica, lo controla y se beneficia de sus resultados es exclusivamente el Estado cubano, aunque después revierta parte de esas ganancias en servicios sociales, pero también en mantener y hacer funcionar la pesada carga de la burocracia del aparato estatal y militar. Ninguna persona, grupo ni institución cubanos pueden ser parte o beneficiarse directamente de un negocio en grande, de empresas con capital extranjero, ni pueden importar ni exportar sus productos. Mejor dicho, ningún cubano que viva en Cuba: es solo un privilegio para los que viven fuera o son extranjeros.

Mientras la iniciativa privada, cooperativa, asociada, no sea un derecho ejercido plenamente por los cubanos sin distinción, la sociedad civil estará penando por depender absolutamente también desde el punto de vista económico del poder del Estado, único dueño de la hacienda pública. El trabajo por cuenta propia es todavía una lista de oficios medievales.

La liberación económica hacia el interior de nuestra sociedad, de modo que cada cubano pueda ser protagonista y propietario de su economía, es el cambio sustancial que necesitamos. Digámoslo claramente: es nuestra convicción que mientras eso no cambie seguirán siendo realidad triste y desalentadora estas palabras del Papa Juan Pablo II: "Es menester indicar que en el mundo actual, entre otros derechos, es reprimido a menudo, el derecho a la iniciativa económica... La experiencia nos demuestra que la negación de tal derecho o su limitación en nombre de una pretendida igualdad de todos en la sociedad, reduce o, sin más, destruye de hecho el espíritu de iniciativa, es decir, la subjetividad creativa del ciudadano. En consecuencia, surge de este modo, no solo una verdadera igualdad, sino una nivelación descendente... En lugar de la iniciativa creadora nace la pasividad, la dependencia y la sumisión al aparato burocrático que, como único órgano que dispone y decide -aunque no sea poseedor- de la totalidad de los bienes y medios de producción, pone a todos en la posición de dependencia casi absoluta, similar a la tradicional dependencia del obrero -proletario en el sistema capitalista. Esto provoca un sentido de frustración o desesperación y predispone a la despreocupación de la vida nacional, empujando a muchos a la emigración y favoreciendo, a la vez, una forma de emigración psicológica" (Juan Pablo II, encíclica *Sollicitudo rei socialis*, 15).

### 7. Exilio y sociedad civil

Otro impedimento que ha provocado el empobrecimiento de la sociedad civil en Cuba es el éxodo masivo y permanente de los cubanos durante los últimos 55 años. Acabamos de reseñar una de las causas de ese exilio externo o interno, que es la falta de iniciativa económica que lleva al desaliento y la irresponsabilidad cívica.

Otra causa es a su vez origen de la anterior, y es la falta de libertad política en el sentido más amplio de la palabra en cuanto no permite la participación libre y responsable de las personas en los asuntos de la *polis*, es decir de la "ciudad". Esta restricción es la que verdaderamente subvierte el orden civil. Y lo que se considera entonces subversivo es el empeño de restablecer el orden recto y democrático.

El Papa Juan XXIII ha expresado las convicciones y los sentimientos de la Iglesia respecto del exilio: "El paterno amor con que Dios nos mueve a amar a todos los hombres, nos hace sentir una profunda aflicción ante el infortunio de quienes se ven expulsados de su Patria por motivos políticos... tan triste situación demuestra que los gobernantes de ciertas naciones restringen excesivamente los límites de la justa libertad, dentro de los cuales es lícito al ciudadano vivir con decoro una vida humana... Cuando esto sucede todo el recto orden de la sociedad civil se subvierte, porque la autoridad pública está destinada por su propia naturaleza a asegurar el bien de la comunidad, cuyo deber principal es reconocer el ámbito justo de la libertad y salvaguardar santamente sus derechos (Juan XXIII, encíclica *Pacem in terris*, 1963, 103-109). Mientras no haya una opción seria, comprometida con nuestra realidad para cambiarla, que haga que los cubanos voluntariamente escojan permanecer activamente en nuestro país, no se resolverá el problema de Cuba -por lo menos con el protagonismo de los cubanos de aquí- ni tampoco podrá reconstruirse con cierta estabilidad el entramado de la sociedad civil.

## 8. El Estado "asistencial" o paternalismo de Estado

Durante muchos años se fue deformando en Cuba la gestión ciudadana y la iniciativa privada debido al paternalismo del Estado, que es otro impedimento para el desarrollo de la sociedad civil.

En realidad fueron dos deformaciones interrelacionadas en la misma medida que el Estado fue abarcando y satisfaciendo, aunque fuera precariamente, las necesidades y servicios sociales, en la misma medida fue desapareciendo la necesidad y la motivación para la vida de las organizaciones intermedias. No solo se estableció un Estado que te "daba" el pescado -cuando había- sino que al mismo tiempo dejó de "enseñar a pescar" y "expropió los medios de pesca". Este proverbio oriental que tanta similitud tiene con nuestra vida real muestra cuán crudo ha sido el control de cualquier tipo de asociación, grupo independiente o gestión cooperativa autónoma y que contundentes los frutos que este paternalismo ha traído a nuestra sociedad, con su providencialismo que asegura la total dependencia ciudadana.

Este tipo de superprotección y mesianismo estatal puede provocar el espejismo de que resulta más justo y entregado al bien de todos, pero es como si un padre para atender mejor a sus hijos, se dedicara a leerles cada vez que lo necesitaran, sin enseñarlos a que lo hagan por ellos mismos. El permanente estado de dependencia infantil de gran parte de nuestra sociedad es una consecuencia patente de la desaparición casi total de espacios donde se puede aprender y ejercitar una lectura cívica de la propia existencia y de nuestro aporte a la convivencia social.

## 9. Vacío de poder y vacío de sociedad civil

El noveno impedimento para el desarrollo de la sociedad civil es el miedo al vacío de poder. Hay un miedo, que a la vez es fantasma, que recorre cuanta reflexión, debate o simple especulación se hace con relación al cambio integral y profundo que debe protagonizar nuestra sociedad. Es el miedo a que se produzca un vacío de poder.

Casi todos los que analizan este aspecto de forma realista y serena consideran que la mejor forma para que ocurra ese cambio de modo civilizado y pacífico es que no ocurra ese vacío de poder, sino, que quienes hoy lo detentan, favorezcan el cambio aunque el cambio no los favorezca. Sin embargo, nuestra reflexión quiere centrarse en un fenómeno que consideramos aún más grave y dilatado: el vacío de sociedad civil. Sí, luego de enumerar brevemente alguna de las causas de la reducción al mínimo de nuestra sociedad civil, podemos valorar con mayor seriedad y conocimiento de causa la situación en que se encuentran las organizaciones intermedias, cuán deshilvanada está la urdimbre civil y que consecuencias perjudiciales para la nación cubana tiene la muerte de la subjetividad social. Si el vacío de poder puede provocar violencia, desorden social y derramamiento de sangre durante el período de tránsito, el vacío de sociedad civil puede provocar:

- Ausencia de protagonismo de la sociedad en el cambio, dejando el diseño del proyecto social en manos de un grupo o persona "iluminados".
- Una "democracia" sin base social educada y ejercitada en ella, ni con espacios donde vivirla.
- Participación económica muy restringida, cayéndose otra vez en manos del Estado o de unos pocos poderosos o mafiosos.
- Los partidos políticos establecerían una partidocracia al no tener una contraparte en movimientos e instituciones civilistas.
- El Estado podría intervenir y llegar directamente a la vida personal de cada ciudadano sin instancias intermedias que regularan su competencia, apoyaran su gestión o denunciaran sus excesos.
- Los ciudadanos, sin una comunidad o grupo de referencia y de pertenencia, no podrían desarrollarse plenamente como personas, ni contarían con vehículos o medios organizativos adecuados para salvaguardar sus derechos, cumplir sus deberes cívicos y enriquecer la sociedad global con los frutos siempre nuevos de una subjetividad personal y social libre y creadora. Y lo más importante: para llenar el vacío de poder se necesita menos tiempo y personas que para llenar el vacío de sociedad civil sana y autónoma, pues supone un proceso educativo y un ejercicio de la participación en espacios adecuados.

Que las anteriores reflexiones nos conduzcan a reconocer la urgencia y la necesidad de un cambio profundo en nuestra sociedad.

**10. No saber la dirección del cambio: ¿de qué y hacia dónde?**

Ese cambio es deseado no solo por grupos opositores sino por ciudadanos sencillos que, sin ir más allá, evalúan la calidad de su vida cotidiana y reconocen que así no se puede seguir, pero la falta de información veraz y el analfabetismo cívico y político es el décimo impedimento para el desarrollo de la sociedad civil.

Por otra parte, al natural temor al cambio que casi siempre se experimenta, se une, con insistencia manipuladora, la propaganda oficial, que mistificando ideologías, modelo socio-económico-gobierno, partido y Nación intentan inculcar la tesis apocalíptica de que cambiando lo que hay que cambiar se perderá todo: la seguridad y los servicios sociales, los ya precarios niveles de subsistencia, la soberanía y la integridad territorial, la nacionalidad y la Patria misma.

Verdaderamente, con esta falsa teoría, nadie, con un mínimo de decoro, querrá el cambio. Además, se suma la incertidumbre de aquellas interrogantes que provienen de nuestra falta de información, de formación y entrenamiento: ¿En qué situación real estamos? ¿Qué posibilidades de recuperación tenemos? ¿Cuales son las expectativas de los ciudadanos? ¿Qué es lo que tendría que cambiar y qué podría permanecer? ¿Hacia dónde queremos encaminar nuestro cambio? ¿Quiénes estarían dispuestos y preparados para conducirlo?

Para los cubanos de hoy, la incertidumbre, la identificación gobierno y seguridad social, las faltas de formación e información socio-económica y política y la obstinada cerrazón al reconocimiento de la diversidad y a la participación pluralista, son las cuatro grandes cadenas que atan la creatividad, inmovilizan a la sociedad y responden -por lo menos en parte- a la pregunta que nos hacemos, a veces ingenuamente los cubanos y los que nos miran desde afuera- ¿por qué esto no cambia? Hoy suenan más que nunca con especial vigencia aquellas preguntas del Papa Juan Pablo II en la encíclica *Centesimus annus*: "¿Se puede decir quizás qué, después del fracaso del comunismo, el sistema vencedor sea el capitalismo y que hacia él estén dirigidos todos los esfuerzos de los países que tratan de reconstruir su economía y su sociedad? ¿Es quizás este el modelo que es necesario proponer a los países del Tercer Mundo, que buscan la vía del verdadero progreso económico y civil?" (Juan Pablo II, encíclica *Centesimus annus*, 1992, 42). La respuesta es compleja y debe ser respondida con todo discernimiento y la mayor objetividad. En Cuba, evidentemente, permanece el recuerdo del capitalismo salvaje y dictatorial de los últimos años de la década del 50, que no fue toda la realidad social y política de Cuba, la cual tuvo también ciertos niveles de vida como la competente y prestigiosa escuela cubana de los tiempos de Varela, Luz, Mendive, Dihigo, Baldor, Leví Marrero y otros... Cuba no era toda mala antes de la Revolución del 59 y no es toda buena después de ella. Además, el capitalismo caudillista y neocolonial de la primera mitad del siglo no puede ser, por supuesto, un modelo para nadie hoy, como tampoco lo puede ser un neoliberalismo inhumano y feroz que se propone como salvador con "mesiánico" providencialismo del mercado.

Hoy se habla mucho de la destrucción de la naturaleza, del agotamiento de los recursos y fuentes no renovables de energía, de la desaparición del equilibrio biológico y del peligro de muerte biológica de nuestro planeta. Pero habría que recordar que en Cuba el desafuero ecológico, por desconocido, poco estudiado y nada informado, no es menor que en los lugares más graves; es aquí donde el desastre antropológico hace más urgente y necesario que nos esforcemos por reconstruir las condiciones morales para una auténtica "ecología humana".

He aquí dos premisas para el cambio:

- Del fracaso antropológico a una ecología humana que permita al hombre su pleno e integral desarrollo.
- De estructuras de opresión hacia formas más auténticas de convivencia.

Ellas quizás comiencen a contestar las preguntas de ¿cambio de qué y para qué? ¿Hacia dónde queremos ir?

**11. Tres peligros para el cambio**

Esta etapa que vivimos los cubanos se caracteriza por la urgencia de sobrevivir, la carencia de financiamientos y recursos, y el deseo de algunos aquí y en el exterior de, por un lado, conservar a Cuba como una vitrina fantasmagórica para mostrar lo que "no debe ser" y, por otro lado, imponer por la disuasión del poder y del tener (que es hoy día otra forma poder), lo que consideran que es el único modelo de "lo que debe ser".

Es verdaderamente un momento decisivo para nuestra proyección futura como Nación que ha tenido el costoso privilegio histórico de experimentar en carne propia en el hemisferio occidental los tres modelos en menos de 100 años: el colonialismo español, el capitalismo dependiente y el socialismo marxista-leninista de acento caribeño. Otro raro privilegio que condiciona nuestro cambio es que fuimos una de las últimas colonias españolas en independizarse; fuimos una de las repúblicas de América con mayores niveles de vida, y somos hoy uno de los últimos reductos del "socialismo real".

Siempre nos hemos preguntado los cubanos ¿cuál es la causa de esta suerte de encanto con que hemos vivido nuestra historia? ¿Es el soporte de lo real-maravilloso o nuestra situación en la llave del golfo? ¿Es la capacidad de recuperación de los cubanos invenciblemente rediviva, o el criollo humor tropical que nos moldea a cualquier circunstancia al calor de un sol, que no es "aquel del mundo moral" del que para designar la justicia nos hablaba Luz y Caballero?

Juan Pablo II después de la caída del comunismo en Europa nos alerta de tres peligros muy actuales:

**Primer peligro:** Después de la caída del socialismo real se manifiesta una grave desorientación en la tarea de la reconstrucción" (Juan Pablo II, encíclica *Centesimus annus*, 1991. 56-57).

**Segundo peligro:** "A su vez los países occidentales corren el peligro de ver en esa caída la victoria unilateral del propio sistema económico, y por ello no se preocupan de introducir en él los debidos cambios" (ídem).

**Tercer peligro:** "Es la dramática situación de subdesarrollo económico y su consecuente y mucho más profundo y lacerante subdesarrollo moral. Este es el riesgo del necesitado, del pobre, que puede sucumbir ante la oferta deslumbradora de un falso progreso material, sin virtud, sin espíritu" (ídem). Todo modelo, o camino, todo proyecto para el futuro de Cuba, todo cambio en nuestro país, debe tener como dato determinante nuestra peculiar situación de país subdesarrollado, al que no se pueden aplicar modelos que pueden dar resultados mejores en países desarrollados.

Es por eso que necesitamos mucha reflexión, más serenidad y mucho más aún creatividad y realismo, para los cambios que irremediablemente han de ocurrir. Precisamente para protagonizarlos conscientes y responsablemente y no para ser manipulables de cualquier destino oculto o manifiesto, en planes que no se dan a la publicidad en su integridad, en cambios a medias y a la medida de los que desean mantener el poder, o proyectos foráneos que no tienen en cuenta ni la realidad ni el protagonismo de los cubanos de aquí.

La reconstrucción empieza hoy con la reflexión mesurada y profunda, desapasionada, desideologizada, una reflexión que invite a todos y no sea ni exclusiva de un grupo o partido, ni exclusiva de los que gobiernan y están bien informados, ni de los que vienen a invertir para tener "el derecho de piso oportunamente a tiempo "ni de ningún grupo religioso, académico o político con ansias de hegemónico liderazgo.

Que los acuerdos puedan lograrse primero entre los grandes y extranjeros que con los sencillos de la casa, es un signo de carencia moral y de falta de adultez social, lo mismo que no considerar que los de adentro, que conforman la sociedad civil, deben ser respetados y tenidos en cuenta primero que los que no están compartiendo ni nuestra suerte, ni nuestra convivencia cotidiana.

El cambio debe dirigirse en este sentido: "Hace falta un gran esfuerzo para la reconstrucción moral y económica en los países que han abandonado el comunismo. Durante mucho tiempo las relaciones económicas más elementales han sido distorsionadas y han sido zaheridas virtudes relacionadas con el sector de la economía como la veracidad, la fiabilidad, la laboriosidad. Se siente la necesidad de una paciente reconstrucción material y moral, mientras los pueblos extenuados por largas privaciones piden a sus gobernantes logros de bienestar tangibles e inmediatos y una adecuada satisfacción de sus legítimas aspiraciones" (Juan Pablo II, encíclica *Centesimus annus*, 1961, 27).

Lo peor que puede ocurrir cuando ya se vislumbra que es necesario esta reconstrucción material y moral, y ante el reclamo de bienestar tangible e inmediato del pueblo, es que los gobernantes declaren que la satisfacción de esas necesidades materiales, como la alimentación, es la solución de todos los problemas. Si esto fuera así, ni se reconoce la subjetividad y la dignidad del hombre, ni se respeta la dimensión moral y espiritual del cubano.

Digámoslo de una vez, no es la economía solamente lo que hay que reconstruir en Cuba, ni su tierra esquilmada, ni sus aguas contaminadas, ni sus ciudades derruidas... sobre todo ello se puede levantar el hombre y rehacerlo. Pero si no se levanta, si resiste doblegado sin levantar la vista, si lo que hace es huir de su tierra buscando falsas soluciones, entonces, es al hombre al que primero hay que reconstruir, su persona, su integridad moral, su dignidad de hijo de Dios, su condición de sujeto, centro y fin de todo proyecto social. Eso es lo que hay que comenzar a reedificar en Cuba y es lo que más tiempo costará para alcanzarlo.

Con Juan Pablo II decimos "es el hombre el primer camino, pero no el hombre abstracto, sino cada hombre, el más concreto, el más real... la Iglesia no puede abandonar al hombre a su suerte... este hombre es el primer camino que la Iglesia debe recorrer en el cumplimiento de su misión" (Juan Pablo II, encíclica *Reconciliatio et paenitentia*, 14).

Postulamos para nuestra Patria ese mismo camino. El camino que va desde el hombre alienado, oprimido y limitado en sus derechos, lesionado en su libertad, ahogado en su trascendencia hacia aquel "culto de los cubanos a la dignidad plena del hombre" que Martí consagró como la primera Ley de nuestra República.

### Ejercitación

**1.** Se forman dúos o tríos y cada uno toma un impedimento y busca algunas vías para poder superarlo.

**2.** Se hace una plenaria.

**3.** Evaluación del encuentro.

## Tema 4: "Persona humana y socialización: Derechos Humanos y desarrollo social"

**Objetivos:**
**1.** Presentar la primacía de la persona humana sobre la sociedad y al mismo tiempo su condición de ser social y los procesos de personalización-socialización.
**2.** Presentar la primacía de la sociedad civil sobre la comunidad política.

### Motivación

Se tratará de conformar el retrato del ciudadano cubano en su grado de compromiso y participación social.

**1.** El animador explica a los participantes que haremos la dinámica del "retrato" que representa al cubano promedio. Evaluaremos algunas funciones o acciones en materia de sociedad civil según las partes del cuerpo:

- *en la cabeza:* las ideas
- *en la boca:* la capacidad de dialogar, el aporte de ideas, el anuncio, la denuncia
- *en el cuello:* la articulación entre las partes de la sociedad
- *en el tronco:* los principios, los valores
- *en el corazón:* los buenos sentimientos, las actitudes
- *en los pies:* el compromiso con la realidad, la permanencia en Cuba
- *en las manos:* la disposición para servir, trabajar, construir, la creatividad

Para cada parte del cuerpo se preparan en cartulina en tres tamaños: grande, mediano y pequeño. Se escogerá el tamaño según se cumpla la función bien, regular o mal. Se articulará el muñeco con hilos o tiras de papel y una presilladora.

**2.** El animador hace el resumen insistiendo que con esa "persona" es con lo que contamos en Cuba para reconstruir la sociedad civil. Se presenta el tema los objetivos.

### Desarrollo

Aunque estos Cursos de Ética y Cívica están destinados a toda persona, sin distinción de creencias, ideologías o filosofías, deseamos informarnos de los criterios éticos que nos propone el cristianismo dado su importancia en nuestra cultura nacional.

(El animador debe aclarar esto y ser respetuoso de la diversidad de credos y de las personas agnósticas y ateas).

En la Enseñanza Social de la Iglesia encontramos estos presupuestos y conceptos:

**1. Socialización**

La relación entre el proceso de personalización y socialización es definida por el Concilio de la siguiente manera: "El hombre es por su íntima naturaleza, un ser social, y no puede vivir ni desplegar sus cualidades sin relacionarse con los demás. Su interioridad no lo hace juguete de las condiciones físicas o sociales externas. En nuestra época se multiplican las conexiones mutuas y las interdependencias, de ahí surgen asociaciones e instituciones, este fenómeno recibe el nombre de socialización" (Cfr. Constitución Pastoral *Gaudium et spes,* 3 y 25).

## 2. Primacía de la persona

Este proceso crea nuevas relaciones y a menudo no se ve acompañado de un adecuado proceso de maduración de la persona y no se establecen, por tanto, auténticos vínculos humanos; es por eso que la Doctrina Social de la Iglesia establece como premisa central que "es la persona del hombre lo que hay que salvar. Es la sociedad humana la que hay que renovar, el hombre todo entero, cuerpo y alma, corazón y conciencia, inteligencia y voluntad" (Constitución Pastoral *Gaudium et spes*, Concilio Vaticano II, 1965, 3).

## 3. Los cuatro pilares de todo orden social

Además de dar la primacía al desarrollo pleno e integral de la persona, todo grupo social debe tener en cuenta el bien común, entendiendo este como "el conjunto de aquellas condiciones sociales que permiten y favorecen en los seres humanos el desarrollo integral de su persona" (Juan XXIII, encíclica *Mater et magistra*, 1961, 65; Juan XXIII, encíclica *Pacem in terris*. 1963, 58; Constitución Pastoral *Gaudium et spes*, Concilio Vaticano II, 1965, 74; Constitución Pastoral *Gaudium et spes*, Concilio Vaticano II, 1965, 48).

Todo grupo humano y todo orden social -dice el Concilio- hay que desarrollarlo a diario sobre estos fundamentos:

- fundarlo en la **verdad**
- edificarlo sobre la **justicia**
- vivificarlo por el **amor**
- equilibrarlo en la **libertad**

Para esto hay que proceder por dos caminos en su reconstrucción: por una renovación de los espíritus y por profundas reformas de la sociedad (Cfr. Constitución Pastoral *Gaudium et spes*, Concilio Vaticano II, 1965, 26).

## 4. El equilibrio entre socialización y autonomía personal

En el análisis del caso cubano es de suma importancia aclarar que uno de los factores en el proceso de deshumanización que ha sufrido el hombre cubano de hoy se debe a la desmesurada intervención de los mecanismos y aparatos estatales en el seno de la vida personal y grupal.

Es por eso que las palabras de la Constitución "Gozos y Esperanzas", del Concilio, deben tener una especial repercusión en nosotros. En ella queda esclarecido que: "A consecuencia de la complejidad de nuestra época, los poderes públicos se ven obligados a intervenir con más frecuencia en materia social, económica y cultural para crear condiciones más favorables que ayuden con mayor eficacia a los ciudadanos y a los grupos en la búsqueda del bien completo del hombre. Según las diversas regiones y evolución de los pueblos pueden entenderse de diverso modo las relaciones entre socialización y la autonomía y el desarrollo de la persona... de todos modos, es inhumano que la autoridad política caiga en formas totalitarias o en formas dictatoriales que lesionen los derechos de la persona o de los grupos sociales" (Constitución Pastoral *Gaudium et spes*, Concilio Vaticano II, 1965, 75).

## 5. Las limitaciones de la sociedad civil y la necesidad de la comunidad política

Sin embargo, aunque lamentamos la intromisión totalitaria del Estado en los asuntos de la persona y de la sociedad civil, reconocemos que: "Los hombres, las familias y los diversos grupos que constituyen la comunidad civil son conscientes de su propia insuficiencia para lograr la vida plenamente humana, y perciben la necesidad de una comunidad más amplia en la cual todos conjuguen a diario sus energías en orden al bien común. Por ello forman comunidad política según tipos institucionales varios" (Juan XXIII, encíclica *Mater et magistra*, 1961, 65).

También el Concilio Vaticano II esclarece que "la mejor manera de llegar a una política auténticamente humana es:

- fomentar el sentido interior de la justicia, de la benevolencia y del servicio al bien común.
- robustecer las convicciones fundamentales en lo que toca a la naturaleza verdadera de la comunidad política.
- y lo que toca al fin, recto ejercicio y límites de los poderes públicos (ídem).

## 6. Poder Político y Grupos Intermedios

Para nosotros es importante no solo profundizar en la necesidad del poder político para regular y ordenar el cuerpo social, sino que, debido a la deficiente educación política que constatamos en nuestra sociedad cubana luego de más de cinco décadas de una información manipulada y escasa en esta materia, necesitamos esclarecer la función de dicho poder (Cfr. I Jornada Social Católica, Memoria. Ponencia Pluralismo y Participación): "Ciertamente, sobre el término "política" son posibles muchas confusiones y deben ser esclarecidas, pero cada uno siente que en los campos social y económico, la decisión última recae sobre el poder político. Este que constituye el vínculo natural y necesario para asegurar la cohesión del cuerpo social, debe tener como finalidad la realización del bien común. Obra en el respeto de las legítimas libertades de los individuos, de las familias y de los grupos subsidiarios. Se despliega dentro de los límites propios de su competencia e interviene siempre con un deseo de justicia y dedicación al bien común, del que tiene responsabilidad última. No roba pues a los individuos y cuerpos intermedios su campo de actividades y sus responsabilidades propias. En efecto, el objeto de toda intervención en materia social es ayudar a los miembros del cuerpo social y no destruirlos ni absorberlos, una actitud invasora que tendiera a hacer de él algo absoluto, se convertiría en un grave peligro" (Pablo VI, encíclica *Octogesima adveniens*, 1971, 46).

Como hemos mencionado en párrafos anteriores, los documentos citados del Partido Comunista de Cuba y de la actual Constitución de la República no coinciden con estos presupuestos, traspasando los límites naturales y necesarios de la competencia de un partido y del mismo Estado en el ámbito social.

## 7. Cambio de los corazones y de las estructuras: un nuevo modelo de sociedad

Ante esta situación, surge inmediatamente en nuestra reflexión la disyuntiva, falsa y desorientadora, entre un cambio de estructuras políticas económicas y sociales y un cambio en el interior de la subjetividad personal y social de los hombres y grupos. Quisiéramos superar esta errática dicotomía y presentar el principal problema que nos parece que superaría tal maniqueísmo. En efecto, se trata de cambiar al mismo tiempo "corazones" y estructuras, no por un proceso paralelo y diverso, sino que se trata de descubrir que, el "suplemento de alma" de las estructuras socio económicas y políticas no debe ser sofocado como rezago de una concepción del mundo propia de la modernidad y del iluminismo francés, que ponía la razón y la pura ciencia en el centro y cima de todo proceso social. Traspasando el tiempo de esta hegemonía y sin nuevos retornos a la "cristiandad" es necesario pensar en un nuevo modelo de sociedad.

"Hoy -también- los hombres aspiran a liberarse de la necesidad y de la dependencia. Pero esa liberación comienza con la libertad interior que ellos deben recuperar de cara a sus bienes y poderes, no llegarán a ello a no ser por un amor trascendente del hombre y, en consecuencia, por una disponibilidad efectiva al servicio. De otro modo, se ve claro, aún las ideologías más revolucionarias no desembocarán más que en un simple cambio de amos, instalados a su vez en el poder, estos nuevos amos se rodean de privilegios, limitan las libertades y consienten que se instauren otras formas de injusticias. Muchos llegan también a plantearse el problema del modelo mismo de la sociedad" (Pablo VI, *Octogessima adveniens*, 1971, 45).

Esto queremos plantear en nuestro curso: no quedarse en la queja estéril y el lamento inútil sobre el actual estado de cosas en nuestra Patria querida, sino ayudarnos a remontar el pesimismo y el desaliento.

Debemos reflexionar serenamente y responder al reto de la reconstrucción de nuestra nación a partir de una concepción renovada de la sociedad que tenga como motivación interior, como mística y sustento para la acción libre y responsable, el desarrollo de la "subjetividad" de la persona y de la sociedad: "la socialidad del hombre no se agota en el Estado, sino que se realiza en diversos grupos intermedios, comenzando por la familia y siguiendo por los grupos económicos, sociales, políticos y culturales, los cuales, como provienen de la misma naturaleza humana, tienen su propia autonomía, sin salirse del ámbito del bien común... Es esto a lo que he llamado "subjetividad de la sociedad, la cual junto con la subjetividad del individuo ha sido anulada por el socialismo real" (Juan Pablo II, encíclica *Centesimus annus*, 1991, 13).

## 8. Papel de las Iglesias y de los laicos cristianos en la sociedad civil

En el esfuerzo por encontrar un nuevo modelo de sociedad, la Iglesia: "acompaña con todo su dinamismo a los hombres en su búsqueda. Si bien no interviene para dar su autenticidad a una estructura determinada o para proponer un modelo prefabricado, ella no se limitó a recordar unos principios generales", sino que "se alimenta en una experiencia rica de muchos siglos, lo que le permite asumir en la continuidad de sus preocupaciones permanentes la innovación atrevida y creadora que requiere la situación presente en el mundo" (Pablo VI, encíclica *Octogesima adveniens*, 1971, 42).

Los cristianos, junto con todos los cubanos, debemos encontrar las formas concretas para hacer realidad, en primer lugar, esa actitud consecuente con la misión específica de la Iglesia que no la lleve al extremo de canonizar una estructura o modelo político concreto ni al extremo de quedarse en una actitud "angelical" o falsamente espiritualista de no comprometerse con la realidad social en que debe encarnarse, reduciendo su aporte a meras recomendaciones teóricas abstractas.

En segundo lugar, debemos asumir el desafío de los tiempos presentes que exigen una actitud creadora que nos libere del pesimismo y la parálisis, y nos lance hacia una reflexión y acción que respondan, consecuentemente, con las necesidades de la sociedad y de las personas que nos rodean. Es más, resulta una obligación de los laicos cristianos que brota de su vocación al servicio de la justicia y la paz en el mundo: "El cristiano tiene la obligación de participar en esta búsqueda, tanto para la organización como para la vida de la sociedad política, la acción política. Es necesario subrayar que se trata ante todo de una acción y no de una ideología.

Debe estar apoyada en un proyecto de sociedad coherente en sus medios concretos y en su aspiración que se alimenta de una concepción plena del hombre. No pertenece ni al Estado, ni tampoco a los partidos políticos que se cerrarían en sí mismos, el tratar de imponer una ideología por medios que desembocarían en la dictadura de los espíritus, la peor de todas. Toca a los grupos culturales y religiosos -dentro de la libertad de adhesión que ellos suponen- desarrollar en el cuerpo social, de manera desinteresada y por su propio camino, estas convicciones últimas sobre la naturaleza, el origen y el fin del hombre y de la sociedad" (Pablo VI, encíclica *Octogesima adveniens*, 1971, 25).

Por esto, y en cumplimiento de nuestra vocación de cubanos comprometidos en acelerar la historia de nuestra amada y sufrida nación, es que queremos proponer un camino para la reconstrucción de la sociedad cubana a partir de un proyecto de humanismo de inspiración en los valores cristianos y de la animación de la subjetividad del entramado de los grupos y organizaciones intermedias, libres y autónomas.

## 9. La sociedad civil en el magisterio del Papa Juan Pablo II en Cuba

Del 21 al 25 de enero de 1998 ocurre el acontecimiento nacional que, en mi opinión, más benefició a la incipiente sociedad civil cubana y no solo a la Iglesia Católica, que forma parte de ella: se trata de la Visita del Papa Juan Pablo II. Es el hecho mismo de la visita de un líder religioso que por cinco días mantuvo en vilo a la nación con "otra voz", con "otra figura" y con "otro mensaje", diferentes a los que el pueblo de Cuba había recibido, no sé si escuchado ya, en las casas, calles y plazas del país durante más de cuarenta años; lo que consideramos vital para la sociedad civil cubana.

Durante esa semana el Papa expresó una serie de mensajes que, por su coherencia y vigencia para el presente y el futuro de Cuba, citaremos en extenso y sin comentarios, que no son necesarios. Quien conozca verdaderamente a Cuba por dentro podrá apreciar y compartir, en estos seis párrafos, la importancia capital que le otorga el Papa Juan Pablo II a este tema de la sociedad civil:

- **Familia y sociedad civil:** "Si la persona humana es el centro de toda institución social, entonces la familia, primer ámbito de socialización, debe ser una comunidad de personas libres y responsables que lleven adelante el matrimonio como un proyecto de amor, siempre perfeccionable, que aporta vitalidad y dinamismo a la sociedad civil" (Homilía a las familias en Santa Clara. Párrafo 5).

- **Educación y sociedad civil:** "Los padres, sin esperar que otros les reemplacen en lo que es su responsabilidad, deben poder escoger para sus hijos el estilo pedagógico, los contenidos éticos y cívicos y la inspiración religiosa en los que desean formarlos integralmente. No esperen que todo les venga dado. Asuman su misión educativa, buscando y creando los espacios y medios adecuados en la sociedad civil" (Homilía a las familias en Santa Clara. Párrafo 6).

- **Los jóvenes y la sociedad civil:** "El compromiso es la respuesta valiente de quienes no quieren malgastar su vida sino que desean ser protagonistas de su propia historia personal y social... Asuman un compromiso responsable en el seno de sus familias, en la vida de las comunidades, en el entramado de la sociedad civil y también, a su tiempo, en las estructuras de decisión de la Nación" (Mensaje a los jóvenes cubanos en Camagüey. Párrafo 4).

- **El mundo de la cultura y la sociedad civil:** "En Cuba se puede hablar de un diálogo cultural fecundo, que es garantía de un crecimiento más armónico y de un incremento de iniciativas y de creatividad de la sociedad civil" (Mensaje en el Aula Magna de la Universidad de La Habana. Párrafo 6).

- **Libertades y sociedad civil:** "El bien común de una nación debe ser fomentado y procurado por los propios ciudadanos a través de medios pacíficos y graduales. De este modo, cada persona, gozando de libertad de expresión, capacidad de iniciativa y de propuesta en el seno de la sociedad civil y de la adecuada libertad de asociación, podrá colaborar eficazmente en la búsqueda del bien común" (Homilía en la Misa por la Patria. Coronación de la Virgen de la Caridad en Santiago de Cuba. Párrafo 4).

- **La Iglesia en la sociedad civil:** "Ello no les mueve a reclamar para la Iglesia una posición hegemónica o excluyente, sino a reclamar el lugar que por derecho le corresponde en el entramado social donde se desarrolla la vida del pueblo, contando con los espacios necesarios y suficientes para servir a los hermanos. Busquen estos espacios de forma insistente... Y en este empeño, con espíritu ecuménico, procuren la sana cooperación de las demás confesiones cristianas, y mantengan, tratando de incrementar su extensión y profundidad, un diálogo franco con las instituciones del Estado y las organizaciones autónomas de la sociedad civil" (Discurso a los Obispos cubanos. Párrafo 3).

Defendiendo su propia libertad la Iglesia defiende la de cada persona, la de las familias, la de las diversas organizaciones sociales, realidades vivas, que tienen derecho a un ámbito propio de autonomía y soberanía. (Cfr. encíclica *Centesimus annus*, 45) (Homilía en Santiago de Cuba. Párrafo 4).

La Iglesia vivió y sintió el gran desafío que significaban estos mensajes pontificios para el presente y el futuro de Cuba. El Estado también lo percibió así, y casi tras la visita del Papa, comenzó a cerrar sigilosamente la puerta y muy explícitamente poco después cuando, en un documento destinado a los miembros del Partido, exhortó a una campaña bien organizada para "despapizar" a Cuba. La Iglesia, ayudada por esa sociedad civil, pudo acceder esta vez al documento "oficial" del Partido y denunció la campaña que, por la misma razón, tras una excusa casi oficial, prosiguió sistemáticamente en las escuelas, en las comunidades, en las obras sociales y caritativas de las Iglesias, en los centros de trabajo, etc.

### Ejercitación

1. Poner dos ejemplos de la vida cotidiana:
   - Uno, en que se refleje que se ha respetado la primacía de la persona humana sobre la sociedad.
   - Otro, en que se refleje el respeto de la primacía de la sociedad civil sobre la comunidad política.

## Tema 5: "Características y ética de la sociedad civil"

**Objetivos:**
1. Presentar las características fundamentales de la sociedad civil: principios generales, objetivos, dinámica interna, relaciones con un Estado de Derecho.

**2.** Proponer algunos principios éticos para la sociedad civil: pluralidad, autonomía y autogestión, métodos y fines pacíficos, búsqueda del bien común y de la justicia social, transparencia de su gestión, carácter incluyente y abierto, métodos democráticos, espíritu solidario, voluntad de articulación con otros.

### Motivación

**1.** El animador explica a los participantes que se evaluará en qué medida está enferma la sociedad civil cubana.
Para ello utilizaremos los siguientes aspectos:
**a.** Promoción de la dignidad y los derechos de la persona humana.
**b.** Reconocimiento del pluralismo social, económico, cultural y político.
**c.** Promoción de las libertades civiles y políticas.
**d.** Búsqueda de la justicia social y el bien común.
Se evaluará en una escala de 0-10.

**2.** Plenaria. El animador presenta el tema y explica los objetivos.

### Desarrollo

**1.** La recuperación de la sociedad civil es una base insustituible para garantizar un futuro democrático y participativo para Cuba. La sociedad civil es importante para el período de transición si verdaderamente queremos que todos los cubanos tengan oportunidad de participar; es importante para el cambio y la reconstrucción moral y material de nuestra nación, para que siga siendo ella en su identidad y su integridad, que no sean solo los que ostentan el poder los que cambien y diseñen la reconstrucción sin ninguna lectura crítica y sin ninguna participación ciudadana.

Es importante para concebir una democracia social y política verdaderamente apoyada y vivida en organizaciones intermedias de participación y evaluación de las gestiones del Estado. Es importante para que ningún grupo, partido, gobierno o estructura estatal se reserve el derecho de la nación, de sus instituciones sociales y culturales, de las familias y de los individuos.

La sociedad civil es importante, en fin, para que cada persona pueda encontrar un espacio para su propia personalización y socialización en un clima de libertad, autonomía y creación personal y comunitaria. Es nuestro deber no solo denunciar lo que se opone a la vida plena de la sociedad civil, sino dar nuestro aporte a su proyecto y edificación.

### 2. Los pilares del proyecto: sus principios generales

Los principios generales para el diseño de un proyecto de reconstrucción de la sociedad civil en Cuba debían ser:

- La promoción de **la dignidad de la persona humana** y el respeto a sus derechos.
- El reconocimiento y la posibilidad de ejercer **las libertades civiles y políticas**.
- La implantación de una **justicia social** creciente en la búsqueda del bien común.
- **El reconocimiento del pluralismo** socio-económico, político y cultural.

## 3. Objetivos priorizados

Teniendo en cuenta estos cuatro principios generales y también las limitaciones que para el desarrollo de una sociedad civil sana y autónoma hemos enumerado en el tema 3 "Impedimentos para una sociedad civil sana" de este curso, a partir del contexto socio-político que vivimos los cubanos nos parece necesario trazar unos objetivos prioritarios. Estos podrían ser, por lo menos, los siguientes tres objetivos prioritarios:

**a. Reconocer los derechos de la conciencia:** Ante la falta de libertad por las limitaciones para ser libre y por la restricciones para tener las debidas libertades civiles y políticas; ante la muerte de la subjetividad personal y social, ante la distorsión de la realidad por la manipulación estatal y la falta de información para compro meterse y discernir; ante las presiones sobre la profesión y el ejercicio íntegro de la fe religiosa, debemos priorizar en este proyecto la lucha por el reconocimiento de los derechos de la conciencia.

En efecto: "En los regímenes totalitarios se ha extremado el principio de la primacía de la fuerza sobre la razón". El hombre se ha visto obligado a sufrir una concepción de la realidad impuesta por la fuerza, y no conseguida mediante el esfuerzo de la propia libertad. Hay que invertir los términos de este principio y reconocer íntegramente los derechos de la conciencia humana, vinculada solamente a la verdad natural y revelada."En el reconocimiento de estos derechos consiste el fundamento primario de todo ordenamiento político auténticamente libre" (Juan Pablo II, encíclica *Centesimus annus*, 1991, 29; Cfr. Acta de Helsinki y Acuerdo de Viena).

**b. Reconocer el derecho de asociación libre**: Ante la intervención del Estado y el Partido en todas las organizaciones sociales y de masas, ante la imposibilidad legal y constitucional de crear asociaciones que se opongan al proyecto socialista oficial o que aspiren a tener en el plano económico cierta autonomía e iniciativa, ante la penetración por parte de los Órganos de Seguridad de cuanto grupo, institución o asociación se organice en Cuba hasta llegar al plano personal y familiar, como lo expresaron los obispos cubanos en su mensaje "El Amor todo lo espera", debemos postular para nuestra sociedad el derecho de asociación: "Es grato encontrarse con que constantemente se están constituyendo asociaciones.., es de desear que crezcan en número y eficiencia... siento agrado en manifestar aquí que son muy convenientes y que las asiste pleno derecho" (León XIII, encíclica *Rerum novarum*, 1891, 34 ).

Sin el reconocimiento legal y el espacio real para organizar todo tipo de asociación libre, siempre que contribuya al bien común, no es posible hacer una pujante sociedad civil, puesto que todo el cuerpo de dicha sociedad se forma a partir de las diversas asociaciones, y estas, para ejercer plenamente su papel, deben gozar de plena autonomía y desarrollarse en un clima de libertad efectiva. También Juan XXIII en la encíclica *Mater et magistra* reconocía el crecimiento de las organizaciones intermedias y sus ventajas y beneficios, así como las limitaciones a las que estaban sometidas.

"Una de las notas más características de nuestra época es... La progresiva multiplicación de las relaciones de convivencia, con la consiguiente formación de muchas formas de vida y de actividad asociada... Esta tendencia ha suscitado por doquiera... una serie numerosa de grupos, asociaciones y de instituciones para fines económicos, sociales, culturales, recreativos, deportivos, profesionales, políticos... pero simultáneamente sucede que se detallan cada vez más la regulación y la definición jurídicas de las diversas relaciones sociales... Se utilizan, en efecto, técnicas, se siguen métodos y se crean situaciones que hacen extremadamente difícil pensar por si mismo.., obrar por iniciativa propia, asumir convenientemente las responsabilidades personales y afirmar y consolidar con plenitud la riqueza espiritual humana" (Juan XXIII, *Mater et magistra*, 1961, 59-61).

Estos son algunos raseros para que podamos evaluar en Cuba si existen o no organizaciones autónomas de la sociedad civil: pensamiento propio, iniciativa al obrar y desarrollar el espíritu humano.

**c. Reconocer el derecho a la propiedad privada:** En tercer lugar, no habrá auténtica sociedad civil diversa del Estado y del poder gubernamental si este no reconoce y abre espacios a la propiedad privada, ya sea en forma personal, asociada, cooperativa, etc. Ninguna asociación podrá mantener y ejercitar su autonomía y libertad de iniciativa si es sostenida económicamente por el mismo Estado y no puede ni gestionar legalmente un financiamiento propio y unos medios e instalaciones de su exclusiva propiedad.

Desde hace más de un siglo la Enseñanza Social de la Iglesia observa que este objetivo es indispensable para que no desaparezca la sociedad civil: "Estas ventajas no podrán obtenerse sino con la condición de que la propiedad privada no se vea absorbida por la dureza de los tributos e impuestos. El derecho de poseer bienes en privado no ha sido dado por la ley, sino por la naturaleza y por tanto, su autoridad pública no puede abolirlo, sino solamente moderar su uso y compaginarlo con el bien común" (León XIII, encíclica *Rerum novarum*, 1891). Los cubanos debemos comprender que tan perjudicial resulta para la vida de nuestra nación la posesión egoísta y sin ningún destino social de la propiedad privada como la eliminación total de esta por la propiedad estatal de todos los medios. De ambos extremos debemos liberarnos.

## 4. Dinámica interna del proyecto de reconstrucción de la sociedad civil

El estilo y la fisonomía de un proyecto depende mucho de su dinámica interna, es decir aquella forma peculiar de funcionar, de actuar, de articularse, cuya legitimidad se determina en la evaluación ética de toda la obra. Así pues, es necesario no solo encontrar altos fines y objetivos lícitos, sino que es necesario establecer cuáles son el proceder y los factores dinámicos que lo condicionan. Los medios y la dinámica interna de la reconstrucción de la sociedad civil deben ser tan éticos como sus fines.

En el caso de la reconstrucción de la sociedad civil en Cuba debemos tener en cuenta las siguientes cinco dinámicas internas :

- la relación entre la justicia y la paz social
- la relación entre la subsidiariedad y la solidaridad
- las relaciones entre el Estado y el Mercado
- el vínculo directamente proporcional entre la sociedad civil y la economía sostenible
- el vínculo entre sociedad civil y Estado de Derecho

## 5. La relación entre la justicia y la paz

Las injusticias reiteradas, la falta de voluntad para buscar salidas honorables, la falta de proyectos viables y la tozudez, son algunos de los detonantes de la violencia en cualesquiera de sus formas verbales, físicas, psicológicas, grupales, familiares. Por eso se hace muy necesario en nuestra Patria, para el cambio, y para después del cambio, que todos nos hallemos preparados para introducir en el seno de la sociedad civil una dinámica que combine la lucha por la justicia con el trabajo paciente por la paz: "Una lucha pacífica que emplea solamente las armas de la verdad y la justicia... luchas que insisten tenazmente en intentar todas las vías de la negociación, del diálogo, del testimonio, de la verdad, apelando a la conciencia del adversario y tratando de despertar en este el sentido de la común dignidad humana, a través del compromiso no-violento de hombres que resistiéndose siempre a ceder al poder de la fuerza, han sabido encontrar, una y otra vez, formas eficaces para dar testimonio de la verdad. Esta actitud ha desarmado al adversario ya que la violencia tiene siempre necesidad de justificarse con la mentira y de asumir, aunque sea falsamente, el aspecto de la defensa de un derecho o de una respuesta a una amenaza ajena. ¡Ojalá los hombres aprendan a luchar por la justicia sin violencia!" (Juan Pablo II, encíclica *Centesimus annus*, 1991, 23).

Enfrentar "la violencia contrarrevolucionaria", enfrentar la agresión del enemigo, prepararse para la invasión extranjera, hacer que las calles y universidades sean nada más que de una parte del terreno de batalla... son formas reiteradas de violencia social en forma de justificación de un derecho, o como respuesta al adversario externo con el que, sin embargo, gracias a Dios, están dispuestos a conversar civilizadamente al más alto nivel estatal. A veces nos preguntamos si la confrontación, la segregación social y la intolerancia son solo productos para el consumo nacional, puesto que nos parece, por lo menos una incoherencia sumamente injusta, que nos enfrentemos los cubanos por no tener espacio en casa mientras que los padres de familia abren sin recato hasta la cocina para compartirla o administrarla, a algunos que, incluso, son más reaccionarios en su país de origen que el peor de los cubanos. Luego, siguiendo una buena lógica, parecería que el pecado es ser cubano, a quienes no se nos está permitido organizarnos y protagonizar una sana pluralidad democrática mientras se les llama amigo -y eso es bueno - a cuanto extranjero viene a invertir aquí su capital o su tecnología. ¿Entonces pudiera ser que la condición para que la diversidad sea bienvenida, el pluralismo aceptado, es que venga acompañado, o quizás precedido de dinero?

Pues bien, una sociedad donde las penurias hacen invertir la escala de valores y colocar el capital sobre todo lo demás, necesita con más urgencia que otras de un trabajo serio, reflexivo, sereno y audaz en defensa de la justicia social y de la paz ciudadana, aún más cuando un proyecto se acaba de frustrar y queremos reconstruir el futuro por otros caminos, para no desembocar de nuevo ni en la frustración de 1898, ni en la de 1902, ni en la de 1961, ni en la de 1989... Son ya demasiadas frustraciones en menos de un centenar de años.

## 6. La relación entre subsidiariedad y solidaridad

Esos otros caminos o dinámicas sociales que queremos como nuevo proyecto para Cuba deben abolir definitivamente el aparato burocrático y totalitario del Estado y establecer una sociedad civil donde los impulsos de la subsidiariedad y de la solidaridad sean como la sístole y la diástole del corazón cívico de nuestra nación.

En efecto, como decía Pío XI: "sigue en pie y firme en la filosofía social aquel gravísimo principio inamovible e inmutable: como no se puede quitar a los individuos y darlo a la comunidad lo que ellos pueden realizar por su propio esfuerzo o industria, así tampoco es justo, constituyendo un grave perjuicio y perturbación del recto orden, quitar a las comunidades menores e inferiores lo que ellas pueden hacer y proporcionar, y dárselo a una sociedad mayor y más elevada, ya que toda acción de la sociedad debe prestar ayuda a los miembros del cuerpo social, pero no destruirlos y absorberlos... Conviene por tanto que la suprema autoridad del Estado permita resolver a las asociaciones inferiores aquellos asuntos y cuidados de menor importancia en los cuales perdería mucho tiempo, con lo cual lograría realizar más libre, más firme y más eficazmente todo aquello que es de exclusiva competencia. Por lo tanto tengan muy presentes los gobernantes que mientras más vigorosamente reinen, salvando este principio de función subsidiaria, tanto más firme será no solo la autoridad, sino también la eficiencia social, y tanto más feliz y próspero el Estado de la nación" (Pío XI, encíclica *Quadragesimo anno*, 1931, 79-80).

A nosotros los cubanos esta enseñanza del Papa Pío XI en 1931 nos parece escrita para nuestros días, y mientras nos preguntamos, cómo ha sido posible que nuestra nación haya sufrido tanto, pero aún más, por qué hoy todavía no se entienden ni se reconocen las verdaderas causas de la ineficiencia social, de la falta de autoridad civil, que está siendo calzada militarmente como uno de los últimos recursos del desorden administrativo, y del deplorable estado de la nación que transita depauperado por la peor época de su historia de cinco siglos para acá. Es por ello que postulamos que a la necesaria subsidiariedad, se una la efectiva solidaridad interpersonal, entre asociaciones, desde las estructuras del Estado, entre las naciones. La interdependencia es hoy día la única dinámica cuerda y eficaz para cualquier proyecto de renacimiento social.

Para conseguir estos fines el Estado debe participar "indirectamente y según el principio de subsidiaridad, creando las condiciones favorables al libre ejercicio de la actividad económica, hacia una oferta abundante de oportunidades de trabajo y de fuentes de riqueza... directamente y según el principio de solidaridad, poniendo en defensa de los más débiles, algunos límites a la autonomía de las partes que deciden las condiciones de trabajo y asegurando en todo caso un mínimo vital al trabajador en paro" (Juan Pablo II, encíclica *Centesimus annus*, 1991, 15).

## 7. La sociedad civil: ni Estado totalitario ni mercado salvaje

La tercera dinámica interna debe ser la relación de la sociedad civil con el Estado y el mercado. Así se salva a la persona del ciudadano de lo que el Papa Juan Pablo II describía así: "El individuo hoy día queda sofocado con frecuencia entre los dos polos: del Estado y el mercado. En efecto, da la impresión a veces que existe solo como productor y consumidor de mercancías, o bien como objeto de la administración del Estado, mientras se olvida que la convivencia entre los hombres no tiene como fin ni el mercado, ni el Estado, ya que posee en sí misma un valor singular a cuyo servicio deben estar el Estado y el mercado" (Juan Pablo II, encíclica *Centesimus annus*, 1991, 49).

El crecimiento y fortalecimiento de una sociedad civil sana, ayudará a los ciudadanos y a la nación a no caer más en los indeseables extremos:

- De un ESTADO burocrático, centralizado y totalitario, invasivo y autoritario, paternalista, por un lado;
- Y de un MERCADO salvaje, sin regulaciones éticas ni sociales, sin límites a los oligopolios y a los monopolios, por otro.

El protagonismo de una sociedad civil sana y articulada contribuiría junto con otros actores sociales a caminar hacia un proyecto de Nación con estas dos características fundamentales:

- Un ESTADO pequeño, descentralizado, subsidiario, ágil, efectivo, transparente y honesto, respetuoso de los derechos humanos y de la participación democrática.
- Un MERCADO abierto, eficiente, con adecuadas regulaciones antimonopolísticas y con sentido de la justicia social y la búsqueda del bien común.

## 8. La autogestión

A partir de las reformas ocurridas a finales del siglo XIX y principios del presente en el plano social, la solidaridad ha crecido durante esta centuria como nunca antes en la historia humana: "esas mismas reformas fueron también un resultado de un libre proceso de autoorganización de la sociedad como la aplicación de instrumentos eficaces de solidaridad, idóneos para sostener un crecimiento económico más respetuoso de los valores de la persona... con una notable aportación de los cristianos en la fundación de cooperativas de producción, consumo y crédito, en promover la enseñanza pública y la formación profesional, en la experimentación de diversas formas de participación en la vida de las empresas, en general de la sociedad" (Juan Pablo II, encíclica *Centesimus annus*, 1991, 16).

Esto nos indica que otro de los dinamismos internos para la construcción de una sociedad civil sana y eficiente, es ese proceso de autoorganización que sirve para que los mismos miembros protagonicen, desde la planificación inicial y el proyecto, hasta la articulación organizativa. Pero esa primera parte de este dinamismo debe desembocar naturalmente hacia una gestión cooperada de los fines y frutos de la asociación. A este proceso que consiste en "el esfuerzo de los hombres por asumir por sí mismos la organización de lo cotidiano, por adueñarse de su propio ser social" (Lefevre, H.) es a lo que llamamos autogestión.

Este es un proceso lento, progresivo y a veces frustrante si no tenemos claro que: "La autogestión se coloca al final de una trayectoria milenaria de autoritarismos y subordinaciones, coerción, de historias hechas por los ejecutores de la coerción, racionalizándola. Creo que esa grandiosidad nos obliga a ser modestos en los pasos concretos, porque si no en relación con la meta van a parecer demasiado cortos" (Iguiniz J. Autogestión y Autogobierno, p. 11-14).

## 9. El vínculo entre la sociedad civil y la economía sostenible

Después de una década perdida y de las falsas ilusiones de un desarrollismo "milagroso" las naciones hablan hoy de un tipo de desarrollo que es llamado "sustentable o sostenible", es decir, que no sea puntualmente creciente para luego entrar en crisis regresiva, sino que sea sostenido por los propios pueblos según sus recursos y potencialidades, sin ir demasiado rápido ni demasiado lento, y no depender exclusiva ni hegemónicamente de algunas naciones más desarrolladas, sino establecer lazos de colaboración e integración que permitan consolidar lo avanzado. Para garantizar una auténtica economía sostenible se necesita una sociedad civil que con espíritu emprendedor y creativo contribuya a ese desarrollo que se "apoya dentro".

"El desarrollo requiere sobre todo espíritu de iniciativa por parte de los mismos países que lo necesitan. Cada uno de ellos ha de actuar según sus propias responsabilidades, sin esperarlo todo de los países más favorecidos y actuando en colaboración con los que se encuentran en la misma situación.

- Cada uno debe descubrir y aprovechar lo mejor posible el espacio de su propia libertad.
- Cada uno debería llegar a ser capaz de iniciativas que respondan a las propias exigencias de la sociedad.
- Cada uno debería darse cuenta también de las necesidades reales, así como de los derechos y deberes a que tienen que hacer frente" (Juan Pablo II, encíclica *Sollicitudo rei socialis*, 44).

En Cuba nuestro espacio de libertad está bloqueado desde dentro. Es este, como decíamos, el peor bloqueo. Aunque los cubanos somos por naturaleza emprendedores y "si nos dan un dedo, nos cogemos la mano" como dice el refrán popular, esas iniciativas no encuentran ni espacio, ni apoyo, más bien son miradas de reojo y hacen del que las tiene un potencial sospechoso, alguien con cierto "índice de peligrosidad" o un delincuente en ciernes. Eso pasa donde todo es propiedad de un solo dueño, los recursos que necesitan los demás para su gestión, o lo tienen que pedir al dueño y depender de él, o lo tienen que "resolver", que es el nuevo nombre de robar al dueño que lo acapara injustamente: ese dueño en Cuba es el Estado. En cuanto a darse cuenta de las necesidades reales, ni siquiera podemos hacer un juicio, pues además de ser casi nimia la información que tenemos, no sabemos tampoco si el Estado, "único bien informado", sabe las verdaderas necesidades y las oculta; o no las sabe todas y no las quiere saber; o sencillamente las sabe pero no las informa para no crear una mala imagen a su propio descrédito, por ser el único responsable en última instancia.

Por las razones antes expuestas, en Cuba no es posible un desarrollo sostenible, aún cuando los especialistas intentan sanear las finanzas y el pueblo comienza a soportar contribuciones e impuestos, aún cuando se abren de par en par las puertas a las inversiones extranjeras, sin espacio de libertad para todos los cubanos, sin iniciativa privada amplia, sin reconocer que las verdaderas causas del problema económico de Cuba es el sistema económico burocrático, obsoleto, centralizado y discriminado que convierte a la nación en mano de obra barata al servicio del Estado totalitario y del inversionista extranjero o transnacional. Mientras la economía de Cuba no sea descentralizada, liberada de las amarras económicas, autónoma con relación al poder y participativa con el protagonismo de los ciudadanos y asociaciones no gubernamentales, no podremos salir de esta crisis.

**10. Serían necesarias dos tareas urgentes para el desarrollo económico sostenible:**

**Primera: Educación de base y acceso a la información:** "Es importante que las naciones en vías de desarrollo favorezcan la autoafirmación de cada uno de sus ciudadanos mediante el acceso a una mayor cultura y a una libre circulación de las informaciones. Todo lo que favorezca, la educación de base, que la profundice y complete... es una contribución directa al desarrollo" (Juan Pablo II. *Sollicitudo Rei Socialis*, 44).

**Segunda: La autosuficiencia alimentaria:** "Para caminar en dirección al verdadero desarrollo, las mismas naciones han de definir sus prioridades y detectar bien las propias necesidades según las particulares condiciones de su población, de su ambiente geográfico y de sus tradiciones culturales. Algunas naciones deberán incrementar la producción alimentaria para tener siempre a su disposición lo necesario para la nutrición y la vida. En el mundo contemporáneo existen algunas naciones particularmente no desarrolladas que han conseguido el objetivo de la autosuficiencia alimentaria y que se han convertido en exportadoras de alimentos" (Juan Pablo II, encíclica *Sollicitudo rei socialis*, 44).

A pesar de los intentos reiterados y las variantes utilizadas en Cuba esto no ha sido posible aún, porque después del triunfo de la Revolución la estatización de la agricultura, la falta de recursos, y la intervención directa del aparato burocrático en cooperativas agrícolas y otras variantes similares, solo han traído como consecuencia el empobrecimiento de los suelos y la falta de productos alimentarios, ni siquiera para el mínimo indispensable. Hasta que la agricultura vuelva a manos del pequeño agricultor privado en verdaderas y autónomas cooperativas sin la tutela estatal, no habrá producción de alimentos suficientes.

"Otras naciones necesitan reformar algunas estructuras y en particular, sus instituciones políticas, para sustituir regímenes corrompidos, dictatoriales o autoritarios, por otros democráticos y participativos... porque la salud de una comunidad política -en cuanto se expresa mediante la libre participación y responsabilidad de todos los ciudadanos en la gestión pública, la seguridad del derecho, el respeto a la promoción de los Derechos Humanos- es condición necesaria y garantía segura para el desarrollo de "todo hombre y de todos los hombres" (Juan Pablo II, encíclica *Sollicitudo rei socialis*, 44).

En nuestro país esa reforma de las estructuras e instituciones políticas, para hacerlas más democráticas y participativas, no solo es una condición para el desarrollo sostenible, sino que es el complemento inseparable e irrenunciable del cambio económico. Una reforma exige la otra. Un cambio postula el otro. Porque es el mismo hombre, la misma persona que vive tanto en los ambientes económicos como en las estructuras políticas, y no puede, sin grave riesgo de esquizofrenia social, es decir, de dicotomía de actitudes y de compromisos, de maniqueísmo farisaico, convivir en una sociedad que liberaliza y reforma la economía y trata de sostener a toda costa la obsoleta estructura política de "dictadura del proletariado".

La doble cara, expresión pública de la doble moral, es la salida salomónica para un gerente cubano que, trabajando en una firma moderna y eficaz, se tuviera que servir de una empresa cubana "socialista", o como mínimo se sentara frente al televisor para observa atentamente (con respetuosos ojos de marketing) una sesión de nuestra Asamblea Nacional, para luego de observar las intervenciones que dicen lo que se espera que se diga y las votaciones unánimes, pudiera evaluar si alguien aceptaría con gozo y ganas de poseer de verdad ese "producto" de nuestra democracia.

## 11. El vínculo entre la sociedad civil y un Estado de Derecho

Las reformas políticas que "sin prisa, pero sin pausa", son necesarias hacer, no pueden dirigirse hacia el caos y la improvisación, no pueden regresar -es nuestra opinión- hacia el pasado de la primera República, no pueden copiar mecánicamente modelos de otros países de distinta latitud, cultura y crisis.

Creemos conveniente que en esto se vaya muy lento: "hay que inventar formas de democracia moderna, no solamente dando a cada hombre la posibilidad de informarse y de expresar su opinión, sino de comprometerse en una responsabilidad común. Así los grupos humanos se transforman poco a poco en comunidades de participación y de vida, "porque en un mundo abierto a un porvenir incierto, las decisiones de hoy condicionan ya la vida de mañana" (citado por Juan Pablo II, encíclica *Centesimus annus*, 1991, 47).

Para inventar esas nuevas formas de democracia es necesario asumir la herencia de la humanidad en ese campo, y sin repetir modelos foráneos, conocer y respetar aquellas normas que la comunidad internacional ha adoptado como patrimonio común e inviolable, si se quiere respetar la dignidad humana. Dentro de esa herencia y como meta de toda reforma socio-política se aspira a tener un Estado de Derecho: "Una sana teoría del Estado es necesaria para asegurar el desarrollo normal de las actividades humanas: las espirituales y las materiales, entre ambas indispensables. Por esto la organización de la sociedad estructurada en tres poderes -legislativo, ejecutivo y judicial. Tal ordenamiento refleja una visión realista de la naturaleza social del hombre, la cual exige una legislación adecuada para proteger la libertad de todos. A este respecto es preferible que un poder esté equilibrado por otros poderes y otras esferas de competencias, que lo mantengan en su justo límite.

Es este el principio del Estado de Derecho, en el cual "es soberana la ley y no la voluntad arbitraria de los hombres" (Juan Pablo II, encíclica *Centesimus annus*, 1991, 44).

La visión global de una acción que desee reconstruir su propia sociedad civil y que constate que para ello es necesario reformar las estructuras económicas y políticas, no puede dejar de tener en cuenta el impero de la ley, la triple y efectiva división de poderes y la necesaria protección de las libertades civiles y los derechos humanos, principios todos de un Estado de Derecho. En Cuba este es un elemento fundamental para la reconstrucción pacífica y civilizada de nuestra sociedad: no puede haber sociedad civil sin un Estado de Derecho. Los espacios actuales de la sociedad civil están maniatados y manipulados por el arbitraje de una ley demasiado invasora en su vida interna, como se expresa en los artículos del 8 al 13 de la Ley de Asociaciones de 27 de diciembre de 1985, y su reglamento en los artículos del 27 al 30.

### EJERCITACIÓN

**1.** Se forman tres equipos:

Cada uno de ellos pone un ejemplo práctico en el que se manifieste la vivencia de las características de la sociedad civil en un grupo o asociación conocida en cuanto a:

- Principios generales
- Objetivos priorizados
- Dinámica interna

**2.** Plenaria.

**3.** Evaluación del encuentro.

## TEMA 6: "EL PROTAGONISMO DE LA SOCIEDAD CIVIL"

**OBJETIVOS:**
**1.** Proponer la primacía y el protagonismo de la sociedad civil por encima del Mercado y del Estado.

### MOTIVACIÓN

**1.** Se forman varios equipos según la cantidad de participantes. Para responder las siguientes preguntas:
**a.** Enumere los grupos y organizaciones de la sociedad civil existentes realmente en Cuba hoy.
**b.** Evalúe el quehacer de cada uno de ellos en la sociedad civil.

**2.** Plenaria. El animador hace las conclusiones, presenta el tema y explica los objetivos del encuentro.

### DESARROLLO

### 1. El siglo XXI: hacia una nueva República desde el protagonismo de la sociedad civil

Reconstruir la sociedad civil cubana, aprender de nuevo a organizarnos desde abajo y por los lados, aceptar sinceramente y sin trastienda que la pluralidad inclusiva de organizaciones y asociaciones no es una amenaza a la unidad de consensos, ir articulando esos consensos hasta construir un proyecto de bien común "donde quepamos todos", es, en nuestra opinión, el gran desafío y la tarea primordial de la sociedad cubana en el siglo XXI.

Quizá por una providencial coincidencia histórica, se parecen mucho nuestros comienzos de siglo. Tenemos una historia al inicio de los últimos tres siglos que apunta a la gestación de realidades nueva que tienen un marcado acento cívico, más que político en sentido estricto, y que ese acento civilista suena como lección y advertencia de esa historia de la que deberíamos, por lo menos, aprender cómo diseñar y levantar una nueva República en continuidad con lo mejor de su mismo devenir, en sintonía con sus voces e ideas más profundas y auténticas, pero superando las edades de su gestación (en el siglo XIX), de su nacimiento (en 1902), de su niñez (décadas del 10 al 20), de su primera juventud (décadas del 30 al 40) y de su segunda y más traumática juventud (en las décadas del 50 al 60).

Cuba, al pasar por la transición del autoritarismo a la democracia, tiene ya suficiente experiencia como para acceder a una etapa adulta como República. Eso dependerá de lo que aprendamos de la historia, de lo que tengamos en cuenta de las etapas pasadas, de la capacidad de reconstruir una nación sobre los mejores ejemplos de cada época. Es un **trabajo de discernimiento**, para distinguir lo mejor de la experiencia vivida. Es un **trabajo de purificación**, para reconocer y enmendar los errores y fracasos. Es un **trabajo de síntesis**, para articular en un proyecto coherente y viable las lecciones de cada etapa. Es un **trabajo de creación**, para aportar las nuevas iniciativas que requieren los tiempos nuevos.

Cuba, como nación, puede hacer este proceso de gestación de una nueva República. José Martí decía: "Mi Patria posee todas las virtudes necesarias para la conquista y el mantenimiento de la libertad." Eso lo expresó a finales del siglo XIX. A principios del siglo XXI, luego de haber vivido lo mejor y lo peor de los dos sistemas que dominaron el siglo XX, nos atrevemos a asegurar que, a pesar de los pesares, Cuba sigue teniendo esas virtudes que la salvarán como Nación.

Es verdad que en la superficie de la vida nacional emergen, con mayor elocuencia, los signos del fracaso antropológico del marxismo-leninismo caribeño. Pero que no se nos ofusque la razón, que no se nos nuble la esperanza: una nueva República cívicamente adulta, libre y responsable, puede ser construida por ciudadanos "que son y deben ser los protagonistas de su propia historia personal y nacional" (Juan Pablo II en Cuba, enero de 1998).

Estamos convencidos de que entre esta nueva utopía que nos convoca y la dura realidad en que vivimos, están los pequeños pasos que mantienen viva la esperanza. Hay cubanos y cubanas, de aquí y de cualquier ribera, que están dando ya esos pasos. Por ellos, Cuba, en la vigilia de una nueva etapa de su vida, puede mirar al futuro con confianza. Parece ser que por lo menos en Europa y América, el siglo XIX fue un siglo liberal en el que la sociedad civil jugó un papel protagónico.

El siglo XX, por el contrario, pudiera considerarse como el tiempo fuerte de los Estados, ya fueren democráticos, autoritarios o totalitarios. La caída del muro de Berlín fue el signo de que las puertas de una "nueva era" se abrían. Los Estados, racionales y providentes, fracasaron. A todas luces se emprendía un retorno al protagonismo de una nueva edad para la sociedad civil. Creemos, por tanto, que el siglo XXI será el siglo de la sociedad civil cubana. Este será el siglo de una República participativa y corresponsable, abierta e integrada a su hemisferio, reconciliada por dentro e interdependiente por fuera con la comunidad internacional.

Esta será la garantía más segura para una democracia mayor de edad. Václac Havel, cuya experiencia en este campo es incontestable decía: "El elemento fundamental y más legítimo de la democracia es la sociedad civil. En diez años de transición postotalitaria, nuestras nuevas élites políticas o bien han adoptado una actitud apática respecto de la construcción de la sociedad civil, o bien se han opuesto a ella activamente. Tan pronto como estas élites llegaron al poder, se volvieron reacias a devolver un ápice de la autoridad estatal que heredaron... De hecho muchos siguen interpretando la fe en la sociedad civil como izquierdismo, anarquismo o sindicalismo, y ha habido incluso quien lo ha llamado protofascismo. En la base del argumento de que la sociedad civil representa un ataque contra el sistema político está el conocido rechazo a compartir el poder. Es como si los partidos nos estuviesen diciendo: El gobierno es un asunto nuestro, así que elijan a cuál de nosotros quieren, pero nada más.

Absurdo: los partidos políticos, las instituciones democráticas, solo funcionan bien cuando extraen su fuerza e inspiración de un entorno civil desarrollado y pluralista y están expuestos a las críticas de su entorno."

Esta experiencia de los países de Europa central y del este, debe ser estudiada con mucha atención. A la desgracia de ser los últimos corresponde, sin embargo, la suerte de poder aprender de los aciertos y errores de los que van delante.

"La sociedad civil entendida como un entramado de actores sociales e instituciones, se diferenció claramente del Estado y de la clase política... pretendieron tener una entidad y existencia propias negándose a ser considerados como el resultado de las actuaciones del Estado... rechazaron la pretensión del Estado de monopolizar la esfera pública... también rechazaron la pretensión del Estado de ser el máximo responsable en la provisión de los bienes públicos, manteniendo, por el contrario, que la sociedad civil era responsable, y capaz, de esta provisión y estaba en mejor condición que el Estado para resolver los problemas del crecimiento, la integración social, e, incluso, la identidad nacional."

Mucho se ha discutido si es posible hablar de una auténtica sociedad civil en medio de un sistema totalitario, y si la reconstrucción de la misma tiene necesariamente que esperar al cambio de sistema. Es la dialéctica entre soberanía del Estado y soberanía de la Nación, entendida como comunidad de ciudadanos. Es la disyuntiva entre poder totalitario y repartición del poder. Havel reconoce que no es necesario esperar al cambio radical para que la sociedad civil pueda comenzar su lenta recuperación y pone ejemplos muy diversos: "...incluso, bajo la dominación comunista, ya existía en un grado significativo, una sociedad civil en sentido restringido, a la que había que dar la oportunidad de ejercer presión, y de avanzar, hacia el establecimiento de una sociedad civil en su sentido más amplio... En Polonia fueron la Iglesia y los sindicatos los que defendieron estas propuestas (así pues, sobre todo, en el campo asociativo); en Hungría estas surgieron inicialmente por medio del desarrollo de lo que se llamó la segunda economía. En el campo, por tanto, del mercado); en Checoslovaquia se defendieron principalmente en el ámbito del debate público y de la disidencia cultural (es decir, sobre todo, en el campo de la esfera pública)... Todas estas experiencias, vividas en diferentes países, demostraron la viabilidad de instituciones alternativas (como las negociaciones colectivas y las huelgas, los mercados, las reglas del debate público, etc.), organizaciones, redes, y movimientos sociales alternativos (como las iglesias, los sindicatos, las redes de disidentes, etc)... Estas demostraciones prácticas se llevaron a cabo durante un período prolongado de tiempo... y prepararon el camino... que terminó sucediendo a finales de los ochenta, cuando se abrió un respiradero, o una ventana de oportunidad, a causa de la incapacidad, o la falta de voluntad de los dirigentes de los Estados y los partidos marxistas para emplear la violencia contra sus propias poblaciones."

## 2. ¿Qué es lo nuevo para Cuba?

Entonces, teniendo en cuenta que es posible comenzar desde mucho tiempo antes del cambio político la reconstrucción de una sociedad civil sana, factor ella misma de la transición primero y de una auténtica democracia capilar, participativa y sistemática, después, nos gustaría delinear brevemente lo verdaderamente nuevo de ese entramado que debería conformar la sociedad civil en el siglo XXI cubano: EL PROTAGONISMO DE LA SOCIEDAD CIVIL: NUEVO PROYECTO PARA CUBA.

Debemos recordar una de las reflexiones más personalistas, en el sentido filosófico de la palabra, que hemos leído sobre este tema y que son, también para nosotros, la verdadera novedad de la República adulta y cívicamente madura que todos los cubanos debemos edificar en este siglo XXI: "El aspecto más importante de la sociedad civil es otro. Permite a la gente realizarse. Los seres humanos no son solo fabricantes, hombres de negocio o consumidores. Son también -y esta es quizá su cualidad más íntima- personas que quieren estar con otras personas, que ansían formas diversas de convivir y cooperar, que quieren influir en lo que pasa a su alrededor. La gente quiere que se le aprecie por lo que aporta al entorno que le rodea. La sociedad civil es una de las formas clave en que podemos desplegar nuestra naturaleza humana en su totalidad" (Václav Havel, citado en Revista *Vitral* No. 45, sept-oct de 2001).

## 3. Rol de una sociedad civil en una democracia

Veamos algunas facetas de ese nuevo protagonismo de la sociedad civil como mejor:

- VÍA DE ACCESO a los demás sectores de la sociedad.
- CANTERA DE CIUDADANOS para ejercer la soberanía que les toca por derecho.
- ESCUELA DE PARTICIPACIÓN para una democracia más eficaz.
- FUENTE DE PROGRESO en el aspecto económico y del desarrollo humano integral.
- FACTOR DE PRESIÓN para controlar al Mercado y al Estado.
- RED DE SOLIDARIDAD para promover y asistir a los más vulnerables.
- ESCUDO DE PROTECCIÓN para ciudadanos indefensos y para grupos minoritarios.

### a. Desde la sociedad civil al mundo de la política

Podemos decir que la República de Cuba puede y debe entrar en una etapa verdaderamente nueva, porque desde una sociedad civil autónoma, ética-personalizada, articulada en sentido comunitario, participativa y corresponsable, en la que se equilibren creativamente la solidaridad y la subsidiaridad, se puede acceder mejor al mundo de la política; porque los ciudadanos estarán mejor entrenados en la participación democrática y los líderes lo estarán mejor en los límites y el mutuo control de los poderes públicos, así como en el carácter de servicio de ese poder político.

### b. Desde la sociedad civil al mundo de la economía

Desde ese protagonismo de la sociedad civil se podrá acceder mejor al mundo de una economía de mercado con cierta regulación del Estado y cierta presión de la misma sociedad civil que fomente la justicia social, porque la iniciativa creadora y productiva se habrá entrenado en el seno de las organizaciones concretas y porque el sentido de comunidad aprendido en esas organizaciones permitirá abrir las meras reglas del mercado a una sensibilidad ética de solidaridad y subsidiariedad. Sin mercantilismos deshumanizantes, ni pragmatismos amorales.

### c. Desde la sociedad civil al mundo de la cultura

La reconstrucción de una sociedad civil, plural y tolerante, permitirá a la nueva República acceder al mundo de la cultura desde la diversidad asumida y promovida como una riqueza cívica. El diálogo interétnico, la creación libre y el arte sin fronteras serán los verdaderos cimientos de la identidad nacional que no se parapeta ni en estrechos nacionalismos, ni en disolución acrítica en culturas hegemónicas.

### d. Desde la sociedad civil al mundo de la trascendencia, la religiosidad y las iglesias

Una República nueva que priorice un protagonismo adulto de la sociedad civil, contribuirá a la promoción de la subjetividad, del alma de las naciones y, por ende, fomentará la dimensión trascendente de las personas, de las religiones y las iglesias, que además podrán tener un espacio real para "profesar la fe en ámbitos públicos reconocidos", para que las Iglesias "puedan estimular las iniciativas que puedan configurar una nueva sociedad" y puedan ejercer la caridad y el profetismo, y los servicios de verdad y promoción humana.

Las Iglesias aportarían, a su vez, un ingrediente de purificación y renovación de la misma sociedad civil, de la que la Iglesia forma parte y a la que está llamada a servir como fermento en la masa, como generadora de espacios de participación, como articuladora de redes de solidaridades y servicios, como red de redes, siendo ella misma, y no una ONG.

### e. Desde la sociedad civil al mundo de las relaciones internacionales

Incluso, el mundo de las relaciones internacionales de una República nueva encontrarían en una sociedad civil autónoma, abierta y solidaria, no solo un modelo a seguir en esos vínculos del servicio exterior, sino y sobre todo, caminos y lazos, puentes y apoyos para unas relaciones exteriores diversificadas, plurales, fraternales y que vayan más allá de la diplomacia tradicional de las relaciones interestatales, para llegar a ser verdaderos vínculos de comunicación y solidaridad entre los pueblos y entre todos los niveles de la sociedad civil. Se puede considerar esta como una nueva diplomacia.

Cada uno de los sectores de la sociedad pueden edificarse o renovarse desde esta nueva perspectiva de la primacía de la sociedad civil.

### 4. Mirar al futuro y pensar la refundación de Cuba: urgencia y necesidad

Junto con otros cubanos y cubanas, deseamos lanzar una mirada al futuro; sobre todo, pensarlo y presentirlo, para refundar la Nación sobre las únicas bases que pueden recuperar y reconstruir la Cuba de siempre: el proyecto de Nación de Varela y de Martí. Tenemos la certeza de que ese otear hacia delante nos permitirá también mirar hacia el pasado, para aprender de la historia, para arraigarnos en lo mejor del *humus* nacional, para tratar de no repetir los mismos errores.

### 5. Pasar de la reflexión a los proyectos

Es muy urgente, ponerse a pensar en el futuro de Cuba, en el futuro inmediato y en el mediato: Pensar, escribir, diseñar, proyectar, concretar, pasar de lo académico a pequeñas obras que vayan aplicando la reflexión seria y acumulada. Pasar de la reflexión a los proyectos, sin dejar de madurar la reflexión, porque si no el caos o la arbitrariedad más egoísta y mercantil, o el oportunismo de turno, ocuparán el lugar que deje vacío el pensamiento más cercano a las tradiciones patrias y a la justicia social.

De igual modo, creemos que esa mirada hacia adelante nos permite vivir el presente con mayor serenidad, sin amarguras ni nostalgias, sino con creativa esperanza. Y creemos, por fin, que esa esperanza, para convertirse en fuerza mística de nuestra vida, pasa por la efectiva reconstrucción del tejido de la sociedad civil en Cuba.

#### EJERCITACIÓN

**1.** Usando el método de "debate parlamentario" los participantes se formarán en tres "bancadas" o grupos parlamentarios:

- Representará la propuesta de los beneficios para la sociedad del protagonismo y la primacía del Estado.
- Representará la propuesta de los beneficios para la sociedad del protagonismo y la primacía del Mercado.

- Representará la propuesta de los beneficios para la sociedad del protagonismo y la primacía de la sociedad civil.

**2.** El animador modera el debate y permite que los demás defiendan su posición ante ataques o impugnaciones.

**3.** Evaluación del encuentro.

## TEMA 7: "ESTADO Y SOCIEDAD CIVIL. MARCO LEGAL: CONSTITUCIÓN Y LEY DE ASOCIACIONES"

**OBJETIVOS:**
**1.** Presentar las relaciones que deben existir entre un Estado democrático y una sociedad civil autónoma.
**2.** Definir el papel principal del Estado que es crear un marco legal que favorezca la creación de espacios de participación y el desarrollo y articulación de una sociedad civil libre, creativa, solidaria y vigorosa.
**3.** Destacar la importancia de uno o varios preceptos constitucionales que respeten el derecho de asociación, que reconozcan la libertad de expresión y organización de los ciudadanos y, aún más, que reconozcan explícitamente la primacía de la sociedad civil sobre la comunidad política.
**4.** Especificar la importancia de una nueva Ley de Asociaciones en Cuba: su coherencia con el precepto constitucional; su carácter abierto, incluyente, pacífico, pluralista; su contenido claro, preciso, respetuoso y promotor de la articulación de un tejido de la sociedad civil con las características propuestas en el tema 4 y 6.
**5.** Esclarecer el rol de la sociedad civil con respecto al Estado.

### MOTIVACIÓN

**1.** Se forman dos equipos con estas tareas, que se pueden encargar desde el encuentro anterior:

**Equipo 1:** Estudia la actual Constitución de la República, artículos del 5 al 8 y extrae lo que tenga relación con la sociedad civil y sus asociaciones.

**Equipo 2:** Estudia la actual Ley de Asociaciones, especialmente su capítulo II en su artículo 8, y el capítulo V artículos del 27 al 30, y señala aspectos positivos y aspectos que impiden el pleno desarrollo de una sociedad civil autónoma.

**2.** Precisar los conceptos y las diferencias entre la gobernabilidad y la gobernanza.

**3.** Se presentan en plenaria.

## Desarrollo

### 1. Relaciones entre un Estado democrático y una sociedad civil autónoma

El Estado, como estructura de la comunidad política, surge de la sociedad civil, la comunidad política "se constituye para servir a la sociedad civil de la cual deriva... Esta visión contrasta tanto con la ideología política de carácter individualista cuanto con las totalitarias que tienden a absorber la sociedad civil en la esfera del Estado" (Compendio de la Doctrina Social de la Iglesia, No. 417).

Las relaciones que deben existir entre un Estado democrático y una sociedad civil autónoma se deben basar en las relaciones de subsidiaridad por parte del Estado y de autogestión y autonomía por parte de la sociedad civil.

**Relaciones de subsidiaridad:** Es cuando existe un modelo de Estado con su correspondiente marco legal que no suplanta ni suprime la creatividad, el papel y la misión de los organismos intermedios de la sociedad civil. Al contrario, el principio de subsidiaridad consiste en que el Estado debe asumir solo aquello que las organizaciones de la sociedad civil no puedan asumir por sí solas.

Por su parte la sociedad civil no debe esperar ni exigir del Estado aquello que alguna de sus partes pueda y deba hacer por sí sola o en colaboración con otros. Cuando las relaciones entre Estado y sociedad civil son de dependencia lo que se fomenta es un paternalismo de Estado que desteje y lesiona la adultez y autonomía de la sociedad civil.

**Relaciones de autogestión:** Consiste en que todo organismo de la sociedad civil debe gestionar su existencia y su rol en la sociedad sin contar con el Estado. Su rol principal es procurar el bien común a todos los niveles del tejido social y relacional. La autonomía es la capacidad para tomar en sus manos las riendas de su existencia y proyectos; así como la capacidad para defender y promover el sentido de verdad y de justicia que se encuentran en las distintas formas de vida social.

### 2. Primacía de la sociedad civil sobre un Estado a su servicio

Lo hemos dicho de varias formas pero debe quedar bien claro. En un modelo de sociedad moderna, la primacía del soberano, es decir, la cima del edificio social no le corresponde al Estado que es y debe ser solo un servidor de la sociedad civil que le ha dado origen y le encomienda cuotas de poder para gestionar la cosa pública en su nombre y como delegación, no como propiedad.

### 3. Rol del Estado: crear un marco legal facilitador de la sociedad civil

El rol del Estado y su responsabilidad para buscar el bien común, creando un marco legal, y conciliando en el parlamento las leyes y los consensos necesarios. Se nos presenta así:

"El Estado, en efecto, debe garantizar cohesión, unidad y organización a la sociedad civil de la que es expresión, de modo que se pueda lograr el bien común con la colaboración de todo ciudadano. La persona concreta, la familia, los cuerpos intermedios, no están en condiciones de alcanzar por sí mismos su pleno desarrollo; de ahí se deriva la necesidad de las instituciones políticas, cuya finalidad es hacer accesibles a las personas los bienes necesarios-materiales, culturales, morales, espirituales- para gozar de una vida auténticamente humana. El fin de la vida social es el bien común históricamente realizable... para asegurar el bien común el Gobierno de cada país tiene el deber específico de armonizar con justicia los diversos intereses sectoriales. La correcta conciliación de los bienes particulares de grupos y de individuos es una de las funciones más delicadas del poder público. En un Estado democrático, en el que las decisiones se toman ordinariamente por mayoría entre los representantes de la voluntad popular (parlamento), aquellos a quienes compete la responsabilidad de gobierno están obligados a fomentar el bien común del país, no solo según las orientaciones de la mayoría, sino en la perspectiva del bien efectivo de todos los miembros de la comunidad civil, incluidas las minorías" (Compendio de la Doctrina Social de la Iglesia, No. 168-169).

De aquí podemos concluir que el rol del Estado es:

- Respetar y defender los derechos de los ciudadanos.
- Buscar el bien común.
- Armonizar los diversos intereses.
- Respetar tanto a las mayorías como a las minorías.

Para ello necesita **crear un marco legal** con el consenso de todos. Este marco legal será concebido y aprobado en el poder legislativo o parlamento; será ejecutado y administrado por el poder ejecutivo (gobierno) y será hecho cumplir y castigado a los que no los cumplan por el poder judicial, Tribunales de Justicia.

### 4. Precepto constitucional sobre sociedad civil y sus contenidos

A continuación hacemos una comparación entre los preceptos constitucionales de la Constitución de 1940 y la de 1992 (Constitución de 1976 modificada en 1992):

**Artículo 5:** El Partido Comunista de Cuba, martiano y marxista-leninista, vanguardia organizada de la Nación cubana, es la fuerza dirigente superior de la sociedad y del Estado, que organiza y orienta los esfuerzos comunes hacia los altos fines de la construcción del socialismo y el avance hacia la sociedad comunista.

**Artículo 6:** La Unión de Jóvenes Comunistas, organización de la juventud cubana de avanzada, cuenta con el reconocimiento y el estímulo del Estado en su función primordial de promover la participación activa de las masas juveniles en las tareas de la edificación socialista y de preparar adecuadamente a los jóvenes como ciudadanos conscientes y capaces de asumir responsabilidades cada día mayores en beneficio de nuestra sociedad.

**Artículo 7:** El Estado socialista cubano reconoce y estimula a las organizaciones de masas y sociales, surgidas en el proceso histórico de las luchas de nuestro pueblo, que agrupan en su seno a distintos sectores de la población, representan sus intereses específicos y los incorporan a las tareas de la edificación, consolidación y defensa de la sociedad socialista.

(Hasta aquí la Constitución de 1992).

Veamos lo que dice la Constitución de 1940:

**Artículo 8:** El Estado reconoce, respeta y garantiza la libertad religiosa. En la República de Cuba las instituciones religiosas están separadas del Estado. Las distintas creencias y religiones gozan de igual consideración.

**Artículo 37:** Los habitantes de la República tienen el derecho de reunirse pacíficamente y sin armas y el de desfilar y asociarse para todos los fines lícitos de la vida, conforme a las normas legales correspondientes, sin más limitación que la indispensable para asegurar el orden público. Es ilícita la formación y existencia de organizaciones políticas contrarias al régimen de gobierno representativo democrático de la República, o que atenten contra la plenitud de la soberanía nacional.

Estos dos ejemplos por sí solos hablan de la necesidad de tener un nuevo marco legal conformado por un nuevo precepto similar al de la Constitución de 1940 y una nueva Ley de Asociaciones que esté en correspondencia con el mismo. Debemos postular uno o varios preceptos constitucionales que respeten el derecho de asociación, que reconozcan la libertad de expresión y organización de los ciudadanos y, aún más, que reconozcan explícitamente la primacía de la sociedad civil sobre la comunidad política, (el Estado) y el mercado. Además, debemos especificar la importancia de una nueva Ley de Asociaciones en Cuba, que debería tener las siguientes características:

- su coherencia con el precepto constitucional;
- su carácter abierto, incluyente, pacífico, pluralista;
- su contenido claro, preciso, respetuoso;
- y su eficacia en promover la articulación de un tejido de la sociedad civil con las características propuestas en el tema 4 y 6.

## 5. Rol de la sociedad civil respecto del Estado

El rol de la sociedad civil con relación al Estado es tanto de control como de cooperación, tanto de denuncia de sus abusos e injusticias como en la defensa de las instituciones democráticas legalmente constituidas, tanto en la exigencia para que cumpla con su función estatal con la cuota de poder delegada en el Estado por el soberano, que es la sociedad civil, como en la revocación parcial o total de este poder delegado al Estado.

"El sujeto de la autoridad política es el pueblo, considerado en su totalidad como TITULAR DE LA SOBERANÍA. El pueblo transfiere de diversos modos el ejercicio de su soberanía a aquellos que elige libremente como sus representantes, pero conserva la facultad de ejercitarla en el control de las acciones de los gobernantes y también en su sustitución, en caso de que no cumplan satisfactoriamente sus funciones. Si bien esto es un derecho válido en todo Estado, y en cualquier régimen político, el sistema de la democracia, gracias a sus procedimientos de control, permite y garantiza su mejor actuación" (Compendio de la Doctrina Social de la Iglesia, No. 395).

## 6. Gobernabilidad y gobernaza

A la capacidad de un pueblo para gobernarse y ser gobernado se le llama GOBERNABILIDAD y GOBERNANZA. Por supuesto, ambas dimensiones del problema están íntimamente relacionadas, pero es necesario estudiarlas por separado para su adecuada comprensión y para su mejor solución. Nos detendremos, primero en la gobernabilidad, es decir, "el arte o la manera de gobernar que se propone como objetivo el logro de un desarrollo económico, social e institucional duradero, promoviendo un sano equilibrio entre el Estado, la sociedad civil y el mercado. Es la acción y efecto de gobernar o gobernarse" (Encarta® 2004).

Algunos estudiosos diferencian GOBERNABILIDAD como la capacidad del Estado para gobernar y GOBERNANZA como la capacidad de los ciudadanos para gobernarse. Pues bien, con estas herramientas conceptuales podemos evaluar los grados de GOBERNABILIDAD y GOBERNANZA que ha logrado nuestro país o cualquier país del mundo. De este modo, la GOBERNABILIDAD es la capacidad del Estado para gobernar y GOBERNANZA es la capacidad de la sociedad civil de gestionar el bienestar de sus miembros y de toda la sociedad. Es así que podemos decir que la relación que se establece entre Estado y sociedad civil es correlativa a la relación entre GOBERNABILIDAD y GOBERNANZA.

En la medida que los ciudadanos aprendan y aumenten su capacidad de gobernanza con empoderamientos y autogestión, en esa medida aumentará la gobernabilidad del Estado y viceversa.

En la medida que la gobernabilidad del Estado sea más democrática, participativa y liberadora de las fuerzas soberanas del ciudadano, más estará creando las condiciones y el marco jurídico para que crezca la gobernanza de la sociedad civil.

Mirando a nuestro país y aplicando estos conceptos aceptados por la inmensa mayoría de los pueblos y gobiernos de la tierra, surgen inmediatamente varias preguntas: Si la gobernabilidad es un arte: ¿Es nuestra forma de gobierno un arte? ¿Hemos aprendido los cubanos a gobernarnos por nosotros mismos como ciudadanos en nuestras gestiones cotidianas o dependemos del paternalismo autoritario, de "lo que nos den", de lo que "nos toca", de lo que otros decidan por nosotros? ¿Enseñamos a nuestros hijos a autogobernarse o los mantenemos en una permanente dependencia infantil? ¿Existen en nuestro país, las instituciones, los espacios y las posibilidades de formación para la autogestión libre y responsable? Este es el primer parámetro para poder medir la gobernabilidad de un pueblo.

Si la gobernabilidad "se propone como objetivo el logro de un desarrollo económico, social e institucional duradero": Nos preguntamos, ¿podemos comprobar, con los hechos y los resultados, no con las palabras y las buenas intenciones, el cumplimiento en nuestro país de este medular objetivo? ¿Cuál es el estado actual de nuestra economía? ¿Ha alcanzado nuestra sociedad la igualdad ante la ley y la igualdad de oportunidades a que debe aspirar todo país o las diferencias sociales se profundizan y se convierten en motivo de exclusión para una parte de los cubanos?

El estado de la economía familiar y nacional es otra medida para evaluar la gobernabilidad de un país. ¿Cuál es el estado actual del funcionamiento de nuestras instituciones? ¿Cuando acudimos a una empresa, a un organismo, a una gestión, generalmente logramos resolver nuestro problema con agilidad, rapidez, eficacia y trato humano... o los trámites burocráticos convierten en una agonía interminable cualquier gestión a la que tiene derecho cualquier ciudadano de a pie?

En nuestras instituciones laborales, hospitalarias, educacionales ¿qué resuelve más, la gestión normal de un ciudadano desconocido que se presenta sin "padrinos", o resuelve aquel que tiene un amigo, que va recomendado, que conoce a alguien que le ayuda a saltar por encima de la montaña de gestiones y esperas, de trámites y dilaciones que nos encontramos para intentar solucionar un simple problema laboral, de salud, de educación o de servicios?

La reducción de la burocracia, la capacidad de gestión eficaz y la agilidad de las instituciones y organismos para responder a las necesidades de los ciudadanos, es otro parámetro para medir la gobernabilidad de un sistema.

Por fin, si la gobernabilidad de una Nación se alcanza "promoviendo un sano equilibrio entre el Estado, la sociedad civil y el mercado de la economía" entonces podemos preguntarnos: ¿se promueve en Cuba ese sano equilibrio entre el Estado, la sociedad civil y el mercado o, más bien, el Estado controla totalmente una economía centralizada y no permite el desarrollo de una sociedad civil realmente autónoma y autogestionada? Aún más ¿existen las condiciones legales y económicas para que se desarrolle una sociedad civil próspera y plural? Y si estuviera naciendo ¿tiene la sociedad civil acceso libre o regulado al mercado y a la economía del país? ¿Tienen las organizaciones de la sociedad civil los medios legales y sociales para ejercer un adecuado control sobre el mercado y sobre el Estado?

La existencia o no de posibilidades legales y económicas para el desarrollo de la sociedad civil y para alcanzar un justo equilibrio entre las organizaciones intermedias, el Estado y el Mercado, pueden servir, junto con los anteriores criterios, para evaluar la gobernabilidad de una nación.

Es un deber, un derecho y una responsabilidad de cada ciudadano responderse a sí mismo cada una de estas preguntas y hacerse su propio criterio sobre el grado de gobernabilidad que tiene el Estado donde vive. Esta es también una tarea de cada cubano. Si nuestras respuestas niegan la definición que la comunidad internacional y nuestro propio país firmó, entonces los problemas de Cuba son ya un problema de gobernabilidad. Y esto es algo muy serio. La gobernabilidad, sin embargo, tiene también una dimensión internacional.

## 7. La gobernabilidad democrática y la comunidad internacional

No todo lo que sucede en un país es de su sola incumbencia, el mundo de hoy, cada vez más interrelacionado, no permite tener una economía cerrada y aislada. Ni mucho menos se debería aceptar que se pongan los intereses económicos por encima de las razones éticas y los valores de la justicia, de la libertad, de la soberanía ciudadana. El mundo de hoy no permite tener una sociedad civil perseguida o coartada sin que tome cartas en el asunto. El mundo de hoy no ve con buenos ojos un Estado centralizador que, por querer controlar todo, pierde lo más importante, la capacidad para gobernar, es decir la gobernabilidad democrática. Ya lo decía un viejo refrán, el que mucho abarca, poco aprieta.

La VI Cumbre de Países Iberoamericanos, celebrada en la localidad chilena de Viña del Mar, el 10 y el 11 de noviembre de 1996, en la que participó Cuba representada al más alto nivel, dedicó sus reflexiones y decisiones a este medular tema: "La gobernabilidad para una democracia eficiente y participativa", asunto de impresionante actualidad para la región y para nuestro propio país.

Así dice la Declaración final firmada por todos los Jefes de Estado de la Comunidad Iberoamericana: "En Iberoamérica existe la convicción de que la independencia de poderes, su mutuo control, la adecuada representación y participación de mayorías y minorías, las libertades de expresión, asociación y reunión, el pleno acceso a la información, las elecciones libres, periódicas y transparentes de los gobernantes, constituyen elementos esenciales de la democracia… La gobernabilidad democrática supone también transformaciones sociales, económicas y culturales profundas que conduzcan a disminuir las desigualdades y los problemas de exclusión social. En este punto corresponde a nuestros Estados una importante e intransferible función" (Declaración de Viña del Mar. No. 4 y 5).

De este modo, el primer deber de cada ciudadano es responderse las interrogantes que emanan de la situación de ingobernabilidad en que vive, pero, por otro lado, también los gobiernos, las organizaciones internacionales, los observadores extranjeros, las instituciones sociales y religiosas pueden contribuir con su valoración y su cooperación a que los países de nuestra región se comprometan seria y sistemáticamente a trabajar por la gobernabilidad democrática, cuyas tareas fundamentales están bien delineadas en esta Declaración.

Al analizar y responder las preguntas que emanan de cada aspecto de la gobernabilidad, podemos comprender que no todo, ni la mayor parte de nuestros problemas son responsabilidad de otros, sino que son de nuestra total responsabilidad. Dependen de la forma de administrar nuestros recursos, de la forma en que se ha dirigido y centralizado nuestra economía, de la forma en que se ha contabilizado o, incluso en una etapa, de la eliminación de toda contabilidad. Nuestros problemas dependen del modelo económico y de la cerrazón de nuestras finanzas. Dependen de las prioridades de la guerra o de la batalla de ideas. Dependen del estilo de *ordeno y mando* y de la indefensión del ciudadano. Dependen de la desastrosa incultura del *no trabajo en serio* y del *no te pago suficiente*. Depende del tipo de propiedad estatal-de-nadie y de la restricción de la propiedad pública y de la propiedad privada.

Hasta hace un tiempo en Cuba intentábamos explicarnos todos estos problemas de forma aislada o sectorial, decíamos, por ejemplo, es culpa del embargo o bloqueo, o es problema del precio del petróleo en el mercado mundial. Decíamos, por ejemplo, es culpa del funcionario tal o de la falta de organización de la empresa o el ministerio tal. Cada etapa de estos últimos 50 años ha tenido su justificación o se la hemos buscado o inventado. Pero ha llegado un tiempo en nuestro país en que nos damos cuenta que se trata de un problema de gobernabilidad democrática, si nos atenemos a las normas y los criterios que firmó nuestro propio país en la Cumbre de Viña del Mar y si nos atenemos a los criterios evaluativos aprobados por los organismos internacionales a los que Cuba pertenece.

## 8. Gobernanza: el protagonismo de la sociedad civil para su gobierno

Pero, tenemos igualmente que decirlo, el problema de Cuba no es solo de gobernabilidad democrática, sino es también una falta de gobernanza por parte de cada uno de nosotros los ciudadanos. Cada pueblo tiene y alcanza, aquello y solo aquello, que es capaz de construir con sus propias manos, con su inteligencia y voluntad, con su trabajo y su conciencia, con su subjetividad y su alma. Todo lo demás es quimera, engaño o subsidio.

Si por gobernanza entendemos la capacidad de autogestión de los ciudadanos y de los grupos y organizaciones de la sociedad civil, entonces debemos reconocer que responsabilizar solo al Estado por los problemas de gobernabilidad es ser parciales o ingenuos.

En efecto, sin la gobernanza de los ciudadanos no habrá nunca verdadera gobernabilidad democrática. Los pueblos se hacen ingobernables también cuando los ciudadanos no saben cómo gestionarse su propia vida; o no pueden gestionársela por falta de libertad y responsabilidad; o no pueden llegar a influir en las decisiones de su propio Estado y permanecen, indefensos pero también inmóviles, a merced de cada medida y de cada decreto, de cada alza de precios o de cada medida coercitiva.

Tenemos la convicción y la certeza de que los cubanos podemos y tenemos la capacidad de poder reconstruir nuestra propia gobernanza. Solo se necesita el indispensable espacio de libertad y un mínimo de empoderamiento mediante una sistemática educación ética, cívica y política que permita elevar nuestra autoestima y entrenar nuestra autogestión. Es decir, una auténtica educación liberadora y participativa. Pero, para empezar, sería bueno asumir por nosotros mismos y con nuestra propia responsabilidad aquello que hay que cambiar y que hemos estado esperando a que venga desde afuera o desde arriba: **gobernabilidad y gobernanza o lo que es lo mismo, libertad y responsabilidad.**

### Ejercitación

**1.** Se forman dos equipos:

**Equipo 1:** Propone una redacción de UNO O VARIOS PRECEPTOS CONSTITUCIONALES sobre sociedad civil teniendo en cuenta que en una Constitución no se desarrollan los contenidos sino que se crea un marco para desarrollar en las leyes complementarias.

**Equipo 2:** Propone: finalidad y contenidos para una LEY DE ASOCIACIONES.

**2.** Se presentan en plenaria para discutirlas y enriquecerlas.

**3.** Evaluación del encuentro.

### Tema 8: "Mercado y sociedad civil: progreso social, Ley de Empresas, alternativas solidarias"

**Objetivos:**
**1.** Presentar las relaciones que deben existir entre un mercado abierto, eficiente, solidario y subsidiario y una sociedad civil autónoma.

**2.** Definir el papel del Mercado que es crear riqueza, nivel y calidad de vida, que favorezcan el progreso de una sociedad civil libre, creativa, solidaria y vigorosa.

**3.** Destacar la importancia de uno o varios preceptos constitucionales que respeten el derecho de creación de los diversos tipos de empresas, que reconozcan la libertad de mercado de los ciudadanos y el país, aún más, que reconozcan explícitamente la primacía de la sociedad civil sobre el mercado.

**4.** Especificar la importancia de una nueva Ley de Empresas en Cuba: su coherencia con los preceptos constitucionales, su carácter y su contenido.

**5.** Esclarecer el rol de la sociedad civil con respecto al mercado, especialmente como alternativas de promoción humana y social solidarias (ver tema 6).

### MOTIVACIÓN

**1.** Se pide a los participantes que evalúen en qué medida la gestión de las empresas cubanas existentes actualmente contribuyen al desarrollo de una economía abierta, eficiente, subsidiaria y solidaria.

**2.** Plenaria. El animador hace las conclusiones, presenta el tema y explica los objetivos del encuentro.

### DESARROLLO

**1. ¿Qué es el mercado?**

La palabra Mercado se utiliza con diferentes acepciones aunque todas relacionadas entre sí. Se le llama así al área en la cual alternan los compradores y vendedores para realizar transacciones comerciales o financieras. También la demanda calculada o registrada para un bien o servicio se puede designar como su Mercado. Pero la acepción que mejor nos sirve de Mercado es la que lo define como un mecanismo en el que los compradores y vendedores determinan conjuntamente los precios y las cantidades de las mercancías que se deben producir, vender o comprar. Algunos se encuentran en lugares físicos; otros se realizan a través de teléfonos o computadoras y actualmente algunos se realizan en internet. Una política orientada hacia el Mercado se caracteriza esencialmente por el fomento de la pequeña empresa, de la competencia, escasas restricciones comerciales, política comercial dirigida hacia el exterior, bajos aranceles, tendientes al libre comercio.

**2.** Existen detractores acérrimos del mecanismo del Mercado. Muchos consideran que la competencia entre empresas o la búsqueda de beneficios son contrarias a la justicia, a las creencias religiosas o a intereses creados. También existen defensores a ultranza del Mercado como mecanismo económico y sostienen que el Mercado, por sí solo, resuelve los problemas de la economía, basándose en una experiencia de muchas décadas que sugiere que el Mercado es el instrumento más eficaz para gestionar la economía.

## 3. Fortalezas del Mercado

Lo cierto es que, como todo en esta vida, el Mercado tiene fortalezas y debilidades. Realmente ha demostrado ser el mecanismo más eficaz para gestionar la economía. Las economías más desarrolladas del mundo y a través de los tiempos han sido economías organizadas con orientación hacia el Mercado. Es el Mercado el único mecanismo económico que asegura libertad para desarrollar la iniciativa y la creatividad personal en el mundo de los negocios. El Mercado es el mecanismo económico que hasta el momento asegura la creación de riqueza y que el nivel y la calidad de vida aumenten exponencialmente. Si no se asegura el espacio para la iniciativa privada, la economía se priva de la riqueza que origina y resulta de la creatividad personal, la diversidad de ideas y negocios, la agilidad de las transacciones.

## 4. Debilidades del Mercado

Pero un Mercado como único mecanismo, sin límites, sin frenos, sin regulaciones, se convierte en un mecanismo injusto y sin ética. La libertad económica sin regulaciones deja a muchos fuera de las oportunidades para vivir dignamente. No tiene en cuenta que no todos respetan por conciencia la libertad de los demás, y no asegura que todos se mantengan dentro de los límites de su espacio, no puede evitar que algunos ocupen el espacio que corresponde a otros, se puedan crear megaempresas que se tragan a las pequeñas y medianas empresas, sin regulación se expanden monopolios y se reduce la competencia, se crea una diferencia injusta entre los que llegan primero o con más posibilidades y los demás. El Mercado por sí solo no asegura igualdad de oportunidades para todos, por lo que no completa una política económica éticamente aceptable, la que, por otro lado no puede concebirse sin la participación del mercado.

**5.** La solución que algunos países habían encontrado era la economía centralizada donde quien tomaba de la mano el desenvolvimiento de la economía era el Estado: si el Mercado no resuelve, que resuelva el Estado. Con el transcurso del tiempo es evidente el fracaso de esta política económica que no da espacio para la iniciativa privada y resulta totalmente ineficiente, convirtiéndose en una política monopolista de Estado. No ha llegado a garantizar, ni riqueza para las naciones ni distribución justa de la poca renta generada.

## 6. La economía social de Mercado

La sana interrelación Estado-Mercado, en la que el Estado establezca ciertas regulaciones no intromisiones al Mercado, para proteger a los ciudadanos de las injusticias generadas por el mecanismo de plena libertad económica, puede ser una solución lo más justa posible y la menos costosa para los más vulnerables. En las actuales circunstancias del mundo, se reconocen los problemas generados por un libertad sin límites y sin responsabilidad.

## 7. La sociedad civil como reguladora del Estado y del Mercado

La sociedad civil se forma por iniciativa de los mismos ciudadanos. Ya hemos visto en este curso que se trata de un tejido social formado por iniciativa y voluntad de los propios ciudadanos y solo tiene vida por ellos. Una sociedad civil libre, creativa, solidaria y vigorosa constituirá el principal y más legítimo freno al mecanismo del Mercado y al poder del Estado.

La sociedad civil así organizada y concebida será el espacio donde los ciudadanos se entrenen en desarrollar su iniciativa personal y se entrenen en establecer relaciones fuera de deshumanizantes intereses económicos. La empresa forma parte de la sociedad civil pero no es toda la sociedad civil. Esta tiene un campo mucho más amplio y la naturaleza de las relaciones que allí se establecen es complementaria. En las organizaciones de la sociedad civil los ciudadanos actúan guiados, más bien, por intereses de tipo social. No se asocian personas que quieran vivir solo para ellas mismas. Las sociedades son ya, de por sí, un voto a la solidaridad.

**8.** Al mismo tiempo la sociedad civil no puede crecer sin que en la sociedad se garantice un nivel de vida mínimamente digno, de manera que existan personas que tengan tiempo y aspiraciones. La cotidianidad en crisis, que absorbe todo el tiempo, unas veces ocupándose y otras preocupándose, no permite un desarrollo sano de la sociedad civil. Y es aquí que debemos considerar la importancia de que el Mercado garantice eficiencia y eficacia, de manera que se genere riqueza suficiente para que los ciudadanos, una vez trabajado lo suficiente para ganar el sustento y aumentar su nivel de vida, teniendo asegurada también la posibilidad de adquirir lo que necesita de una manera legal, pueda dedicarse a trascender de su persona, de su casa, de su familia, de su negocio o trabajo y unirse a otros con el objetivo de lograr el empoderamiento que promueve su vida y la del país.

## 9. Es necesaria una Ley de Empresas

A través de las organizaciones a las que pertenecen, las empresas presionan al gobierno para que asegure, con un marco legal, las mejores condiciones para su gestión, que le permitan disminuir sus costos y, por tanto, sus precios o que le permitan acceder al Mercado en igualdad de condiciones, lo cual será beneficioso para los consumidores. Pero también las exigencias de las empresas pueden estar en el orden de condiciones que dañen a otras empresas, al ciudadano o a la economía del país y si el gobierno es flojo o corrupto, necesitará una presión contraria para no ceder. Esta presión la harán otras organizaciones de la sociedad civil, especialmente las no lucrativas (prensa, Iglesias, las universidades, los sindicatos, etc.).

**10.** En esta lucha pudiera triunfar el más fuerte si no está establecida una legislación que asegure la mayor justicia posible en las acciones y decisiones. Se hace imprescindible una Ley de Empresas que asegure la libertad empresarial y exija una responsabilidad social; que posibilite la coexistencia de diferentes tipos y tamaños de empresas; que estimule la iniciativa personal y privada; y que establezca los límites que garanticen que cada empresa se mantenga dentro de su espacio sin afectar el de los demás ni el bien común. Esta ley solo es posible dentro de un marco legal legítimamente establecido y cabalmente cumplido, del que ninguna persona ni empresa, ni institución quede fuera, al margen o por encima. Así se evitan los monopolios, las mafias, la corrupción y la falta de responsabilidad social en las empresas.

**11.** En resumen:

- **El Mercado:** Asegura riqueza creadora, posibilidad de ejercer la iniciativa ciudadana, pretende garantizar un nivel de vida cada vez más digno.
- **El Estado:** Asegura el marco legal que garantice la mayor justicia posible (la justicia nunca va a ser plena en el mundo) en cuanto a desarrollo del Mercado teniendo como fin el desarrollo integral de la sociedad.
- **La Sociedad Civil:** Exige y controla al Mercado y al Estado y canaliza las energías de los ciudadanos por vías organizadas, legales y comunitarias.

**12.** Las sociedades, entonces, pueden organizarse de diferentes maneras según quién tenga la primacía:

**13.** Evidentemente, según nuestros criterios, que han sido expuesto a lo largo de este curso, la sociedad civil debe tener primacía sobre el Estado y también sobre el Mercado. En el mundo económico, deben tener primacía las empresas, pero como parte de la sociedad civil y no solamente como mecanismo del Mercado. Las empresas son, al mismo tiempo, lugar de encuentro entre el capital y el trabajo para generar riqueza (mecanismo de Mercado), las empresas son además espacios en que se establecen relaciones personales y comunitarias y también gestoras de la necesaria responsabilidad social que se espera de ellas. Por tanto, tiene un papel principal en el desarrollo económico y social. Esto se resuelve combinando la política económica de la empresa, el logro de sus objetivos (la obtención de ganancias y de un lugar en el Mercado), con su función social (producir con calidad, distribuir con justicia la renta generada y mantener la dinámica innovación y progreso). De esta manera, el funcionamiento del Mercado estará subordinado a los intereses de la sociedad civil que le exigirá mantenerse dentro de ciertos límites, pero que, al mismo tiempo, exigirá la necesaria libertad como para desarrollar la iniciativa privada que genere la riqueza suficiente para el desarrollo.

## 14. Equilibrio entre la creación de riquezas y la necesaria responsabilidad social

La primacía de sociedad civil en una nación es la garantía de que los ciudadanos puedan ejercer su poder como miembros activos de esa sociedad, de que sus energías sean canalizadas hacia el bien personal, comunitario y por tanto, social. Con una sociedad civil libre, creativa, solidaria y vigorosa, los ciudadanos se sienten protegidos en el ambiente económico: los que logran entrar como empresarios al Mercado, se sienten estimulados la creación de riquezas y el desarrollo humano integral y frenados para el monopolio o la competencia desleal o cualquier otro mal del Mercado; los consumidores se benefician con el empeño de las empresas por competir en las mejores condiciones. Por otra parte, las organizaciones de la sociedad civil exigen que los ciudadanos se mantengan activos en el desarrollo social y aprendan la manera más eficiente y humana de poder protagonizar la historia económica y social de su país.

### EJERCITACIÓN

**1.** Los participantes tratarán de elaborar un proyecto para una empresa económica. Se forman varios equipos y a cada uno se le encargará la elaboración de las diferentes partes del proyecto: objetivos, principios, criterios, sectores o ramas, acciones concretas.

**2.** Plenaria.

**3.** Evaluación del encuentro.

## TEMA 9: "PARTIDOS POLÍTICOS Y SOCIEDAD CIVIL"

**OBJETIVOS:**
**1.** Presentar las relaciones que deben existir entre una comunidad política plural, moderna, democrática y una sociedad civil autónoma y empoderada.
**2.** Presentar el papel de los partidos políticos en la sociedad.
**3.** Conocer los principales aspectos legales relacionados con los partidos políticos.

### MOTIVACIÓN

**1.** Se forman en cuatro equipos que les toca defender la existencia de un solo partido y al otro defender el pluripartidismo. El tercero defenderá la importancia de los partidos políticos y el cuarto defenderá la importancia de la sociedad civil. Deberán defender cada uno su posición argumentando presuntas ventajas del criterio defendido y las desventajas del otro.

**2.** El animador va escribiendo en la pizarra dividida en cuatro partes. Al finalizar la dinámica, utilizará los argumentos de ambos bandos para abordar los puntos principales del encuentro.

###### Desarrollo

### Relación entre los partidos y la sociedad civil

**1.** Los partidos políticos son parte de la sociedad civil, no son su estrato superior, ni su "clase rectora". La comunidad política está formada por los partidos políticos, y si bien entre estos existen relaciones peculiares, propias de quienes rivalizan pacíficamente por el ejercicio del poder, y tienen propuestas diversas de organización de la sociedad, la relación de dichos partidos con el resto de la sociedad civil debe ser de sana articulación e intercambio. Dichas relaciones:

**Deben ser:**
- **Transparentes**, con objetivos y estilos claros, respetando el estilo y los intereses de la otra parte.
- **Estables**, según el ritmo de colaboración de las partes, de acuerdo con los puntos de coincidencia y el espíritu fijado de antemano.
- **Graduales**, yendo del simple intercambio interpersonal, a la concertación de proyectos comunes.
- **Buscando puntos comunes**.
- **Respetando la libertad del otro** y sus propios ritmos e intereses.
- Considerándolo **como un igual**.
- **Autónomas**.

**No deben ser:**
- Con segundas intenciones, intentando manipular al otro a favor de los intereses de mi organización.
- Intermitentes, de acuerdo a las coyunturas del momento, si "es conveniente" por razones electorales, económicas o de imagen.
- Abrupta, con prisa, como el que busca algo muy particular y "quiere acabar rápido".
- Considerando al otro como un enemigo de antemano.
- Considerando a los demás como inferiores, como organizaciones de segunda clase que deben servirme.
- Manipuladas por el poder político.

**2.** Los partidos no deben tener a la sociedad civil solo como un mero "campo de reclutamiento", donde hay que buscar el mayor número posible de "adeptos". Sino como **el lugar natural y primero donde presentar su propuesta social** para articular colaboraciones que contribuyan a su realización, con independencia de que se alcance o no el poder.

**3. Congregar, hacer pactos, concertar** es parte del trabajo propio de los partidos, ya que el gobierno en democracia, ni a nivel de un pequeño pueblo, ni al nivel del país, puede hacerse sin el concurso de una pluralidad de personas, estilos, intereses y organizaciones que aceptan trabajar juntas en un proyecto común. Pero dicho trabajo de concertación no deberá estar encaminado a formar una especie de "redil" donde el partido en cuestión sea "el pastor", sino para formar un equipo formado por organizaciones y personas que tienen su propia autonomía, proyectos y prácticas, pero que además trabajan por un interés común. En este equipo el partido político puede ser "catalizador" y "aglutinante". Por ejemplo, si un partido quiere promover la iniciativa privada y la pequeña empresa como parte de su política económica, podría crear una concertación con gremios y organizaciones de derechos humanos para buscar la aprobación de leyes que faciliten la inversión, la obtención de créditos y la protección de la propiedad intelectual, además de apoyo electoral y aliados para protestar contra lo que se considera injusto. En lugar de buscar "correas de transmisión" o "peones para mover en el ajedrez político", a cambio de presuntos beneficios inmediatos, o cuando se alcance el poder: esto se llama clientelismo o populismo.

### 4. Papel de los partidos políticos en la sociedad

El papel de los partidos políticos es estudiar las necesidades de la nación y servirla proponiendo programas políticos como proyectos para garantizar el respeto de los Derechos Humanos, el desarrollo económico y la búsqueda del bien común. El ejercicio del poder, al que aspira todo partido, es un servicio al resto de la nación, y debe hacerse teniendo como base un proyecto claro y coherente con el espíritu de la organización y la visión que tenga de la realidad. Los electores, en una democracia auténtica, no eligen tanto a personas carismáticas como a proyectos que responden a sus intereses y necesidades. Si los partidos políticos y coaliciones, tienen un proyecto para "enamorar" a los electores y luego gobiernan con otro están siendo incoherentes y traicionando a sus electores. En ese caso los ciudadanos, y sobre todo la sociedad civil y el resto de la comunidad política, debe oponerse a dicho comportamiento para que cambie o, de lo contrario, revocar al gobierno. Los cambios de tácticas o estrategias son propios de cualquier gobierno moderno, pero estos deben estar, lo más posible, al servicio del proyecto que los electores votaron.

**5. En la democracia la oposición política es un servicio.** El mismo consiste en el ejercicio del derecho de los partidos políticos a vigilar con ojo crítico la labor del gobierno, para contribuir con ello al bien común. Si esto es así, los partidos opositores no solo denuncian las prácticas del gobierno que considere incorrectas, sino que reconoce y apoya las que sí considere que lo sean. La oposición es constructiva cuando es propositiva, cuando va a la esencia de los problemas y no se detiene en detalles sin importancia. Cuando usa los medios de difusión para buscar el bien común y no solo para crear estados de opinión a favor de intereses sectarios o desprestigios a sus adversarios.

**6. La oposición política debe ser pacífica.** La violencia siempre engendra violencia. La democracia y el progreso no se construyen con la lógica de los vencedores y vencidos, esto no excluye el ejercicio del derecho a huelga y de la protesta pública. Durante las últimas décadas en Cuba, la oposición ha sido pacífica por opción, y los opositores han defendido esa postura a toda costa, eso es una gran riqueza a conservar y cultivar en el futuro.

**7. Los partidos políticos deben competir "en buena lid"** por el servicio que deben realizar. Deben respetar siempre la integridad y los derechos de los demás partidos y organizaciones de la sociedad civil, así como acatar las decisiones de las instituciones encargadas de vigilar el orden del juego democrático como pueden ser los tribunales de cuentas, las comisiones electorales, el poder judicial. Esto no excluye la protesta pacífica contra las arbitrariedades, el enjuiciamiento de las mismas, así como la promoción de cambios en dichas estructuras, cuando estas no cumplen bien sus funciones. La vida privada y las familias de los políticos deben ser respetadas y protegidas. No deben ser jamás usadas como "armas" electorales. Eso no es ético.

**8. Los principios de la democracia deben ser respetados siempre.** Los golpes de Estado, las revoluciones violentas, o cualquier práctica que lleve a la violación de estos principios, aun cuando intenten cambiar grandes injusticias, conducen a males mayores que aquellas injusticias pretendieron eliminar.

**9.** En la Constitución de la República debe estar refrendado el derecho de asociación y participación democrática de todos los ciudadanos y como parte del ejercicio del mismo, el derecho a la fundación de partidos políticos, así como los elementos de su estructura y funcionamiento que se pueden exigir desde una ética de mínimos que promueva el bien común. Los elementos de apertura, inclusión, transparencia, competitividad y pacifismo deben estar presentes. En coherencia con la Constitución, una Ley de Partidos debe establecer los principios generales que deben ser inviolables para dichos partidos, su estructura de funcionamiento, el contenido de sus programas, y su relación con el resto de la sociedad civil y el Estado. En este sentido, los partidos políticos:

**Deben ser:**

- *Abiertos:* que no se restrinjan a ciudadanos de determinada clase social, raza, religión o género.
- *Incluyentes:* que contemple la posibilidad de la colaboración con otras organizaciones de la sociedad civil.
- *Competitivos:* que se declaren sin mayores derechos o responsabilidades que otros y dispuestos a competir con los demás partidos en las urnas y en la animación de la sociedad. Que la competencia sea con medios éticos.
- *Pacíficos:* que opten explícitamente por la no violencia en todas sus prácticas, internas y externas.

- *El contenido de sus programas y estatutos:* claros, dialogantes, respetuosos, pacíficos, capaces de consensos, concertaciones y alianzas.
- *Respetuosos:* de los derechos de las personas y los principios de la democracia.

**No deben:**

- *Tener una práctica política* destinada a destruir el orden democrático de la sociedad.
- *Tener una "agenda oculta"* que se pone en práctica cuando se alcanza el poder al más alto nivel, y esté dirigida a establecer una dictadura.
- *Optar por la violencia* o que basen su política en la agresión a las personas o instituciones en su integridad.
- *No deben ser ambiguos en el contenido*, basados en la querella con otros grupos, basados en la lucha de clases, etnias o regiones.

Los partidos políticos deben ser promotores de las relaciones entre la comunidad política y los demás miembros de la sociedad civil según las características de la socialización y de las diferentes interrelaciones sociales, propuestas en el tema 4. El cumplimiento de la Ley de Partidos, así como del Registro de Asociaciones debe estar en manos del poder judicial y regulado por la ley.

La Constitución de la República, y el correspondiente complemento en la ley positiva, deben explicitar claramente la primacía de la sociedad civil sobre los partidos políticos, evitando conceder a estos últimos prerrogativas o poderes que los coloquen por encima de los ciudadanos o del resto de las organizaciones. Por ejemplo, evitar que solo los partidos políticos puedan aspirar al poder en los procesos electorales a cualquier nivel, cualquier ciudadano o grupo independiente creado al efecto debe poder hacerlo. Por ejemplo, evitar que solo los partidos tengan iniciativa legislativa, cualquier ciudadano o grupo de la sociedad civil debe poder hacerlo. Esta anomalía se llama Partidocracia.

La ley debe exigir a todas las organizaciones de la sociedad civil que sean coherentes con el programa general y el espíritu de funcionamiento que aparece en el Registro de Asociaciones, los cuales deben ser coherentes con los mínimos que exige la Ley de Asociaciones. Al mismo tiempo, las organizaciones deben poder actualizar con facilidad su "perfil" en el registro de asociaciones. Este debe estar siempre de acuerdo a dichos principios. Por ejemplo, si una asociación de profesionales se funda sin objetivos de lucro, no puede comenzar a comercializar sus servicios, lo cual no le era exigido antes.

**10. La supremacía de la sociedad civil sobre los partidos políticos evita la "partidocracia"** en la cual la comunidad política se puede convertir en un poder no controlado por los ciudadanos y el Estado, y que pueda ser tan grande que deteriore el funcionamiento del propio Estado y de la sociedad civil. Estas situaciones pueden conducir a violaciones de los derechos humanos y pobreza material y moral propios de las dictaduras, aun cuando nominalmente existan las elecciones y las instituciones democráticas. En Cuba es necesario el cambio de los preceptos constitucionales con respecto a los partidos políticos, y la consecuente complementación con nuevas leyes de asociación y de partidos políticos.

La Constitución también debe refrendar el derecho a aspirar y ejercer el poder político por parte de cualquier ciudadano, la ley positiva debe aclarar los mínimos necesarios a exigir a un ciudadano para ejercer este derecho, así como los delitos relacionados al ejercicio de dicho servicio, así como las sanciones correspondientes.

**11. La sociedad civil es el espacio natural de socialización de los ciudadanos**, por tanto la familia y el resto de sus organizaciones son los espacios concretos de formación de la conciencia ciudadana y del ejercicio de las libertades y responsabilidades cívicas; por tanto son la cantera natural de los partidos políticos, pues estos últimos serán el espacio donde los ciudadanos, que así lo deseen por vocación, puedan ejercer sus derechos y deberes ciudadanos correspondientes con el ejercicio del poder.

Mientras más abierta, incluyente, transparente y eficaz sea la gestión de un partido, mayor cantidad de ciudadanos hinestos encontrarán en ellos un lugar de compromiso político explícito, y mayor número de ciudadanos no afiliados a este le darán su voto en las elecciones a cualquier nivel. La eticidad de un Partido es su mayor capital político y su más eficaz campaña electoral.

**12. La sociedad civil es el espacio natural de educación cívica de los ciudadanos**

El Estado o los partidos políticos no pueden, aun cuando dediquen a ello los debidos recursos y esfuerzos, realizar por sí solos la educación cívica de los ciudadanos sin la cual no hay orden democrático que funcione.

La sociedad civil ejerce también una función de control sobre los partidos políticos, de forma análoga a lo que lo hace con respecto al Estado y al Mercado, en cuanto a que ejerce la crítica, demanda coherencia y probidad en los programas políticos, así como eficiencia en las gestiones cuando estos están en el poder, de acuerdo a los intereses de los ciudadanos que conforman las diferentes organizaciones, gremios y grupos. Por ejemplo, si los gremios y sindicatos de educadores y de defensa de los derechos del niño y la familia, demandan reformas en la educación y mayores recursos para la enseñanza, un partido que quiera aspirar a ejercer el poder a cualquier nivel debe responder esta demanda, a riesgo de no contar con un buen número de electores vinculados a estos gremios y sus sectores de influencia, o de enfrentar significativas protestas y huelgas una vez en el poder.

## 13. La herencia de los autoritarismos

La dictadura militar por un lado y la "dictadura del proletariado" por el otro, han dejado una honda y ancha huella en la forma de pensar, de sentir, de actuar y hasta de vivir, de todos los cubanos y cubanos que hemos compartido estas cinco décadas: esa huella es el daño antropológico, el analfabetismo cívico y político, la dependencia totalitaria del Estado, la indefensión de los ciudadanos y el desmantelamiento del tejido de la sociedad civil.

Durante demasiado tiempo lo que llamamos comunidad política, es decir, las estructuras estatales y partidistas que ejercen el poder o aspiran a ello, han copado todos los espacios de la vida pública, han tomado el poder para dominar y no para servir y han invertido la estructura natural de la sociedad.

## 14. Los frutos esperados de la educación ética y cívica

En efecto, el desarrollo de la educación cívica y política en el mundo entero ha llegado al consenso de que la comunidad política -entendiendo esta como los poderes del Estado (legislativo, ejecutivo y judicial) y los partidos políticos- existen para servir y promover el desarrollo y el protagonismo de la sociedad civil y no al revés. Esta es la dinámica natural de las relaciones sociales en una sociedad democrática. Es decir, es la forma normal de organizar la convivencia nacional e internacional. En no pocos países, todavía, ocurre lo contrario de esta normalidad y las naciones se organizan contra la naturaleza de la persona humana y contra la subjetividad de una sociedad sana. En algunos de esos países se subordinan los intereses de la sociedad civil a los intereses del Gobierno y los partidos. En otros países las organizaciones intermedias que conforman la sociedad civil son dominadas por los intereses, hegemónicos y sin control, del mercado. En otros, como el nuestro, un solo partido se considera como "fuerza superior dirigente de la sociedad y del Estado" (Cf. Constitución de la República. 1976. Art. 5).

En este tipo de organización socio-política se invierten los papeles y las organizaciones, asociaciones, instituciones y grupos de la sociedad civil no solo se ven totalmente controlados y convertidos en "correas de transmisión" del poder político, sino que en los casos más graves, la sociedad civil es perseguida, infiltrada, colocada al margen de la ley y sus representantes encarcelados o controlados hasta el último minuto de su vida como si fueran forajidos, vigilados sus actos públicos como si fueran subversivos y violados los espacios más íntimos de sus vidas personales y familiares.

La inversión de la dinámica social por la cual el poder político domina, desteje y persigue a la sociedad civil es, quizás, la malformación cívica más perversa del mundo contemporáneo. Porque la persona es y debe ser la soberana, es decir, la que detenta el poder y no los monarcas, mandatarios, jefes, presidentes, ministros y cualquiera que ejerza una responsabilidad política que solamente reciben, el encargo de servir a toda la sociedad administrando los recursos y procesos de desarrollo del país a nombre y por delegación de los que verdaderamente deben regir los destinos de los pueblos: todos sus hijos e hijas. Y porque así como la persona es el soberano y soberana de la sociedad en las democracias que significa: poder del pueblo, así los espacios de participación y decisión, los espacios de creación y solidaridad que forman la sociedad civil son para lo comunidad política lo que el ciudadano para el Gobierno, su soberano, aquellos que detentan y deben detentar realmente el poder de decidir.

El Compendio de la Doctrina Social de la Iglesia no deja lugar a ninguna duda al destacar un acápite dentro del Capítulo Octavo que define "la primacía de la sociedad civil": "La comunidad política y la sociedad civil, aún cuando estén recíprocamente vinculadas y sean interdependientes, no son iguales en las jerarquías de los fines. La comunidad política está esencialmente al servicio de la sociedad civil y, en último análisis, está al servicio de las personas y de los grupos que la componen. La sociedad civil, por tanto, no puede considerarse un mero apéndice o una variable de la comunidad política: al contrario, ella tiene la preeminencia, ya que es precisamente la sociedad civil la que justifica la existencia de la comunidad política" (párrafo 418).

### Ejercitación

**1.** El animador divide el plenario en pequeños grupos y les entrega noticias sobre la comunidad política y la sociedad civil en Cuba y el resto del mundo. De ellas los participantes dirán si las relaciones entre los partidos y la sociedad civil que en las mismas se refiere han contribuido al bien y al progreso de la sociedad o no.

**2.** Evaluación del encuentro.

## Tema 10: "Las Iglesias y el resto de la sociedad civil"

**Objetivos:**
**1.** Presentar las relaciones entre las Iglesias y el resto de la sociedad civil de la que ella forma parte inseparable, así como las diferencias entre el carácter de las instituciones religiosas y las demás organizaciones de la sociedad civil.
**2.** Esclarecer el rol de la sociedad civil con respecto a las Iglesias, especialmente como: base social, educación en valores, espacio consciente y crítico, colaboración en la promoción humana, programas de solidaridad y contribución a un desarrollo social integral (ver tema 6).

### Motivación

**1.** Los participantes se forman en pequeños grupos de tres o cuatro y se hace este diagnóstico:

- Relacionar obras sociales en las que las Iglesias y otros grupos de la sociedad civil cooperen en Cuba.

- Relacionar dos actitudes de las Iglesias que entorpecen su relación sana y normal con el resto de la sociedad civil y dos actitudes de la sociedad civil que entorpezcan su relación con las Iglesias.

**2.** Se comparten los resultados del diagnóstico.

### Desarrollo

**1. Misión de las Iglesias en la sociedad civil**

En todas las latitudes donde ellas se encarnan y trabajan, tienen las Iglesias una misión muy específica que no debe confundirse con las tareas políticas, partidistas, ni con las funciones del Estado y sus estructuras.

"Promover la dignidad inviolable de la persona es la tarea central y unificante del servicio que la Iglesia está llamada a prestar a la familia humana" (Juan Pablo II, encíclica *Christifideles laici*, 37).

Muchas veces la diversidad de carismas y funciones que realizan las comunidades religiosas, no permite ver claramente cuál es el sentido y la tarea central: es la persona y su dignificación, es, reiteramos, "el culto a la dignidad plena del hombre", tarea que coincide con la mística martiana. Es por eso que en Cuba las raíces mismas de nuestra cultura, y especialmente de la cultura política, extraen su savia del *humus* sedimentado y mestizo del cristianismo. No hay contradicción fundamental entre el proyecto cívico de Varela y Martí respecto a la concepción del hombre, y la misión social de las Iglesias cristianas.

Es más, podemos decir con alegría que, si bien a finales del siglo XIX y principios del XX cierto laicismo pudo lograr alguna distancia entre los dos grandes amores que acunaron en un mismo corazón Varela y los otros padres fundadores, hoy, al final del mismo siglo XX y gracias a la inenarrable prueba de purificación, compromiso y transparencia a que la sometió el "socialismo real", la credibilidad de la Iglesia en Cuba ha crecido hasta niveles tan altos que muchos de nuestros conciudadanos, aun cuando no sean practicantes, ni aún creyentes, expresan que la Iglesia es quizás hoy, y lo fue durante mucho tiempo, el único espacio de libertad y participación personalista, la única voz comunitaria y el único aliento organizado y perseverante que alimenta "el alma de la nación que se desmigajaba por el país".

Las comunidades religiosas en Cuba han ayudado a que no se nos secara la subjetividad, que disecaran el espíritu con doctrinas y figuras de otro siglo y otro continente. Las Iglesias algunas veces hablaron y otras callaron, pero siempre estuvieron presentes. Unas veces empujaron y otras frenaron prudentemente, unas veces fue bien acogida su labor y otras criticadas por los de adentro y los de afuera... pero debemos dar gracias a Dios porque siempre se han esforzado por levantar el corazón y el alma de la nación hacia ideales perdurables de la más auténtica raigambre cubana, como el poema de esa poetisa nuestra que resume en sí misma, en su vida y en estos versos, lo que ha sido -pensamos nosotros- la síntesis de nuestra existencia cristiana en esta Isla verde y sufrida, y lo que pueda ser el secreto profundo de nuestra capacidad de recuperación demostrada por la historia.

*Solo clavándose en la sombra, chupando gota a gota el jugo vivo de la sombra,*
*se logra hacer para arriba obra noble y perdurable.*
*Grato es el aire, grata la luz pero no se puede ser todo flor...,*
*y el que no ponga el alma de raíz, se seca.*

(Dulce María Loynaz, Poemas sin nombre III)

Creemos que estos versos reflejan y describen lo que ha sido la vida de cualquier creyente cubano en estas largas décadas de comunismo, y la clave de la mística que nos ha permitido remontar, aunque averiados y muy solos, el paso del Mar Rojo y del desierto; en esta pascua de casi 40 años la Iglesia siempre nos ha recordado "que no solo de pan vive el hombre" cuando los faraones nos invitan a resolver nuestros problemas con las "ollas de Egipto", precio módico y deshumanizante de una nueva y sutil esclavitud.

Pero la misión eclesial no ha sido solo desacralizar los poderes de este mundo, sino golpear con su vara "la roca dura del corazón monolítico de Mambré", para unas veces con fe, y otras dudando, conseguir el "agua" para todo el pueblo.

Al delinear un proyecto para la reconstrucción de nuestra sociedad civil debemos agradecer a la Iglesia, la experiencia milenaria en humanidad, que haya alimentado en estos años la subjetividad de la nación cubana, unas veces con el magro sustento del "maná" mañanero y silencioso de sus pasos y presencias en nuestra cotidianidad, y otras veces con el gran banquete de codornices de sus reflexiones, encuentros nacionales, mensajes y cartas pastorales. Pero nunca aceptó, frente a ninguna penuria -ni las más lacerantes carencias-, ni regresar a manos de un país extranjero por muy altas y subyugantes que fueran sus pirámides de acero y cristal, ni tampoco aceptó que el pueblo, aprovechando la ausencia de líderes y profetas como Moisés, se postrara ante los nuevos ídolos... y aunque en una época del peregrinar parte del pueblo fundió y cambió sus prendas de oro para construir y sostener un becerro sustitutivo del Dios verdadero, siempre señaló al pueblo sus inquietudes, con misericordia, y desmitificó el carácter divino que intentaba usurpar el símbolo, unas veces rompiendo delante del pueblo las tablas de la ley, y otras recordando que "hay que dar al César lo que es del César y a Dios lo que es de Dios".

Esta trayectoria nos asegura que el papel de las Iglesias en Cuba, en la supervivencia del "resto fiel" de la sociedad civil contribuirá, como columna de nube, a palear el sol implacable que quema y reseca cada grupo y asociación, y como columna de fuego que alumbra, cuando luego del "ocaso del sol", el pueblo camine en la oscuridad de la incertidumbre y la noche, junto a las cenizas del sueño acabado.

Iluminar esa "noche oscura" por la que pasamos, para inspirar nuevos sueños, creemos que esta es la misión de las Iglesias en la reconstrucción de Cuba. Sí, nuevos sueños y no resucitar pesadillas.

Esta cuota de credibilidad en los creyentes por parte de nuestro pueblo, ganada desde la cruz del anonadamiento y "no desde la alianza del trono y del altar", como nos enseñó el Padre Varela en sus "Cartas a Elpidio", ahora que tenemos una luz en la oscuridad no debemos dejarnos encandilar con esa luz en medio de nuestro "apagón nacional". Nuestra reflexión no debe ser nada triunfalista. Menos lo debe ser nuestra acción.

Las Iglesias deben trabajar de igual a igual, codo a codo, con el resto de la sociedad civil, de la que forma parte, en todo lo que contribuya al desarrollo humano integral.

## 2. El diálogo: actitud y método

Queremos decir que el diálogo y la concertación son siempre el camino de las Iglesias, y jamás el del enfrentamiento y la división. Así debemos discernir el tipo de relaciones que las Iglesias n seguir establecidas con toda la sociedad cubana. No podemos menos que recordar las preclaras y programáticas palabras del Papa Pablo V en su primera Encíclica:

"La relación de la Iglesia con el mundo puede configurarse mejor como un diálogo, en modo alguno unívoco, sino adaptándolo a la índole del interlocutor y a las circunstancias del hecho lo cual está sugerido por la costumbre, ya generalizada, de concebir así las relaciones entre lo sagrado y lo profano:

- Por el dinamismo transformador de la sociedad moderna.
- Por el pluralismo de sus manifestaciones.
- E igualmente, por la madurez del hombre, religiosa o no religiosa, capacitado por la educación civil para pensar, para hablar, y para tratar con la dignidad del diálogo" (Pablo VI, encíclica *Ecclesiam suam*), 1964, 72-75).

En Cuba esta actitud y este método, llámese diálogo, concertación, negociación o simplemente dinámica de encuentro y reflexión, es hoy día la única alternativa civilizada para salir de la crisis total en que nos encontramos. La otra alternativa, la de la confrontación, la de la violencia civil o militar, la de la muerte, ni es fiel a nuestra tradición humanista cubana ni el carácter de nuestro pueblo, ni a la dignidad que merece nuestra nación. Luego no puede ser admitida como alternativa, quienes quiera que sean los que postulen. Por eso, la primera misión y el primer método que las Iglesias deben aportar a la encrucijada actual de los cubanos, es esta forma de relación social -porque fíjense bien que no estamos hablando solamente del "diálogo en las alturas", que es necesario pero insuficiente- favorecer, decíamos, este estilo y este "arte de la comunicación" que siempre que sea sincero "denota un propósito de corrección, de estima, de simpatía, de bondad, de parte del que lo establece.

"Excluye la condenación apriorística, la polémica ofensiva y habitual, la futilidad de la conversación inútil... supone un estado de ánimo en nosotros, los que pretendemos introducirlo y alimentarlo con cuantos nos rodean, el estado de ánimo de quien siente dentro de sí el peso del mandato apostólico, de quien se afana continuamente por colocar el mensaje del que es depositario en la corriente del pensamiento humano" (Pablo VI, encíclica *Ecclesiam suam*, 1964, 75).

Esa es la misión que a nuestro modo de ver concreta la tarea de las comunidades religiosas con relación al resto de la sociedad civil de la que forman parte: Una República nueva que priorice un protagonismo adulto de la sociedad civil, contribuirá a la promoción de la subjetividad, del alma de las naciones y, por ende, fomentará la dimensión trascendente de las personas, las religiones y las iglesias, que además podrán tener un espacio real para "profesar la fe en ámbitos públicos reconocidos", para que las Iglesias "puedan estimular las iniciativas que puedan configurar una nueva sociedad" y puedan ejercer la caridad y el profetismo, servicios de verdad y promoción humana. Las Iglesias aportarían, a su vez, un ingrediente de purificación y renovación de la misma sociedad civil de la que la Iglesia forma parte y a la que está llamada a servir como fermento en la masa, como generadora de espacios de participación, como articuladora de redes de solidaridades y servicios, como red de redes, ella misma.

## 3. Las Iglesias como parte de la sociedad civil

El Compendio de la Doctrina Social de la Iglesia publicado por el Pontificio Consejo Justicia y Paz, en el Capítulo Octavo sobre "La comunidad política" dice en el párrafo 417: "La comunidad política se constituye para servir a la sociedad civil, de la cual deriva. La Iglesia ha contribuido a establecer la distinción entre comunidad política y sociedad civil, sobre todo con su visión del hombre, entendido como ser autónomo, relacional, abierto a la Trascendencia: esta visión contrasta tanto con las ideologías políticas de carácter individualista, cuanto con las totalitarias que tienden a absorber la sociedad civil en la esfera del Estado."

Destacamos la afirmación de que las Iglesias han contribuido a establecer la distinción entre la comunidad política y la sociedad civil. Todo lo contrario de lo que intenta hacerse en Cuba que se intenta meter en un solo saco a todo el que no sea del poder o correa de transmisión del poder.

En cuanto al lugar de las Iglesias, en la sociedad está claro que:

- Las Iglesias no pueden ni deben pertenecer a las estructuras del Estado, ni al mercado, ni puede situarse fuera o por encima de la realidad humana argumentando ser distinta como lo es en realidad, ni por el origen divino de su fundación como lo creemos los seguidores de Cristo.
- Las Iglesias han sido enviadas por su Fundador a ser fermento en la masa, luz entre las naciones y sal de la tierra, por tanto es su deber hacer el mismo camino de la encarnación, de la inculturación, de su Fundador que "no hizo alarde de su categoría de Dios; al contrario, se despojó de su rango y tomó la condición de esclavo, pasando por uno de tantos. Y así actuando como un hombre cualquiera se rebajó hasta someterse incluso a la muerte y una muerte de cruz" (Carta de San Pablo a los Filipenses. Cap. 2, versículos 5-11).
- Por tanto, su lugar natural en la comunidad humana es en el seno del tejido de la sociedad civil del que forma parte a título único, diferente por su ser y su quehacer, diferente por su origen y su destino, pero inseparablemente injertada en ese tejido social, debe permanecer y comprometerse a su servicio y, aún más, las Iglesias son y deben ser allí un signo de cómo debería ser la convivencia social basada en la fraternidad universal. Y todavía más, las Iglesias no solo forman parte del pueblo en el que están encarnadas como Cuerpo de Cristo, sino que ellas pueden y deben ser, generadoras y animadoras de comunidades y ambientes de la sociedad civil.

Así lo recordaba el Papa Pablo VI en su Carta *Octogesima adveniens*: "Urge reconstruir a escala de calle, barrio o de gran conglomerado el tejido social en que el hombre pueda desarrollar las necesidades de su personalidad. Hay que crear o fomentar centros de interés y de cultura a nivel de comunidades y parroquias, en sus diversas formas de asociación, círculos recreativos, lugares de reunión... donde cada uno podrá crearse nuevamente relaciones fraternales". (Pablo VI, encíclica *Octogesima adveniens*, 1971, II).

Y en otro lugar dice: "El cristiano tiene la obligación de participar en esta búsqueda, tanto para la organización como para la vida de la sociedad política... la acción política -¿es necesario subrayar que se trata ante todo de una acción y no de una ideología?- debe estar apoyada en un proyecto de sociedad coherente en sus medios concretos y en su aspiración que se alimenta de una concepción plena del hombre... **no pertenece ni al Estado, ni tampoco a los partidos políticos** que se cerrarían en sí mismos, el tratar de imponer una ideología por medios que desembocarían en la dictadura de los espíritus, la peor de todas... **Toca a los grupos culturales y religiosos** -dentro de la libertad de adhesión que ellos suponen- desarrollar en el cuerpo social, de manera desinteresada y por su propio camino, estas convicciones últimas sobre la naturaleza, el origen y el fin del hombre y de la sociedad" (Pablo VI, encíclica *Octogesima adveniens*, 1971, 25).

Así lo confirma el Concilio Vaticano II: "El hombre es por su íntima naturaleza, un ser social, y no puede vivir ni desplegar sus cualidades sin relacionarse con los demás. Su interioridad no lo hace juguete de las condiciones físicas o sociales externas... En nuestra época... se multiplican las conexiones mutuas y las interdependencias, de ahí surgen asociaciones e instituciones, este fenómeno recibe el nombre de socialización" (Cfr. Constitución Pastoral *Gaudium et spes*, 3 y 25).

## 4. Lo que la Iglesia entiende por la sociedad civil

Debemos destacar que el tema de la sociedad civil con el contenido que hoy ha alcanzado es relativamente reciente. Lo civil se utilizaba en otros tiempos, también hoy, solamente para distinguir de lo militar. Pero no es este el significado que tiene cuando se une al término "sociedad" para conformar una categoría sociológica cuyo significado debe comprenderse hoy según una definición que aporta el mismo Compendio de la Doctrina Social de la Iglesia en el párrafo 417b: "La sociedad civil es un conjunto de relaciones y de recursos, culturales y asociativos, relativamente autónomos del ámbito político y del económico: El fin establecido para la sociedad civil alcanza a todos, en cuanto persigue el bien común, del cual es justo que participen todos y cada uno según la proporción debida. Se caracteriza por su capacidad de iniciativa, orientada a favorecer una convivencia social más libre y justa, en la que los diversos grupos ciudadanos se asocian y se movilizan para elaborar y expresar sus orientaciones, para hacer frente a sus necesidades fundamentales y para defender sus legítimos intereses."

Una clave para validar si una democracia es formal o real puede ser determinar quién tiene la primacía en la sociedad, quién protagoniza realmente la vida social: ¿la comunidad política o la sociedad civil?

Consideramos también que esta es una tarea pendiente aún para las Iglesias que todavía no conocen la profundidad y el significado del término sociedad civil, ni han aprendido a distinguirla de la comunidad política, y a veces se dejan llevar por los mismos parámetros que utiliza el Estado al colocar en un mismo saco, y a confundir, o permitir que se confunda, a todos los que son diferentes.

También en Cuba, debemos dar nuestro aporte de educación cívica y de actitudes coherentes con ella para que se identifiquen, distingan y aprendamos a trabajar en fraterna amistad, todos los hijos e hijas de esta noble nación, cada cual desde su propia identidad y misión, al servicio del presente y el futuro de Cuba que es, en fin, el anhelo y la esperanza de todo cubano y cubana de buena voluntad.

Cada cubano debe ser protagonista de esa sociedad civil que reconstruirá a la Nación. No es asunto de esperar mesianismos falsos, ni de fuera del país ni de dentro, así lo expresó claramente el Papa Juan Pablo II en Camagüey: "No busquen fuera lo que pueden encontrar dentro. No esperen de los otros lo que ustedes son capaces y están llamados a ser y a hacer. No dejen para mañana el construir una sociedad nueva, donde los sueños más nobles no se frustren y donde ustedes puedan ser los protagonistas de su historia" (Juan Pablo II, Camagüey, 23 de enero de 1998).

Para concluir este tema debemos destacar varios puntos muy importantes:

**1.** La misión de las Iglesias como parte inseparable de la sociedad civil solo debe ser, según Jesucristo, como signo, semilla y fermento de sociedad civil:

- La Iglesia es "signo" de la sociedad civil: Es decir, las Iglesias, por su estilo de vivir en comunidad de personas, en la búsqueda del bien común, en la lucha por la justicia y la paz, en un estilo de convivencia fraterna, justa y solidaria, son y deben ser signo, señal, adelanto, de lo que aspira a ser toda la sociedad civil.
- La Iglesia es "semilla" de sociedad civil: Es decir, la labor y la misión de las Iglesias va sembrando y esparciendo esa "subjetividad personal y social", esa espiritualidad, esa mística. Por ello la existencia misma y el quehacer de las Iglesias, es una verdadera siembra, un semillero, un vivero, de sociedad civil porque anima a las personas a vivir en fraternidad. Porque aporta al carácter de ser-social de cada hombre y mujer un camino para vivir en comunidad y una motivación interior y espiritual para las relaciones sociales.
- La Iglesia es "fermento" de sociedad civil: Es decir, que la inculturación del Evangelio y la consecuente inserción de las Iglesias en el tejido de la sociedad civil no aportan a ese tejido su propia experiencia milenaria de convivencia solidaria, sino que potencia, fecunda, fermenta y hace crecer lo que ya existe y le da una dimensión, un crecimiento interior y una trascendencia que rebasa las técnicas y cálculos sociológicos y meramente humanos.

**2.** Para que las Iglesias y sus obras sociales puedan "profesar y ejercer la fe en ámbitos públicos reconocidos" -como pidió Juan Pablo II en Cuba, debemos destacar la importancia de uno o varios preceptos constitucionales que reconozcan la libertad de conciencia como base de todas las demás libertades y Derechos Humanos, así como la libertad religiosa en su sentido pleno, es decir, no solo libertad de culto, sino libertad de participación democrática de los creyentes y de las mismas Iglesias como institución con personalidad jurídica, aún más, que reconozca explícitamente la separación de la Iglesia y el Estado y la participación de las Iglesias como parte de la sociedad civil con los mismos derechos y deberes de las organizaciones no-gubernamentales.

3. A lo anterior se corresponde una nueva Ley de Cultos en Cuba:

- Que elimine el control casi policial de los órganos del Estado y del Partido Comunista en la vida interna y en las obras sociales de las Iglesias;
- Que tenga coherencia con el precepto constitucional;
- Que establezca el carácter general de los cultos y de las instituciones: abiertas, incluyentes, respetuosas de las demás religiones, pacíficas;
- Cuidadosas de las relaciones con el Estado, la comunidad política y los demás miembros de la sociedad civil según las características propuestas en el tema 4;
- Que reconozca y establezca los mecanismos jurídicos que la libertad religiosa no se reduce a la libertad de culto, sino que tiene como dimensión inseprable su carácter público, social e internacional.

4. El rol de la sociedad civil con respecto a las Iglesias debe ser:

- **Base social**, es decir, las iglesias deben encontrar su base social en los diferentes ambientes de la sociedad civil y esta debe estar abierta y respetuosa de que sus miembros entren en relación con las Iglesias y que sus miembros puedan hacerse o no miembros de una ellas.
- **Educadora en valores**, en efecto, muchos de los grupos y asociaciones de la sociedad civil pueden ser talleres, naturales y asociativos, de valores que también la Iglesia promueve y siembra.
- **Espacio consciente y crítico**, sin duda, una sociedad civil cada vez más autónoma y madura, será cada vez más una instancia para el despertar de la conciencia y el ejercicio del criterio, es decir el ejercicio crítico y soberano, dentro de una sociedad plural y laica. La Iglesia debería agradecer este servicio de crítica sana que ellas también deben buscar y que las purifica a ellas mismas y las ayudan a mejorar al resto de la sociedad.
- **Colaboración en la promoción humana**, es decir, aquellos grupos o asociaciones asistenciales y de promoción humana de la sociedad civil, colaboran entre sí y con las Iglesias y por ello, en fin de cuentas, es el hombre, la persona humana, la que se beneficia de este servicio de crecimiento en humanidad mancomunado.
- **Contribución a un desarrollo social integral**, si la sociedad civil o parte de ella hace su papel de factor de crecimiento de la subjetividad social, entonces las Iglesias encontrarán un terreno abonado para su labor evangelizadora y para su propia e insustituible contribución en la salvaguardia de la dignidad plena de la persona humana y de su carácter trascendente.

### Ejercitación

1. Los participantes se forman en equipos y responden estas preguntas:

En nuestra actual situación de Cuba: ¿Juega la sociedad civil este rol con relación a las Iglesias? ¿Qué hacer? ¿Cumplen las Iglesias, por su parte, el rol que le corresponde con respecto al resto de la sociedad civil de la que forma parte? ¿Qué hacer?

**2.** Ponen las reflexiones en común en una plenaria.

**3.** Evaluación del encuentro.

## TEMA 11: "¿CÓMO SE ARTICULA LA SOCIEDAD CIVIL?"

**OBJETIVOS:**
**1.** Presentar un posible esquema global para poder visualizar cómo se podría articular la sociedad civil en el marco global de una sociedad democrática.
**2.** Definir y aplicar a nuestras circunstancias las siguientes realidades o actitudes que están relacionadas con la articulación y buen funcionamiento de la sociedad civil y de todo el cuerpo social: conflictividad, solución pacífica de los conflictos, inclusión, articulación (no unidad, ni uniformidad); consenso, concertación, alianzas estratégicas, alianzas tácticas, cooperación solidaria, respeto y derechos de los diferentes, deberes y derechos de la pluralidad.

### MOTIVACIÓN

**1.** Se forman dos o tres equipos y el animador entrega unas figuras de colores que representan los protagonistas del esquema y las partes de la sociedad civil por separado.

**2.** Se orienta el juego del rompecabezas: "ARQUITECTOS SOCIALES".
Cada participante es un ciudadano consciente y responsable y tiene, aunque sea en este juego, la soberanía, es decir, el poder y la posibilidad de construir su propio "edificio global de la sociedad cubana" que sueña, no que hay ahora. Para ello se pone de acuerdo, dialoga, concierta, busca consensos entre todos, deciden, para ir colocando por equipos las piezas que forman cada parte del esquema en la forma que los participantes crean más apropiada y correcta.

**3.** Al terminar queda sobre el piso o sobre mesas tantos esquemas como equipos y el animador invita a todos a ir pasando por esta exposición de futuros proyectos para Cuba, realizados por los actuales "constructores de sociedad". Escogen uno y dicen por qué.

### DESARROLLO

**1. Articulación de los protagonistas de este proyecto**

Solo se podrá realizar eficazmente con la activa participación de: la persona, la familia, las propias organizaciones intermedias, las Iglesias, el Estado (el Gobierno, Parlamento, Poder Judicial).

**La articulación de estos sujetos sociales** es el secreto para la estabilidad del cuerpo civil, su avance sostenido y su estilo de democracia. La sana cooperación y el mutuo control y regulación garantizarán esa adecuada articulación. La rigidez, la obstinación, la violencia y la doble moral son frutos de unas relaciones civiles impuestas por el poder.

Escuchemos algunas recomendaciones:

- "Para que la cooperación ciudadana responsable pueda lograr resultados felices en el curso diario de la vida pública, es necesario un orden jurídico positivo que establezca la adecuada división de funciones institucionales de la autoridad política, así como también la protección eficaz e independiente de los derechos... Reconózcanse, respétense y promuévanse los derechos de las personas, familias y asociaciones, así como su ejercicio, no menos que los deberes cívicos de cada uno" (Cfr. Pío. XII, Radio Mensaje, 1 de junio de 1941).
- "Cuiden los gobernantes de no entorpecer las asociaciones familiares, sociales o culturales, los cuerpos o instituciones intermedias, y de no privarlos de su legítima y constructiva acción que más bien deben promover, con libertad y de manera ordenada..."
- Los ciudadanos por su parte, individual y colectivamente, eviten atribuir a la autoridad política todo poder excesivo y no pidan al Estado, de manera inoportuna, ventajas o favores excesivos, con riesgo de disminuir la responsabilidad de las personas, familia y agrupaciones sociales" (Constitución Pastoral *Gaudium et spes*, Concilio Vaticano II, 1965).
- En cuanto al Estado su función es de protección del orden jurídico, la disciplina social y la búsqueda del bien común, pero sin injerencias ni manipulaciones de la sociedad civil: "Proteja el Estado estas asociaciones de ciudadanos unidos con pleno derecho, pero no se inmiscuya en su constitución interna ni en su régimen de vida, el movimiento vital es producido por un principio interno, y fácilmente se destruye con la injerencia del exterior" (León XIII, encíclica *Rerum novarum*, 1891, 38). "Tiene la familia derechos por lo menos iguales que la sociedad civil para elegir y aplicar los medios necesarios en orden a su incolumidad y justa libertad... porque siendo la familia, lógicamente y realmente anterior a la sociedad civil, se sigue que sus derechos y deberes son anteriores y más naturales" (ídem, 9).

### Del diálogo a la amistad cívica

Nunca insistiremos bastante hasta crear una cultura del diálogo y la concertación en las características que debe tener el ejercicio de este modo de convivencia que se llama amistad cívica.

Encontramos cuatro líneas maestras que servirán de medida y de inspiración para el servicio mediador y reconciliador de las Iglesias en medio de la conflictividad propia de la sociedad en trance de cambio: "La claridad ante todo. El diálogo supone y exige capacidad de comprensión, es un trasvase del pensamiento, una invitación al ejercicio de las facultades superiores del hombre... Basta esta, su inicial exigencia, para revisar nuestro lenguaje: si comprensible, si popular, si escogido" (Pablo VI, encíclica *Ecclesiam suam*, 1964, 75).

**La mansedumbre:** "El diálogo no es orgulloso, no es hiriente, no es ofensivo. Su autoridad es intrínseca por la verdad que expone, por la calidad que difunde, por el ejemplo que da. No es orden, no es imposición. Es pacífico, evita modos violentos, es paciente, es generoso" (ídem).

**La confianza:** Tanto en el valor de la palabra propia cuanto en la actitud para aceptarla por parte del interlocutor. Promueve la confianza, la amistad...

**La prudencia:** La cual tiene muy en cuenta las condiciones psicológicas pedagógicas y morales del que escucha (Mt 7, 6), si niño, si inculto, si incapacitado, si desconfiado, si hostil; y se afana por conocer la sensibilidad del interlocutor y por modificarse racionalmente a uno mismo y la forma de presentación, para no resultarle a aquel molesto e incomprensible (ídem).

Hemos pensado que en muchas ocasiones los mediadores, los protagonistas de un diálogo, los sujetos de concertaciones, los artífices de negociaciones civilizadas han pasado por varias etapas que la sabiduría popular ha clasificado así:

**Ingenuidad:** cuando nadie cree que es posible y citando como voces en el desierto algunos claman que es necesario, urgente o imprescindible. En la medida que estos adjetivos suben de tono, la etiqueta se agranda de la ingenuidad a la connivencia culpable. ¡Qué se va a hacer! Mientras, los que se sienten interpelados por la invitación o deben ser sus protagonistas, calculan cuántas posibilidades y cuánto tiempo les queda para no transigir. Pues, cada cual cree, o quiere creer, que tiene la verdad.

**El falso diálogo:** al irse acabando el tiempo, las partes intentan paliar la necesidad y la salida con amagos y cosméticos. Los que tienen buena voluntad creen que son suficientes y caen en la verdadera ingenuidad. Los que solo intentan "darse tiempo" montan "diálogos" que más bien son monólogos. Los que son más sensatos comienzan a dar verdaderos pasos, aún modestos pero premonitorios, de lo que vendrá por necesidad, mientras tienen tiempo de prepararse. Los que no saben estos, o no quieren ver los signos de los tiempos, siguen diciendo que son falsos diálogos, otros piden como condición del diálogo lo que solo pueden ser sus frutos.

**La tentación de la cumbre:** llegado el momento en que las presiones son muchas y las salidas pocas, llegado el momento en que está hecho el consenso en ambas partes pero permanece el "cómo" en la incertidumbre, entonces la primera tentación es la del milagro de "la conversión de las piedras en pan", pensando que así se sacia el hambre y la sed de justicia. La segunda tentación es la de "lo alto del monte", esto lo resolvemos con un diálogo en la cumbre, sea interior, o exterior (algunos prefieren empezar por fuera del País). Si se tratara solo de empezar por algún lado, santo y bueno, pero si se tratara de concebir la solución desde arriba y desde afuera entonces ese diálogo "aunque necesario y auténtico" se queda en la lógica del protagonismo de los grandes y de la manipulación de la masa. Entonces:

- Los ingenuos pensarán que todo está resuelto.
- Los sencillos pensarán que "ellos son los que saben".
- Los ambiciosos protestarán porque no han contado con ellos.
- Los obstinados dirán: "nada tiene solución ni en la cumbre".
- Los sabios dirán "la gente habla pero no se entiende".
- Los poderosos no darán declaraciones para no entorpecer el desarrollo del diálogo, pero al final regalarán sus frutos al pueblo a cambio de cooperación para ejecutar sus acuerdos.
- Los cristianos seguiremos diciendo que es muy buena esa solución negociada y pacífica y que a la vez que ocurre no deberíamos perder más tiempo esperando el final de la historia, sino que sin esperar órdenes, aprovechemos el tiempo en que están ocupados arriba en muchas cosas para ofrecer y realizar nuestro propio servicio como sociedad civil autónoma y con iniciativa: protagonizar a nuestro nivel y en nuestros ambientes ese diálogo que sin base y cimientos no podrá levantar para arriba obra noble ni perdurable.

Pero quedarán todavía en algún rincón de nuestra sociedad:

- Algunos que digan que todo está perdido.
- Otros que digan que fue una traición.
- Otros que intenten reverdecer la confrontación.
- Otros que viendo el final aprovechan para marcharse.

Pero recordemos que en la vida "no puede ser todo flor". No nos desanimemos, llegará la última etapa y diremos: Todos lo sabíamos: Es la fiesta y la paz. Al fin se llegó al resultado.

**Esquema de articulaciones y funcionamiento de este proyecto**

Al finalizar este curso sobre un proyecto de reconstrucción de la sociedad civil queremos esquematizar las estructuras, su articulación a nivel de cuerpo social global así como los fines de cada una de ellas y su funcionamiento o dinámica interna. Fijémonos que es un esquema, la vida es más rica y compleja.

## Articulación del proyecto

A continuación se usa una pancarta o un dibujo en la pizarra o un *power point* para ir presentando el Esquema de Articulación del Proyecto (ver esquema que aparece al final de este tema). Recomendamos comenzar de abajo hacia arriba, es decir de los ciudadanos que es la base hasta el Estado que es la cúpula. Pero de otra forma se puede invertir el esquema y colocar a los ciudadanos arriba como lo más decisivo y soberano e ir bajando hasta las estructuras del Estado. En ambos casos se debe señalar esa visión que tenemos de la sociedad que el Estado no es más que las estructuras organizativas que se dan los mismos ciudadanos que son los que ostentan la soberanía y forman la nación como una comunidad de personas libres, participativas y corresponsables. Como se puede apreciar en el esquema hemos colocado:

- En el CENTRO a los protagonistas y ESTRUCTURAS: Estado, Sociedad Civil, Familias y Ciudadanos.
- Del LADO IZQUIERDO hemos colocado los FINES u OBJETIVOS que deben buscar y desempeñar cada uno de esos protagonistas o Estructuras. Una raya discontinua relaciona el Objetivo o fin con las estructuras que lo deben promover cuando la línea discontinua señala la estructura directamente. Y cuando la línea discontinua señala los espacios entre una estructura y la subsiguiente quiere decir que esa es la forma en que se deben relacionar entre sí las estructuras. Ejemplo: Entre el Estado y la sociedad civil: "Control del Estado, Grupos de presión y crítica, Apoyo y colaboración".
- Del LADO DERECHO hemos colocado el FUNCIONAMIENTO de cada estructura o protagonista cuando la línea discontinua señala directamente a uno de ellos. Cuando la línea señala el espacio entre dos de ellos se refiere a la forma en que se relacionarán. Ejemplo: Entre el Estado y la Sociedad Civil se coloca a la izquierda: Subsidiaridad y solidaridad, como las dos dinámicas que deben caracterizar y vincular a un Estado de Derecho y una sociedad civil autónoma y responsable.
- LOS ACTORES O PROTAGONISTAS: Como podemos apreciar en el esquema de la próxima página, los actores o protagonistas de esta visión de futuro para Cuba que debemos invitar a renovar son:
    - *las personas o ciudadanos:* que forman la base más simple y fundamental de la Nación: aquí se encuentra el hombre y la mujer que debe vivir su propio proceso de personalización.
    - *las familias:* primera escuela de socialización y la más pequeña democracia en el corazón de la sociedad.
    - *las organizaciones intermedias:* asociaciones, instituciones de carácter cultural y artístico, científicas o técnicas, deportivas o recreativas, religiosas o fraternales, de crédito y servicio o productivas, cooperativas o simples grupos de amigos, etc., que forman el entramado de la sociedad civil. Su fin es el desarrollo

de la subjetividad de las personas y los grupos. Ser espacio de socialización.
- *el Estado:* como organización estructurada del poder político. Como servidor de la Nación con el fin de mantener el orden, respetar y hacer respetar los derechos de las personas, y buscar la consecución del bien común.

- EN CUANTO A LAS ARTICULACIONES: El cuerpo de la sociedad, como el de las personas no se conforma soldando a sus miembros entre sí. Eso haría un robot rígido e insoportable de vivir y convivir. Los diversos miembros de una sociedad sana, libre, democrática, flexible y participativa solo pueden convivir por medio de ARTICULACIONES:
  - *Entre los ciudadanos individuales y sus familias:* la articulación es natural, es decir, por lazos de familiaridad y convivencia hogareña.
  - *Entre los ciudadanos, sus familias, y la sociedad civil:* la articulación debe ser mediante el ejercicio de la libertad de asociación y el respeto a la propiedad privada y cooperativa.
  - *Entre la sociedad civil y los organismos de Estado:* las articulaciones debían ser bajo la dinámica de la subsidiaridad y la solidaridad.

- EN CUANTO A LAS DINÁMICAS DEL FUNCIONAMIENTO INTERNO:
  - *De la base ciudadana:* Educación Cívica y Política, del ejercicio de criterio y de una acción social fruto de una concientización liberadora. Su empoderamiento.
  - *De las familias:* Formadoras de personas. Escuela de personalización y socialización. Comunidad de amor y vida. Su familiaridad.
  - *De la sociedad civil:* El pluralismo de asociaciones y autogestión de las mismas. Su gobernanza.
  - *Del Estado:* Funcionando como un Estado de Derecho y promoviendo una economía sostenible y humana, ecológicamente concebida. Su dinámica interna es el mutuo control y limitación de los tres poderes y la participación creciente y efectiva de los ciudadanos. En el marco legal de una democracia más participativa y corresponsable. Su gobernabilidad.

### Ejercitación

**1.** Se vuelve a los mismos equipos del principio que hicieron la dinámica de "Arquitectos sociales" y se comparan los esquemas edificados con los rompecabezas y el esquema propuesto en el curso:
   - ¿Qué coincide entre los hechos en la motivación y este?
   - ¿Qué los diferencia?
   - ¿Con cuál nos quedaríamos?
Se lleva todo a plenaria.

**2.** Evaluación del encuentro.

## Tema 12: "Propuestas operativas para reconstruir la sociedad civil en Cuba"

**Objetivos:**

**1.** Presentar algunas propuestas operativas para estimular la creatividad de los participantes para que puedan aplicar a circunstancias concretas lo que han estudiado en este curso.
**2.** Tratar de buscar acciones concretas que puedan ayudar a reconstruir el tejido de la sociedad civil desde la base, en los ambientes donde se vive y trabaja: Tejedores de Convivencia.
**3.** Presentar el proyecto *Convivencia* como una de las iniciativas para reconstruir la sociedad civil en Cuba.

### Motivación

**1.** Los participantes forman pequeños grupos para responder la siguiente pregunta: ¿Qué iniciativas, de personas y grupos o instituciones, en Cuba hoy contribuyen al fortalecimiento de la sociedad civil?

**2.** Plenaria.

**3.** El animador presenta el tema y explica los objetivos.

## Desarrollo

## 1. Propuestas operativas

De las reflexiones de la Doctrina Social de la Iglesia deben surgir directrices de acción que en encuentros de estudio como son las Semanas Sociales, se convierten en propuestas operativas ofrecidas como fruto y regalo del estudio efectuado. Al conjunto de esas propuestas queremos agregar estas otras, que brotaron de este esbozo para reconstruir nuestra sociedad civil y fueron presentadas en la II (V) Semana Social Católica en La Habana en 1994:

**Para el ciudadano:**

- Crear en cada provincia un Centro de Formación Ética y Cívica para su educación como persona. Que se establezca una coordinación nacional permanente para este tipo de centros de estudios sociales.
- Coordinar con centros de estudios latinoamericanos y europeos, cursos de capacitación, entrenamientos y formación en los campos de economía, política, organizaciones intermedias, cultura, etc.

**Para la familia:**

- Dar a los grupos familiares de nuestras comunidades una dimensión social más relevante.
- Fomentar asociaciones de familias con fines de ayuda mutua, para permitir el encuentro y la libre participación.

**Para la sociedad civil:**

- Fomentar espacios informales de participación y corresponsabilidad como son grupos de amigos, tertulias literarias o artísticas, asociaciones de ayuda mutua en el barrio (comunidades de vecinos), grupos de profesionales, grupos de obreros, artesanos, etc.
- Organizar pequeñas experiencias de cooperativas campesinas y talleres de confecciones o de servicios por cuenta propia.
- Presentar a organizaciones no gubernamentales o agencias de financiamiento de las Iglesias proyectos para iniciar y sostener algunos grupos intermedios que pudieran irse organizando por cuenta propia y dentro de los espacios que se vayan haciendo.
- Contacto y diálogo con centros de estudios y universidades, especializados en regiones o temáticas relacionadas con la sociedad civil.
- Realizar encuestas sociológicas y sondeos de opinión para sustentar proyectos y tareas de carácter social.
- Establecer una Consultoría Cívica para asesorar e intercambiar experiencias con grupos y asociaciones civiles, ya sean estatales o autónomas.

- Realizar Sesiones de Estudio o Academias de Estudios Sociales para poder reflexionar y debatir proyectos con personas y organizaciones sociales de buena voluntad.
- Proyectar las publicaciones y las Nuevas Tecnologías hacia una incidencia más efectiva en el plano social, de manera que logren colocar su mensaje en la corriente del pensamiento contemporáneo y de la vida nacional, especialmente en el tema de la articulación de la sociedad civil.

**Para el Estado**

- Establecer un espacio permanente -una cátedra universitaria para el estudio de temas de la sociedad civil, en un ambiente reflexivo y académico.
- Favorecer la creación de asociaciones, grupos informales, organizaciones e instituciones sin la intervención directa del Estado, regulando su proyección social bajo el criterio del bien común y no mediante postulados ideologizados de exclusión o restricciones.
- Incluir en los programas de las enseñanzas primaria y media el estudio de la asignatura "Ética y Cívica" confeccionando nuevos programas y textos que respondan efectivamente a esa temática.
- Organizar encuentros de estudio sobre democracia y participación con otros cubanos y sectores de nuestra Nación que viven en el extranjero, y cubanos que viven en Cuba y quieran participar en estos seminarios o sesiones de estudio.
- Reestructurar los organismos y poderes del Estado de modo que puedan ser más democráticos, participativos y pluralistas, abriendo así mayores espacios para la reconstrucción de la sociedad civil.

### Conclusiones

Hemos querido reflexionar sobre la importancia de la reconstrucción de la sociedad civil en Cuba para el futuro democrático y participativo de nuestra Nación, para el tránsito civilizado y pacífico, para la salvaguarda de las conquistas sociales y de la justicia social, para el fomento de la libertad personal, la iniciativa privada y cooperativa, y para el necesario control del poder político por parte de la misma sociedad civil.

A los laicos, dentro de ella, nos toca abrazar la cruz, mirar alto, andar sereno y trabajar audazmente para hacer realidad en el presente y el futuro de nuestra Patria este proyecto que nace de la raíz de nuestra nacionalidad, cuando en un mismo corazón pudo reunir. Varela el amor a Cristo y a Cuba. Que esa sea nuestra primera y última intención. Nuestra primera y última palabra: CUBA.

#### Ejercitación

**1.** El animador invitará a los participantes formados en dos o tres equipos a contestar: Teniendo en cuenta las nuevas circunstancias de nuestro país, qué propuestas concretas señalarías para comenzar o seguir aplicando este proyecto de reconstrucción de la sociedad civil?

**2.** Evaluación del encuentro.

## Tema 13: "Somos Tejedores de Convivencia"

**Objetivos:**
**1.** Presentar el servicio de los tejedores de convivencia en la sociedad civil cubana.
**2.** Presentar el *Proyecto Convivencia* como uno de los muchos ejemplos de tejedores de convivencia en las redes sociales de Cuba.

#### Motivación

**1.** Se forman varios equipos según el número de los participantes.

**2. El primer equipo:** Piensa y relaciona en un papel varias actitudes negativas que conozca en personas y grupos de la sociedad civil que ayudan a destejer (desarticular) el tejido de la sociedad civil. (el animador aclara que debe hacerse este ejercicio sin mencionar ni nombres de personas ni nombres de grupos, sin atacar ni descalificar, son solo actitudes).

**3. El segundo equipo**: Piensa y relaciona en un papel varias actitudes positivas que conozca en personas y grupos de la sociedad civil que ayudan a tejer (articular) el tejido de la sociedad civil. (El animador aclara que debe hacerse este ejercicio sin mencionar ni nombres de personas ni nombres de grupos, son solo actitudes).

**4.** Se apuntan en la pizarra en dos columnas poniendo arriba

**DESARTICULADORES DE LA SOCIEDAD CIVIL / TEJEDORES DE CONVIVENCIA**

#### Desarrollo

El animador resalta las actitudes positivas de los Tejedores de Convivencia y anuncia el tema y sus objetivos.

**1. ¿Qué es un tejedor de convivencia de la sociedad civil?**

La sociedad civil es, por definición un tejido de personas, grupos, asociaciones, organizaciones no gubernamentales que no viven aisladas entre sí. Para que exista una verdadera sociedad civil es necesario, indispensable, que los diversos grupos que componen el tejido social formen una red, se interrelacionen de las más diversas maneras, se conozcan, convivan en el mayor respeto y, en los casos en que se pueda, se ayuden entre sí. **Tejido** es la forma orgánica de la sociedad civil. **Convivencia** su modo de vida natural.

Ser tejedores de convivencia es trabajar por entretejer, relacionar y vincular los diversos grupos que vayan surgiendo en la Nación, favoreciendo todo lo que los articule. Articular es el hábitat de la sociedad civil. Los tejedores de convivencia fomentan y destacan todo lo que concerta, enlaza y son fines comunes en los grupos de la sociedad civil. Los tejedores de convivencia cultivan la amistad cívica entre todos los ciudadanos y grupos de la sociedad civil, porque considera que las diferencias, las contradicciones y los diversos métodos de los componentes de la sociedad civil es una realidad que hay que aprender a tolerar. Aún más, es una realidad que puede enriquecer el tejido social de la Nación porque la diversidad, el pluralismo y el mestizaje, son características normales y aún deseables en todo ser vivo como lo es la sociedad.

## 2. ¿Qué es la amistad cívica?

La amistad cívica es el camino de la convivencia pacífica y del progreso armónico de la sociedad civil respetando lo diverso y tejiendo lo posible. Fomentar la enemistad cívica es un atentado contra la articulación de los organismos de la sociedad civil. La amistad cívica es articular no es unificar. Articular no es consolidar lo plural en una sola cosa. Articular es dar flexibilidad, poder de movimiento y acción conjunta a los diversos miembros de la sociedad civil. Como sucede en el cuerpo humano. No es hacer de todos cabeza, o brazo, o pierna. Se trata construir el difícil vínculo de las articulaciones que permiten que todo el cuerpo social se mueva, avance, crezca, actúe mancomunadamente, respetando que el pie sea lo que es y lo que hace; respetando a la cabeza, lo que es y lo que hace; respetando y cooperando con cada organismo o parte del cuerpo social a realizar su servicio mancomunadamente. Porque si la mano golpea a la cabeza y la rodilla se da golpes contra la pared, todo el cuerpo social sufre. Enferma. Muere.

La amistad cívica no surge solo del respeto de los derechos y los deberes de cada ciudadano y de cada grupo. La amistad civil es la forma superior de relacionarse los ciudadanos y los grupos de la sociedad. No será posible hablar de verdadera sociedad civil sin amistad civil entre sus miembros. No se trata de alianzas políticas, ni de consensos cívicos coyunturales, ni de plataformas de actuación mancomunada. Se trata de lazos de amistad civil que "es la actuación más auténtica de la fraternidad y que es inseparable de la libertad y de la igualdad" (Cf. Compendio de la Doctrina Social de la Iglesia, No. 390-392).

## 3. ¿Cuáles son las actitudes que debe cultivar un tejedor de convivencia cívica?

Esos lazos de amistad cívica no se fomentan solo con reuniones, o con acuerdos, o con declaraciones de puntos comunes. Esto ayuda, pero no es el cultivo de la amistad cívica. Comencemos por contrastar lo que no es un tejedor de convivencia.

**Un tejedor de convivencia NO es:**

- Alguien que no tiene criterio propio.
- Alguien que queda bien con todos porque adula el oído de todos.
- Alguien que es supuestamente neutral. Nadie debe ser neutral ante la injusticia o la violencia.
- Alguien que se hace cómplice de la maldad y de la violencia.
- Alguien que cree que diálogo es complacencia y reconciliación es injusticia.
- Alguien que excluye a los que no piensan como él o no colabora con él.
- Alguien que descalifica a las personas cuando quiere discrepar de proyectos.
- Alguien que ataca a las personas para ganar terreno político.
- Alguien que no cree en "el mejoramiento humano y en la utilidad de la virtud"
- Alguien que es sectario, caudillista, populista.
- Alguien que cree que la unidad en la diversidad se construye alrededor de su persona, o de su proyecto.
- Alguien que en momentos de persecución o desgracia, o en momentos de triunfo del otro, se deja llevar por las miserias humanas, el rencor o la revancha.
- Actitudes o cualidades de un tejedor de convivencia.

**Los tejedores de convivencia que fomentan la amistad cívica, SON sembradores de relaciones humanas y cultivan las siguientes actitudes:**

- Tejen lazos humanos de relaciones interpersonales.
- Promueven el conocimiento mutuo.
- Respetan la diversidad y cree que lo plural es más rico que lo único.
- Fomentan la solidaridad efectiva, especialmente en momentos difíciles.
- Practican la tolerancia de los errores ajenos y las limitaciones humanas de los demás.
- Ofrecen la magnanimidad de espíritu que perdona y disculpa, solicita el perdón y pide disculpas.

- Superan las ideologías que dividen y la lucha de clases que enfrenta y confronta.
- Buscan unidad de fines en la diversidad de métodos y caminos.
- Fomentan la fraternidad por encima de miserias humanas, no se deja vencer por el rencor.
- Fomentan la igualdad de oportunidades y de todos los ciudadanos ante la Ley y ante Dios.
- Fomentan la libertad junto a la responsabilidad ciudadanas.
- Priorizan el estar juntos en convivencia frente al estar unificados en lo político.
- Cultivan solo actitudes, métodos y actos pacíficos, no-violentos.
- Creen en el diálogo crítico y constructivo y no temen a la solución negociada de los conflictos.
- No enconan las heridas, ni divulga rumores.
- No descalifican a las personas, debate las ideas y los proyectos.
- No atacan a los demás miembros de la sociedad porque eso conduce a la violencia.

Ser tejedores de convivencia es uno de los más honorables servicios en la sociedad civil y de los más necesarios y urgentes en Cuba hoy y mañana. Ya existen en Cuba numerosas personas y grupos que son tejedores de convivencia. Esta es una puerta para la esperanza. Ponemos, un ejemplo entre muchos, la razón de escoger este es porque el proyecto cuenta con un micro-proyecto que lleva este nombre: "Tejedores de Convivencia". Aún no conocemos otro en Cuba que lleve este nombre pero esperamos que nazcan y crezcan muchos más. Con este nombre o con otros, pero con este noble propósito.

## 4. ¿Qué es el *Proyecto Convivencia*?

- **Es un proyecto sociocultural independiente,** fundado el 15 de octubre de 2007 en Pinar del Río. Surge para responder a la necesidad de superar el daño antropológico y el analfabetismo cívico existente en Cuba.
- **Es un proyecto educativo y de comunicación social** que intenta preparar a cubanos y cubanas para usar su libertad con responsabilidad y para aprender a vivir en democracia.
- **Es un proyecto para entrenar a tejedores de convivencia** que ayuden a reconstruir y reconciliar el tejido de la nación cubana.
- Es heredero y continuador del proyecto y los objetivos del Centro de Formación Cívica y Religiosa (1993-2007), de modo que tiene más de 20 años de experiencia en esa labor educativa y de reconstrucción del tejido de la sociedad civil.

## EL PROYECTO CONVIVENCIA DESEA RESPONDER HOY A LOS DESAFÍOS DEL MAÑANA:

- No hay ciudadanos si no somos personas.
- No hay democracia sin demócratas.
- No hay sociedad civil sin tejedores de convivencia.
- "No hay Patria sin virtud." Padre Félix Varela

**Objetivos del Proyecto:**

El *Proyecto Convivencia* tiene estos dos objetivos principales:

- Formar al hombre y a la mujer cubanos como personas libres y como ciudadanos responsables y democráticos.
- Reconstruir el tejido de la sociedad civil como principal protagonista de la democracia.

Para lograr estos objetivos el *Proyecto Convivencia* presta los siguientes servicios y microproyectos:

- Tertulias o talleres de formación ética y cívica abiertos a todos.
- Revista sociocultural *Convivencia* (www.convivenciacuba.es).
- Microproyecto: *VideoConvivencia*.
- Microproyecto: *Ediciones Convivencia*.
- Microproyecto: Tejedores de Convivencia (Cf. Puntos 1 al 3 de este tema).

Esta es **la carta de presentación** que fue publicada el 15 de febrero de 2007 como primer editorial de la revista pero cuyo espíritu sirve para identificar todo el proyecto:

*Convivencia es un proyecto y una publicación digital de carácter sociocultural, plural, participativo, respetuoso de las diferencias y promotor de una sana diversidad en la que cada persona encuentre un espacio para compartir criterios y mejorar la vida.*

*Aspiramos a que Convivencia sea una casa abierta y compartida por cubanos y cubanas de la Isla y de la Diáspora. Signo y adelanto del hogar común que debemos reconstruir y reconciliar entre todos. No importa la dimensión del aporte. Creemos en la fuerza de lo pequeño.*

*Queremos ser un espacio de debate público, transparente y propositivo que sirva para articular la libertad personal con la convivencia en una sociedad civil autónoma e incluyente. Intentaremos promover la solución pacífica de los conflictos, que son propios de las relaciones humanas. Buscamos y compartimos con los demás, la verdad, que no es patrimonio exclusivo de* nadie. No aceptamos el enfrentamiento ni la descalificación de personas, grupos o instituciones. Tampoco la falsa confrontación entre la sociedad civil y el estado, ni entre las necesidades personales y la existencia de las imprescindibles instituciones de participación. Consideramos que la gradualidad, la moderación y el diálogo son los mejores caminos para los cambios que Cuba necesita.

Deseamos ser un taller informal para aprender a hilvanar una fecunda convivencia entre lo que escribimos y lo que hacemos, entre liberación personal y estructura social, entre participación responsable y poder como servicio, entre gobernabilidad y gobernanza, entre identidad y cambio, entre cultura y creación, entre historia y porvenir, entre las ciencias, las letras y las artes, entre razón y corazón, entre la certeza y el tanteo, entre el acierto y el error. Conviviendo como somos. Co-creando con todos los cubanos y cubanas una mejor existencia cotidiana.

Somos un sitio no confesional con una inspiración en los valores del humanismo cristiano. Al mismo tiempo, deseamos fomentar el diálogo y la convivencia entre religiones y filosofías, entre creyentes, agnósticos y ateos. Queremos ser un vivero para las diferentes expresiones culturales. No tememos a la diversidad ni pensamos que su fruto es la confusión o el relativismo. Creemos que la apertura cultural fortalece la identidad. Consideramos que el encuentro entre diferentes y la convivencia pluralista enriquece a los seres humanos y contribuye al crecimiento del alma de los pueblos. La unidad puede construirse en la diversidad.

No constituimos, ni pertenecemos a institución, organización o partido alguno. Los miembros de nuestro Consejo de Redacción residen en Cuba. Aunque Convivencia es para todos sin fronteras, deseamos que nuestros primeros destinatarios sean los cubanos y cubanas que viven dentro de la Isla. Esperamos la cooperación de todos para poder llegar a ellos que es, aunque parezca absurdo, lo más difícil.

Nuestro sencillo proyecto de comunicación social mira más al futuro que al pasado y desea compartir la actual coyuntura histórica que vive Cuba, con sus cambios y corcoveos, sus miedos y esperanzas, sus retos y desafíos, y tal como expresa su nombre:

Convida a tejer y a reanimar el entramado de la sociedad civil en Cuba como escuela de convivencia. Creemos que la sociedad civil es el nuevo nombre de la democracia.

Convoca a encontrar un mínimo de puntos comunes dentro del pluralismo más amplio para crear, entre todos los que lo deseen, un nuevo relato histórico-cultural para Cuba que tenga en cuenta las esencias de la narración fundacional cubana y que inserte la novedad que dé sentido, seguridad y *esperanza a los nuevos protagonistas de una comunidad nacional serena, plena de realizaciones y pacíficas relaciones en el seno de la comunidad internacional.*

*Comparte vivencias de personas y grupos que han logrado traspasar el umbral del miedo y de la desconfianza y abren, con su pensamiento y sus obras, proyectos viables de mayor madurez cívica, un creativo empoderamiento ciudadano y un mínimo de confianza para transitar hacia lo nuevo y lo mejor."
Todos estamos invitados a ser tejedores de convivencia y promotores de amistad cívica en medio del grupo, proyecto u organización de la sociedad civil en la que participemos y también a título personal. Es un gran aporte a Cuba y una forma sencilla y eficaz de compromiso con el cambio democrático, la reconciliación y la prosperidad de la Nación.*

### 5. ¿Qué es el Grupo de Consultores de la Sociedad Civil Cubana?

Es una iniciativa de la sociedad civil cubana fundado el 15 de octubre de 2013 y que es otro fruto de la madurez de la sociedad civil cubana y del microproyecto "Tejedores de convivencia" que durante años ha ido cultivando la amistad cívica y las relaciones interpersonales. Así se define a sí mismo este Grupo:

"El Grupo de Consultores de la Sociedad Civil Cubana es una iniciativa surgida desde dentro de la Isla que no responde a los intereses de ningún gobierno, u organización fuera o dentro de Cuba.

Nos hemos buscado y nos hemos encontrado y nuestro único propósito es elaborar periódicamente un Informe sobre la situación económica, política, social y cultural de nuestro país donde se aborden temas relacionados tanto con los derechos humanos en su más amplio espectro, como con las transformaciones que se vienen produciendo, sean estas por voluntad de los gobernantes o fruto de las presiones de la sociedad.

Hemos iniciado esta experiencia con un Primer Informe que es en realidad una introducción general a los tópicos a tratar. En enero de 2014 haremos pública una actualización del trimestre octubre, noviembre y diciembre y a partir de allí se seguirán presentando actualizaciones trimestrales. Sobre la base de la veracidad, la objetividad y la ausencia de intereses partidistas.

Los destinatarios de estos informes son: la sociedad civil cubana, los medios de difusión, los representantes de gobiernos extranjeros y todo aquel que se sienta motivado a tener una visión alternativa de los asuntos cubanos.

El grupo está constituido por personas individuales, quienes, a título personal, ofrecen sus opiniones, con independencia que pertenezcan a entidades políticas, medios de prensa independiente u otras esferas de la sociedad civil cubana. Además de los 12 miembros en activo estamos abiertos a recibir informes y opiniones de todo aquel que lo considere útil. Cuando cumplamos un año de funcionamiento nos someteremos a una renovación total o parcial recogiendo el sentir de quienes tengan interés de participar en este proyecto que no tiene ni afán de lucro ni aspiraciones políticas." (Cf. www.convivenciacuba.es/convivencia36).

Todos los miembros de la sociedad civil cubana podrán participar del trabajo de este Grupo de Consultores, que solo tiene un coordinador logístico, ya sea participando como miembro por un año o enviando a los miembros sus informes, aportes, valoraciones y análisis de la situación de Cuba para que se tenga en cuenta en los Informes trimestrales y sean incluidos en el sitio web del Grupo (www.convivenciacuba.es/consultores).

### Ejercitación

1. Cada participantes hace una Evaluación personal preguntándose se cumple con las características de los tejedores de convivencia propuestos en el punto 3 de este tema. Da a cada característica el valor de 0-3 ya sea malo (1), regular (2) o bueno (3) en esa cualidad. Si la puntuación total:

**Pasa de 25** puntos usted se puede considerar un tejedor de convivencia **incipiente.**

**Pasa de 35** puede considerarse un tejedor de convivencia **en desarrollo.**

**Pasa de 45** usted es un tejedor de convivencia **excelente.**

### Evaluación

Se termina, como siempre, evaluando el encuentro:

- Aspectos positivos.
- Aspectos a mejorar.
- ¿Es útil?¿Hemos aprendido?

# CURSO 6
# " VALORES HUMANOS"

**Características:** Este Curso está concebido para iluminar las conciencias en el desarrollo de los valores humanos, cuya ausencia afecta a amplios sectores de la sociedad, especialmente a los jóvenes. Ofrecemos este trabajo con el fin de ir retomando esos valores que, por estar algo olvidados, necesitan ser reeducados. Educar en valores debe llevar a vivir las virtudes y vivir las virtudes a tener un proyecto ético que dé sentido, calidad y trascendencia a nuestra vida. Cuba necesita tanto valores y virtudes, como un proyecto ético para toda la Nación.

**Destinatarios:** Personas de buena voluntad que sientan la necesidad de trabajar y profundizar en el cultivo de valores y virtudes.

**Temas:**

1. ¿Qué son los valores y cómo educar en ellos?
2. El valor de la Autenticidad
3. El valor de la Fe
4. El valor de la Responsabilidad
5. El valor de la Libertad
6. El valor del Diálogo
7. El valor de la Comprensión
8. El valor de la Confianza
9. El valor de la Familia
10. El valor de la Honradez
11. El valor de la Justicia
12. El valor de la Firmeza
13. El valor de la Esperanza
14. El valor del Esfuerzo
15. El valor de la Fortaleza

# Tema 1: "¿Qué son los valores y cómo educar en ellos?"

**Objetivos:**
1. Identificar lo que es importante y de valor para el desarrollo integral de la persona.
2. Verificar cómo personas que aceptan idénticos valores pueden diferir en la práctica.

**Realización:** Individual y organización de los grupos (15 minutos).

El animador propone frases para que las personas escojan aquella o aquellas que juzguen más importantes para sí. Las frases son enumeradas:

1. Desearía liberarme de toda ley y norma.
2. Desearía siempre hacer lo que es moral y jurídicamente correcto.
3. Desearía poder indicar a cada uno lo que debe hacer para ser feliz.
4. Me gustan las personas calladas.
5. Me gustan las personas vivas, habladoras y chistosas.
6. Me encanta viajar por tierras desconocidas.
7. Me preocupo por caer siempre bien a los demás.
8. No me gusta que mis amigos se preocupen por mí.
9. Para mí los amigos deben ser comprensivos y delicados.
10. Soy feliz cuando me dejan solo para poder pensar, cuidar de mis cosas.
11. Soy feliz cuando estoy con muchas personas.
12. Prefiero reuniones con personas de mi sexo.
13. Prefiero encuentros con personas mayores.
14. Me encanta hacer siempre nuevas amistades.
15. Prefiero profundizar en las amistades que tengo.

Enseguida, todos los que eligieron la primera cuestión, se reúnen, los que se decidieron por la segunda, igualmente, organizándose en grupos, que no deben ser de más de 10 personas.

**Grupos y diálogos:** Organizados los grupos (de aquellos que hicieron igual selección de las frases) se realiza el trabajo en equipo, cada cual dice por qué escogió tal frase y el sentido que dio a la misma. En otras palabras: "Qué significa esta frase para mí" (20 minutos).

**Evaluación:** Los diversos grupos reflexionan durante 5 minutos sobre el trabajo realizado (aspectos positivos y negativos). A continuación aportan al plenario su experiencia a través de dicho ejercicio (15 minutos).

**Complementación:** El animador puede complementar con orientaciones: Cómo dos personas pueden indicar un mismo valor, partiendo de puntos diferentes de consideración y cómo es posible que aceptando las mismas frases, se encuentren en ellas valores diferentes (10 minutos).

Esta dinámica puede ayudar para conocerse mejor, crecer dentro de su propia personalidad y adquirir seguridad grupal, con la ayuda de la reflexión sobre los valores que teóricamente acepta.

### Desarrollo

Hoy reflexionemos en esto comentando las siguientes ideas. (El animador entrega a los participantes estos puntos en una hoja):

**1. ¿Qué es un valor?**

Descubrir los valores solo es posible a quien mira positivamente el mundo, al que previamente ha comprendido que todo lo que existe "existe por algo y para algo"; que cualquiera, por pequeño que sea, tiene su sentido y su razón de ser, es decir, VALE. Para el que se coloca así ante el mundo y no pasivamente como cosa entre las cosas, todo cuanto existe es bueno, es un BIEN. De modo que podemos llamar Bien a cualquier ser en cuanto es portador de valores. Y podemos designar como VALOR aquello que hace buena a las cosas y a las personas, aquello por lo que las apreciamos, por lo que son dignas de nuestra atención y deseo.

El ser humano para comportarse como tal, atenderá al bien que la razón le propone como objetivo de su natural tendencia a la felicidad. No puede hablarse de valores, sino en relación con la persona humana. Toca a esta hacer una valoración de las cosas, establecer una jerarquía de importancia entre los bienes que le solicitan y a los que naturalmente aspira. Porque los valores no "existen" con independencia uno de otros, sino en lógica subordinación, ordenándolos en una "escala interior" que va a constituirse en guía de su conducta.

Hay valores cuyo destino no es otro que el de ser sacrificados en aras de valores más altos; el dinero, por ejemplo, debe servir a la persona y no la persona al dinero; el sexo es un medio para expresar el amor y no un fin en sí mismo; que se puede renunciar a la propia comodidad para dar un minuto de felicidad a alguien.

Si la distinta jerarquización de los valores es lo que otorga la talla moral a cada persona, la educación de esta dependerá de esta escala moral. El valor por tanto, es la convicción razonada y firme de que algo es bueno o malo y de que nos conviene. Los valores auténticos asumidos libremente, nos permiten definir los objetivos de la vida, ayuda a aceptarnos tal y como somos y estimarnos, al tiempo que nos hace estimar y comprender a los demás. Dan sentido a nuestra vida y facilitan la relación equilibrada con el entorno. La carencia de un sistema de valores bien definido, sentido y aceptado, instalará a la persona en la indefinición y en el vacío existencial dejándole a merced de criterios y pautas ajenas.

## 2. Los valores vividos deben establecer nuestras actitudes

Las actitudes son predisposiciones estables o formas habituales de pensar, sentir y actuar en consonancia con nuestros valores. Son consecuencia de nuestras convicciones o creencias más firmes y razonadas de que algo vale y da sentido y contenido a nuestra vida.

## 3. Características de las actitudes

**a. Estabilidad, consistencia y perfectibilidad.** El primer rasgo distintivo de las actitudes es su perdurabilidad, su resistencia al cambio caprichoso. Sin embargo, todas las actitudes positivas son flexibles y admiten cambios y revisiones críticas que hacen posibles una dinámica de perfeccionamiento.
**b. Su componente es básicamente intelectivo y afectivo.** Toda actitud constituye una elección, un tomar partido entre una u otra opción y esto es posible si nuestra mente conoce, juzga y acepta un valor determinado.
**c. Los hábitos adquiridos con la educación recibida** tienen siempre mayor fuerza que la herencia biológica. Las actitudes se califican como algo adquirido, fruto de la historia de cada persona.
**d. Determinan en una buena medida el comportamiento.**
**e. Son un pronóstico fiable** de la conducta de cualquier persona.
**f. Siempre hacen referencias** a unos valores.
**g. Son perfectamente transferibles.**

## 4. ¿Cómo educar en valores?

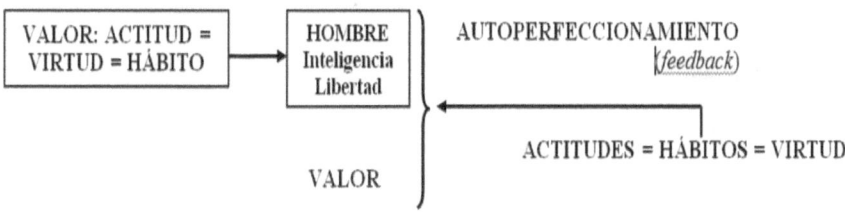

El ser humano, por ser inteligente, es capaz de valorar las cosas y guiarse por lo que tienen de ideal. De esta forma, desarrolla unas actitudes o modo de ser ante los valores. Su conducta se define por el conjunto de actitudes que se convierten en hábitos, y que constituyen la virtud (= hábito operativo).

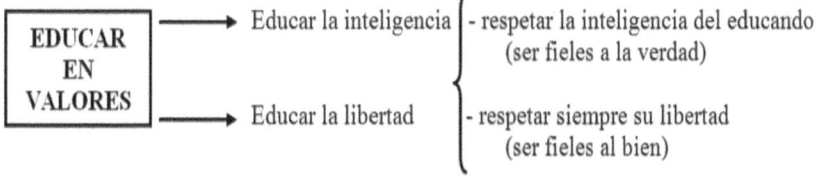

*Aprendiendo a ser persona y a vivir en sociedad*

**MUY IMPORTANTE: Educar en valores tiene las siguientes dimensiones:**

**a. Intelectualmente:** el padre o educador puede caer en el error, sin que por ello pierda de vista el deseo de verdad. Es preciso admitir que podemos equivocarnos, que somos humanos, que no somos infalibles al educar y formar al inmaduro.

**b. Volitivamente:** también padres y educadores podemos hacer las cosas mal, comportarnos de forma indebida, lo que no significa que abandonemos el camino del bien. La voluntad debe ayudarnos a perseverar en la virtud.

**c. Pedagógicamente:** la no-directividad es imposible aplicada al niño que todavía no se ha desarrollado ni intelectual ni volitivamente. Hay que exigirle, orientarle y ayudarle. Si los padres dan al hijo lo que creen que es mejor: amor, protección, seguridad, comida cuidados, etc., -que son "valores"-, ¿por qué no pueden también transmitirle otros VALORES superiores como respeto, honradez, sencillez, fidelidad, visión de la sexualidad, familia, etc.?

**5. ¿Quiénes educan en valores?**

Todos influimos en la educación en valores, pero el que se educa es uno mismo. Los valores los hace suyos la persona o no hay educación en valores. Cada persona se forma a sí misma, descubriendo los valores con su propia "libertad experiencial" en la familia, la escuela, la calle, la televisión y demás medios de comunicación.

**6. La persona en su camino hacia la virtud**

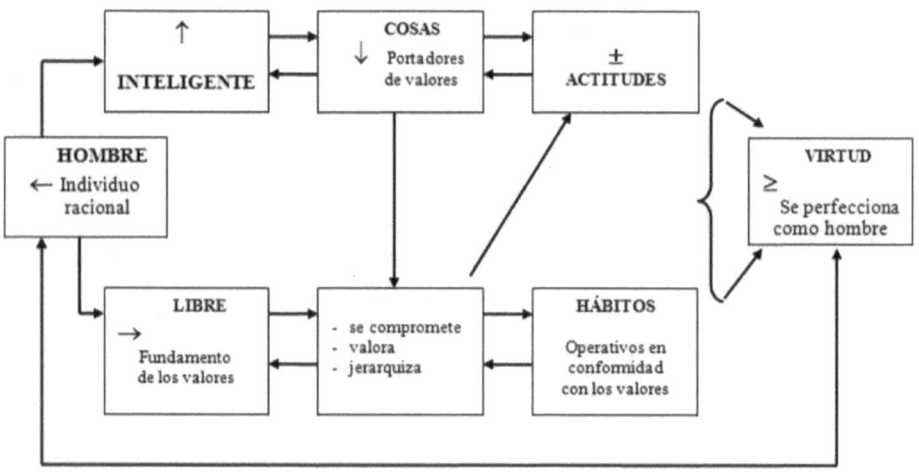

- El ser humano es el único ser capaz de dar sentido a las cosas, valorarlas y descubrir lo que tienen de bondad, verdad y belleza (valores fundamentales).

- Por ser inteligente, puede comportarse sensatamente y guiarse no por el capricho, sino por lo que la razón le hace entender que es bueno.

- Por ser libre, rompe su indiferencia frente a las cosas, decide lo que "aquí y ahora" vale más o menos para él y elige.

- La inteligencia de la persona le hace descubrir que todas las cosas sirven para algo, que no hay nada inútil.

- La persona, al estimar las cosas, las jerarquiza; esta gradación depende de la libertad y decisión de cada uno. Esto, como es natural, implica un compromiso: estar dispuesto a sacrificar unas cosas por otras.

- Rota su indiferencia, la persona adopta determinada postura frente a los valores, la existencia, las distintas circunstancias de la vida, etc.

- Esta actitud se transforma operativamente en **hábitos** que le definen como persona.

- Cuando estos hábitos operativos están orientados hacia el bien, conformes a la razón y a la inteligencia, podemos hablar de **virtudes**, entendiendo por tal una disposición permanente a comprometerse, a perfeccionarse como persona adulta.

## Ejercitación

**1.** Contando con los grupos de la dinámica inicial, cada participante debe responder a estas preguntas:
**a.** ¿Qué es un valor y qué es una actitud?
**b.** El Papa Juan Pablo II en su visita a Cuba nos hizo un llamado a ser "protagonistas". La falta de protagonismo ¿tiene que ver algo con el tema? Explica tu respuesta.
**c.** ¿Por qué crees que en Cuba se perdieron los valores?

**2.** Se recogen las aportaciones de los participantes.

**3.** Se llevan a la plenaria haciendo una síntesis.

## Evaluación

- ¿Qué les pareció?
- ¿Aprendimos algo nuevo?
- ¿Cómo nos ayuda para la vida?

# Tema 2: "El valor de la Autenticidad"

> *Encuéntrate y sé tú mismo,*
> *recuerda que no hay nadie como tú.*
> Dale Carneige

**Objetivos:**
1. Descubrir las diferencias entre autenticidad y sinceridad.
2. Descubrir la necesidad de ser uno mismo en la vida.

## Motivación

**1.** El animador va a leer una serie de preguntas. Los participantes deben darles una respuesta inmediata. Solo así se pasa a la pregunta siguiente. Las preguntas son:

**a.** Qué diría o haría si:
 - Habiéndose puesto un vestido nuevo, al salir a la calle un carro lo ensuciara todo.
 - Nada estuviese prohibido.
 - Dios no existiera.
 - Pisara excremento.
 - Se enamorara locamente de alguien.

**b.** De su familia:
 - ¿Qué le irrita más?
 - ¿Qué lo ayuda más?

**2.** Las preguntas son leídas y contestadas en la medida que están siendo presentadas.

**3.** El animador pide que cada uno entregue su hoja de respuestas al que tiene a su lado.

**4.** Se pasa la lectura de las respuestas al grupo. Cada uno leerá las respuestas de su compañero.

**5.** En plenaria se pide que comenten sobre la sinceridad de las personas en las respuestas y en la vida. ¿Qué pasa cuando se debe contestar rápidamente a preguntas que comprometen?

Se puede recordar:
 - De nada sirve la sinceridad si no es camino para mejor comprensión y ayuda entre las personas.
 - Ser sincero es una gran ascesis de objetividad, de realismo.
 - Cuando hay sinceridad hay confianza entre las personas, aunque sea duro aguantar la verdad del otro.
 - Se puede responder por lo que se piensa; pero, no por lo que uno es.

## Desarrollo

Reflexionamos el tema comentando estas ideas:

**1. ¿Qué es la autenticidad?**

Para poder hablar de autenticidad es obligado definir el término sinceridad con el que se suele identificar, pero no es lo mismo sinceridad que autenticidad. Se puede ser sincero, pero no auténtico. La autenticidad va mucho más allá, tiene mayor profundidad y es de rango superior. **Sinceridad** es la adecuación entre lo que se piensa o se siente y lo que se dice. **Autenticidad** es la adecuación entre lo que se piensa, se dice y se hace, y lo que se debe ser. Solo se es auténtico cuando lo que se piensa, sienta y dice corresponde a la realidad de lo que se deber ser (llamada de los valores a vivirlos).

La mayor parte de los problemas que aquejan al hombre de hoy están motivados porque no se tiene un cuadro de referencia interno, una filosofía de la vida, un ideal, un "deber ser" que vaya en la misma línea de nuestra conducta habitual. En definitiva, se trata de llevar a la realidad de nuestra vida diaria aquel principio de la moral personalista: "Hemos de acostumbrarnos a vivir como pensamos, pues de lo contrario acabaremos por pensar como vivimos".

Hace más de dos milenios, Ciro, Rey de Persia, afirmaba que lo más importante que se debe aprender en la vida es decir siempre la verdad.

Cuando decimos y hacemos lo contrario de lo que pensamos, abrimos un abismo entre nosotros y aquellos que confiaban hallar en nuestra conducta un modelo para cincelar su propio deber ser. Decir siempre la verdad, enseñarla y exigirla es importante porque la autenticidad educa por sí misma, motiva, convence e impulsa a las acciones nobles, a la responsabilidad, al buen entendimiento, al diálogo y a la convivencia pacífica.

Será nuestro ejemplo constante de autenticidad, de coherencia entre nuestras acciones y esa guía interior que de sentido y valor a nuestra vida, lo que contagie a otras personas a ser defensores de la verdad, a encontrar su motivo, su razón para vivir, su ideal. Sé tú mismo. Cada persona es distinta de los demás y tiene derecho a ser respetada en su originalidad.

No hay peor injusticia que la de tratar por igual lo que por sí es diferente. Respetar la individualidad significa el derecho que cada uno tiene a ser distinto de los demás; dejar a cada cual que sea él mismo, sin pretender imponerle nuestras expectativas. Cuando no aceptamos a la persona tal y como es, y le ponemos condiciones en nuestra estima, le estamos forzando a traicionarse a sí misma, a ponerse la máscara de una imagen ficticia, la "imagen social" de lo que debe ser, que oculta muchas veces la imagen real de su yo profundo.

## 2. Para fomentar la autenticidad es necesario:

**a. Clarificar bien las ideas de los niños.** Marcar unas directrices muy concretas para que nuestros hijos sepan a que atenerse y no orientar jamás cosas que no sean razonables.
**b. Que haya siempre una perfecta coherencia** entre lo que exigimos a nuestros hijos y la conducta que observamos los padres.
**c. Exigir el cumplimiento de la palabra dada.** Que nuestra forma de proceder les sirva de ejemplo. Al comprometer nuestra palabra nos comprometemos a nosotros mismos. Antes, la palabra de un hombre comprometía su vida y su honor; hoy, por falta de sinceridad y autenticidad, se desconfía sistemáticamente del otro, por lo que es necesario recurrir con tanta frecuencia a la fuerza obligatoria de la ley.
**d. Convencer que es más ventajoso decir siempre la verdad.** La paz y tranquilidad que se siente interiormente por haber sido fiel a uno mismo.
**e. Asegurar** que a su **sinceridad** seguirá siempre nuestro respeto y ayuda.
**f. Permitir la equivocación** y dar tiempo a la corrección.

### Ejercitación

Los participantes se forman en grupos de 8 o 10 personas y contestan a estas preguntas:
   - ¿Qué habría que hacer en Cuba para ser más auténticos?
   - Comenta en el grupo la idea que más te haya llegado y busca posibles líneas de acción para vivirlas.
   - Prepara una dramatización que exprese el "ser auténticos" en el hoy de nuestro país.

### Evaluación

Después de poner en común todos los grupos, se termina preguntando:
   - ¿Qué te ha gustado más de la reunión?
   - ¿Qué habría que mejorar?
   - ¿Qué hemos aprendido y en qué nos ayuda?

## Tema 3: "El valor de la Fe"

*La vida y la fe han de fundirse.*
Henrik Ibsen

**Objetivos:**
1. Descubrir como la fe y la vida tienen que ir unidas.

### Motivación

El animador escribe en la pizarra o en un papel grande cuatro diferentes definiciones o maneras de entender fe y política:

**1.** La fe cristiana no tiene nada que ver con la política.
**2.** La fe y la política son cosas diferentes, pero necesarias, que se complementan en nuestra vida.
**3.** La política es más importante que la fe, porque soluciona los problemas de la sociedad.
**4.** La política es peligrosa, porque hace perder la fe.

Cada participante tiene en sus manos una hoja con las cuatro afirmaciones. Escribe ante cada uno de los números, una de las siguientes opiniones:

- Estoy de acuerdo.
- Estoy en desacuerdo.
- No sé que opinar.

Se toma, por ejemplo, la primera afirmación; los que estuvieron de acuerdo con ella se reúnen y escogen un "abogado" para defenderla en público, así sucesivamente. Al terminar se expone la defensa en plenaria.

### Desarrollo

A continuación se pasa a profundizar en estas ideas, repartiendo una copia a cada uno de los participantes.

**1. ¿Qué es la fe?**

**a.** Llegamos a ser y a convertirnos en lo que pensamos de nosotros mismos, en lo que CREEMOS que podemos ser. "Puedes, porque CREES que puedes". ¿Podemos vivir sin fe? No, a no ser que se pretenda "vivir muriendo". Para vivir de verdad hace falta fe.

**b.** ¿Qué es la fe? La fe es confianza, es fiarse de alguien por su autoridad, su autenticidad, y su amor a la verdad. Es estar seguro de que podemos contar con esta o aquella persona de forma incondicional y de que no nos va a fallar por lealtad.

**c.** ¿Qué pasa con la fe cristiana? En la sociedad de hoy la fe a dejado de ser "algo que se presupone", como ocurría en la sociedad tradicional. La opinión más generalizada sobre la fe religiosa es que se trata de algo personal y subjetivo y cada cual es libre de asumir o rechazar. Nadie pone en duda que todavía hay personas y grupos que ejercen un ateísmo activo, criticando, rechazando y hasta ridiculizando a quienes profesan la fe religiosa. En definitivas en el día de hoy se considera la fe como tema irrelevante.

**d.** ¿Qué causas pueden haber contribuido a la crisis de fe que vive la sociedad?

- Se desconfía de todo lo que no se puede probar, verificar y constatar de forma científica.
- Se mira todo desde el autoritarismo de cuanto pensamos, decimos y hacemos.
- Algunas personas se sienten desconcertadas, desorientadas e inseguras y, por supuesto, vacías, ya que no ven a donde van, ni ellas mismas, ni la sociedad en que les ha tocado vivir.
- Antes existía en la sociedad una conciencia generalizada sobre lo bueno y lo malo, lo ético y lo no ético, lo digno y lo indigno, la honradez y la corrupción. Casi todo el mundo asumía un código de valores éticos, cívicos y religiosos. En la sociedad actual, hay tantas mentiras que se presentan como verdades y tantos vicios despojados de virtudes que pocos saben a que atenerse, cómo juzgar y en qué y a quién creer.

La mentalidad materialista, en nada favorece el arraigo de convicciones de fe, como la vuelta a las opciones éticas y el cultivo de los valores sociales y religiosos. Vale una fe muy personalizada, elegida y asumida libremente, plenamente madura y comprometida, más formada y razonada. Hay crisis de fe, pero es necesario recuperarla para dar sentido a la vida, para acceder a la madurez del espíritu, a la riqueza interior. Vivir sin fe es como instalarse en la inercia espiritual.

## 2. La fuerza de la vida

La persona de fe ha de ser capaz de tomar una postura clara y comprometida ante la vida y decidir por sí mismo, en completa libertad, orientar su conducta por las enseñanzas, por el mensaje, por el estilo de vida y por los valores morales que la fe dejó marcados. Ha de tener bien claro que la fe llama a la madurez, exige madurez, ya que impone optar por una opción libre, personal, plenamente consciente, casi siempre contracorriente y enfrentada a ciertos contravalores productores de una felicidad engañosa. Tener fe cristiana es creer, pero sobre todo, PRACTICAR el mensaje de amor sin barreras entre los hombres sin distinciones de razas, naciones o credos, que nos dejo Jesús de Nazaret, y hacer de la generosidad, de la entrega a causas nobles, y de la actitud de servicio, nuestro proyecto de vida para ser verdaderamente felices.

## 3. Mensajes engañosos que para algunos son como actos de fe:

**a.** Hay que hacer siempre lo que pide el cuerpo y demanden los instintos.
**b.** Hacerse rico es la meta más ansiada que toda persona inteligente ha de proponerse, quién tiene dinero es alguien.
**c.** El placer y la felicidad son caras de la misma moneda. Hay que rechazar todo lo que conlleva a sacrificio o renuncia.
**d.** La vida es para los listos, los que saben buscar su oportunidad, ganar dinero con máxima facilidad, con el menor esfuerzo y sin apenas trabajar. Todo vale, la mentira, la estafa, el engaño descarado.

**e.** Por supuesto que hay que estar pendiente del qué dirán. El caso es hacerse notar.
**f.** Además de atesorar riquezas y tener fama, para ser feliz es necesario ser poderoso. Buscar formas de poder y dominio.

Tener fe hoy exige claridad de ideas y una capacidad crítica muy realista y comprometida para elegir una forma de ser persona, desde la plena madurez consciente y la firme convicción personal, desde la libertad interior para hacer realidad en la vida diaria la fe. Tener fe hoy es estar dispuesto a vivir contracorriente, comprometerse, pasar a la acción y procurar que las obras de bondad y de generosidad sean la mejor prueba de que la fe está viva, porque la fe que no actúa no es sincera, no es fe. "La fe si no produce obras muere" (Santiago 2, 17).

**Nota:** El valor de la fe, tratado de forma general en este tema, respeta otras creencias y a las personas que son ateas o agnósticas.

**Fundamentos Bíblicos:** Mt 8, 1-4; 10, 9, 21 ss; 17, 19; Mc 4, 39 ss; 16, 6; Lc 1, 38; Jn 1, 12-38; 3, 12-14.

### Ejercitación

**1.** Cada participante escoge una frase que tiene relación con el tema:

**a.** Si tienes fe, hallarás que el camino de la virtud y de la felicidad es muy corto.
**b.** Quién pierde la fe no puede perder más.
**c.** La vida y la fe han de fundirse.
**d.** La fe no es solo una virtud es la puerta sagrada por donde pasan todas las virtudes.
**e.** Pronto se logra la virtud y la felicidad si se tiene fe.

**2.** Todos lo que han escogido la misma frase se reúnen en el mismo grupo.

**3.** Cada uno dice por qué escogió esa frase.

**4.** Poner un ejemplo de la vida real que tenga que ver con la frase que escogió (la comentan en el mismo grupo).

### Evaluación

- ¿Hemos aprendido algo nuevo?
- ¿Cómo nos ayuda este valor para nuestra vida?
- ¿Qué debemos mejorar?
- ¿Qué idea para ti es la más significativa?

# Tema 4: "El valor de la Responsabilidad"

> *El hombre no puede saltar*
> *fuera de su propia sombra.*
> Proverbio árabe

**Objetivos:**
1. Ayudar a desarrollar la conciencia crítica para analizar la realidad social y comprometerse en ella.
2. Descubrir a qué nos compromete este valor.

## Motivación

1. Se forman grupos de 7 u 8 personas.

2. Cada participante debe responder a estas preguntas personalmente:

   - ¿En qué actividad gasto habitualmente la vida?
   - ¿Cuáles son mis prioridades actuales?
   - ¿Cuáles son mis mayores esperanzas?
   - ¿Cuál mi objetivo en la vida?

3. El grupo debe mirar las necesidades de su ambiente, indicarlas, catalogarlas según pertenezcan a la economía, la política, la cultura, la religión etc. Decir cuáles de ellas son más importantes ¿por qué son necesidades y por qué son importantes?

4. Preguntar en el grupo por las causas de estas necesidades: ¿La suerte? ¿La pereza de las personas? ¿Las injusticias? ¿Una estructura general injusta?).

5. Comparar las respuestas del cuestionario individual y las del grupo. Ver coincidencias y desproporciones.

6. ¿Quién tiene que hacer algo para cambiar la situación? (¿El gobierno, los países de fuera, las Iglesias, los jóvenes, los mayores?)

Una vez aplicada la dinámica vamos a profundizar en el valor de la responsabilidad. El animador reparte una copia de este apartado a cada participante.

## Desarrollo

**1. ¿Qué es ser responsable?**

**Responsabilidad:** es "obligación de **responder** de algo". Aparentemente esta aseveración resulta muy simple, pero si nos detenemos a pensar, no lo es tanto, pues se advierten unos elementos que es necesario analizar.

**"Obligación de responder de algo" implica:**

- **Un interpelado**, ya que la apelación, obligación a responder, no surge en el vacío.
- **Un interpelante**, ante el que se responde.
- **Una tarea**: misión de responder.
- **Una estructura**, en la que realizar todo lo anterior.

**La responsabilidad es el ejercicio de un diálogo**, llevado a cabo dentro de la existencia y valiéndose de la misma. Pero el diálogo tiene como exigencia el ser coherente, lo que significa que a una interpelación determinada hay que dar una respuesta acorde con la misma.

**La persona tiene que ser libre** para asumir el compromiso y, por lo mismo, tiene que reconocerse con capacidad para dicha opción y consiguiente respuesta. Si no hay libertad no se puede hablar de responsabilidad moral, por lo que hay que concluir que una persona es responsable cuando tiene plena conciencia de sí misma y se posee a sí misma. Todos hemos sido llamados a la vida y para responder a ella se nos ha dotado de habilidades y talentos que hemos de usar si queremos considerarnos y que nos consideren responsables.

En esta frase tan sencilla están recogidos todos los elementos que forman el concepto de la responsabilidad.

- Somos responsables de nosotros mismos.
- Somos responsables ante los demás.
- Somos responsables de la vida.
- Somos responsables ante la vida.

**Somos responsables de nosotros** mismos desde el momento en que somos conscientes de que vivimos, adquirimos el compromiso de VIVIR, quiere decir que no tenemos que abandonarnos y vegetar, sino que debemos poner en juego todas nuestras capacidades, tanto físicas como intelectuales y afectivas. Junto a ello, la energía de nuestra voluntad, para asumir unos compromisos concretos y realizarnos, hacernos personas, y esta tarea nos concierne a todos, en la medida que poseemos capacidad de elegir y obrar. Se habla de compromisos concretos, por lo que cada uno tiene que pensar sobre cuáles son los objetivos que se han adquirido en la vida y cómo responde de ellos.

**Somos responsables ante los demás** porque no somos seres aislados que empiezan y terminan en sí mismos, sino que vivimos en constante interrelación. La acción u omisión de uno repercute en los demás. Hay que adquirir conciencia de que cada uno de nosotros es parte integrante del gran grupo que forma la humanidad y para que esta funcione tenemos que responder. Si uno elude su responsabilidad será otro quien tenga que realizar su tarea o esta quedará sin realizar, en ambos casos cometerá una injusticia porque, o bien sobrecargará a otros con un trabajo extra, o privará a algo o a alguien de lo que le corresponde.

**Somos responsables de la vida y ante la vida.** Somos responsables ante la vida, que es todo el contexto de la naturaleza, puesta a nuestra disposición por Dios ante quien somos responsables, en último extremo, para que utilicemos los medios para realizar la gran tarea de la vida, de la que somos responsables.

El juez, el médico, el mecánico, el maestro, el político, etc. Todos tienen como **misión primordial** ser, pero "ser" ejerciendo de juez, de médico, de mecánico, de maestro... que son compromisos adquiridos consigo mismo y con los demás, que forman la sociedad y, por tanto, deben ser responsables, ejerciéndolos bien.

**Interacción de algunos valores respecto a la responsabilidad**

**Interacción de algunos contravalores respecto a la responsabilidad**

**Fundamentos Bíblicos:** Gn 4, 9; Mt 25, 14.

### Ejercitación

El participante reflexiona sobre estas preguntas y más tarde las respuestas se comentan en plenaria:

- ¿En qué situaciones hoy en Cuba es importante vivir este valor?
- ¿Cuáles serían tus acciones si poseyeses este valor?
- ¿Tú crees que se beneficiarían con ellos la sociedad? ¿Cómo?
- ¿En qué momento crees tú que este valor puede entrar en conflicto con otros?
- Comenta en la asamblea la frase o parte más significativa para ti.
- ¿Cómo crees tú que se comportaría la persona que no tuviera asumido este valor?

### Evaluación

- ¿Cómo te ha parecido este encuentro?
- ¿Qué habría que mejorar?
- ¿Qué hemos aprendido? ¿En qué nos ayuda?

## Tema 5: "El valor de la Libertad"

*La verdad los hará libres.*
San Juan 8, 32

**Objetivos:**
1. Descubrir la libertad como cualidad que afecta la voluntad y como tarea de tomar decisiones.

### Motivación

**Dinámica 1: El faisán**

**1.** El animador lee este texto sobre el faisán o le entrega una copia a cada participante:

*Para hablar de platos deliciosos y exóticos se habla de lengua de faisán. Fueron los griegos quienes hallaron este bellísimo galliforme a orillas del río Fari. Los romanos, que apreciaban mucho su carne lo introdujeron en Germania y la Galia.*
*Actualmente vive en estado silvestre. Aunque el hombre intenta domesticarlo, él no llega a adaptarse domesticado. Al hombre lo considera siempre como enemigo peligroso, y se mostrará huidizo ante su presencia. No acepta su dominio y la falta de libertad a la que le ha sometido. ¿Sospecha o ha experimentado que el hombre, libre y el que más canta la libertad, es el mayor enemigo de la libertad? Es un hábil corredor pero carece de aptitud para el vuelo. Siente un apasionado amor por la libertad y puede considerarse como un vagabundo por excelencia. No es suficientemente sagaz como para tomar decisiones aceptadas en un*

momento peligroso. Así cuando un hombre o un perro caen de improviso sobre un faisán, este olvida que puede ponerse a salvo volando, y permanece resignado e inmóvil o emprende una alocada carrera de un lado a otro.
Por la primavera se despierta en el faisán el celo, su carácter se torna sociable y cantarín y no cesa de aletear.
La hembra no abandona en ningún caso la incubación hasta el punto de permitir que se le aproxime el enemigo más peligroso sin decidirse a huir: prefiere morir con sus crías. Cuando se ve obligada a dejar el nido, lo cubre con hojas y algunas hierbas: algo es algo.

**2.** Se forman los participantes en grupos de 6 o 7 y contestan a estas preguntas:

- Sentimientos que les ha suscitado el texto.
- Valores y contravalores que se destacan en el texto.
- ¿Qué juicio de valor les merece la actitud de las personas que intentan domesticar al faisán?
- Analicen la "actitud" del faisán al no aceptar la situación de domesticado. ¿Qué les recuerda dicha actitud?
- Comenten experiencias de las relaciones que ustedes han vivido o están viviendo. ¿En qué medida les han hecho sentirse más libres? ¿Cómo y por qué les ha ayudado a ser más libres?

**3.** Comentar en plenaria la respuesta, llegando a hacer una síntesis.

**4.** Más tarde se pasa a comentar el siguiente texto entregando a cada participante una copia.

### Dinámica 2: Poema de las muletas

*Durante 7 años no pude dar un paso.*
*Cuando fui al gran médico me preguntó:*
*¿Por qué llevas muletas?*
*Y yo dije: porque estoy tullido.*
*No es extraño -me dijo-.*
*Prueba caminar.*
*Son esos trastos los que te impiden andar.*
*¡Anda, atrévete, arrástrate a cuatro patas!*
*Riendo como un monstruo, me quitó mis hermosas muletas, las rompió en mis espaldas y, sin dejar de reír, las arrojó al fuego.*
*Ahora estoy curado. Ando.*
*Me curó una carcajada.*
*Tan solo, a veces, cuando veo las muletas, camino algo peor por unas horas.*

Se hacen grupos de 7 u 8 personas y se responden a estas preguntas pasando más tarde a compartir las respuestas en plenaria.

- ¿Qué le impide andar, es decir, sentirse libre?
- ¿Qué "muletas" pueden impedirnos hoy ser libres de verdad?
- ¿Son las "muletas" una excusa para caminar? ¿Por qué?
- ¿Qué "carcajadas" te pueden ayudar a ir adelante y crecer para ser más libre?

**Dinámica 3: Parábola del hombre de las manos atadas**

*Érase una vez un hombre como todos los demás. Un hombre normal. Tenía cualidades positivas y negativas. No era diferente. Una vez llamaron repentinamente a su puerta. Cuando salió se encontró a sus amigos. Eran varios y habían venido juntos. Sus amigos le ataron las manos. Después le dijeron que así era mejor, que así, con sus manos atadas, no podría hacer nada malo, (se olvidaron de decirle que tampoco podría hacer nada bueno). Y se fueron dejando un guardián a la puerta para que nadie pudiera desatarle. Al principio se desesperó y trató de romper las ataduras. Cuando se convenció de la inutilidad de sus esfuerzos intentó poco a poco acomodarse a su nueva situación. Poco a poco consiguió valerse para seguir subsistiendo con las manos atadas. Inicialmente le costaba hasta quitarse los zapatos. Hubo un día que consiguió liar y encender un cigarro. Y empezó a olvidarse de que antes tenía las manos libres. Pasaron muchos años. El hombre llegó a acostumbrarse a sus manos atadas. Mientras tanto, su guardián le comunicaba día a día las cosas malas que hacían en el exterior los hombres con las manos libres (se olvidaba de decirle las cosas buenas que hacían en el exterior los hombres con las manos libres).*

*Siguieron pasando los años. El hombre llegó a acostumbrarse a sus manos atadas. Y cuando su guardián le señalaba que gracias a aquella noche en que entraron a atarle, él, el hombre de las manos atadas, no podía hacer nada malo (no le señalaba que tampoco podía hacer nada bueno), el hombre comenzó a creer que era mejor vivir con las manos atadas. Además, estaba tan acostumbrado a las ligaduras. Pasaron muchos, muchísimos años. Un día, sus amigos sorprendieron al guardián, entraron en la casa y rompieron las ligaduras que ataban las manos del hombre. ¡Ya eres libre! -le dijeron.*
*Pero habían llegado demasiado tarde. Las manos del hombre estaban totalmente atrofiadas.*

Se forman grupos de 7 u 8 y se da respuesta a las siguientes preguntas:

- ¿Tengo las manos atadas?
- ¿En qué detalles o hechos lo experimento?
- ¿Ha sido culpa mía? ¿Alguien en particular?
- ¿Los amigos, me ayudan a desatarme o a todo lo contrario? Explica tu respuesta.
- ¿Qué daño provoca acostumbrarse a las manos atadas?

## Desarrollo

## 1. ¿Qué es la libertad?

El vocablo libertad (derivado del término latino *liber*) está emparentado con liberal, liberalidad, libertario.

Cualquiera de estos tiene una capacidad de confusión suficiente para frenar nuestro desarrollo personal o anularlo incluso del todo. La palabra libertad es usada, a menudo, para indicar modos de conducta que no pueden ser calificados de libres en el sentido que corresponde a una persona. Quedará de manifiesto, al describir las distintas acepciones del término libertad.

**a. La primera forma de libertad** que desea ejercitar el ser humano consiste en **movilizar sus potencias** fisiológicas y psicológicas: moverse, ver, tocar, pensar, recordar, querer. El paralítico se ve trabado y desea liberarse de esta atadura, que le impide realizar un impulso básico.

**b.** Esta libertad fundamental necesita, para desplegarse plenamente, **un campo de libre juego, un espacio** ilimitado en el que trazar diversos proyectos: viajar, entablar relaciones, establecer la residencia si carece de esta libertad social, el hombre ve limitada hasta asfixia su capacidad de moverse, de pensar y proyectar. De ahí la angustia del encarcelado, que carece de posibilidades para realizar los modos de actividad que le atraen.

**c.** Una persona puede disponer de absoluta libertad de movimiento y **verse amordazada espiritualmente** por diversas prisiones de orden ideológico, político, moral o religioso que le impidan o le hacen muy difícil comportarse según los dictados de su propia conciencia. Poseer libertad de movimiento, pero una red de fuerzas ocultas convierte cada una de sus decisiones en una zozobra y un riesgo. Los que han vivido este tipo de cerco espiritual no podrán olvidar el ansia vehemente que sentían de liberarse de esa insufrible tensión.

**d.** Otra forma de servidumbre es impuesta a multitud de personas por la **manipulación del hombre a través del lenguaje y la imagen**. De forma halagadora, el manipulador impide a las gentes pensar, sentir y elegir por cuenta propia; confunde su mente y su corazón conforme a sus intereses inconfesados, al tiempo que los convence de que está elevando su libertad a cotas nunca alcanzadas.

**e.** Es posible que una persona se libere de todas estas limitaciones pero **no sepa en qué emplear su libertad**, por carecer de un ideal preciso que oriente su actividad y le dé pleno sentido. Esta forma de libertad vacía no contribuye a realizar nuestra vida; la deja desolada, es decir aislada, alejada de toda posibilidad de auténtico encuentro que es la base del desarrollo humano.

**f.** Frente a esta libertad vacía existe una forma de **libertad plena, creativa, interior**. Esta comienza a entrar en juego cuando la persona cuenta no solo con **potencias, sino también con posibilidades**. Yo puedo ver, oír, moverme, desear viajar pero, si no tengo un avión disponible no puedo volar. Para tenerlo, han debido las generaciones anteriores transmitir a la sociedad actual muy diversas posibilidades de tipo científico, técnico y económico.

**g.** Transmitir se dice en latín *tradere*, de donde procede *traditio* y en español tradición. La tradición, así entendida, hace posible la libertad creadora de los pueblos en cada momento de la historia. Para ser de verdad libres debemos asumir activamente **las posibilidades que nos ofrece el pasado** a través de la sociedad contemporánea.

**h.** Pero la verdadera actividad creadora exige **orientar las potencias y las posibilidades hacia el ideal auténtico de la vida humana** que, es el ideal de la unidad y solidaridad.

**i. Contar con diversas posibilidades entre las que elegir** es condición indispensable para ser libre. La libertad auténtica, la digna del ser humano, comienza cuando este, a la hora de elegir, es capaz de distanciarse de sus apetencias inmediatas y opta por la posibilidad que le permite realizar el ideal de su vida, cumplir su vocación y su misión, y otorga a su personalidad la configuración de vida. Si queremos ser libres, hemos de hacernos una idea clara y exacta de lo que somos y de lo que hemos de llegar a ser. Mi libertad verdadera comienza a perfilarse cuando me pregunto en serio "qué va a ser de mí". **De mí va a ser lo que yo decida a la vista de las posibilidades con que cuento y del ideal que elija como meta de mi existencia**. Cuanto más valor posea esta meta, más perfecto será mi desarrollo como persona. De ahí que mi interés primordial no deba consistir en **"liberarme"** de trabas sino en conseguir **"libertad para"** cumplir las exigencias del ideal ajustado a mi modo de ser. Esa es la libertad creativa o libertad interior.

**j.** El distanciamiento de los intereses inmediatos implica una renuncia al valor de lo agradable y tal renuncia entraña sacrificio. Pero este por intenso que sea no supone forma alguna de represión si por tal se entiende la pérdida de experiencias necesarias al desarrollo cabal de la propia personalidad. En cuanto se renuncia a un valor para conseguir otro más elevado avanza uno en madurez, se acerca a la realización plena de la meta ideal que orienta su vida. Pero ¿de dónde nos viene la fuerza interior necesaria para dejar de lado el **"pájaro en manos"** de las ganancias inmediatas y consagrar las energías al logro de un ideal que parece lejano? Viene de este ideal, que si es auténtico y no una mera utopía irreal, revierte sobre el presente para dar a nuestra vida impulso y sentido. **Un ideal no es una idea vacía; es una idea motriz capaz de dinamizar nuestra existencia en virtud del alto valor que encierra.** Es un privilegio del ser humano descubrir diversos valores, jerarquizarlos conforme a su rango, y conferir a los más altos la primacía, sobre los más bajos. A medida que vamos haciendo múltiples experiencias con los diversos valores, descubrimos que uno de ellos presenta tal fecundidad que ejerce función de clave de bóveda en el edificio de la vida humana. Esa afectividad lo convierte en ideal.

**k. Nuestra libertad se perfecciona a medida que nuestra unión con el ideal se torna más íntima y comprometida.** La meta justa, la ajustada a nuestra vocación y misión como ser humano, no hacia metas secundarias, como puede ser nuestro afán de acumular gratificaciones. Pero tal libertad es todavía incipiente, porque actuamos en atención a un deber que consideramos distinto de nosotros y externo. En cuanto cobre verdadero amor a dicho ideal y nos entusiasmemos con él, consideraremos el deber de realizarlo como una voz interior, un impulso espontáneo de nuestro ser más profundo. Somos nosotros mismos/as los que nos imponemos el grato deber de responder positivamente a la llamada de ese ideal con espontaneidad creadora.

**l.** Cuando conseguimos que los grandes valores y sobre todo el valor ideal se nos hagan íntimos aún siendo distintos, damos un paso grande hacia nuestra madurez personal porque podemos entregarnos con la mayor libertad a instancias que nos vienen dadas de fuera. No nos enajenamos con ello; al contrario, ganamos nuestra plena identidad personal y nos hacemos responsables.

**m. Ser responsables significa prestar suma atención a cuanto encierra valor y nos empuja a que lo asumamos y realicemos.** Nos empuja en cuanto me ofrece posibilidades para actuar con sentido, es decir: de modo que alcancemos la meta que corresponde a nuestro ser y a la que nos sentimos llamados y enviados. Cuando respondemos eficazmente a tales valores actuamos responsablemente y nos hacemos responsables del resultado de nuestras acciones.

## 2. Libertad y responsabilidad

Solo el que es responsable es verdaderamente libre porque toda su conducta está inspirada por el amor, su verdad de hombre/mujer, a su modo de ser tal como se le manifiesta en los momentos de mayor reflexión y sinceridad.

Esta forma perfecta de libertad permite al hombre/mujer ser muy receptivo a cuanto encierra auténtico valor y, al mismo tiempo, actuar con total autonomía frente a toda pretensión manipuladora.

**La manipulación** puede ser externa (prejuicios y malentendidos consagrados por los medios de comunicación, empobrecimiento injustificado de la vida personal) o interna (afán de imponerse las energías pulsionales a las espirituales).

**Esta liberación espiritual** dispone al hombre/mujer para cumplir, una a una, las diversas exigencias del encuentro y desarrollarse como persona. La libertad es la suprema aspiración del hombre, el objetivo de conciencia. Y así se habla de libertad de expresión, libertad para la mujer... Es decir, la libertad expresa el ideal de realización plena para el ser humano. La libertad hace al hombre responsable de sus actos. Afirmar que el hombre es libre quiere decir que siente en él la capacidad de dirigir sus propios actos, de tomar en sus manos las riendas de su obra.

**La libertad indica la capacidad de obrar sabiendo lo que se hace y por qué se hace.** No basta que se vea libre de presiones internas como el miedo, etc. Es necesario que él mismo se determine, que sea autor de sus actos, que se dé a sí mismo los motivos de su acción, eligiendo y adoptando los valores que le sirven de meta. Toda elección es autodeterminación que implica aceptación y renuncia. Sin libertad interior, de nada sirven las demás libertades.

**La libertad y la responsabilidad son las metas de la madurez humana.** Los educadores suelen decir que: "la libertad es el horizonte de la educación". La libertad es el estado del hombre que se ha liberado de las distintas alienaciones y que domina su actividad y su existencia de tal manera que puede llamarse verdaderamente libre. Ser libre equivale a ser maduro, adulto, hombre o mujer que ha logrado ser auténticamente "sí mismo", que no está sometido ni sometida a la dependencia de nadie.

Negativamente, esta libertad se manifiesta como liberación de cualquier forma de alienación: superstición, miedo, servilismo social, político u económico, predominio de las pasiones y del egoísmo, vínculos inmaduros de dependencia con otras personas.

Positivamente, el hombre libre se parece a sí mismo y organiza su "proyecto de vida" no bajo pasiones externas, sino sobre sus propias elecciones personales y bien meditadas. Busca las cosas con rectitud ética, movido por el bien y los valores.

### 3. Educar para la libertad

Educar para la libertad y la responsabilidad es lo mismo que enseñar al inmaduro a comportarse como hombre, creciendo en la madurez. Con frecuencia se entiende la libertad como capacidad de hacer el mal, y de ello se concluye que: suprimiendo esta capacidad, se atenta contra la libertad; que la libertad en el hombre sea la capacidad de elegir entre el bien y el mal es una imperfección. ¿Cuándo se es más libre, cuando se dice sí al mal o cuando se dice sí al bien?

Educar en libertad no consiste en quitar o poner trabas a la conducta, sino en **enseñar a elegir lo que es bueno y valioso** y que la persona aprenda a tomar decisiones.

La libertad es una cualidad que afecta a la voluntad como facultad que apetece el bien que propone la razón. No puede desarrollarse la libertad, si no se **educa la voluntad** a querer realmente.

Tanto más libre es una persona cuanto más ha desarrollado su capacidad de decisión y más se ha desatendido de sus actitudes caprichosas.

La verdadera libertad solo puede ser la que permite el desarrollo objetivo de la persona. La libertad no se puede entender como "ausencia de preocupación": tener todo cuanto se desea, no tener responsabilidad con nadie, dejar que otros piensen en todo. "No puede haber libertad madura sin asumir la responsabilidad frente a las demás personas" (A Dondeyne).

## 4. La tarea de tomar decisiones

**La libertad se concreta en la acción de tomar decisiones de forma madura y responsable**. Pocas cosas contribuyen a activar la necesidad negativa y paralizar al ser humano como el temor a equivocarse, a no aceptar, a cometer errores. No hay éxito verdadero, sin capacidad real para comprometerse, para convertir en realidad una decisión tomada. Los éxitos más duraderos, precisaron la tenacidad de personas atrevidas, capaces de correr riesgos, pero sobre todo ¡decididas! Uno de los factores determinantes del fracaso de una persona, es la incapacidad para adoptar actitudes firmes y decididas, buscar la compasión y refugiarse en el lamento.

Cualquiera que tenga cerca de sí a una persona con notables dificultades para elegir entre distintas opciones habrá podido observar como la indecisión le produce una extraña inquietud y tortura que le hace sufrir, diminuye y hasta paraliza sus facultades mentales, psíquicas y hasta físicas. Si tan importante es ser persona decidida, he aquí unas sugerencias que pueden ayudar:

- Se debe partir de una información veraz y completa que lleve al conocimiento detallado de los aspectos fundamentales. Esta te conducirá a una decisión aceptada y te ayudará a descubrir las ventajas y los inconvenientes de las distintas alternativas posibles.
- La información ha de conducir a la reflexión sobre esos "pros" y "contras" de cada opción, hasta que aparezca en un primer plano la que mejor cumpla sus intereses y propósitos.
- Es el momento de elegir y decidir sin vacilar una opción y no pensar, ni un instante, en las bondades de las opciones descartadas.
- Es en ese momento crítico cuando las personas que saben decidir, pasan a la acción con entusiasmo, sin aplazamientos ni demoras, y no descansan hasta ver convertidos sus deseos en realidad.
- Si tomas una decisión equivocada, no te avergüences de asumir una segunda decisión que enmiende la primera. Lo único vergonzoso es persistir en el error por vanidad.

**Fundamentos Bíblicos:** II Co 3, 17; Hb 2, 1; Ga 5, 1; 5, 13. (Es recomendable leer toda la carta a los Gálatas).

**Ejecución:** Se forman dos grupos, uno de ellos hará una dramatización que exprese cuándo se vive este valor en Cuba, y el otro cuándo no se vive este valor en Cuba.

En plenaria cuestionarse qué le falta al grupo que exprese la falta de libertad y cómo ir dando pasos para que en la familia se ayude a educar para tomar decisiones.

### EVALUACIÓN

- Comunica la idea más importante para ti.
- ¿Te ha servido este tema para tu vida?
- ¿Qué línea de acción propondrías?
- ¿Cómo te has sentido?

## TEMA 6: "EL VALOR DEL DIÁLOGO"

*Dialogar es abrirse sinceramente al otro desde la escucha y la palabra. El que solo habla no dialoga y el que solo escucha tampoco.*

**OBJETIVOS:**
1. Descubrir el diálogo como actitud y como método en la búsqueda del interés común y de la cooperación social.

### MOTIVACIÓN

Se forman dos equipos.

Uno de ellos completará la secuencia de las viñetas (No. 1, secuencia muda). El otro grupo hará una reflexión sobre la secuencia ya completa (No. 2, secuencia completa).

Un secretario recogerá el consenso del grupo. Redactar una norma común.

### DESARROLLO

**1. ¿Qué es el diálogo?**

Diálogo es una palabra compuesta del prefijo *dia* y del verbo *legeín*. Ambos componentes expresan movimiento, cambio, flexibilidad... La preposición *dia* indica recorrido, pasar de un sitio a otro. El verbo *legeín*, significa reunión, participación.

El diálogo del hombre en el siglo XXI sigue demasiado impregnado por la lucha, por el dominio, por la supervivencia, y por la posesión y acumulación de bienes.

Es urgente que se fomenten desde todos los ángulos y estamentos sociales las virtudes de la cooperación social como el civismo y la tolerancia, la inclusión y la razonabilidad, el sentido de la equidad y el diálogo como punto de encuentro, como lenguaje más claro capaz de producir actitudes favorables en la búsqueda de un interés común. La referencia al otro, la disposición hacia él, ha de traducirse en voluntad expresa de acercamiento a sus problemas, sufrimientos y en la manifestación clara de que su vida, su felicidad, nos interesa a todos. El otro es parte de mi ser, puesto que yo soy yo en la medida que existe un tú. La plenitud de la persona encuentra su fuente principal en otras personas, en la alteridad.

Ser dialogantes es hacer camino hacia la auténtica madurez, hacia una más completa humanización que nos capacita para vivir la vida en constante búsqueda de aceptación, comprensión y entendimiento con los demás, con uno mismo y con los acontecimientos de la vida que nos ha tocado vivir. Es en el diálogo con los demás y en el diálogo con nosotros mismos donde descubrimos las razones para la propia superación, el esfuerzo y el sentido de la propia vida. El ser humano es moral y se humaniza en cuanto avanza en comunicación, amistad y amor con todos los hombres.

La persona sin la otra persona no es persona. Es un individuo. Por eso es importante que los seres humanos recuperemos la plenitud de la relación y del encuentro en un mundo personal y dialógico, presidido por la comunicación, la flexibilidad y la generosidad.

## 2. Condiciones que favorecen el diálogo

Si, como estamos viendo, la humanización de la persona solo es posible por su capacidad de comunicación, es bueno hablar de las condiciones que favorecen el diálogo como medio de convivir con los demás como fuente de la propia felicidad.

**a. Crear un clima propicio**, acogedor, de respeto e interés por el otro, de sencillez y confianza.
**b. La disposición de ánimo** y, sobre todo, el deseo de escuchar es condición indispensable, ya que tan incapacitado está para el diálogo el que permanece cerrado en sí mismo, como el que solo quiere ser escuchado.
**c. Las formas en el diálogo importan mucho.** Las formas correctas, educadas y respetuosas, lo dignifican y lo facilitan; mientras que, las formas rudas y la falta de tacto lo degradan y lo dificultan.
**d. Saber dialogar es saber escuchar** y pensar no menos en lo que se escucha que en lo que debe decirse.

**e. La reflexión y la concentración de la mente** van siempre por delante del diálogo, ya que de la reflexión se extrae el contenido.
**f. El diálogo siempre tiene un carácter personalizado**, directo, en tanto que constituye un acercamiento mutuo, un compromiso de entendimiento entre quienes lo practican con sinceridad.
**g. El diálogo necesita un aprendizaje**, una preparación paciente y progresiva, para un encuentro humano.
**h. Ni el miedo, ni la excesiva prudencia lo hacen posible. Solo la confianza y el respeto mutuo** posibilitan el verdadero diálogo.
**i. El diálogo es también un arte, una habilidad** que hemos de saber aplicar tanto en las conversaciones espontáneas como en aquellos momentos que han de ser preparados con detalle. La habilidad improvisadora, el tacto y la gracia personal de los participantes serán decisivos para hacer del diálogo una actividad agradable que deje en el ánimo de los interlocutores un grato recuerdo y deseo de volver.
**j. La tranquilidad, la paz y la serenidad del espíritu**, y el disponer del tiempo necesario y del lugar adecuado son las condiciones recomendables para un diálogo fecundo.

### 3. El diálogo debe convertirse en actitud

El diálogo que cumple estas condiciones **se convierte en actitud** de comunicación, de encuentro con los demás y con uno mismo. Antes de avanzar es necesario resaltar **la importancia de la escucha** como condición previa para el diálogo y recordar que escuchar no es lo mismo que oír.

Por poco que nos observemos, descubriremos que apenas ponemos atención a lo que nos dicen los demás y olvidamos que la base del diálogo es la escucha amable y atenta. Solo **el justo equilibrio entre el saber escuchar y el saber hablar** con sencillez, respeto y sinceridad hace posible el milagro del diálogo en gozosa convivencia.

Los problemas conyugales y de los padres con los hijos tienen su origen en la falta de diálogo, en la falta de respeto y escucha. La humanidad entera vive cada vez más crispada, perdida y deshumanizada por la ausencia de diálogo, que es el único camino que puede llevarnos a la construcción del bien común, de la paz universal y del equilibrio, es humanizarnos más cada día y aprender a convivir mediante el ejercicio de la mutua aceptación y del diálogo sereno y maduro entre los miembros de cada comunidad.

En esta civilización nuestra, marcada por la crispación, el estrés y el dar solución a tantos problemas, se hace cada vez más difícil encontrar personas pacientes y serenas, dispuestas a escuchar con esa inteligente, emocional y sabia escucha que implica sencillez, respeto, gran humanidad, tacto, calor humano y fraternal acogida.

Hoy, cuando todos los medios de comunicación han hecho de la publicidad y de la noticia un gran negocio, la verdadera comunicación, el diálogo profundo, persona a persona ("de corazón a corazón"), se ha empobrecido hasta el punto de que, él que trata de comunicar su problema personal se encuentra, casi siempre, completamente desasistido.

Saber escuchar es enriquecer y enriquecernos sin límites, es ejercer nuestra humanidad de forma completamente madura. Saber escuchar es hacer un ejercicio de respeto, humildad y delicadeza al dar preferencia al otro en tomar el uso de la palabra, mientras yo quedo en segundo plano.

En síntesis, se trata de ejercitar nuestra capacidad de escucha atenta y de palabra ajustada para que el diálogo se incremente sin limitar el enriquecimiento espiritual y psíquico. Pero el diálogo es un arte que precisa dedicación y esfuerzo.

### 4. ¿Eres una persona dialogante?

Solo la escucha sabia, serena y paciente, y una actitud abierta y humilde de quién se siente limitado, con defectos, carente de muchas cosas, y deseoso de aprender de todo y de todos, hacen posible un diálogo enriquecedor.

Los padres deben enseñar a los hijos con el ejemplo de una disposición cordial, afectuosa y abierta que haga posible un diálogo familiar. Dialogar con los hijos es algo más que simple intercambio de opiniones diversas. Dialogar desde la paternidad es llenarse de comprensión y aceptación sin prejuicios, con sencillez, tratando de llegar con respeto y amor al fondo de sus inquietudes. Dialogar desde la paternidad supone tiempo, disponibilidad, seriedad y acogida a los hijos desde su más tierna infancia, valorándolos como personas, por pequeños que sean. El diálogo con los hijos ha de servir para ayudarles a crecer como personas y a madurar. Es esta madurez la que le empujará al inmaduro a salir de sí mismo y a hacer camino hacia los demás.

### 5. El diálogo en familia

Los padres y educadores que han comprendido de verdad su misión, y que han aprendido su oficio, siempre permanecen abiertos al diálogo, lo suscitan y alientan. Escuchan siempre y mucho, dejan hablar sin escatimar tiempo ni dedicación, y jamás echan mano de sentimientos superprotectores y paternalistas.

### 6. Diversas clases de diálogo

**a. Diálogos coactivos y recriminatorios:** No cumplen las condiciones de un verdadero diálogo; ya que suelen estar salpicados de intentos de culpar y atemorizar al otro.

**b. Diálogos de afecto y simpatía:** Son muy serenos, tranquilos y afectivos. El otro se siente como el centro de atención en exclusiva.
**c. Diálogos hipócritas:** En ningún momento se descubren las verdaderas intenciones y el único fin es sonsacar, disimular, comprometer. Su tónica es fingir.
**d. Diálogos interrogativos:** Más que diálogo es un interrogatorio protagonizado por una persona que intenta averiguar, casi siempre con poco tacto, lo que hace, piensa, siente o pretende otro.
**e. Diálogos autoritarios:** Son impositivos y agresivos. El fin es convencer al otro, por la fuerza, de la propia autoridad. Se discute en función de pretensiones de dominio, se escucha poco o nada al otro, y casi siempre se le ofende.
**f. Diálogos espontáneos:** Son naturales, fluidos, respetuosos. Se habla, escucha, pregunta y responde con absoluta naturalidad y libertad. Reúnen las condiciones del verdadero diálogo.
**g. Diálogos racionales:** Son muy reflexivos, y esto no es malo; pero, les falta calor humano, espontaneidad y naturalidad, resultan demasiado fríos.
**h. Diálogos consejeros:** Son muy típicos en los padres y adultos respecto a los hijos y a los más jóvenes. Se reducen a una serie de consejos, recomendaciones; que sirven más como medida de tranquilidad y desahogo del que se siente superior, que de provecho para quién recibe tales consejos.

Es mediante el trato respetuoso, espontáneo, sincero y cálido como las personas se van haciendo más personas y van tejiendo convivencia y la propia felicidad con la felicidad de los demás.

### 7. Los diez mandamientos del diálogo

Los diez mandamientos del diálogo para una verdadera relación humana, que se exponen a continuación, se resumen en este principio: "solo estaremos capacitados para el diálogo verdadero en nuestras relaciones humanas en la medida en que estamos dispuestos a dejarnos transformar por dichas relaciones".

**I. Mi riqueza es mi propia particularidad**, que yo he de saber valorar en mí como ser único, distinto e irrepetible. Pero al valorar mi propia individualidad, respeto y valoro la individualidad de los demás. El pluralismo, la diversidad de opiniones y acciones es presupuesto básico para el diálogo. El enriquecimiento será mayor en el diálogo cuanto más espontánea, vigorosa y natural se manifieste la personalidad de cada uno de los interlocutores.

**II. La sinceridad debe ser el alma de todo diálogo.** Somos sinceros, si no decimos lo contrario de lo que pensamos. No debemos emplear la palabra para ocultar segundas intenciones, pues hemos recibido el don de la palabra para que brille la verdad, para que se manifieste la libertad, no para que se oculte o tergiverse.

**III. Hay que escuchar más y hablar menos.** La persona dialogante siempre concede al otro más oportunidades de hablar y de expresar sus deseos y sentimientos, para así conocerle mejor y comprenderle.

**IV. Las actitudes defensivas frente a las opiniones de los demás convierten el diálogo en un diálogo de sordos.** Si vamos al diálogo con prejuicios, sin una apertura hacia el otro, jamás estaremos en disposición de aceptar la verdad.

**V. Nadie está en posesión de la verdad**; y nadie hay tan listo que todo lo sepa ni tan torpe que todo lo ignore. Mediante la común empresa del diálogo respetuoso no encontraremos toda la verdad sobre un determinado asunto, pero sí un poco de más luz y de verdad.

**VI. Dialogar supone no condenar ni despreciar** al que se equivoca y seguir confiando en él. Nada acerca tanto las posturas ni facilita tanto el diálogo como el reconocer los propios errores.

**VII. Solo es posible un diálogo constructivo con la acogida y aceptación del otro** sin condiciones ni reservas, tratando de descubrir en él algún punto positivo, algo que conecte su discurso con el nuestro. No pocas veces nos negamos a admitir que los demás hayan podido cambiar y mejorar. Cuando actuamos así, hacemos imposible el diálogo.

**VIII. Del diálogo constructivo siempre se obtiene algo positivo**, siempre aprendemos un poco más sobre nosotros mismos y sobre los demás. Por eso es tan importante ir al diálogo pertrechado de la noble y recta intención de saber ceder y admitir que las razones del otro en estos o aquellos aspectos son más fuertes, más convincentes que las mías. Pero admitir que el otro esgrime unas razones más firmes y convincentes no hemos de considerarlo un fracaso personal, sino una muestra de nuestra madurez y nobleza de espíritu.

**IX. No querer, ni dar la impresión de querer avasallar al otro**, de dominarle, agredirle y molestarle con nuestras expresiones y gestos, ponemos al otro a la defensiva y hacemos imposible el diálogo, ya que la primera virtud del diálogo es la tolerancia, el respeto y la consideración del otro y de sus valores, aunque no coincidan con los nuestros.

**X. El diálogo ha de quedar siempre abierto a nuevos encuentros** para seguir intentando un mayor acercamiento. Por eso, es muy importante tomarse tiempo para dialogar y desterrar las prisas y los deseos de acabar.

**Fundamentos Bíblicos:** Jn 4, 1-30; Jn 8, 1-10; Jn 11, 1 ss. Obsérvese que los Evangelios nos muestran a Jesús como persona excelentemente dialogante.

## Ejercitación

El animador entrega el cuestionario y cada participante tiene que marcar con una cruz las afirmaciones que más coincidan con su forma de pensar y obrar.

1. Me intereso preferentemente más por las personas que por las cosas.
2. Con cierta frecuencia menosprecio a mis interlocutores.
3. Acepto que las personas sean diferentes y no opinen como yo.
4. No necesito escuchar demasiado cuando me hablan para emitir un juicio.
5. Acostumbro a escuchar siempre, aunque se trate de cosas infantiles.
6. Si me llevan la contraria, me irrito fácilmente y formulo graves amenazas.
7. Evito hablar *ex cathedra* y moralizar.
8. Creo que tengo respuestas para todo y que acierto siempre en mis pronósticos.
9. Como norma, prefiero escuchar más y hablar menos.
10. Me importan poco las causas de los hechos, solo me interesan los resultados.
11. Mi actitud es de escucha atenta. Siempre aprende uno algo nuevo.
12. Aunque tengo en cuenta las razones, me inclino siempre por la ley del más fuerte.
13. Reconozco que no tengo vocación ni de juez ni de censor.
14. Raramente dudo; desde el comienzo lo veo todo con claridad.
15. Procuro no dar a las cosas más importancia de la que tienen en realidad.
16. Me aburre soberanamente hablar.
17. No temo la verdad por dura y desagradable que sea.
18. Me encanta sentirme el centro de una reunión y llevar la voz cantante.
19. Si algo se dice de buena fe, lo acepto sin absurdas susceptibilidades.
20. Tengo poca curiosidad por las personas y por averiguar las causas de los hechos.
21. Aunque mi interlocutor esté irritado y haya perdido el control de sí mismo, sé mantener la calma y la paz interior.
22. Tanto mis palabras como mis gestos suelen ir teñidos de agresividad y dureza. Al menos eso es lo que suelen reprocharme.
23. Suelo estar dispuesto a rectificar cuando me equivoco.
24. Solo me interesa dialogar si espero escuchar cosas que me agradan o están en la misma línea de mi pensamiento.
25. Casi siempre sintonizo afectivamente con mi interlocutor y trato de no vincular el contenido de lo que me dice a su forma de decirlo.
26. Prefiero ignorar la verdad de las cosas y vivir tranquilamente, si el descubrir la verdad puede traerme problemas.
27. Respeto las opiniones y gustos de los demás y no es mi estilo menospreciar o condenar al prójimo.
28. Soy bastante tímido e inseguro, por lo que jamás soy yo el primero en romper el hielo en los encuentros para comenzar una conversación.
29. Soy bastante reflexivo y sopeso bien mis palabras, sobre todo cuando puedo herir o perjudicar a otros.
30. A veces asocio el autoritarismo al poder del dinero.
31. Es frecuente que las personas con las que hablo con cierta frecuencia

sientan deseos de que nuestro encuentro vuelva a producirse y tengamos la oportunidad de seguir hablando.
**32.** Como no dispongo de tiempo para hablar, no dudo en interrumpir varias veces a mi interlocutor y así poder exponer mi pensamiento y terminar cuanto antes.

**Resultados:** Las personas dialogantes son aquellas que hayan marcado las afirmaciones con números impares y las no capacitadas para de dialogar, las que lo hayan hecho con las pares.

### Evaluación

- ¿Cómo se han sentido?
- ¿Qué ideas importantes para ponerlas en práctica has encontrado?
- ¿Qué líneas de acción propones?

## Tema 7: "El valor de la Comprensión"

*Si juzgas a la gente, no tienes tiempo para amarla.*
Madre Teresa de Calcuta

**Objetivos:**
**1.** Conocer los rasgos de la vida de las personas para ayudar a entenderlas mejor.
**2.** Reflexionar sobre el valor de la comprensión como actitud necesaria para crear un ambiente de familia.

### Motivación

**1.** Cada participante cuenta como fue su día. Después que todos contaron como se desarrolló el día, se pregunta:
 - ¿Quiénes estuvieron presentes en el día?
 - ¿Qué nos dio ánimo para trabajar?
 - ¿Qué nos cansó más?
 - ¿Qué nos dio mayor alegría?
 - ¿Cómo fueron las relaciones con las personas (de la familia y fuera de ella)?

**2.** Plenaria: Se colocan las respuestas a las preguntas y se hacen observaciones.

### Desarrollo

Se reparte una copia a cada participante y se reflexiona.

**1. ¿Qué es la comprensión?**

Comprendo a mi prójimo cuando soy capaz de meterme bajo su piel para ver las cosas desde su propio punto de vista, vistiéndome con sus penas y alegrías, sus limitaciones, rarezas y defectos, sus cualidades y habilidades. El que comprende, de alguna manera incluye en sí mismo y hace propia la realidad de la persona comprendida.

Comprender es amar a cada uno a su medida, adaptándonos a sus particulares características como ser humano, único e irrepetible. ¿Es posible comprender al otro y no amarle? El amor-comprensión siempre está regido por una mente que piensa en positivo, abierta a la esperanza y que trata de ver el lado bueno de las personas y de las cosas. Amar y comprender, comprender y amar, es algo tan sublime y sencillo como estar pendiente de descubrir y alentar en cada persona lo mejor de ella y hacérselo ver, para que incremente su fe en la vida, en los demás y en ella misma.

Las debilidades, limitaciones, temores, falsedades, carencias y miserias que con tanta facilidad denunciamos y criticamos en los otros, y nos escandalizan, son las mismas que padecemos tú y yo, pero que no acertamos a ver porque evitamos constantemente dirigir nuestra mirada al fondo de nuestro corazón. Si observamos de manera imparcial cómo pensamos y obramos, no tendríamos dificultad alguna en comprender y aceptar las propias limitaciones y miserias. El conocimiento, la comprensión y la aceptación de nosotros mismos es la única vía para comprender a los otros.

**2.** El amor, que es el más profundo de los sentimientos, seguramente el sentimiento por antonomasia, se exterioriza en forma de manifestación espontánea de acercamiento, de generosidad y de entrega a los demás.

E. Fromm dice: "El amor solo comienza a desarrollarse cuando amamos a quiénes no necesitamos para nuestros fines personales". No obstante, el amor se hace más firme, consistente y maduro, mejora su calidad en la medida en que se retroalimenta en la comprensión, en el conocimiento más profundo y personalizado del otro, que siempre es consecuencia del conocimiento y de la comprensión de uno mismo.

### 3. ¿Qué se produce antes, la comprensión o el amor?

Una mayor comprensión de nosotros mismos nos lleva a aceptarnos más, a querernos y a vivir en paz con nosotros mismos, viviendo de forma más significativa, así también la comprensión que sentimos hacia los otros nos inclina a aceptarles y amarles. Solo la tendencia hacia el bien del otro no basta; es imprescindible el compromiso, la seguridad de una acción consciente y pensada (comprensión), haciendo bueno el dicho: "Obras son amores, que no buenas razones". La comprensión es soporte y razón de los valores de hermandad. La comprensión es un valor humano clave, ya que sirve de soporte y razón de otros valores como: el perdón, la tolerancia, la amabilidad, la misericordia, la compasión y la solidaridad.

## 4. La comprensión y el perdón

Perdono cuando corrijo mi propia percepción errónea de que alguien me ha querido hacer daño de forma intencionada, con verdadera maldad. Para despojarme de sospechas, rencores, juicios recriminatorios y resentimientos, es necesario que mi mente comprenda los mecanismos internos que han podido impulsar al otro a tratarme de forma injusta. Por la comprensión empática aprendo a ponerme en lugar de quien me ofende, a entenderle... ¡Perdonarle! **La verdadera grandeza de espíritu,** siempre estará determinada por su nivel de comprensión y tolerancia para con las miserias humanas. Toda comprensión empática coronada por el perdón enriquece mucho más al que da que al que al que recibe, por la inmensa paz interior que le proporciona. Solo el que sabe elevarse por encima de los agravios prueba su grandeza de espíritu. El poeta Alexander Pope dijo: "Errar es humano, perdonar es divino".

## 5. La comprensión y la tolerancia

La tolerancia es verdadera virtud, valor humano que se caracteriza por el reconocimiento de las diferencias, por el respeto a los demás y por la convicción de que nadie posee ni la verdad ni la razón absolutas. Para ser tolerante necesito comprender que siempre habrá personas próximas y menos próximas a mí, cuyas opiniones, creencias, estilos de vida, ideología, etc... no serán en absoluto coincidentes con las mías, pero que yo debo aceptarlas y respetarlas, pues tienen todo el derecho a ser como son, a ser ellas mismas. Es la tolerancia quien hace posible una convivencia civilizada. Sin embargo esta nunca puede ser indiscriminada, tiene un límite: la falsedad, el error, el autoritarismo, y la represión no deben ser toleradas.

## 6. La comprensión y la amabilidad

La amabilidad nos arrastra a comportarnos de manera afectuosa y complaciente con los demás, a sentir y compartir gozosamente su felicidad o su desgracia, su alegría o su tristeza. Es básicamente comprensión cálida y profunda de la realidad del otro que vivo en mí y la siento como mía. Comprender es amar y amar es comprender, pues tanto en el amor como en la comprensión hay un denominador común que es "el dar sin demanda".

## 7. La comprensión y la compasión

Compadecer es "padecer con" implica una íntima y profunda identificación personal con los sufrimientos, desgracias y males que soportan no solo las personas más próximas a nosotros, como familiares y amigos, sino cualquier ser humano que nos encontramos en nuestro camino. En la compasión el soporte fundamental es la comprensión del dolor ajeno.

## 8. La comprensión y la solidaridad

Entre los valores de hermandad, la solidaridad es la que ocupa el lugar más próximo a la comprensión, ya que surge de forma inmediata y espontánea antes que cualquier otro sentimiento. La solidaridad es como la puesta a punto del motor de nuestro corazón. Ella nos despoja de egoísmos e intereses mezquinos y nos prepara y anima a preocuparnos por los demás, a luchar por resolver tantas injusticias y desigualdades sociales.

Yo me hago solidario si el bien y el bienestar que busco para mí trato de encontrarlo con el mismo interés y tesón para los demás.

## 9. La comprensión y la individualidad

Por la comprensión, respeto de manera espontánea la dignidad individual de los demás y veo el carácter único de cada persona. La individualidad es un valor humano que necesita la comprensión y el respeto de los demás a mi propia libertad, al derecho que yo tengo de ser y de desarrollarme como persona, dejándome ser yo mismo. Comprender a alguien es ayudarle a descubrir, a sentir y vivir con plenitud su identidad, el hecho de ser diferente y valorarse por ello. Comprenderme a mí mismo es asumir la realidad de mi existencia, única e irrepetible, conferir unidad a mi propia vida, darle un sentido y orientarla hacia una meta, pero desde la individualidad que me permite ser "yo".

## 10. La comprensión y el altruismo

El altruismo es atender al "otro", al "*alter*", al otro como si fuera yo, "un *alter ego*". Es determinación firme y perseverancia de empeñarse por el bien común en general y de las personas más cercanas a nosotros en particular. El altruismo que para los cristianos es la caridad, al fundir en una acto amoroso el amor a Dios y a todos los seres creados, es estilo de vida, permanente actitud de servicio a toda persona, sea cual fuere su Patria, religión, condición o raza, que ha encontrado verdadero significado y sentido a su existencia en ser útil a los demás.

## 11. La comprensión, el respeto y la dialogicidad

El respeto mutuo proviene del reconocimiento de la igualdad fundamental entre todos los seres humanos. El respeto, es un deber pero además es una necesidad, es un valor, ya que nadie tiene el monopolio de la verdad ni de la razón y mucho menos un grado mayor de humanidad que le dé derecho a sentirse superior a los demás. El respeto nos recuerda a todos que somos iguales aunque diferentes, pero nunca ni más ni menos que los demás. Del respeto dependen valores como la libertad, la creatividad, la originalidad y el diálogo.

Solo es posible contrastar opiniones (dialogar), permitiendo que cada cual se exprese y obre libremente (libertad). El respeto permite a los demás proyectar su propia existencia como individuos irrepetibles, ser ellos mismos y decidir sobre su propia persona y sus actos (creatividad, originalidad) y que vivan sus vidas como búsqueda constante de encuentros humanos enriquecedores (actitudes dialogantes).

## 12. Comprensión y madurez psíquica

Acabamos de ver que comprender por encima de todo, es respetar y aceptar la individualidad y originalidad de los demás, y esta es una de las principales características de la persona con higiene mental y madurez psíquica. Es el "no juzguen y no serán juzgados" del Evangelio (Mt 7, 1 y ss).

**La comprensión es el valor dominante en toda persona con salud mental** excelente, que se siente satisfecho, vive en paz consigo misma y con los demás y no tiene el menor interés en juzgar y condenar al prójimo.

**Fundamentos Bíblicos:** Ef 4, 30-32; Rm 14, 1-4; Lc 15, 11 ss; 6, 37; 6, 27 ss; Mt 7, 1 ss.

### Ejercitación

**1.** Se forman grupos de 6 y se comentan estas preguntas:

- En la sociedad cubana ¿se vive hoy este valor? Explique la respuesta.
- ¿Por qué resulta difícil comprender al otro?
- ¿Qué les dice este texto: "Si es cierto que en cada amigo hay un enemigo potencial. ¿Por qué no puede ser que en cada enemigo se oculte un amigo que espera su hora?" (Giovanni Papini).
- ¿Por qué la comprensión es soporte de los valores de fraternidad?
- Las respuestas se llevan a plenaria y se hace una síntesis.

### Evaluación

- ¿Cómo se ha sentido?
- Señale la idea principal del tema y exprese alguna línea de acción.
- ¿Le ha servido este tema para su vida?
- ¿Cree que es necesario vivir este valor en las familias para que después sea un hecho en la sociedad?

# Tema 8: "El valor de la Confianza"

*No se fíen del que nada se fía.*
A. Graf

**Objetivos:**
1. Descubrir que la confianza debe ser total y perseverante.
2. Favorecer la confianza en el grupo y eliminar miedos.

### Motivación

**"El tentetieso"**

**a.** Pueden participar en subgrupos.
**b.** El juego ha de realizarse en silencio. Hay que empujar con suavidad y el jugador del centro ha de permanecer rígido sin miedo.
**c.** Un jugador está en el centro del grupo de 4 o 6 jugadores y se le tapan los ojos, sus brazos penden a lo largo de su cuerpo y se mantiene totalmente rígido para no caerse. Los demás jugadores forman círculo a su alrededor. A una señal, el "tentetieso" (jugador del centro) se deja caer completamente tieso hacia delante o hacia atrás o lateralmente, como guste. Los jugadores del círculo, con los brazos extendidos, le van recibiendo con suavidad y le hacen ir de un lado a otro empujándole dulcemente con las manos.
**d.** Al dar una señal de fin de juego es importante volver a poner la persona en posición vertical antes de destaparle los ojos.
**e.** Cada "tentetieso" comentará como se ha sentido, si tenía miedo o confianza y los demás expresarán como le han notado, si poco o muy rígido, si les ha sido fácil o no bambolearle, etc.

### Desarrollo

Pasamos a reflexionar y profundizar este tema (el animador entrega a los participantes estos puntos en una hoja):

**1. ¿Qué es la confianza?**

La confianza es un sentimiento y un convencimiento que se va adueñando progresivamente de nosotros de forma natural. La paz y serenidad que sentimos ante quien nos inspira verdadera confianza nos lleva a expresar sin reservas nuestros pensamientos y sentimientos, sin frenos ni disimulos. La confianza es algo que debe ser conquistado y ganado pacientemente: nace de lo más profundo de nuestra personalidad. La razón de la confianza está en lo más íntimo de nosotros. Se manifiesta, surge, cuando la persona se siente respetada, comprendida, alentada y acogida, siempre en el contexto de una relación abierta, dialogante y sencilla. Se mantiene y aumenta con la comunicación frecuente, si se acompaña de gestos amistosos, de tolerancia, de simpatía y cordialidad y, sobre todo, si la confianza es correspondida con confianza. Se afianza y purifica con las dificultades y problemas en los momentos de crisis. Se desarrolla de manera gradual y con hechos reales que exigen sacrificios y renuncias. Es tanto más profunda y firme cuanto más estable es el sentimiento de confianza y cuando a través de los años no ha habido traiciones, imprudencias ni olvidos importantes. Se debilita y pierde consistencia si hay silencios, reservas, y dudas, y puede perderse, morir, por el distanciamiento, la falta de seriedad y las imprudencias.

## 2. La confianza crece según el carácter y la personalidad

La predisposición a la confianza, tanto en sí mismo como, sobre todo, en los demás, varía según los distintos tipos de caracteres y de personalidades:

- **Los extrovertidos** se confían más fácilmente y crean cauces de naturalidad en el trato que invita a confiar en ellos. No les importa "dar el primer paso" hacia el otro y temen menos el fracaso.
- **Los introvertidos** y tímidos siempre acusan algún problema de comunicación. Son más cautos y desconfiados. Siempre están a la espera de que los otros se muestren confiados y abiertos y poco a poco se vaya incrementando su confianza en los demás.
- **Los muy afectivos, apasionados y sentimentales** suelen ser muy confiados, tanto más cuanto predominen los afectos y sentimientos sin un control de la racionalidad. La tremenda necesidad que tienen de abrir su corazón les lleva a la excesiva confianza.
- **Los apasionados** son tan irreflexivos que se confían de cualquiera y se hacen mil ilusiones en un momento para ser presa de la decepción poco después. Los sentimentales son más cautos y reflexivos y seleccionan más a las personas a quienes se confían.
- **Los intelectuales, reflexivos** y demasiados críticos son extremadamente cautos y prefieren permanecer en su mundo donde todo es lógica y razón, a cometer un error y confiarse a alguien que no merezca su confianza. Necesitan de la frescura y naturalidad de los extrovertidos y se maravillan de la euforia irreflexiva de los apasionados.
- En cualquier caso, la conquista de la confianza necesita paciencia, sensatez y serenidad.

## 3. Valores que suscitan la confianza

Los valores que también suscitan la confianza y que tienen como misión fundamental afianzarla, mantenerla, desarrollarla y darle profundidad son: la autenticidad (sinceridad), el equilibrio (la estabilidad) y la fortaleza (firmeza).

### a. La autenticidad

Garantiza la sinceridad de las intenciones y la coherencia en las acciones. Nuestra confianza se hace firme si tenemos la seguridad constante de que la persona en quien confiamos es incapaz de engañar, siempre dice y siente la verdad.

## b. El equilibrio

A la autenticidad se ha de añadir el equilibrio en las situaciones más críticas. Las personas serenas y equilibradas nos ofrecen garantía de apoyo, la seguridad de que no van a flaquear en los momentos difíciles.

## c. La fortaleza

Solo el que se mantiene firme ante el desaliento inspira confianza a los demás. Nos da confianza quien ha superado infinidad de dificultades, problemas, desgracias y desventuras. Su gran experiencia nos gana, nos contagia, nos da seguridad.

## 4. La confianza en la familia

El sentimiento de confianza viene apoyado con el hecho de la maternidad y de la paternidad. El niño se confía por completo a sus progenitores por la necesidad absoluta que tiene de protección y seguridad.

La confianza se incrementa y afianza si los padres saben fomentarlas y, más que nada, si se ofrecen ejemplos claros de confianza en la vida cotidiana. La confianza siempre se apoya con la madurez, sinceridad, generosidad, sencillez y ejemplo constante de recíproca confianza, y que en el hogar son los padres los únicos responsables.

Los padres hemos de ser conscientes de que son las obras, los hechos, las actitudes, más que los discursos, los que nos hacen merecedores de confianza de nuestros hijos. Estas son las actitudes básicas que facilitan la confianza de nuestros hijos:

- Saber dar tiempo al tiempo, ser tolerantes, saber olvidar, comprender y perdonar.
- No confundir paternidad o maternidad con excesiva blandura y tolerancia. Los hijos necesitan firmeza, disciplina y exigencias razonables. Esto les hace confiar en nosotros.
- Permitir la autonomía, el tomar decisiones y el equivocarse, para aprender de los errores y encontrar el propio ritmo, el propio camino.
- Salvaguardar siempre a la persona y confiar en ella, jamás condenarla. Se han de criticar las malas acciones, pero dejando a salvo a las personas que la cometieron. Lo que has hecho está mal, es reprochable, pero tú eres bueno, tú puedes hacer el bien y estoy convencido que lo intentarás hasta conseguirlo.

## 5. La confianza entre los distintos miembros de la familia

**a. La confianza entre el padre y la madre.** La confianza entre los cónyuges es el manantial de todas las demás confianzas en el seno de la familia. La confianza entre los esposos es garantía de casi todo: de la paz familiar, de una paternidad y maternidad responsable, de amor, de unidad y entendimiento entre los hijos, de la superación de cualquier dificultad y desgracia, de felicidad... Y es que la confianza entre el padre y la madre, penetra hasta la esencia misma del amor conyugal, que da unidad, fuerza y coherencia a toda la familia.

**b. La confianza entre los hermanos** es consecuencia directa de la confianza y del amor entre los padres.

Los padres que respetan a los hijos, permiten sus diferencias y les alientan a desarrollar lo mejor de sí mismos, están enseñando y exigiendo a los hijos a comportarse así entre ellos. Las relaciones se hacen cordiales, distendidas, flexibles y tolerantes porque esa es la tónica marcada por los padres desde la cuna y enseñada día a día, con su ejemplo vivo.

**c. La confianza de los padres en los hijos.** Una persona cayó durante algún tiempo en profunda depresión al recibir esta respuesta de su hijo de 16 años, a quien reprochaba su falta de confianza:

"Papá, por más que lo intento, no logro confiar en ti, aunque lo deseo, porque tú nunca confiaste ni confías en mí".

La verdad que este joven, por sus obras no era merecedor de mucha confianza, pero el amor de este padre hacia su hijo y el consejo de que le ofreciera toda la confianza posible, no tardaron en dar buenos resultados. Estas fueron las palabras del padre, que junto con un comportamiento de plena confianza, le reconciliaron con su hijo: "Tienes razón, hijo, no puedo pedirte que confíes en mí sin haberte dado antes ejemplo, confiando yo plenamente en ti. En adelante trataré de hacerlo. Gracias por haberme hecho reflexionar. Hoy yo he aprendido de ti. Trataré en lo venidero de merecer tu confianza".

**d. La confianza de los hijos en los padres.** El joven del párrafo anterior recibió un extraordinario ejemplo de humanidad y de grandeza de espíritu de su propio padre. Nunca es más grande el hombre que cuando reconoce sus errores con sencillez, los acepta de buen grado y promete corregirlos. La confianza genera confianza. Ofrece confianza a ese hijo qué se encierra en su mutismo y apenas sabes algo de su vida. No te importe dar el primer paso, como dice Tony de Mello: "Antes de cambiar a los demás, cambia tú. Limpia tu ventana para ver mejor."

**6. Consejos para hacer realidad la confianza en el hogar**

**a.** Decir siempre la verdad llana y simple.
**b.** Fomentar la naturalidad y espontaneidad en la expresión de pensamientos y sentimientos.
**c.** Dar ejemplo de respeto a ti mismo y a los demás, y exigirlo a todos los miembros de la familia.
**d.** No consentir amenazas, chantajes ni intromisiones de unos con otros.

**e.** Propiciar el diálogo, la generosidad, los intercambios de opiniones, el interés por las dificultades y problemas de los demás.
**f.** Pactar unas normas de convivencia discutidas, hechas y aceptadas por todos y reflejadas por escrito para saber a que atenerse en las situaciones de conflicto.
**7.** Huir del autoritarismo y promover la comprensión, la flexibilidad y la tolerancia mutua, sin caer en el abuso descarado.

### Interacción de algunos valores respecto a la confianza

### Interacción de algunos contravalores respecto a la confianza

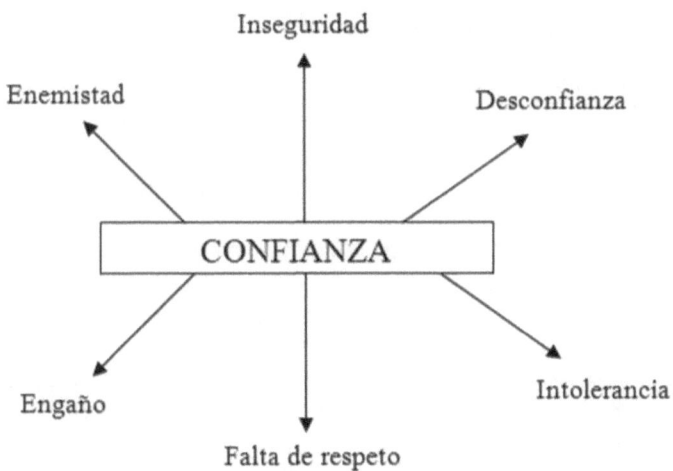

**Fundamentos Bíblicos:** Hb 11, 11-12; Lc 7, 1 -10; 5, 1-11. Sal 125; 131.

## EJERCITACIÓN

En estos cuestionarios califícate de 1 a 6 en cada comportamiento de confianza o desconfianza, según tu propio criterio.

### Cuestionario de la confianza

**1.** Aceptar espontáneamente las razones y reflexiones que se ofrecen sobre deseos, intenciones y acciones: 1-2-3-4-5-6.
**2.** Pedir ayuda, consejos, sugerencias de forma sencilla, cuando es necesario: 1-2-3-4-5-6.
**3.** Perdonar y olvidar fácilmente los descuidos, los errores equivocaciones y hasta ocultaciones y engaños de poca monta: 1-2-3-4-5-6.
**4.** Informar de manera espontánea y conversar con naturalidad sobre cuestiones de poca trascendencia, cotidianas: 1-2-3-4-5-6.
**5.** Dar plena libertad en la toma de decisiones y posibilidad de adoptar una u otra opción sin temor a críticas, amenazas o descalificaciones: 1-2-3-4-5-6.
**6.** Comunicar por propia iniciativa los proyectos, ideas, toma de decisiones, planes, compromisos, etc., antes de llevarlos a cabo: 1-2-3-4-5-6.
**7.** Dejar a mano, sin cerrar bajo llave, objetos personales: 1-2-3-4-5-6.
**8.** Discrepar con naturalidad y sin temor de las opiniones, gustos y aficiones del otro: 1-2-3-4-5-6.
**9.** Dejar fácilmente y sin temor objetos y posesiones para ser utilizados: la "grabadora", el teléfono celular, etc.: 1-2-3-4-5-6.
**10.** Hacer partícipe al otro tanto de éxitos y de fracasos, como de penas y de alegrías: 1-2-3-4-5-6.

Se comparte en plenaria.

### Cuestionario de la desconfianza

**1.** Dudar, sospechar engaño: 1-2-3-4-5-6.
**2.** Amenazar de manera encubierta o insinuar que se ha de cerciorar con información más reciente y digna de crédito, etc. : 1-2-3-4-5-6.
**3.** Interpretar de forma parcial y agresiva la información que se ofrece y traer siempre a la memoria engaños del pasado: 1-2-3-4-5-6.
**4.** Dudar por sistema y recelar de todo, a pesar de las explicaciones y razones recibidas e, incluso, antes de darlas: 1-2-3-4-5-6.
**5.** Pedir cuenta de todo y por todo, exigiendo toda clase de pruebas, para seguir recelando y en la duda: 1-2-3-4-5-6.
**6.** Pronosticar de forma fatalista, no viendo nada positivo en esa persona: 1-2-3-4-5-6.
**7.** Necesitar de forma enfermiza saber a cada momento dónde está, qué hace, a dónde irá: 1-2-3-4-5-6.
**8.** Dejar bajo llave y bien guardadas y contadas tanto las sencillas pertenencias personales como las cosas de cierto valor: 1-2-3-4-5-6.
**9.** Exigir constante información sobre proyectos, compromisos, planes, toma de decisiones, etc., hasta el punto de anular la propia iniciativa: 1-2-3-4-5-6.

**10.** Andar con averiguaciones y pesquisas para confirmar por otros lo dicho por esa persona: 1-2-3-4-5-6.

Se comparte en plenaria.

### Evaluación

- ¿Cómo te has sentido?
- ¿Crees que hoy en Cuba se puede vivir este valor? Explica la respuesta.
- ¿Qué idea es la más importante para ti? Señalar una línea de acción.
- ¿Cuáles son los mayores obstáculos para vivir la confianza en Cuba?

## Tema 9: "El valor de la Familia"

*La sociedad y la familia se parecen al arco de un palacio: quitas una piedra y todo se derrumba.*

**Objetivos:**
1. Descubrir la misión de la familia.
2. Tomar conciencia de la necesidad de redescubrir este valor en la actualidad.

### Motivación

**1.** Leer este texto sobre el cisne común:

*Impresiona la elegancia y esbeltez del cisne mientras nada en los lagos, estanques o aguas tranquilas. Su belleza es apreciada y cantada en múltiples obras de artes (El Lago de los Cisnes, etc.).*
*El cisne común macho, que ha sido un esposo fiel, va a manifestar su paternidad cuando nazcan las crías. Aunque su actividad se limita a montar guardia alrededor de la familia, a defenderlos en sus excursiones por el lago mientras la madre busca alimentos para sus hijos, si las circunstancias son adversas y la madre fallece, él se hace cargo de las crías asumiendo los deberes de padre y de madre.*
*Pero, cuidado, que ama mucho pero es muy astuto: todo esto lo hará solo cuando esté convencido de que esas crías que acaban de salir del cascarón son sus hijos. En cambio, si no está seguro de ello porque durante la puesta no ha podido cerciorarse de que en aquel nido su "esposa" ha incubado a sus propios hijos, al nacer estos se limitará a envolver en atenciones y expresiones de ternura a la madre mientras que no hará caso a los polluelos. Tanta invasión amorosa acabará minando el instinto maternal de la hembra que hará más caso de este amor que de las necesidades de sus polluelos, llegando incluso a abandonarlos. Parecen escenas sacadas de la vida de los humanos.*
*La explicación es clara: la cortina de juncos del riachuelo o estanque ha impedido la visión y vigilancia del nido; la distancia ha hecho imposible la relación padre-hijo, y los lazos afectivos no han hecho su aparición. Como*

*casi siempre los detalles pueden tener consecuencias muy graves para un aspecto muy capital como son el amor y la familia.*

**2.** Se forman equipos de 6 u 8 participantes y comentan estas preguntas:

 - ¿Qué opinan sobre el amor a la pareja y el amor a los hijos?
 - Describan el papel que desempeñan en nuestra sociedad el padre y la madre.
 - De la educación que han recibido en su familia ¿qué es lo que más valoran? ¿Qué cambiarías? Razonen las respuestas.

**3.** Las respuestas se comentan en la plenaria.

### Desarrollo

**Nota:** Para profundizar en este tema, consulte el Curso 2: "Somos familia".

El animador reparte una copia a cada participante y pasan a profundizar en el tema:

**1. La familia sigue estando en crisis**, y por eso precisa especial estudio, atención y ayuda por parte de todos. La crisis de la familia no es de ahora y siempre estará presente, como suele estar todo lo humano, entre tanto no se fundamente la familia en unas relaciones verdaderamente personalizadas y por amor, en las que cada miembro se dé a los otros como persona, enriquezca y libere su personalidad, incremente su autonomía y su solidaridad y haga posible el desarrollo personal de los demás componentes familiares, sintiendo la felicidad de los suyos como propia.

**2.** En Occidente y desde Roma, la familia era una institución y se constituía de manera pública y formal sobre el matrimonio, el cual se regía por normas religiosas, éticas, legales y de costumbres de tremenda vigencia social, que, aunque no excluían necesariamente los criterios, sentimientos, preferencias y decisiones particulares de los cónyuges, sí los condicionaban, trascendían, o menguaban en buena medida.

**3. El carácter institucional del matrimonio** confería una gran solidez y estabilidad de la familia, y la ruptura pública de un matrimonio solía ser legalmente inviable o muy difícil y, desde luego, condenada socialmente, hasta el punto de que los miembros de la familia padecían esta ruptura y la vivían como una mancha, un fracaso imperdonable o una tragedia. Fue el cristianismo quien trajo la institución matrimonial del compromiso basado en la aceptación amorosa, deliberada y mutua de los contrayentes, en principio completamente iguales, aunque después adoptara diversos matices y formas en la práctica, según los tiempos, culturas y pueblos. También fue el cristianismo el que de manera más directa contribuyó a devolver a la mujer toda su dignidad y derechos de igualdad con el hombre.

Desde entonces hasta hoy, la importancia de la decisión personal, privada y libre de los cónyuges, no ha hecho sino ir en aumento, y en la actualidad la sociedad sanciona de forma muy positiva el carácter personal y privado de la decisión de los cónyuges.

Los contrayentes sin presiones deben adoptar sus propias decisiones, lo que, a pesar de todo, constituye un riesgo: la superficialidad. La decisión personal y privada de los sujetos corre el riesgo de ser superficial, de fundarse en la atracción momentánea, en el capricho, en la simple apariencia física, en lo externo, sin llegar a profundizar más en otros valores de tipo intelectual, moral, humano y afectivo.

**4.** Hoy día se da cada vez más la deliberada intención de establecer una relación temporal y pasajera, mientras la unión sea complaciente y sin obstáculos para ninguno de los dos; pero cuando surgen los problemas y las dificultades del día a día en que hay que compartir también privaciones, sacrificios y limitaciones, lo normal es que se llegue pronto a la ruptura, porque ese matrimonio se construyó sobre la base de unas relaciones superficiales e inestables.

**5.** Se valora una familia que aproveche cuanto de bueno nos ha legado el pasado; pero al ser los propios cónyuges los que tienen que decidir personalmente la unión y su mantenimiento, es imprescindible una mayor formación y preparación antes de asumir personalmente un compromiso tan importante en el que ha de primar la mutua donación amorosa con fundadas esperanzas, de éxito, de futuro prometedor y que vaya más allá del egoísmo y de una atracción más o menos pasajera.

**6.** Es necesario fundamentar la familia, en unas relaciones personalizadas, en las que cada miembro se realice como persona, logre su propio desarrollo personal y mantenga y acreciente su autonomía. Porque, lo que ocurre en la familia se deberá al sistema total de relaciones y comunicaciones entre sus miembros.

Los miembros de la familia no son piezas, sino personas, y en ella, se modifican, perfeccionan o deterioran. Por un lado exige la conexión con la persona, dándole toda la importancia que merece, y, por otro, exige también la integración en la comunidad y en la sociedad.

La familia esté o no en crisis, siempre será un valor en alza si se construye con amor y por amor, pues, "el amor de la familia es la única semilla del amor a la Patria y de todas las virtudes sociales".

### Vinculación familiar y seguridad

En la vida de la persona, de la familia y de los grupos humanos, lo primero y fundamental es la vinculación, disponer de un lazo afectivo inicial con las personas más próximas con las que se relaciona y que son importantes en su vida, como padre, hermanos, parientes, amigos... Este lazo afectivo inicial debe proporcionar al niño absoluta seguridad. El grado de vinculación con padres, familiares y amigos estará en relación directa con la comodidad, el amor, el calor humano, la seguridad, la comprensión, la alegría, el buen humor y la buena voluntad que deben caracterizar tales relaciones para lograr una buena vinculación.

El que el niño se sienta vinculado a personas, lugares y cosas, saber que pertenece a una familia, tener un arraigo, unas raíces, le proporciona gran satisfacción y seguridad y contribuye de manera directa a construir y elevar esa autoestima que jugará un papel tan decisivo a lo largo de su vida. Desde esta confianza básica que proporciona la familia como refugio seguro, el niño dará los primeros pasos hacia la madurez física, mental, psíquica, afectiva y social y se atreverá a explorarse a sí mismo y al mundo que le rodea. Desde la seguridad del hogar, desde el arraigo personal, afectivo y primario, el niño y adolescente que hacen camino hacia la madurez, serán cada vez más capaces de decisiones autónomas y responsables.

La seguridad radical y primaria que proporciona al niño el arraigo, la vinculación, el sentirse miembro importante de una familia que le reconoce, valore y quiere, le hace sentirse singular, ya que se le consideran las cualidades que le hacen especial y diferente, al tiempo que recibe respeto y aprobación de los demás por esas cualidades. Esto eleva su autoconfianza y el sentimiento de competencia y le capacita y motiva para afrontar la permanente inseguridad de la vida humana.

La vinculación pone las bases de la seguridad primaria desde la cual los seres humanos accedemos gradualmente a la autonomía personal, a la autovaloración y a la aceptación de nosotros mismos y de los demás y finalmente, a sentirnos útiles y solidarios, hermanos con los demás seres humanos, porque la unidad familiar sentó los principios de un desarrollo integral.

Tras el sentimiento de vinculación y a consecuencia del conocimiento y del respeto que desde niño sentimos por aptitudes que nos hacen diferentes o especiales, apoyados y alentados por el respeto y aprobación que recibimos de los demás y en especial de nuestros padres por esas cualidades, accedemos al valor de la singularidad.

Para mejorar el sentido de la singularidad en los hijos hay que animarle a ser él mismo, a expresar sus ideas y sus intereses de forma creativa, y aceptarlo y respetarlo como es, aunque piense de manera distinta a nosotros. Del conocimiento, aceptación y valoración de la propia singularidad se pasa al sentimiento de poder, de valía personal, de que se está en posesión, tanto de medios como de oportunidades y de capacidades para modificar las propias actitudes internas negativas frente a las distintas circunstancias de la vida. El sentimiento de valía personal alimenta y activa actitudes mentales positivas de esperanza y de eficacia.

Además del sentimiento de vinculación o arraigo, de singularidad y de valía o poder personal, los padres deben ofrecer al hijo, modelos y pautas de conducta, ejemplos humanos, vivos, coherentes, prácticos y adecuados (toda una filosofía de la vida) que pueden ayudarle a establecer su propia escala de valores, sus metas, ideales, objetivos y exigencias personales. El papel de los padres (o de quienes hagan su papel) es determinante para un desarrollo integral humano desde la cuna.

**La misión de la familia**

La misión de la familia ante un mundo en permanente cambio es proporcionar a los hijos sentimientos de arraigo y seguridad, elevar su autoestima, ofrecerles ejemplos y modelos válidos, dignos de imitar, ser una escuela de aprendizaje en el amor, la comprensión, el esfuerzo y la solidaridad donde cada miembro sepa aceptar y acoger las diversidades de los demás, desarrollar convenientemente su singularidad e integrarse en una sociedad plural.

El ser humano llega al mundo en un determinado núcleo familiar, social y cultural. En este grupo va creciendo y construyéndose como persona, pero en esa trascendental tarea de "hacerse a sí mismo" no puede desvirtuarse la decisiva influencia de la familia, especialmente en los años de la infancia y adolescencia. Aunque el ritmo de la vida apena nos deje tiempo para nada, es necesario que los padres se paren a reflexionar seriamente, moderen el ritmo aligerado del cotidiano vivir y hallen tiempo y lugar para el encuentro en un diálogo familiar enriquecedor y dediquen a la educación de los hijos la atención especial y preferente que precisan y merecen.

Esta especial atención a la educación de nuestros hijos nos exige dejar en un segundo plano de preferencias distintas funciones de índole personal o de relaciones sociales, pero esto no debe preocuparnos o inquietarnos, puesto que estamos llevando a cabo la más alta y noble misión de servicio para la sociedad, para nosotros mismos y para nuestros hijos.

La familia es una verdadera entidad educativa cuya misión además de todo lo dicho, es lograr con su fuerza creadora y dinámica una renovación positiva de la sociedad mediante la humanización de este mundo, materialista y consumista, cuya única esperanza de salvación es abrirse definitivamente a los valores de auténtico progreso y vida como son: la fraternidad, la solidaridad, el respeto a los demás, la aceptación del prójimo tal como es, la reconciliación y el perdón, la actitud de servicio, la corresponsabilidad, la generosidad, la autoestima, la fidelidad, la honradez... y tantos otros valores morales que fomentan y transmiten la institución familiar como "primera y primordial escuela de aprendizaje para la vida".

Hay que resaltar la función socializadora de la familia. Por el proceso de socialización el individuo aprende mediante el contacto con la sociedad. Este proceso está condicionado por el conjunto de relaciones entre los diversos agentes de socialización: familia, escuela, medios de comunicación social, grupos... Todos los cuales van dejando su impronta en la persona. Pero la socialización dura toda la vida e implica un variado influjo entre el individuo y sus semejantes. El agente de socialización más importante y el primero en el orden temporal de la vida de toda persona es su familia. En la familia aprendemos normas de conducta social y como adaptarnos a dichas normas.

Primero, desde la familia aprendemos a recibir la cultura que nos transmite la sociedad de generación en generación y a adaptarnos como personas a las formas de vida organizadas. En segundo lugar, en la familia experimentamos que la sociabilización es un proceso que se lleva a cabo dentro de nosotros mismos a medida que vamos ajustándonos y amoldándonos a nuestros propios ideales y aceptamos a los demás como son.

**La familia forma el hogar**

Muchas familias no son verdaderos hogares en los que es posible una convivencia abierta, agradable y enriquecedora. Hay "familias-casa de huéspedes", frías e indiferentes, en las que cada miembro lleva su vida, no hay apenas comunicación y los silencios y reservas, donde solo impera el orden y manda la rigidez y el autoritarismo provoca la despersonalización y el sometimiento y no permite un desarrollo armónico de la personalidad.

Tampoco faltan hoy las "familias-oficina", porque el hogar se ha convertido en lugar de trabajo, donde no queda tiempo ni lugar para nada. Ni para hablar, ni para reír, ni para aconsejar, ni para un mínimo de convivencia y diálogo. Muy frecuente las "familias teleadictas", en las que la televisión, el vídeo y la cadena musical tratan de llenar al vacío o el aburrimiento de sus miembros. Cada uno esta en su sitio viendo su programa de televisión. Así podríamos seguir enumerando otros tipos de familias en las que el empobrecimiento progresivo de las relaciones entre sus miembros es cada vez mayor.

**Valores que conforman la familia como un hogar**

- **El respeto y el amor** constituyen las coordenadas básicas por las que ha de regirse las relaciones familiares; en el respeto y el amor se han de integrar los demás valores y deben ser una constante y el principal punto de referencia.
- **La sinceridad** hace posible la espontaneidad, incrementa la bondad y la confianza entre los miembros de la familia y es condición necesaria para que todos se sientan seguros y tranquilos.
- **La generosidad** que fomenta más el dar que el recibir es valor básico para la paz y buen entendimiento entre personas que conviven durante

años. La generosidad corre pareja con la grandeza de ánimo, con el perdón y con la bondad o deseo del bien de los demás.
- **La alegría y la sonrisa,** como el sol, son los mejores antidepresivos naturales que deben procurar a grandes dosis los padres para ellos mismos y para sus hijos.
- **La cordialidad y el buen entendimiento** son el resultado espontáneo y natural de un proceder flexible y tolerante. Una actitud intransigente e intolerante en extremo cierra las puertas a la comprensión y hace imposible el diálogo. De ahí que la tolerancia sea un valor necesario para la madurez mental y psíquica de los hijos, que deben crecer en un hogar en el que predominen las actitudes desdramatizadas, en el que se acepte a cada uno como es y se respete y aliente su individualidad, sin recurrir a métodos impositivos.
- **La justicia y equidad** deben aprenderse en vivo y en directo en el hogar como valores que hacen posible unas relaciones humanas de igualdad, sin hacer preferencias ni distinciones que puedan ser humillantes para algún miembro de la familia. Estas relaciones de igualdad previenen contra las envidias y los resentimientos.
- **La sencillez, la naturalidad y el calor humano** siempre están presentes en un hogar feliz en el que cada miembro de la familia se siente valorado, aceptado y acogido.
- **La confianza-esperanza** es otro valor que es necesario cultivar en una sociedad dominada por el pesimismo, la desilusión y la renuncia al esfuerzo. Es desde la familia donde se ha de fomentar la confianza en sí mismo de cada uno de sus miembros. Esa confianza que hace posible una actitud de esperanza, no como algo que llega de forma prodigiosa desde el exterior, sino como actitud firme y convicción interior, vivida y aprendida en el hogar de que siempre hay una alternativa. Los padres deben contagiar la esperanza a los hijos hasta en los momentos más difíciles.
- Los padres que se manifiestan firmes y seguros contagian su **fortaleza** y energía de espíritu a los hijos, se viven unas relaciones familiares más estables, maduras y enriquecedoras. Es imprescindible vivir en familia la fortaleza como virtud, como valor que nos capacita para encarar dificultades y problemas con optimismo y para no desistir en el empeño de llegar hasta el final en el logro de los objetivos marcados. Los hijos crecerán y madurarán por dentro y se descubrirán a sí mismos en la medida que se entrenen, se midan con los obstáculos.
- **El sentido del humor,** como posición ante la vida es un valor que también se ha de aprender y vivir en familia. Es ese humor sano que anima a encararlo todo de forma más positiva, a vivir de manera más relajada el presente y a descubrir el lado más provechoso, simpático o ameno, hasta en las situaciones más negativas y problemáticas. En la familia-hogar son las buenas relaciones entre los esposos lo que marcan la pauta y son siempre punto de referencia, ya que, más que las exhortaciones y consejos (que son necesarios), son las acciones,

las obras y las actitudes las que transmiten los modelos de conducta a los hijos.

**Fundamentos Bíblicos:** Gn 1, 27; 1, 28; 2, 24; Ef 5, 21-33; Sal 127, 1, 3, 4; Jn 4, 7-13; Rm 12, 9-21.

### Ejercitación

**1.** Se sugiere para el diálogo y la reflexión en grupo el lenguaje de la imagen cuyo título podría ser este: "Afrontar la realidad". Nos servirá para revisar nuestra actitud ante la comunidad familiar, nuestra participación en ella, así como en la vida social. Se presenta la imagen y en plenaria se puede evocar lo que les sugiere y sienta ante ella. Más tarde se hacen grupos de 7 u 8 personas y se trabaja sobre estas preguntas, centrándonos en las características del avestruz y comparándonos con ellos:

- *El avestruz es un ave con grandes alas, pero no sabe volar*: ¿Qué dotes nuestras no usamos en nuestra familia? ¿A qué hemos renunciado en la familia, en la sociedad?

- *Su cabeza tiene los elementos para funcionar bien*. Aquí, según el tópico del avestruz, ante el peligro, la ha anulado metiéndola bajo la arena. ¿Ante qué situaciones o problemas concretos, en especial de la familia, esconde cada uno la cabeza para no ver el peligro y afrontar la realidad? ¿Qué nos negamos a ver de la sociedad? ¿Por qué?

- *Vive agrupada*. Pero aquí nadie mira a nadie. Solo se tocan "por las plumas". ¿Cómo vivimos con los que están a nuestro lado, padres, hermanos, amigos, vecinos, etc.? ¿Cuál es nuestro sentido de pertenencia en la familia, en el pueblo-barrio, en la iglesia-parroquia? ¿Se cuenta con nosotros? ¿Nos hacemos "sitio" en la familia, pueblo, etc.? ¿Qué dificultades encontramos? ¿Qué podríamos hacer?

**2.** Plenaria y diálogo abierto.

### Evaluación

- ¿Cómo se ha sentido?
- ¿Qué ha descubierto en este tema?
- ¿Cuál ha sido la idea más importante para usted?
- Proponga alguna línea de acción.

# Tema 10: "El valor de la Honradez"

> *No puede existir nada honesto*
> *si no está conforme con la justicia.*
> Cicerón

**Objetivos:**
1. Profundizar en este valor y descubrir la necesidad de obrar con rectitud de ánimo e intención.

### Motivación

**1.** Todos reciben una lista de valores y deben clasificarlos según la escala de valores de quien está contestando. El que se coloque en primer lugar significa que es el valor que más aprecia. La lista se le entrega a cada participante:

- vida próspera
- igualdad (igual oportunidad para todos)
- seguridad familiar
- libertad (independencia)
- armonía en el hogar
- educación de los hijos
- amor maduro
- seguridad nacional
- placer
- autorespeto
- reconocimiento social
- verdaderos amigos
- honestidad
- independencia
- lógica
- autocontrol
- limpieza
- coraje (valor)
- fe
- despreocupación
- un ideal grande

**2.** Los participantes, en silencio, hacen su clasificación personal de los valores.

**3.** Cada uno escoge otra persona y forma una pareja para compartir las respuestas dadas.

**4.** Finalmente se resume en el propio grupo y evalúan lo que pasó, sacando consecuencias para la vida personal.

## Desarrollo

Se pasa a reflexionar el tema repartiendo a cada uno estos puntos.

**1. ¿Qué es la honradez-honestidad?**

En la práctica, los términos honradez y honestidad se usan como sinónimos y con idéntico significado. Decimos de alguien que es honrado porque obra con rectitud de ánimo, de intención. Su forma de ser íntegra y coherente en pensamientos y en obras nos habla de buena voluntad, de autenticidad de integridad moral. Parece que "honradez" se refiere más a la integridad de la persona, mientras que la "honestidad" define la cualidad, virtud, valor, actitud del hombre recto, que por "ser" honesto, obra de forma humana.

**2. Retrato de la persona honrada u honesta**

- **Es la rectitud de intención**, que no es más, que guiarse por la propia conciencia, por criterios rectos enraizados en la bondad y en el deseo del bien, no en "el que dirán" o en la presión social.
- **No hay honradez sin conciencia** que perciba y se incline por unos valores que permitan ejercer el necesario crecimiento interior.
- **Vivir conforme a los propios principios** es respetarnos a nosotros mismos y tener en gran estima nuestra dignidad personal, la mayor dignidad que existe en este mundo, porque el ser humano a lo máximo a que puede aspirar es a sentirse persona entre todas las personas e hijos de Dios con todos los derechos. Todos los "títulos": rey, príncipe, director de una gran empresa, no aumentan la dignidad de un ser humano; el título más sublime es ser persona, hombre o mujer.
- **La persona honrada vive de "dentro a fuera"** no al revés. Esto quiere decir que "es, "se tiene" a sí misma, y por eso necesita ser ella misma e identificarse con la verdad. Vive una vida de rica plenitud interior, se ocupa poco o nada de las apariencias, del que dirán, del tener y del figurar en la sociedad.
- Está convencida de que **toda su dignidad y grandeza viene por el hecho de ser ella misma** y por obrar de forma coherente y con arreglo a unos principios y valores humanos libremente elegidos y acogidos.
- **Su sencillez y naturalidad.** Distingue muy bien lo importante de lo intrascendente; por eso siempre viene de cara, de frente, sin dobles, ni disimulo. Para ser honrado es imprescindible la buena voluntad de comportarse con rectitud de intenciones.
- **Quien es honrado "tiene palabra"**, es digno de confianza, no falla jamás. Dice lo que piensa y obra como piensa y dice. La palabra de una persona honrada va acompañada de obras.
- **La persona honrada que tiene sano orgullo de ser lo que es**, huye de las apariencias, es fiel a sus convicciones y, en consecuencia, no teme presentarse como es. Por eso la honradez se lleva tan mal con la hipocresía o tendencia a aparentar una virtud que no tiene.

- **Es fácil saber a qué nos atenemos** cuando nos relacionamos con personas honradas. Por el contrario cuando nos relacionamos con una persona falsa, hipócrita, sin honra y sin dignidad, todos son problemas, confusión y falta de entendimiento. Quién no se respeta a sí mismo, quién pierde la propia dignidad, es imposible que respete o estime la dignidad de los demás.

## 3. La honradez hoy

Nuestra sociedad está pasando por una crisis de honradez. Nuestros modelos, las personas que deberían darnos ejemplo de un comportamiento adecuado y constructivo, nos sorprenden (cada día menos, porque desgraciadamente nos vamos acostumbrando) con delitos, que acaban con la confianza que habíamos depositados en ellos.

Hemos llegado a un punto que, cuando un alto cargo parece salvarse de este juego y predominan sus actos nobles y honestos, la tendencia no es pensar que estamos ante una buena persona, sino que estamos convencidos de que ya cometerá algún desliz, que terminará como todos.

Esta es la imagen que recibimos, que se está fomentando la desconfianza, a sabiendas de que no solo destruye el bienestar de la sociedad, sino que hace tambalear los cimientos de sus valores. Pero no es menos cierto que nos estamos dejando llevar por esta "actitud facilona" cayendo en los mismos errores que esos modelos negativos y justificando todo lo que hacemos porque: "Si ellos lo hacen, ¿por qué nosotros no?"

Quizás todavía no hayamos asumido que también nosotros formamos parte de la sociedad y que nuestro ejemplo, actitud y comportamiento en la vida sirven de modelo a otras personas. No hay que ir muy lejos para descubrir conductas poco honestas. Existen en nuestra propia vida y debemos ser capaces de analizarlas, descubrirlas, sin intentar justificarlas con el comportamiento de los demás. La sociedad no va a cambiar cuando cambien solo las personas que ocupan altos cargos, sino cuando tú, aquel otro, yo... cambiemos.

Para reflexionar sobre nuestra honradez podemos darle respuestas a estas interrogantes:

- ¿Intentas ir siempre con la verdad por delante?
- ¿Avisas a los demás cuando sabes que van a cometer u error o te quedas esperando a que lo cometan para luego echárselo en cara?
- ¿Te aprovechas de las desgracias y del dolor de los demás para obtener un beneficio propio?
- ¿Abusas de la gentileza y generosidad de las personas o instituciones, porque estas "no se enteran" o "no pasa nada"?
- ¿Eres capaz de reconocer tus propias limitaciones antes de criticar las de los demás?

- Cuándo ayudas a alguien, ¿lo haces movido por la compasión o por la justicia?

He aquí unas reflexiones personales que quizás te ayuden a responder a estas preguntas:

### 4. Honradez y verdad

La honradez no puede tener como aliados la mentira ni el engaño. Si fuera así, estaríamos ante una persona hipócrita que "actúa", que finge su modo de ser. A veces es difícil descubrir a la persona honrada, reconocer que su comportamiento es honesto, porque no podemos esperar su presencia en nuestra sociedad; nos sorprende tanto que desconfiamos. Quizás estemos demasiado acostumbrados a ese doble juego en el que no se nos dice toda la verdad, pero tampoco se nos miente abiertamente.

La sociedad "nos obliga", en cierto modo, a ser honrados con las personas que conocemos, con las que nos une una buena amistad; aprendemos a protegernos de esta manera, porque quizás ya nos haya hecho mucho daño. Es necesario empezar a exigirnos un poco más de sinceridad con todo el mundo, incluso con los que apenas conocemos. Confiar de nuevo en la gente, tomando las precauciones oportunas, no tiene por qué hacernos daño, si nos convencemos de que, si los demás actúan con malicia, buscando solo su beneficio, es porque tienen un gran problema y no han entendido nada de la vida. A nosotros nos bastará con saber que hemos actuado en todo momento como debíamos y que los otros han rechazado la oportunidad de disfrutar de lo que les ofrecíamos.

### 5. Honradez y acompañamiento

Ninguno de nosotros ha llegado a ser lo que es sin la ayuda de alguien. En mayor o menor medida, de mejor o peor modo, los demás nos han ido orientando, avisando de los peligros. También nosotros, tal vez sin darnos cuenta, servimos de guía a otras personas. Cuanto más honrado sea nuestro comportamiento, más contribuiremos a construir una sociedad justa.

En este sentido, actuar de manera honrada significa:

**a. Guiar por el buen camino**, sin alarmismo, ofreciendo al otro la posibilidad de que elija libremente lo que desea ser y hacer.
**b. Reconociendo y potenciando sus cualidades**, sin envidias ni rencores de ningún tipo. Reconociendo con honradez que los demás también son seres excepcionales.
**c. Actuando de forma comprensiva**, sin recurrir al manido "ya te lo decía yo" o al "si me hubieras hecho caso". La persona que ha pasado por un mal momento no necesita más reproche.
**d. No atribuirnos méritos** que corresponden a los demás.

**e. Sirviendo siempre de ejemplo** con nuestra conducta. De nada servirá lo que digamos si luego actuamos de manera arbitraria e inconsciente.

## 6. Honradez y justicia

La persona honrada sabe que lo que le debe a los demás no es porque ella ocupe una posición superior y los otros sean los "pobrecitos" que necesitan de su caridad, sino que es de justicia dar al que no tiene porque, en cierto modo, nosotros tenemos lo que le corresponde.

## 7. Honradez y vida cotidiana

El primer paso hacia el bien es no hacer el mal. De forma poco consciente, los demás pueden sentirse dolidos por nuestro comportamiento o actitud hacia ellos, pero siempre cabe la posibilidad del diálogo para intentar aclarar las cosas. Nuestra primera y quizás la más importante intención de nuestra conducta debe ser la de intentar no hacer el mal. También debemos ser capaces de no abusar de la generosidad de los otros. Quizá no pase nada porque siempre sea tu amigo quien te saque las castañas del fuego o porque cojas con demasiada frecuencia materiales de la oficina o puesto de trabajo para llevártelo a casa, ya que "total ellos son los que tienen y les sobra". Pero las personas se pueden cansar de dar y no tiene sentido terminar de esta forma con relaciones que pueden ser muy importantes para nosotros.

## 8. ¿Cuándo una persona es honesta y cuándo no?

Por la coherencia entre lo que piensa, dice y hace, se considera una persona honrada y honesta. Vamos a ir describiendo actitudes por las cuales no se considera una persona honesta y por cuales sí:

- No es honesta la persona que manifiesta buscar el bien de los demás en sus acciones y, sin embargo, internamente sabe que lo que le lleva a obrar de una determinada manera, es satisfacer sus apetencias de sentirse importante, poderoso. No es honesta consigo mismo cuando intenta disfrazar la verdad, ni es honesto con los demás, que confían en ella, en sus palabras.

- No es honesta la persona que dice defender unos principios solidarios, cuando en su fuero interno sabe que para ella solo cuentan sus intereses personales, y sus acciones están encaminadas a conseguir sus propios fines, aun cuando con sus palabras intente convencer de que solo busca el bien ajeno.

- No es honesta la persona que obra en contra de los principios generales de moralidad, intentando solapar su acción, que niega, pese a la evidencia, o para la que inventa las excusas más peregrinas para justificarlas.

- No es honesta la persona que hace una promesa, da una palabra y no la cumple.

- No es honesta la persona que no respeta la buena fe de sus iguales, abusa de su preponderancia sobre los que dependen de ella y adula a sus superiores.

- No es honesta la persona que quiere aparentar lo que no es, hace ver que es poseedor de unos valores determinados y solo cultiva la "imagen", sin tomarse el trabajo de "ser" verdaderamente. Se engaña a sí mismo, aunque no a los demás, que terminan por descubrir la frivolidad, la superficialidad, la mala fe si esta existe.

Por el contrario:

- Es honesta la persona que, conforme con sus ideas, con sus valores libremente elegidos, amorosamente acogidos, firmemente defendidos, se modela a sí mismo.
- Es honesta la persona que en su interior se debate sabiendo que la coherencia no es siempre perfecta, pero que puede acercarse lo más posible a ella sobre todo si pone todo su empeño en buscar su verdad.
- Es honesta la persona que toma sus decisiones, que obra siguiendo los dictados de su conciencia, aun en temas en los que nadie puede garantizarle seguridad, pero a los que da las soluciones que cree más justas.
- En resumen, es honesta la persona que en situaciones de vital importancia, no pierde de vista la esencia moral y dice y obra de forma autónoma, asumiendo en todo momento la responsabilidad de sus actos, sabiendo lo que es, sabiendo lo que quiere hacer y queriendo lo que hace.

**Fundamentos Bíblicos:** Mt 1, 18-20; 2, 7-8; 3, 11; 6, 1-8; 23, 1-12; Hch 5, 1-11; Rm 2, 16.

### Ejercitación

**1.** Cada persona reflexionará estos puntos:
  - ¿En qué situaciones cree que es importante este valor?
  - ¿Cuáles serían tus acciones si posees este valor?
  - ¿Cree que se beneficiaría con ellas la sociedad?
  - ¿En que momentos este valor puede entrar en conflicto con otros?
  - ¿Qué otras palabras crees tú que expresan el mismo significado del valor que nos ocupa?
  - ¿Cómo crees que se comportaría la persona que no tuviera asumido este valor?

**2.** Libremente se ve en plenaria la puesta en común.

### Evaluación

- ¿Cómo se ha sentido?
- ¿Con qué idea se encuentra más identificado?
- ¿Qué línea de acción propone?
- ¿Cómo le ha parecido el tema?

# Tema 11: "El valor de la Justicia"

> *Sé justo antes de ser generoso;*
> *sé humano antes de ser justo.*
> Fernán Caballero

**Objetivos:**
1. Describir el concepto de la Justicia.
2. Conocer este valor como fundamental porque es la base de otros valores.

## Motivación

**Dinámica 1: "La Justicia del Rey"**

**1.** Entregar a los participantes una copia de "La Justicia del Rey". También se puede leer en voz alta.

*En un país muy lejano, hace mucho, mucho tiempo, gobernaba un joven rey con mucha sabiduría. Era querido por todos sus súbditos por su generosidad y justicia. Nadie de su reino pasaba hambre porque su palacio estaba abierto cada día para servir una copiosa comida a todos los peregrinos, trotamundos e indigentes.*
*Un día, después de la comida ordinaria, un mensajero del rey les anunció que al día siguiente era el cumpleaños de su majestad, que este comería con ellos y que al final del espléndido banquete, todos y cada uno recibirían un regalo. Tan solo se les pedía que subieran a la hora acostumbrada con alguna vasija recipientes llenos de agua para echarla en el estanque del palacio. Los comensales estuvieron de acuerdo en que la petición del rey era fácil de cumplir, que era muy justo corresponder a su generosidad y... si encima les hacía la gracia de un obsequio, mejor que mejor.*
*Al día siguiente, una larga cola de mendigos y vagabundos subía hacia el palacio del rey llevando recipientes llenos de agua. Algunos de ellos eran muy grandes, otros más pequeños y alguno había que, confiando en la bondad del rey, subía con las manos libres, sin siquiera un vaso de agua... Al llegar a palacio vaciaron las diversas vasijas en el estanque real, las dejaron cerca de la salida y pasaron al salón donde el rey les aguardaba para comer.*
*La comida fue espléndida. Todos pudieron satisfacer su apetito. Finalizado el banquete, el rey se despidió de todos ellos. Se quedaron estupefactos, de momento, porque esperaban los regalos y estos no llegarían si el rey se marchaba.*
*Algunos murmuraban, otros perdonaban el olvido del rey que sabían que era justo y alguno estaba contento de no haber subido ni una gota de agua para aquel rey que no cumplía lo que prometía.*
*Unos tras otros salieron y fueron a recoger sus recipientes. ¡Que sorpresa se llevaron! Sus vasijas estaban llenitas de monedas de oro. ¡Que alegría los que habían acarreado grandes cubos! ¡Y qué malestar los que lo trajeron pequeño o no trajeron ninguno!*

*Y cuentan los anales del reino que en aquel país no hubo más pobres, porque con las monedas del rey muchos pudieron vivir bien y otros comprarse tierras para trabajar y los que se quedaron sin nada se marcharon para siempre de allí.*

En grupos de 7 u 8 participantes se trabajará a partir de estas preguntas guías.

- ¿Ser muy generoso es ser justo o injusto?
- ¿Es justo o injusto que quienes tienen el poder pongan a prueba a los demás?
- Por grupos manifestar situaciones de la actualidad en las que se practique la justicia y la injusticia.

**2.** Llevar las conclusiones a la plenaria y llegar a una síntesis.

### Dinámica 2: "Causas de la pobreza"

Entregar a los participantes una hoja fotocopiada con una lista de **causas de la pobreza** en una columna. Al lado de cada causa está un espacio para que las personas coloquen su calificación. Se deben colocar en orden de importancia.

**Lista de causas de la pobreza**

- Falta de recursos naturales
- Falta de educación adecuada
- Reglas internacionales de comercio
- Pereza o apatía del pueblo
- Desorganización del pueblo
- Corrupción de los dirigentes
- Explotación y dominación de otros pueblos
- Sobrepoblación
- Hambre y enfermedad
- Concentración de riqueza en manos de unos pocos (nacionales e internacionales)
- Dependencia de otros países
- Falta de técnica adecuada
- Falta de trabajo
- Falta de iniciativa personal
- Estructura económica injusta
- Estructura política injusta
- Compañías multinacionales
- Responsabilidad de la Iglesia
- Responsabilidad de las fuerzas armadas
- Incapacidad de razas inferiores
- Falta de disciplina y de orden social
- Otras causas

Cada participante tiene 10 minutos para escribir sus prioridades. En grupos de 7 u 8 escogen como respuesta grupal 5 causas a su juicio más importantes. En plenaria se ven las coincidencias y diversidad de respuestas y se discute por qué.

## Desarrollo

### 1. ¿Qué es la justicia?

**La relación entre justicia y derecho** es tan estrecha que hasta el mismo significado de las palabras lo atestigua: en latín, *ius* = derechos; *iustitia* = justicia. Esta relación la pone en evidencia el Derecho Romano cuando define la justicia como "la **constante y permanente voluntad de dar a cada uno lo que es debido**".

El derecho lo pone cada cual y lo único que hace justicia es respetar lo que ya es "suyo". De ahí la incongruencia de quienes pretenden "amar al prójimo", ayudarle o darle limosna, cuando no han sido capaces de darle lo que es suyo, de reconocerle sus derechos. No puede haber amor donde no hay justicia. Pero el amor auténtico va más allá de la justicia, porque no solo da al otro lo que es del prójimo, sino que le da algo de sí mismo, se da. Es justo el hombre que concede a cada uno sus derechos, lo que le es debido por ser lo que es en todos los órdenes.

Todo ser humano presenta una condición personal. Debe ser tratado como una persona no como un objeto, ni un medio para ciertos fines. Toda persona necesita, para subsistir biológicamente, cubrir ciertas necesidades, (alimento, vestido, habitación) y para desarrollarse espiritualmente, debe contar con determinadas posibilidades: comunicación, medios formativos por ser una exigencia de su misma naturaleza, tiene derecho a disponer de todo ello y, los demás tienen obligación de dispensárselo en la medida de su capacidad.

Debido a su carácter personal, el hombre es un "ser de encuentro", vive como persona, se desarrolla y perfecciona colaborando a crear toda serie de encuentros. Se vive como persona cuando se crean lazos de convivencia con las demás personas y con el mundo. Guardar el orden en que estamos todos instalados dinámicamente es ser justo, vivir ajustado a nuestro ser, visto en su plenitud de implicaciones. El sujeto de la justicia, el que asume y realiza este valor, es nuestro ser comunitario no aislado.

La vida comunitaria está tejida de relaciones entre las personas, y entre estas y las organizaciones que las congregan. Reconocer que estos vínculos son necesarios para nuestro desarrollo normal como personas y cumplir las exigencias que dimanan de los mismos da lugar, respectivamente, a los siguientes tipos de justicia: **la justicia conmutativa, la justicia legal, la justicia distributiva**.

Al ajustar nuestra conducta -mediante el poder de discernimiento que llamamos prudencia- a las condiciones de nuestra realidad personal, llevamos esta a su punto de máximo desarrollo, a su meta, que constituye su bien. El hombre justo es el hombre bueno, el que satisface la necesidad que tiene cada persona de crecer (que es ley de vida) de lograr la estatura espiritual que le compete. Todos nosotros nos sentimos en conciencia responsables de la vida que nos está confiada, de la configuración que va a ir adquiriendo. Tal conciencia de responsabilidad implica un deber pero también un derecho: el de recibir todas las posibilidades que necesitamos para dar a nuestra realidad personal la dignidad y el honor, que le corresponde. **Ser justo es hacer lo posible para que cada persona pueda cumplir las exigencias de su desarrollo personal.**

La práctica de la justicia nos instala en nuestro estado ideal: el de fidelidad a nuestro modo de ser que es la concordia (literalmente la unión de corazones), la participación en la tarea común de realizar nuestra vocación. Por eso es siempre benéfica, a diferencia de la tenacidad, la valentía y el coraje, actitudes que pueden, en casos, ponerse al servicio del mal, la ruptura de la unidad y solidaridad humana. De ahí que la justicia constituya la coronación de la vida ética.

Así entendida, la justicia es una actitud inspirada por el amor, el respeto entendido profundamente como estima -el agradecimiento porque existan los otros vistos como compañeros de juego en la vida- , la conciencia lúcida de que la dignidad y elevación de la vida comunitaria depende del grado de realización de cada persona. **¿Qué es lo que nos impulsa a comportarnos de modo justo?** La seguridad de que todos formamos parte de una gran comunidad en la que todo se haya interrelacionado y cuya buena marcha depende de la conducta recta de cada uno. Nadie es despreciable, por insignificante que parezca su vida.

Por atentar contra la dignidad humana es considerable como conducta éticamente mala la difamación de los demás o la crítica precipitada, su humillación y envilecimiento, el achicamiento de su horizonte vital, el empobrecimiento de sus posibilidades. Cada persona necesita unas posibilidades determinadas para realizar su proyecto peculiar de vida. Ser justo es colaborar a que disponga de ellas. Al hacerlo, nos comportamos de modo equitativo, no sencillamente igualitario, ya que no todos reclaman lo mismo.

Lo que es necesario para todos es un espacio de libre juego en el que se mantengan unas normas de convivencia que hagan posible la realización de los diferentes proyectos. El ajuste de nuestro modo de ser -es decir: la actitud justa- nos lleva a ser disciplinados, obedientes a los preceptos que encauzan nuestra actividad social. El aspecto social de nuestra vida se haya íntimamente relacionado con el aspecto personal, ya que el desarrollo de la persona tiene lugar comunitariamente. No procede considerar la vida ética como una cuestión interior de la persona, y la vida social como un asunto externo. Cuando el hombre realiza una actividad recreativa -del grado que sea-, supera la ruptura entre lo interior y lo exterior y crea un campo de juego común a lo que se halla dentro y/o que se halla fuera. Esta feliz superación abre inmensas posibilidades para configurar una vida comunitaria fecunda en todos los órdenes.

Si la justicia consiste en mantener entre todas las realidades el orden que les permite subsistir y crecer, no es ilógico que la vida se desajuste cuando las personas actúan con espíritu insolidario, en virtud de sus intereses egoístas.

**La justicia es indispensable para la vida social** porque encierra estos valores decisivos: la igualdad y la solidaridad. El que actúa por convicción interna en virtud de este valor se comporta equitativamente, concede a cada uno lo necesario aunque la ley escrita no lo ordene. Una ley puede autorizar el aborto, por ejemplo, pero es equitativo respetar la vida naciente. La equidad es la justicia aplicada de forma prudente, concreta, flexible, no solo para evitar conflictos sino para promocionar a cada persona, según sus peculiares condiciones, en el aspecto material y espiritual. La equidad es una virtud cuando se cultiva por razón del valor que implica: me comporto equitativamente para crear unidad-reciprocidad no para conseguir algún beneficio. Por eso crea vínculos.

**La justicia es, por esencia, desinteresada.** Para ser justos y equitativos debemos superar el egoísmo que nos lleva a convertir a los demás en satélites nuestros y reconocer que cada persona está llamada a ser un centro de iniciativa, realizador de proyectos y anhelos. En ello radica su mejor dignidad. Cultivar esta dignidad es ser justo. Honrar a los padres, dar el debido salario al trabajador son acciones equitativas porque conceden a cada uno lo que merece y lo que necesita para desarrollarse plenamente y vivir con la debida dignidad.

La actitud justa y equitativa funda paz, seguridad, amparo y concordia en la vida privada y en la social. Uno se siente bien consigo mismo y con los demás cuando en toda circunstancia colabora al bien de los otros, que es también el propio por serlo de la comunidad.

La persona justa es la que vive en armonía consigo misma y con los demás; el que ha sido capaz de lograr el equilibrio entre todas las partes de su espíritu; el que ha puesto orden en su vida conforme a las exigencias de la razón, las aspiraciones y deseos de la voluntad.

La justicia social es armonía y paz, que se derivan del hecho de que los ciudadanos se comporten éticamente cumpliendo sus deberes y funciones propias: los gobernantes gobernando con sabiduría y no por afán de poder y dinero; los soldados defendiendo la paz con valentía; los obreros trabajando con sacrificio por el bien de todos. Lo ideal es encontrar la persona adecuada para el puesto adecuado.

**Para los hebreos la justicia es la generadora de todas las virtudes.** Tanto es así, que en hebreo no existe la noción abstracta de virtud, sino que a los hombres virtuosos se les llama "justos"; y la virtud como término general, se presenta como "justicia". La justicia es equilibrio. En todos los valores, la capacidad de mantenerse en el punto medio era esencial: se debía ser humilde, pero sin dejarse avasallar; había que tener buen humor, pero respetando a los demás; era necesario ser agradecido, pero con quien realmente tenía sentido... Por eso la justicia ha de ser constante, firme, inalterable, arraigada. La justicia no puede perturbarse por nada ni por nadie; debe ser un continuo punto de referencia que nos permita sentirnos seguros, protegidos y confiados.

## 2. Clases de justicia

Desde antiguo, la justicia viene separada en dos grandes grupos: la individual y la social.

**A nivel individual,** las personas esperamos ser tratadas con igualdad y recibir de los demás lo mismo que damos. En principio, persigue objetivos individuales: ser tratado con respeto y reconocimiento. Esta justicia es importante, pues permite al ser humano sentirse seguro y confiado en la sociedad a la que pertenece. Sin ella se caería pronto en la desesperanza, porque ¿para qué actuar si lo que recibo no tiene nada que ver con lo que hago, con lo que soy?

**A nivel social,** nos encontramos con la división **entre legal y distributiva**. La justicia legal se refiere a las relaciones entre las partes y el todo. Todas las personas están obligadas por ley a cumplir con unos requisitos mínimos, a dar algo para el bien común. La justicia distributiva es la relación entre el todo y las partes. En este caso es el Estado el que debe repartir entre los ciudadanos las cargas y bienes comunes, atendiendo a las capacidades y méritos de cada uno, pidiendo a cada cual lo que puede dar y dando a cada uno lo que necesita. En este tipo de justicia no es necesaria una igualdad absoluta, pues no todas las personas somos iguales, ni nos encontramos en las mismas situaciones.

La justicia dejaría de tener sentido si no se intentase llegar a un equilibrio; no tendría sentido perseguir únicamente el bien individual, pues no todas las personas pueden contribuir a la sociedad en la misma medida. Pero tampoco tendría sentido en una sociedad que, para dar a unos quita a otros lo que tienen merecido, pasando por alto la justicia individual, sin atender a unos criterios mínimos de igualdad. Pensar en la persona es pensar en la sociedad.

## 3. Justicia social o distributiva

Aristóteles relaciona la justicia con la equidad o igualdad; suele llamarse justicia distributiva o social. Pero esta igualdad ha de entenderse proporcionalmente: dándole a cada cual lo que le corresponde. Pero insiste también Aristóteles en otro tipo de justicia que más tarde será llamada **conmutativa**, que se refiere a las obligaciones recíprocas entre dos personas, que no tiene en cuenta el mérito de las personas sino que "trata como iguales al que comete la injusticia y al que la sufre".

Esta es la idea de igualdad que emerge en el Artículo 1 de la Declaración de los Derechos Humanos: "Todos los hombres nacen libres e iguales en dignidad y derechos, dotados como están de razón y conciencia deben comportarse fraternalmente los unos con los otros".

El concepto de justicia social nos hace entender la responsabilidad que a todos nos corresponde en tantos desajustes y abusos que propician la explotación del hombre por el hombre. "La justicia se transforma entonces en voluntad de solidaridad, la cual no es un sentimiento superficial por los males de tantas personas cercanas o lejanas. Al contrario, es la determinación firme y perseverante de empeñarse por el bien común, es decir, por el bien de todos y cada uno, para que todos seamos verdaderamente responsables de los otros".

La justicia social nos exige a todos una razonable y equitativa distribución de los bienes de este mundo, que son patrimonio común de toda la humanidad y no posesión de unos pocos. Es obligación de la justicia evitar que unos pocos sean muy ricos y otros vivan en la miseria, que una parte del mundo acumule las riquezas y la gran mayoría padezca hambre.

La lucha por una distribución más justa de las riquezas no es más que la expresión de la lucha por una participación más equitativa en dignidad humana. No se trata de tener más, sino de reconocer la propia dignidad participando de los bienes que son de todos. Claro está, no podemos admitir que la opresión y la violencia sean los únicos medios para defender los derechos a la propiedad.

**Justicia y Ley**

Justicia también es la imparcialidad con que se ha de tratar a todos ante la ley. Los administradores de la justicia son humanos y están sujetos a fallos. Las leyes están elaboradas por hombres y mujeres y tienen las limitaciones de todo lo humano. El hombre que hace de la ley extrema la razón de su conducta se convierte en siervo de la ley; puede ser justiciero, pero nunca justo. La justicia tiene como guía la verdad y la ley solo en cuanto es reflejo de ella. Las penas y castigos se imponen con frecuencia con el ánimo de poner las cosas en su sitio, de restablecer la justicia; pero si no se tiene en cuenta la condición del que delinque, se salvará la legalidad, pero no la pureza de la justicia.

La justicia necesita cierta dosis de caridad, aunque siempre desde la antigüedad los moralistas han distinguido estos dos conceptos. Mientras que la justicia es considerada la igualdad moral y el respeto moral, la caridad es el resultado del amor, del conocimiento de que pertenecemos a la misma naturaleza humana. En cuanto a los deberes, los de la justicia son exigibles; todo el mundo debe cumplirlos. En la caridad, los deberes son voluntarios y de pura gratuidad. La caridad está vinculada al amor, la justicia a la obligación.

No existe mucha diferencia entre ellas, pues ambas -justicia y caridad- están subordinadas en último término a los deberes del ser humano para consigo mismo, para con el prójimo y para con Dios. No tiene sentido una justicia sin caridad, como tampoco tendrían sentido las conductas caritativas sin justicia. El buen juez, el que tiene por norte la verdad, no toma venganza del delincuente, sino que, como observa Cervantes: "Sabe unir la equidad con la justicia, y entre el rigor y la clemencia da luz de su buen entendimiento". Si la justicia es equilibrio y armonía, los extremos del rigor y de la permisividad quedan fácilmente excluidos del justo, que es el hombre de la ponderación y de la prudencia, que tiene por norte la verdad, pero con bondad.

**No es justo**

Quizá usamos con demasiada ligereza el término justicia, y nos dejamos llevar por nuestros sentimientos pensando, erróneamente, que lo que se nos exige y requiere un esfuerzo no es justo. Pero no es así. La justicia está por encima del bienestar, del placer. La persona justa es la que realmente toma de la vida la parte de los bienes y de los males que le corresponde. Es cierto que muchas de las desgracias que acontecen no son justas, en el sentido de que es imposible responder a la pregunta: ¿Por qué nos pasa esto a nosotros, si hemos hecho todo lo posible para ser personas honradas? Hay preguntas para las que no hay respuestas suficientemente consoladoras.

También se usa la justicia como "justificar" y hay que tener muy clara la diferencia. La justicia significa asumir la parte de responsabilidad que nos corresponde en la tarea de contribuir a nuestro desarrollo personal y a construir la sociedad. En cambio, las justificaciones a menudo nos sirven para liberarnos de esa responsabilidad, para no asumir que nos hemos equivocado y que no es justo que los demás deban soportar nuestros descuidos o disgustos. Si realmente utilizamos el término justicia de forma adecuada, nos daríamos cuenta de lo egoísta que podemos llegar a ser cuando pensamos tan solo en lo que nosotros necesitamos, en lo poco que la sociedad se acuerda de nosotros para premiarnos por el trabajo realizado sin darnos cuenta de que existen otras muchas personas que ni siquiera disponen de una vivienda digna o de lo suficiente para comer todos los días. No podemos exigir una justicia para nosotros sin pensar en los demás, porque entonces estaríamos cometiendo tanta injusticia como creemos cometen contra nosotros.

## Interacción de algunos valores respecto a la justicia

## Interacción de algunos contravalores respecto a la justicia

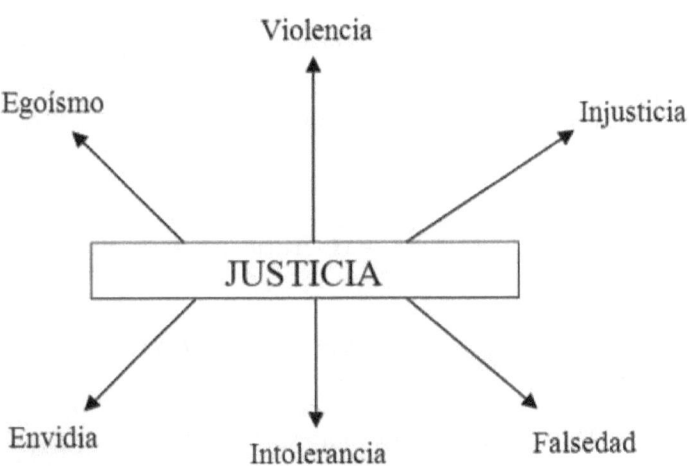

**Fundamentos Bíblicos:** Mt 5, 6; 6, 33; 5, 17-24; Hch 17, 31; 13, 28 ss; Hb 1, 9; Sal 72, 4-12-15; Is 29, 20; Jn 8, 3-11.

#### Ejercitación

**1.** Se lee este hecho de vida o se entrega a cada participante una copia:

*Eduardo, Juez en causas criminales, hizo la siguiente aclaración: "Miguel mató a Jaime. Confesó su crimen. Tuve que condenarlo. Pero mi corazón sangraba al conocer la historia de Miguel. A los cinco años de edad vio como su padre era asesinado por Jaime. El ambiente donde iba creciendo solo le hablaba de venganza. Nunca oyó una sola palabra de perdón y de amor. Por eso siendo todavía un niño Miguel creyó que debía de vengar la muerte de su padre. Esperó largos años pues no quería que las dos hijas de Jaime tuvieran la misma suerte que él tuvo. Solo después que las dos se casaron, ejecutó su venganza y mató a Jaime. Su crimen fue el resultado y el fruto del ambiente en que vivía. La ley decía: "Hay que condenarlo" y lo condené. Pero la ley tal como era y sigue siendo, no consiguió alcanzar la causa que produjo el crimen; no consiguió alcanzar y procesar el ambiente que poco a poco fue llevando a Miguel a ser un asesino. Se hizo justicia pero las causas que produjeron el crimen están todavía ahí.*

**2.** En asamblea se contestan a las preguntas siguientes y se dialogan entre todos: Miguel tenía que ser condenado pero si se aplica una justicia verdadera, ¿a quién, además de Miguel, habría que castigar como responsable del crimen? ¿Por qué?

#### Evaluación

- ¿Cómo te has sentido a lo largo del tema?
- Resume la idea principal y más significativa para ti.
- ¿Qué líneas de acción propones para ser más justo?

## Tema 12: "El valor de la Firmeza"

*La firmeza se adquiere
con el ejercicio de la voluntad.*

**Objetivos:**
**1.** Describir el valor de la Firmeza como actitud necesaria para vivir desde una coherencia interna.

#### Motivación

El animador explica que esta dinámica quiere cuestionar cómo uno está viviendo su vida, si está realmente consiguiendo de ella lo que esperaba. Quien toma solamente las cosas como vienen, sin buscar metas personales.

**1.** Escribir en una hoja de papel de 1 a 20 cosas que le gustaría realizar o conseguir en la vida.

Al lado izquierdo de cada afirmación se colocan las siglas evaluadoras:

**I** = importantísimo para mí, tengo que realizar esto de cualquier modo y con firmeza.
**B** = bueno para mí, pero sin máxima urgencia.
**E** = puede esperar.

**2.** Cada uno presenta a la asamblea el grupo, sin saber las siglas que uno colocó, determina por cada punto una sigla que parezca objetiva al grupo (son las mismas siglas I, B, E).

**3.** Finalmente uno discute con el grupo los puntos en que discreparon.

### Desarrollo

Se pasa a profundizar en el tema entregando a cada uno una copia del tema:

**1. ¿Qué es la firmeza?**

A nadie se le escapa que hoy pasamos por una grave crisis de firmeza, porque no son demasiados los que permanecen firmes en sus convicciones. El hombre de hoy se muestra inseguro, indeciso, indefinido, frente a los valores y actitudes que debe desarrollar, en buena medida, a causa de la crisis de autoridad moral. Esa autoridad que adquiere carta de naturaleza solo al amparo de la honradez y de la coherencia interna y nace de la seguridad de las propias convicciones y en los valores que hunden sus raíces en los cimientos del espíritu.

La firmeza es un valor que desconocen todos los ingenuos que cierran los ojos ante las dificultades o se arrugan y doblegan ante ellas. La firmeza es voluntad impregnada de coraje que caracteriza a esos pocos hombres de temple, plenamente conscientes de los riesgos que corren, pero convencidos de que toda la dificultad es superable si no permiten la dispersión de sus fuerzas psíquicas y se mantienen fieles a sí mismos a cualquier precio. En el polo opuesto está la veleidad reinante en todas las esferas sociales. Veleidad es voluntad antojadiza, deseo vano, inconstancia, conducta de veleta que se mueve a gusto del viento que sopla, ligereza...

**Firmeza es lo mismo que estabilidad, entereza, fortaleza, constancia, fuerza moral de todo aquel que no se deja abatir ni dominar.** Firme es todo lo que podemos considerar como estable, fuerte, que no se mueve ni vacila, entero y constante, que no se deja abatir, que no se hunde. Se dice de esa capa sólida del terreno sobre la que se puede cimentar y construir un gigantesco edificio, sin temor a que cedan sus cimientos. Decimos de alguien que es firme en sus convicciones porque se distingue por la solidez de sus principios y por su reciedumbre y entrega. Cuando a una persona le atribuimos la cualidad, el valor de una gran firmeza, le estamos atribuyendo al mismo tiempo otras cualidades gemelas como son: la consistencia, la constancia, la estabilidad, el equilibrio y la energía moral. Cuando firmamos es porque algo lo hacemos firme y seguro. Poner nuestra firma es tanto como comprometer nuestra palabra, dar garantía de autenticidad y seguridad. Si decimos que algo es "en firme" equivale a decir que todo está tratado, pensado, hablado y acordado de antemano. Por eso la expresión "en firme" tiene carácter definitivo.

## 2. Firmeza no es obstinación ni fanatismo

A veces confundimos firmeza con obstinación y con fanatismo o con autoritarismo, pero es bastante fácil distinguirlos. La obstinación, el fanatismo y el autoritarismo no admiten el diálogo ni que cualquiera puede equivocarse. Admiten que siempre se equivocan los otros y que ellos siempre están es posesión de la verdad, porque desconocen los valores.

Las personas fanáticas o autoritarias son básicamente inseguras. La "firmeza" que exhiben, de la que presumen y hacen ostentación constantemente es una firmeza solo aparente. Es la máscara con la que tratan de cubrir sus debilidades, su verdad interior hecha de miedos y terrores. La verdadera firmeza no es algo innato, no se hereda, sino que es un valor adquirido con el ejercicio de la voluntad y la decisión irrevocable de ser fiel a sí mismo y a los principios que hemos adoptado libremente como guías y rectores de nuestra vida.

## 3. ¿Cómo podemos adquirir y desarrollar la firmeza?

**En primer lugar, con la seguridad que nos transmiten y contagian las personas** que hacen que otros aprendan esa firmeza, pues nada más fuerte y eficaz que el ejemplo, no hay posibilidad alguna de adquirir un mínimo de firmeza sin lograr previamente un nivel aceptable de autoestima y de sentimiento de competencia. Padres y educadores que son ejemplos vivos de firmeza en sus ideas, en sus convicciones y en sus actos razonables, no tendrán demasiada dificultad en transmitir por "ósmosis psíquica" esta contagiosa conducta de firmeza a sus hijos y educandos.

**En segundo lugar, la firmeza se adquiere con la práctica y el ejercicio diario,** experimentándola cada día al tener que enfrentarnos con nuestros propios errores, debilidades y dificultades, que para algunos se convierten en escollos insuperables en los que naufragan las voluntades más débiles, mientras que para otros se convierten en estímulos para progresar sin límites en esa confianza básica que adquirieron desde niños. Esta confianza entrenada y curtida en superar dificultades les hace comprender que la voluntad puede salir triunfadora hasta en los momentos y situaciones más desesperadas y críticas.

¿Cuántos son los que bailan al ritmo que les marcan los demás aunque esto conlleve abdicar de su dignidad de persona? Hoy dicen y prometen "A" por la mañana, y por la tarde dicen y prometen "Z". Son personas instaladas en la veleidad. Volubles que se arriman al sol que más calienta en cada circunstancia.

Eso de "palabra de honor", "te doy mi palabra", ha pasado a la historia. ¿Quién tiene hoy palabra? ¿De quién puede uno fiarse de verdad? Todavía quedan hombres y mujeres con entereza, con un mínimo de decencia y de respeto hacia sí mismo y hacia los demás, sólidos y recios, de firmes convicciones... No salen en la televisión, ni en los periódicos, no son famosos, pero sí los conocen sus familiares y amigos, y todos los que necesitamos de estas imprescindibles reservas de autenticidad, para poder seguir a la espera de un mundo mejor sin caer en el pesimismo.

Estas personas son los cimientos firmes de nuestra sociedad; y sobre los valores firmes se está empezando a construir, aunque despacio, un mundo mejor. Abramos, por tanto, de par en par, nuestras puertas a la esperanza, al tiempo que nos afirmamos todavía más en nuestros principios y convicciones.

**Fundamentos Bíblicos:** Lc 2, 48-52; 6, 47-49; Mt 4, 11.

### Ejecución

**1.** Pedir un grupo de voluntarios para prepara una dramatización en la que se vea reflejada la vivencia de este valor.

**2.** Más tarde en la plenaria se da respuesta a estas preguntas:

- ¿Qué se necesita tener para ser firmes?
- ¿Crees que en la sociedad cubana se vive este valor? ¿Por qué?
- Ideas principales que les hayan llegado más.
- En nuestro ambiente social ¿Por qué falla este valor?

### Evaluación

- ¿Cómo se ha sentido?
- ¿Qué acciones se pueden llevar a cabo que nos ayuden a vivir este valor?
- ¿Cree que este valor es necesario hoy en día?

## Tema 13: "El valor de la Esperanza"

*Esperar es pasar a la acción con entusiasmo*
*y no tumbarse al lado del camino*
*confiando en que otros solucionen los problemas.*

**Objetivos:**
1. Profundizar en la necesidad de educar para la esperanza.
2. Descubrir la importancia de salir de la rutina y correr riesgos siendo constantes en los objetivos trazados.

### Motivación

Cada participante recibe una de las fichas con la palabra o frase significativa del tema que se quiere recordar:

- Si eres capaz de imaginar algo, también eres capaz de convertirlo en realidad.
- Todo le llega a quien sabe esperar.
- Sentido de la vida.
- La calidad de nuestros pensamientos determina en buena medida la calidad de nuestras vidas.
- Felicidad y esperanza.
- La esperanza es un préstamo hecho a la felicidad.
- Cuando una puerta se cierra, otra se abre.
- El tiempo nos trae rosas y después de llover las vuelve a traer.
- La esperanza es el mejor médico que conozco.

Y cuando es llamado a la pizarra, procura expresar en ella, a través de un dibujo o diagrama, el contenido de su palabra o frase. Los demás participantes forman grupos de 8 o 10 procurando interpretar el dibujo. El grupo que primero descubra el sentido del dibujo gana un punto. Al final, el grupo que tiene más puntos es declarado vencedor.

### Desarrollo

Se pasa a profundizar en el tema dando a cada participante una fotocopia del mismo.

**1. ¿Qué es la esperanza?**

La esperanza es una tarea a realizar día a día, confianza de que algo cambiará a mejor y para bien, teniendo claro que ese cambio no se producirá de forma milagrosa y desde el exterior, sino mediante una bien pensada actividad desde el interior de sí mismo.

Siempre se ha dicho que la juventud es la etapa de la vida humana en la que todo es esperanza. Los jóvenes de hoy son la esperanza del mañana, de ese futuro tan cercano que nos tocará vivir a los hombres y mujeres hoy ya maduros. Dentro de unos años, por simple ley de la vida, nos veremos obligados a dejar esta sociedad, este mundo, en sus manos.

Se ve con preocupación a tantos jóvenes a quienes, entre todos, les estamos matando la esperanza con nuestra hipocresía y nuestra mentira, con nuestras promesas de felicidades imposibles, con nuestros ejemplos de consumismos y nuestra corrupción moral, que está socavando los más sólidos cimientos y esos valores humanos de siempre, es decir, valores inquebrantables como el respeto, la honradez, la generosidad, la amistad, la justicia entre otros, que a lo largo de la historia de la humanidad activaron el coraje de nuestras almas.

Todos cuantos sienten en lo más profundo de su ser la hermosa y noble vocación de servicio, aplican la máxima intensidad de amor a cada minuto de su existencia y no se cansan de consolar, de animar, de compartir sufrimientos y problemas, de levantar el ánimo abatido de los tristes, de poner amor donde no hay amor, de dibujar una amplia sonrisa en cada ceño fruncido por el resquemor y la cólera, o de estrechar con firmeza y ternura entre sus manos la mano temblorosa de un hermano enfermo o solitario: son mensajeros de paz, sembradores incansables de esperanza. En los tiempos que corren todos podemos sentirnos tentados a seguir desperdiciando nuestras energías en absurdas e inútiles lamentaciones y quejas, dejándonos arrastrar por un derrotismo contagioso que nos llevaría a convertirnos en víctimas de nuestra propia amargura.

## 2. Esperanza contra desencanto

Toda época de crisis y desencanto como la que estamos viviendo en la actualidad, genera en las personas no solo inseguridad sino que empuja a afirmarse, a darse un mínimo de seguridad y confianza. Recurriendo a soluciones típicas:

- **Unos se inclinan por una vuelta al pasado** que fue menos problemático, más estable y seguro, como si fuera posible deshacerse de él siendo una experiencia tan inmediata que casi es todavía presente. Su explicación está en que, cuando las aguas vienen tan turbias por una corrupción que amenaza con destruir todo, cuando se está en plena crisis y la desesperanza y la inseguridad ante un futuro inmediato hace presa en el corazón y en la mente de las personas, comienza a tomar fuerza la idea de que "cualquier tiempo pasado fue mejor". Es el mismo instinto humano de conservación y el temor generalizado que caracteriza a las épocas de crisis lo que pone en marcha los mecanismos de involución.

- **Otros se inclinan por una resignada actitud pasiva**, propia más bien del "hombre masa" que del hombre persona. Entonces cuando cunde el desencanto, no son pocos los que delegan su responsabilidad, "se encomiendan" a figuras autoritarias que ofrecen y prometen seguridad. Son estas figuras quienes los dirigen y deciden sobre sus problemas y ofrecen una falsa seguridad al miedo de la mayoría. Por más que la cruda experiencia y la más contundente evidencia le demuestren que ha vivido engañado todo el tiempo "el hombre alfombra" seguirá dejándose pisar de por vida, incapaz de reaccionar, perdida toda esperanza. ¿Por qué? Porque no ha comprendido que ser persona, ser hombre o mujer es lo mismo que decir proyecto de futuro. ¡Esperanza! Y que esperar es esencialmente actuar, pasar a la acción con entusiasmo y no tumbarse al lado del camino confiando en que otros solucionen sus problemas.

- **Un tercer grupo de personas se decide por "pasar de todo" y pasarlo bien.** Hacer única y exclusivamente aquello que pida el cuerpo, y, puesto que los valores están en crisis y las religiones, y las políticas siguen rumbos distintos y a veces completamente contrapuestos, lo mejor -piensan- es plantearse una línea de superación personal con un proyecto de vida comprometida, generoso y noble.

Los hombres somos esencialmente proyectos y esto es lo que más claramente nos distingue de los animales.

Un hombre sin esperanza se convierte en un ser cerrado sobre sí mismo, atormentado interiormente y tan empobrecido en lo psíquico, en lo espiritual y en lo afectivo que casi deja de ser hombre, pues vivir sin esperanza equivale a morir, a desintegrarse como persona. La esperanza es, además, una virtud cristiana, una virtud teologal junto a la fe y a la caridad, con las que se interrelaciona. La esperanza es una actitud humana ante las realizaciones futuras, especialmente las que son muy difíciles de lograr y son muy deseadas. Es una actitud del ser humano ante los bienes que todavía no posee, pero que desea lograr y tiene certeza de que tiene todas las posibilidades de conseguir, siempre que no se pierda la fe en sí mismo, la fe en la vida, la fe en su Creador. Esa fe en cuanto apasionamiento por lo posible que no escatima medios, sacrificios y esfuerzos. La esperanza es siempre búsqueda, hermosa vocación de sentir y vivir a cada instante la fuerza de la vida que late en nuestros corazones. La esperanza es actitud de servicio y de encuentro con los hombres. Es vocación solidaria de contagiar nuestra alegría y dar ánimos, de llenar vacíos y ofrecer nuestro calor humano y nuestra amistad.

## 3. Educar para la esperanza

La esperanza es una virtud teologal pero también es un valor, una actitud humana ante los bienes materiales o espirituales que aún no se poseen o que aún no somos, pero se desean alcanzar. Las personas somos seres extendidos y proyectados a lo largo del tiempo y aunque el signo más evidente de madurez mental y psíquica sea vivir plenamente el presente de cada día sin que nos preocupe el pasado que ya no es, ni el futuro que tampoco es, la cruda realidad es que el ser humano se mueve constantemente entre el pasado y el futuro.

Toda actividad humana se gesta desde el pasado por causas eficientes y se proyecta hacia el futuro por causas finales. ¿Dónde situaríamos entonces la esperanza? En la línea del después, de la finalidad, de aquello que deseamos conseguir y todavía no lo hemos logrado. ¿Quién debe educar para la esperanza? ¿Cómo se educa? Los padres y educadores somos por oficio los encargados de educar para la esperanza, pero no podremos hacerlo si nosotros mismos no somos un ejemplo de esperanza. Educamos, sobre todo, por lo que somos y por cómo nos comportamos más que por lo que decimos. Nadie da lo que no tiene. El educador, el formador de corazones intrépidos, henchidos de ilusiones y de esperanza, ha de llenarse de ella y sentirla correr cada día por las venas de su alma, por oscuro que sea el túnel que atraviesa su vida en esos momentos.

**He aquí algunas orientaciones pedagógicas para educar en la esperanza:**

- Educar desde pequeño al niño a hacer las cosas bien, pero que sepa que es normal equivocarse y que hay que corregir las veces necesarias.
- Animarle a que se proponga pequeñas tareas, ayudarle en su esfuerzo y que sienta la ilusión de hacerlo bien.
- Estar atentos a descubrir lo positivo del niño y que él también descubra lo positivo de los demás.
- Enseñarle que las cosas no se suelen conseguir al primer intento y que lo importante es seguir insistiendo con tesón hasta lograr lo que uno se ha propuesto.
- Hacerle ver que la vida está llena de posibilidades para cualquier ser humano que no cesa de alentar cada día renovadas esperanzas.

## 4. Esperanza y felicidad

A nadie se le escapa que el mal, el dolor y la desesperanza nos acompañan de por vida hasta el punto que a veces llegamos a pensar que la noche oscura del sufrimiento y del dolor no va a darnos ni un respiro y nos inclinamos a darlo todo por perdido y a quedar sumidos en el sentimiento de desamparo como actitud.

En esos momentos fatídicos es cuando se apodera de nosotros la tristeza, esa emoción agotadora que nos va robando energía, capacidad cerebral y ganas de vivir, día tras día, después de cada acontecimiento negativo. Hay emociones negativas tremendamente destructivas como la ira o los celos, que suelen ser de corta duración, pero esa tristeza que invade a las personas instaladas en la desesperanza suele prolongarse durante años. Cualquier ser humano que permanezca anclado en emociones negativas será controlado por dichas emociones y llegará a la convicción de que no tiene otras opciones, de que todo está perdido para él, de que no hay alternativas.

Ante esto nos preguntaremos si se puede hacer algo al respecto cuando una persona vive instalada en la desesperanza. La respuesta es bien clara y firme: ¡Sí! ¿Cómo? Cambiando su perspectiva del mundo, cambiando su actitud en el sentido de decidir que, en el futuro, sea el pensamiento quien controle las emociones y no a la inversa, o lo que es lo mismo, dejar de una vez por todas de vagar sin rumbo, sin un norte, y tomar la firme determinación de asumir la responsabilidad sobre la propia vida.

Casi siempre la desesperanza es consecuencia más o menos directa de que ha llegado un momento en que en la vida de una persona todo es pura rutina y ya casi nada tiene sentido, pero nadie es culpable de ello. La solución está en saber armarse de valor y empezar a encontrar nuevos caminos, nuevos alicientes y experiencias y, sobre todo, atreverse a hacer las cosas de modo distinto a como las hemos venido haciendo hasta ahora. Salir de la rutina, comprometerse y correr ciertos riesgos, aviva y estimula poderosamente la esperanza, nos reconforta y carga de energías, al tiempo que activa en nosotros esa actitud mental positiva que nos llevará a saborear la verdadera felicidad.

**¿Cómo se logra esa actitud mental?** Visualizando con ilusión y entusiasmo la consecuencia de lo que deseamos lograr. **Ver, disfrutar de antemano, visualizar lo que deseamos o necesitamos, es la forma más inteligente de potenciar la esperanza.** Visualizar no es otra cosa que esperar, pero "saboreando" los frutos que cosecharemos tras la espera, porque no hay recolección de frutos, no hay cosecha posible, no hay felicidad sin la siembra fructífera de la esperanza.

### 5. Puedo porque pienso e imagino que puedo

En realidad, la imaginación es la base de nuestro ser, ya que cualquier cosa que ahora mismo tú y yo podamos crear o hacer empieza con una imagen en nuestra mente. Comprender nuestra situación actual en cualquier aspecto de nuestra vida, ya sea la imagen que tenemos de nosotros mismos o la que proyectamos ante los demás, la capacidad de comprender nuestra situación presente más o menos positiva o diseñar el futuro que más nos convenga, son aspectos sustentados en la capacidad única que nos distingue a los humanos de construir imágenes o modelos de cómo son las cosas y de cómo podrían o deberían ser.

### 6. Pensamiento positivo

La mente humana al igual que un iceberg, consta de dos partes: la emergida, que es la mente consciente; y la sumergida, que es la mente inconsciente. Nuestra mente consciente es la que nos ayuda en la vida diaria a enfrentarnos a nuevas y difíciles situaciones, a tomar decisiones y a sopesar los pro y los contras mediante razonamientos lógicos, orientándonos sobre lo que debemos o no debemos de hacer y sobre la manera más eficaz de lograr nuestros propósitos. La mente subconsciente representa (recuérdese la comparación con el *iceberg*) la mayor parte de nuestra mente, ya que el subconsciente es el almacén donde se guarda toda la información recibida por la mente consciente.

Estas dos partes de la mente mantienen un vínculo muy estrecho. Así todo cuanto vemos, oímos, decimos, sentimos, etc., por la parte consciente de nuestra mente se almacena de inmediato por la parte subconsciente en forma de recuerdo. Ese recuerdo se compone de dos partes: una, la huella del suceso; otra, la huella de las sensaciones y sentimientos que acarreó tal suceso.

La información pasa de la mente consciente a la subconsciente, y esta última ni razona ni juzga si esa información es razonable o absurda, veraz o falsa. Se limita a almacenarla junto a la emoción o sentimientos que la persona ha experimentado y se seguirá comportando en el futuro con arreglo a la experiencia agradable o desagradable de forma automática.

Nuestra vida, nuestros actos, están determinados por nuestra mente subconsciente, y si queremos tener una actitud mental positiva, si queremos influir de manera directa sobre nuestra conducta, la única forma inteligente, práctica, es rompiendo ese círculo vicioso o cadena de hechos-recuerdos de sensaciones desagradables y conducta negativa que se pone en marcha de forma automática.

### 7. Es tu turno, empieza ¡ahora!

Para lograr cualquier objetivo, para fomentar una actitud mental positiva de esperanza debe imaginarse a sí mismo disfrutando y logrando eso que tanto ansía como si ya fuera una realidad.

Somos más grandes que cualquier cosa que pueda sucedernos y tenemos el poder de superar el dolor, el sufrimiento y los infortunios y subirnos al carro de la esperanza, si desde hoy tomamos la firme decisión de asumir la responsabilidad de nosotros mismos, de nuestros pensamientos, sentimientos y actos.

Todo es cuestión de tesón, de lograr que actúen de forma conjunta nuestros sentimientos, nuestros afectos, nuestra mente y nuestra voluntad, pero siempre en la misma dirección positiva de la esperanza sin límites. Podremos lograr nuestro objetivo, si pensamos con absoluta confianza que podemos y nos vemos y sentimos a nosotros mismos ya disfrutando del logro proyectado, pero convertido en realidad.

De todo lo expuesto se deducen dos cosas: **la primera es empezar por cortar por lo sano** y decirnos a nosotros mismos: ¡Se acabó! ¡Basta! No permitiré que los pensamientos derrotistas, negativos y de fracaso vuelvan a anidar en mi mente. Esos viejos pensamientos y sentimientos de culpa, de fracaso, de temor, deberán cambiar de signo y se irán extinguiendo ante mi absoluta indiferencia. La segunda: **desde hoy desarrollaremos el hábito de descubrir y alentar cuanto de valores y digno de reconocimiento veamos en los demás.**

## 8. Esperanza y sentido de la vida

La esperanza no es una virtud pasiva, sino dinámica, activa y con visión de futuro. Para quienes pensamos en cristiano y orientamos la vida diaria con voluntad de sentido y en un plano trascendente, nuestra esperanza es también esa parte de la fe que nos garantiza que todas nuestras inquietudes, esfuerzos y entrega incondicional para construir un mundo mejor, no será inútil .

Necesitamos creer y esperar que es posible la transformación del hombre de hoy, aunque todavía siga sin encontrar su norte, su sentido y la razón de su existencia, perdido como está en esa corrupción y materialismo que nos invade. Necesitamos creer y esperar que la victoria final, la definitiva, será del perdón, de la compasión, de la ternura, de la verdad, de la honradez, de la generosidad, del compartirlo todo como hermanos, de la solidaridad y del amor entre todos los hombres.

Necesitamos creer y esperar en la cosecha abundante de nuestra humilde siembra personal de cada día y que nuestros intentos tan limitados y pobres no serán en vano. Necesitamos creer y esperar que el futuro del mundo pertenecerá a aquellos que sepan vivir, sentir y ofrecer una más viva y gozosa esperanza, adoptando una actitud de constante renovación y transformación, porque se resisten a pensar en un presente, teñido de desesperanza, como algo definitivo. Necesitamos creer y esperar que nuestra vida tiene un sentido y, por mal que estén las cosas, la esperanza es siempre el tónico del espíritu que nos alienta. Vigoriza y empuja a la acción eficaz, sin permitir que se apodere de nosotros el desaliento. Porque la esperanza no significa ponerlo todo en manos de Dios o de los demás, y quedarnos después con los brazos cruzados.

Los problemas que tenemos aquí en la tierra han sido creados por los hombres y debemos resolverlos los hombres con nuestra inteligencia, nuestra fe, nuestra voluntad y nuestro compromiso. La esperanza se realiza en la acción.

Los triunfadores, en todos los campos y en cualquier época de la historia, fueron hombres y mujeres de esperanza-acción, pues no se quedaron a dormitar aguardando pacientemente a que el éxito llamara a su puerta. Fueron ellos quienes salieron en su búsqueda cada día sin permitirse, ni por un instante, el desaliento y en sus corazones permaneció siempre viva la esperanza-acción como virtud transformadora.

La esperanza en la cultura cristiana es, por encima de todo, una "virtud del sentido", del auténtico por qué de nuestra existencia, que no es otro que la siembra incansable de la bondad y del bien para un futuro sin límites, para una felicidad desbordante, donde despojados de miserias, temores, conflictos, enfermedades y dolores, solo habrá tiempo-eternidad para el amor. La persona de esperanza es siempre caminante y peregrino esforzado, con los pies en la tierra, hinchados y adoloridos por el áspero y duro caminar, pero su mirada larga y serena sigue fija en la estrella más alta. La persona de esperanza, aunque sabe valorar los éxitos y las pequeñas esperanzas de cada día que producen cierto bienestar y contento, tiene bien claro que solo la ESPERANZA, con mayúsculas, dará pleno sentido a su vida y será la fuente de profunda felicidad interior. La persona de esperanza está centrada en el hecho de que el amor es la razón de su existencia y encuentra la felicidad en la actitud de servicio, en ser útil a los demás y en la entrega gozosa a la defensa de la verdad y del bien. La persona de esperanza se siente inundado de paz interior, vive la alegría y la contagia y sabe que en esta virtud tiene la mejor compañera de viaje hacia ese "porqué" de su existencia, y es también la esperanza quien le ayudará a soportar cualquier "cómo".

La calidad de nuestros pensamientos determina en buena medida la calidad de nuestra vida. Por eso: "Puedo, en la misma medida en que pienso e imagino que puedo lograr algo, sea lo que sea."

**Fundamentos Bíblicos:** Sal 43, 7; 51, 7-9; 123, 1 ss; 1 S, 22, 31; Pr 16, 20; Mt 28, 1-14; Jn 6, 40; Rm 5, 2; 1 Co 13, 12; Is 9, 1 ss; 26, 7 ss.

#### EJECUCIÓN

**1.** En plenaria hacer una lluvia de ideas con lo más importante del tema.

**2.** Más tarde se sigue la lluvia de ideas con causas existentes en Cuba que provocan la desesperanza.

**3.** Se comentan los motivos que tenemos para vivir esperanzados y se termina haciendo una síntesis de ello.

#### EVALUACIÓN

- ¿Cómo te has sentido durante el encuentro?
- ¿Líneas de acción para crecer en esperanza?
- ¿Cómo ayudarnos a ser personas de esperanza?
- ¿Crees que se puede vivir con esperanza en Cuba?

## TEMA 14: "EL VALOR DEL ESFUERZO"

*No es grande el que triunfa,*
*sino el que jamás se desalienta.*
Fr. Luis Martín Descalzo

**OBJETIVOS:**
1. Descubrir el esfuerzo como motor de toda acción.
2. Reflexionar sobre el papel que desempeña la voluntad para lograr algo que da sentido a mi vida y que bien merece el esfuerzo.

## MOTIVACIÓN

**1.** El animador entrega una copia de este relato a cada participante.

### El ratón del campo

*Todos los ratones quieren vivir a su aire. Algunos el aire que quieren es el aire libre: son los ratones del campo. Nunca se les verá en una casa. Ni siquiera en pleno invierno viaja a visitar los graneros, él sabe hacerse con la comida necesaria para pasar el invierno sin pedir ayuda a los campesinos. El ratón del campo es un animal muy vivaz. En muy poco tiempo construye excelentes senderos por los que viaja y los mantiene siempre muy limpios de ramitas y hojas que pudieran entorpecer sus carreras, sobre todo cuando huye de otros animales o del hombre que le persigue. Se muestra siempre ágil y astuto. En tiempo de las cosechas le podemos observar muy atareado y ocupado en recoger pronto su propia cosecha. De lo contrario podría pasar apuros en el invierno. Es espabilado y trabajador. Más vale prevenir que morir. Son animales muy prolíferos. En una hectárea de terreno puede hallarse un centenar de ellos. Son la ruina de los sembrados y cosechas. En su afán "constructor" hacen túneles y galerías por toda una finca y en muy poco tiempo. Es notoria su vitalidad, no sin motivo ha nacido el dicho popular: "Eres más listo que un ratón".*

**2.** En gran debate contestan a estos interrogantes abriendo un diálogo:

 - ¿Qué sentimientos ha provocado la lectura del texto?
 - Hacer una lista de los "valores" que descubren en el comportamiento de estos "animales".
 - Inventar un diálogo entre dos o más ratones que resalte el valor del esfuerzo.
 - ¿Es este valor (el esfuerzo) importante hoy día para nuestras vidas? Explicar la respuesta.
 - Cuando falta, ¿a qué se debe?
 - ¿Cómo definirían lo que para ustedes es ese valor?

## DESARROLLO

Se profundiza el valor dándole a cada participante una copia de ello.

### 1. ¿Qué entendemos por esfuerzo?

Según la lengua española: "Empleo enérgico del vigor o actividad del ánimo, para conseguir un fin venciendo dificultades, ánimo, vigor".

En el lenguaje común empleamos el término "voluntad" como sinónimo de "esfuerzo"; a quien es capaz de hacer un gran esfuerzo se le considera dotado de una fuerte voluntad. Esto es verdad a medias, ya que el esfuerzo solo es necesario al principio, mientras se forma la verdadera voluntad, pero cuando se está en posesión de una poderosa voluntad, realizar acciones que antes eran muy costosas se convierte en algo fácil.

Mientras necesitamos luchar con un antiguo hábito para poder cumplir lo que es nuestro deber, no obramos con absoluta plenitud de todo nuestro ser y solamente nos entregamos al deber con una parte de nosotros mismos. El estar dispuestos a mantener mientras sea necesario ese esfuerzo inicial por algo que nos conviene, que es necesario aunque no nos guste, constituye la fase más costosa y ardua de la formación de la voluntad, que no es otra cosa que la repetición de actos positivos sin escatimar esfuerzos.

En no pocas ocasiones las decisiones que tomamos no son la consecuencia de un acto de reflexión consciente. Tomamos decisiones movidas por impulsos, pasiones, deseos incontrolados, sentimientos de frustración, de venganza, de compensación de ciertas carencias. La verdadera decisión, el acto de voluntad sopesado y plenamente consciente, aquel que nos alienta a un esfuerzo sin límites hasta el logro del objetivo propuesto, presupone cinco pasos:

**1.** Decidir con absoluta claridad qué es lo que se pretende conseguir y especificarlo por escrito.
**2.** Comprometerse seriamente y estar dispuesto a emprender la acción de inmediato, con arreglo a un plan bien diseñado.
**3.** Pasar a la acción sin dilaciones, sin pensárselo más.
**4.** Evaluar periódicamente lo que funciona y lo que no, y en qué medida nos acercamos al objetivo.
**5.** Hacer los cambios necesarios y persistir, día a día, sin desaliento, con tesón inquebrantable hasta el final.

**2. Pasar a la acción**

Distinguimos cuatro momentos en el acto voluntario:

**1.** Determinar el objetivo que pretendemos conseguir.
**2.** Sopesar el pro y el contra.
**3.** Decidir y tomar la resolución firme de ejecutar el proyecto que se desea y estima como razonable.
**4.** Pasar a la acción, hacer aquello que decidimos hacer.

No acaba el cometido de la voluntad con la decisión, ni la ejecución es independiente de la decisión, pero hasta que no pasamos a la acción no hay verdadera voluntad, ya que, antes de la ejecución, hasta la decisión más firme puede quedarse en nada. Las buenas intenciones, deseos y promesas están muy bien, pero son las acciones quienes nos definen, nos hacen progresar, nos realizan, nos condenan o nos salvan. "De buenas intenciones está empedrado el camino del infierno" dice el refrán popular.

## 3. ¿Cuál es el motor de toda acción?

Sin duda, el esfuerzo, ese impulso vigoroso y definitivo que hace posible al hombre convertir en realidad sus proyectos, sus decisiones. Es muy importante **la formación de la voluntad, que es una educación del ser humano en el esfuerzo**, en la capacidad de elegir todo aquello que le conviene, que es necesario y bueno para el desarrollo integral de su personalidad, para el crecimiento interior, aunque no le guste, aunque le suponga esfuerzos y sacrificios. Por más que alguien pretenda lograr una gran madurez mental y psíquica por la vía exclusiva de lo agradable y placentero, jamás logrará ser dueño de sí mismo y de sus actos.

**No hay voluntad sin la intervención de motivos y razones**, que son de orden intelectual e implican el conocimiento del valor de las cosas o situaciones entre las que elegimos. Los motivos y razones, son luces que nos hacen ver más claramente la conveniencia de pasar a la acción. Pero las razones convincentes, los motivos, dependen de esa energía interna del esfuerzo de cada persona, dueña de sus actos. Esa energía de la voluntad solo se convierte en acción eficaz si la persona ha desarrollado lo suficiente el "músculo del esfuerzo", tras haber adquirido el hábito, la habilidad, la destreza, la facultad de pasar a la acción, en todo aquello que es bueno, deseable y positivo, por costoso, difícil e ingrato que parezca.

## 4. Para lograr una fuerte voluntad se sugiere lo siguiente:

**a.** Formúlate el propósito de forma positiva y no emplees expresiones como "lo intentaré", sino "voy a hacer esto AHORA" y hazlo sin más.
**b.** Fíjate objetivos y propósitos posibles y medibles, evaluando en qué medida los haces realidad.
**c.** Ten muy claro que tú eres el único responsable, no culpes a los otros.
**d.** Felicitarse, concederse recompensa tras cada logro, tras cada esfuerzo y acto de voluntad.

## 5. Hacer como si... vieras lo invisible por venir

Es claro que el esfuerzo en frío, sin el apoyo intelectual y afectivo, no tardará en debilitarse. Es imprescindible el apoyo mental de ideas positivas, viéndonos a nosotros mismos disfrutando por el logro alcanzado después de tantos esfuerzos en superar cualquier obstáculo. Debe grabar con firmeza esta frase: "Lo conseguiré sean cuales fueran las dificultades que surjan".

Debemos tener siempre presente que no existe una meta, realmente valiosa, carente de obstáculos y que las dificultades y los problemas nos acompañan de por vida y día a día. El secreto está en saber entrenarse cuanto antes en el esfuerzo entusiasta que nos capacita para superar obstáculos, que nos enseña a resistir, a no dejarnos llevar por el desaliento y a sacar provechosas lecciones de nuestros errores.

Quien admite la derrota ya está derrotado. Sabiamente decía Goethe que en nosotros crece lo que alimentamos en nuestro interior. El método seguro para la persistencia del esfuerzo es ya muy antiguo. Consiste sencillamente en "hacer como si..." ya se hubiese logrado el objetivo marcado, "como si..." ya estuviéramos en posesión de esta o aquella cualidad.

Se cuenta del general francés del siglo XVIII Henri de Turenne que estaba siempre en batalla al frente de sus tropas y actuaba como vencedor, como si ya hubiese ganado la batalla. Alguien le preguntó por qué obraba de esta forma y el General se expresó así: "En vez de ceder al temor, le ordeno a mi cuerpo: ¡Tiembla, viejo saco de huesos, pero sigue adelante! Y mi cuerpo avanza".

**6. ¿Por qué fracasan personas capaces?**

El secreto del éxito no está tanto en la necesaria motivación por las que nos sentimos impulsados a comenzar, cuanto por el desarrollo de hábitos de persistencia y tesón que nos permitan continuar hasta el fin contando con dificultades y fracasos transitorios: Es la perseverancia hasta el fin.

En este gráfico la línea recta ascendente representa a aquellas personas que pretenden lograr sus objetivos por el simple impulso de la motivación inicial y del esfuerzo, pero no han sido entrenados contra las dificultades y el desaliento, tampoco admiten contrariedades ni fracasos transitorios, y, si no les sale todo tal como lo habían proyectado, se sienten frustrados y fracasados. La línea quebrada ascendente representa a las personas que, aunque dan toda la importancia que merece a la motivación inicial y al esfuerzo, cuentan con los vaivenes de las dificultades que irán apareciendo y hasta con ciertos fracasos pasajeros. Saben que vendrán días buenos y malos, circunstancias favorables y desfavorables, pero jamás se desalientan y siguen en la batalla, día a día, con ese encendido entusiasmo. Ese "volcán en cuyo cráter no crece la hierba del titubeo". El entusiasmo los alentará a descubrir en cada fallo, en cada error, un nuevo peldaño para subir sin desfallecer por la quebrada y difícil escalera.

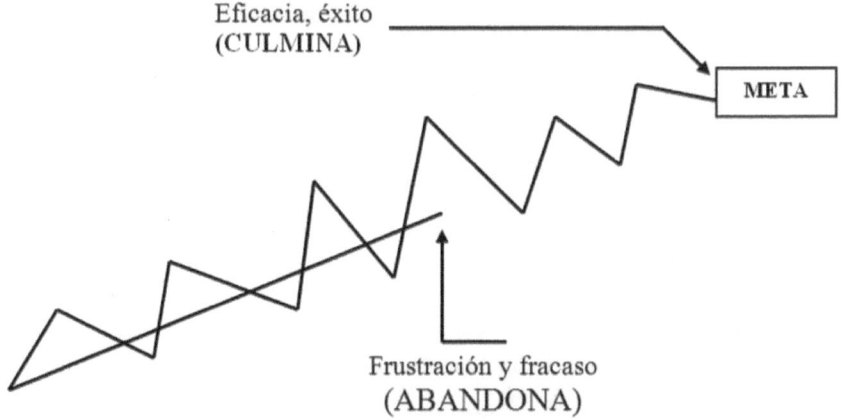

**¿Por qué fracasan estrepitosamente tantas personas inteligentes y capaces?**

Estas son algunas razones más:

- **Porque no han desarrollado sus habilidades sociales**, su inteligencia social. Triunfan por un tiempo a base de talento puro, pero no saben escuchar, tener tacto, aceptar y hacer críticas convenientemente, reconocer sus errores y seguir adelante, y, por supuesto, granjearse el necesario apoyo de colaboradores eficaces.
- **Porque no han sabido encontrar el puesto apropiado.** Solo se alcanza el éxito si hay buena armonización entre intereses, capacidades, valores propios y trabajo o profesión que uno desempeña.
- **Porque perdieron la perspectiva y no supieron establecer prioridades.** Al tratar de hacer tantas cosas a la vez, se acaba por no hacer bien ninguna.
- **Falta de fe en sí mismos, de autoestima** y de auténtica dedicación en cuerpo y alma.
- **Seguir culpando a la mala suerte** o a que se presentan obstáculos insalvables. Cuando esto sucede es porque la persona se siente dominada por el destino e incapaz de aprender de los errores.

El esfuerzo, con ser tan importante, no es suficiente si nos abandonamos a la corriente de la desesperanza y del fracaso. El miedo a fracasar es el que impide a la mayoría de las personas a que persistan en el empeño de lograr sus nobles aspiraciones. Tras el esfuerzo está latente la esperanza. Sin un ánimo esperanzado, **sin la inteligente manía de mirar las cosas bajo su aspecto más positivo, es imposible mantener una actitud de vigoroso optimismo.**

Al ser humano desde niño se le debe enseñar a convencerse de que ha nacido para progresar; que esta organizado para vencer, pero la primera victoria la ha de librar consigo mismo. Superando dificultades esforzándose cuanto sea necesario y potenciando su acción siempre con el entusiasmo.

**Fundamentos Bíblicos:** Jn 12, 20; Mt 16, 24; St 2, 14 ss; Ef 6, 10 ss; 2 Co 4, 1 ss.

### Ejecución

**1.** Se forman grupos de 5 personas y responden a estos interrogantes:

**a.** ¿Crees que el esfuerzo es un valor que se vive hoy en Cuba? ¿Por qué?
**b.** ¿Crees que vivir con un pensamiento positivo depende de las circunstancias externas?
**c.** ¿Por qué nuestra sociedad esta falta de este valor?
**d.** ¿En la familia se vive el esfuerzo como un valor importante? ¿Se educa para ello?

**2.** La síntesis de las respuestas se llevan a la plenaria, donde se comentan y se hace una síntesis final.

### Evaluación

- ¿Cómo se ha sentido?
- En su opinión cuál es la idea principal.
- Alguna línea de acción que nos ayude a hacer realidad este valor.

## Tema 15: "El valor de la Fortaleza"

*La fortaleza va creciendo en proporción a la carga.*

**Objetivos:**
**1.** Descubrir la importancia de la fortaleza en la vida y cuáles son los enemigos de ella.

### Motivación

**1.** Cada uno debe hacer un obituario para la prensa, anunciando la propia muerte. Puede seguir este modelo:
- N.N. (su nombre) murió ayer...
- Era...
- En el tiempo de su muerte estaba trabajando para...
- Será recordado por...
- Se sentirá su pérdida especialmente en...
- Él-Ella quiso ser... pero jamás consiguió...
- El cuerpo debe ser...
- Las flores serán enviadas a...
- En lugar de flores se pide que...
- La fortaleza era una parte de su identidad porque...
- En su tumba se pondrá el siguiente epitafio...

**2.** Escribir un aviso fúnebre de acuerdo con las indicaciones.

**3.** En la asamblea cada uno es evaluado confirmando sus valores.

### Desarrollo

Se reparte a cada participante una copia del tema para reflexionarlo con anterioridad:

**1. ¿Qué es la fortaleza y cuáles son sus beneficiosos efectos?**

La fortaleza es la tercera de las cuatro virtudes cardinales. Consiste en vencer el temor, mantener el temple de ánimo en los momentos difíciles y huir de la temeridad. Es vigor, fuerza moral y psicológica de los espíritus esforzados y valientes. La fortaleza va siempre unida a la voluntad-acción que es la que, autorrealiza, dignifica y construye al hombre interiormente. El fuerte de espíritu autoeduca su voluntad día a día, dominándose cuando el atractivo de lo fácil y cómodo le invita a renunciar a la superación y el esfuerzo que requiere el deber cumplido.

**La fortaleza es fuerza en la constancia** de no dejarse dominar, reducir y controlar por el mundo de los sentidos; antes, al contrario, se es fuerte en la medida en que uno sabe hacerse cargo de sí mismo y mantener bajo control los instintos y emociones. Es perseverancia inteligente y apasionada ante cualquier obstáculo.

La fortaleza va creciendo como la levadura en el corazón del hombre en proporción a la carga que soporta y a la dificultad que vence. Jamás se debilita por factores externos; se desmorona cuando el hombre pierde su vigor, su coraje interior, su centro, se pierde a sí mismo y se dispersa creándose dependencias materiales. Se nutre de la fuerza moral y de la consistencia interior que proporciona al hombre mantener bajo control su propia vida, pensamientos, sentimientos, obras. Persiste y se mantiene mientras nuestra vida como personas es un todo coherente que dirige a todas sus potencias hacia un objetivo muy alto, como puede ser la propia felicidad y la felicidad de los demás. La fortaleza no encuentra nada que no sea superable, dificultad que no pueda salvarse o problema que no pueda resolverse.

El valor, la audacia y el coraje que distingue a quienes mantienen como constante en sus vidas la virtud de la fortaleza, no permiten la dispersión de las fuerzas psíquicas, dejándose arrastrar por la temeridad y la veleidad o el despropósito; cuidan que todos los actos sean productos de la reflexión y la razón. La fortaleza es una mezcla de valor, de prudencia y de perseverancia.

**2. ¿Cuáles son los enemigos de la fortaleza con los que cada día habremos de enfrentarnos?**

**1.** Falta de confianza en uno mismo y sentimientos de incompetencia.
**2.** Dificultad para tomar decisiones, pasar a la acción y convertirlas en realidad.
**3.** Impaciencia, nerviosismo y carencia de un bien pensado programa de acción.
**4.** Veleidad, ligereza y falta de reflexión y de criterio propio.
**5.** Pereza, inconstancia y propensión a seguir la línea del menor esfuerzo.
**6.** Dispersión de energías y de fuerzas mentales y psíquicas en cuanto se emprende.
**7.** No dedicarse plenamente, en cuerpo y alma, a conseguir lo que se ha propuesto.
**8.** Falta de coraje, de empeño, de ilusión y de entusiasmo.

**Fundamentos Bíblicos:** Sal 18, 2; 17, 40; 20, 14; Hch 9, 1-20 (Conversión de Pablo); Rm 15, 1 ss; 2 Co 4, 7 ss.

## EJECUCIÓN

Entregar a cada participante una fotocopia de las preguntas expuestas más abajo. Cada uno debe responder todas las preguntas colocando el número 1 en la opción más significativa y el número 3 en la menos importante. En la asamblea se comentan las respuestas dando lugar a un diálogo abierto.

**Opción de valores**

**1. Lo más importante en la amistad:**
lealtad ( )
generosidad ( )
honestidad ( )

**2. Recibir inesperadamente diez mil dólares:**
ahorro ( )
donaciones ( )
viaje ( )

**3. Más peligroso para un joven:**
alcoholismo ( )
droga ( )
prostitución ( )

**4. Si pudiera cambiar completamente elegiría vivir:**
aquí mismo ( )
en el campo ( )
en otra ciudad ( )

**5. Si pudiera elegir ahora:**
belleza física ( )
mucho más dinero ( )
muchas amistades y ser querido por todos ( )

**6. Cuando toma conciencia de su error le preocupa más:**
su propia decepción ( )
la de sus familiares ( )
la de sus compañeros que lo estiman ( )

**7. Que prefiere:**
soledad ( )
pocos amigos ( )
muchos amigos ( )

**8. Lo más agradable:**
televisión ( )
equipo de sonido ( )
cine ( )

**9. Pensando en nuestra sociedad se necesita vivir el valor de:**
confianza ( )
diálogo ( )
fortaleza ( )

EVALUACIÓN

- ¿Cómo se ha sentido?
- ¿Qué idea destaca de todo el tema?
- ¿Cree que en Cuba se vive este valor? ¿Por qué?
- ¿Cómo nos podríamos ayudar para vivirlo?

BIBLIOGRAFÍA

- Libro de dinámicas, de José Marinas y grupo.
- Lecciones de animales para educar en valores, de Alfonso Francia.
- Manual de técnicas de grupos, de Celso Antúnez.
- Valores Humanos, volúmenes I a V, de Bernabé Tierno.
- ¿Cómo educar en valores? de Llorens Carreras y grupo.
- La Sagrada Biblia.

**Nota:** Este curso fue confeccionado por la Madre Ana María García Novo, escolapia, y revisado, aprobado y acogido por el resto del equipo del Centro de Formación Cívica y Religiosa de Pinar del Río y ahora por el equipo del *Proyecto Convivencia* (www.convivenciacuba.es).

# CURSO 7
# " DERECHOS HUMANOS"

**Características:** Aunque la mayoría de los sistemas políticos vigentes en el mundo tienen un carácter democrático, aún se siguen manifestando todo un conjunto de violaciones a los Derechos Humanos. A ello, a su vez hay que adicionar nuevas y variadas formas de violación a los Derechos Humanos, tales como: situación de extrema pobreza, marginación de la mujer, corrupción política y administrativa, sistemas económicos generadores de desigualdades, etc. Se sigue manifestando como una difícil problemática en muchos países la imposibilidad de acceso a los Medios de Comunicación Social para la denuncia de la violación a esos derechos, lo que de hecho implica, además, cierta limitación al ejercicio y la defensa de los mismos.

Es notable, en la mayoría de los países, el divorcio existente entre la letra, el espíritu de las leyes y la práctica social en la situación de los Derechos Humanos. No obstante lo mucho que se ha hecho, en muchos países la defensa y promoción de los Derechos Humanos no ha adquirido todavía una especie de carta ciudadana (de código común). Se aprecia sobre todo una ausencia de enfoque integrador en el proceso de educación y formación en materia de Derechos Humanos.

Para contribuir a ese proceso de educación en Derechos Humanos se presenta este Curso.

**Destinatarios:** Todas las personas de buena voluntad, creyentes o no, interesados en el tema.

**Temas:**

1. El origen histórico de los Derechos Humanos
2. La clasificación de los Derechos Humanos
3. Declaraciones de Derechos Humanos
4. El Pacto Internacional de Derechos Civiles y Políticos
5. El Pacto Internacional de Derechos Económicos, Sociales y Culturales
6. Los Derechos Humanos y la Biblia
7. Los Derechos Humanos en el Magisterio de la Iglesia
8. Mecanismos internacionales para la protección y aplicación de los Derechos Humanos
9. La gobernabilidad democrática y el Estado de Derecho
10. Derechos y deberes ciudadanos y la Constitución de la República
11. La Educación Jurídica

# Tema 1: "El origen histórico de los Derechos Humanos"

**Objetivos:**
1. Conocer el concepto de Derechos Humanos.
2. Conocer cómo ha evolucionado la definición de Derechos Humanos a lo largo de la historia.

## Motivación

1. Se forman pequeños grupos de 2 o 3 personas para responder las siguientes preguntas:

- ¿Qué entiende por Derechos Humanos?
- ¿Cuáles son sus rasgos fundamentales?
- Enumerar varios de los Derechos Humanos conocidos.

2. Plenaria.

3. Al finalizar el animador hace el resumen del ejercicio, enuncia el tema y explica los objetivos del encuentro.

## Desarrollo

**1. Persona y Derechos Humanos**

No se puede hablar de un momento dado en que surgieron los Derechos Humanos. El sustento ontológico de los mismos se encuentra en la persona humana y el derecho natural, pero los derechos en cuestión, en toda su dimensión y alcance, responden a distintos momentos históricos.

Es imposible aludir a los Derechos Humanos si se omite el concepto de persona: Persona es un todo en sí mismo, un microcosmos que forma parte de un todo que lo contiene, la sociedad, pero esta no la puede aniquilar ni asimilar. La persona se sustenta en su inteligencia y voluntad, en ella hay un espíritu, un alma, que vale más que el universo material, y al hablar de persona humana no se puede obviar su dimensión de apertura a los demás que se realiza en la vida social.

En el hombre hay un valor que trasciende a la sociedad y que esta no puede vulnerar, que es su propia dignidad, aquí está la clave para entender los aspectos esenciales de los Derechos Humanos. La sociedad está obligada a facilitar a la persona desarrollarse sin que ninguna de sus dimensiones quede mutilada y a su vez la persona tiene el compromiso de servir a la sociedad en la medida de sus posibilidades y capacidades.

El derecho se puede entender de dos formas:

**Objetivo:** como un conjunto de normas.
**Subjetivo:** como un conjunto de facultades que tiene la persona y que puede exigir que le sean respetadas.

## 2. Derechos Humanos y derecho natural

Desde los comienzos el concepto de Derechos Humanos estuvo fuertemente relacionado con el Derecho Natural: que "es un orden o disposición que la razón humana puede descubrir y según la cual debe obrar la voluntad humana para acordarse de los fines necesarios del ser humano" ("Los Derechos del hombre y la ley natural", Jacques Maritain, p. 71).

La naturaleza y la libertad humana constituyen el fundamento del derecho natural como una ley moral: Se trata de una ley inscrita en el corazón del hombre que surge de una manera necesaria del solo hecho de ser persona y que le dice qué debe hacer y qué no.

## 3. Características de los Derechos Humanos

Por la misma razón de que son propios de la naturaleza humana, los derechos naturales son:

**a. Inherentes, inalienables e irrenunciables.**
**b. Inseparables y universales:** Están directamente vinculados con la dignidad humana y no pueden ser separados sin que se conduzca a la degradación de la persona y su dignidad.
**c. Son anteriores al Estado** por lo que no pueden ser limitados ni derogados por este, pues sería violada la ética fundamental de la vida y del bien común y los principios sobre los que están constituidos.

Este conjunto de normas morales se articulan y formulan como derechos humanos que posteriormente se han plasmado como derechos legales, establecidos según procesos legislativos nacionales e internacionales. La legitimidad de los derechos legales está en el consentimiento de los ciudadanos, que son los sujetos de los derechos. A pesar de que estos valores de igualdad y dignidad de todos los miembros del género humano son comunes a cualquier cultura, civilización, religión o tradición filosófica, en ocasiones, se hace caso omiso de ellos y surgen múltiples formas de desigualdades sociales, discriminaciones de todo tipo, violaciones de la vida humana, etc.

## 4. Concepto de Derechos Humanos. Su evolución

Los Derechos Humanos son libertades personales, sociales, económicas, políticas y culturales que tienen su justo límite en que deben realizarse sin daño al bien común y sin injuria o perjurio a nadie. El concepto de Derechos Humanos ha evolucionado a lo largo de los siglos:

- En la antigua Grecia, durante el llamado "Siglo de Oro" o de Pericles, con el florecimiento de la democracia ateniense, se reconocían algunos derechos a los ciudadanos atenienses y otras normas para los extranjeros y otras para los esclavos.
- En Roma se alcanza la igualdad civil pero sin una libertad individual plena, pues el poder está en manos del imperio, aunque sí se reconocen algunas libertades, algunos derechos ciudadanos y se redactan normas para la protección del estatus familiar.
- En Inglaterra sobresalen algunos documentos en materia de derechos como la Carta Magna en 1215, donde los Varones le reclaman al Rey Juan Sin Tierra una serie de derechos ciudadanos, y la Declaración *Habeas Corpus* de 1679 por lo cual no se podía mantener una persona detenida por más de 24 horas sin presentar una denuncia ante el juez.
- Los primeros tratados internacionales fueron para garantizar la libertad religiosa (Westfalia, 1648) y la abolición de la esclavitud.
- En el siglo XVIII la evolución de las primeras nociones de derecho natural condujo a la aceptación de los derechos materiales como derechos legales y fueron plasmados por primera vez en Constituciones, reflejando así una relación casi contractual entre el Estado y el individuo que ponía de relieve que el poder del Estado emanaba del libre consentimiento del individuo. Ejemplos: Declaración Francesa de los Derechos Humanos y Ciudadanos en 1789 y la Declaración de Derechos de los Estados Unidos en 1791.
- En el siglo XIX varios Estados independientes comenzaron a reconocer los derechos sociales y económicos. Además surgen varias declaraciones para la abolición de la esclavitud (Viena, 1815; Washington, 1862; Bruselas, 1867 y 1890; y Berlín, 1885). Otras legislaciones internacionales sobre la guerra tuvieron lugar en París, 1856; Ginebra, 1864 y 1906; y La Haya, 1899 y 1907.
- A principios del siglo XX se firmaron acuerdos para mejorar las condiciones de trabajo de obreros industriales, promovidos por la Organización Internacional del Trabajo en 1919.

Durante las guerras mundiales se violaron en múltiples ocasiones el derecho a la vida y la dignidad humana y se dieron casos de eliminación de grupos humanos por razones de raza, religión, etc., por lo que se vio la necesidad de crear mecanismos internacionales que registraran y protegieran los Derechos Humanos como requisito para la paz y el progreso del mundo. La Carta de las Naciones Unidas del 26 de junio de 1945 fue una muestra de ello.

La Declaración Universal de los Derechos Humanos de las Naciones Unidas del 10 de diciembre de 1948 fue la concreción de las aspiraciones de muchas naciones del mundo de que existiera un conjunto de artículos que promueven y defienden los Derechos Humanos fundamentales. De esta Declaración

Universal hasta nuestros días, se han promulgado otras muchas declaraciones, convenciones regionales e internacionales referentes a derechos económicos, políticos, sociales, culturales y de protección a grupos, y situaciones específicas.

#### Ejercitación

**1.** Los participantes forman pequeños grupos para reflexionar:
**a.** Los derechos humanos que más se violan en nuestro país. Sus causas y consecuencias.
**b.** Los derechos humanos que se garantizan y protegen en nuestro país. Poner ejemplos de situaciones que lo evidencien.

**2.** Plenaria. Al finalizar el animador hace el resumen y evalúa el encuentro.

## Tema 2: "La clasificación de los Derechos Humanos"

**Objetivos:**
**1.** Conocer la clasificación internacional de los Derechos Humanos.

#### Motivación

**1.** Los participantes forman 2 grupos para analizar los siguientes casos:

*Caso 1:* Después de almuerzo se han reunido los trabajadores del taller y Pedro comenta preocupado la noticia de que producto a la desaparición de la empresa, pues se fundirá con otro organismo, la dirección se ha visto obligada a realizar una reducción de plantilla y muchos trabajadores quedarán disponibles. ¿Qué derechos se están violando? ¿Qué le recomiendas a Pedro y a sus compañeros?

*Caso 2:* Hoy se han reunido los trabajadores de la fábrica para su asamblea sindical, después de revisar los acuerdos de la reunión anterior, se presenta el orden del día de esta reunión. El primer punto se refirió a la selección del trabajador más destacado.

Después de una fuerte discusión para seleccionar entre Gloria, trabajadora con excelente calificación, cumplidora de la disciplina laboral, preocupada por su superación personal, con buenas relaciones humanas, y Alfredo buen trabajador, que participa activamente, se seleccionó a Alfredo a pesar de la oposición de muchos compañeros. Como la discusión se prolongó y eran ya cerca de las 5 pm se decidió dejar en manos de la Sección Sindical la planificación de las actividades y se acordó mantener los mismos compañeros para que continuaran en sus mismas responsabilidades en el Sindicato. ¿Qué derechos se están violando? ¿Qué sugieres para mejorar la situación de la fábrica?

Se deja tiempo para la discusión de los casos y las respuestas a las preguntas se traen a plenaria. Al finalizar el animador hace el resumen, enumera el tema y explica los objetivos.

## Desarrollo

### 1. Clasificación internacional de los Derechos Humanos

Los derechos plasmados en la Declaración Universal se han agrupado en varias categorías:

**a. Derechos de primera generación:** donde se encuentran los derechos civiles y políticos:
- Derecho a la vida
- Derecho a la libertad y a la seguridad de la persona
- Derecho a no ser sometido a esclavitud, servidumbre ni torturas
- Derecho a la igualdad ante la ley
- Derecho a la protección frente a la detención, el encarcelamiento o el exilio arbitrario
- Derecho a un proceso justo
- Derecho a poseer bienes
- Derecho a la participación política
- Derecho a contraer matrimonio
- Derecho a ejercer las libertades fundamentales de pensamiento, conciencia y religión, opinión y expresión
- Derecho a la libertad de reunión y de asociación pacífica
- Derecho a participar en el gobierno del país directamente o por medio de representantes libremente escogidos

**b. Derechos de segunda generación** es la referida a los derechos económicos, sociales y culturales:
- Derecho al trabajo
- Derecho a igual salario por trabajo igual
- Derecho a fundar sindicatos y sindicarse
- Derecho a un nivel de vida digno
- Derecho a la educación
- Derecho a tomar parte libremente en la vida cultural

**c. Derechos de tercera generación:** La evolución reciente de las sociedades humanas ha llevado a elaborar una tercera categoría de derechos humanos que son los derechos de tercera generación o derechos de solidaridad:.
- Derecho al desarrollo
- Derecho a un medio ambiente sano y ecológicamente equilibrado
- Derecho a la paz
- Derecho de propiedad sobre el patrimonio común de la humanidad

Para la puesta en práctica de todos estos derechos, es necesario el esfuerzo de todos: desde los individuos, la sociedad civil y los Estados, hasta las entidades y órganos públicos y privados.

### EJERCITACIÓN

**1.** Se forman 3 equipos:

*1er Equipo:* Analizará los derechos civiles y políticos.
*2do Equipo:* Analizará los derechos económicos, sociales y culturales.
*3er Equipo:* Analizará los derechos de solidaridad.

Para evaluar cómo se cumplen cada uno de estos derechos en nuestro país y cuáles son las causas de las violaciones el animador debe dejar el tiempo necesario para realizar un trabajo profundo en los equipos.

Al final de la plenaria el animador hace el resumen del tema y evalúa el encuentro.

## TEMA 3: "DECLARACIONES DE DERECHOS HUMANOS"

**OBJETIVOS:**
**1.** Conocer brevemente las diferentes declaraciones y convenciones en materia de Derechos Humanos.

### MOTIVACIÓN

Se pregunta a los participantes:

- ¿Conocen alguna declaración en materia de Derechos Humanos?
- ¿Cuándo fue firmada? ¿En qué consiste su mensaje principal?
- ¿Creen necesario la existencia de tantas declaraciones?

El animador resume diciendo que a lo largo de la historia han existido múltiples declaraciones que reclaman los Derechos Humanos, que con el tiempo han venido a ser cada vez más específicas en cuanto a su materia y más explícitas en cuanto a su contenido. Enuncia el tema y los objetivos del encuentro.

### DESARROLLO

**1.** Las diferentes declaraciones de los derechos de la persona constituyen la concreción histórico-jurídica de la forma de conciencia de las libertades sociales del hombre. El término declaración, puede entenderse como:

**a.** Simple formulación de derechos y deberes.
**b.** Explicitación, con la cual existiría una concientización cada vez mayor de los derechos y deberes inherentes a la persona.

**c.** Declaración, que hace la humanidad y por la que se compromete a realizarlos y respetarlos.
**d.** Aceptación vinculante, en orden a poner en práctica los derechos y las obligaciones que de ellos se derivan.

**2.** Aunque la conciencia clara y universal de los Derechos Humanos se circunscriben a los tiempos modernos, existieron unas cartas medievales de "derechos estamentales", *Magna Carta Libertatum* (1215), Magna Carta Inglesa, por Juan sin Tierra, la Constitución de Ávila (1512), las declaraciones inglesas de 1628 y 1689, entre otras.

**3.** Las declaraciones, en el sentido moderno del término, como fundamentadoras de la estructura política y jurídica de la sociedad, comienzan con la declaración de independencia de los EE.UU. de 1776, en la que se dan por supuestos ciertos derechos inalienables.

**Declaración de Independencia:** Firmada el 4 de julio de 1776 en los EE.UU. en la cual las 13 colonias abogaban por su independencia ante la metrópoli.

**Declaración de Derechos de Virginia:** Fue aprobada por la Asamblea en mayo y junio de 1776 en Williamsburg, Estado de Virginia. Consta de 16 artículos. Es la primera que contiene un catálogo específico de derechos del hombre y del ciudadano. Se refiere a la inviolabilidad de los derechos del hombre según la naturaleza propia del ser humano, las responsabilidades de los gobiernos en la búsqueda del beneficio común y la protección y la seguridad del pueblo, la necesidad de separación de poderes, las características de todo proceso electoral, el procedimiento en caso de actos delictivos, la libertad de imprenta y de religión, entre otros.

**Declaración de los Derechos del Hombre y del Ciudadano:** Fue votada por la Convención Francesa el 2 de octubre de 1789. Considera que la ignorancia, el olvido o el menosprecio de los derechos del hombre son las causas de los males públicos y de la corrupción de los gobiernos. Solo el respeto de los derechos y deberes permite a las personas y las instituciones velar por el bienestar de todos. Consta de 17 artículos que tratan del derecho a la libertad, a la seguridad, a la propiedad; los procedimientos legales en caso de culpabilidad, la necesidad de custodiar los derechos del hombre y del ciudadano; el derecho de participar en el gobierno del país.

**Declaración de los Derechos del Hombre y del Ciudadano:** Firmada por la Convención Nacional Francesa el 24 de abril de 1793. Encarnó los deseos de una sociedad liberal e inspiró las constituciones liberales del siglo XIX. Consta de 38 artículos los que adicionan a la declaración anterior el derecho de asociación y los deberes de estas, el derecho al trabajo, a la protección de los más débiles, a una educación para todos, a elegir su gobierno y participar en las funciones públicas, los deberes de una nación para con las otras, entre otros artículos.

**Carta Internacional Americana de Garantías Sociales:** Aprobada en Bogotá, Colombia, el 2 de mayo de 1948, por la IX Conferencia Internacional Americana, inspirados en el propósito de fomentar la rehabilitación económica, moral y social de los pueblos americanos, fortaleciendo la unidad. Exige una democratización que garantice simultáneamente el respeto a las libertades políticas y del espíritu y la realización de los postulados de la justicia social.

Consta de las siguientes partes:

- Principios generales: Artículo 1-5.
- Contrato individual de trabajo: Artículo 6.
- Contratos y Convenciones colectivas de trabajo: Artículo 7.
- Salario: Artículos 8-11.
- Jornada de Trabajo, descansos y vacaciones: Artículos 12-15.
- Trabajo de menores: Artículos 16 y 17.
- Trabajo de la mujer: Artículo 18.
- Estabilidad: Artículo 19.
- Contrato de aprendizaje: Artículo 20.
- Trabajo a domicilio: Artículo 21.
- Trabajo doméstico: Artículo 22.
- Trabajo de la marina mercante y de la aeronáutica: Artículo 23.
- Empleados públicos: Artículo 24.
- Trabajadores intelectuales: Artículo 25.
- Derechos de asociación: Artículo 26.
- Derechos de huelga: Artículo 27.
- Previsión y seguridad sociales: Artículo 28-34.
- Inspección de trabajo: Artículo 35.
- Jurisdicción del trabajo. Artículo 36.
- Conciliación y arbitraje: Artículo 37.
- Trabajo rural: Artículos 38 y 39.

Los Estados miembros proclaman que promoverán los Derechos Humanos, las libertades fundamentales, y la libertad de todas las personas sin discriminación. No se definen los derechos. Estados Unidos no se consideraba obligado con los términos de esta Carta por haber dado un voto negativo.

**Declaración Americana de los Derechos y Deberes del Hombre:** Fue aprobada por la IX Conferencia Internacional Americana el 2 de mayo de 1948, y constituye un paso de evolución en el derecho americano, aboga por la protección internacional de los derechos del hombre. Consta de las siguientes partes:

- Preámbulo
- Capítulo 1ro: Derechos: Art. I-XXVIII
- Capítulo 2do: Deberes: Art XXIX-XXXVIII

**Declaración Universal de los Derechos Humanos:** Constituye la máxima expresión de la conciencia jurídica de la humanidad, representada en la ONU. A ella le precedieron la Declaración de Filadelfia (1944) y la Carta de la ONU (1945). Establece un equilibrio entre libertades individuales y derechos sociales. Fue firmada el 10 de diciembre de 1948 por la Asamblea General de las Naciones Unidas, en París, para proclamar la dignidad del hombre y ciertos derechos fundamentales que habían sido violados en la II Guerra Mundial. Obliga moral y jurídicamente a todos los países. No tiene, por sí misma, fuerza de ley, sino es el servicio al cual deben estar orientados todos los Estados. Para lograr que la Declaración tuviera fuerza jurídica, se propusieron Pactos y Convenciones Internacionales que deben ser firmados por los Estados y luego ratificados, es decir, aprobados por los respectivos Congresos y convertidos en ley. Con sus 30 artículos constituye el ideal común por el que todos los pueblos y naciones deben esforzarse.

**Convención Europea para la Protección de los Derechos Humanos y Libertades Fundamentales:** Tuvo lugar en Roma, el 28 de noviembre de 1950, con el objetivo de estrechar los lazos de unión entre los países del Consejo de Europa en el mantenimiento y desarrollo de los Derechos Humanos y de las Libertades Fundamentales. Constituyó uno de los primeros pasos para asegurar la garantía colectiva de ciertos de los derechos enunciados en la Declaración Universal. Los artículos (66 en total) se encuentran agrupados en títulos.

- Título 1: Artículos 2-18. Se refiere a los Derechos Humanos fundamentales.
- Título II: Artículo 19. Se refiere a la creación de instancias que velarán por el cumplimiento de las obligaciones acordadas (la Comisión y la Corte).
- Títulos III y IV: Artículos 20-56. Se refieren a los miembros y al funcionamiento de la Comisión y la Corte.
- Título V: Artículos 57-66. Se refieren a la puesta en vigor de la Declaración.

**Pacto Internacional de Derechos Civiles y Políticos** (será visto en un próximo encuentro).

**Pacto Internacional de Derechos Económicos, Sociales y Culturales** (será analizado en un próximo encuentro).

**Convención Americana sobre Derechos Humanos:** Fue suscrita en Costa Rica, el 22 de noviembre de 1969, en la Conferencia especializada Interamericana sobre Derechos Humanos. Entró en vigor el 8 de abril de 1970.

Se divide en:

- Parte I: Deberes de los Estados y derechos protegidos.
  - Capítulo I: Enumeración de deberes, Artículos 1 y 2.
  - Capítulo II: Derechos civiles y políticos, Artículos 3-25.
  - Capítulo III: Derechos económicos, sociales y culturales, Artículo 26.

- Capítulo IV. Suspensión de garantías, interpretación y aplicación, Artículos 27-31.
- Capítulo V: Deberes de las personas, Artículo 32.
- Parte II: Medios de Protección.
  - Capítulo VI: De los órganos competentes, Artículo 33.
  - Capítulo VII: La Comisión Interamericana de Derechos Humanos.
    - Sección 1: Organización, Artículos 34-40.
    - Sección 2: Funciones, Artículos 41-43.
    - Sección 3: Competencia, Artículos 44-47.
    - Sección 4: Procedimiento, Artículos 48-51.
  - Capítulo VIII: La Corte Interamericana de Derechos Humanos.
    - Sección 1: Organización, Artículos 52-60.
    - Sección 2: Competencia y funciones, Artículos 61-65.
    - Sección 3: Procedimiento, Artículos 66-69.
  - Capítulo IX: Disposiciones comunes, Artículos 70-73.
- Parte III: Disposiciones generales y transitorias.
  - Capítulo X: Firma, ratificación, reserva, enmienda, protocolo y denuncia, Artículos 74-78.
  - Capítulo XI: Disposiciones transitorias.
    - Sección 1: Disposiciones Interamericanas de Derechos Humanos, Artículos 79 y 80.
    - Sección 2: Corte Interamericana de Derechos Humanos, artículos 81 y 82.

**Declaración de los Derechos del Niño:** Fue aprobada por la Asamblea General de las Naciones Unidas el 29 de noviembre de 1969. Se aprueba considerando que el niño necesita protección y cuidados especiales, incluso legales. Esta necesidad fue enunciada en la Declaración de Ginebra de 1924 sobre los Derechos del Niño y reconocida en la Declaración Universal de los Derechos Humanos y en los convenios de organismos internacionales que se interesan en el bienestar del niño. Este documento declara estos derechos a fin de que los niños tengan una infancia feliz y gocen, en su propio bien y en bien de la sociedad, de los derechos y libertades que en ella se enuncian e insta a los padres, hombres y mujeres, organizaciones particulares y gobiernos a que reconozcan esos derechos y luchen por su observancia con medidas legislativas. Consta de 10 principios.

**Declaración sobre la eliminación de la discriminación contra la mujer:** Fue proclamada por la Asamblea General de las Naciones Unidas el 7 de noviembre de 1967. Esta declaración constituye una preocupación ante la persistencia de la discriminación de la mujer a pesar de los progresos. Considera que la discriminación de la mujer es incompatible con su dignidad humana y con el bienestar de la familia y de la sociedad, e impide su participación en la vida política, social, económica y cultural para servir así a su país y a la humanidad. Consta de 11 artículos.

**Convención Internacional sobre la eliminación de todas las formas de discriminación racial:** Fue adoptada por la Asamblea General de las Naciones Unidas el 21 de diciembre de 1965. Teniendo en cuenta que todas las personas tienen los mismos derechos y libertades en razón de su dignidad y convencidos de que la existencia de barreras raciales es incompatible con los ideales de toda sociedad humana, surge la resolución de adoptar todas las medidas necesarias para eliminar rápidamente cualquier forma de discriminación racial. Se divide en varias partes:

- Parte I: Artículos 1-7. Se refieren a la condena a toda forma de discriminación racial.
- Parte II: Artículos 8-16. Se refieren a la estructura y funcionamiento del Comité para la eliminación de la Discriminación Racial.
- Parte III: Artículos 17-25. Se refieren a la puesta en vigor de esta declaración y establece las bases de las relaciones entre las naciones en cuanto al contenido de la convención.

**Declaración Universal de los Derechos de los Pueblos:** Fue proclamada en Argel, en julio de 1976. Surge como forma de búsqueda de un nuevo orden político y económico internacional. Se refiere al derecho de todos los pueblos a la libertad, de luchar por su liberación, de contar en su lucha con el apoyo de otros pueblos y de darse el gobierno que elijan:

Sección 1: Derecho a la existencia. Artículos 1-4.
Sección 2: Derecho a la autodeterminación política. Artículos 5-7.
Sección 3: Derechos económicos de los pueblos. Artículos 8-12.
Sección 4: Derecho a la cultura, Artículos 13-15.
Sección 5: Derecho al medio ambiente y a los recursos comunes. Artículos 16-18.
Sección 6: Derechos de las minorías. Artículos 19-21.
Sección 7: Garantías y sanciones. Artículos 22-30.

Además de estas declaraciones y convenciones existen otras más específicas en cuanto a su contenido, como son la convención para la prevención y la sanción del delito de genocidio de New York en 1948; el Convenio Relativo al Tratamiento de los prisioneros de guerra de Ginebra en 1949; la Declaración sobre la protección de todas las personas contra la tortura y otros tratos o penas crueles, inhumanas o degradantes, aprobada en las Naciones Unidas, el 9 de diciembre de 1975, la intolerancia y discriminación fundadas en la religión o las convicciones, aprobada en las Naciones Unidas el 18 de enero de 1982. Para el reconocimiento de los Derechos Humanos no bastan las declaraciones sino que es necesario que se creen los mecanismos que velen por su cumplimiento eficaz.

## Resumen de declaraciones de Derechos Humanos

**1.** Declaración de Derechos en Virginia. Mayo-junio 1776, Virginia.
**2.** Declaración de los Derechos del Hombre. 2 de octubre de 1789, Francia.
**3.** Declaración de los Derechos del Hombre y del Ciudadano. 24 de abril de 1793, Francia.
**4.** Carta Internacional Americana de las Garantías Sociales. 2 de mayo de 1948, Bogotá.
**5.** Declaración Americana de los Derechos y Deberes del hombre. 2 de mayo de 1948, Bogotá.
**6.** Declaración Universal de los Derechos Humanos. 10 de diciembre de 1948, París.
**7.** Convención Europea para la Protección de los Derechos Humanos y Libertades Fundamentales. Noviembre de 1950, Roma.
**8.** Convención Internacional sobre la eliminación de todas las formas de discriminación racial. 21 de diciembre de 1965, ONU.
**9.** Pacto Internacional de Derechos Civiles y Políticos. 16 de diciembre de 1966, New York.
**10.** Pacto Internacional de Derechos Económicos, Sociales y Culturales. 16 de diciembre de 1966, New York.
**11.** Declaración sobre la eliminación de la discriminación contra la mujer. 7 de noviembre de 1967, ONU.
**12.** Convención Americana sobre Derechos Humanos. 2 de noviembre de 1969, Costa Rica.
**13.** Declaración de los derechos del niño. 29 de noviembre de 1969, New York.
**14.** Declaración sobre la protección de todas las personas contra la tortura y otros tratos o penas crueles, inhumanas o degradantes. 9 de diciembre de 1975, ONU.
**15.** Declaración Universal de los derechos de los pueblos. Julio de 1976, Argel.
**16.** Declaración sobre la eliminación de todas las formas de intolerancia y discriminación fundadas en la religión o las convicciones. 18 de enero de 1982, ONU.

Para el desarrollo del este tema se sugiere que se repartan las diferentes declaraciones entre los miembros del grupo y después de estudiarlas presenten al grupo un resumen de su documento. Otra forma de presentación es repartir los materiales en el encuentro anterior y repartir las responsabilidades de presentación. El animador puede escoger cualquier otra forma de presentación que crea conveniente.

### EJERCITACIÓN

**1.** Se formarán pequeños grupos y se escogerá una situación donde se viole un derecho humano, ya sea nacional o internacional.
**2.** Buscará la declaración o el artículo correspondiente.
**3.** Sugerirá algunas tareas concretas que ayuden a su protección.

**4.** Los aportes de los grupos se traen a la plenaria.
**5.** Al final el animador hace el resumen y evalúa el encuentro.

## Tema 4: "El Pacto Internacional de Derechos Civiles y Políticos"

**Objetivos:**
1. Conocer en qué consiste el Pacto Internacional de Derechos Civiles y Políticos.

### Motivación

**1.** Se forman los participantes en pequeños grupos para responder las siguientes preguntas: ¿Qué significa "derechos civiles y políticos"? ¿Qué es un "pacto"?

**2.** Plenaria. Al finalizar el animador enuncia el tema y los objetivos del encuentro.

### Desarrollo

El Pacto Internacional de Derechos Civiles y Políticos fue abierto a firma en New York el 16 de diciembre de 1966. Considera que con la Declaración Universal de Derechos Humanos, no puede realizarse, el ideal del ser humano libre en el disfrute de las libertades civiles y políticas y liberado del terror y de la miseria, a menos que se creen condiciones que permitan a cada persona gozar de sus derechos civiles y políticos, tanto como de sus derechos económicos, sociales y culturales.

Los países firmantes, por este Pacto, se obligan a proteger a su pueblo contra tratos crueles, inhumanos o degradantes, a reconocer el derecho a la libertad, a la seguridad personal y a la vida privada, a prohibir la esclavitud, garantizar juicios justos, proteger a las personas contra detención o prisión arbitrarias, entre otras obligaciones.

Se divide en varias partes:

- Parte 1: Artículo 1. Se refiere al derecho a la libre determinación.
- Parte II: Artículos 2-5. Se refieren a los compromisos que adoptan los Estados al firmar este Pacto.
- Parte III: Artículos 6-27. Se refieren a los derechos fundamentales.
- Parte IV: Artículos 28-45. Se refieren a la estructura y funcionamiento del Comité de Derechos Humanos (hoy Consejo de Derechos Humanos).
- Parte V: Artículos 46 y 47. Se refieren a los límites de este Pacto.
- Parte VI: Artículos 48-53. Se refieren a la puesta en vigor de dicho Pacto.

Este Pacto entró en vigor el 23 de marzo de 1976, y lo han ratificado 68 países, y tendrá más vigor en la medida que aumente el número de Estados que acepte el Protocolo Facultativo. Cuba firmó este Pacto el 28 de febrero de 2008, pero no lo ha ratificado la Asamblea Nacional, por lo que no se ve obligada a cumplir sus artículos. Cuba debe ratificar este Pacto y cumplir lo pactado, como decían los latinos: *"pacta sum servanda"* (lo pactado debe ser cumplido). (Se entrega el Pacto a cada uno de los participantes).

### Ejercitación

1. Se forman los participantes en 4 equipos para analizar las partes del Pacto.

*Equipo 1:* Parte 1
*Equipo 2:* Parte 2.
*Equipo 3:* Parte 3.
*Equipo 4:* Partes 4, 5 y 6.

Preguntas:
 - ¿Qué derechos garantiza esta parte del Pacto?
 - ¿Qué significan estos derechos concretamente en la vida de un ciudadano en Cuba?

2. Plenaria.

(El animador busca líneas de acción prácticas). Al finalizar se hace el resumen y evalúa el encuentro.

## Tema 5: "El Pacto Internacional de Derechos Económicos, Sociales y Culturales"

### Objetivos:
1. Conocer en qué consiste el Pacto Internacional de Derechos Económicos, Sociales y Culturales.

### Motivación

1. Se forman los participantes en pequeños grupos para responder la siguiente pregunta: ¿Qué significa "derechos económicos, sociales y culturales?

2. Plenaria. Al finalizar el animador enuncia el tema y los objetivos del encuentro.

### Desarrollo

El Pacto Internacional de Derechos Económicos, Sociales y Culturales fue abierto a firma en las Naciones Unidas el 16 de diciembre de 1966. Por él los

Estados firmantes se ven obligados a tomar medidas necesarias para promover mejores condiciones de vida para su pueblo, reconocer el derecho al trabajo, al justo salario, a la seguridad, a un nivel de vida digno, a estar protegido contra el hambre, a procurar a todos salud y educación, y a respetar el derecho de fundar sindicatos y de afiliarse a ellos.

Consta de varias partes:

- Preámbulo.
- Parte I: Artículo 1. Se refiere al derecho a la libre determinación. Es el mismo artículo del Pacto de los Derechos Civiles y Políticos.
- Parte II: Artículos 2-5. Se refieren a los compromisos y medidas que han de adoptar los Estados firmantes del Pacto para que se cumplan los objetivos propuestos.
- Parte III: Artículos 6-15. Se refieren al derecho al trabajo, a fundar sindicatos, a la seguridad social, a la protección de la familia, a la salud, a la educación, entre otros.
- Parte IV: Artículos 16-25. Se refieren a las medidas a tomar con el fin de asegurar el respeto a los derechos reconocidos por el Pacto.
- Parte V: Artículos 26-31. Se refieren a la puesta en vigor del Pacto.

Este Pacto entró en vigor el 3 de enero de 1976. Cuba firmó este Pacto el 28 de febrero de 2008, pero no lo ha ratificado la Asamblea Nacional, por lo que no se ve obligada a cumplir sus artículos. Cuba debe ratificar este Pacto y cumplir lo pactado, como decían los latinos: *"pacta sum servanda"* (lo pactado debe ser cumplido).

### Ejercitación

**1.** Se forman los participantes en 5 equipos para analizar las Partes del Pacto.

*Equipo 1:* Parte 1.
*Equipo 2:* Parte 2.
*Equipo 3:* Parte 3.
*Equipo 4:* Parte 4.
*Equipo 5:* Parte 5.

Preguntas:
- ¿Qué derechos garantiza esta Parte del Pacto?
- ¿Qué significan estos derechos concretamente en la vida de un ciudadano en Cuba?
- ¿En qué grado se cumplen estos derechos en Cuba?

**2.** Plenaria. El animador busca líneas de acción prácticas. Al finalizar se hace el resumen y evalúa el encuentro.

# Tema 6: "Los Derechos Humanos y la Biblia"

### Objetivos:
1. Brindar información, como cultura general, sobre las principales referencias y los contenidos que encontramos en la Biblia relacionados con los Derechos Humanos.

### Motivación

Se hará un panel como "Escriba y lea". Los participantes forman 2 equipos. De cada equipo se seleccionarán 3 participantes para formar un panel. Cada equipo escogerá un hecho, un personaje o documento que se refiere a los derechos del hombre. El equipo que acierte la mayor cantidad de veces será el ganador. El animador hace el resumen de la motivación, enuncia el tema y los objetivos.

### Desarrollo

**1.** La defensa de los Derechos Humanos, está íntimamente ligada a la misión de las Iglesias y del cristianismo en general, así como en las demás religiones del mundo, ya que el hombre es el primer camino que deben recorrer las religiones, su principal responsabilidad, su protección, santificación y redención.

**2. La Biblia y los Derechos Humanos:** La Biblia es el libro sagrado para las tres grandes religiones monoteístas: el judaísmo, el cristianismo y el islamismo. Además de ser una fuente universalmente reconocida como otros libros sagrados de las religiones hindúes, animistas, etc. Es por esto que, sin ser confesionales, ni imponer ninguna religión, tratamos en este curso la relación entre los Derechos Humanos y la Biblia. Si bien el tema de los Derechos Humanos no es abordado de forma explícita, con este título, sí hay múltiples referencias a la justicia.

**a. Antiguo Testamento**

- Desde el principio de la creación se presentan al hombre y a la mujer en igualdad de condiciones y dignidad. El ser humano es la cima de la creación y tiene la responsabilidad de "dominar" con respecto a la creación que Dios ha puesto en sus manos (Gn 1, 26-31).
- La vocación del ser humano es de comunión, solidaridad y compromiso con el otro, por eso cualquier atentado a la dignidad del otro es reclamado por Dios (Gn 4, 5-10).
- Quien atenta contra la vida de otro no solo lo daña en su dignidad sino que se degrada a sí mismo. Por eso todos somos responsables de la vida y de la felicidad de los otros. Ni las personas, ni las instituciones, ni los Estados, se pueden apropiar de la verdad y de la vida, asumiendo erróneamente el papel de Dios.

- La liberación del hombre es una preocupación de Dios, por eso se hace solidario con el hombre, que sufre y rechaza todo tipo de opresión y explotación (Ex 3, 7-8).
- El rechazo a toda violación de los derechos del otro constituye la piedra angular del respeto a su dignidad (Ex 22, 21-27).
- La norma fundamental para la convivencia humana es procurar la justicia (Ex 23, 1-3, 6-9).
- La alianza que Yavé establece con su pueblo es una manifestación de su preocupación por el ser humano. Este pacto de comunión determina la estructura social del pueblo como una comunidad de hermanos unidos mediante una relación de respeto a su dignidad (Os 2, 21-22). Este pacto no es cumplido siempre por el pueblo, pues este en ocasiones quebranta la alianza.
- El respeto por los Derechos Humanos es necesario iniciarlo por la defensa a los más necesitados, los más débiles, según el mandato de solidaridad (Lv 19, 9-8; Dt 24, 14-18; Is 1, 17, 10, 2).
- La defensa de los Derechos Humanos supone una actitud política, de anuncio y denuncia (Is 1, 17).

- Para que sean eficaces estos derechos se necesita un cambio total en la vida del hombre, más que la existencia de pactos o alianzas (Is 58, 1-12; Am. 5, 14-15; Ez 36, 26-27).
- Aparecen tipificados dos tipos de derechos: 1. Derecho de asilo (Dt 4, 41-43) y 2. Derecho de indulto, propio del rey (2 S 14, 1-11).

### b. Nuevo Testamento

- La máxima expresión de respeto por la dignidad humana la encuentran los cristianos al asumir Jesús nuestra propia naturaleza.
- La labor de promoción humana debe ser explicitada en un proyecto específico (Lc 4, 18-19; Mt 5, 1-10).
- La defensa de la dignidad humana está por encima del cumplimiento de las leyes (Mc 2, 27). Las leyes solo son válidas cuando están a favor del hombre, por lo tanto pierden su validez cuando oprimen a este.
- La forma más eficaz de defensa de los Derechos Humanos, la constituye la satisfacción de las necesidades elementales (Mt 25, 34-36).
- En todo el Evangelio el mensaje principal es la preocupación por la solidaridad humana como una expresión del reconocimiento de la dignidad del otro (Mt 14, 16; Mc 1, 40-42; Jn 4, 7-9; Mc 5, 41).
- Jesús presenta como medida de la ley, el amor, cuando se ama se ha cumplido con la ley natural.
- En la labor de promoción humana se deben considerar como predilectos los más pobres, los marginados. Esta prioridad de Jesús está acorde con algunos principios que se manejan actualmente en el campo de los Derechos Humanos.

### c. Hechos de los Apóstoles

- La búsqueda del Bien Común debe ser el objetivo principal de la defensa de los Derechos Humanos, y esta se logra procurando la convivencia entre todos los hombres (Hch 2, 44-45).
- Aquí aparece de nuevo, la preferencia por los más pobres y necesitados del pueblo.

### d. Cartas Paulinas

- Presentan una ética social cristiana basada en la conversión como práctica de las virtudes fundamentales de la libertad y la solidaridad.
- La salvación del hombre procede de su espiritualidad y no de la observación de leyes externas.
- Plantea la ley natural como forma de responder a las preguntas sociales y defender los Derechos Humanos.

#### EJERCITACIÓN

**1.** En pequeños grupos se pide que saquen de la larga historia por la defensa de los Derechos Humanos, las lecciones que nos aportan. Por ejemplo:
- Cuando la dignidad de la persona no es el centro de la promoción por los Derechos Humanos, su lucha se queda vacía.
- Cuando las declaraciones de Derechos Humanos no son de corte personalista, termina aplastando o alienando al hombre y a la mujer.

**2.** Plenaria. Al finalizar el animador hace el resumen y evalúa el encuentro.

## TEMA 7: "LOS DERECHOS HUMANOS EN EL MAGISTERIO DE LA IGLESIA"

**OBJETIVOS:**
**1.** Brindar información, como cultura general, de los principales documentos del Magisterio de la Iglesia Católica y los contenidos que aportan en materia de Derechos Humanos.

#### MOTIVACIÓN

**1.** Durante 6 minutos, 6 personas buscarán 6 documentos del Magisterio de la Iglesia Católica o personas que hagan referencia a los Derechos Humanos.

**2.** Plenaria. Al finalizar el animador realizará el resumen, enuncia el título y los objetivos del encuentro.

## Desarrollo

1. Respetando cualquier creencia y religión o la opción filosófica de cada persona, este tema quiere brindar, como información de cultura general, las enseñanzas de la Iglesia Católica dado su impacto en nuestra nacionalidad y cultura.

2. La enseñanza social de la Iglesia, independiente de los errores graves cometidos por estructuras y personas de la institución, ha tenido una postura firme en cuanto a la defensa de los Derechos Humanos, sobre todo en los últimos siglos. Por eso vamos a hacer un recorrido histórico del tema.

**Los Padres de la Iglesia:** son teólogos que sistematizaron, hasta el siglo VIII, las principales enseñanzas del cristianismo antes de dividirse las Iglesias. Se manifiestan de forma permanente y firme en la defensa de los derechos del hombre, especialmente los más pobres y abandonadas, cuando denunciaban la injusticia social y abogaban por la justicia y la distribución equitativa de los bienes. Ej: San Clemente Romano (el tercer Papa, 62-101), San Ignacio de Antioquía (35-107), San Basilio (329-379), San Juan Crisóstomo (349-407), San Gregorio Niseno (335-394), San Ambrosio (340-397, quien obligó al emperador romano Teodiseo a hacer penitencia pública por la masacre de Tesalónica) y San Agustín de Hipona (354-430).

En la Edad Media Santo Tomás de Aquino (1225-1274) padre de la filosofía escolástica, estructura una teoría de los fines y de los derechos del hombre y de su vida en sociedad y abre las puertas para una ética del bien común. Francisco de Victoria (1486-1546) fraile dominico español, considerado como fundador del Derecho Internacional o Derecho de Gentes en la Universidad de Salamanca abre las puertas de la modernidad, proclamando que el fin de la política es el bien común. También en otra parte defiende la libertad de los indios por el hecho de ser personas.

El primer capítulo de los Derechos del Hombre se comenzó a escribir con el alegato de Bartolomé de las Casas (1484-1566) en favor de los indios.

El Papa Paulo III (1534-1549) expidió un decreto donde estipulaba que a los indios y negros les correspondía el derecho a la independencia (cada uno es dueño de sí), a la asociación (todos pueden vivir asociados conforme a sus propias leyes) y a la propiedad (todos pueden adquirir y poseer bienes).

2. En los tiempos modernos:

### Aportes de León XIII (1878-1903)

- La Iglesia tiene el deber de contribuir al bien común y a la defensa de la persona humana y sus derechos.

- La responsabilidad de los gobernantes en procurar el bien de su pueblo, velar por la igualdad de derechos para todos y cada uno de sus ciudadanos.
- Hace un llamado al hombre a que forme una comunidad política.
- Plantea como derechos políticos, el de la libertad, el de soberanía y forma de gobierno. También se refiere al ejercicio del poder y la autoridad.

No dejan de estar presentes otros derechos, los de la familia, de los obreros a un salario justo, a la propiedad, al descanso, a la asociación, etc.

### Aportes de Pío X (1903-1914)

Su principal preocupación en materia de Derechos Humanos era la defensa de los indígenas del Nuevo Mundo.

### Aportes de Benedicto XV (1914-1922)

Se refiere insistentemente al derecho-deber de las personas y los pueblos a la paz.

### Aportes de Pío XI (1922-1939)

Se refiere a los derechos a la libertad religiosa, de la familia, de los obreros a la protección y al salario justo respecto al derecho a la propiedad se aporta su doble carácter individual y social (mira al bien común).

### Aportes de Pío XII (1939-1958)

Hace exhortaciones permanentes a la paz, insiste en el respeto al derecho internacional, defiende a los prisioneros refugiados, perseguidos políticos, promueve la creación de organismos para la ayuda de las víctimas de la guerra. El punto focal de su pensamiento fue la construcción de un mundo mejor, la búsqueda de la convivencia pacífica cimentada en la solidaridad y la caridad. Los derechos a los que se refiere en sus exhortaciones son: al culto, los de la familia y de los emigrantes.

### Aportes de Juan XXIII (1958-1963)

- Su preocupación especial por los Derechos Humanos se resume especialmente en el derecho a la verdad, la unidad y la paz.
- A su encíclica *Pacem in terris* (1963) se le considera la encíclica de los Derechos Humanos y constituye un hito en la preocupación de la Iglesia por la promoción del hombre.
- Califica los Derechos Humanos como universales, inviolables e irrenunciables pues tienen a la persona humana como sujeto de ellos.

- Clasifica los Derechos Humanos en:

    - derecho a la existencia y a un decoroso nivel de vida (No. 11)
    - derecho a la buena fama, a la verdad y a la cultura (No. 12 y 13)
    - derecho al culto divino (No. 14)
    - derechos familiares (No. 15 y 16)
    - derechos económicos (No. 18-20)
    - derecho a la propiedad privada (No. 21 y 22)
    - derecho de reunión y asociación (No. 23 y 24)
    - derecho de residencia y emigración (No. 25)
    - derecho a intervenir en la vida pública (No. 26)
    - derecho a la seguridad jurídica (No. 27)

- Clarifica la necesaria conexión entre los derechos y deberes y cómo "unos y otros tienen su origen en la ley natural".
- Presenta los derechos y deberes en los que se fundamenta la vida social, los cuales deben adaptarse a las características de cada época y responden a los signos de los tiempos.
- Plantea el reconocimiento de los derechos y deberes como fundamento de la regulación de las relaciones de convivencia humana entre los ciudadanos, de estos con las autoridades públicas de cada Estado y de los Estados entre sí.
- Los principales deberes a los que se refiere son:

    - deber de respetar los derechos ajenos "a un determinado derecho natural de cada hombre corresponde en los demás el deber de reconocerlo y respetarlo" (No. 30).
    - deber de colaborar con los demás, "cada uno debe aportar su colaboración generosa para procurar una convivencia civil en la que se respeten los derechos y los deberes con diligencia crecientes" (No. 31).
    - Deber de actuar con sentido de responsabilidad "y no movido por la coacción o presiones externas" (Cfr. No. 34).

- Se refiere a la necesidad de una organización jurídica de los Estados donde se redacten con fórmulas claras y concisas, un compendio de los derechos fundamentales del hombre e incluirlo en la Constitución General del Estado.
- Las relaciones internacionales deben regirse por la justicia, la cual se basa en "el reconocimiento de los mutuos derechos y el cumplimiento de los respectivos deberes".

### Aportes de Pablo VI (1963-1978)

- En su Mensaje de Paz a la ONU (4 de noviembre de 1965) establece varios principios que son de vital importancia para la promoción de los Derechos Humanos:

- principio de coexistencia entre los pueblos (No. 4)
- principio de igualdad entre los pueblos (No. 7)
- principio de asociación (No. 5)
- principio de exclusión de la guerra (No. 8)
- principio de la solidaridad, basado en la promoción de los derechos y deberes del hombre (No. 11 y 12)
- principio de la educación para la paz (No. 9).

- Su encíclica *Populorum progressio* (1967) se ha convertido en la carta del derecho al desarrollo de los pueblos, la cual se refiere al desarrollo integral del hombre y al desarrollo solidario de la humanidad. Enfatiza su preocupación por los más débiles, la equidad en las relaciones comerciales y la caridad universal.

- En la constitución pastoral *Gaudium et spes* (1965), del Concilio Vaticano II, se coloca al hombre como centro de la vida social, económica, política y cultural, por eso este documento constituye un soporte básico para la defensa y promoción de los Derechos Humanos. También se refiere a los derechos sociales, a la fraternidad entre los hombres, igualdad, justicia, responsabilidad, participación y solidaridad. Este documento no termina sin exhortar a los cristianos al cumplimiento de sus deberes temporales con miras a la construcción de una sociedad justa.

- En su carta apostólica *Octogesima adveniens* (1971) su aporte en el campo de los Derechos Humanos es el respeto al pluralismo de las sociedades contemporáneas. Aparece como tema nuevo la urbanización. Denuncia las formas de discriminación de la mujer, la marginación de ancianos, minusválidos, la discriminación racial, la explotación no desconsiderada de la naturaleza y la contaminación ambiental. Propone tres principios fundamentales para una comprensión histórica y actual del sentido de los Derechos Humanos como aspiración del hombre:

- ventajas de los reconocimientos jurídicos: pues ayuda a defender los Derechos Humanos ante los tribunales de justicia y contribuye positivamente a implantar y fortalecer su reconocimiento en la sociedad.
- limitación de los reconocimientos jurídicos: es necesario acortar la distancia entre la exigencia moral que comparten los derechos y el respeto que impone de los mismos el ordenamiento jurídico. El valor de la persona es anterior y superior a las normas jurídicas.
- derechos humanos y solidaridad: "Sin una educación renovada de la solidaridad, la afirmación excesiva de la igualdad puede dar lugar a un individualismo donde cada cual reivindique sus derechos sin querer hacerse responsable del bien común".

### Aportes de Juan Pablo II (1978-2005)

- En su encíclica *Redemptor hominis* (1979) presenta la promoción de la dignidad humana como parte constitutiva de la misión evangelizadora de la Iglesia. Se preocupa por un hombre concreto, histórico, como ser personal y a la vez, ser comunitario y social. Se refiere a la conquista que ha significado para la humanidad la Declaración de los Derechos del Hombre, pero alerta sobre el peligro que esta se quede en "letra" y no se realice su "espíritu", como ocurre en ocasiones.

- Plantea como principal condición para la paz el respeto por los derechos del hombre. La medida para evaluar un programa humanístico es la protección de los Derechos Humanos.

- Se refiere a los derechos de los trabajadores en su encíclica *Laborem exercens* (1981), especialmente a un salario justo, a las prestaciones sociales, al seguro, la salud, al descanso. Se refiere al derecho de propiedad insistiendo en el destino universal de los bienes. También se refiere al derecho de asociación y a la huelga y de los emigrantes y minusválidos al trabajo.

- En su encíclica *Sollicitudo rei socialis* (1987), presenta un panorama de la situación de los Derechos Humanos en el mundo, y relaciona el desarrollo con la vocación integral del hombre y con el respeto de los derechos humanos: personales y sociales, económicos y políticos, los de las naciones y los pueblos. Presenta como fundamento del desarrollo de los pueblos, el derecho-deber de la solidaridad.

- En su exhortación apostólica *Christifideles laici* (1988), impulsa a los laicos a participar responsablemente en la vida social y política y coloca en sus manos la defensa y promoción de los Derechos Humanos.

- La encíclica *Centesimus annus* (1991) presenta la necesidad de un Estado de Derecho que posibilite una auténtica democracia que permita la práctica eficaz de los Derechos Humanos.

**3.** En esta labor por la promoción de los Derechos Humanos no han bastado los documentos pontificios. También en América Latina el episcopado se ha pronunciado en esta materia.

## Medellín (1968)

En la II Conferencia de Obispos Latinoamericanos celebrada en Medellín, Colombia, en 1968, surge la Teología de la Liberación y se denuncia el subdesarrollo como una forma de injusticia social. Se refiere a la marginalidad por aspectos económicos, políticos, sociales, culturales, religiosos, a las diferentes formas de opresión, al endeudamiento progresivo. Responsabiliza a los violadores de los Derechos Humanos y a los que no luchan por la justicia, teniendo en sus manos los medios necesarios (Cfr. Medellín, p. 18).

## Puebla (1979)

La III Conferencia de Obispos Latinoamericanos celebrada en Puebla, México, en 1979, presenta una Iglesia cercana a los pobres de su pueblo: "compartimos con nuestro pueblo otras angustias que brotan de la falta de respeto a su dignidad como ser humano, imagen y semejanza del Creador y a sus derechos inalienables como hijos de Dios, el derecho a la vida, salud, educación, vivienda, trabajo..." Denuncia las violaciones y abusos cometidos por los regímenes de fuerza, la violencia de las guerrillas, el terrorismo, los secuestros. De otra parte, condena la falta de participación social a diversos niveles como un atentado a la dignidad del hombre. Clasifica los derechos en:

- **Individuales:** a la vida, integridad física y psíquica, protección legal, libertad religiosa y de opinión, participación en los bienes y servicios, propiedad, etc.
- **Sociales:** a la educación, asociación, trabajo, vivienda, salud, recreación, desarrollo, buen gobierno, libertad y justicia sociales, participación en las decisiones de la nación, etc.
- **Emergentes:** a la propia imagen, a la buena forma, privacidad, información y expresión objetiva, objeción de conciencia y a tener una visión propia del mundo.

## Santo Domingo

La IV Conferencia de Obispos Latinoamericanos celebrada en Santo Domingo, República Dominicana, planteó que los Derechos Humanos no solo se violan por el terrorismo, la represión, los asesinatos, "sino también por la existencia de extrema pobreza y de estructuras económicas injustas que originan grandes desigualdades, además, por la intolerancia política y el indiferentismo frente a la situación del empobrecimiento generalizado, lo cual muestra un desprecio a la vida humana..."

## Aparecida

La V Conferencia de Obispos Latinoamericanos celebrada en Aparecida, Brasil, planteó que: "la globalización sigue una dinámica de concentración de poder y de riquezas en manos de pocos... frente a esta forma de globalización sentimos un fuerte llamado para promover una globalización diferente que esté marcada por la solidaridad, por la justicia y por el respeto a los Derechos Humanos" (No. 62-64).

**4.** Si bien hoy se nota claramente la labor de la Iglesia por la defensa de los Derechos Humanos, como cumplimiento de su misión por la promoción humana, debemos señalar que no siempre fue así o tan evidente. Esta, como todas las historias, está llena de luces y de sombras. Es misión de todos los laicos poner el empeño para que la protección del hombre se haga una realidad.

### Ejercitación

**1.** En pequeños grupos se pide que saquen de la larga historia por la defensa de los Derechos Humanos, las lecciones que nos aportan.

**2.** Plenaria. Al final el animador hace el resumen y evalúa el encuentro.

## Tema 8: "Mecanismos internacionales para la protección y aplicación de los Derechos Humanos"

**Objetivos:**
1. Conocer los deberes de las personas y los Estados por la promoción de los Derechos Humanos.
2. Conocer los objetivos, estructuras y funciones de las organizaciones internacionales que defienden los Derechos Humanos.

### Motivación

**1.** Se forman pequeños grupos para analizar frases como estas:

- Con las declaraciones de Derechos Humanos ya está todo arreglado.
- No bastan las declaraciones.
- Ahora nos toca esperar a ver qué hacen los gobiernos.
- Este mundo no tiene arreglo.
- Eso hay que denunciarlo en el Consejo de Derechos Humanos de la ONU en Ginebra.
- 

Las opiniones son presentadas en plenaria.

**2.** La dinámica de "Sostener el muro".

El animador busca una frase impactante, comprometedora. Ej: "Todos debemos denunciar toda violación de los Derechos Humanos. Tu compromiso ciudadano se mide según la defensa de los Derechos Humanos." La coloca en un cartel o pizarra. Pide al grupo unos voluntarios que estén de acuerdo con la frase y se colocarán de frente al cartel, de espaldas al grupo. Se les advierte que por ninguna razón podrán separar la vista del cartel.

El resto del grupo tratará con gestos, preguntas, llamar su atención, entretenerlos para que dejen de sostener el muro. El voluntario que pierda se suma al resto del grupo. El juego termina cuando el grupo convenza a los que sostienen el muro o pasen unos minutos y no se dejen convencer. (El animador puede escoger una u otra dinámica para la motivación). Al final le pregunta al grupo como se sintió, hace el resumen, presenta el tema y enuncia los objetivos.

### Desarrollo

**1.** La existencia de las diferentes declaraciones de Derechos Humanos han significado un paso de avance en este campo pero se hace necesario que "su espíritu" se haga realidad. Para que esto ocurra las personas, naciones, Estados, partidos políticos y demás organizaciones de la sociedad civil, deben cumplir sus responsabilidades velando porque se hagan vida estos derechos.

**2.** Para inscribir en los hechos y en las estructuras esta doble aspiración (a la dignidad y a la libertad del hombre), se han hecho progresos en la definición de los derechos del hombre y en la firma de acuerdos internacionales que den realidad a tales derechos. Sin embargo, las injustas discriminaciones -étnicas, culturales, religiosas, políticas- renacen siempre. Efectivamente, los Derechos Humanos permanecen todavía con frecuencia desconocidos, si no burlados, o su observancia es puramente formal. En muchos casos la legislación va atrasada respecto a las situaciones reales. Siendo necesaria, es todavía insuficiente para establecer verdaderas relaciones de justicia e igualdad. Efectivamente, si más allá de las reglas jurídicas, falta un sentido más profundo de respeto y de servicio al prójimo, incluso la igualdad ante la ley podrá servir de coartada a discriminaciones flagrantes, a explotaciones constantes, a un engaño efectivo.

**3.** En materia de Derechos Humanos, no basta la lucha por defender los derechos sino que debemos procurar que las personas cumplan sus deberes.

**4.** ¿Cuáles son los deberes de las personas?

- En el Artículo 29, la Declaración Universal nos ofrece una respuesta: "Toda persona tiene deberes respecto a la comunidad puesto que solo en ella puede desarrollar libre y plenamente su personalidad."
- En el ejercicio de sus derechos y en el disfrute de sus libertades, toda persona estará solamente sujeta a las limitaciones establecidas por la ley con el único fin de asegurar el reconocimiento y el respeto de los derechos y libertades de los demás, y se satisfacen las justas exigencias de la moral, del orden público y el bienestar general en una sociedad democrática.
- Estos derechos y libertades no podrán en ningún caso ser ejercidos en oposición a los propósitos y principios de las Naciones Unidas.

**5.** Solo podrá ser efectiva la lucha por los Derechos Humanos, si brindamos una educación basada en la relación derecho-deber. Solo quien cumple a conciencia sus deberes fundamentales, puede exigir el total respeto de sus derechos fundamentales.

**6.** El cumplimiento de los deberes es una forma de respeto y amor al otro. Solo en una convivencia auténtica es que se ponen en práctica los derechos y deberes. Solo si procuramos que las comunidades de personas sean solidarias y participativas.

**7.** En esta labor por la defensa y promoción de los Derechos Humanos debemos tomar parte todos y no solo involucrar a personas sino a instituciones sociales: la familia, la escuela, la universidad, la comunidad parroquial, las organizaciones de defensa de Derechos Humanos a todos los niveles.

**8.** El Estado también debe cumplir deberes en la promoción de los Derechos Humanos, asignando eficaz y permanentemente a través de normas jurídicas, los derechos y libertades inalienables de los ciudadanos y el libre funcionamiento de las estructuras intermedias, en las cuales la participación, la representatividad y la búsqueda del bien común sean los principios fundamentales.

**9.** Para que los derechos se cumplan es necesario:

**a.** Toma de conciencia por parte de todos los dirigentes políticos en el remedio de las necesidades de su pueblo.
**b.** Educación renovada de todos los miembros de la sociedad civil en el conocimiento de sus derechos y deberes, para que participen en la transformación justa de la sociedad. Solo así se dejará de ver como "subversión" cualquier intento que transforme la sociedad por vías pacíficas.

**10.** Los Estados tienen el deber de velar por la dignidad de las personas. Los Estados signatarios de la declaración están comprometidos moralmente a cumplir con lo que aquí está establecido. Sin embargo para que esto tenga fuerza jurídica algunos países se han comprometido a firmar Pactos y Convenciones Internacionales, que posteriormente deben ser aprobados por el poder legislativo y convertirlos en ley para cada país.

**11.** Para velar por el cumplimiento de las obligaciones de los Estados, deben existir "poderes superiores" a nivel internacional, que promuevan estos derechos de validez universal, que brinden una cooperación internacional y que defienda a personas y organizaciones en caso de que se violen sus derechos.

**12.** ¿Cómo funciona a nivel internacional la defensa de los Derechos Humanos?

**a. Consejo de Derechos Humanos de las Naciones Unidas:** Es un organismo creado el 15 de marzo de 2006 en votación de la Asamblea General con los votos en contra de Estados Unidos, Israel, Palaos y las Islas Marshall, y las abstenciones de Bielorrusia, Irán y Venezuela. El organismo sustituye a la Comisión de Derechos Humanos, ya que esta muy a menudo fue criticada por incluir miembros que ni siquiera podían defender sus propios pueblos contra violaciones de los Derechos Humanos por parte de sus propios gobiernos.

Está formado por 47 Estados, elegidos por mayoría absoluta en la Asamblea General. Los asientos se distribuyen entre los grupos regionales de las Naciones Unidas como sigue: 13 por África, 13 por Asia, 8 por América Latina y el Caribe, 7 por Europa occidental y otros grupos, y 6 por Europa oriental. Durarán en sus funciones por 3 años, pudiendo ser reelectos hasta por dos períodos consecutivos. Estos podrán ser suspendidos una vez electos si cometen abusos sistemáticos a los Derechos Humanos. El Consejo se reunirá periódicamente durante todo el año.

**b. Comité de Derechos Humanos de las Naciones Unidas:** Es un órgano convencional formado por expertos independientes que vigila el cumplimiento del Pacto Internacional de Derechos Civiles y Políticos por los Estados que lo han ratificado. Normalmente se reúne en tres periodos de sesiones al año, en Ginebra o New York. El Comité es uno de los siete organismos instituidos por tratados sobre Derechos Humanos promovidos por la Organización de las Naciones Unidas.

El Comité de Derechos Humanos no debe confundirse con el Consejo de Derechos Humanos, un organismo que se deriva de la Carta de las Naciones Unidas. Mientras que el Consejo de Derechos Humanos es un foro político donde los Estados debaten todo tipo de asuntos relacionados con los Derechos Humanos, el Comité es un organismo formado por expertos, y su competencia está limitada por el Pacto Internacional de Derechos Civiles y Políticos. Recibe las quejas que un Estado tenga contra otro en materia de derechos civiles y políticos. Se limita a procurar soluciones amistosas. Carece de poder para obligar a algún Estado. Este Comité tendrá mayor fuerza en la medida que aumente el número de Estados que acepten el protocolo Facultativo.

**c. Protocolo Facultativo:** Recibe quejas individuales, con tal que hayan agotado todas las posibilidades de arreglo dentro del propio país. Estas quejas son comunicadas al Estado que es quien decide si las atiende o no.

**13.** Igual que existen organizaciones internacionales en América Latina, está la OEA, fundada en abril de 1948 en Bogotá. Esta organización se rige por la "Carta de Bogotá" la cual fue firmada el día de la fundación. En nuestro continente la defensa de los Derechos Humanos se ha visto reflejada en varios pactos, declaraciones y convenciones. Por ejemplo:

**a. Carta de Bogotá:** En ella los Estados miembros se comprometen a promover los Derechos Humanos, las libertades fundamentales y la igualdad entre todas las personas sin discriminación. No se definen los derechos.
**b. Declaración Americana de Derechos y Deberes del Hombre:** En ella se definen los derechos civiles, políticos, económicos, sociales y culturales. Fue proclamada en el año 1948 después de la Carta de Bogotá, pero quedó con carácter de simple declaración, no como pacto u obligación.
**c. Convención Americana sobre Derechos Humanos:** Se le llama también Pacto de San José, pues fue firmada en noviembre de 1969 en San José de Costa Rica, por 14 naciones latinoamericanas pero no entró en vigor hasta 1978. En ella se procuró dar fuerza jurídica a la Carta y Declaración.
**d. Comisión y Corte Interamericana de Derechos Humanos:** Constituyen los medios de presión para que se cumplan los acuerdos de las declaraciones. Aunque han tomado posición ante las violaciones de los Derechos Humanos, todavía no han encontrado los medios eficaces para protegerlos.

**14.** Además de estas organizaciones específicas en materia de Derechos Humanos, existen otras ONG que brindan un apoyo significativo en esta labor. Una de ellas es la UNESCO, que conforme a una decisión de su Consejo Ejecutivo del 3 de marzo de 1978, aprobó procedimientos de examen para dar curso a las comunicaciones de los individuos que denuncian supuestas violaciones de los Derechos Humanos. Sin desempeñar el papel de un organismo judicial internacional, actúa con espíritu conciliador y de comprensión mutua. Recibe casos de violaciones individuales o masivas, sistemáticas o flagrantes, siempre que los derechos se ajusten a los principios de la UNESCO, de la Carta de las Naciones Unidas y de la Declaración Universal de los Derechos Humanos. Se esfuerza por generalizar la educación, la ciencia, la cultura, la información, orientándolos según el espíritu de los Derechos Humanos y las libertades fundamentales.

**15.** Es significativo señalar la labor que realiza Amnistía Internacional en la defensa de los presos de conciencia en nombre del derecho internacional. Actualmente constituye un organismo consultivo de la ONU, la UNESCO y coopera con la Comisión Interamericana de Derechos Humanos de la OEA.

**16.** En materia de derechos laborales, existe una organización especializada que es la OIT (Organización Internacional del Trabajo), la cual se esfuerza por proteger los derechos sociales referentes al trabajo forzado, sindicatos, etc. Uno de sus organismos es el Comité de Libertad Sindical del Consejo de Administración de la OIT, el cual recibe las denuncias provenientes de las organizaciones sindicales.

**17.** La Iglesia Católica ha creado también un organismo que se ocupa de los Derechos Humanos, es el Pontificio Consejo "Justicia y Paz". Los Derechos Humanos no serán aplicados realmente hasta que en el mundo se crean unas condiciones de justicia y de paz. Por eso el Papa Pablo VI creó el 6 de enero de 1967, una comisión Pontificia "encargada de suscitar en todo el Pueblo de Dios, el pleno conocimiento de la función que los tiempos actuales piden a cada uno, en orden a promover el progreso de los pueblos más pobres, de favorecer la justicia social entre las Naciones. Justicia y Paz es su nombre y su programa".

**18.** El Pontificio Consejo "Justicia y Paz" se dedica a la dimensión profética de la triple tarea evangelizadora de la Iglesia, que conlleva el ejercicio de los criterios evangélicos para discernir las realidades en que vivimos y la denuncia de cuanto disminuye la dignidad humana y lesiona la justicia social. Pero además, "toda denuncia para ayudar al hombre en su liberación tiene que llevar consigo, al mismo tiempo, el anuncio de una liberación, no solamente posible, sino ya vivida" (Cardenal Roger Etchegaray. II Semana Social Católica, Cuba, 1994).

**19.** Entre sus objetivos generales el Pontificio Consejo "Justicia y Paz" se propone:

- Colocar en primer lugar de sus aspiraciones y tareas la promoción de la persona humana, consciente, de que el hombre es el sujeto, centro y el fin de todo el entramado de las relaciones sociales y de la sociedad misma.
- Trabajar por el respeto y la defensa de la persona humana considerada sujeto de derechos y deberes (Estatutos de la Comisión Episcopal "Justicia y Paz", La Habana, 19 de marzo de 1995).

**20.** ¿Por qué la protección de los Derechos Humanos no es eficaz a pesar de las Declaraciones, convenciones, pactos y organizaciones civiles y religiosas que trabajan en ello?

Además de estas soluciones jurídicas, se necesita de un esfuerzo de todos por la superación del individualismo con una renovada educación en la solidaridad. También se hace necesario crear **condiciones materiales o socioeconómicas** mínimas para un respeto efectivo de la dignidad humana, **condiciones culturales** que favorezcan el desarrollo de la inteligencia, la imaginación y la sensibilidad de las personas para que ayuden a la búsqueda del bien común, **condiciones morales** para que el hombre supere su egoísmo y se realice en el respeto a sí mismo y a los demás y busque la verdad y la justicia; **condiciones políticas** para que los derechos no se queden en normas teóricas y se reconozcan en las personas y los grupos, y **condiciones jurídicas** que protejan eficazmente estos derechos.

### Ejercitación

Se realizará un "Juicio Simulado":

**1.** A los participantes se les pedirá que desempeñen varios roles:

- Persona o grupo a quien se le viola algún derecho
- Abogados
- Jurado
- Juez

**2.** Se podrán formar pequeños equipos que ayuden en las funciones de los que participan en el juicio.

**3.** Realización del Juicio.

El animador actúa como moderador y vela porque se cumplan los objetivos. Al final el animador hace el resumen del encuentro y la evaluación.

# Tema 9: "La gobernabilidad democrática y el Estado de Derecho"

**Objetivos:**
1. Definir y conocer el concepto de Estado de Derecho.
2. Conocer el concepto y las dimensiones de la gobernabilidad democrática y su relación con un Estado de Derecho.

## Motivación

Los participantes forman pequeños grupos de no más de 5 personas. Cada uno reflexiona sobre la siguiente lista de proposiciones y determina qué hay de **verdadero** y qué de **falso** en cada una. Luego se pone en común la reflexión:

- Lo más importante en un sistema de gobierno es que se respeten los Derechos Humanos, no es necesario para ello acogerse a ningún modelo específico de sociedad.
- Los representantes del pueblo deben ser elegidos por este, pero solo deben elegirse de forma directa los representantes locales, porque son los que conoce la gente. Los demás deben ser elegidos por estos últimos, que están más capacitados para ello.
- Para que el gobierno cumpla la voluntad del pueblo y no sea una dictadura no es necesaria la división de poderes, baste que se garantice un mecanismo para elegir dirigentes dignos y eficaces.
- El espacio natural de participación de los ciudadanos es el entramado de organizaciones autónomas de la sociedad civil, pero estas organizaciones deben estar controladas por el Estado, que es el responsable de mantener la unidad en la sociedad y evitar la anarquía.
- En la democracia se respetan las libertades civiles y políticas de los ciudadanos, pero estas libertades nunca pueden ejercerse totalmente pues eso haría ingobernable la sociedad. La gobernabilidad exige que el Estado ponga las cotas pertinentes a esas libertades para asegurar la convivencia.

## Desarrollo

**1. La democracia es el orden social más acorde con la naturaleza humana.** Supone que todos los miembros de la sociedad participan por igual en el gobierno. Una sociedad es más democrática en la medida en que sus ciudadanos poseen mayores grados de reconocimiento y ejercicio de sus derechos como persona.

**2.** Ha existido la creencia de que los derechos del hombre se salvaguardan en un gobierno no democrático o con una "democracia especial", en la que la "dictadura de la mayoría" garantizase los derechos de los desposeídos y llevase a la sociedad a formas superiores de convivencia. Los sistemas sociales que han seguido este principio han fracasado. La Declaración Universal de los

Derechos Humanos de 1948 respaldaba la forma democrática de gobierno. Establece como uno de sus principios que "la voluntad del pueblo es la base de la autoridad del poder público" (Art. 21).

El Pacto Internacional de los Derechos Civiles y Políticos establece que los Estados deben garantizar a los ciudadanos el derecho y la oportunidad de "... participar en los asuntos públicos, directamente o por medio de representantes libremente elegidos; votar y ser elegidos en elecciones periódicas y tener acceso en condiciones generales de igualdad, a las funciones públicas de su país" (Art. 25). La democracia está, entonces, indisolublemente ligada al reconocimiento y ejercicio de los Derechos Humanos.

**El límite al ejercicio de las libertades de los ciudadanos y los grupos en la sociedad, es el respeto a los derechos de las demás personas.** No corresponde al Estado u otra institución poner cota a estas libertades, sino más bien garantizar que las leyes (marco jurídico) protejan irrestrictamente los Derechos Humanos. De esa manera, quien viole dichos derechos tendrá que compadecer ante la ley, aun cuando haya sido en ejercicio de sus libertades legítimas. En este sentido debe destacarse que la ley moral está por encima de ley sustantiva y que para impartir justicia, muchas veces los encargados de ello deben anteponer lo ético a lo legal.

**3. Los elementos que por lo regular distinguen a una sociedad democrática son:**

- **Independencia de poderes y mutuo control.** Como no es posible en la práctica que todos los ciudadanos sean consultados para una decisión de gobierno, se designa un grupo de ellos para que ejerza este servicio en nombre de los demás. El poder del Estado no debe estar en manos de una sola persona o grupo, sino que esté dividido en grupos que ejerzan dicho poder con relativa independencia entre sí y que se controlen mutuamente. Estos tres poderes son:
  - **El Poder Ejecutivo:** formado por el presidente y los ministros. Es el que gobierna, el que vela por el desarrollo de la sociedad de acuerdo a determinados principios, cumpliendo con las leyes establecidas.
  - **El Poder Legislativo:** formado por el parlamento. Es el que elabora las leyes. Su misión es reflejar la voluntad del pueblo en las leyes que rigen la vida social.
  - **El Poder Judicial:** formado por los jueces y la Fiscalía y la Corte Suprema. Es el encargado de impartir justicia, se ocupa de que todo lo que ocurra en la sociedad, aun la labor de los demás poderes del Estado, transcurra bajo lo establecido por ley.
- El Estado así organizado se llama Estado de Derecho, porque la elección, organización, funcionamiento y control del poder se realizan conforme al derecho y sometidos todos a él. Se basa en la autonomía

y mutuo control de los poderes, al respeto absoluto a los Derechos Humanos, y en la subordinación de todos los ciudadanos a los deberes y obligaciones que establecen las leyes.

**Fines del Estado de Derecho**

**1.** Defender los Derechos Humanos y su ejercicio real.
**2.** Defender la soberanía de los ciudadanos y el poder de la Nación sobre su territorio y destino inviolables.
**3.** Promover el bienestar general, el desarrollo integral de la sociedad basado en la justicia y el trabajo para alcanzar el crecimiento económico, cultural y espiritual de la Nación.
**4.** Eliminar toda forma de explotación del hombre por el hombre, por el Estado, u otra institución. Porque estas formas de explotación atentan contra la dignidad, la libertad, la igualdad y la justicia que merece toda persona humana.
**5.** Basar la vida comunitaria de la sociedad en la justicia, la fraternidad y la solidaridad.

**En una palabra, el fin de todo Estado es la búsqueda del BIEN COMÚN con:**

**1. La adecuada participación de mayorías y minorías:** significa que todos los grupos o corrientes políticas pueden tomar parte en la vida social. La democracia que excluye a las minorías (políticas, religiosas, raciales, culturales) no es verdadera. La democracia no consiste en seguir ciegamente la voluntad de la mayoría, sino en tener en cuenta a todos.

**2. Libertades de expresión, asociación y reunión:** la sociedad civil es un entramado de relaciones entre personas y grupos, es esa red de asociaciones que persiguen fines diversos y pacíficos y están formados por personas que participan libremente. **Sin sociedad civil no hay democracia cierta.** El ejercicio de la soberanía de cada ciudadano no se debe reducir a los cortos períodos electorales. Los grupos de la sociedad civil son la contraparte del poder político, son el "amplificador" de la voz de los ciudadanos y el "atenuador" de la voluntad del poder. Para que la sociedad civil se desarrolle es necesario que las personas puedan expresarse libremente y contar para ello con todos los medios; poderse asociar libremente dentro de un marco legal adecuado que proteja el bien común; así como reunirse libremente.

**3. El pleno acceso a la información:** toda la gestión del Estado es pública, porque este no es más que un servidor del pueblo que le ha delegado parte de las funciones del ejercicio de su soberanía. Cualquier ciudadano debe tener acceso al estado de cuentas del presupuesto del Estado, recibir justificaciones de las políticas del gobierno, saber lo que se debate en el Parlamento así como tener la posibilidad de influir en ello si lo desea. Debe tener acceso a todos los medios de difusión, no solo "consumiendo" información, sino también aportando.

**4. Las elecciones libres** permiten el ejercicio democrático de la voluntad de los ciudadanos. El presidente debe ser elegido en voto directo y secreto. Este no responde a los intereses de un partido o una coalición (de partidos y grupos de la sociedad civil) sino que una vez elegido debe servir a toda la Nación y no solo a intereses partidistas. Nombra a los ministros y demás miembros del gabinete. Deben ser también elegidos por el pueblo los gobernantes a nivel local, los que deben responder a necesidades específicas. Los miembros del parlamento son también elegidos en las urnas. El nombramiento de los magistrados (jueces y corte suprema) no debe estar en manos del gobierno, sino de alguna comisión judicial del parlamento o a cargo de un comité independiente de servicios judiciales creado de acuerdo con la Constitución. De esta manera se busca la independencia del poder judicial de la corriente política que esté en el poder, y se facilita la imparcialidad de la impartición de justicia.

**5.** "**Un sistema de gobierno** es como un plano de arquitectura, que bien ejecutado forma un hermoso edificio; mas supone la solidez de las piedras, pues si estas se deshacen la magnificencia de la obra solo sirve para hacer más espantosa su ruina" (Félix Varela, Cartas a Elpidio. Carta II, p. 58). Los ciudadanos tienen una alta cuota de responsabilidad en la sociedad democrática, ellos son esas "piedras que conforman el edificio de la sociedad". De poco valen el libre acceso a la información y los mecanismos de control sobre el poder, si los ciudadanos no hacen uso de ellos de forma positiva y efectiva. De poco vale el reconocimiento de las libertades de expresión, asociación y reunión, si los ciudadanos no son tolerantes con la opinión diversa, o no se comprometen en la sociedad civil alcanzando mayores grados de libertad y responsabilidad en la búsqueda del bien común. De poco valen las elecciones libres y las estructuras democráticas si los ciudadanos tienen miedo o no saben reclamar sus derechos.

**6. Las tres dimensiones de la gobernabilidad democrática**

La responsabilidad del Gobierno ante la sociedad tiene tres dimensiones:

**a. La responsabilidad por la legalidad** de sus acciones, de la de todos los funcionarios públicos elegidos o no, ante los tribunales. Los que hacen y ejecutan la ley deben a su vez actuar acorde con esta y con la Constitución.
**b. La responsabilidad del gobierno o ejecutivo ante el parlamento y los ciudadanos** con la justificación de su política, la definición de sus prioridades y su manera de ponerlas en ejecución.
**c. La responsabilidad financiera:** El gobierno responde de que la recaudación fiscal (dinero de los impuestos, de las empresas públicas, etc.) se gaste únicamente para los fines aprobados por la asamblea legislativa y del modo más eficaz en función del BIEN COMÚN.

**7. Una sociedad es gobernable democráticamente** cuando en ella la práctica democrática del gobierno y la convivencia social están arraigados suficientemente en los ciudadanos, y estos, los grupos de la sociedad civil, y el Estado, realizan una gestión eficaz en favor del progreso del hombre en todas sus dimensiones. Esta gestión tiene varias dimensiones:

**a. Apertura Internacional:** Supone la apertura de la Nación al mundo, de modo que se aprovechen las amplias ventajas que ofrecen las actuales relaciones internacionales, así como el lado positivo del proceso de globalización que hoy se opera. De la misma manera el mundo debe abrirse a la Nación (en nuestro caso a Cuba) para contribuir a su desarrollo y permitir que esta haga su aporte a las demás naciones. Esto supone que el comercio y la integración regional no deben ser manipulados por intereses políticos y en ellos debe participar cada vez más, y de forma autónoma, la pequeña empresa.

**b. Apertura Socioeconómica:** La estabilidad democrática y el desarrollo económico y social son conceptos que tienden a reforzarse mutuamente (Cf. Declaración de Viña del Mar, p. 16). Supone que el Estado concilie el crecimiento económico y el desarrollo social. Que haya un correcto equilibrio entre el papel del Estado y la propiedad privada, respetando la libertad de empresa. Supone un equilibrio entre el control del poder central del Estado y de los poderes locales con una adecuada descentralización. Son necesarios en Cuba la libre empresa y el surgimiento de múltiples organizaciones civiles independientes del Estado que promuevan el desarrollo social.

**c. Apertura Política:** Supone la representación y participación de todos los ciudadanos del país sin distinción de raza, religión, opción política o sexo, en las estructuras de la sociedad. Son necesarias la libre asociación y la posibilidad de existencia de múltiples partidos políticos, elecciones libres, y un marco jurídico que garantice un ambiente propicio para la participación política de los ciudadanos. Ningún ciudadano puede ver afectados sus derechos fundamentales en nombre de ningún modelo social. Deben surgir instituciones autónomas que faciliten la defensa eficaz de los Derechos Humanos (o desarrollarse las que ya existen). Debe existir una educación cívica, especialmente en las familias, que entrene a los ciudadanos en la participación y la corresponsabilidad. Deben ser reconocidas en la sociedad las minorías políticas y existir espacios de diálogo a todos lo niveles.

**8. No existen modelos de democracia perfectos** ni pueblos que los hayan llevado a la práctica. Para construir una democracia para Cuba no basta fijarse en modelos abstractos, que puedan parecer en sí mismo "salvíficos". El centro de la atención hay que ponerlo en el ciudadano, en sus necesidades concretas, en la manera más eficaz de elevarlo a su máxima dignidad. La historia enseña que si no es así, ese mismo hombre al final será sometido a ese "modelo de sociedad" que en lugar de empoderarlo lo aliena. Los cambios hacia una democracia mejor deben ser graduales, para que puedan ser efectivos y protagonizados por todos los miembros de la sociedad. Los cambios bruscos suelen ser superficiales.

### Ejercitación

Formados en equipos, los participantes proponen pistas concretas para hacer más democrática la sociedad cubana. Pueden guiarse por las dimensiones de la gobernabilidad democrática y del Estado de Derecho.

## Tema 10: "Los derechos y deberes ciudadanos y la Constitución de la República"

**Objetivos:**
1. Definir qué son los derechos ciudadanos y cuáles están establecidos constitucionalmente.
2. Definir qué son los deberes ciudadanos y conocer las responsabilidades contraídas con ellos.
3. Aplicar formas concretas para el ejercicio de los derechos y deberes.

### Motivación

**1.** Comentar entre los participantes el significado de los siguientes refranes populares:

- *Haz bien y no mires a quien.*
- *El que no trabaja, no come.*
- *El que se mete a redentor, sale crucificado.*
- *A mal tiempo, buena cara.*
- *El que a buen árbol se arrima, buena sombra lo cobija.*

¿A qué nos comprometen estos refranes en la convivencia social?

**2.** Se les pide a los participantes que reflexionen sobre las siguientes afirmaciones diciendo si las aceptan o rechazan, cómo las modificarían:

- Los ciudadanos deben acatar todo lo que dispone el Gobierno.
- Las personas exigen más derechos que los deberes que cumplen.
- Todo lo establecido en la Constitución nos obliga moralmente y por lo tanto es de estricto cumplimiento.
- El Estado le concede al pueblo, los derechos fundamentales.

El animador puede escoger una de las dos dinámicas. Al terminar hace el resumen, pone el título y enuncia los objetivos del tema. Debe compartir con los participantes los siguientes elementos:

**1. Constitución de la República:** Es la ley o conjunto de leyes que constituyen el fundamento del Estado de Derecho, que tiene la finalidad de organizar los poderes del Estado y garantizar los derechos y deberes de los ciudadanos (Cf. Curso 3: "Vivimos en sociedad", Tema 8).

**2. Partes de una constitución:**
**a. Fundamentos:** Son los principios en que se basa la legalidad. Se refiere a las tradiciones históricas, culturales, políticas y sociales de una nación.
**b. Derechos de la persona y garantías constitucionales:** Recoge todo el articulado que se refiere a los Derechos Humanos.
**c. Orgánica:** Tiene que ver con la organización, funcionamiento y control de los órganos de poder.
**d. Cláusula de la reforma:** Establece los mecanismos para una posible reforma.
Algunas constituciones constan de un Preámbulo y de Disposiciones transitorias.

### Desarrollo

**1.** En toda convivencia humana bien ordenada y provechosa hay que establecer como fundamento el principio de que todo hombre y mujer es persona, esto es, naturaleza dotada de inteligencia y de libre albedrío, y que, por tanto, la persona tiene por sí mismo derechos y deberes que dimanan, inmediatamente y al mismo tiempo, de su propia naturaleza. Estos derechos y deberes son, por ello, universales e inviolables y no pueden renunciarse por ningún concepto.

**2.** Las personas somos más proclives a hablar de derechos que de deberes, por eso se hace importante definir claramente qué es un derecho: "Es la facultad, poder y libertad que tiene cada ser humano para desarrollarse íntegramente como persona y para participar mejor en la sociedad" (Curso 3: "Vivimos en sociedad", Tema 1). Los derechos son de validez universal y superiores a los derechos del Estado. Deben estar al servicio de la dignidad del hombre.

**3.** Todo derecho fundamental deriva su fuerza moral en un determinado deber: Quienes al reivindicar sus derechos olvidan por completo sus deberes o no les dan importancia debida, se asemejan a los que derriban con una mano lo que con otra construyen. Es por eso que derechos-deber constituyen un binomio inseparable, uno no tiene sentido sin el otro.

**4. ¿Qué es un deber?**

Es la obligación y las exigencias que brotan de la ética personal y las leyes sociales para buscar el desarrollo armónico de las personas, el bien común de la sociedad y la pacífica convivencia de los ciudadanos, con el fin de evitar lo que perjudique a la persona y a la sociedad y fomentar el ordenamiento y el desarrollo de la comunidad civil. Los deberes son la aplicación práctica de los derechos de los demás. Si cada persona cumple sus deberes ciudadanos está protegiendo eficazmente los derechos de los demás.

**5.** Los Derechos Humanos como propiedad de la persona, superiores al Estado y demás instituciones, solo se hacen efectivos en la vida política y ciudadana, por lo que requieren tanto del reconocimiento político como de la protección jurídica. Requieren de una norma jurídica positiva que lo reconozca y sean por lo tanto elevados al rango de la Constitución de cada Nación.

**6.** Toda Constitución en su parte referente a los derechos de la persona y las garantías fundamentales debe no solo recoger la diversidad de artículos que con ellos se relacionan, y las disposiciones en caso de su violación, sino que se debe derivar la posibilidad para las personas, sujetos del derecho, el poder atribuirse esos derechos fundamentales. La Constitución de la República debe recoger y consagrar los derechos reconocidos en los Pactos Internacionales de Derechos Civiles y Políticos y de Derechos Económicos, Sociales y Culturales, firmados por Cuba el 28 de febrero de 2008.

**7.** De esta forma los Derechos Humanos adquieren una función de juzgar toda la estructura social y especialmente la forma de ejercer el poder político: el estado. Por medio de esta función hacen posible que el tema de los derechos humanos pase del ámbito formal al real.

**8.** La protección eficaz de los Derechos Humanos está condicionada a las estructuras sociales, económicas, políticas, culturales; una situación de injusticia social no permite la realización de los Derechos Humanos y todas las declaraciones en esta materia se convierten en letra muerta y puede que la declaración de libertades se convierta en un mecanismo de opresión para los más débiles.

**9.** En cada Nación es responsabilidad de todas las personas e instituciones que constituyen el entramado de la sociedad civil, procurar una convivencia en la que, a través de una colaboración generosa, se respeten los Derechos Humanos y los deberes ciudadanos. Para ello es necesaria una debida educación ética y cívica para que cada persona conozca sus derechos y los exija, para sí y para los demás, cumpla sus deberes y ayude a los demás a cumplir los suyos.

**10.** A cada Derecho Humano, le corresponden una serie de libertades que hacen referencia a la autonomía del individuo frente a las demás estructuras de la sociedad, para con posterioridad poder cumplir libre y conscientemente, por convicción e iniciativa, sin presiones o condicionamientos externos, sus responsabilidades o deberes cívicos. Por ejemplo: Al derecho a la vida digna le corresponde la libertad de poder diseñarla independientemente del Estado o de una ideología y la responsabilidad de reflexionar, para discernir qué sentido le quiero dar a mi vida y cómo puedo realizar mi proyecto de vida.

**11.** En el ejercicio de nuestros derechos todos los ciudadanos debemos ejercer una función crítica frente a las normas jurídicas establecidas, para hacer que cada día lo legal y lo ético, sean coherentes y reales y así la Carta Magna de una Nación, la Constitución, reconozca, respete y proteja los derechos fundamentales como premisa fundamental del Estado de Derecho.

| Derechos | Constitución 1940 Artículos | Declaración Universal Derechos Humanos 1948 Artículos | Constitución 1992 Artículos |
|---|---|---|---|
| 1. Organizaciones y asociaciones | 37,38,75 | 20 | 7,20,54 |
| 2. Libertad religiosa | 35 | | 8, 55 |
| 3. Asilo | 31 | 14 | 13 |
| 4. Propiedad | 24,87,96 | 17 | 15,19,21-24,60 |
| 5. Exigencias de los individuos al Estado | 36 | | 26,63 |
| 6. Ciudadanía y nacionalidad | 10-18 | 15 | 28-33 |
| 7. Familia | 43-46 | 16 | 35-38 |
| 8. Igualdad | 20 | 1,2,7 | 41-44 |
| 9. Trabajo y salario | 60,64,66,68,84 | 23 | 45 |
| 10. Protección al trabajador | 65,74,76-79,83 | | 49 |
| 11. Descanso | 67 | 24 | 46 |
| 12. Seguridad social | 80,81 | 22,24,25 | 47,48, 50 (salud) |
| 13. Educación Cultural | 47-59 | 26,27 | 39, 40, 51, 52 |
| 14. Libertad de expresión | 33 | 18,19 | 53 |
| 15. Inviolabilidad domiciliaria | 34 | 12 | 56 |
| 16. Inviolabilidad de correspondencia | 32 | 12 | 57 |
| 17. Procesamiento judicial | 26,29 | 6,8,9,10,11 | 59, 61 |
| 18. Pena de Muerte | 25 | | |
| 19. Movimiento en el país | 30 | 13 | |
| 20. Sindicatos | 69 | 23 (inciso 4) | |
| 21. Huelga | 71 | | |
| 22. Elecciones | 97-104 | | 131-133 |
| 23. Abolición servidumbre y esclavitud | | | |
| 24. Protección a la vida y persona | | | |
| 25. Deberes | | | 64-66 |

### Ejercitación

**1.** El animador formará dúos o tríos a los que les pedirá que analice cómo se cumplen en Cuba algunos de esos derechos y deberes. Ej:

| Derechos | Principios | ¿Cómo se cumplen en Cuba? | ¿Qué debo hacer para que se cumplan? |
|---|---|---|---|
| Trabajo | - Igualdad entre hombre y mujer<br>- Pago según cantidad y calidad<br>- Excluye el trabajo de menores | - Salario no se corresponde con la calidad y cantidad<br>- Criterios para ubicar en puestos de trabajo | - Trabajar con calidad<br>- Conocer derechos y deberes<br>- Participar en sindicatos Conocer derechos y deberes |

**2.** Plenaria. Al final el animador hace el resumen de tema y evalúa el encuentro.

## Tema 11: "La Educación Jurídica"

**Objetivos:**
**1.** Descubrir la necesidad de una educación jurídica.
**2.** Conocer los principales elementos de la educación jurídica.

### Motivación

Ser realizará la dinámica del ¿Qué sabemos?

**1.** Los participantes forman pequeños grupos de 4 o 5 personas para hacer una lista de lo que ya conocemos en materia de Derechos Humanos, y qué nos falta en la labor de promoción de Derechos Humanos.

**2.** Plenaria. Al terminar el animador presenta el tema y enuncia los objetivos.

### Desarrollo

**1.** La educación es el proceso de formación de hábitos, conductas, actitudes, etc. Se concreta en la aplicación de normas morales en actitudes ante la vida (formación ética). Ej: Desarrollar el pensamiento lógico, aprender a tomar decisiones, aprender a formular e ir concretando el Proyecto de Vida.

**2.** Para que la persona pueda convivir en sociedad es necesario que conozca y practique las normas que regulan dicha convivencia. Son necesarias las normas jurídicas para asegurar a las personas un ambiente propicio para su realización, protegiéndola de los posibles perjuicios que puedan venir de los demás, así como obligan a cada uno a no atentar contra la dignidad de los otros. Estas reglas cambian con el tiempo en la medida en que evoluciona la sociedad y deben responder a la ética, tener en cuenta la cultura, y responder a la voluntad del pueblo.

**3.** Cuando estas reglas son escritas, y se hacen de estricto cumplimiento para toda la sociedad (y existen autoridades elegidas para hacerlas cumplir) entonces se llaman LEYES positivas.

**4.** Las leyes, como todo el orden social, deben estar hechas para servir a las personas, sin exclusión por causa de ideología, posición política, religión, o pertenencia a alguna minoría étnica o cultural. Deben anteponer la dignidad del ser humano, al poder político o religioso.

**5. La educación jurídica** es un proceso educativo que dura toda la vida, en el que la persona:

**a.** Aprende a conocer las leyes, su espíritu (objetivos implícitos), así como las formas de aplicarse y sus consecuencias sociales.
**b.** Aprende criterios de juicio para valorar si las leyes son justas o no, y aprende los mecanismos que existen para ello, así como las actitudes de responsabilidad ciudadana necesarias.
**c.** Adquiere los hábitos relacionados con el cumplimiento de la ley y la exigencia a los demás de su cumplimiento.

Educar en el campo de lo jurídico es ayudar a que cada persona aprenda a distinguir lo lícito de lo ilícito. No se puede separar de la educación moral que le enseñe a distinguir lo bueno de lo malo, aun en las propias leyes. La persona debe aprender a hacer lo que es moral y legal, y abstenerse de hacer lo que no lo sea. Si la ley es reconocidamente injusta, lo inmoral es cumplirla.

"La educación tendrá por objetivo el pleno desarrollo de la personalidad humana y el fortalecimiento del respeto a los Derechos Humanos, a las libertades fundamentales, favorecerá la comprensión, la tolerancia y la amistad entre todas las naciones y todos los grupos étnicos o religiosos y promoverá el desarrollo de las actividades de las Naciones Unidas para el mantenimiento de la Paz" (Declaración Universal de los Derechos Humanos).

**6. La educación jurídica** incluye el que la persona aprenda a quién y cómo dirigirse en caso necesario: pleito, reclamación de derechos, gestión de negocios, etc. Debe saber dónde se brindan **servicios de consultoría jurídica**, independiente del Estado. Así como tener criterios sobre qué abogado o bufete preferiría en caso de necesitarlo. Cada ciudadano debe conocer las leyes fundamentales que se relacionan con los ambientes en que comúnmente se desenvuelve.

**7.** Al hablar de educación jurídica es necesario conocer cuáles son las garantías legislativas que en Cuba se refieren al derecho a la educación: la Constitución, la ley de Seguridad Social, el Código de la Familia, el Código de la Niñez y la Juventud y el Código del Trabajo. Sin embargo ninguna de ellas brinda la debida atención especial a la educación jurídica, la cual es escasa y se realiza de modo autodidacta en la mayoría de los casos, salvando aquellas personas que realizan estudios especializados como Licenciatura en Derecho. Muchas personas adquieren conocimientos jurídicos solo cuando tienen que recurrir a la asesoría jurídica. Otras muchas personas desconocen sus derechos y sus deberes, así como poder reclamarlos desde el punto de vista jurídico.

**8.** El crecimiento de la cultura jurídica de la persona contribuye al fortalecimiento de la disciplina social, la aplicación de métodos cada vez más democráticos en toda la sociedad, se amplía la creación legislativa y se proporciona una mayor calidad a la práctica jurídica.

**9.** Es una grave responsabilidad de la sociedad civil crear y articular servicios y asociaciones jurídicas independientes para poder asesorar, defender y acompañar a los ciudadanos que lo necesiten. Estas asociaciones deben priorizar los servicios sistemáticos de educación jurídica.

### Ejercitación

**1.** Los participantes forman equipos para reflexionar sobre la siguiente pregunta: ¿Cómo promover en mi familia, comunidad, centro de trabajo o estudio, asociaciones de la sociedad civil, la educación jurídica?

**2.** Al finalizar el animador hace el resumen del tema y evalúa el encuentro.

# CURSO 8
# "ÉTICA"

**Características:** Ante la pérdida de valores de nuestra sociedad, falta de proyectos de vida, especialmente en jóvenes y la urgencia necesaria de una formación de la conciencia moral y la aplicación de los principios éticos a los distintos ambientes donde se desarrolla la vida de los cubanos se presenta este curso que ofrece los medios para que cada persona pueda hacer su propia escala de valores, su opción fundamental y aprender a hacer un discernimiento ético ante las diversas alternativas y diseñar con libertad y responsabilidad su propio Proyecto de Vida.

**Destinatarios:** jóvenes, adultos, educadores, padres de familia, catequistas, promotores culturales y cualquier persona de buena voluntad.

**Temas:**

1. La persona: sujeto, centro y fin de la moral
2. Pasos para hacer un discernimiento ético
3. Mi escala de valores
4. Formación de la conciencia moral
5. El discernimiento ético
6. De los valores a las actitudes
7. Mi proyecto de vida
8. Comportamiento humano: libertad, responsabilidad y voluntad
9. Ética interpersonal
10. Ética y Sexualidad
11. Ética y Política
12. Ética y Economía
13. Ética y Sociedad Civil
14. Ética de las Relaciones Internacionales
15. Educarnos en una ética de la resiliencia
16. Cinco metas para la educación moral

# Tema 1: "La persona: sujeto, centro y fin de la moral"

**Objetivos:**
1. Distinguir los tres niveles de lo moral, de lo ético, diferenciando lo aceptado por la sociedad de lo realmente humano.

## Motivación

Se forman dos equipos y se les pedirá:

*Equipo A:* Una actitud de los cubanos de hoy que ellos crean que es moral. ¿En qué se basaron para calificarla como moral?

*Equipo B:* Una actitud de los cubanos de hoy que ellos crean que es inmoral. ¿En qué se basaron para calificarla como inmortal?

Se hace una plenaria. El animador tratará de identificar si la base utilizada para evaluar es la costumbre, la ley o lo justo. Se pondrá el esquema en la pizarra.

## Desarrollo

El animador presenta el esquema en una pancarta o en la pizarra.

**1. ¿Qué es la moral?**

Según el profesor español Marciano Vidal, en cuyas obras "Moral de actitudes" y "Ética personal" se inspira este curso, para comprender de forma integral "lo que es moral" debemos conocer, distinguir e integrar tres niveles:

**1er nivel: Las costumbres.** Es el nivel sociológico de la moral. Expresa la aprobación o desaprobación de actitudes por lo que acepta o desaprueba la sociedad o grupos culturales sin mayor reflexión: el comportamiento que se acepta socialmente o se tolera, es bueno. Todo depende de lo que se acostumbre a hacer. Pero no todas las costumbres son moralmente aceptables, este es el nivel más superficial de la moral. Si la moral se queda en este nivel, se convierte en una serie de costumbres que cambian según el país, la cultura, la moda, la época o la opinión pública. Entonces no se puede hablar de una eticidad sólida y permanente.

**2do nivel: Lo lícito.** Este es el nivel jurídico. Es un poco más profundo que el nivel sociológico. No solo considera lo que es costumbre, sino lo que es permitido por la ley. Pero no todo lo legal es bueno. Si la moral se queda en este nivel, se convierte en una moral legalista que no ha llegado a la conciencia de la persona. Además, no siempre las leyes son justas. Por eso no podemos considerar criminal o inmoral a una persona condenada por la ley sin antes analizar bien si la ley es justa.

**3er nivel: Lo justo.** Es el nivel antropológico. Este es el nivel de mayor profundidad de la moral. no solo considera lo que se acostumbra a hacer o lo que la ley permite hacer, sino que se pregunta: ¿qué es justo? ¿Qué es lo más humano? Expresa que lo moral, lo ético, es solamente aquello que no dañe al ser humano, que salvaguarde la dignidad de la persona humana y sus derechos, que respete la convivencia social y la ponga en función del desarrollo de la persona humana. Este nivel cuestiona a los dos anteriores y debe terminar en ellos.

## 2. La persona: centro y fin de la moral

En el centro de la ética está la concepción de la dignidad de la persona y de la sociedad como comunidad de personas. El punto de partida de la moral social es siempre la persona, en cuanto principio y fin de toda la actividad social. Ella es el sujeto activo y responsable de la acción y de la vida social. Se trata, pues, de mirar a la persona humana en lo que es y debe llegar a ser según su propia naturaleza social. Y se trata también, al mismo tiempo, de mirar a la sociedad, como ámbito de desarrollo y liberación de la persona. En ella ha de ser tutelada su dignidad, reconocidos y respetados sus derechos. Este personalismo comunitario, base y fundamento ético, desencadena la afirmación de un conjunto de principios sociales (solidaridad, subsidiariedad, bien común) y también el reconocimiento de los grandes valores (verdad, justicia, igualdad, libertad, participación) sobre los que volveremos más adelante.

El pensamiento individualista entiende el carácter social del ser humano como una necesidad eventual; no lo considera algo esencial para la persona. Funda lo social simplemente en la necesidad que un individuo tiene del otro y de los otros; es decir, en las ventajas y beneficios que recibe al asociarse. Desde esta perspectiva considera al ciudadano como individuo aislado, y al cuerpo social como una creación artificial surgida del interés.

Para la ética social humanista esta concepción de la socialidad humana es insostenible. La dimensión social no es algo externo a la persona, sino que lo constituye íntimamente: el hombre crece en todas sus facultades y puede responder a su vocación por las relaciones con los otros, los mutuos deberes, el diálogo con los hermanos. Fuera de lo social no es concebible la persona humana. No menos que la individualidad, también la sociedad define al hombre. El destino humano individual se articula con el destino de su comunidad.

Desde esta concepción de la persona se entiende la afirmación de su centralidad en la ética social. Y desde esta concepción hemos de entender también la afirmación y reconocimiento de la dignidad de la persona como fundamento ético. En este sentido, la dignidad de la persona constituye no solo el punto de partida sino también la meta de la ética. Como enseña Juan Pablo II en la encíclica *Centesimus annus*, la trama y la guía de la enseñanza social es cabalmente, "la correcta concepción de la persona humana y de su valor único, en cuanto que el hombre... en la tierra es la sola criatura que Dios ha querido por sí misma".

Así pues, la dignidad de la persona constituye el fundamento de la ética social. En realidad, es la base de toda la moral, porque la persona es el máximo valor que debe ser respetado. Como explicó Kant, la persona es un ser absolutamente valioso, un fin en sí misma, y no un medio para otra cosa. Por esto, precisamente, existe la moral: **porque hay seres en sí mismos valiosos**, existe la obligación moral de respetarlos. Pero entendemos la persona, no solo como individuo, como un ser singular, insustituible e irrepetible, sino también como un ser relacional, comunitario, llamado y creado para la comunión y el diálogo, como un ser social que se realiza y llega a la plenitud humana en la sociedad, en la relación y comunión con las cosas, con los demás seres humanos y con Dios.

Presentar el esquema que aparece al final del tema.

### EJERCITACIÓN

**1.** Se forman equipos. Cada equipo escogerá un hecho de vida y lo analizará según los tres niveles.

**2.** Se hace un resumen y la evaluación del encuentro.

## NIVELES de la MORAL

## Tema 2: "Pasos para hacer un discernimiento ético"

**Objetivos:**
1. Aprender los pasos generales para hacer un discernimiento ético.

### Motivación

**Variante 1**

**1.** La motivación se hará con el juego del "SER Y DEBE SER". Los participantes se agrupan en dos "bandos".

**2.** El animador hará de juez para apuntar los tantos. Apuntará en la pizarra o pancarta las dos listas de cualidades que vayan enunciando los bandos. El primer bando se llama "SER" y el otro "DEBE SER".

**3.** Comienza el bando "SER" diciendo: Pepito es (dice una cualidad o comportamiento). Por ejemplo: Pepito es grosero.

El otro bando debe responder lo más rápidamente posible: Pepito debe ser: (dice la cualidad o comportamiento que mejora aquella). Por ejemplo: Pepito debe ser educado.

**4.** El bando que no pueda rápidamente responder pierde un punto que se le acumula al bando contrario. El que primero llegue a 10 puntos gana.

**5.** Concluida la competencia el animador resume señalando que hemos elaborado dos columnas de cualidades o comportamientos en las que se compara la vida real con el ideal de vida; en la que se compara la moral formulada con la moral vivida.

**Variante 2**

El animador hará "parejas de tarjetas" que contengan una actitud que se posee y una actitud que se debe poseer. Por ejemplo:

- Soy hospitalario ................................. Debo ser hospitalario
- Soy honesto ......................................... Debo ser honesto

Se repartirá una tarjeta a cada participante y se les pedirá que en un tiempo determinado busquen su pareja. Unos la encontrarán más rápido que otros. Si la cantidad de participantes no es par, algunos se quedarán sin pareja.

El animador explicará que hay que recorrer un camino entre lo que se es y lo que se debe ser y que unos lo recorren más rápido que otros; unos encuentran acompañamiento (los que encuentran su pareja) y otros no reciben ayuda. Este curso pretende dar las "pistas" para que cada uno pueda recorrer su propio camino.

Hoy comenzaremos a estudiar los pasos para hacer un discernimiento ético de modo que podamos ir pasando del conocimiento de la moral formulada (debe ser) a una moral vivida libre y conscientemente (ser).

El animador presenta el esquema en una pancarta o en la pizarra. Va explicando paso a paso de forma general, puesto que se irá profundizando en los próximos temas.

### Desarrollo

**1. De lo que soy a lo que quiero y debo ser**

Toda persona se encuentra en el dilema de intentar ser lo que debe ser. Es la lucha sana y constructiva de esforzarse por pasar de la moral formulada, a la moral vivida, es decir, de lo que debe ser a lo que logremos llegar a ser.

Lograr acercarse a esta vivencia es un acto de madurez humana y requiere "ejercitarse", "entrenarse", aprender a valorar y escoger lo que es bueno y lo que debemos hacer para vivir en la verdad. A este proceso se le llama discernimiento ético.

**2. El discernimiento ético**

El discernimiento ético se debe hacer ante las principales decisiones de la vida y también en lo cotidiano del crecimiento de las personas que continuamente necesitan aprender a decidir con su propia cabeza y según los parámetros de su propia conciencia bien formada.

En Cuba, "aprender a pensar" y a actuar según la propia conciencia y con la libertad requerida ha sido una aspiración y una necesidad desde las raíces mismas de la fundación de la nacionalidad cubana con el Padre Félix Varela. Toda su obra, pero en especial las "Cartas a Elpidio" nos enseñan a vivir este proceso. Recomendamos su estudio, ya que "Cartas a Elpidio" es la obra cumbre del "primero que nos enseñó en pensar"

**3. Pasos para hacer un discernimiento ético**

Este proceso por el que valoramos y escogemos la forma de vivir, que llamamos discernimiento ético tiene varios pasos que veremos hoy de manera general y que iremos profundizando en los temas siguientes.

**El primer paso es:** Hacer una **escala personal de valores** que nos servirá para tener bien claro cuáles son las cualidades a las que aspiramos. Por ejemplo:

Ponemos por encima de lo que nos gusta o nos disgusta, aquello que es justo y es verdadero.

**El segundo paso es: Formar la conciencia moral** es decir, interiorizar personalmente aquellos valores hasta hacerlos nuestros. Una cosa es la lista de valores de nuestra escala pensada y reflexionada y otra cosa es que esa lista la interioricemos, la pongamos libremente como parte de las normas de nuestra conciencia personal. No porque nadie lo imponga, ni porque sea una ley, civil o religiosa, sino porque lo hemos escogido para formarnos una conciencia recta, verdadera y cierta.

**El tercer paso es: El discernimiento ético, propiamente dicho,** es decir, el momento en que se describe el dilema o posibles actuaciones, se relaciona con el contexto social, cultural, etc., se buscan causas y consecuencias de esas actuaciones y se valoran y diferencian bien. Entonces estamos en condiciones de elegir: ¿cuál de esas actuaciones o posturas escogeremos o qué opción fundamental elegiremos para orientar toda nuestra vida? Como vemos este proceso sirve a la persona en dos planos: 1ro: para escoger su opción fundamental y 2do: para decidir en la vida cotidiana o ante una encrucijada.

**El cuarto paso es: Hacer la opción fundamental** si se trata del discernimiento para la globalidad de mi vida. O las opciones específicas para clarificar las actitudes cotidianas para ser coherente con la opción fundamental en cada ambiente de mi vida: familia, estudio, trabajo, política, Iglesia, etc. Se trata de un discernimiento cotidiano o en una encrucijada de mi vida.

**El quinto paso es: Convertir esas actitudes en hechos concretos** en cada ambiente de mi vida. Lo que he decidido para resolver este problema particular. Este paso debe responder a la pregunta: ¿Qué haré ante el problema ético planteado? Este paso desembocará en **la actuación libre y responsable** que convierte la moral formulada en nuestra escala de valores y en nuestra opción fundamental en moral vivida en nuestra actuación cotidiana. Sin el acto o hecho moral no hay moral vivida. Es necesario ejercer la voluntad para llevar a hecho lo que hemos discernido en la reflexión.

### EJERCITACIÓN

**1.** Los participantes se reúnen en equipos y formulan preguntas sobre dudas, aclaraciones, ejemplos, etc., que sirvan para profundizar y clarificar estos pasos del discernimiento.

**2.** En plenaria el animador intentará responder a las preguntas y aclarar las dudas.

**3.** Se hace el resumen y la evaluación del encuentro.

# Tema 3: "Mi escala de valores"

**Objetivos:**
1. Conocer qué es un valor moral y sus características.
2. Conocer la tabla de valores de Scheler y algunos sistemas morales actuales.
3. Aprender a hacer una escala personal de valores con miras al proceso de discernir Mi Proyecto de Vida..

## Motivación

**1.** Se analizarán por equipos estos casos:

*Caso A:* Clarita es una joven de la universidad que ha tenido muchos amigos pero los va perdiendo uno a uno y, de pronto, se encuentra con el dilema de que tiene que empezar siempre nuevas relaciones de amistad. Al preguntarle a una de sus antiguas amigas íntimas ¿por qué ha perdido su amistad? Esta le responde: porque tu solo eres amiga mientras necesitas de esa gente y cuando ya no te sirve pues la echas a un lado. ¿Qué valor humano le da Clarita a la amistad?

*Caso B:* Eduardo es portero de un hospital provincial. Su deber es cuidar que nadie entre fuera de las horas de visita y que nadie saque nada de las propiedades del hospital. Además debe cuidar la organización del salón de espera. Unos amigos de Lázaro, que viven en un pueblo del interior, muy lejos, llegaron después de las 12 de la noche para interesarse por su abuelo que estaba muy grave. Al no ver a nadie de la familia en el salón de espera preguntaron en información y le dieron un "parte" muy general y ambiguo del anciano. Pidieron entonces si le podían avisar a un familiar de los que estuviera dentro, pero el portero dijo que su deber era no dejar pasar a nadie y siguió despertando a los que esperaban en el salón diciendo que su deber era evitar que se acostaran en los bancos que eran para sentarse. Luego vino la autorización para entrar a avisar a Lázaro y el portero dijo que su deber era cuidar la puerta y que no tenía a nadie para avisar dentro. Al fin le autorizaron a que dejara pasar a uno de los amigos para que saliera Lázaro y poder saludarlo. ¿Qué valor humano le da Eduardo a su deber?

*Caso C:* Berta no ha podido terminar su carrera de técnico medio porque siempre anda diciendo que no le gusta este profesor, que aquel le cae pesado, que ella está muy aburrida en la residencia estudiantil, que tiene que salir todas las noches para divertirse. Al final, dos días antes de las pruebas, se "mata" estudiando pero no aprueba. Entonces dice que es que ella le "cae mal" a ese profesor. ¿Qué valor le da Berta a sus estudios?

**2.** Los equipos dicen sus respuestas y el animador habla de que cada persona tiene su escala de valores y actúa en la vida según los valores que priorice. Por ejemplo Clarita prioriza la utilidad que le dan sus amigas. Eduardo el deber ciego, Berta el placer y el gusto. ¿Cuáles son los valores que determinan nuestra actuación en la vida?

En este encuentro daremos el primer paso en el proceso de discernimiento ético para hacer mi propio Proyecto de Vida.

### DESARROLLO

## 1. ¿Qué es un valor moral?

Hoy profundizaremos en el primer paso del proceso de discernimiento ético: confeccionar nuestra escala de valores. En primer lugar especificaremos qué es un valor moral: Es la cualidad estructural, fruto de la síntesis entre la realidad objetiva y la realidad subjetiva, que existe fuera de la persona y que la hace distinta de otras cualidades de las cosas.

## 2. Características de los valores morales

Los valores morales tienen ciertas características como son:

**bipolaridad:** todos los valores tienen un polo positivo y otro negativo.
**rango:** los valores no pueden ser encasillados solo jerarquizados; es decir, puestos en escala de prioridad, de forma libre y responsable.
**materia:** para ella existen la cualidad y el rango.

## 3. Tabla de Valores de Scheler

Existen diferentes tablas de valores. Presentamos la Tabla de Valores de Scheler que es el padre de la ciencia de los valores que se llama Axiología. Esta tabla establece 4 categorías de valores:

|  |  | Valores positivos (valor) | Valores negativos (disvalor) |
|---|---|---|---|
| **RELIGIOSOS** | | santo | profano |
| **ESPIRITUALES** | Intelectuales | verdadero, evidente | falso, dudoso |
| | Jurídicos | justo, recto | injusto, no-recto |
| | Estéticos | bello, elegante | feo, tosco |
| **VITALES** | | noble, sano, vigoroso | vulgar, enfermo, agotado |
| **SENSIBLES** | | agradable, útil, duro | desagradable, inútil, blando |

## 4. Diversas escalas de valores

Existen diversos sistemas de valores determinados por la selección del valor supremo. Existen personas, como Clarita, Eduardo y Berta, que colocan en lo más alto de su escala de valores los siguientes:

- la obligación: sistema legalista-externo.
- el placer: sistema hedonista
- la felicidad: sistema aristotélico
- la utilidad: utilitarismo
- la ataraxia: estoicismo
- el deber: por el deber deshumanizante
- la libertad individual y sin medida: algunos existencialismos.

¿En nuestras vidas cuál es, en la práctica, el valor supremo que determina todas nuestras actitudes?

## 5. Cada persona debe escoger libre y responsablemente su escala de valores

Cada uno de nosotros tiene, por la educación recibida o por propia opción, un comportamiento basado en ciertos valores que rigen nuestra vida. Es bueno que hagamos conciencia de cuáles son esos valores determinantes en nuestra vida y reorganicemos, si fuera necesario, esa escala de valores y si todavía no hemos hecho consciente una priorización de valores, la hagamos para comenzar nuestro proceso de discernimiento ético para llegar a diseñar nuestro propio Proyecto de Vida.

### Ejercitación

**1.** Cada participante escribirá en una hoja dividida a la mitad, o mejor, en dos hojas de una libreta o cuaderno:

En una parte: sus valores-desvalores actuales: ¿cómo soy?
En otra parte: los valores que me gustaría tener: ¿cómo debo ser?

**2.** Organizar la **escala de valores del cómo soy** y determinar el valor supremo que rige nuestra vida hoy.

**3.** Organizar la **escala de valores del cómo debo ser** y determinar el valor supremo que debería regir mi vida. (Dar posiciones del primer valor al último).

**4.** El animador estará disponible para ayudar a realizar este trabajo, pero es un discernimiento libre y estrictamente personal. Nadie puede decidir sobre la escala de valores de otro. Los participantes **deben conservar estos trabajos** que, de ser posible se realizarán en una "Libreta de mi Proyecto de Vida" para que no se pierdan las hojas y puedan traerse y consultarse a lo largo del curso.

**5.** Se hace el resumen y la evaluación del encuentro.

## Tema 4: "Formación de la conciencia moral"

**Objetivos:**
1. Realizar el segundo paso del proceso de mi Proyecto de Vida: la formación de la conciencia moral.
2. Distinguir la diferencia entre conciencia psicológica y conciencia moral.
3. Aprender las características de la conciencia bien formada: recta, verdadera y cierta.

### Motivación

1. En el encuentro anterior se entrega este guión para el siguiente sociodrama:

Entra Pedro en la oficina de Mercedes, la jefa de aquella empresa, y Mercedes lo invita a sentarse y le comienza a explicar:

- Mire Pedro, lo he llamado a la oficina porque pienso que usted no conoce las normas que rigen su puesto de trabajo. Usted debe saber que como cocinero debe lavar bien los alimentos y echar el total de condimentos que establecen las normas.
Pedro interrumpe y dice: Perdone, Mercedes, pero yo conozco muy bien mis deberes: yo sé por ejemplo, que debo lavar bien las verduras y que debo echar la grasa y la sal que lleva el arroz cuando la hay.
**Mercedes:** Y en estos días pasados ¿había grasa y sal?
**Pedro:** Sí la había, pero el jefe de almacén no la sacó y yo me dije que lo mío era cocinar y que eso no me correspondía.
**Mercedes:** Pero si usted sabía que había lo que debía echarle al arroz porque no lo pidió a tiempo y se lo echó. ¿Por qué prefirió hacer el arroz sin grasa y sin sal?
**Pedro:** Mire Jefa, yo sé todo lo que tengo que hacer, no me lo diga más, pero en realidad yo como en mi casa y si la comida queda mal confeccionada aquí es por culpa de otros.
**Mercedes:** Y usted ¿no piensa en sus compañeros de trabajo que tienen que ir al campo todos los días y que necesitan comer lo que hay bien cocinado? ¿No le da su conciencia para pensar primero en aquellos que tienen que comerse lo que usted cocina?
**Pedro:** Bueno, mi conciencia era verde y se la comieron los chivos, yo cocino lo que me pongan y se acabó (sale apresurado sin despedirse).

2. Los participantes se reúnen en pequeños grupos y cuchichean:

 - ¿Por qué el cocinero actúa así?
 - ¿Qué le falta al cocinero para poder hacer bien el arroz?
 - ¿Qué significa en Cuba "mi conciencia era verde y se la comieron los chivos"?

3. Después comparten en plenaria las respuestas y el animador introduce el tema diciendo que es el segundo paso del proceso del Proyecto de Vida: la formación de la conciencia moral.

#### DESARROLLO

### 1. Formar la conciencia es interiorizar los valores

El segundo paso del proceso del Proyecto de Vida es la interiorización personal de los valores priorizados en la escala elegida. No basta con que hagamos nuestra escala de valores y "sepamos" cuáles de ellos priorizamos en nuestra vida. Es necesario hacer nuestros esos valores y su prioridad: interiorizarlos de modo que formen parte de nuestra conciencia.

### 2. ¿Qué es la conciencia?

Conciencia viene del latín *cumscire* que significa "saber con". Es decir que tener conciencia de sí y de lo que uno hace; es "saber de uno mismo, como si uno fuera otra persona". A la conciencia se le ha llamado también: testigo de uno mismo, juez, acusador, "ser responsable", "el gusano de la conciencia", "consultar con la almohada", "ser responsable", "Pepito grillo", etc.

### 3. Diferencias entre la conciencia psicológica y la conciencia moral

**a. La conciencia psicológica** es la "estructura del ser" mientras que la conciencia moral es la culminación de esa estructura. La conciencia psicológica une el pensar, el sentir y la voluntad. Es la conciencia "Testimonio" que nos dice "qué es lo que hacemos o pensamos, mientras que la conciencia moral es conciencia "juez" que nos dice si lo que hemos hecho o vamos a hacer está bien o mal. La conciencia psicológica es la conciencia "feliz" porque no juzga de nuestros actos solo toma nota de lo que hacemos, mientras que la conciencia moral es una conciencia "comprometida" que siente el cargo de sus actos, su gravedad o ligereza. La conciencia psicológica es en orden al SER mientras que la conciencia moral es en orden al QUÉ HACER.

**b. La conciencia moral** es la norma interiorizada de la moralidad de una persona. Puede ser que una persona tenga normal su conciencia psicológica pero no haya interiorizado algunos valores morales hasta hacerlos "norma consciente y libre de su actuación". Si esto no ha ocurrido la persona no tiene bien formada su conciencia moral. Esas personas son aquellas que actúan incorrectamente y no tienen cargo de conciencia o que solo se guían para su actuación por normas de conducta externas a su persona, "venidas de fuera", de la ley, de la Iglesia, de sus superiores, de sus padres, pero nunca de su propia conciencia, de su interior, de su conciencia moral.

## 4. Características de la conciencia moral

La conciencia moral debe tener tres características:

- **es inviolable:** nadie tiene derecho sobre ella.
- **es formada:** es decir, hace su escala de valores libre y responsablemente.
- **es adecuada:** que esa formación se adecue, sea coherente con la verdad objetiva. Porque puede haber personas que se formen su conciencia inadecuadamente, al margen de la verdad objetiva. "Viven en otro mundo" que no es el real.

## 5. Las tres cualidades de una conciencia bien formada

Existen tres cualidades por las que podemos "medir" la actuación "correcta" de la conciencia, aunque sabemos que no hay conciencia pura. Pero existen algunos parámetros que pueden servir de "herramientas", de instrumentos para medir la actuación de la conciencia moral. Estos son:

**a. Rectitud de conciencia (conciencia recta):** Es aquella que es sincera consigo misma, que no se autoengaña, que es auténtica y reconoce el bien y el mal que la persona realiza sin máscaras interiores. Es la transparencia interior, la verdad consigo mismo. Ej: Una persona sabe que está obrando mal pero encuentra cien **justificaciones interiores** para valorar positivamente esa actuación errónea. **Esta es la fuente de la doble moral:** que juzga interiormente algo como malo y se engaña a sí mismo justificando que es bueno para tranquilizar su conciencia.

**b. Verdad de conciencia (conciencia verdadera):** Es aquella que logra encontrar una coherencia, una adecuación, una identificación entre la verdad interior o subjetiva (de la rectitud personal de su conciencia) y la verdad objetiva que existe independientemente de si la persona tiene conciencia recta o no. Ej: No tiene conciencia verdadera aquella persona que tenga como una verdad interior o subjetiva que la venganza es hacer justicia, puesto que objetivamente esto no es una verdad, la venganza es contraria a la justicia. En el mundo existe justicia sin venganza y venganza sin justicia, no se pueden identificar con arreglo a la verdad. Es la coherencia con la verdad objetiva.

**c. Certeza de conciencia (conciencia cierta):** Es aquella que es capaz de deponer la duda que comúnmente surge ante unas alternativas de actuación. Si alguien no tiene todavía certeza de conciencia no decide si quedan dudas que no se han podido superar, deponer o aclarar. **Es el origen de la abstención**, puesto que la persona no tiene los elementos para actuar con conciencia cierta. Debe deponer las dudas antes de decidir. Busca aclaración, más afirmación, más consejo.

## 6. Examinar y evaluar el nivel de formación de nuestra conciencia

Para actuar con "buena conciencia" es preciso que haya conciencia recta, verdadera y cierta. Esto garantizará una conciencia moral bien formada y adecuada. Este es el segundo paso del discernimiento ético: examinar nuestra conciencia según estos "parámetros" o "medidas" e interiorizar (hacer nuestros) los valores que hemos priorizado en la escala personal.

En la práctica pueden existir estos casos:

**a. Conciencia recta, verdadera y cierta:** Cuando coinciden las tres cualidades de la conciencia bien formada: no nos engañamos, hay transparencia interior. Cuando buscamos coherencia entre la verdad subjetiva (interior) y la verdad objetiva y cuando hemos aclarado y depuesto la duda o la falta de información necesaria y accesible. La persona está lista para continuar su discernimiento ético con una conciencia moral bien formada, para decidir y para actuar correctamente.

**b. Conciencia recta errónea:** Es cuando no nos engañamos, pero no hemos adecuado la verdad subjetiva con la verdad objetiva. Estamos en el error. Vivimos en el error. Esta puede ser **conciencia recta, errónea, invencible:** cuando con la información y las posibilidades físicas, culturales, etc. no podemos superar el error. Es cuando no hay condiciones ni posibilidades de acceso a la verdad. Una persona con conciencia recta, errónea, invencible, debe actuar según su conciencia. Puede ser también **conciencia recta, errónea, vencible:** cuando se puede conocer y adecuar la verdad subjetiva con la verdad objetiva. Las personas que tiene este estado de conciencia no pueden actuar según su conciencia errónea sino que deben primero adecuarla a la verdad objetiva. Vencer el error porque tiene los instrumentos, la información y la ayuda para salir de él.

**c. Conciencia viciosa (insincera):** Es cuando no hay rectitud interior. Nos engañamos para justificar nuestras actuaciones incorrectas. Es la peor deformación de la conciencia y no puede proseguirse en el discernimiento, ni actuar según esa conciencia hasta no lograr la transparencia y la verdad interior.

Presentar los esquemas que aparecen al final del tema.

### Ejercitación

1. Trabajo personal: Cada participante hará un examen de su conciencia para evaluarla según los criterios de los puntos 5 y 6. Debe responderse:

- ¿Defiendo la inviolabilidad de mi conciencia o me la dejo manipular?
- ¿Tengo una conciencia bien formada según los parámetros descritos en el punto 5: conciencia recta, verdadera y cierta?
- ¿En cuál de las situaciones del punto 6 me encuentro? ¿Qué debo hacer?

**2.** Apunta los propósitos y estas evaluaciones en la "Libreta de mi Proyecto de Vida" donde apuntaste tu escala de valores. Te servirá para después.

**3.** Revisa la escala de valores y trata de comenzar un proceso de interiorización, haciendo tuyos por convicción y no por imposición cada uno de los valores y su prioridad.

**a.** Este proceso comienza haciendo consciente que hemos sido nosotros mismos quienes hemos confeccionado la escala de valores y que por lo tanto no es capricho ni norma de nadie.

**b.** Lo adulto es asumirlos en la totalidad de nuestra vida e ir rectificando aquellas actitudes y actuaciones que no se correspondan con ellos.

**c.** Hacer una lista de actitudes y actuaciones que no se adecuen a mi escala de valores, para comenzar a rectificarlos.

**4.** El animador estará disponible para aclarar dudas. Solo sobre el método, no puede imponer, ni indicar nada sobre la escala de valores ni sobre la evaluación de la conciencia. Esto es personal.

**5.** Se hace el resumen y la evaluación del encuentro.

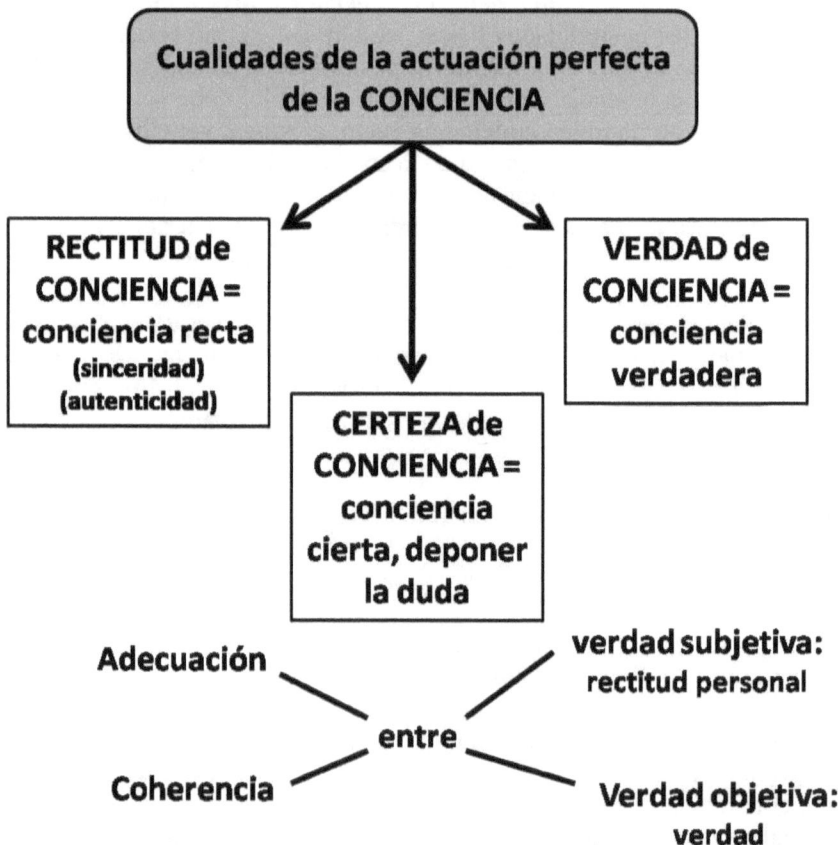

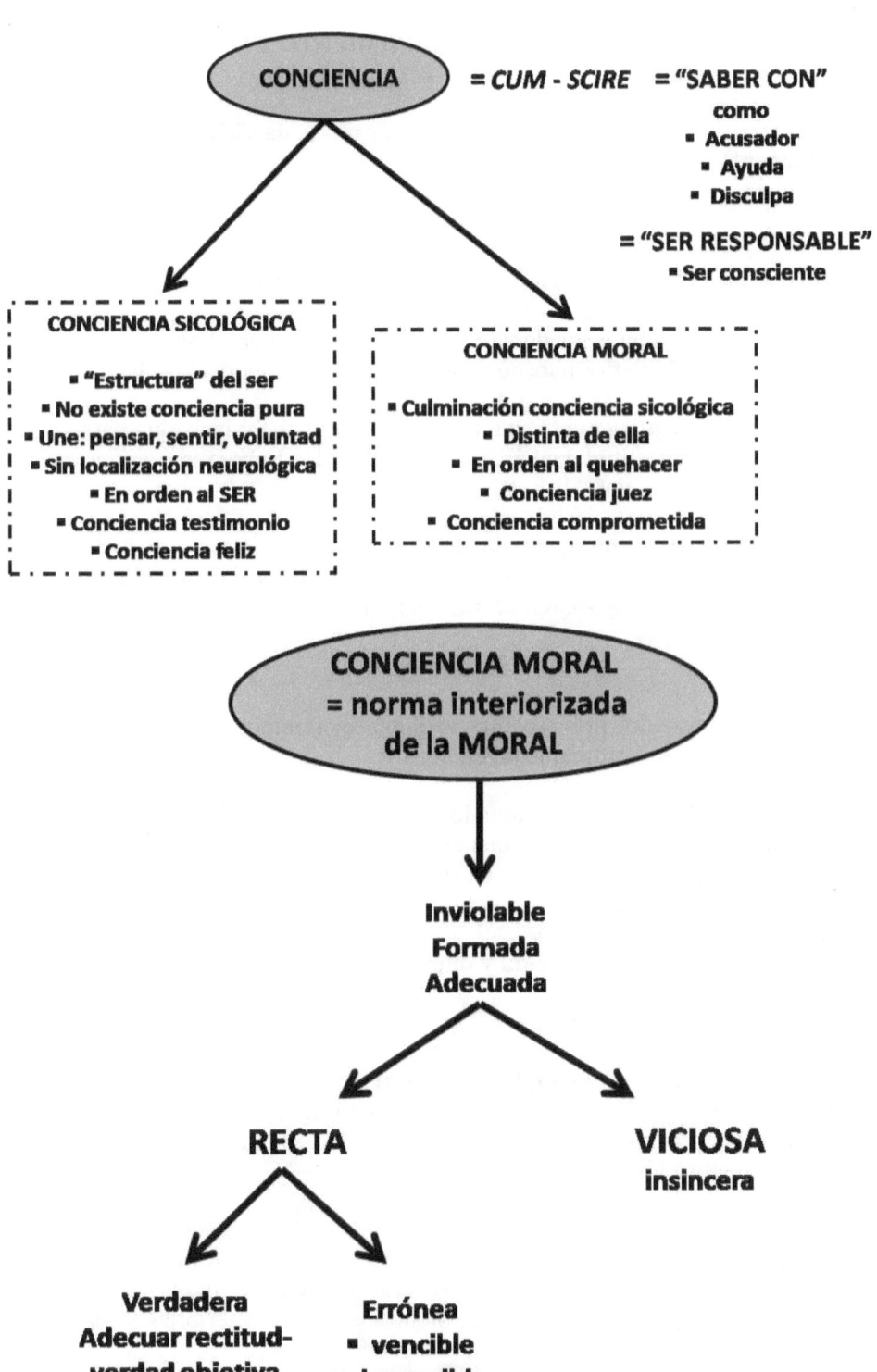

# Tema 5: "El discernimiento ético"

**Objetivos:**
1. Realizar el tercer paso del proceso de Mi Proyecto de Vida: el discernimiento propiamente dicho.

## Motivación

**1.** Se realiza un "Escriba y lea". Se piden tres voluntarios para el panel.

**2.** Salen los del panel y los demás participantes escogen el hecho histórico y escogen a dos voluntarios para contestar las preguntas sobre el hecho histórico.

**3.** El animador explica, una vez terminado el "Escriba y lea", que para poder determinar con exactitud cuál era el hecho histórico hubo que hacer una serie de preguntas para poder "discernir" bien.

Para hacer un discernimiento de nuestra conducta ocurre igual: debemos hacernos una serie de preguntas que nos conducen a encontrar la parte de verdad que alcanzamos sobre nuestro comportamiento y sobre nuestra vida.

## Desarrollo

**1.** El tercer paso del proceso que venimos ejercitando es precisamente el discernimiento ético propiamente dicho.

Una vez que hemos confeccionado nuestra escala personal de valores y hemos hecho el examen de conciencia para formarla como conciencia recta, verdadera y cierta, para poder interiorizar esos valores, estamos en disposición de comenzar a hacer el discernimiento.

**2. Opción fundamental de vida y opciones específicas**

El discernimiento ético puede ser:

**a. Para elegir nuestra opción fundamental** y hacer nuestro proyecto de vida, si no lo hemos hecho antes. Este es un tipo de discernimiento global o general en el que las preguntas se refieren a la totalidad de nuestra vida y no a un problema o situación concreta.

**La opción fundamental** es aquella elección o rumbo general de nuestra vida que iluminará todas las actitudes del comportamiento en los diversos sectores de la vida. Es un proyecto grande y general que regirá y dará sentido moral a nuestra vida. Debe ser bien claro, bien redactado e interiorizado para que pueda iluminar y orientar las actitudes específicas.

**b. Para hacer una opción específica o particular** en este discernimiento las preguntas se refieren a un problema específico ante el que se presentan varias alternativas. Hay que decidir qué actitud elegimos y qué actuación tenemos para ese caso concreto que debe estar siempre en coherencia con la opción fundamental y con el proyecto de vida que hemos elegido libre y conscientemente.

**Las actitudes** son disposiciones habituales para actuar en campos o ambientes específicos de nuestra vida para así concretar en esos ámbitos nuestra opción fundamental, nuestro proyecto de vida. Ej: ¿Qué actitud debo tener en mi trabajo, (o en mi familia, o en la vida política) para ser coherente con mi opción fundamental?

### 3. Pasos para hacer el discernimiento ético

**Primero:** Contestar las siguientes 7 preguntas según el discernimiento ético para mi Proyecto de Vida o para una opción específica:

### Para la opción fundamental

**I. ¿Qué** es mi vida?
**II. ¿Por qué** mi vida es así? (Causas).
**III. ¿Cuál** sería la opción fundamental que deseo para mi vida? (General).
**IV. ¿Cómo** deben ser mis actitudes para que se correspondan con mi opción fundamental? (En general).
**V. ¿Dónde** quiero desarrollar mi Proyecto de Vida?
**VI. ¿Cuándo** quiero desarrollar mi Proyecto de Vida?
**VII. ¿Con quiénes** quiero desarrollar mi Proyecto de Vida?

### Para una opción específica (escoger la situación)

**I. ¿Qué** problema concreto se plantea en mi vida?
**II. ¿Por qué** ocurre este problema? (Causas).
**III. ¿Cuál** debe ser mi opción en este problema que esté en coherencia con mi opción fundamental?
**IV. ¿Cómo** debo actuar para ser fiel a mi opción? (Se relacionan todas las alternativas o escenarios éticos).
**V. ¿Dónde** debo actuar? (Contexto y lugar adecuados).
**VI. ¿Cuándo** debo actuar? (Para ser oportunos).
**VII. ¿Con quiénes** debo actuar o me van a relacionar mis actitudes y acciones en este caso? (Implicados beneficiados, perjudicados).

**Segundo:** Las preguntas anteriores te ayudarán a satisfacer estos pasos del discernimiento ético:

**a. Describe la situación** o el dilema. (O toda tu vida).
**b. Contextualiza** esa situación en su entorno familiar, social, económico, político, religioso, cultural, etc.
**c. Busca causas y consecuencias** de este problema o situación.
**d. Diferencia bien todas las alternativas o escenarios.**
**e. Valora cada alternativa** según tu escala de valores, tu opción fundamental y tu proyecto de vida (si es para un caso específico y ya tienes tu opción y proyecto. Si es para elegir opción fundamental valora según la escala personal de valores).
**f.** Elige tu actitud, tu actuación o tu opción fundamental.

Una vez hecha la elección, siguiendo esta metodología, ha terminado el paso del discernimiento ético. Lo que queda es:

**1.** Actuar según lo discernido.
**2.** Evaluar la actuación para rectificar errores.
**3.** Perseverar en la buena actuación, en las actitudes éticas y en la opción fundamental.

### EJERCITACIÓN

**1.** Trabajo personal: Cada participante elige:

**a.** Hacer el discernimiento general: para hacer opción fundamental y proyecto de vida.
**b.** Hacer un discernimiento específico: para un problema o situación determinada si ya tuviera su opción fundamental.

**2.** Cada participante contestará por escrito en su cuaderno personal "Libreta de mi Proyecto de Vida" las preguntas del epígrafe 3 del Desarrollo aplicándolas en dependencia de su elección (si va a hacer discernimiento general o específico).

**3.** El animador estará disponible para aclarar dudas, solo sobre el método, no sobre la vida de los participantes.

**4.** Se hace el resumen y la evaluación del encuentro.

## TEMA 6: "DE LOS VALORES A LAS ACTITUDES"

**OBJETIVOS:**
**1.** Realizar el cuarto y quinto pasos del proceso de mi Proyecto de Vida: Concretar actitudes y decidir los actos libres y responsables que convertirán la moral formulada en moral vivida.

## Motivación

**1.** Se hará el juego "Del dicho al hecho va un trecho".

**2.** Se agrupan los participantes en dos bandos: Un miembro del bando 1 escribe una oración o refrán popular y la entrega al animador y comienza a decir en secreto a otro de su mismo bando esa oración que debe ser escenificada sin palabras. Cualquiera del bando 2 debe intentar reproducir la frase lo más precisa posible.

**3.** El bando 2 hará lo mismo alternativamente, siempre escribiendo la frase en una hoja que solo conocerá el animador y quien la escenifica de su mismo bando.

**4.** El animador servirá de juez otorgando de 1 a 10 puntos según se acerquen a reproducir lo más fiel posible la frase. El bando que primero llegue a acumular 30 puntos gana.

**5.** El animador declara al vencedor si lo hubiera, y aplica la moraleja de la dinámica "Del dicho al hecho va un trecho". Una cosa es la que podemos transmitir, porque lo sabemos o lo decimos con palabras y otra cosa son las actitudes y los hechos de la vida que pueden no transmitir el mismo mensaje que quisiéramos por no ser coherentes o no estar en el mismo "lenguaje" que entendemos nosotros y nuestros semejantes. Por eso **todo discernimiento ético y Proyecto de Vida debe pasar del dicho al hecho**, es decir de la opción fundamental a las actitudes concretas, de los valores asumidos a los hechos vividos.

El animador recuerda los pasos del discernimiento ético para hacer mi Proyecto de Vida según lo descrito en los temas anteriores:

**I.** Hacer mi escala de valores.
**II.** Formar mi conciencia moral: recta, verdadera y cierta.
**III.** Hacer el discernimiento ético tanto para: mi opción fundamental para toda la vida, como para las opciones específicas en cada momento.

## Desarrollo

### 1. De la opción fundamental a las actitudes habituales

El cuarto paso del proceso para discernir mi Proyecto de Vida consiste en buscar las **actitudes concretas** que hagan comportamiento habitual nuestra opción fundamental en cada ambiente de nuestra vida.

Concretar la **opción fundamental en actitudes**, contestando para cada ambiente la pregunta: ¿Qué actitud debo mantener en este ámbito en que me encuentro, para ser coherente con mi proyecto de vida, con mi opción fundamental? Esta pregunta debe repetirse para cada uno de los ambientes donde nos desarrollamos como personas y como ciudadanos: familia, escuela, trabajo, Iglesia, grupo de amigos, campo de la política, ámbito económico, social, cultural, relaciones internacionales, etc.

## 2. ¿Qué es una actitud?

Las actitudes son disposiciones de ánimo, comportamiento habitual, disposición libre para actuar de una forma sistemática y no contradictoria. Por eso, además de redactar cuáles deben ser nuestras actitudes en cada ambiente hay que entrenarse para ir haciéndolas realidad en nuestras vidas. Esto se hace a base de abnegación, rectificación y perseverancia.

**Sin abnegación no hay actitudes éticas**, es decir, ese actuar rectificándose a uno mismo, superándose a uno mismo, esforzadamente, no habrá actitudes morales rectas. Sin rectificación, es decir, sin arreglar lo que se desvía, sin adecuar la verdad subjetiva con la verdad objetiva, sin reconocer y enmendar los errores, no habrá actitudes morales verdaderas. Sin perseverancia no hay actitudes porque la actitud es obrar habitual y coherentemente, sin perseverancia en lugar de actitudes morales habrá hechos contradictorios o proyectos incongruentes u opciones a bandazos del impulso y los desánimos.

## 3. ¿Qué es un acto moral o un hecho moral?

No podemos confundir actitudes morales con el hecho moral aislado. El hecho moral es la concreción puntual de las actitudes y constituyen el quinto y último paso del discernimiento ético. La actitud es un "rosario" de hechos o actos. El acto es solo una "cuenta" de ese rosario de comportamientos habituales y sistemáticos que nos distinguen y son generalmente previsibles por ser coherentes con nuestra opción fundamental.

El hecho moral o "acto moral" es la moral vivida en cada momento. El hecho moral es la huella puntual que debe identificar nuestro Proyecto de Vida. "Por sus obras los conoceréis" -dijo Jesucristo. Para ser verdaderamente un hecho moral debe tener las siguientes características:

**a. Pleno conocimiento: Advertencia y Deliberación.** Es decir, la persona tiene que estar consciente y advertida de lo que va a hacer y de todas sus consecuencias antes de realizar el hecho.
**b. Voluntad libre:** Es decir, la persona no puede actuar coaccionada por otras personas o por circunstancias apremiantes que coarten su libertad personal. Las personas que no actúan gozando de plena libertad no pueden hacerse y ser responsables de sus actos.
**c. Decisión personal:** Es decir, que no solo basta tener voluntad de hacer algo sino tomar la decisión personal de hacerlo. Decisión personal significa autonomía para decidir personalmente, adultez requerida según la edad, y que

estén implicados en esta decisión todos los ámbitos de la persona humana: su inteligencia, sus sentimientos, su voluntad y su espiritualidad.

### 4. Solo el hecho concreto moral culmina el Proyecto de Vida

Según estos parámetros la persona que está haciendo el discernimiento para su Proyecto de Vida no habrá alcanzado su objetivo, si el mismo no desemboca en este último paso que corresponde a la actuación moral. De nada sirven todos los anteriores pasos si al final no decidimos y actuamos en consecuencia con lo que hemos discernido y reflexionado.

Cuando las personas ya tienen su opción fundamental y su Proyecto de Vida bien definidos y **repiten con frecuencia este proceso de discernimiento**, van entrenándose en él de tal forma que se acorta el tiempo necesario y se realiza muchas veces de forma mucho más dinámica y provechosa. Se va aguzando el **sentido moral de nuestra vida** y con la ayuda de ese nuevo "sentido" nuestras actitudes y reacciones ante las alternativas que nos va presentando la vida se agilizan y se hacen más coherentes, más éticos.

De modo que con el tiempo, muchos comienzan a darse cuenta de cuál es el Proyecto de Vida de esas personas que han logrado convertir su proyecto ético en moral vivida con la suficiente transparencia y perseverancia para que el brillo de su testimonio coherente opaque las naturales oscuridades de nuestros errores y convoquen a "la virtud y al mejoramiento humano" en los que creía Martí y sin los cuales Varela dijo que no podría haber *Patria sin virtud, ni virtud con impiedad*.

#### EJERCITACIÓN

**1.** Trabajo personal en la Libreta de mi Proyecto de Vida que debo cuidar y conservar:

**a.** Cada participante enumerará todos los ambientes donde desarrolla su vida: familia, trabajo, estudio, el grupo de la sociedad civil, etc. y todos los ambientes donde tenga que verter sus opiniones y criterios como por ejemplo la vida económica, las relaciones internacionales, la política, etc.
**b.** Cada participante contestará la pregunta del epígrafe 3 del Desarrollo del Tema 5 para cada uno de los ambientes enumerados.
**c.** Cada participante se preguntará qué actos corresponden a estas actitudes en cada ambiente. De modo que en cada uno de ellos puede poner: Ambiente, Actitudes, Hechos.
**d.** Escoger algunos hechos ya consumados y revisar si los hemos realizado con pleno conocimiento, voluntad libre y decisión personal, siempre con mucho respeto de las opciones de cada persona.

**2.** Se hace el resumen y la evaluación del encuentro.

# Tema 7: "Mi proyecto de vida"

**Objetivos:**
1. Conocer los elementos que determinan la figura ética.
2. Ejercitar los pasos para realizar un proyecto de vida.

## Motivación

1. El grupo se formará en equipos para responder las siguientes preguntas:

   - ¿Existe en nuestra sociedad un "vacío moral"? Diga las causas.
   - ¿Cuáles podrían ser las alternativas para resolver esta situación?

2. Se reúne todo el grupo en plenaria para la puesta en común. El animador hace el resumen, enuncia el tema y explica los objetivos.

El animador presentará el esquema del desarrollo en la pizarra o en una pancarta.

## Desarrollo

### 1. Componentes de la "estructura" de la persona ética

La persona ética está constituida por cuatro elementos "estructurales":

**a.** Su *ethos* o personalidad ética = SER-Ético
**b.** Su sentido moral - La orientación moral
**c.** Su opción fundamental - La elección moral
**d.** Sus actitudes morales - El quehacer moral

**2. El *ethos*** constituye el "modo de ser adquirido", el carácter, es el SER MORAL, es el modo de enfrentarse a la realidad por hábitos. Para tener una noción exacta del *ethos* es necesario relacionarla con el *phatos* o talante. El *pathos* o talante no depende de nosotros, es una realidad biológica, se refiere al temperamento, a los estados de ánimo, el estar bien, mal o triste, confiados, temerosos, etc.; es la forma de relacionarse con la realidad de la mano de nuestra naturaleza.

*Ethos* y *pathos* son dos conceptos correlativos, son los dos polos de la vida ética, premoral uno (*pathos*) y auténticamente moral, otro (*ethos*).

La formación del *ethos* o personalidad moral es una tarea que depende de nosotros y del ambiente en que vivimos, de la familia, de la educación recibida, y va siendo definido a través de cada uno de los actos humanos y en ellos se concreta el sentido moral.

## 3. El sentido moral: orientación fundamental de la realización personal

**El sentido moral** es la orientación fundamental que el hombre adquiere y asume y que va desde una concepción objetiva de la responsabilidad hasta una concepción moral entendida como cooperación y respeto mutuo. A su existencia llegamos a través de un examen histórico: según la cultura de un pueblo; estudio ontológico del ser personal, y de una consideración psicológica sobre la forma del sentido moral dentro de la psicología.

El sentido o sentimiento moral debe ser considerado como una de las dimensiones básicas de la estructura y realización de la persona. Según la forma en que se integre con las dimensiones del hombre, será la orientación fundamental al sistema moral que se dé cada individuo o cada grupo.

## 4. La opción fundamental: es la vida que elegí para mí

Existe otra instancia que asume el aspecto dinámico de la estructura de la figura ética, que es la opción fundamental. Esta se refiere a la "elección fundamental" o "proyecto general de la vida de una persona", le da sentido a los actos de la persona, representa la elección, la conducción de toda la vida hacia un fin. La opción fundamental la determina la persona libre y conscientemente de forma implícita y no refleja. A lo largo de la vida puede ser modificada, profundizarse en ella o ser sustituida, pero no debe ser frecuentemente modificada.

## 5. Las actitudes morales

La opción fundamental, el sentido moral y el *ethos* se concretan en las actitudes morales. Estas comparten toda la riqueza de la dimensión ética de la persona, integran lo referente a los sentimientos, a los conocimientos, principios o criterios y decisiones.

La estructura de la actitud moral comprende tres elementos:

**a. Motivación:** entendida como el conjunto de factores que inician, sostienen y dirigen la conducta; por lo tanto interviene en todo el comportamiento humano. Como proceso tiene tres fases.
 - *Suscitación:* que surge como una necesidad o carencia del organismo.
 - *Dinámica:* surge el impulso, el deseo y la conducta.
 - *Consumatoria:* al conseguir lo deseado se restablece el equilibrio. Hecho consumado.
**b. Referencia a un ámbito concreto del compromiso humano:** es la traducción de los "sentimientos" o "intenciones" en actos concretos tanto en la vida privada como comunitaria y social.
**c. Aspiración tendencial:** es la búsqueda de un fin como marca de toda nuestra conducta moral.

## 6. El acto moral

La manifestación final de la opción fundamental y de la actitud moral la constituye el acto moral. Estos pueden ser: **instintivos, reflejos normales** y **actos cumbres**. El acto moral perfectamente humano, es aquel cuyo verdadero dueño es el ser personal, lo que supone pleno conocimiento (por advertencia o deliberación) y decisión personal mediante una actuación de la voluntad libre y responsable. Con el acto moral se puede identificar la "estructura" ética de cada persona. Es la huella, su identidad.

Al finalizar la explicación del esquema el animador pregunta a los participantes si tienen dudas y si se necesitan aclaraciones, etc. Se presenta el esquema de la página siguiente.

### Ejercitación

**1.** ¿Qué pasos he dado en la definición de mi proyecto de vida?

**2.** ¿Qué falta? ¿Cómo concretarlo?

**3.** ¿Cómo identifico los elementos de mi estructura ética personal?

**4.** El animador da un tiempo de 15-20 minutos. Se hace el resumen y se evalúa el encuentro.

## Tema 8: "Comportamiento humano: libertad, responsabilidad y voluntad"

**Objetivos:**
1. Conocer el concepto de libertad, sus elementos y su regulación.
2. Evaluar nuestro comportamiento humano a la luz de la responsabilidad.
3. Ejercitar los pasos para un correcto obrar humano.

### Motivación

Se trata de preparar el "Juego de la vida" para el cual debemos preparar la "maleta de la vida".

Cada participante escribirá en un papel, los 10 valores importantes en su vida, la lista la escribirá en orden de prioridades. Consulta su escala de valores en la Libreta de mi Proyecto de Vida.

El animador narra que se trata de un "naufragio" y hay que "ir echando al mar" algunos valores. Hay que quedarse solo con lo esencial.

Pasado un tiempo el animador le pedirá a los participantes que vayan eliminando 4, 3 y 2 hasta quedarse con el más importante en la vida. Entre una etapa y

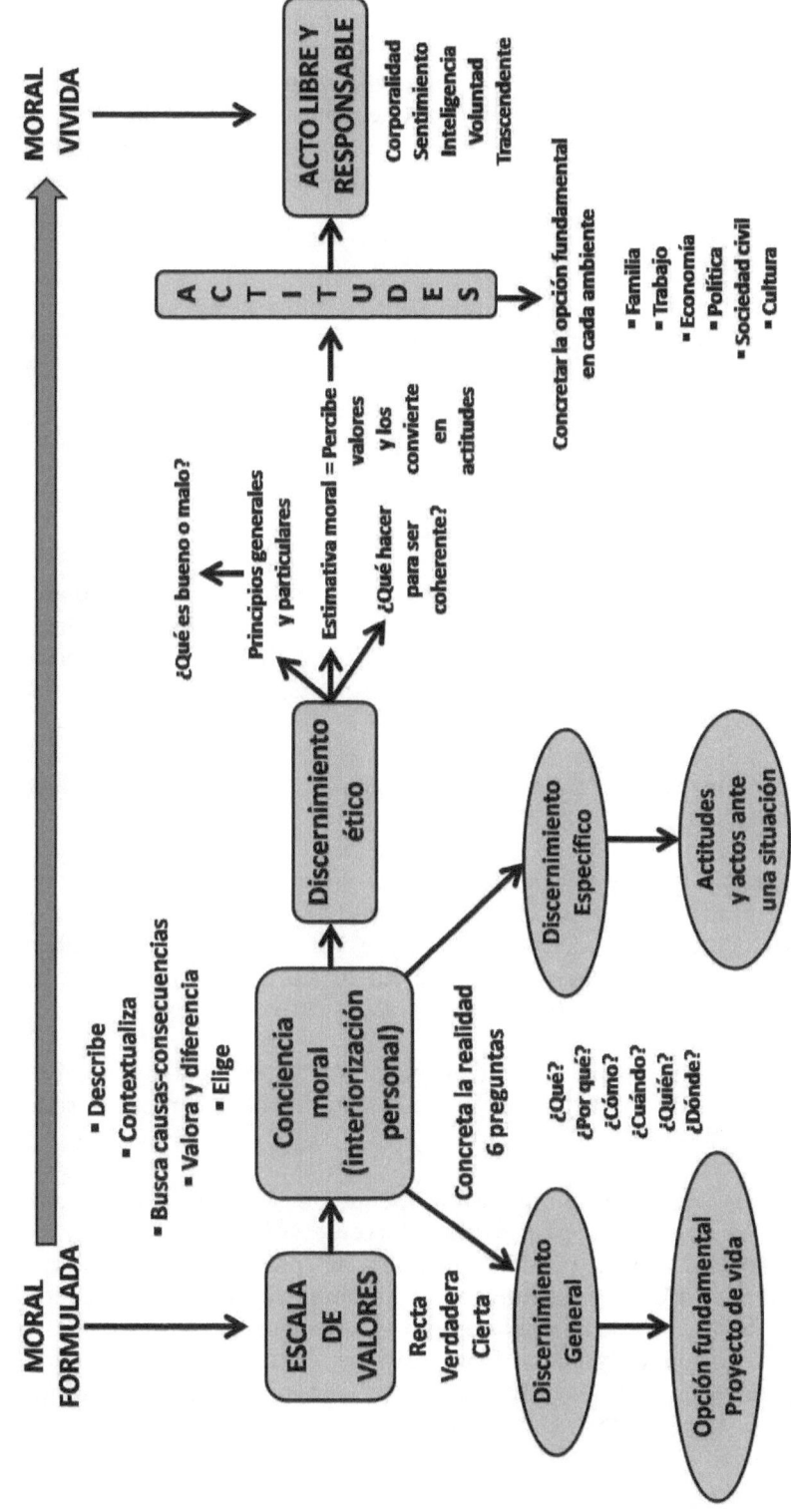

otra le debe dejar tiempo para reflexionar y decidir. Al finalizar el animador le pregunta a los participantes: ¿cómo se han sentido? ¿Qué dificultades han encontrado? El animador resume diciendo que muchas de las cosas que valoramos en la vida, a las que nos apegamos muchas veces, limitan nuestra libertad y hasta que no nos liberemos no podremos actuar consecuentemente. Pone el título del tema y enuncia los objetivos.

### Desarrollo

**1.** La dimensión más formal del comportamiento humano lo constituye la responsabilidad. Solo un comportamiento responsable es un comportamiento moral. La responsabilidad humana se define a partir de la realidad y del concepto de libertad.

**2. ¿Qué es la libertad? Sus elementos y su regulación**

La libertad está constituida por tres elementos en tensión:

**a. Tener libertad y ser libre:** El ser libre es el "estilo" de vivir humano, sentido de la vida humana. El hecho de ser libre posibilita el tener libertades: morales, estéticas, económicas, religiosas, políticas, etc. Si no se tienen libertades el ser libre es una abstracción. Si no se es libre no sabremos, ni podremos usar las libertades.

**b. Don o tarea, un quehacer:** Es un llamado a ser libres y estar liberándonos continuamente.

**c. Libertad "de" y "para":** La libertad es valor en sí y es capaz de generar mayor grado de libertad. Existe la libertad de, sentido genitivo que nos libera de los tabúes, miedos, complejos, opresiones... Pero esta cobra un sentido trascendente cuando usamos "la libertad de" para actuar libremente al servicio de los demás. Es la "libertad para", sentido dativo).

Por eso decimos que la libertad es una propiedad esencial del hombre, no solo determinada por la naturaleza humana sino que debe caracterizar la voluntad o acción moral.

**El mecanismo regulador de la libertad es la autoconciencia** que a su vez tiene dos dimensiones. **Una "volverse sobre sí mismo"** y, por tanto, tener posesión de sí; y otra **"salirse de sí" para trascenderse**. La libertad caracteriza la existencia humana, y su significado varía de acuerdo con el grado de autoconciencia del hombre y su concepción de sí mismo como ser preparado e independiente. Este a su vez, en la vida humana, se comporta por el equilibrio de dos tendencias: una progresiva: asumir cada día mayor libertad; y otra regresiva: miedo a ser libres.

## 3. ¿Qué es un acto libre y responsable?

La libertad concreta el comportamiento humano en la responsabilidad, para que sea tal debe corresponderse con actos responsables y libres. Todo acto responsable y libre debe tener los siguientes elementos:

**a. Elemento pático:** el clima psicológico que envuelve los actos humanos. Aquí se encuentran **los sentimientos.**
**b. Elemento cognoscitivo:** todo lo referente al **conocimiento** humano. Incluye la advertencia, deliberación e imperio.
**c. Elemento volitivo:** en todo comportamiento responsable interviene la **voluntad** de la persona. Este elemento es el que le da sentido y unificación a los demás elementos.
**d. Elemento ejecutivo:** es la **proyección** del sujeto sobre el mundo exterior.

## 4. ¿Qué es un acto voluntario?

Para analizar todo acto humano responsable es necesario preguntarnos por el querer humano o voluntad. La estructura formal del obrar voluntario se divide en tres tiempos:
**a. Decidir:** es el acto de la voluntad que se apoya sobre el motivo. Incluye la elección y los motivos, aplica **el discernimiento.**
**b. Actuar:** es el acto de la voluntad que sacude **los poderes personales.** Incluye la moción voluntaria y los poderes.
**c. Consentir:** es el acto de la voluntad que asiente a la necesidad, es **convertir en libertad la necesidad.** Incluye **el consentimiento** y la necesidad.

## 5. ¿Qué hacer para fortalecer mi fuerza de voluntad?

Sugerencias prácticas para ejercitar la voluntad:

- Entrenarse en lo pequeño.
- Acortar el tiempo entre discernir-elegir-actuar.
- Vencer el miedo, arriesgarse, "cerrar los ojos" y comenzar.
- No mirar para atrás, no detenerse.
- No buscar justificaciones ni autocomplacencias.

Al finalizar la explicación el animador realiza todas las aclaraciones necesarias y presenta el esquema que aparece al final del tema.

### EJERCITACIÓN

**1.** Cada participante escoge una situación de su vida en la cual debe ejercitar su voluntad, es decir: tomar una decisión, actuar, consentir.

Si es posible aplicar las sugerencias prácticas que se te ofrecen al final del tema.

**2.** En plenaria se realizan las aclaraciones pertinentes.

**3.** Se hace el resumen y evalúa el encuentro.

## ESTRUCTURA FORMAL
## DEL OBRAR HUMANO RESPONSABLE

**DIMENSIÓN DE LA RESPONSABILIDAD**
**COMPORTAMIENTO RESPONSABLE – COMPORTAMIENTO MORAL**

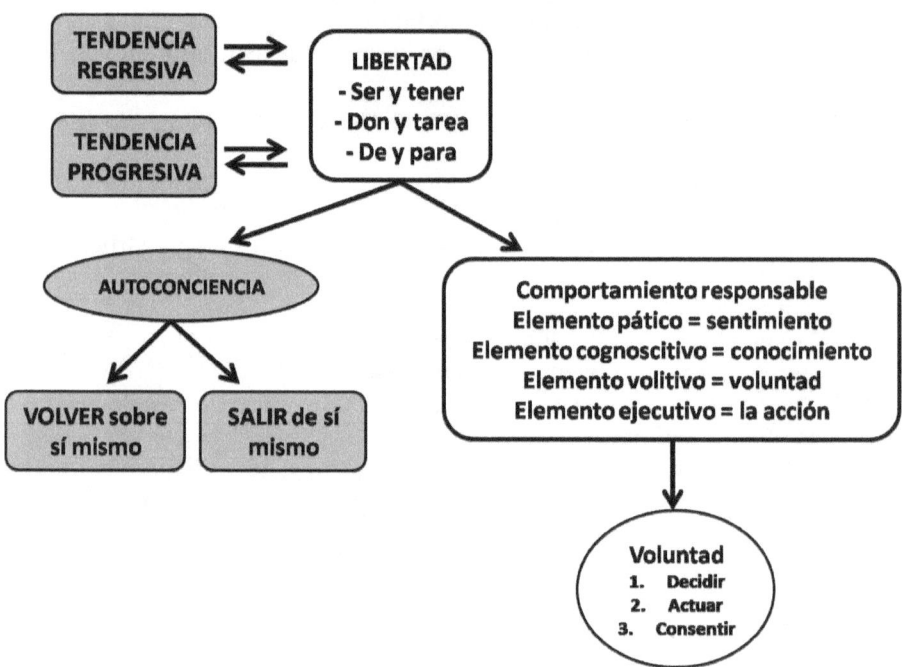

# TEMA 9: "ÉTICA INTERPERSONAL"

**OBJETIVOS:**
**1.** Profundizar en: descubrir y aceptar al otro como un "tú" y aprender a manifestarnos auténticamente como un "yo" para poder ir construyendo una comunidad de personas donde se pueda ir creando el "nosotros" que garantice una convivencia feliz.
**2.** Estudiar la dimensión personalizante de la sexualidad para conocer su dimensión social y su relación con el bien común.
**3.** Profundizar sobre la importancia e influencia que tiene la ética interpersonal en la familia como comunidad de personas, para contribuir de esta forma a fortalecer el papel que le corresponde como escuela de entrega, fecundidad, vida y su dimensión socializadora.

## Motivación

Se forman tres equipos para responder las siguientes preguntas: ¿En qué nivel de la moral (sociológico, jurídico o antropológico) ubicarías los diferentes ambientes en que se desarrolla el cubano promedio?

**Equipo 1:** Convivencia
**Equipo 2:** Sexualidad
**Equipo 3:** Familia

## Desarrollo

Con este tema se comienza la aplicación de la ética a los diferentes ambientes que conforman nuestra vida. Así que iremos aplicando lo aprendido a las relaciones interpersonales, la sexualidad, la política, la economía, la sociedad civil y las relaciones internacionales. De este modo lo ético y lo moral, es decir, nuestro carácter y nuestro comportamiento, no quedarán en conceptos abstractos y nuestro Proyecto de Vida alcanzará aplicaciones y criterios de actuación en todos los ámbitos de nuestra existencia.

### 1. Ser verdaderamente "yo" y respetar al otro como un "tú". La alteridad

Para que pueda darse una convivencia perfecta es necesario que las personas descubran en el otro un "tú" y se relacionen con él como un "tú". Es decir, como otra persona, irrepetible y única.

En las relaciones interpersonales al "otro" no se le debe tratar como un objeto sino como un ser humano. Se lesionaría su dignidad si se le tratara como a un don nadie, un instrumento, un rival, un objeto de contemplación o un objeto de transformación. La alteridad es el respeto a la dignidad del otro. Es el reconocer que es "otro" y no una cosa.

La relación entre las personas puede ser de diferentes formas. Unas veces puede adoptar formas conflictivas, puede ser de odio, envidia, resentimiento, de rivalidad, etc.; otras veces pueden ser basadas en caminos de amor, amistad, que es la forma típica de la relación interpersonal.

No basta descubrir en el otro un "tú" y relacionarse con él de ese modo, para que pueda existir una convivencia interpersonal. Es necesario, además que el "yo" se manifieste como tal porque solamente habrá un "tú" si existe un "yo" que se revele con su propia identidad. Es decir, como somos, sin caretas ni simulaciones.

Existen diferentes formas de manifestación del "yo" en relación con el "tú", entre ellas se encuentran formas deficientes o errores como son:

**a. Papel social:** Es cuando el yo se manifiesta como un "papel" social que tiene que desempeñar generalmente por presión social. Todos tenemos un *status* y a ese *status* corresponde un rol social, esto es necesario y bueno. Lo malo es cuando el "yo" nunca se manifiesta en la línea personal auténtica sino que siempre lo hace en la línea del papel social o, lo que es peor, cuando en las formas personales que debieran estar privadas de todo rol social, asume un papel social. No vive la intimidad.

Cuando los que componen el grupo o la comunidad no hacen más que desempeñar papeles sociales, es difícil que se pueda dar una convivencia interpersonal. Será un "drama", a veces una "comedia". Lo vital, lo cordial, lo íntimo, es oprimido, violado o suprimido por una representación: huele a falsedad.

**b. Máscaras:** A veces el "yo" se presenta delante del "tú" con una apariencia que no corresponde a la realidad, es el complejo del fariseísmo. Cuando el "yo" se manifiesta como máscara, oculta lo individual y expresa lo que quiere parecer ante los demás, y en ocasiones también ante sí mismo. El "tú" asume una postura especial ante él. Su respuesta ante este comportamiento es ejercer también la postura enmascarada de que ha sido víctima, apareciendo en la comunidad una situación carnavalesca que le impide tener una conciencia auténticamente humana (Cf. "Máscaras políticas". Padre Félix Varela).

**c. Refugio inconsciente:** En múltiples ocasiones el "yo" se manifiesta delante del "tú" y en la conciencia interpersonal no a través de su consciente sino a través de las expresiones de su inconsciencia.

El yo se manifiesta auténticamente en la conciencia cuando se realiza la relación a nivel de su yo consciente y para hacerlo se requiere lo siguiente:

- **Integración:** de los estratos de la persona en la unidad del yo consciente.
- **Responsabilización:** el yo debe sentirse con la posibilidad de dar de sí mismo frente a los demás.
- **Apertura:** salida de la tentación del yoísmo que nos acecha continuamente.

## 2. El hombre es apertura y tiene que vivir en apertura: el nosotros. La nostridad

No basta con el descubrimiento del otro como un "tú". No basta con la manifestación del "yo" como un auténtico "yo". Para que exista una comunidad es necesaria la aparición del "nosotros" que se sustenta en el tú y el yo como una relación entre personas, es la apertura a un tercero y se forma con la reciprocidad de las personas.

El "nosotros" no es una yuxtaposición de personas, sino reciprocidad de las mismas, no es un proyecto de trabajo en común (comunidad de trabajo), no es una comunidad inactiva de personas que se reúnen a sí mismas (narcisismo comunitario). La nostridad es vital y operativa al mismo tiempo. Reconocer y respetar el nosotros es la esencia ética en la vida de la comunidad.

## 3. La ética de la sexualidad personalizante

La ética sexual ha de determinarse principalmente desde la persona y en orden a la persona. La sexualidad **es personalizante cuando se abre en tres dimensiones o nutrientes**: primero, contribuye a edificar el "yo"; segundo, cuando tiende a realizar la apertura de la persona al mundo del "tú"; y tercero, es la apertura al nosotros dentro de un clima de relaciones interpersonales cruzadas.

Las relaciones de la sexualidad deben tener un "lenguaje" de amor, que es diferente de la fuerza del impulso biológico. Ha de ser una relación personalizada y personalizante, para esto ha de ser lenguaje y actitud de amor, o sea expresado y, al mismo tiempo, realización de amor. Las relaciones que no se coloquen en esta línea están desvirtuadas y por tanto, son descartables desde el punto de vista moral.

No por ser "personalista", el comportamiento sexual se convierte en una "conducta individualista". Hay que añadir más: la sexualidad no es asunto que permanece encerrado entre dos: el comportamiento sexual se abre al "nosotros social". Recibiendo y aportando a la sociedad unos imperativos éticos muy concretos y determinados.

Las relaciones interpersonales se establecen en el campo de la sexualidad humana en cuatro expresiones de la misma, que son: **sexo,** *eros,* **filia y ágape.** En el próximo tema profundizaremos en estas dimensiones de la sexualidad que permiten la ética de las relaciones interpersonales (ver Tema 10).

## 4. Ética de las relaciones interpersonales y familia

La ética interpersonal posee gran importancia e influye en las relaciones que se establecen en la familia que, no solo es una comunidad constituida por la pareja conyugal y su descendencia, si la hubiese, sino que también es una comunidad poseedora de valores y realizadora de fines que descansan en la misma naturaleza humana y que, a pesar de los cambios históricos, ha de llevar a cabo tareas que, en lo esencial, permanecen estables y son permanentes porque conllevan a la realización humana de las personas que la constituyen.

La familia tiene como función primordial convertirse en escuela del más rico humanismo. La persona no logra su plenitud de realización humana si no es en un medio social y para ello se necesita que la familia sea:
- **Un lugar natural de convivencia:** encuentro entre distintas generaciones.
- **Escuela de educación de todas las cualidades humanas:** carácter, comprensión, respeto, diálogo y sobre todo amor como centro de vida y expansión.
- **Lugar de encuentro y apertura a la sociedad**, a la que ha de llegar por un compromiso y una colaboración.

(Para profundizar sobre la familia ver el Curso 2: "Somos Familia").

### Ejercitación

Se forman tres equipos (los mismos de la motivación) y buscan qué hacer para que la realidad estudiada en cada uno de ellos pueda acercarse al ideal de los principios éticos desarrollados en el tema para: la convivencia, la relación interpersonal-sexualidad y familia.

## Tema 10: "Ética y Sexualidad"

**Objetivos:**
1. Conocer las características principales de la sexualidad humana.
2. Conocer los presupuestos morales necesarios para el discernimiento ético en el campo de la sexualidad humana.

### Motivación

**Variante 1:** Formados en dúos (o pequeños grupos) se discuten las siguientes frases, determinando si se está de acuerdo o no, para eso hay 10 minutos. El resultado se discute después entre todos.

1. La sexualidad de la persona es la manera en que esta vive sus relaciones íntimas con otra (relaciones sexuales).
2. Los rasgos del comportamiento sexual se adquieren en la adolescencia (entre los 10 y los 15 años) y perduran para toda la vida.
3. Lo que diferencia a una pareja de amigos de una de novios es que en la relación de los primeros no tiene nada que ver la sexualidad, y en el segundo caso sí.
4. Las relaciones sexuales entre las personas tienen como objetivos el placer y la reproducción, pero pueden ser usadas solo para el placer.
5. La persona puede vivir plenamente su sexualidad solo cuando escoge una pareja estable y vive con ella la intimidad sexual en el matrimonio.
6. Hay quienes piensan que la homosexualidad o la bisexualidad son enfermedades, otros que es una manera de vivir la sexualidad tan legítima como la relación con personas del sexo opuesto.

**Variante 2:** El animador entrega a los participantes un pedazo de papel e invita a cada uno a formular una pregunta relacionada con algún aspecto del sexo que le interese o sobre el que tenga alguna duda.

Las preguntas escritas serán echadas en un cajón y el animador las va leyendo en voz alta y tratando de que todos den su aporte en la respuesta, para ello puede ir usando las pancartas del desarrollo.

Todas las frases de la Variante 1 tienen algo de falso, el animador deberá aclarar todos los puntos contando con la participación del grupo y el contenido del tema.

## Desarrollo

### 1. Rasgos de la sexualidad madura

Cuando se habla de impulso o relación sexual no se habla solo de sexo gonádico sino de toda la energía de la sexualidad humana.

**a.** La persona vive su sexualidad de una manera integral, acogida y aceptada libre y responsablemente. Puede vivirse esa sexualidad, que es más que solo sexo, en: el matrimonio, el noviazgo o diálogo prematrimonial, la viudez, la soltería o la virginidad consagrada.
**b.** La energía de la sexualidad madura se integra en toda la dinámica de la persona y no es "algo aparte", o vivido como un "tabú", o de manera reducida. La persona se relaciona libremente con los demás, sean de un sexo u otro, y sabe cómo comportarse en cada caso para que dichas relaciones contribuyan realmente a la realización humana de cada parte.
**c.** El impulso sexual es aceptado con tranquilidad y encauzado debidamente, en la pareja, en la vida familiar, social, etc.
**d.** La relación sexual es vivida como entrega al otro, como ágape, no como posesión, simple fuente de placer, o de descarga emocional.
**e.** El comportamiento sexual tiene dimensión social, es decir, aporta al desarrollo de otras personas y las respeta, recibe aportes, y contribuye a encauzar (controlar) el impulso sexual de otros y el suyo propio.

### 2. Dimensiones de la sexualidad

La sexualidad humana integral tiene cuatro dimensiones complementarias pero diferentes:

**a.** *Sexo:* Está relacionado con la **atracción física** por la otra persona. Es el gusto por los ojos, la piel, la forma de caminar, los besos... Tiene que ver con lo biológico-gonádico, es decir, con la función de los órganos sexuales. Las relaciones sexuales son propias de la pareja humana y no se refieren solamente al coito; el coito debe ser la culminación de un proceso de maduración de la pareja en el amor, debe ocurrir cuando el hombre y la mujer han decidido entregarse el uno al otro para siempre en el matrimonio.

La relación de una pareja de novios está muy marcada por lo sexual, pero estos pueden y deben vivir su sexualidad de forma integral, es decir, en sus cuatro dimensiones. Las relaciones sexuales son fuente de placer, pero no por eso deben estar marcadas por el simple "goce" de la otra persona, ni con la "posesión" de la misma. El hombre puede superar la simple necesidad genital. Las personas que libremente se abstienen de las relaciones sexuales (por razones religiosas, filosóficas o personales) pueden vivir su sexualidad equilibrando la falta de esta dimensión con la vivencia de las otras tres.

**b. *Eros*:** Está relacionado con **la forma de ser**, con lo psicológico, con el equilibrio entre el carácter y el talante. El *eros* tiene que ver con el deseo de estar con la otra persona, de compartir con ella, de acceder a su forma de pensar, a sus sentimientos, sus sueños, etc. (relación intersubjetiva). Ese "deseo" varía con el grado de intimidad y el cariño que haya entre las personas, en dependencia de si son amigos, familiares, esposos, novios, o simples conocidos.

**c. *Filia*:** Está relacionado con **el sentido de pertenencia mutua** entre las personas. Cuando los proyectos éticos de las personas tienen puntos en común y estas lo realizan poniendo en común sus esfuerzos.

**d. *Ágape*:** Es la mayor expresión de la sexualidad humana. Se refiere al amor que hace que la persona **se entregue desinteresadamente** en el servicio a la realización de la otra, es el **amor oblativo**, es decir, el que da de sí por el bien del otro. El ágape es la realización, en la vida de una persona, del Amor de Dios por el hombre.

**3. Dimensiones de la sexualidad humana desde otros ángulos o escuelas de pensamiento**

**a. Dimensión biológica:** Está dada por los caracteres genéticos (distribución de los cromosomas), por la forma del cuerpo, por los órganos sexuales (gónadas). Es el sexo como necesidad biológica, como pulsión. Así los hombres son biológicamente hembra y macho, sienten y se comportan como tal. Equivale a la dimensión "sexo" en la anterior clasificación.

**b. Dimensión psicológica:** La sexualidad aparece en el mundo de cada persona, en su modo de pensar, comportarse, de relacionarse con los otros, de proyectarse hacia el futuro. Se diferencia del animal, en este sentido, porque es capaz de dominar la pulsión sexual y convertirla en un "deseo" consciente que está en dependencia de la forma de ser. Equivale al *eros* personal en la anterior clasificación. La sexualidad humana experimenta el mismo proceso de maduración que la psiquis de la persona (pensamiento, sentimientos, etc.) y está presente en todas sus etapas:

- **En la niñez** se aprende a distinguir y dar la primacía necesaria a su región genital sobre las demás partes del cuerpo, se adquiere pudor. Se va tomando el comportamiento sexual de los adultos, sobre todo del padre que tenga su mismo sexo.
- **En la adolescencia** se produce el despertar de la sexualidad genital con el comienzo del desarrollo de dichos órganos. La relación con los demás cambia su sentido, se hace "brusca" y "rebelde", el diálogo es difícil. En esta etapa se profundizan las relaciones con personas del mismo sexo y se produce la distinción del "otro" sexo (proceso de diferenciación).
- **En la juventud** se produce el desarrollo de las relaciones intersubjetivas, el descubrimiento del "tú" en otra persona, ya no abstracta, como en la

adolescencia, sino concreta. Es el momento del desarrollo del compromiso con otras personas y con la sociedad en general.

- **La sexualidad madura** se adquiere luego de haber transitado estas etapas y puede aparecer aun sin haber culminado los procesos de maduración propios de la juventud.

**c. Dimensión Dialógica:** Esta es la dimensión interpersonal de la sexualidad. La misma forma parte del lenguaje de las personas, de su forma de comunicar deseos, sentimientos, ideas, etc. Lo sexual "colorea" la apertura de la persona al "otro", mediante la cual se produce el encuentro con los demás, que es enriquecedor e indispensable. La sexualidad se desarrolla plenamente cuando esa comunicación se convierte en amor desinteresado, en donación de sí mismo. Equivale a la *filia* y el *ágape* en la anterior clasificación.

La atracción de los sexos es una voz sorda que brota de lo más profundo del hombre. Esa voz se hace "encuentro" y "donación" mediante el diálogo entre las personas. Lo puramente biológico se hace humano en la *filia* y el *ágape*.

La relación con el otro sexo (relación heterosexual) comienza a partir de la diferenciación de la adolescencia. Esta relación continúa con el enamoramiento en la juventud. El noviazgo es el proceso propio para ello. Este, a su vez, culmina en el matrimonio donde se vive plenamente el encuentro con la otra persona. Esta plenitud puede vivirse también en el estado de virginidad consagrada o de soltería libremente asumidos.

**d. Dimensión socio-cultural:** La participación de la persona en la sociedad está muy ligada a su sexualidad. El comportamiento sexual está influido por lo cultural, lo legal y lo moral; de esta manera la participación social sirve para encauzar el excedente impulsivo sexual hacia una finalidad que edifique a la persona. En otras palabras, el ser humano tiene su sexualidad reducida a los "períodos de celo" como sucede en los animales. La sexualidad está siempre presente en la persona y esto hace que haya un "excedente", una parte de la energía o pasión que crea nuestra sexualidad integral que no se satisface en las relaciones sexuales corporales, o en las relaciones interpersonales más íntimas.

El entorno social aparece entonces como el lugar propicio para encauzar ese excedente. Por ejemplo, la necesidad de encuentro siempre presente en la sexualidad humana puede satisfacerse con la extensión de las relaciones interpersonales con distintos tipos de personas, la necesidad del placer puede satisfacerse mediante el disfrute de los distintos espacios de participación que ofrece la sociedad (arte, deportes, trabajo, recreación, etc.), la necesidad de donación de sí puede satisfacerse en el compromiso en los distintos ambientes de la sociedad (familia, estudio, trabajo, política, etc.), etc. La sociedad actúa también como reguladora del excedente de la energía de nuestra sexualidad, en sentido amplio, a través de las leyes. Por ejemplo, cuando prohíbe prácticas inmorales como la prostitución, la poligamia o los abusos sexuales de toda índole. Cuando el hombre no encauza debidamente la energía de su sexualidad, esa pasión que sale de dentro, bien sea por causa propia o por impedimento social, se empobrece como persona.

**4.** El contexto social varía en dependencia de la cultura, y por tanto el comportamiento sexual también. En este sentido la normativa moral no puede identificarse con ninguna cultura en específico, más bien debe tener una función crítica de la cultura y tener como centro el desarrollo de la persona humana.

Existen personas bisexuales que son las que comparten su sexualidad con ambos sexos y personas homosexuales que son las que comparten su sexualidad con personas del mismo sexo. La persona vale como persona y no puede ser discriminada por su vivencia de la sexualidad. Toda discriminación o segregación social por razón de la orientación sexual es universal y debe cesar.

Al final del tema, presentar el esquema que aparece en la página siguiente.

### Ejercitación

Se proponen dos ejercicios:

**1.** Hacer una autoevaluación basándose en los rasgos de la sexualidad madura, a cada aspecto se le dará entre 0 y 10 puntos. Esto es personal y no se comparte.

**2.** Reunidos en pequeños grupos hacer la misma evaluación pensando en el cubano promedio. Los equipos pueden ocuparse de las etapas del desarrollo humano: niñez, adolescencia, juventud, adultez.

## Tema 11: "Ética y Política"

**Objetivos:**
**1.** Conocer el concepto de política y el funcionamiento de la comunidad política.
**2.** Conocer la relación entre política y ética.
**2.** Identificar una ética política que tenga a la persona humana como sujeto, centro y fin de la política.

### Motivación

**1.** Se forman dos bandos que a su vez se pueden formar varios equipos.
**2.** Un bando enumerará actitudes individuales de compromiso político y el otro de compromiso colectivo.

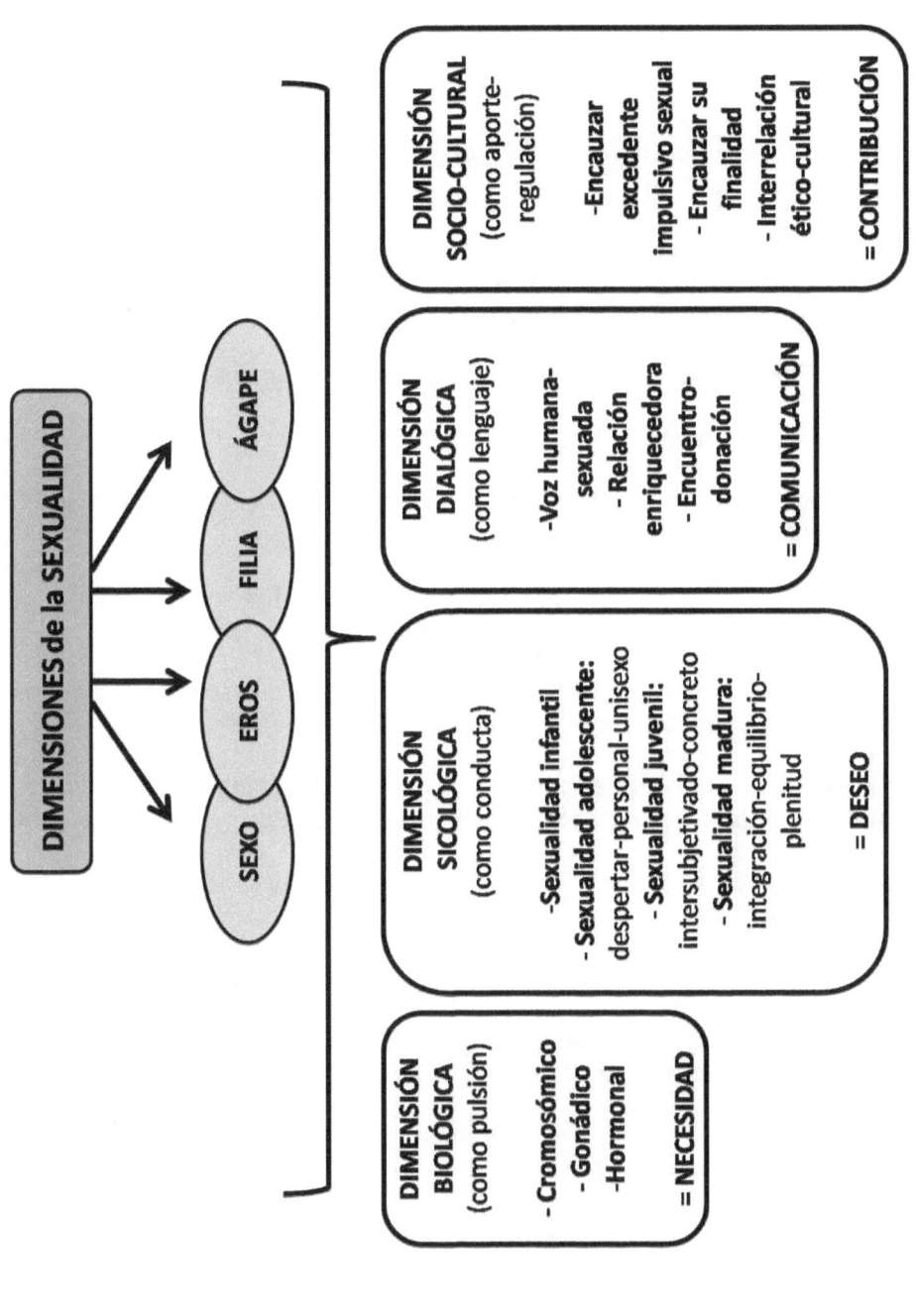

**3. Plenaria.** El animador resume el tema diciendo que es necesario comprender qué es la política, para poder evaluar nuestros comportamientos políticos. Enuncia el tema y enumera los objetivos.

### DESARROLLO

La política pertenece a la condición social del ser humano y debe ser entendida según dos realidades:

**Realidad estructural:** pertenece a las realidades que brotan de la condición humana. Todos los seres humanos tenemos una dimensión política y una vocación política que puede ser: cívica-social o partidista.

**Realidad histórica:** porque está sometida a la variación histórica.

**1. ¿Qué es la política?**

Para asumir unos criterios éticos para el ejercicio de la política debemos, en primer lugar, conocer bien el concepto de política.

**Política** viene del griego *"polis"* que significa ciudad. Entonces, lo político es todo lo relativo a la vida de la ciudad, del pueblo.

**Lo político:** es toda la esfera de la actividad humana que se relaciona con la vida social, comunitaria, de la *polis* desde el punto de vista

**La política:** Es la ciencia o el arte que estudia y trata sobre lo político. Política es la búsqueda de la convivencia social en su más alto grado, pero en sentido estricto.

**Los políticos:** Se refiere a la llamada comunidad política. Son todos aquellos ciudadanos que por vocación o profesión dedican su vida o parte de ella a hacer política desde los partidos políticos. Es decir, desde la política partidista, aspirando al poder y alternándose en las estructuras del Estado.

Ahora bien, no hay que confundir lo político con lo cívico. Estas son dos formas diferentes de participar en la política.

**Cívica** viene del latín *"civitas"* que también significa ciudad. Entonces, lo cívico es todo lo relativo a la vida de la ciudad, del pueblo.

**Lo cívico:** es toda la actividad humana que se relaciona con la vida social, comunitaria, de la polis desde el punto de vista global o integral, holístico pero no partidista.

**La cívica:** Es la ciencia y el arte de buscar la convivencia social en su más alto grado. Es la ciencia práctica que busca preparar al ciudadano para el ejercicio de la soberanía que lleva en sí, y por sí, todo ciudadano. Para participar libre, consciente y responsablemente en la sociedad civil y para que conozca sus derechos humanos y deberes cívicos. En esto coincide con el concepto de política pero se ejerce en sentido amplio (Cf. Tema 1 del Curso 3).

**La sociedad civil:** Es la red o el tejido de grupos, asociaciones, organizaciones no gubernamentales que por vocación o profesión participan en la política en sentido amplio, es decir, no partidista. No aspiran a tomar el poder pero si a influir en él, controlarlo desde la soberanía ciudadana y hacer propuestas civilistas (Cf. Tema 4 del Curso 3 y el Curso 4).

## 2. Diferentes formas de hacer política: política cívica y política partidista

Una vez que hemos aprendido y precisado los conceptos de política y cívica, podemos pasar a diferenciar las diferentes formas de participar en lo político, es decir, en esa preocupación y ocupación por el bien común de la sociedad, por el desarrollo de la *polis*, de la *civitas*.

Hay dos formas fundamentales de participación de los ciudadanos en la vida política:

**a. Política partidista o en sentido estricto:** Es cuando los ciudadanos dedican su vida o parte de su vida a la política desde los partidos políticos y con la propuesta de programas políticos que se inspiran en una ideología determinada. Puede ser ejercida desde la oposición o desde el poder ejecutivo (gobierno) o legislativo (parlamento).

**b. Política cívica o en sentido amplio:** Es cuando los ciudadanos dedican su vida o parte de su vida a la acción cívica desde el tejido plural de la sociedad civil. No necesariamente se inspiran en una determinada ideología igual para todo el grupo, pueden ser organizaciones culturales, deportivas, sociales, filantrópicas, fraternales, religiosas. No aspiran al poder directamente, pero pueden pasar en un momento determinado a la vida política de forma independiente o partidista para ofrecer un servicio temporal en la política.

Toda persona es un ser político. Es constitutivamente, por ser persona y ciudadano, un miembro de la *polis*, de la *civitas*, por eso nadie puede decir que no se mete en política. Puede decir que no se mete en política partidista, pero todos participamos, aún desde la abstención y la indiferencia en la vida social y en la política cívica o en sentido amplio.

## 3. Ética y política

**a. La comunidad política debe estar al servicio de la sociedad civil. El primer criterio ético para la política:** Es que la comunidad política en sentido estricto (gobierno, parlamento y oposición) deben estar al servicio de la sociedad civil y al servicio del bien común. Y no al revés. El rasero para medir este criterio ético es: ningún político partidista o cívico se puede adueñar de la soberanía que es de la Nación, del pueblo, del ciudadano. El político es, y debe ser, por vocación y por misión un servidor.

**b. El Estado debe representar a todas las tendencias políticas y a la sociedad civil. El segundo criterio ético para la política:** Es que el Estado, como estructura de los tres poderes, legislativo, ejecutivo y judicial, debe representar y estar al servicio de toda la Nación. El Estado es, y debe ser, una estructura de servicio y no de dominación. Mucho menos de opresión. El rasero para medir este criterio ético es: que todas las tendencias, partidos y organismos representativos de la sociedad civil deben estar representadas en esas estructuras. La inclusión es un criterio ético para la política.

### 4. Tres actitudes frente a la política

En la relación de la política con la ética se pueden asumir tres posturas: el integrismo moral, el pragmatismo político y la eticidad política.

**a. Integrismo Moral:**

- Ética y política son realidades totalmente opuestas.
- Elegir la ética rechazando la política.
- La política vista como "algo inmoral".

**Posturas asumidas:**

- *Repulsión:* reducción individual y farisaica de la moral. Considera a la política como "algo sucio".
- *Repulsa anarquista:* nace de la absoluta desconfianza de toda forma de poder. Según esta postura la solución a los problemas sociales la deben encontrar los afectados directamente y sus estructuras.
- *Repulsa marxista:* según la cual las estructuras estatales desaparecerán necesariamente cuando la sociedad civil alcance la perfección en su etapa final.
- *Repulsa teológica:* según la cual el religioso sigue su empeño moral individualista y no debe "meterse" en la política.

**b. Pragmatismo Político:**

- Oposición entre ética y política.
- Elección de la política sacrificando principios éticos.

**Posturas asumidas:**

- ***Realismo Político:*** la acción política es una norma en sí misma y exige la eliminación de cualquier referencia a la moral.
- ***Razones de Estado:*** identifica el ser y el deber ser en la categoría de "Estado ético". Las razones del Estado se constituyen como criterio ético, en este sentido no tiene en cuenta la ética de la persona, de los ciudadanos.

**c. Eticidad Política:**

- Síntesis entre política y ética.
- Intento de moralizar la política.
- Intentos de síntesis respetuosa y liberadora.

**Posturas asumidas:**

- ***Moralización del "príncipe":*** parte de la base de que moralizando el sujeto principal del poder, todo el sistema político queda moralizado. El Estado hace la política ética para los ciudadanos.
- ***Moralización por la religión:*** mediante el control de la religión sobre la política: teocracia.
- ***Moralización mediante sistemas de autocontrol de las estructuras:*** división de poderes, participación popular, leyes, eticidad ciudadana.

**12.** La política tiene una autonomía que debe ser respetada por la misma moral. Pero las opciones políticas, no son neutras con relación a la moral. Toda persona está llamada a ejercer su compromiso en diferentes momentos, con la participación ciudadana, ejerciendo el poder o ayudando a la constitución de un Estado de Derecho sobre bases éticas.

**La persona es el sujeto, el centro y el fin de la política:** La política es para la persona y no al revés. Nada justifica que se haga algo "a nombre" de la política que perjudique a la persona. Cuando esto sucede la política pierde su razón de ser. Para hacer algo en política hay que contar con lo que es el ser humano. Todo lo que se haga en política tiene que estar en función de la persona humana. Es la persona quien debe protagonizar el proceso político.

**Igualdad de derechos y oportunidades:** Esto no puede confundirse con el igualitarismo, que es injusto porque no reconoce el derecho a ser diferentes. Lo justo es que todos tengamos, realmente, igual posibilidad de acceso a la dinámica política. Por ejemplo, todos tenemos derecho a la propiedad, pero esto no significa que todos debamos tener lo mismo; todos tenemos derecho al trabajo, pero cada cual según su propia vocación y capacidad.

Al finalizar la explicación el animador hace las aclaraciones pertinentes y presenta los esquemas que aparecen al final del tema.

## Ejercitación

**1.** Trabajo personal (15 minutos).
Escoger tres hechos de la vida donde hayas adaptado una postura de integrismo moral, pragmatismo político y eticidad política.

**2.** Trabajo grupal (15 minutos).
Escoger hechos de la vida social donde hayamos encontrado posturas relacionadas con la política cívica o en sentido amplio y de política partidista.

**3.** Plenaria.

## INTEGRISMO MORAL

Repulsa a la política desde una visión:

- Burguesa
- Anarquista
- Marxista
- Teológica

## PRAGMATISMO POLÍTICO

Realismo político. Todo vale por:

- Razones de Estado
- Acomodamiento camaleónico

## ETICIDAD POLÍTICA

Moralizar las actitudes políticas por parte de:

- El "Príncipe"
- La religión
- Los ciudadanos
- Las estructuras por autocontrol de los poderes

## COMPROMISOS ÉTICOS DE TODO POLÍTICO

### Participación ciudadana

- Dignidad personal
- Igualdad
- Solidaridad
- Libertad
- Virtud-desinterés material
- Iniciativa-autogestión
- Formación

### Poder

- Servicio
- Honradez
- Coherencia
- Legitimidad
- Limitación
- Temporalidad

### Estado de Derecho

- Justicia y bien común
- Subsidiaridad
- Respeto Derechos Humanos
- Promoción sociedad civil
- Imperio de la ley
- División de poderes
- Democracia

*Aprendiendo a ser persona y a vivir en sociedad*

# Tema 12: "Ética y Economía"

**Objetivos:**
1. Identificar los modelos económicos actuales.
2. Identificar una ética para la economía que tenga a la persona humana como sujeto, centro y fin de la economía.

## Motivación

Se forman dos equipos.

**Equipo A:** Se le pedirá que mencione dos razones por las que considere que la Economía de Mercado es una organización económica injusta, y otras dos razones por las que se le considere justa. Algunos de estos criterios pueden ser:

**Equipo B:** Harán lo mismo pero refiriéndose a la Economía Centralizada.

Se hace la plenaria. El animador aclarará que ningún sistema es absolutamente justo o injusto. Siempre hay cosas que lo hacen de una u otra forma. Resume e invita a conocer cuáles son los criterios a tener en cuenta para valorar la justicia de una organización económica. Anuncia los objetivos y presenta el tema

## Desarrollo

1. La actividad económica debe estar regida por un conjunto de criterios éticos que deben constituir el fin de cualquier sociedad justa:

**a. Destino universal de los bienes:** "Dios ha destinado la tierra y cuanto ella contiene para uso de todos los pueblos. En consecuencia los bienes creados deben llegar a todos en forma equitativa bajo la égida de la justicia y con la compañía de la caridad..." (Constitución *Gaudium et spes* del Concilio Vaticano II)

El trabajo de cada uno de nosotros hoy no sería tan rentable y eficaz si no estuviésemos aprovechándonos de ese patrimonio acumulado de la humanidad en las generaciones que nos precedieron. Por tanto, el fruto que producimos tampoco podemos decir que sea total y absolutamente nuestro. Debemos hacer uso de él en beneficio de todos.

La aplicación concreta del destino universal de los bienes determina la función social de la propiedad. **La propiedad privada es un derecho** de todo ser humano porque está enraizada en su propia naturaleza y le permite manifestar su iniciativa personal, pero la propiedad de bienes tiene una dimensión social y es éticamente legítima si sirve al trabajo y contribuye al acceso de otros a la propiedad. Retener bienes sin hacerlos producir perjudica a quien necesita que ese capital cree puestos de trabajo que le permitan a él hacer uso de los bienes.

**b. Desarrollo humano integral:** El desarrollo no puede medirse por el crecimiento económico o por la acumulación de bienes. El verdadero desarrollo es el desarrollo de todo el hombre y de todos los hombres. "...Es el paso, para cada uno y para todos, de condiciones de vida menos humanas a condiciones más humanas" (Pablo VI, encíclica *Octogesima adveniens*). Un sistema económico ético debe promover el desarrollo de lo que es la persona, la ampliación de los conocimientos, la adquisición de cultura, el aumento en la consideración de la dignidad de los demás, la cooperación en el bien común. El fin no está en tener más sino en ser más. Lo que tengamos debe servirnos para ser más personas.

**c. Prioridad del trabajo sobre el capital:** El capital es el dinero que se utiliza para obtener más dinero, o sea para invertir. El trabajo es la acción de la persona y la fuente de su realización personal. Por tanto, en un sistema económico justo, donde la persona sea lo más importante, el trabajo debe tener prioridad sobre el capital. Además todo capital es producto de un trabajo. El trabajo está primero que el capital; pero la persona está por encima del trabajo y del capital. Esta es la principal contradicción entre los sistemas económicos conocidos. En el capitalismo, se prioriza el capital sobre el trabajo y la persona, y en el socialismo se prioriza el trabajo sobre el capital y también sobre la persona.

Guiándonos por estos principios éticos podremos valorar cualquier situación que se presente dentro del mundo económico, ya sea de nuestra economía particular, de la economía del país o de la economía mundial.

## 2. Equilibrio entre Mercado y Justicia Social

De hecho, en la actividad económica, se producen tensiones que producen un efecto positivo en ella, ya que la lleva a buscar el equilibrio que haga posible una convivencia pacífica y un desarrollo sostenido, pero que representan los dos extremos de una problemática:

**a. Entre el interés social y los intereses individuales** ¿cuál debe prevalecer? Si predominan los intereses individuales sobre los intereses sociales la sociedad puede ir a un individualismo salvaje, donde lo más importante sea el lucro personal. Si predomina el interés social sobre el interés individual la sociedad puede llegar a un colectivismo masificador y despersonalizante. La alternativa es lograr el equilibrio justo que permita que el logro de los intereses individuales y el logro del interés social se asuman en una síntesis: el bien comunitario.

**b. Entre la libertad económica (libertad sin justicia) y la planificación centralizada (justicia sin libertad):** La libertad económica es un derecho de toda persona y como tal hay que reconocerlo, pero esta libertad no puede ser ilimitada. Es necesario crear los mecanismos que impidan que la libertad de unos afecte la libertad de otros, porque esto afectaría la justicia del sistema.

Ahora bien, estos mecanismos de control no pueden ser excesivos al punto de afectar la libertad. Por eso es importante encontrar el equilibrio y lograr la justicia social en un clima de libertad individual. La síntesis puede estar en lograr una economía de mercado con cierta regulación social

**c. Entre la tecnocracia (el poder de la técnica) y la concientización (personalización):** Por una parte, un desarrollo económico palpable, controlado por el poder de la técnica, y por otra parte, un desarrollo humano integral basado en la concientización de la persona. Por supuesto, ninguno de los dos extremos es recomendable. El desarrollo económico no tiene sentido si no sirve al desarrollo humano, y el desarrollo humano no se logra solo con la concientización del ser humano. La síntesis está en lograr una técnica humanizada y humanizadora, es decir, un desarrollo económico que sirva como medio para el desarrollo humano.

## 3. Los dos modelos económicos

En el mundo actual, podemos distinguir bien dos modelos para organizar la economía de un país: economía de mercado y economía centralizada por el Estado. La principal diferencia entre ellos radica en el modo en que prefieren resolver las tensiones que se producen en la actividad económica, y en la aplicación de los principios éticos. Una nueva forma de organizar la sociedad pudiera ser el modelo de economía social de mercado, que conjuga las leyes del mercado con las regulaciones sociales que impiden su preponderancia.

Si prevalece el interés individual, la libertad económica (sin justicia) y el poder está en manos de la técnica, el país está aplicando la política neoliberal. Si por el contrario, prevalece el interés estatal, la planificación centralizada, estamos en presencia del socialismo real.

## 4. ¿Qué es una economía social de mercado?

La economía social de mercado, pudiera definirse como un ordenamiento económico que pretende conjugar la eficiencia del mercado con la justicia social. Las principales cuatro dimensiones de este sistema son:

**a. La libertad personal:** El hombre es el protagonista del proceso económico, como lo es del proceso político.

**b. La eficiencia económica:** Está garantizada principalmente por el funcionamiento de las leyes del mercado, por un sistema educativo dual (que integra el estudio y el trabajo y garantiza profesionales altamente calificados) y por un sistema bancario y financiero altamente eficiente.

**c. La justicia social:** Entre otras cosas, está sostenida por leyes que regulan, de cierta manera, el funcionamiento del mercado (ley antimonopolio, ley contra la competencia desleal), también por los principios de cogestión (que contribuye al acceso paulatino de todos los tipos de propiedad y fomenta la participación consciente de los trabajadores en la gestión de la empresa) y la subsidiaridad; además de un mercado de trabajo que no permite que el trabajo se convierta en una mercancía y un sistema de seguridad social que no deja a nadie desamparado.

**d. Un componente ecológico:** Funciona por las leyes del mercado, de modo que a cada cual le cueste el daño que le hace a la naturaleza.

Presentar los esquemas que aparecen al final del tema.

### Ejercitación

Se forman dos equipos para que analicen desde el punto de vista ético una situación económica determinada, que pudiera ser:

- El funcionamiento de las paladares o del trabajo por cuenta propia.
- Medidas de saneamiento de las finanzas.
- Política tributaria en Cuba, etc.

## ÉTICA Y ECONOMÍA

*Aprendiendo a ser persona y a vivir en sociedad*

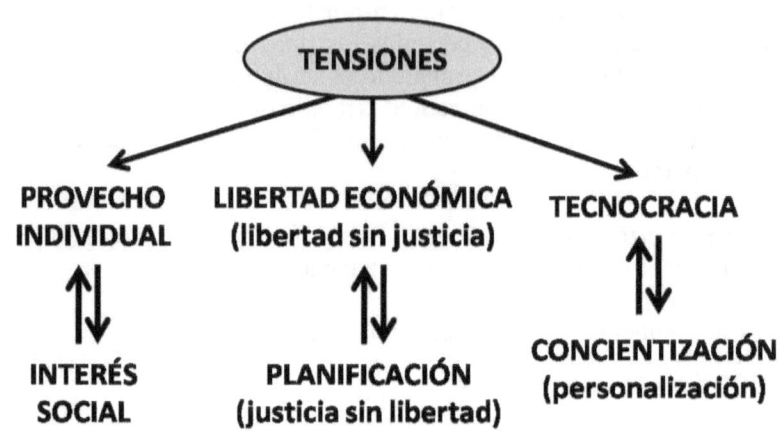
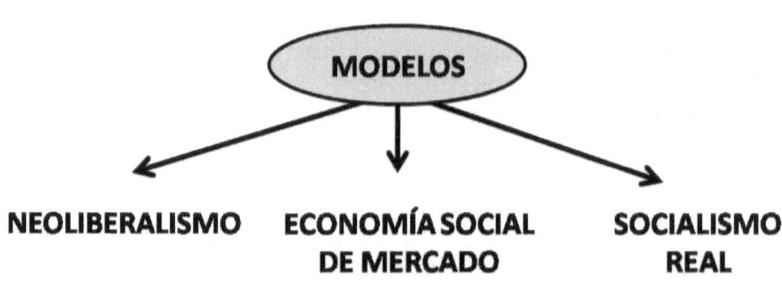
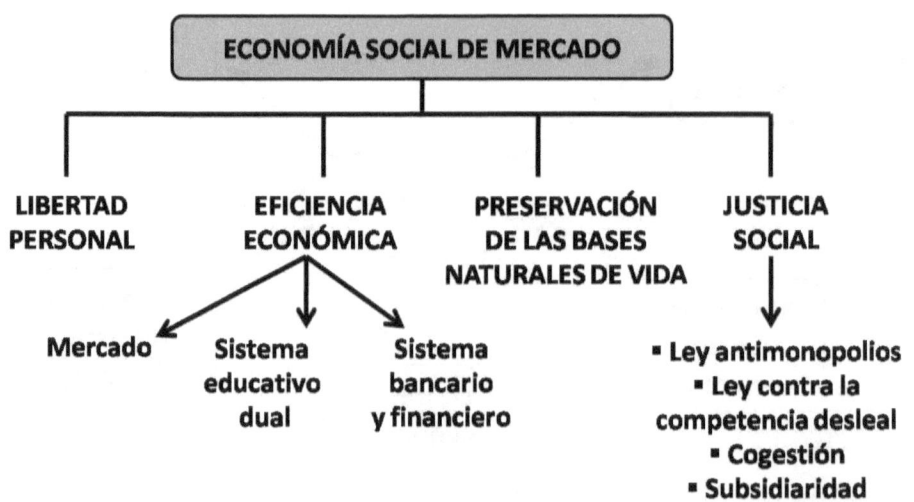

# Tema 13: "Ética y Sociedad Civil"

**Objetivos:**
1. Conocer los principios para evaluar éticamente la sociedad civil.
2. Conocer el papel que juegan los derechos humanos en la ética social.

**Motivación**

El animador propone los siguientes sociodramas (es bueno que haya buscado los personajes desde el encuentro anterior):

**Caso A**

María y Juan son dos vecinos que se encuentran por la mañana en la cola de la guagua para ir al trabajo.

**Juan:** Buenos días María, ¿cómo te va?
**María:** Imagínate, a mi esposo le han subido el impuesto, él vende pizzas, y ahora no sabe qué va a hacer. Dice que ahora el negocio no le va a dar resultados y que va a dejarlo, pero imagínate ¿de qué vamos a vivir?
**Juan:** Perdóname amiga, pero yo encuentro muy bien que suban los impuestos, porque aquí todos somos iguales, y no se puede permitir que haya ricos.
**María:** Yo no veo relación entre la riqueza y la igualdad, además mi esposo gana para ayudar a mantenernos, no se va a hacer rico ni mucho menos.
**Juan:** Mira, ahí viene la guagua...

**Caso B**

Carlos y Pedro son dos compañeros de trabajo que se ponen a conversar en un rato de descanso.

**Carlos:** ¿Qué te han parecido las transformaciones económicas que ha venido haciendo el Estado?
**Pedro:** Yo no las veo por ninguna parte porque la cosa está mala, y además, no se sabe bien para dónde van, a uno le dicen lo que van a hacer, pero no por qué.
**Carlos:** Mira compadre, el Estado sabe lo que hace, allá arriba no hay bobos, así que tú haz lo que te corresponde que ya verás como todo mejora.
**Pedro:** Sí, ya sé, lo que tengo que hacer es luchar mi sustento y el de mi familia y dejar que cada cual se las arregle como pueda, en fin de cuentas, yo no voy a arreglar el mundo... y ¡vamos a seguir trabajando, anda!

El animador pide a los participantes que se reúnan en pequeños grupos y valoren las actitudes de los participantes, podrían ayudar preguntas como estas:

- ¿Cuál de los dos tiene la razón?¿Por qué?
- ¿Qué opina usted sobre las realidades que ellos comentan?

*Aprendiendo a ser persona y a vivir en sociedad*

## Desarrollo

## 1. ¿Qué es una ética de la sociedad civil?

Hablar de ética social significa hablar de ciertos presupuestos que sirven como criterios de juicio para discernir entre el bien y el mal (lo humano y lo inhumano) en la realidad social. La ética social debe servir como inspiración en el comportamiento de las personas y los grupos en el complejo entramado de la sociedad civil, de modo que en esta se vaya pasando de realidades menos humanas a realidades cada vez más humanas, es decir, que se viva un proceso de eticidad en dichas realidades.

Si en la vida las personas moralmente formadas realizan continuamente procesos de discernimiento, lo mismo debe pasar en una sociedad éticamente madura. En otras palabras, en las familias, en la sociedad civil, en el Estado, etc., se debe elegir qué actitudes tomar o cómo actuar en determinado caso, teniendo en cuenta la cultura, la ley y la ética, siendo esta última el principal elemento para el discernimiento de nuestras opciones en la sociedad civil. En este sentido, la moralización de la sociedad consistiría en ir transformando la cultura y la ley a la luz de una ética social que sea cada vez más consecuente con la verdad sobre la persona humana.

## 2. Los tres elementos más importantes de la ética social son: igualdad, justicia y bien común.

### La igualdad no es:

- Que todos los miembros de la sociedad piensen igual sobre sí mismos y sobre la sociedad.
- Que todos tengan las mismas opciones políticas.
- Que todos practiquen la misma religión.
- Que todos aporten por igual a la sociedad.
- Que todos reciban lo mismo de la sociedad.
- Que todos reciban el mismo nivel de instrucción.
- Que todos tengan la misma posición económica.

### La igualdad es:

- Que todas las personas sean consideradas iguales: ante Dios, ante la sociedad (ante el Estado, las leyes, la sociedad civil), ante las demás personas.
- Que todos sean respetados en sus inclinaciones políticas y su religión, siempre que su acción no atente contra el bien común.
- Que todos tengan las mismas oportunidades de elegir el tipo de educación que desean para sí y para sus hijos.

- Que todos reciban de la sociedad en dependencia de lo que aportan, el que aporta más, recibe más, y viceversa.
- Que todos tengan las mismas oportunidades de mejorar su posición económica sin limitaciones políticas, ideológicas o religiosas, de modo que el mejoramiento económico dependa solo de la capacidad de las personas y estas no sean limitadas en su autogestión.

## 3. La Justicia

Es una virtud humana mediante la cual se trata de que las relaciones entre las personas se establezcan conforme a la verdad, de modo que las mismas puedan realizarse como tales.

En la sociedad existen tres formas fundamentales de aplicar la justicia, conocidas como las tres modalidades de la justicia:

**a. Justicia Conmutativa:** Regula las relaciones entre persona y persona, evitando que una persona abuse impunemente o manipule a su favor a la otra, procurando que se respete la dignidad humana. Se encarga de los pleitos, las relaciones de la familia, la propiedad, etc. Quien administra la justicia (sujeto activo), y quien se beneficia (sujeto pasivo), en este caso, es la persona o alguna organización, (empresa, etc., como persona jurídica).

**b. Justicia Distributiva:** Regula **la relación de la sociedad con las personas**, de forma tal que el Estado o la Sociedad Civil no opriman a las personas. Se ocupa de repartir proporcionalmente los beneficios y las cargas de la sociedad entre sus miembros, es decir, distribuye con criterios de equidad la riqueza de la sociedad. Se encarga de los derechos civiles, el trabajo, la asistencia social, los subsidios, etc. El sujeto pasivo es la persona, y el sujeto activo es el resto de la sociedad a través de los poderes públicos o de las organizaciones de la sociedad civil.

**c. Justicia General:** Regula las relaciones del individuo con el todo social y orienta al hombre hacia el bien común. Se encarga de los deberes y obligaciones civiles, la participación política, etc.

Para que haya justicia social no basta que funcionen bien estas tres modalidades, es necesario que todos los miembros de la sociedad puedan tener un comportamiento moral. Las leyes regulan el comportamiento de todos los miembros de la sociedad conforme a la justicia, pero esta es responsabilidad de todos, no solo del Estado, el Poder Judicial o la Policía.

## 4. El fin de la ética social es el Bien Común

El objetivo principal de la ética social es el Bien Común. El concepto de Bien Común es: el conjunto de condiciones individuales y sociales que permiten a los miembros de la sociedad desarrollar plenamente su propia persona. El Bien Común no solo garantiza las condiciones para el desarrollo personal sino que quien contribuye a alcanzarlo encuentra el modo de ser más plenamente persona: ser más humano. El bien común no es solamente la suma de la satisfacción de las necesidades de cada ciudadano, es también luchar porque las estructuras, organizaciones y asociaciones sociales favorezcan este bienestar integral, de todas las dimensiones de la persona: material, cultural, espiritual, etc.

**El Bien Común no debe caer en estos dos extremos:**

**Polo Individualista:** Considera el Bien Común como la suma de los bienes que cada individuo posea, de esta forma cada individuo se desarrolla por sí solo, sin contar con los demás.

**Polo Colectivista:** El Bien Común no es el bien separado de los individuos. Es considerado como el bien colectivista sin tener en cuenta el bien personal. El Bien Común se identifica con el bien de un todo (raza, partido, grupo, etc.), se cae en el totalitarismo.

**El Bien Común es:**

**a. Pluralista:** Requiere de la participación de todos, sin distinción de credo, raza, o inclinación política.

**b. Dinámico:** Cambia constantemente, crece, se desarrolla.

**c. Personalista:** El centro es la persona como ser en relación con los otros.

**d. Estructural:** Se realiza, además de en las personas, en las estructuras sociales (jurídicas, económicas, culturales, políticos, etc.).

**5. Los Derechos Humanos son el rasero para medir la ética social**

Los Derechos Humanos constituyen una expresión histórica de la ética social.

**Valores fundamentales:**

*El hombre:* reconoce el valor del ser humano por encima de cualquier otra realidad material. *La persona:* reconoce que el hombre debe llegar a ser una persona humana. Considera a la persona humana y no a las instituciones, Estados, gobiernos, creencias o ideologías como origen, protagonista y destinataria de los derechos humanos para servir al Bien Común.

*La libertad:* la persona se libera del miedo, de las ataduras fisiológicas, de las culturales, las políticas, etc., es libre. Pero además tiene libertades, porque son reconocidos sus derechos.

Los Derechos Humanos tienen **tres funciones fundamentales:**

**Orientación:** Orientar el sentido de las declaraciones y de las normas. Proveen a los ciudadanos de criterios de discernimiento ético.
**Protección:** Exigen garantías jurídicas que hagan posible la realización de la persona en cada situación histórica concreta.
**Discernimiento Crítico-Utópico:** Crítica de la realidad social para buscar nuevas alternativas a la vez que se formulan las grandes aspiraciones.

**Los Derechos Humanos se dividen en tres categorías**

**a. Derechos Fundamentales o Derechos Individuales:** Son aquellos que tienen relación con la persona: Ej: derecho a la vida, a la libertad de conciencia, derecho a la religión, etc.
**b. Derechos Cívicos y Políticos:** Son aquellos que se relacionan con el ser social de la persona: Ej: derecho al voto, a reunión, a asociación, a viajar libremente, la libertad de prensa, etc.
**c. Derechos Económicos y Sociales:** son aquellos que garantizan una participación activa y libre en la sociedad: Ej: derecho al trabajo, a la cultura, a la educación, a un nivel de vida justo, a la empresa, etc.

## 6. Ética de los grupos de la sociedad civil

Todo lo anteriormente dicho debe servir como criterios éticos para fundar, funcionar y relacionarse entre sí, los diferentes grupos y personas de la sociedad civil. Hay, además, otros criterios éticos mínimos para la sociedad civil:

**a.** Tener vocación y métodos pacíficos, no-violentos.
**b.** Respetar la diversidad ideológica, política, cultural, sexual, religiosa, filosófica.
**c.** Desterrar toda descalificación y ataque a las personas y grupos diferentes. Solo se debate sobre proyectos, ideas, propuestas.
**d.** Tener firme propósito de buscar el Bien Común mediante unas actitudes de inclusión, participación democrática interna y horizontal, la búsqueda de mínimos comunes con los demás grupos de la sociedad civil.
**e.** Poner a Cuba, a la Nación, al Bien Común, por encima de los intereses particulares, partidistas, grupales o sectarios.

Presentar los esquemas que aparecen al final del tema.

### Ejercitación

El animador ofrece a los participantes una lista de ambientes sociales (sindicato, escuela, familia, trabajo, etc.), y pide a los participantes que se reúnan en grupos afines a estos ambientes y que realicen un discernimiento ético sobre algún hecho de la realidad de dicho ambiente.

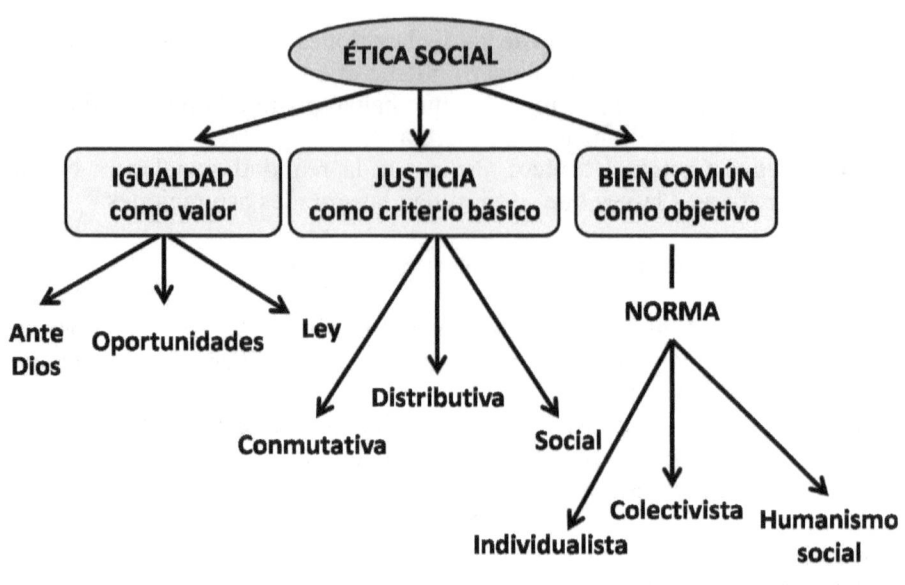

# DERECHOS HUMANOS

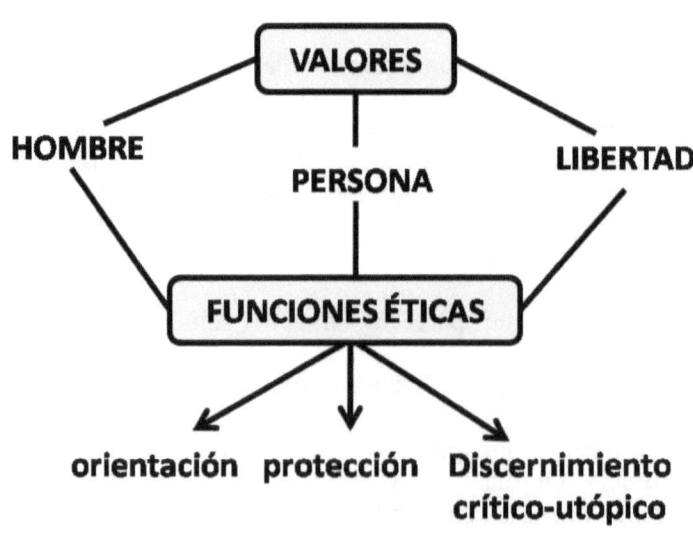

# TEMA 14: "ÉTICA DE LAS RELACIONES INTERNACIONALES"

**OBJETIVOS:**
1. Definir los conceptos de comunidad internacional, organismos y relaciones internacionales.
2. Conocer las características fundamentales de una ética humanista de las relaciones internacionales.

## MOTIVACIÓN

1. Se reparten varios periódicos viejos de diferentes fechas. Se pide a los participantes que busquen en grupos de 3 o 4 participantes, algunas noticias o reportajes que reflejen la vida de la comunidad internacional y el estado de las relaciones internacionales.

2. Se preguntan: ¿Se puede vislumbrar una ética de las relaciones internacionales en estos hechos concretos reflejados en la prensa escrita?

3. Se comparte en plenaria.

## DESARROLLO

**1. ¿Qué es la comunidad internacional y qué son los organismos y las relaciones internacionales?**

Para estudiar una ética de las relaciones internacionales, primero es necesario conocer el concepto de comunidad internacional y organismos internacionales.

**Comunidad internacional:** Es el conjunto de naciones, culturas y grupos globales de la sociedad civil que poseen un sentido de pertenencia a una "aldea global", aceptan una voluntad de diálogo, salvaguardan sus historias, culturas y soberanías, así como promueven los lazos de cooperación para el desarrollo interdependiente. Existen gobiernos llamados "parias" que se resisten a este concepto, aíslan a sus naciones y las cierran a la comunidad global.

**Organismos internacionales:** Son las organizaciones multinacionales que integran e interrelacionan a gobiernos y sociedades civiles en unas estructuras mundiales o regionales para salvaguardar los Derechos Humanos, los Derechos de los Pueblos y la paz, así como fomentar el desarrollo interdependiente y la cooperación multilateral. Existen organismos mundiales como la Organización de Naciones Unidas (ONU) máximo foro mundial, la Organización Mundial del Trabajo (OIT), la Organización Mundial del Comercio (OMC), la Organización Mundial para la Salud (OMS), la Organización de las Naciones Unidas para la Educación, la Ciencia y la Cultura (UNESCO), y muchas más integradas o no al sistema de organizaciones de la ONU. Otras asociaciones o grupos internacionales de la sociedad civil mundial, como Amnistía Internacional

(AI), son reconocidas por la ONU como organizaciones no-gubernamentales y se encuentran en Ginebra.

**Relaciones internacionales:** Es el flujo sistemático y continuo que establecen las naciones y pueblos, Estados y sociedad civil, para conocerse, interrelacionarse, cooperar multilateralmente y buscar metas comunes para el progreso, el desarrollo y la paz. Estas relaciones pueden llegar a la integración regional, continental o global, tanto a nivel de Estados y gobiernos como a nivel de sociedades civiles locales que desean integrarse o simplemente relacionarse a sus similares a nivel regional y mundial.

**2. ¿Cuáles son las principales dinámicas internacionales?**

Las relaciones internacionales pueden tener tres tipos de dinámicas: por su contenido, por sus participantes y por su alcance geográfico.

**I.** La comunidad de naciones se relaciona entre sí, sobre todo, en tres dinámicas concéntricas, pero no necesariamente asumidas por todos. Estas son, en orden ascendente y de profundidad, **atendiendo a su contenido:**

**a. Relación:** se establecen lazos políticos, culturales y sociales para conocerse y para la convivencia pacífica.
**b. Cooperación:** Además de los anteriores se establecen mecanismos de cooperación para el desarrollo.
**c. Integración:** Además de las dos anteriores se establecen mecanismos de integración económica, comercial, política, social, para la interdependencia, la apertura a bloques regionales o globales, la adopción de proyectos de desarrollo, metas comunes y visión de un futuro comunitario. Respetando siempre la diversidad mundial y las culturas locales.

**II.** También existen otros tipos de relaciones internacionales **atendiendo a sus protagonistas:**

**a. Estatales o gubernamentales:** Cuando las relaciones son oficiales y se establecen entre los Estados y Gobiernos.
**b. No-gubernamentales:** Cuando las relaciones son establecidas entre organismos similares o afines de la sociedad civil.

**III.** Y también **atendiendo a su alcance geográfico:**

**a. Bilaterales:** entre dos naciones, dos Estados o dos grupos de la sociedad civil.
**b. Multilaterales:** que pueden ser, a su vez, regionales o mundiales.
**a. Regional:** entre las naciones, los Estados o los grupos de la sociedad civil de un área geográfica.
**b. Mundial o internacional:** entre naciones, Estados o grupos de la sociedad civil de todo el mundo, sin distinción.

Como podemos apreciar no todas las naciones culminan en este camino dadas las circunstancias actuales de falta de democracia en algunos, o de cerrazón a las relaciones internacionales de nuevo tipo. El mundo está en plena transición hacia una era de globalización e interdependencia que ya existe parcialmente y que, con sus luces y sombras, conllevan a asumir mejores actitudes y métodos en las relaciones bilaterales y multilaterales para transitar de simples relaciones diplomáticas, a ser de cooperación para el desarrollo, de libre comercio, y de integración plena en un sistema planetario. Esa sería la visión de futuro de las relaciones internacionales.

### 3. Hacia una ética humanista y comunitaria de las relaciones internacionales

Todas estas dinámicas de las relaciones internacionales deberían estar informadas de, y conducidas con, una ética humanista y comunitaria. El *ethos* de las relaciones internacionales, es decir, su carácter fundamental debe tener estas tres características morales:

**a. La persona humana debe ser EL CENTRO, EL SUJETO Y EL FIN de todas las relaciones internacionales**, tanto entre los Estados y Gobiernos, como entre los organismos de la sociedad civil. **Existen raseros para concretar y medir este principio ético:** El reconocimiento, la educación, la defensa y la promoción de todos los Derechos Humanos aceptados por la Comunidad Internacional desde el 10 de diciembre de 1948 y la adecuación jurídica de sus legislaciones con los Pactos internacionales de Derechos Civiles y Políticos, Económicos, Sociales y Culturales, del 16 de diciembre de 1966. Estos derechos son universales, indivisibles e inalienables.

**b. Las relaciones entre LOS ESTADOS DEBEN SER PARA LA PERSONA humana, para el ciudadano**, que conforma esas naciones con cuyos Estados se establecen las relaciones diplomáticas, culturales, económicas, comerciales, de cooperación y de integración. No es ético, desde el punto de vista humanista, establecer relaciones "normales y plenas", como si no pasara nada, con Estados que van contra sus ciudadanos, o que violan los Derechos Humanos y los de sus propios pueblos. **Existen raseros para concretar y medir este principio ético:** La razón del Estado es la búsqueda del bien común, la preservación de un Estado de Derecho, la defensa de la soberanía de sus ciudadanos y no solo la de sus fronteras, la promoción de la paz internacional y de la paz entre sus ciudadanos y la observancia irrestricta de todos y cada uno de los Derechos Humanos Universales.

**c. Las relaciones internacionales deben reconocer e incluir a la SOCIEDAD CIVIL de las naciones entre las que se establecen.** Las relaciones diplomáticas modernas y éticas no pueden desempeñarse solo entre Estados y Gobiernos, y mucho menos, contra la sociedad civil de esas Naciones. La época de unas relaciones internacionales solo entre los que detentan la representación del soberano sin relacionarse con el soberano que son los ciudadanos y sus ONGs están obsoletas, pertenecen a las épocas en que los soberanos autárquicos (reyes, príncipes, señores feudales) no reconocían la primacía y los derechos de los ciudadanos. Son relaciones diplomáticas, culturales, económicas, comerciales, de cooperación y de integración medievales, o por lo menos, antes de la Declaración de los Derechos del Ciudadano y la Revolución Francesa. Aunque nos parezca asombroso.

**Existen raseros para concretar y medir este principio ético:** Los contactos simultáneos con personas y organizaciones de la sociedad civil independiente; su reconocimiento formal; la consideración de los miembros representativos de la sociedad civil como interlocutores válidos; favorecer y no entorpecer el intercambio entre los representantes y los grupos de las sociedades civiles de sus respectivos pueblos; atender y escuchar las evaluaciones y propuestas de los representantes de la sociedad civil relacionadas con los dos puntos anteriores, el análisis de la situación económica, política, social y cultural de la Nación; el respeto de los Derechos Humanos y de los Pactos Internacionales. No es ético poner como condición *sine cua non* de las relaciones entre los Estados y Gobiernos el no reconocimiento e interlocución válida de los representantes de la sociedad civil de cada Nación.

Presentar el esquema que aparece al final del tema.

### Ejercitación

**1.** El animador invita a los participantes a formar equipos de trabajo para evaluar la situación de las relaciones internacionales de Cuba tomando como elementos de evaluación los sugeridos como "raseros éticos" en el punto 3 de este tema. Otorgando de 1-10 puntos por cada rasero según considere su cumplimiento o no.

**2.** Se comparten las evaluaciones en plenaria.

### Evaluación

Se termina, como siempre, evaluando el encuentro:
- Aspectos positivos.
- Aspectos a mejorar.
- ¿Es útil? ¿Hemos aprendido?

# Tema 15: "Educarnos en una ética de la resiliencia"

**Objetivos:**
1. Conocer el concepto de resiliencia.
2. Destacar la necesidad de que la educación ética y cívica forme a personas resilientes.

## Motivación

**1.** El animador pone en la pizarra o en un papel las palabras: RESISTENCIA Y RESILIENCIA. Y pregunta a los participantes si conocen estos conceptos y su diferencia.

**2.** Se forman pequeños grupos para un "cuchicheo" para ver si conocemos personas resistentes y personas que además de "resistir el golpe", "se recuperan y siguen luchando".

**3.** Se pone en común en plenaria.

## Desarrollo

### 1. ¿Cuál es la diferencia entre resistencia y resiliencia?

**Resistencia:** es la capacidad para asimilar las dificultades, golpes y reveses de la vida sin desintegrarnos sicológica, moral o espiritualmente. Es la fortaleza de cuerpo y espíritu ante los embates de la vida. Es parapetarnos para que no nos derriben. Es trinchera y paciencia.

**Resiliencia:** es la capacidad para asimilar los golpes y recuperarnos de ellos volviendo a la acción y a la vida con más fuerzas y más capacidad de transformación. Es la capacidad de convertir el golpe en energía positiva. Es "saltar como un gomache". Es reacción positivamente a la adversidad. Es convertir el revés en victoria. La prueba en entrenamiento y nuevos proyectos. Es y debe ser el fin de toda educación ética: forjar el carácter para ejercitarnos en actitudes resilientes, para una moral alta que permita convertir el golpe en empuje hacia arriba y hacia adelante. Es resorte y fleje de la vida.

### 2. Concepto de resiliencia

El vocablo **resiliencia** tiene su origen en el latín, en el término *resilio* que significa volver atrás, volver de un salto, resaltar, rebotar. El término fue adaptado a las ciencias sociales para caracterizar aquellas personas que, a pesar de nacer y vivir en situaciones de alto riesgo, se desarrollan sicológicamente sanos y exitosos (Rutter, 1993). A continuación, se exponen algunas de las definiciones que, desde este campo, han desarrollado diversos autores en torno a este concepto de resiliencia:

**a.** Habilidad para surgir de la adversidad, adaptarse, recuperarse y acceder a una vida significativa y productiva (ICCB,1994).

**b.** Historia de adaptaciones exitosas en el individuo que se ha visto expuesto a factores biológicos de riesgo o eventos de vida estresantes; además, implica la expectativa de continuar con una baja susceptibilidad a futuros estresores (Luthar y Zingler, 1991; Masten y Garmezy, 1985; Werner y Smith, 1982 en Werner y Smith, 1992).

**c.** Enfrentamiento efectivo ante eventos y circunstancias de la vida severamente estresantes y acumulativos (Lösel, Blieneser y Köferl en Brambing *et al.*, 1989).

**d.** Capacidad humana universal para hacer frente a las adversidades de la vida, superarlas o incluso ser transformado por ellas. La resiliencia es parte del proceso evolutivo y debe ser promovido desde la niñez (Grotberg, 1995).

**e.** En la Enciclopedia Hispánica se define resiliencia como la resistencia de un cuerpo a la rotura por golpe. La fragilidad de un cuerpo decrece al aumentar la resiliencia. En español y francés resiliencia se emplea en el campo de la ingeniería civil únicamente para describir la capacidad de un material de recobrar su forma original después de someterse a una presión deformadora. La definición en el idioma inglés del concepto *resilience* es la tendencia a volver a un estado original o el tener poder de recuperación.

**f.** En Norteamérica se define como la propiedad que tiene una pieza mecánica para doblarse bajo una carga y volver a su posición original cuando esta ya no actúa (Enciclopedia Salvat de la Ciencia y de la Tecnología, 1964).

**g.** La resiliencia distingue dos componentes: la resistencia frente a la destrucción, esto es, la capacidad de proteger la propia integridad bajo presión; por otra parte, más allá de la resistencia, la capacidad para construir un conductismo vital positivo pese a circunstancias difíciles (Vanistendael, 1994). Según este autor, el concepto incluye además, la capacidad de una persona o sistema social de enfrentar adecuadamente las dificultades, de una forma socialmente aceptable.

**h.** La resiliencia se ha caracterizado como un conjunto de procesos sociales e intrapsíquicos que posibilitan tener una vida sana, viviendo en un medio insano. Estos procesos tendrían lugar a través del tiempo, dando afortunadas combinaciones entre atributos del niño y su ambiente familiar, social y cultural. De este modo, la resiliencia no puede ser pensada como un atributo con que los niños nacen, ni que los niños adquieren durante su desarrollo, sino que se trataría de un proceso interactivo (Rutter, 1992) entre estos y su medio.

**i.** La resiliencia habla de una combinación de factores que permiten a un niño a un ser humano, afrontar y superar los problemas y adversidades de la vida (Suárez, 1995).

**j.** Concepto genérico que se refiere a una amplia gama de factores de riesgo y los resultados de competencia. Puede ser producto de una conjunción entre los factores ambientales, como el temperamento y un tipo de habilidad cognitiva que tienen los niños cuando son muy pequeños (Osborn, 1993).

**k.** Milgran y Palti (1993) definen a los niños resilientes como aquellos que se enfrentan bien a pesar de los estresores ambientales a los que se ven sometidos en los años más formativos de su vida.

**l.** El concepto de robustez, que según Levav (1995) podría ser considerado afín al de resiliencia, ha sido definido como una característica de la personalidad que en algunas personas actúa como reforzadora de la resistencia al estrés. La robustez ha sido definida como una combinación de rasgos personales que tienen carácter adaptativo, y que incluyen el sentido del compromiso, del desafío y la oportunidad, y que se manifestarían en ocasiones difíciles. Incluye además la sensación que tienen algunas personas de ser capaz de ejercer control sobre las propias circunstancias. Kobasa (1979; en Roth, 1989), describe evidencias respecto de personas que han mostrado escasos síntomas de enfermedad, pese a haber estado sometidas a situaciones provocadoras de estrés. Señala que estas muestran mayor cantidad de comportamientos comprometidos, mayor capacidad de control interno y de desafío, al ser comparados con sus pares que se estresan con frecuencia y que se enferman, como consecuencia de ello, más repetidamente.

**m.** Otros autores, en este mismo ámbito, señalan que las mediciones que se han llevado a cabo para evaluar la capacidad de robustez de las personas, se han centrado en estudiar la ausencia de síntomas de desadaptación psicológica, más que en analizar características de personalidad positivas (Houston, 1987). Este último autor señala que, la robustez puede no tener un impacto directo sobre la salud, sino que este puede ser más bien indirecto afectando primeramente las prácticas de vida, siendo estas últimas las que afectarían a su vez la salud en sentido positivo.

**n.** En esta misma dirección, Kobasa *et al.* (1982, en Roth *et al.*, 1989) señalan que, la capacidad de robustez de las personas tiene una influencia importante en la interpretación subjetiva que estas dan a los acontecimientos de su vida. Finalmente, Contrada (1989) sostiene que las diferencias individuales que se observan en la capacidad de reacción a estímulos o situaciones estresantes son significativas, y que estas son una demostración de las influencias que ejercen los factores constitucionales tanto como los ambientales y la interacción entre estos factores.

Como vemos el concepto resiliencia es relativamente reciente y debe ser incorporado en la educación ética y cívica. Los cubanos hemos demostrado a lo largo de los dos siglos anteriores un gran poder de recuperación y resiliencia. El futuro de Cuba necesitará de muchos ciudadanos resilientes para poder encajar y superar las grandes transformaciones que cambiarán la economía, la sociedad y la política.

### EJERCITACIÓN

**1.** Los participantes repasan el concepto y las características de la resiliencia y se evalúa a sí mismo para ver si es una persona resiliente.

**2.** En grupos, se evaluará la capacidad de resiliencia de los cubanos y cubanas de hoy.

### EVALUACIÓN

Se termina, como siempre, evaluando el encuentro:
- Aspectos positivos.
- Aspectos a mejorar.
- ¿Es útil? ¿Hemos aprendido?

## TEMA 16: "CINCO METAS PARA LA EDUCACIÓN MORAL"

**OBJETIVOS:**
1. Conocer el contenido de la educación moral.
2. Aplicar las metas de la educación moral.

### MOTIVACIÓN

**1.** Los participantes se forman equipos para responder la siguiente pregunta: ¿Cuáles deben ser las metas de un proceso de educación ética? Escoger 3.

**2.** Después el animador guía la puesta en común y termina diciendo que como todo proceso educativo, la educación moral también persigue unos metas.

**3.** Enuncia el tema y explica los objetivos.

### DESARROLLO

**1.** La educación moral es un aspecto de la formación humana mediante la cual surge la forma o imagen del ser humano, persona inalienable, ciudadano virtuoso. Esta formación humana tiene como área fundamental la de los valores éticos.

**2.** La educación moral tiene dos dinamismos distintos, pero necesariamente complementarios:

**a. Transmisión de contenidos éticos:** Aquí la educación moral se estructura como una "enseñanza", la cual adquiere formas diversas según sea realizada en la familia (transmisión más o menos connatural de los valores), en la sociedad (sistemas de "socialización" moral) o en la escuela ("materia, asignatura, contenidos éticos" de algún área determinada).

**b. Formación del sentido ético:** La educación moral busca conformar el sujeto maduro del comportamiento responsable. Este dinamismo es el más importante en la educación moral.

**3. El objetivo de la educación moral** es lograr que la persona humana adquiera la madurez moral mediante la evolución armónica y el desarrollo justo de su potencial ético.

**Los rasgos específicos de la estructura de la educación moral son:**

**a. Debe ir más allá de una mera "información"** o de un aprendizaje intelectual (asignatura); debe tender a realizar una "conformación" ética del sujeto.

**b. Debe suscitar la sensibilidad ética** a partir de la cual se educará a la conciencia los valores morales más que en la transmisión de contenidos (normas, principios, etc.).

**c. Es un proceso que dura toda la vida**, pero tiene como período más importante el que va desde la infancia a la juventud porque es el período en que se produce el desarrollo moral.

**5.** Existen varios ámbitos de moralización que tienen la función directa de formar la eticidad de la persona. Todas estas instancias a pesar de tener autonomía y un carácter específico, están íntimamente correlacionadas en la labor educativa. Por ejemplo: la familia, la escuela, la sociedad civil, la comunidad religiosa, los grupos sociales, etc.

Todas brindan su aporte al proceso educativo para la formación de las personas, y no deben perder de vista su corresponsabilidad en la educación ética. Hoy la escuela tiene un gran peso en esta labor de formar el sentido moral pues han disminuido los mecanismos de control social y el papel moralizador de la familia. Su aporte específico está en brindar una pedagogía personalizadora, liberadora y creativa basada en el discernimiento y la formación de la conciencia crítica de los ciudadanos.

**6. Metas para una auténtica educación ética**

La educación moral para ser auténtica debe transformar la vida de las personas, por eso aquí te ofrecemos cinco metas para lograrlo.

**a. Especificidad y necesidad de comportamiento:** La figura ética y la forma de moralización incumbe a toda persona y debe llevarla a asumir con lucidez y valentía su existencia para transformarla, lo que debe corresponderse con comportamientos concretos en la sociedad.

**b. Desarrollo de la personalidad:** Es medida por la autonomía, el uso responsable de la libertad y el proyecto personal asumido. La meta principal de la educación moral es "crear personalidades autónomas aptas para la cooperación". La autonomía moral comienza a realizarse cuando el ciudadano vive la relación con los demás en clave de respeto mutuo, progresa por el cauce de la cooperación y alcanza su plenitud estructural al vivir la relación en términos de reciprocidad.

**c. Sensibilidad ante los aspectos éticos:** esta se logra interiorizando los valores éticos y asumiéndolos como nuestros, convirtiendo actitudes en hechos concretos, interiorizando los problemas y dándoles respuestas éticas.

**d. Comprensión y tolerancia ante la diversidad de proyectos:** sin perder su propia identidad, así como cada persona debe tener su proyecto ético en la vida el cual debe ser respetado, sobre esta base deben considerarse con respeto los distintos proyectos de los demás, siempre que sean pacíficos y no violen los de los demás.

**e. Argumentación moral y aplicación de pautas:** Cada persona debe ser capaz de dar una argumentación moral ante situaciones concretas y aplicar pautas de comportamiento para discernir valores y clarificar lo que debe hacer.

Sobre la base de estas metas es que todos los cubanos debemos rescatar el comportamiento ético y aportar entusiasmo y valentía a esta tarea. Tarea en la que debemos involucrar a todos los miembros y estructuras de la sociedad civil para lograr la formación de la personalidad de todos los ciudadanos.

EJERCITACIÓN

**1. Personal:** Cada participante evalúa cómo se cumplen en su vida estas metas de la educación moral.

**2. Grupal:** Cada grupo escoge un hecho de la vida social y lo evalúa a la luz de estas metas.

# CURSO 9
# "EDUCAMOS PARA LA LIBERTAD Y LA RESPONSABILIDAD"

**Características:** Este curso proporciona a los participantes las herramientas y criterios de juicio para iluminar su labor educativa, para estudiar la realidad del ambiente educacional y discernir actitudes y tareas que ayuden en la práctica diaria.

**Destinatarios:** Personas vinculadas directamente al ambiente educacional (maestros, profesores, pedagogos, educadoras de Círculos Infantiles, padres de familia, etc.

**Temas:**

1. ¿Qué es educar?
2. Varela: el fundador de la Pedagogía Cubana
3. José Martí: el Maestro
4. Educación para la libertad y la responsabilidad
5. Alumno y profesor ¿Sujetos u objetos? ¿Participantes o animadores?
6. Educación pluralista
7. La autonomía en la educación
8. Educación para el diálogo
9. La escuela liberadora

# Tema 1: "¿Qué es educar?"

**Objetivos:**
1. Estudiar el concepto de educación.
2. Evaluar la práctica de la enseñanza cubana de hoy.

### Motivación

En un cuchicheo se responde a la pregunta: ¿Qué es educar?

Cada equipo dice su parecer y el animador lo va anotando en la pizarra. Luego entre todos elaboran un concepto. Debe hacerse notar la diferencia entre Instruir y Educar.

### Desarrollo

El animador expone los cuatro tipos de aprendizajes fundamentales en los que podría dividirse el proceso educativo: aprender a conocer, aprender a hacer, aprender a convivir, aprender a ser. Hace una exposición de la misma y pide a los participantes que hagan sus aportes.

**Instruir:** Proceso de transmisión de conocimientos y habilidades, teóricas y prácticas, en los alumnos. Formación intelectual. Ej: leer, escribir, calcular, conocer la historia, saber atender un cultivo, etc.

**Educación:** Proceso de formación de hábitos, conductas, ante determinadas circunstancias, actitudes, etc. Se concreta en la aplicación de normas morales, de actitudes ante la vida. Formación ética. Ej: desarrollar el pensamiento lógico, aprender a tomar decisiones, aprender a formular e ir concretando el Proyecto de Vida.

**La educación podría estructurarse en torno a cuatro aprendizajes fundamentales:**

**1. Aprender a conocer:** Hoy en día los conocimientos son una fuente cada vez mayor de riquezas. La educación debe brindar a la persona la posibilidad de acceder de forma eficaz al volumen cada vez mayor de información que circula y se almacena en nuestra época. Debe procurar que la persona sea capaz de servirse de ella a través de los modernos medios existentes, sin que se haga esclava de la tecnología.

Aprender a conocer es adquirir los instrumentos de la comprensión que le permitan desarrollar un proceso permanente de aprendizaje durante toda su vida. No se trata de aprender en un período de tiempo (edad escolar) todos los conocimientos necesarios para el resto de la vida, sino de aprender a comprender el mundo que le rodea, al menos hasta donde sea necesario para vivir dignamente. Se trata de adquirir las habilidades necesarias para buscar, escoger, clasificar, ordenar, y usar a conveniencia la información que necesite. Se trata de adquirir las habilidades para poner a su servicio las tecnologías que en el presente y en el futuro se presentan en forma de constante evolución. El hombre de hoy debe tener una amplia cultura general que le permita comprender el mundo en que vive y al mismo tiempo conocimientos muy profundos sobre un pequeño (si no una sola) número de esferas del conocimiento humano.

Supone aprender a usar convenientemente la memoria, ejercitando la atención y la concentración, creando hábitos de investigación autodidacta usando diferentes métodos. En contraste con la transmisión de información "enlatada" o "en cucharadas" muy común en los medios de difusión y en las escuelas, en la que la persona apenas participa. Además supone el desarrollo del ejercicio del pensamiento. Aprender la correcta articulación entre lo concreto y lo abstracto, así como saber usar los métodos de investigación deductivo e inductivo en dependencia de la disciplina y el caso concreto de que se trate, no solamente en la investigación científica académica sino también en la vida cotidiana.

**2. Aprender a hacer:** El proceso de adquisición de conocimientos está vinculado a la aplicación práctica de los mismos. Hoy pierde cada vez más terreno la idea de la enseñanza puramente teórica.

Aprender a hacer implica aprender a poner en práctica los conocimientos adquiridos. Implica enseñar a la persona a acceder al mundo del trabajo, ya sea asalariado o en una empresa personal (trabajo por cuenta propia, cooperativa, etc.). En este sentido la educación profesional debe preparar al estudiante para acceder al mundo del trabajo (mercado del trabajo) a partir de sus aptitudes y preferencias, de modo que pueda superar las situaciones cambiantes y los períodos de crisis. Hoy en Cuba hay que educar para el acceso a una economía en la que el mercado va siendo cada vez más importante.

El futuro trabajador debe ser educado en la cultura del trabajo en equipo, de la solidaridad y en la defensa de sus propios derechos. La persona debe prepararse para que el trabajo ocupe un lugar central en el proyecto de su vida. El estudio debe estar vinculado con el trabajo en dependencia de la edad y especialidad de los estudios. El alumno del tecnológico agrícola debe realizar labores en los cultivos, el alumno de secundaria debe aprender las manualidades elementales para la vida cotidiana, pero dicha vinculación estudio-trabajo no debe ser un elemento ajeno al proceso docente ni significar el alejamiento del estudiante de su familia y su realidad cotidiana.

**3. Aprender a convivir:** Es la educación cívica, es el aprendizaje del comportamiento en la sociedad. Es aprender a participar de forma activa y crítica en los diversos ambientes en los que transcurre la vida cotidiana. Es aprender a vivir en la diversidad de criterios y entender las diferencias entre personas y criterios como una riqueza y no como un impedimento. Es educar en el discernimiento entre diferentes alternativas para escoger la que más se ajusta a la verdad o al proyecto personal. Es aprender a discrepar y a recibir críticas. Es aprender a dialogar. La persona desde la más temprana enseñanza debe aprender a resolver las situaciones de conflicto por el método del diálogo, de modo que dicho conflicto se convierta en relaciones de colaboración.

El estudiante debe conocer las distintas concepciones sobre el mundo y las formas de mejorar la sociedad (corrientes políticas) y aprender a distinguir lo bueno y lo malo de cada una. Debe a su vez aprender a comprometerse del modo que mejor le parezca en el empeño por el bien común. La persona debe ser educada en el ejercicio y el respeto por los derechos humanos y el cumplimiento de los deberes cívicos como parte del proceso de su propio desarrollo personal.

**4. Aprender a ser:** Es aprender a vivir. Es la educación moral. Es procurar que el estudiante adquiera los conocimientos necesarios sobre las normativas éticas (reglas de conducta, valores, etc.) que le sirvan de criterios de juicio para discernir su comportamiento. Y al mismo tiempo procurar que la persona llegue a tener un comportamiento responsable mediante la aplicación en su vida de dichos criterios de juicio. Se trata de que la persona adquiera la madurez de su comportamiento, es decir, que vaya más allá del conocimiento de las normas y llegue a la concreción de un proyecto de vida que organice y encauce su existencia, y que se concrete en pequeños proyectos y actitudes específicos para cada lugar y momento. La educación moral debe propiciar que el estudiante formule su propia escala de valores y haga su opción fundamental en la vida.

La educación moral es un servicio al desarrollo integral de la persona, y no debe ser entendida como inculcar en el individuo un determinado sistema de valores morales, o una ideología.

### Ejercitación

En equipos se responden las siguientes preguntas:

**Equipo 1**
- ¿Qué elementos del concepto de educación estudiado están presentes en la práctica educativa del maestro o profesor promedio de nuestras escuelas?
- ¿Cuáles están presentes en el sistema de educación en general?
- ¿Qué hacer para mejorar en ambos casos?

**Equipo 2**
- ¿Qué elementos del concepto de educación estudiado no están presentes en la práctica educativa del maestro o profesor promedio de nuestras escuelas?
- ¿Cuáles no están presentes en el sistema de educación en general?
- ¿Qué hacer para mejorar en ambos casos?

# Tema 2: "Varela: el fundador de la Pedagogía Cubana"

**Objetivos:**
1. Conocer la vida y la obra pedagógica del presbítero Félix Varela.
2. Determinar qué elementos de sus enseñanzas son los de mayor vigencia.

## Motivación

Se forman equipos en caso de que este sea numeroso, y se le asigna una pregunta a cada equipo. De lo contrario se hacen de manera individual (las preguntas en tarjetas). Estas preguntas ayudan a buscar un nivel de desarrollo o de partida y sirven a su vez de motivación para la búsqueda de información.

**Preguntas:**

1. Haga un listado cronológico de educadores cubanos cuya obra constituya parte del patrimonio pedagógico cubano. Si es posible enmárquelo en su período de vida.
2. ¿Crees que la pedagogía del siglo pasado (XIX), tenga vigencia en nuestra realidad cubana? Argumenta.
3. A tu juicio ¿cuál es la personalidad cubana que más ha aportado al pensamiento pedagógico cubano?
4. ¿Qué es educar? ¿Qué se entiende por educación? ¿Cuáles son las dimensiones más importantes de la educación?

Pasados unos 10 minutos el animador pedirá a cada equipo que respondan de una forma general las preguntas, pues las mismas solo servirán de motivación para una reflexión más amplia.

## Desarrollo

1. El animador escribe en la pizarra la frase: "El primero que nos senẽó en pensar". A continuación se le pide a los participantes que comenten qué les sugiere la frase anterior. El animador al final puede hacer una argumentación más acabada.

**Pensar:** Significa tener criterio propio, actuar de una manera racional, lo cual permite el crecimiento de la persona como ser individual. Es la interacción y el resultado de la persona con el mundo, con la naturaleza, con la sociedad (las demás personas) y con él mismo. Una personalidad libre y responsable se logra únicamente derivada de un pensamiento también libre, profundo, lógico, científico, racional y religioso. Como los valores no se transmiten o se imponen, sino que los requiere y los desarrolla la propia persona, a través de su pensamiento, una persona que piense, le busca un sentido a todo lo que hace. Una persona que posea un pensamiento mecánico, irreflexivo e irracional se convierte en un ROBOT, que solo recibe órdenes y él las ejecuta, se convierte en un ejecutor y no en un ACTOR, es un sujeto PASIVO y no ACTIVO, en una palabra es un OBJETO, fácil de manipular.

Este es el momento de introducir la figura del Padre Félix Varela, que aunque no fue el autor de la frase (fue José de la Luz y Caballero) sí fue el artífice de esta gran obra, el primer sembrador de ideales cívicos, morales y éticos de la nación cubana.

El animador ofrecerá un esbozo biográfico del Padre Varela y para ello se puede auxiliar del folleto "Padre Félix Varela. Biografía". Segunda Edición. 1996. *Ediciones Vitral*.

Se debe destacar que Varela en toda su vida (aunque su etapa docente fue desde 1811 a 1821), luchó hasta sus últimas consecuencias porque los ciudadanos de su país, fuesen hombres con decoro, cívicos y patriotas, resaltando que había tres cosas o aspectos que lo impedían: la impiedad, la superstición y el fanatismo (ver "Cartas a Elpidio").

El animador se limitará a ubicar la obra de forma general: período en que fue escrita, género y cómo entró a Cuba, pues Varela se encontraba en el exilio (New York). Explicar a grandes rasgos el significado de cada término.

**2. Varela fue el precursor de nuestra Pedagogía** porque:

- Fue el primero que combatió la escolástica memorística y autoritaria como método pedagógico, introduciendo en nuestro sistema de enseñanza lo más novedoso de la pedagogía mundial y sus propios aportes de avanzada: (dar la definición de escolástica y método pedagógico escolástico, Conferencia "El principio del fin de la escolástica en Cuba". *Ediciones Vitral*.)
- En 1811 le anexó a la Cátedra de Filosofía del Colegio de San Carlos y San Ambrosio un curso de Física experimental.
- Editó los folletos de Filosofía en el idioma español y empezó a enseñar las Ciencias Naturales en el idioma nativo. Varela planteaba que la enseñanza de las ciencias en otro idioma fuera del nativo atrasaba el entendimiento.
- Cambió el plan de estudios, combinando la enseñanza de las ciencias, con la disciplina lógica y respetando o teniendo muy en cuenta la lógica de cada ciencia.
- Fue el primero que introdujo y montó un laboratorio de Química, combatiendo todas aquellas teorías que originaban superstición y atraso científico.
- Introdujo el método explicativo en la enseñanza y los métodos (en aquel entonces), inductivo-deductivo y el analítico-sintético: luego fue el precursor de la inducción y la deducción, del análisis y la síntesis en el proceso de enseñanza-aprendizaje cubano.
- Fue el primero que supo distinguir entre el significado de la instrucción y el de la educación en su sentido mucho más amplio y por eso fundó y asumió la Cátedra de Constitución en 1821, donde al decir de muchos de sus discípulos

era un taller de valores cívicos, morales y patrióticos. Nos enseñó que lo más importante en la educación era precisamente la formación de los valores y que la instrucción lo facilitaba.

- Contribuyó al desarrollo de habilidades intelectuales: observación científica, descripción y explicación; y explotó las operaciones básicas del pensamiento: la comparación, la abstracción, la generalización, el análisis y la síntesis.

- Fue el primero que nos habló del papel activo del alumno como sujeto de su propio aprendizaje y que el profesor solo era un mediador o un facilitador de esa apropiación de conocimientos y de valores.

- Nos resaltó la importancia del uso de la lengua materna en el proceso de educación, insistiendo en el aspecto de la comunicación entre el profesor y el alumno y entre sus relaciones. Para Varela el profesor debía ser un amigo, un verdadero amigo del estudiante.

- Nos legó cómo tratar de desarrollar el pensamiento activo y divergente en los estudiantes: la creatividad.

Hoy en día abunda la enseñanza tradicionalista que mutila el pensamiento creativo de los estudiantes, porque es una enseñanza paternalista, dogmática y condicionada por la ideología.

- Nos enseñó que la actualización en la esfera pedagógica es muy importante para la correcta formación de la personalidad, ajustando los objetivos de la educación a los avances de la época.

- Fue el primero que nos indicó la necesidad, dada su importancia, que para estar actualizado y a la altura de una época, hace falta autonomía de institución y libertad de Cátedra.

- Fue el primero que sentó las bases de una educación que permita aprender, visión que hoy, desgraciadamente, no hemos materializado, porque cada vez más nos alejamos de la verdadera esencia de la educación (desarrollo de valores humanos) y nos supeditamos al tecnicismo y al tradicionalismo.

El animador puede elaborar una pancarta (cartulina) e ir presentando cada uno de estos aspectos.

### Evaluación

En esta parte del encuentro el animador buscará la reflexión personal y el intercambio de criterios. Esto lo puede lograr con las siguientes preguntas finales:

- ¿Podemos o no considerar a Varela como el Padre de nuestra Pedagogía? ¿Por qué?
- ¿Qué elementos presentan mayor vigencia?
- ¿Tiene actualmente vigencia su pensamiento pedagógico?
- ¿Crees que cada día nos acercamos más a su esencia o nos alejamos?
- ¿Consideras necesario ir al rescate de las ideas y del pensamiento pedagógico de Varela? Argumente.

Se pedirá en cada pregunta, la argumentación correspondiente.

# Tema 3: "José Martí: el Maestro"

**Objetivos:**
**1.** Demostrar que la maestría de la vida y obra de José Martí, su vocación educativa y formadora, están basadas en los altos valores espirituales y universales que enseña.
**2.** Abordar la obra pedagógica martiana tratando de extraer su vigencia hasta nuestros días y su humanismo trascendente.

### Motivación

Se forman seis equipos y les pedirá que cada uno analice el fragmento martiano que se le entregue. Teniendo en cuenta para su análisis los siguientes aspectos: elementos didácticos, principios pedagógicos, y valores humanos.

**Equipo 1:** Despedida de duelo del poeta guanabacoense Alfredo Torroella, en el Liceo de dicho lugar, el 22 de enero de 1879 (Tomo 19, p. 403-406) fragmento de la primera oportunidad que se le ofrece a Martí de hablar a los cubanos.

*...Algo nace, poeta cuando mueres. Tú trajiste lo que tú te llevaste. Vuelven por ti las cuerdas de las liras mudas. Vuelve por ti la inspiración a los creadores silenciosos. Por ti, todo lo trémulo se vivifica. Por ti, todo lo escondido sale a plaza. ¿Por quién mejor que por ti? Tú te vas orando de la tierra, no con las manos manchadas de sangre, crispadas por el miedo, mordidas por el odio, sino blancas y puras como tu alma, blandamente unidas, en demanda de amor para los hombres. ¡Plega, plega poeta, ante el Dios de los buenos, tus manos siempre honradas! Y con tus labios, que nunca dijeron palabras de odio, con tus versos que no tiñó nunca la hiel, pide piedad para los que sufren, fuerza para los que esperan, energías para los que trabajan. ¡Ora mucho, hermano mío, por tu pobre tierra! ¡Ora por ella!*

**Equipo 2:** Versos Sencillos (Verso XXXIX, Tomo 16, p. 117. Escritos 1889-1890).

*Cultivo una rosa blanca,*
*En julio como en enero,*
*Para el amigo sincero*
*Que me da su mano franca.*

*Y para el cruel que me arranca*
*El corazón con que vivo,*
*Cardo ni oruga cultivo*
*Cultivo una rosa blanca.*

**Equipo 3:** Carta a María Mantilla (carta escrita por Martí, cuarenta días antes de su muerte en Dos Ríos, en 1895. Fragmentos).

*...¿Piensa en la verdad del mundo, en saber, en querer, -querer con la voluntad, y querer con el cariño? ¿Se sienta amorosa junto a su madre triste? ¿Se prepara a la vida, al trabajo virtuoso e independiente de la vida, para ser igual o superior a los que vengan luego, cuando sea mujer, a hablarle de amores, -a llevársela a lo desconocido, o a la desgracia, con el engaño de unas cuantas palabras simpáticas, o de una figura simpática? ¿Piensa en el trabajo, libre y virtuoso, para que la deseen los hombres buenos, para que la respeten los malos, y para no tener que vender la libertad de su corazón por la mesa y por el vestido?*
*...Yo amo a mi hijita. Quien no la ame así, no la ama. Amor es delicadeza, esperanza fina, merecimiento, y respeto..."*
*"...Mi anhelo es que vivan muy juntas, su madre y ustedes, y que pases por la vida pura y buena...Conocerás al mundo antes de darte a él. Elévate pensando y trabajando..." "...Enseñar, es crecer...*
*...Donde yo encuentro poesía mayor es en los libros de ciencia, en la vida del mundo, el orden del mundo, en el fondo del mar, en la verdad y música del árbol, y su fuerza y amores, en lo alto del cielo, con sus familias de estrellas, y en la unidad del Universo, que encierra tantas cosas diferentes, y es todo uno, y reposa en la luz del trabajo productivo del día. Es hermoso, asomarse a un colgadizo y ver vivir al mundo: verlo nacer, crecer, cambiar, mejorar y aprender en esa majestad continua el gusto de la verdad, y el desdén de la riqueza y la soberbia a que se sacrifica y lo sacrifica todo, la gente inferior e inútil...*

**Equipo 4:** Fragmentos de "El Presidio Político en Cuba". En 1872 contaba con 18 años de edad. Expresa el pensamiento libre y universal característico del futuro apóstol. Obras Completas en 27 tomos, Tomo I p. 43-74 (en esta obra Martí menciona a Dios en más de treinta y cinco oportunidades, siempre con mayúscula y con el mayor respeto y espiritualidad, con la mayor fe y pureza con que podría hacerlo un joven de 18 años).

*...Dios existe, sin embargo, en la idea del bien, que vela el nacimiento de cada ser, y deja en el alma que se encarna en él una lágrima pura. El bien es Dios. La lágrima es la fuente de sentimiento eterno...*
*Dios existe, y yo vengo en su nombre a romper en las almas españolas el vaso frío que encierra en ellas la lágrima...*
*Dios existe, y si hacéis alejar de aquí sin arrancar de vosotros la cobarde, la malventurada indiferencia, dejadme que os desprecie, ya que no puedo odiar a nadie; dejadme que os compadezca en nombre de mi Dios.*
*Ni os odiaré, ni os maldeciré.*
*Si yo odiara a alguien, me odiaría por ello a mí mismo.*
*Si mi Dios maldijera, yo negaría por ello a Dios...*

Y cuando Martí se refiere a los martirios sufridos por Lino Figueredo, su corazón se exalta ante el espectáculo que viene a su memoria...

*...¡Mirad, mirad!*
*Aquí viene una cabeza vestida de nieve. Se dobla sobre un cuello que gime porque no la puede sostener. Materia purulenta atraviesa su ropaje miserable. Gruesa cadena ruge con sordo son a su pie. Y, sin embargo sonríes. ¡Siempre la sonrisa! Verdad que el martirio es algo de Dios. Y cuan desventurados son los pueblos cuando matan a Dios...*
*Y más adelante nos describe:*
*...Y el cuerpo se alza, y el látigo vibra, y Lino trabaja, ¡Siempre el trabajo! Verdad que el espíritu es Dios mismo ¡Y cuán descarriados van los pueblos cuando apalean a Dios...!*
*...Y Dios llora.*
*Y, cuánto han de llorar los pueblos cuando hacen llorar a Dios".*
*Al finalizar sentencia:*
*...En nombre de la compasión, en nombre de la honra, en nombre de Dios, detened la masa, detenedla, no sea que vuelva hacia vosotros con su hórrido peso. Detenedla, que va sembrando muchas lágrimas por la tierra, y las lágrimas de los mártires suben en vapores hasta el cielo, y se condensan; y si no la detenéis, el cielo se desplomará sobre vosotros...*

**Equipo 5:** De "La Edad de Oro" fragmentos de Tres Héroes (Tomo 18, p. 304-308. Publicado en 1889, en New York).

*...Libertad es el derecho que todo hombre tiene a ser honrado, y a pensar y a hablar sin hipocresía. En América no se podía ser honrado, ni pensar, ni hablar.*
*Un hombre que oculta lo que piensa o no se atreve a decir lo que piensa, no es un hombre honrado. Un hombre que obedece a un mal gobierno, sin trabajar para que el gobierno sea bueno, no es un hombre honrado. Un hombre que se conforma con obedecer a leyes injustas, y permite que pisen el país en que nació los hombres que se lo maltratan, no es un hombre honrado. El niño, desde que puede pensar, debe pensar en todo lo que ve, debe padecer por todos los que no pueden vivir con honradez, debe trabajar porque puedan ser honrados todos los hombres, y debe ser un hombre honrado. El niño que no piensa en lo que sucede a su alrededor, y se contenta con vivir, sin saber si vive honradamente, es como el hombre que vive del trabajo de un bribón, y está en camino de ser bribón. Hay hombres que son peores que las bestias, porque las bestias necesitan ser libres para vivir dichosas: el elefante no quiere tener hijos cuando vive preso: la llama del Perú se echa en la tierra y se muere, cuando el indio le habla con rudeza, o le pone más carga de la que puede soportar. El hombre debe ser, por lo menos, tan decoroso como el elefante y como la llama. En América se vivía antes de la libertad, como la llama que tiene mucha carga encima. Era necesario quitarse la carga encima. Era necesario quitarse la carga o morir...*

*...Los hombres no pueden ser más perfectos que el sol. El sol quema con la misma luz con que calienta. El sol tiene manchas. Los desagradecidos no hablan más que de las manchas. Los agradecidos hablan de la luz.*

**Equipo 6:** Fragmento del artículo "El Poeta Walt Whitman" publicado en México, 1887, en el periódico "El Partido Liberal" en homenaje al poeta norteamericano (Tomo 13, p. 131-143).

*...¿Quién es el ignorante que mantiene que la poesía no es indispensable a los pueblos? Hay gentes de tan corta vista mental, que creen que toda la fruta se acaba en la cáscara. La poesía, que congrega o disgrega, que fortifica o angustia, que apuntala o deriva a las almas, que da o quita a los hombres la fe y el aliento, es más necesario a los pueblos que la industria misma, pues esta les proporciona el modo de subsistir, mientras aquella les da el deseo y la fuerza de la vida. ¿A dónde irá un pueblo de hombres que hayan perdido el hábito de pensar con fe en la significación y alcance de sus actos. Los mejores, los que unge la Naturaleza con el sacro deseo de lo futuro, perderán en un aniquilamiento doloroso y sordo, todo estímulo para sobrellevar las fealdades humanas; y la masa, lo vulgar, la gente de apetitos, los comunes, procrearán sin santidad hijos vacíos, elevarán a facultades esenciales las que deben servirles de meros instrumentos y aturdirán con el bullicio de una prosperidad siempre incompleta la aflicción irremediable del alma, que solo se complace en lo bello y hermoso...*

Luego se efectuará el análisis de los fragmentos martianos en un tiempo no menor de 25 minutos. Se reúne el grupo en plenaria y exponen por equipos sus apreciaciones que irán sintetizando con el animador o un colaborador del grupo en el pizarrón, o en una pancarta teniendo en cuenta los aspectos a analizar. Se anuncia y escribe el tema y se les ofrecen los objetivos del mismo.

### Desarrollo

**1.** Martí en los fragmentos citados aborda:

**a.** Temas universales como:
**Equipo 1:** El tema de la muerte, trascendencia de este hecho, en el fragmento de la despedida de duelo al poeta Torroella.
**Equipo 2:** El tema de la amistad, abordado en la lírica de sus Versos Sencillos.
**Equipo 3:** El tema de los consejos intimistas "para la vida", en Carta a María Mantilla.
**Equipo 4:** El tema del presidio y sus consecuencias, en "El Presidio Político en Cuba".
**Equipo 5:** El tema de la libertad, en las narraciones de "La Edad de Oro" en "Tres Héroes".
**Equipo 6:** El tema acerca de la importancia de la poesía, en el artículo "El Poeta Walt Whitman".

**b.** Martí utiliza como elementos didácticos, principios pedagógicos, y valores humanos:

- La comparación de ideas.
- La inferencia.
- La definición de conceptos.
- La persona humana como centro y su intención de mejorarla (humanismo).
- La enseñanza liberadora a partir del desarrollo del pensamiento lógico pues parte de hechos y conocimientos ya aprendidos, para el desarrollo de nuevos hechos y conocimientos.
- La espiritualidad. Inspirada en profundos valores cristianos.
- La maestría en el dominio de la lengua española.
- La comunicación de sentimientos e ideas. Característica innata en Martí.

Apreciar como en obras, pertenecientes a diversas manifestaciones, o sea, la oratoria o discursos de Martí, la lírica en Versos Sencillos, y su epistolario intimista, sus ensayos y narraciones en "La Edad de Oro" y sus artículos periodísticos. Todas estas, escritas en diferentes fechas y bajo circunstancias diferentes, expresan su profunda vocación didáctica, su intención ética, su espiritualidad y su profunda entraña humana y patriótica por la libertad de la persona humana, su decoro y su trascendencia.

A modo de resumen, después de las conclusiones a que arriben los integrantes del grupo en su síntesis:

Es costumbre oír hablar de Martí patriota, héroe, apóstol, antiesclavista, antianexionista, americanista o de Martí, poeta, cronista, periodista, maestro, forjador, precursor, modernista, orador, ensayista, etc.

Evidentemente, Martí fue todo eso, pero fundido en un solo hombre y en la obra de su vida, a la que superó y trascendió. Hoy José Martí es todo lo que es, para nosotros y para el mundo, gracias al numen de una conciencia y una cultura de profundísima entraña humana, de una espiritualidad refinada y originalmente universal, de una vocación que lo trasciende y está presente porque su eticidad lo inundó hasta desangrarlo en la epicidad: heroica consecuencia y esencia de su vida, de las circunstancias en las que su devenir histórico lo sitúa y porque su vocación y donación determinan su fin épico con la muerte de cara al sol.

La vida y obra de Martí, respira una energía integral, de una calidad ética y humana que rige su actitud heroica y creativa hacia un didactismo elocuente, formador de altísimos y duraderos valores espirituales y de un amor al que solo se llega mediante el testimonio de su vida y, la lectura libre y profunda de toda su obra.

En ese alto contenido ético y humanista, de cada acto, de cada palabra de Martí, subyace la influencia benefactora del apóstol y héroe cubano. No dejemos perder este tesoro para los hombres de hoy y de mañana.

### Ejercitación

**1.** Se crean dos equipos: uno para señalar cómo se desarrollan esos sentimientos en nuestra enseñanza y otro para que expliquen cómo enseñar y formar a nuestros alumnos en esos sentimientos y valores.

**2.** Se realiza un resumen y al evaluación del encuentro.

## Tema 4: "Educación para la libertad y la responsabilidad"

### Objetivos:
**1.** Mencionar algunas de las causas que afectan el ejercicio de la libertad y la responsabilidad en los cubanos.
**2.** Presentar los rasgos distintivos de una educación que promueva la libertad personal del educando y por eso afiance su responsabilidad ante sí mismo, ante los demás y ante Dios.
**3.** Recomendar algunas líneas de acción para promover este tipo de educación liberadora y responsabilizadora.

### Motivación

**1.** Se organiza con anterioridad este sociodrama:

Pedro y Mary tienen dos hijos varones. Entran en el lugar discutiendo:

**Pedro:** Tú ves, eso te pasa por darle todos los gustos a tu hijo. Ahí lo tienes que hace dos días que no va a la escuela y anoche no se quedó en la casa. Claro, el niño siempre ha hecho lo que le gustaba.
**Mary:** ¿Ahora soy yo la culpable de todo? ¿Y las veces que me dijiste que había que darle libertad a los muchachos porque eran varones? Tú eres responsable de haberle dado tanta ala. Ahora están sueltos y no hay quien les hable de asumir ninguna responsabilidad.
**Pedro:** ¡Claro! Si tú solo hacías lo que a los niños le gustaba. Ahora la verdad es que ellos han copiado lo que han visto en su casa. Hacer lo que me gusta y vivir sin responsabilidades.
**Mary:** Bueno, ninguno de nosotros somos los verdaderos culpables, porque a esos muchachos, gracias a Dios, no les ha faltado nada. Eso lo da las junteras y esas escuelas becadas que acaban con la familia en lugar de cumplir con su responsabilidad de educar. Vámonos, en fin de cuentas no son nuestros hijos los únicos regados, así están la mayoría de los jóvenes de hoy.
**Pedro:** Sí, no te calientes la cabeza, si hubiéramos dado otra educación a nuestros hijos nos hubieran tildados de atrasados, y ni muerto me voy yo a

quedar solo como un bicho raro en medio de este mundo que es así. ¿Qué le vamos a hacer? Nosotros no vamos a cambiar al mundo entero. Vamos.

El animador organiza dos equipos que contesten las siguientes preguntas:

**Equipo 1**

- ¿En qué se basó la educación que Pedro y Mary dieron a sus hijos?.
- ¿Cuáles fueron sus resultados?
- ¿Qué es libertad para ellos?
- ¿Qué criterios fundamentan ese tipo de libertad?

**Equipo 2**

- ¿Son culpables Pedro y Mary de la forma de ser de sus dos hijos? ¿Por qué?
- ¿Son responsables de la forma de ser de sus dos hijos? ¿Por qué? ¿Cuál es la diferencia?
- ¿Por qué Pedro justifica el haberle dado la misma educación a sus hijos que la de todo el mundo? ¿A qué le tiene miedo en realidad? ¿Por qué?

Las respuestas son presentadas al plenario y servirán para introducir el tema.

### Desarrollo

**1. ¿Qué es la libertad?**

**La libertad es un elemento constitutivo de la persona humana** y además de un don de Dios para todos los hombres es, al mismo tiempo una conquista que hay que alcanzar mediante la maduración personal, la educación ética y la creación de ambientes sociales favorables al ejercicio de una auténtica libertad personal y la práctica de las libertades cívicas.

**2. Hay libertad y libertades.** Se educa para la libertad que se gesta en el corazón, la inteligencia y la voluntad de los hombres y mujeres. Sin esta educación no habrá quienes exijan las libertades sociales, ni quienes una vez alcanzadas estas, sean sujetos, protagonistas conscientes para practicar, respetar y mantener las libertades de expresión, de religión, de reunión, de asociación, de elección para cargos públicos, etc.

**3. La responsabilidad es la capacidad que tiene la persona humana para responder libre y conscientemente** a las solicitaciones que le presentan la vida, los demás, su propia conciencia, Dios. En la medida que una persona se haga capaz de responder seriamente a estas exigencias será más o menos responsable. La responsabilidad nace de la libertad de responder o no a un desafío, pero se educa, se cultiva, al entrenar al ciudadano para que se haga cargo de las actitudes, acciones y consecuencias de su respuesta personal.

**4. Los padres son los primeros educadores para la libertad y la responsabilidad.** Ellos comparten con la escuela, la iglesia y demás instituciones culturales y cívicas una parte de ese deber que nunca puede ser alienado por estas instituciones contra la voluntad o la orientación que tiene la familia.

**5. Los educadores son corresponsables con los padres** de la educación para la libertad y la responsabilidad pero no son ellos los que deciden que tipo de educación brindan sino que deben estar al servicio de los criterios de juicio que la familia tenga sobre los conceptos y la realidad de la libertad y la responsabilidad.

**6.** En Cuba, como en otros países, hay un deterioro del ejercicio de la libertad y la responsabilidad. No debemos caer en el esquematismo de preguntarnos si hay o no hay libertad en Cuba. Ni si hay o no responsabilidad en los cubanos. Se trata más bien de preguntarnos en qué grado se ejercen la libertad y la responsabilidad, pues en ningún lugar existen los extremos de no haber ninguna libertad o gozar de total libertad y responsabilidad.

**7. Causas que provocan la falta de libertad y responsabilidad en Cuba**

Para educar en la libertad y la responsabilidad es necesario, en primer lugar, buscar las causas que provocan el deterioro de estos valores. Entre otras podemos encontrar las siguientes:

- La despersonalización que provoca el colectivismo o masificación.
- El autoritarismo que convierte a las personas en seres inmaduros frente al paternalismo.
- La amenaza de perder la seguridad personal, el trabajo, los estudios, etc.
- La superficialidad y la inconstancia propios de nuestra carácter.
- La falta de libertad interior o espiritualidad.
- El acomodamiento del que no quiere buscarse problemas en su vida.
- La manipulación de la propaganda, la falta de información.
- El miedo a la "soledad moral" o aislamiento sociológico y psicológico.
- La vida en la mentira, la doble moral, las apariencias externas.
- El desorden moral con el que se paraliza y chantajea a las personas.
- La inclinación de la naturaleza humana hacia el error y el egoísmo.
- Falta de sentido de los actos y de proyecto de vida autónomo y trascendente.
- La falta de espacios reales donde se aprenda a ejercitar la libertad y la responsabilidad.
- El fracaso antropológico del modelo de hombre nuevo.
- El regreso a una cultura del "tener vale más que el ser".

**8.** Los educadores y padres de familia, junto a las comunidades cristianas tienen en este esbozo de análisis de las causas profundas de la falta de grados de libertad y responsabilidad, algunos elementos más allá de los más visibles como el sistema político o la situación económica que también influyen pero que no agotan el problema.

La primera oportunidad de la libertad que debemos disfrutar es poder superar las ambigüedades que encierran estas palabras y que en ocasiones vician su propia identidad.

### 9. Grados de libertad

Comencemos por distinguir **los grados de la libertad:**

**a. Libertad de decisión o libertad personal:** Es aquella que viene dada ya con el ser de hombre. "Es el ineludible quehacer de darse él mismo la configuración que corresponde a su ser y de crearse, por sí mismo, sus posibilidades históricas diversas". Esta libertad es tan fundamental que el hombre no puede ignorarla, puesto que hasta la renuncia a dar su propia configuración a su ser, es ya una decisión sobre el sentido de su existencia. A esta "voz" de la libertad fundamental damos el nombre de conciencia" (Cfr. Breve diccionario de filosofía M. Muller y A. Halder, p. 271-272).
Despertar las conciencias en Cuba es llamar a la puerta del sagrario de cada persona para que no renuncie a la suprema dignidad y vocación de ser él mismo.

**b. Libertad positiva o libre albedrío:** Es la libertad "para" elegir, para ser libre, para amar y entregarse. Es el estar dotado de libre voluntad o libre albedrío. No se trata de elegir esto o aquello, sino de la libertad para optar en sí misma.
Combatir el pesimismo y la superstición de creer que nada se puede hacer libremente. Pudiera ser la respuesta de los cubanos a la autocensura de su libre albedrío.

**c. Libertad negativa o libertad de elección:** es dejar a la decisión de la persona esto o aquello, liberarse de esta atadura o permanecer atado a ella. Echar mano de esta o aquella posibilidad. **Es la libertad "de" lo que nos oprime.**
Buscar todas las alternativas y ejercitar la capacidad de decisión de los cubanos es servir hoy a la posibilidad de romper las ataduras que no nos permiten acceder a mayores grados de libertad.

**d. Libertad óntica o libertad de acción: Es la libertad para actuar.** El hombre puede proponerse intenciones que, por algunas razones, son irrealizables y otras veces realizables. La acción de la naturaleza y de la sociedad no siempre coinciden con los proyectos de acción del hombre. Este grado de libertad es aquel que goza el hombre cuando puede actuar libremente y no solo elegir entre varias alternativas.

En Cuba debemos conocer bien estos grados de libertad y tomar conciencia de que la sociedad y el Estado solo pueden restringir o eliminar las dos últimas expresiones de libertad, por un tiempo más o menos largo: es decir pueden limitar la libertad de elección y la libertad de acción, pero el Estado y el gobierno son absolutamente impotentes ante los dos primeros grados de libertad una vez concientizados: la libertad de ser y la libertad de la voluntad.

## 10. Dimensiones sociales de la libertad

Para que los cubanos podamos llegar a ser personas de conciencia y voluntad libres debemos aprender también cómo se manifiesta la libertad en la estructura social:

**a. Individualidad o totalidad:** la realización de la libertad en el ámbito social es indivisible: no puede separarse la libertad interior o subjetiva de la libertad exterior u objetiva. La totalidad de la libertad es la comunión entre la libertad que el hombre vive y el conjunto de condiciones externas creadas por la sociedad que le permite al ciudadano ejercer y disfrutar de la libertad con responsabilidad. La asimilación de estas condiciones a la libertad interior y la transformación de esas mismas condiciones, movida por la libertad de ser y decidir, hace que ser libre y tener libertades sean dos formas indivisibles de la libertad.

**b. Historicidad:** la libertad humana no es mera actuación de un "ser en sí" (la persona) sustraído o enajenado de su historia sino que la libertad solo se efectúa cuando se "objetiva" en la historia de la ciencia, la religión, la política, las artes, el Estado, etc. Y viceversa: la historia humana solo existe en cuanto es expresión de la libertad de cada hombre "La libertad se hace historia y la historia se hace de la libertad".

**c. Socialidad:** la libertad solo es real en la integración social de realizaciones libres. Esta es la fuente de la solidaridad. No puede hablarse de una libertad sin límites y absolutamente individual, sin ningún carácter social y sin respeto a la libertad de los otros; pero tampoco se puede hablar de la libertad absoluta de la comunidad para ser ella misma a costa de la despersonalización a sus miembros.

**d. Personalidad:** no obstante su carácter social, el sujeto último de la libertad es solo la persona individual, solo el individuo puede propiamente llegar a ser el mismo y a poseerse, solo la persona es el portador y el coautor de la libertad con el Creador. Solo en consideración a la persona humana y en sentido análogo se puede hablar de libertad de una comunidad o de una nación. Por tanto la libertad de un pueblo no puede entenderse como la libertad del Estado o del cuerpo social en detrimento o desconocimiento o violando la libertad de las personas. Es una falacia hablar de la libertad de la patria cuando cada uno de sus hijos no está educado para "ser" libre ni para "ejercer" las libertades.

**e. Subsidiaridad:** los dos anteriores principios no son excluyentes en esta propuesta, aunque históricamente hayan existido modelos sociales y económicos que lo hayan concretado en los extremos: el individualismo y el colectivismo. El principio vincula y regula esos dos principios anteriores estableciendo modos de realización de la libertad y las libertades sin perjuicio ni de la persona ni de la sociedad.

La subsidiaridad es que cada grupo social: familia, grupo natural, asociación, Iglesia, municipio, ejerzan su libertad y realicen solamente aquellas libertades que no lesionen la capacidad de ser libres y los ámbitos de libertad de las personas y de los niveles inferiores en la organización social. Cada cual hará solo y todo cuanto no puedan hacer por sí solos y libremente las instancias que forman su base.

Sin subsidiaridad, el Estado invade el ámbito de la sociedad civil, de la familia, de la persona. He aquí un caso de colectivización extrema, es la estatalización o estado paternalista. Lo contrario es un ejercicio de la libertad de la cultura del "sálvese el que pueda" donde el individualismo es tal que postula la no intervención del Estado y otras estructuras colocando la solidaridad fuera del ejercicio de la libertad. Este es el otro extremo.

## 11. Propuestas operativas

De las anteriores reflexiones sobre la realidad cubana y sobre el modo en que concebimos la libertad y la responsabilidad iluminados por las enseñanzas sociales de la Iglesia, surgen las siguientes propuestas operativas: Priorizar la educación ética y cívica: implementando un programa de formación en las virtudes y valores humanos y cívicos que conduzca a la verdadera educación para la libertad y la responsabilidad, mediante una pedagogía participativa y liberadora.

**Características de una educación liberadora:**

**a. No más manipulaciones, ni cosificación de las personas** sino favorecer en ellas un proceso de autoestima y autogestión que los haga protagonistas de su propia historia personal y social.
**b. No huir de la realidad, ni dejarse arrastrar por el ambiente**, sino asumir la encarnación en la realidad en un proceso de arraigo, evaluar esa realidad mediante un discernimiento ético y poner todos los medios personales y estructurales para transformar esa realidad.
**c. Educar la conciencia crítica** de modo que se ejerza el criterio ante las alternativas que presenta la vida. En esta formación de la conciencia moral no solo hay que adecuar la verdad subjetiva a la verdad objetiva, sino que hay que ganar en transparencia y en certeza de conciencia.
**d. Estimular una escala de valores** que priorice el "ser" sobre el tener, el poder y el saber.

**e. Fomentar el discernimiento ético** para hacer una opción fundamental que oriente un proyecto de vida personal que dé sentido a la existencia y pueda favorecer la entrega generosa y solidaria.

**f. Concretar la opción fundamental en actitudes coherentes** para llevar a cabo el proyecto de vida en cada ámbito de la existencia cotidiana (Cfr. Educación liberadora de Paulo Freire y Curso de Ética)

Se habla mucho con relación a la reconstrucción económica y material de Cuba, pero se habla poco de la reconstrucción ética y espiritual de la Nación. Este programa de educación cívica para Cuba, editado desde Pinar del Río, puede ser una propuesta para comenzar a debatir, prever y edificar, entre todos, el edificio moral de la Nación.

### Ejercitación

**1.** Se forman dos equipos:

**Equipo 1:** Evalúa la situación de la dimensión personal de la libertad en Cuba, dándole a cada una de las 4 características del punto 9, un valor de 0 a 5 puntos.

**Clave:** Si la suma de los 4 aspectos da:

- 20 puntos: la libertad personal es plena.
- 15-20 puntos: la libertad personal es buena.
- 10-15 puntos: la libertad personal es regular.
- 5-10 puntos: la libertad personal es deficiente.
- 0-5 puntos: la libertad personal es mala.

¿Qué hacer concretamente para ir aplicando la educación ética y cívica que se propone en el punto 9?

**Equipo 2:** Evalúa la situación de la dimensión social de la libertad en Cuba, dándole a cada uno de las 5 características del punto 10, un valor de 0 a 5 puntos.

**Clave:** Si la suma es:

- 25 puntos: la dimensión social de la libertad en Cuba es plena.
- 20-25 puntos: la dimensión social de la libertad en Cuba es buena.
- 15-20 puntos: la dimensión social de la libertad en Cuba es regular.
- 10-15 puntos: la dimensión social de la libertad en Cuba es deficiente.
- 5-10 puntos: la dimensión social de la libertad en Cuba es mala.
- 0-5 puntos: la dimensión social de la libertad en Cuba es muy mala.

¿Qué hacer concretamente para ir aplicando la educación ética y cívica que se propone en el punto 10?

# Tema 5: "Alumno y profesor. ¿Sujetos u objetos? ¿Participantes o animadores?"

**Objetivos:**
1. Conocer el papel que desempeñan tanto el alumno como el profesor en el proceso de enseñanza-aprendizaje (PEA) en un sistema de educación para la libertad y la responsabilidad.

## Motivación

1. El animador puede comenzar la reflexión haciendo las siguientes preguntas de interés general:

- ¿Se considera el acto de educar como un acto de dirección? ¿Por qué?

- ¿Qué rol jugaría el profesor y el alumno en el proceso de enseñanza-aprendizaje?

- ¿Se reconoce al alumno como el centro de la actividad educativa?

2. Se forman equipos, según las posibilidades del mismo para que cada uno de ellos proponga un listado de las funciones que tiene tanto el profesor como el alumno en el proceso de enseñanza-aprendizaje.

3. Al final (pasados unos 15 minutos), se hace una reflexión en plenaria.

4. El animador irá colocando en la pizarra, dividida en 2 partes, las funciones del profesor (que no se repitan) según criterio de los equipos y a la derecha la de los alumnos.

## Desarrollo

El animador debe tener muy presente los siguientes puntos de vistas, para hacer las reflexiones pertinentes:

1. La persona humana existe para que viva en comunión con las demás personas, por lo que tenemos una naturaleza humana social y por tanto es muy importante tener en cuenta en el proceso de crecimiento o formación de la personalidad, las relaciones que cada individuo tiene con la comunidad (en la escuela, en el barrio, en la familia, en el trabajo, etc.), las relaciones con él mismo, o sea, con su yo interno, que se manifiesta en su manera de pensar y actuar, y en sus relaciones con los demás y con la naturaleza.

2. Cuando la persona no se realiza en sus relaciones humanas que surgen de la propia actividad, como consecuencia de su obra, el resultado es la enajenación. El hombre es enajenado cuando su esencia entra en contradicción con su

existencia y por eso es necesario buscar el crecimiento espiritual, para que el resultado de su labor sea consecuente con su existencia: que se sienta útil y que sea capaz de crecer por sí mismo.

**3.** La persona, tanto el alumno como el profesor, cuando no se reconocen en el resultado de su actividad que es el proceso de enseñanza-aprendizaje, y este le es ajeno, se convierten en mera mercancía, o sea en OBJETOS de dicho proceso y no en sujetos activos. Ambos, profesores y alumnos, tienen que reconocerse como sujetos activos del proceso de enseñanza-aprendizaje y no como objetos.

Cuando el resultado del trabajo del profesor y de la labor del estudiante le son ajenos a los dos, entonces el propio proceso de enseñanza-aprendizaje les es también ajeno y ambos se convierten en objetos, se enajenan, se alienan.

**4.** Es muy importante que el profesor-educador tenga muy presente que el proceso de enseñanza-aprendizaje es un proceso bilateral donde coexisten el sujeto que enseña y el sujeto que aprende. El profesor debe contribuir a que cada estudiante desarrolle por sí mismo su personalidad, por tanto es un elemento activo, es un sujeto en la planificación, organización, desarrollo y control del proceso de enseñanza-aprendizaje; está en la obligación de crear el marco propicio, o la condición necesaria para que esta sea así.

De los dos procesos anteriormente mencionados, es el segundo, el concerniente al alumno (aprender a aprender) es el más importante, y desafortunadamente, la mayoría de nuestros educadores no lo consideran así, pues siguen viendo su labor como la esencial, la determinante y ven al alumno como un objeto dentro del proceso de enseñanza-aprendizaje.

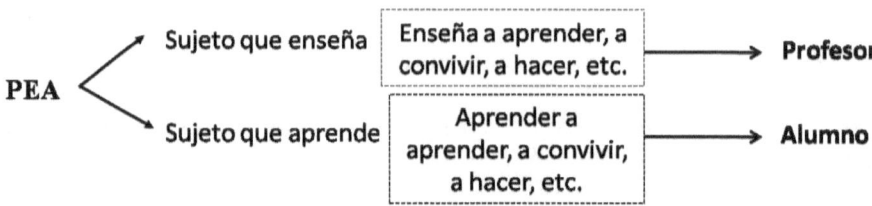

**5. ¿Qué significa que el estudiante sea un sujeto activo dentro de su propia educación?**

La realización plena de la persona no se logra cuando solamente satisface sus necesidades personales (alimento, vestido, grabadora, video, etc.), ni cuando se le educa para que una vez convertido en un profesional, o trabajador, su única motivación sea vender su fuerza de trabajo o su preparación como una mercancía más. La realización plena se logra cuando hay una consecuente participación en el contexto social, en la comunidad.

Si al alumno no se le educa conscientemente para que su esfuerzo contribuya a construir una sociedad mejor en valores espirituales y morales, si no comprende que su verdadera misión es la ayuda solidaria y desinteresada al prójimo, si no se educa en criterios de juicio correctos, tanto el proceso de enseñanza-aprendizaje como sus componentes personales son meros objetos enajenados. La sociedad la constituyen todos, es para todos y necesita de la preparación y del esfuerzo de todos. Ambos, profesor y alumno, son sujetos activos en el acto de educar.

**6.** El alumno debe sentirse protagonista de su propia educación, de su propio aprendizaje y este aprendizaje debe ser en la propia vida, en el contexto de la sociedad y teniendo muy en cuenta las condiciones características de este contexto social. La educación es en la vida, para la vida y por la vida, esta es su dimensión esencial.

Motivar es la principal función del profesor para que la habilidad en el estudiante se convierta en el medio, en el instrumento de su autorrealización como ser social:

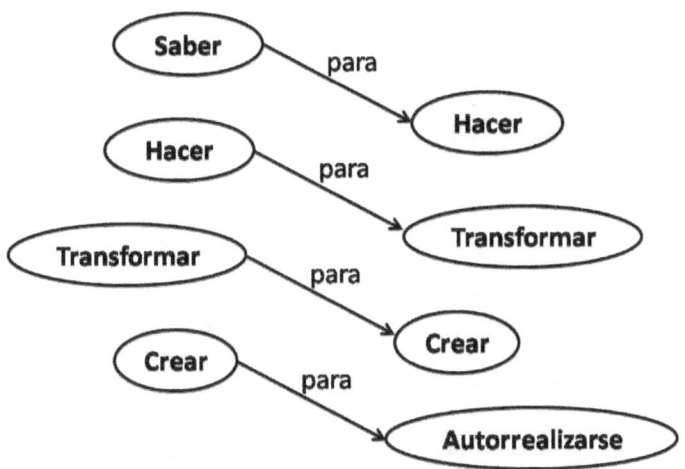

**7.** Por ello el estudiante es desde el punto de vista pedagógico, el sujeto del aprendizaje y de la educación. El que dirige el aprendizaje como sujeto principal es el estudiante y no el profesor. El profesor motiva, informa, ofrece conceptos y métodos, guía, ayuda, orienta, sin embargo el que connota la información de acuerdo con sus intereses, gustos, motivaciones, vivencias y necesidades es el estudiante. La información se convierte en el OBJETO de su aprendizaje y ese OBJETO se convierte en signo, en símbolo y en sentimiento de necesidad para dicho aprendizaje.

El criterio de los estudiantes es decisivo para una educación realmente liberadora y participativa, para una educación democrática que eduque en libertad, para la libertad. Pobre es nuestro contexto pedagógico cuando predomina la influencia de la pedagogía conductista y tradicional, la cual le deja poco espacio a la participación y responsabilidad de los alumnos.

Un proceso de enseñanza-aprendizaje activo, necesita de profesores-formadores y de estudiantes activos y para ello es necesario un clima que tribute a la excelencia tanto de la enseñanza como del aprendizaje y para ello es necesario tener en cuenta un sistema de cualidades o indicadores que lo permitan, tales como:

- **Pertinente:** que se corresponda con las exigencias sociales.
- **Realista:** parte de la condición específica del contexto.
- **Equilibrado:** que relacione lo instructivo con lo educativo, la teoría con la práctica, lo académico con lo investigativo y lo laboral.
- **Flexible:** presencia de asignaturas electivas con objetivos sistémicos.
- **Adaptable:** sobre la base de la flexibilidad, actualizar los contenidos sin grandes afectaciones en los planes de estudios.
- **Globalizador:** derivador e integrador a la vez (sistémico).
- **Participativo:** a todos los niveles tanto alumnos como profesores deben participar y determinar en las decisiones del diseño del proceso de enseñanza-aprendizaje.
- **Problémico:** los problemas son el punto de partida para el diseño de cualquier plan de estudio y de programas, de disciplinas y asignaturas que sean liberadas y participativas.
- **Productivo y creativo:** que los métodos pedagógicos utilizados no maten el pensamiento creativo y divergente de los estudiantes.
- **Científico:** que responda a las leyes de la naturaleza y a los principios y criterios de juicios correctos.
- **Educativo:** que la propia instrucción sirva de base y propicie una mejor posibilidad de desarrollar los valores éticos, cívicos, morales y patrióticos de los estudiantes.
- **Abierto a lo trascendente:** que favorezca el encuentro de la persona con Dios de la forma en que esta y su familia lo determinen. Para eso la educación no tiene que ser necesariamente confesional.

Hoy en día el término profesor o maestro está asociado al proceso de enseñanza-aprendizaje visto desde el ángulo solo de la instrucción.

A continuación el animador a través de una lámina o pancarta podría reflexionar con el equipo la realidad de nuestro contexto educacional y las propuestas de lo que debería hacer un profesor-educador.

| EL PROFESOR INSTRUCTOR | EL PROFESOR EDUCADOR |
|---|---|
| **1.** Enseña | **1.** Forma |
| **2.** Se preocupa más por el presente | **2.** Infiere el futuro |
| **3.** Memoriza | **3.** Despierta la potencialidad |
| **4.** Castiga | **4.** Enmienda |
| **5.** Tiene en primer lugar la ciencia | **5.** La sabiduría |
| **6.** Se siente superior | **6.** Se siente colaborador |
| **7.** Da información | **7.** Transmite valores |
| **8.** Manda | **8.** Es formador de diálogos |
| **9.** La distancia alumno-profesor es fin | **9.** Es un medio |
| **10.** Discute | **10.** Discute y oye |
| **11.** Golpea el mármol | **11.** Lo pule hasta crear una imagen |
| **12.** No se baja de la cátedra | **12.** Hace de todo el aula una cátedra |
| **13.** Exige buena conducta | **13.** Es ejemplo de buena conducta |
| **14.** Anhela que sus alumnos sepan más | **14.** Anhela que sus alumnos sean más |
| **15.** Es especialista | **15.** Es humanista |
| **16.** Es autoridad | **16.** Es, además, amigo |

- Cuando en la escuela solo hay profesores, esta se convierte en una fábrica de productos enlatados.
- Cuando en una escuela hay verdaderos educadores y formadores, esto se convierte en un semillero de hombres responsables.
- Cuando es una escuela hay solo profesores, las potencialidades del alma juvenil se atrofian.
- Cuando en una escuela hay profesores-educadores o educadores-formadores las energías del alma son toda una promesa que auguran un porvenir de esperanza.

(Cfr. Revista *Cultural*, No. 25, Colombia, artículo del Dr. Mario Mejía).

### Ejercitación

Cada participante se autoevalúa teniendo en cuenta los elementos del punto g). Luego, reunidos en equipos por especialidad, o etapa de la enseñanza homólogas, elaborar pistas para mejorar el proceso de enseñanza-aprendizaje.

## Tema 6: "Educación pluralista"

**Objetivos:**
**1.** Conocer las bases de una educación pluralista que respete la unidad en la diversidad.

### Motivación

**Variante 1:** Los participantes se agrupan en varios equipos de 5 personas, cada uno debe armar un rompecabezas (que puede ser una figura recortada en varias partes, cada parte con forma distinta). Luego cada equipo comparte con los demás la experiencia vivida. El animador pide que alguien de cada equipo narre los pasos para armar el rompecabezas. Para armar un rompecabezas es necesaria la comunicación entre los participantes y encontrar los puntos de contacto entre los elementos diversos. El criterio para armar el rompecabezas es la conformación de una imagen, de la misma forma, la unión de lo diverso conforma un "todo" coherente y orgánico.

**Variante 2:** Formados en dos equipos cada uno trata de dar ideas para resolver la situación dada:

*Caso A:* En un aula de sexto grado hay alumnos que en ocasiones asisten con ropa no muy limpia, a veces no traen merienda, o dinero para comprarla. Estos alumnos tienen mala asistencia y menos rendimientos. Los demás alumnos los rechazan, y el grupo está dividido en dos subgrupos desde el punto de vista de las relaciones interpersonales. Diga qué puede hacer el maestro en ese caso.

*Caso B:* En un aula universitaria de la carrera de Derecho hay diferentes corrientes políticas entre los estudiantes. Dichas corrientes son a veces opuestas y causan antagonismo entre los estudiantes que, a veces, se reflejan en sus relaciones interpersonales. En las asignaturas más relacionadas con la política, cada cual trata de imponer su criterio cuando participa. Los más comprometidos en la actividad política tratan constantemente de ganar como "adeptos" a los que parecen más indiferentes. Diga qué puede hacer el profesor en ese caso.

### Desarrollo

**1. El pluralismo** es aquella actitud en la que se presupone que la diversidad es una riqueza. Es saber convivir con personas diversas en costumbres, opiniones, formas de reaccionar, etc. que sean distintas a la propia. La convivencia humana es plural por naturaleza. Ser pluralista presupone aprender a convivir con otros de modo que las diferencias con las demás personas puedan ser aprovechadas en el gran proyecto de la vida y no sean vistas como obstáculos.

**2. La educación pluralista** es aquella que:

- Teniendo en cuenta la diversidad de caracteres entre las personas, promueve actitudes de tolerancia y de búsqueda de puntos de contacto. El trabajo en equipos, los grupos de estudio, y el deporte, pueden ser medios para que la persona aprenda a tolerar la forma de ser de los otros, al mismo tiempo que aprenda a hacer la suya más tolerable. En la interacción grupal se imponen muchas veces patrones de conducta, que pueden no ser positivos (por ejemplo cuando se impone la forma de ser del líder) en ese caso el educador debe incidir en patrones de conducta positivos. La enseñanza de la democracia y el respeto al otro son condición imprescindible para la democracia en la sociedad.

- Promueve actitudes de solidaridad entre las personas, de modo que unos se comprometan con tratar de ayudar en la mejoría de las diferencias económicas que puedan existir. Las personas cuya situación económica es más mala suelen tener más dificultades en el proceso docente. Muchas veces aparecen diferencias en las relaciones interpersonales debido a este factor. En muchas experiencias educativas en países del Tercer Mundo los educadores estimulan las manifestaciones de solidaridad (colectas, gestiones para conseguir trabajo a los padres, equipos de estudio con atención especial a los compañeros con dificultades, etc.). En este sentido son preferibles aquellos actos de solidaridad en los que se trate que las personas sean sujeto de su propia mejoría y no meros receptores de caridad.

- Ofrece a las personas herramientas para el estudio y comprensión del mundo que les rodea, de modo que ellas mismas saquen sus conclusiones. De ninguna manera se le debe presentar una única visión de la realidad, debe dársele la posibilidad de escoger aún cuando el educador esté convencido de la suya propia. Se debe explicar a los educandos el sustrato histórico, cultural, religioso de las distintas formas de pensar o ideologías con las que estén en contacto en la sociedad.

- Utilice los métodos pedagógicos en la manera en que se adapten más a las características de los educandos. La pedagogía es la ciencia que sirve al maestro para facilitar el aprendizaje del alumno, de modo que sepa escoger en cada caso el método adecuado. Aunque exista consenso sobre la conveniencia de determinados métodos, es responsabilidad del educador elegir el más conveniente.

- Promueve actitudes de diálogo entre personas con diferentes tendencias políticas. Los espacios de educación liberadora pueden ser auténticas escuelas de diálogo si se permite a cada cual expresar libremente su opinión y actuar en consecuencia con ella, y si se buscan momentos en los que dichas opiniones puedan intercambiarse de forma tolerante, buscando puntos comunes y consenso sobre opiniones diversas.

- Respete la libertad de cada cual al actuar en la sociedad, siempre que no se dañe a la hora de elegir la propia. El educador puede incluir evaluaciones de la conducta como parte del proceso educativo, pero esta no debe ser hecha en forma de juicio moral, ni debe funcionar para nada como una calificación que influya en las futuras etapas de la educación o en la vida laboral.

- Posibilite una educación moral, que vaya más allá del mero conocimiento de normas de conducta, y brinde herramientas para que la persona haga su propio proyecto de vida y lo ponga en práctica, al mismo tiempo que pueda realizar el discernimiento ético en cada situación de su vida.

- Promueve la búsqueda de lo trascendente, respetando la libertad religiosa. La escuela puede ser no confesional y sin embargo no negar la religión, al mismo tiempo que puede ser confesional y respetar otras creencias. Propiciar que el educando desarrolle su propia religiosidad es imprescindible para que aprenda a convivir y llegue a ser una persona íntegra. No se debe imponer a nadie determinada fe religiosa, ni tampoco obligar a que niegue la suya.

**2.** Las personas deben ser educados en las prácticas ciudadanas y en el compromiso con la sociedad. La educación cívica es la que prepara a la persona para participar en el entramado social, por tanto debe ser parte del aprendizaje. Dicha educación debe estar encaminada a formar un sujeto crítico de la realidad que lo rodea, y que a su vez sea capaz de contribuir a mejorarla. Esta educación no debe ser un instrumento del poder político o religioso. Esta educación debe propiciar:

- Un enfoque de la historia en la que se insista en los hechos, los conceptos, las ideas generales y las enseñanzas sobre los fenómenos sociales, de modo que la persona se entrene en comprender mejor los fenómenos de la vida social.
- Un conocimiento elemental, aunque eficaz, del derecho ciudadano, de modo que la persona aprenda a reconocer sus derechos, a reclamarlos, conozca las normas generales de los procesos jurídicos, así como la manera de buscar apoyo en ese sentido. Debe conocer también sus deberes.
- Una reflexión crítica que le permita a la persona adquirir un dominio intelectual que le posibilite discernir la calidad y la validez de los distintos tipos de razonamiento y de juicios de valor.
- El conocimiento de las normas generales de conciencia social y las principales formas de comunicación que son comunes a la humanidad.
- El diálogo entre las distintas culturas que existen en la sociedad, así como la renovación positiva de las culturas actuales sin que las mismas sean aniquiladas.

La escuela debe ser institución pluralista, con estructuras flexibles y la debida autonomía de los que en ella participan, como condición de la enseñanza plural. El sistema de educación del país debe ser también plural, permitiendo diversidad en formas de educar y en tipos de escuela teniendo como rasero el bien común.

### Ejercitación

Se pide a los participantes que se autocalifiquen con una puntuación entre 0 y 10 puntos en cada uno de los rasgos característicos de la educación pluralista. Luego separados en equipos de 5 personas califican al educador cubano promedio (pueden hacerse equipos por etapas de la educación). Se elaboran además pistas para hacer la educación más pluralista. El resultado se pone en común y se sacan conclusiones.

## Tema 7: "La autonomía en la educación"

**Objetivos:**
1. Conocer qué es la autonomía en la educación.
2. Elaborar pistas para acceder a mayores grados de autonomía en la práctica educacional de los participantes.

## Motivación

El animador invita a los presentes cuya actividad educativa sea igual o muy parecida (padres, educadores, catequistas). Les pide que hagan un pequeño programa para mejorarla, por ejemplo, un nuevo programa para la asignatura que imparten, del funcionamiento de una escuela, etc. y que pide que anoten las dificultades que tienen para ello. Los grupos no deben ser de más de 5 personas. El resultado del trabajo se comparte entre todos.

## Desarrollo

Para que la educación sea eficaz debe existir autonomía en los estudiantes, los educadores, y las escuelas.

Autonomía viene del latín *auto*, que significa propio, y *nomía*, que significa regla. O sea tener autonomía significa tener reglas propias, gozar de libertades en cuanto a la toma de decisiones y la ejecución de acciones.

**1. La autonomía en la educación se expresa de diferentes maneras:**

**a. En el estudiante:** de modo que sea sujeto del proceso docente que vive. El ajustarse a determinada disciplina de dicho proceso no debe ser una carga que le impida establecer sus propias relaciones con el resto de la sociedad y con su familia, al contrario, debe promoverlas. La escuela debe ser un ambiente más, de todos los que en la vida del estudiante contribuyen a su educación. Hoy es cada vez más aceptada la idea de la educación a lo largo de la vida, que no es otra cosa que la participación de la persona en distintos ambientes sociales (organizaciones, escuela, centro de trabajo, Iglesia, etc.) en los cuales se vaya realizando el proceso educativo a lo largo de toda su existencia. La proporción del tiempo que la escuela ocupa al estudiante depende de la etapa de enseñanza y de las condiciones específicas de cada situación (condiciones económicas de la escuela y los estudiantes, características culturales, intereses, etc.). La sociedad debe ofrecer varias opciones en este sentido, desde escuelas internas, hasta las de tiempo mínimo, de modo que la familia o el propio estudiante puedan elegir.

**b. En el educador:** de modo que tenga libertad de cátedra. Esta libertad va más allá de la autonomía para elegir los contenidos y métodos de la(s) asignatura(s) a impartir. Incluye la manera de relacionarse con los alumnos, los patrones de conducta que le transmita, el modo de relacionarse con la familia del estudiante, etc. Para evitar la anarquía en la educación o que existan grandes desniveles en la calidad, deben existir consensos expresados en regulaciones que equiparen los tipos de enseñanzas a nivel nacional, regional, o a nivel de escuela.

Los contenidos a estudiar deben elegirse por los sujetos del proceso docente-educativo, es decir, por el educador y por los estudiantes, en la medida en que estos sean capaces de hacerlo. Esta decisión debe estar influida por la comunidad educativa de la institución, por los elementos que definen el perfil de la escuela y por intereses nacionales o regionales, según sea el caso. Por ejemplo, en un politécnico agrícola público se va a elaborar el programa de los tres años de estudio. Para ello el director reúne a los profesores, llama especialistas en ganadería y cultivos de la región, y un sociólogo, y les invita a que lo elaboren teniendo en cuenta las directivas generales que el Ministerio de Educación ha dado para ese caso. El Ministerio usa sus mecanismos de retroalimentación para saber de la calidad de la docencia y recibe cuenta exacta de los recursos asignados.

Los criterios para elegir el currículum son:

- Necesidades e intereses de los estudiantes
- Características y preparación de los educadores
- Características y posibilidades de la escuela
- Características del mercado del trabajo
- Situación socio-económica-política

Hoy en día la propia exigencia de lo niveles superiores de la educación y del mercado laboral funcionan como mecanismo regulador sobre el ejercicio de la libertad de la cátedra. En la escuela, sujeta o no a alguna regulación externa, se deben establecer consensos a nivel de institución o de grupo de educadores (los que imparten una misma disciplina, por ejemplo) sobre los contenidos y métodos del proceso de enseñanza-aprendizaje.

**c. En las instituciones:** debe existir un justo equilibrio entre la autoridad estatal en materia de educación, y la necesaria autonomía de los establecimientos educativos. Dicha autoridad está dada por el derecho que tiene el pueblo de que se le garantice una buena educación. Los órganos del Estado encargados de la educación deben establecer principios rectores para las instituciones que dependen de él, al mismo tiempo establecer normas jurídicas para hacerlas cumplir; sin que esto implique que se establecieran "desde arriba" la estructura administrativa, los horarios, o los planes de clase de las asignaturas. Así mismo deben establecer normas generales para instituciones independientes. Deben promoverse además espacios de consulta y colaboración, así como suministrar y brindar apoyo económico.

La interrelación autónoma de las instituciones con la sociedad civil es muy útil. Esta interrelación debe incluir la relación con la familia del estudiante, la cofinanciación por parte de otras instituciones distintas del Estado, la realización de investigaciones o proyectos comunes para el desarrollo de la comunidad, etc. En este sentido son muy convenientes las asociaciones de padres y maestros y, sobre todo, una comunidad educativa funcional.

Para que la educación en un país funcione de un modo descentralizado es necesaria una autoridad central, que supervise y promueva la educación de modo eficaz sin aplastar la autonomía, con un buen marco jurídico para velar por el buen uso de los recursos, la calidad de la educación y por el servicio al bien común.

### Ejercitación

**1.** Reunidos los mismos equipos, tratan de elaborar pistas de solución viables para algunas de las dificultades que encontraron en la Motivación. El resultado se debaten en plenaria.

**2.** El animador anuncia que se hará un ejercicio de diálogo sobre un tema de interés y actualidad relacionado con el ambiente de la educación o cualquier otro. Con los objetivos de encontrar causas y consecuencias y encontrar líneas de acción conjuntas para influir positivamente en dicha temática.

Los pasos serán:

**1.** Se forman dos grupos.
**2.** Cada grupo internamente se pone de acuerdo en el tema que sugerirá al otro equipo.
**3.** Se juntan ambos equipos y se ponen de acuerdo en el tema.
**4.** Luego cada equipo elabora su análisis y sus propuestas.
**5.** Finalmente se vuelven a juntar y tratan de llegar a conclusiones.

## Tema 8: "Educación para el diálogo"

**Objetivos:**
**1.** Destacar las características de una educación basada en el diálogo familia-educadores-educandos y no en una enseñanza autoritaria y paternalista.

### Motivación

Reunidos por equipos se pide que se analice el siguiente ejemplo:

El Sistema de Apoyo Pedagógico Parental ha permitido mejorar en Filipinas los resultados escolares y estrechar los vínculos entre las escuelas y las familias. Este programa innovador reconoce la función que desempeñan los padres en la educación de los hijos y facilita su colaboración con los profesionales de la enseñanza.

En cada establecimiento se encargan del programa un grupo compuesto de profesores y padres llamado comunidad educativa. Se hace especialmente hincapié en la formación. A los docentes y al director del establecimiento se les inicia en ciertas técnicas de gestión, como los métodos que permiten establecer relaciones de colaboración eficaces y tomar decisiones concertadas; además, aprenden a dialogar con los padres y con los alumnos. Se organizan seminarios para los padres a fin de aconsejarlos sobre la manera de contribuir a la educación de sus hijos, que participan en algunos seminarios junto con sus progenitores.

Durante la aplicación del programa los padres están asociados al proceso pedagógico. Bajo la dirección del docente, ayudan a los hijos en sus tareas, tanto en casa como en la escuela. También colaboran con este en el desarrollo de la clase, observando el comportamiento de sus hijos en el aula y los métodos pedagógicos utilizados. Sus comentarios y sugerencias se discuten en reuniones celebradas a intervalos periódicos con los profesores, y se adoptan en común medidas específicas.

Los primeros experimentos de este tipo se realizaron en una comunidad rural de la provincia de Leyte y en el barrio de Quezón tomando por ocupantes ilegales de vivencias en los suburbios de Manila. En razón de los progresos considerables, obtenidos en los resultados escolares y la drástica reducción de las tasas de abandono, el proyecto se extendió con éxito a otras partes del país.

¿Qué elementos nos parecen útiles para nuestra realidad? ¿Cómo podrían aplicarse?

### Desarrollo

### 1. Mandamientos para un buen diálogo:

- Saber escuchar y aceptar la existencia de opiniones contrarias. No preparar mi intervención mientras el otro explica la suya.
- El diálogo supone mantener una actitud crítica ante situaciones concretas.
- No querer "ganar" al otro sino intercambiar ideas y proyectos y enriquecernos mutuamente.
- Saber llegar a consensos en lo posible, sin vencedores ni vencidos.
- Exponer los criterios pero no imponerlos.
- Facilitar la comprensión y la obtención de resultados.
- El diálogo necesita tiempo.
- No apasionarse en el tema.
- No improvisar, el diálogo es fruto del esfuerzo y la reflexión sosegada de todas las partes.
- Creer en la propia opinión sin miedo a mantenerla claramente. Reconocer a su tiempo si hemos cambiado de opinión como consecuencia del diálogo o las circunstancias.
- Reconocer que en el diálogo todos tenemos algo que aportar y recibir.
- Encontrar la verdad en la diversidad y la pluralidad.

- Tener en cuenta el contexto: espacio, tiempo, circunstancias, quién convoca y participa, etc.
- Crear un ambiente propicio que facilite el intercambio sereno.
- Conocer claramente los objetivos, el tema y la finalidad.

2. La educación debe estar basada en varios procesos de diálogo simultáneos:

**a. Diálogo estudiante-profesor:** que posibilita un proceso de enseñanza-aprendizaje auténtico.
**b. Diálogo escuela-familia:** que incluye al maestro y a las autoridades de la escuela de modo que sean todos colaboradores en la formación de la persona.
**c. Diálogo estudiante-estudiante:** que posibilite la socialización y la formación de actitudes democráticas.

### Ejercitación

Reunidos en equipos elaboran pistas para la aplicación de lo aprendido a la práctica docente de los participantes.

## Tema 9: "La escuela liberadora"

**Objetivos:**
1. Definir las características de una escuela o educación liberadora.

### Motivación

1. El animador pide a los participantes, reunidos en equipos, que describan en una caricatura las actitudes de los educadores en relación a sus alumnos en la actual escuela cubana. Destacan la relación profesor-alumno, alumno-alumno, padres-profesores y alumnos.

2. Se presentan las caricaturas en plenaria y se pasa al desarrollo.

### Desarrollo

La escuela es una institución social que contribuye a la formación de la persona junto con la familia, y otros grupos sociales. La escuela no debe ser un instrumento del poder para reproducir determinado modelo de sociedad.

La escuela y el tipo de educación que se imparte están muy relacionados, por eso podríamos hablar de varios tipos de binomio educación-escuela:

**Educación Paternalista:** Es aquella que se impone por la autoridad, la imposición de un único sistema de valores, una única ideología, un modelo de comportamiento. Es una educación facilista, mecanicista, en la que el estudiante no es protagonista del proceso educativo, sino que recibe las cosas hechas, solo debe "aprenderse" lo que le dan. Es la escuela de la coerción, el miedo y el autoritarismo.

**Educación Alienante:** Aísla al estudiante del resto de la sociedad para "preservarlo" de sus peligros y transmitirle un instrucción intelectual y un modelo educativo diferente. Es la escuela sectaria y fanática de pedagogía doctrinaria.

**Educación Neutralista:** Mantiene una postura imparcial o neutral frente a las diferentes corrientes ideológicas, modelos de comportamiento y normas de convivencia social. Considera que la escuela solo debe dedicarse a la instrucción intelectual y a la transmisión de principios generales. Limita la fusión socializadora de la escuela. Frente a la conflictividad social muestra una falsa indiferencia o neutralidad. Es la escuela conservadora e indiferencista con una pedagogía estática y elitista, separada de los asuntos sociales específicos.

**Educación Pragmática:** Es aquella que no tiene en cuenta lo moral y solo se ocupa del desarrollo de los conocimientos de ciencia y técnica. Solo le interesa la formación competente del profesional sin tener en cuenta la formación de la conducta. Es la escuela del tecnicismo y la enajenación con pedagogía tecnocrática.

**Educación Individualista:** Es aquella que pone al individuo, al yo, por encima de los demás, de todo proyecto colectivo o social. Desarrolla la competencia destructiva entre las personas y deja en un segundo plano el comportamiento solidario. Es la escuela del egoísmo con una pedagogía limitada al desarrollo del individuo.

**Educación Personalista:** Pone como centro a la persona en relación con el mundo y con lo trascendente. Presenta al estudiante los distintos sistemas de valores y modelos de comportamiento y orientaciones ideológicas presentes en la sociedad. Aporta los medios para la crítica constructiva y el discernimiento que debe hacer cada persona sobre las alternativas que se le presenten, al mismo tiempo que dota al alumno de actitudes y aptitudes para realizar nuevas síntesis. Es la escuela pluralista y comprometida con la sociedad, con una pedagogía creativa y liberadora que prepara al estudiante para la crítica y el discernimiento.

**2.** La escuela debe tener como objetivo organizar y sistematizar la educación de las personas. Debe colaborar con la familia y los estudiantes de modo que participen en la planificación, ejecución y evaluación del proceso de enseñanza-aprendizaje.

**3.** La estructura administrativa de la escuela debe ser participativa. En ello es importante una dirección eficaz y firme, que dé participación a los profesores y padres a la vez que sea celosa guardiana del orden moral.

**4.** En la escuela deben existir mecanismos de evaluación y control, tanto de parte de la dirección como de parte de los profesores, padres y estudiantes, formando una comunidad educativa para mejorar continuamente la calidad y evitar la corrupción.

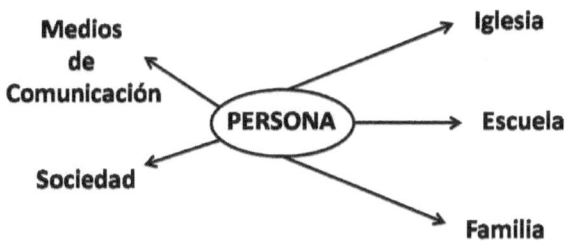

En la sociedad debe existir pluralidad de tipos de escuela, en cuanto a su confesionalidad religiosa o filosófica y en cuanto a sus métodos, para que las familias y los mismos estudiantes puedan escoger.

Según enseñaba el Padre Varela mejor que la confesionalidad metodológica y filosófica, es el eclecticismo. O sea, utilizar lo positivo (y lo que se adecue a nuestras condiciones) de las distintas corrientes existentes y los servicios, de una educación encarnada con las necesidades de las personas y las comunidades donde la escuela está insertada.

### Ejercitación

Reunidos en equipos se responden las siguientes preguntas:

- ¿En qué se parece nuestra escuela a estas características antes expresadas en el desarrollo?
- ¿Qué hacer para mejorarla?

Luego el resultado se pone en común.

### Bibliografía

**1.** Conferencia "El principio del fin de la escolástica en Cuba". *Ediciones Vitral.*
**2.** Educación popular en la escuela. Serie Autoeducación Docente. Instituto Pedagógico Popular. Lima. Perú.
**3.** La educación encierra un tesoro. Informe a la UNESCO de la Comisión Internacional sobre la Educación para el siglo XXI presidida por Jacques Delors.
**4.** Revista *Cultural*, Colombia, Artículo del Dr. Mario Mejía.
**5.** *Ex corde eclessiae,* Juan Pablo II. Encíclica sobre las Universidades Católicas.
**6.** La educación en la sociedad democrática. R.D. Herle P. Buenos Aires, 1993.

# CURSO 10
# "SOMOS TRABAJADORES"

**Características:** Contribuye a la formación de la persona en el mundo del trabajo y como miembro activo y responsable de la sociedad, según un proyecto de humanismo para Cuba. Estudia los diferentes ambientes relacionados con el trabajo y enseña a discernir tareas y medios apropiados para promover la participación activa de los ciudadanos, de modo que puedan asumir y compartir responsabilidades según su vocación y competencia.

**Destinatarios:** Todas las personas de buena voluntad creyentes o no. Especialmente aquellos que están vinculados con el mundo del trabajo.

**Temas:**

1. Persona y trabajo humano
2. Trabajo: vocación, creación y realización personal
3. Deberes y derechos de los trabajadores
4. Espiritualidad del trabajo
5. El trabajo y la familia
6. La mujer y el trabajo
7. Relaciones humanas en el trabajo.
8. Trabajo y descanso
9. Trabajo y participación
10. El trabajo por cuenta propia
11. Trabajo y empresa
12. Trabajo y capital
13. Trabajo y salario
14. Desempleo y subempleo

# Tema 1: "Persona y trabajo humano"

**Objetivos:**
1. Rescatar el valor de la persona como sujeto del trabajo.
2. Conocer los valores atribuibles a la persona que trabaja.
3. Revitalizar el valor del trabajo y su función social.

## Motivación

**1.** Se forman varios equipos.

**2.** Cada equipo tratará de hacer una lista de diferentes trabajos y evaluará en pocas palabras su calidad en nuestra sociedad.

Por ejemplo:

| **Trabajo** | **Evaluación** |
|---|---|
| Transporte | Es mala la calidad en el sector estatal. El particular es eficiente pero caro. |
| Comunicaciones | |
| Gastronomía | |
| Educación | |

**3.** Plenaria.

El animador resume el ejercicio diciendo que para que una sociedad prospere es necesario que cada persona contribuya con su esfuerzo y esto se realiza a través del trabajo humano. Enuncia el tema y explica los objetivos.

## Desarrollo

**1. ¿Qué es el trabajo?**

El trabajo es la actividad humana encaminada a la creación de valores (ya sean bienes materiales o espirituales) que satisfagan las necesidades humanas. El trabajo constituye la dimensión fundamental de la persona humana. No se trata solo de un valor material, por la producción o transformación de cosas materiales, sino que se trata de la acción realizada por la persona para esta producción.

El trabajo tiene un destino esencial que está determinado por el llamado y mandato del Creador, "Someted la Tierra" (Gn 1, 28) Se trata de continuar la obra creadora y sostener toda la creación. Someter la tierra es transformar sus riquezas mediante el trabajo, haciendo edificios, fabricando medicinas, cultivando la tierra, editando libros, fabricando ropa, es decir, cosas útiles a la vida del hombre, de forma que el trabajo esté en función de las personas y no las personas en función del trabajo.

## 2. El valor del trabajo está determinado por:

**a. Mandamiento del Creador:** El relato poético de la Biblia presenta al mismo Dios trabajando. Labor a realizar sin detrimento de la persona que lo realiza, dejando el tiempo necesario para el descanso.

**b.** Valor actual del trabajo: No necesita estar establecido en las leyes porque es una condición del ser humano. Es un derecho natural.

**c. Valor social del trabajo:** Determinado porque posibilita las relaciones humanas. A través de su trabajo la persona se siente parte de la sociedad a la que contribuye con su esfuerzo. Contribuyendo al desarrollo personal se contribuye al bienestar de la sociedad.

**d. Redención del trabajo:** Con el sacrificio realizado la persona contribuye a revitalizar el trabajo, creando bienes y servicios.

**e.** El trabajo tiene un valor positivo que va más allá del simple hecho de ganar el pan, porque en él se utilizan y desarrollan los talentos de la persona humana.

**f.** El trabajo tiene su valor al contribuir a la construcción de un mundo mejor a manera de fermento, posibilita la fraternidad entre los hombres y el cumplimiento de la ley del amor, el trabajo así realizado recobra su valor espiritual y le permite a la persona humana jerarquizar sus valores.

**g.** El trabajo tiene una dimensión subjetiva relacionada con la realización del ser humano como tal. El trabajo que se realiza no es criterio para valorar a una persona, pues todas las personas son iguales en dignidad. El realizar determinado trabajo no hace que la persona valga más o menos ante los demás. No puede decirse que un trabajo vale más que otro, porque todas la ocupaciones son complementarias y útiles a la sociedad, siempre que no atenten contra la dignidad del hombre y el bien común.

## 3. Las funciones del trabajo son:

**a. Contribuir al bien común** de la sociedad y al patrimonio de la humanidad.
**b. Propiciar el desarrollo personal** a través de la utilización de los talentos, con la adquisición de nuevos conocimientos, habilidades, valores. Las acciones que la persona realiza deben servir a la realización de su humanidad y al perfeccionamiento de su vocación.
**c. Satisfacer las necesidades de la persona** y ayudar a la mantención de la familia.
**d. Propiciar las relaciones** entre las personas.

La conciencia, la libertad, la decisión, la creatividad, la responsabilidad, el respeto, la laboriosidad y el amor son algunos de los valores necesarios para ser un buen trabajador. La persona realiza su trabajo no solo con vistas a la satisfacción de sus necesidades materiales: comida, vestida, vivienda, etc. y espirituales: educativas, artísticas, religiosas, de realización, etc.

El trabajo tiene además una dimensión objetiva que está relacionada con los bienes materiales que produce. Existen diferentes tipos de trabajo: físico, intelectual, de servicio, etc. que tienen diferente valor objetivo.

**4. Para mejorar la situación del trabajo es hace necesario:**

**a. Educación** en y para el trabajo que comienza en la familia, basándose en el conocimiento de los derechos y deberes del trabajador.
**b. Solidaridad** ante la creciente degradación del ser humano como sujeto del trabajo.
**c. Creación de movimientos sindicales** que conscientes de su misión defiendan los intereses de los trabajadores.
**d. Mejorar la calidad del trabajo** para revitalizar el valor de este.
**e. Creación de nuevas estructuras laborales** o revitalizar las existentes de manera que todos los trabajadores puedan participar en la gestión de su empresa.
**f. Crear más puestos de trabajo,** suficientes para satisfacer gradualmente las necesidades y actualizar las capacidades del perfeccionamiento humano.
**g. Resaltar el papel de la persona como sujeto** del proceso de desarrollo tecnológico ante la tendencia a convertirlo en instrumento de la producción.
**h. Procurar que la mecanización no suplante a la persona** al quitarle la satisfacción al trabajar, disminuir la estimulación a la creatividad y limitar los puestos de trabajo.
**i. Comprometer a los Estados, organizaciones y las Iglesias** a brindar siempre una respuesta ética ante las nuevas tensiones sociales.

### Ejercitación

Se forman varios equipos para reflexionar.

**1.** ¿Cómo es la actitud de las personas ante el trabajo en Cuba?
**a.** ¿Por qué crees que hay muchas personas que no quieren trabajar?

**2.** ¿Qué cambios debemos hacer en las personas-estructuras laborales para mejorar sus actitudes ante el trabajo?
**a.** ¿Con qué medios contamos para hacerlo?
**c.** ¿Cómo vamos hacerlo?

Al final el animador hace el resumen y evalúa el encuentro.

## Tema 2: "Trabajo: Vocación, Creación y Realización Personal"

**Objetivos:**
1. Presentar el trabajo como la obra creadora del ser humano que está llamado a dominar y cuidar la naturaleza con sus propias manos e inteligencia.
2. Discernir los verdaderos estímulos y motivaciones profundas del trabajo que permiten que este sea una forma privilegiada de realización personal.

### Motivación

1. Se hace la representación del siguiente sociodrama:

**Alberto:** (Llega del trabajo a la casa y se dirige a la esposa):
Oye María, pienso dejar este trabajo y poner una "paladar". Así que hay que preparar la sala de la casa y hacer una cocina de leña en el patio.
**María:** Espérate, espérate, Alberto, tú vas "manda'o". No empieces a desbaratarme la casa y meterme gente aquí. Además no tenemos un baño que esté presentable para la gente de la calle, recuerda que la tasa está rajada... bueno, bueno dime qué te pasó en el trabajo.
**Alberto:** Mira no me recuerdes eso... sabes que me rebajaron el salario, por la tarde que fui a vacunarme cuando me mordió el perro de al lado. Pero como si fuera poco, había presentado una innovación y de estímulo monetario nada. ¡Qué va! Yo no sigo en ese trabajo. No hay motivación ni estímulo para trabajar.
**María:** Bueno viejo, no te pongas así. Vamos a poner la paladar que por lo menos es de nosotros y algún dinero nos dará para mejorar esta casa y a lo mejor podemos comprarnos aunque sea un motorcito para dar nuestros paseítos a cada rato.
**Alberto:** Ya ves María, eso me gusta de ti, lo pronto que te embullas para emprender algo que nos dará lo de nosotros sin tanta explotación ni aguantarle pesadeces a los demás.
**María:** Oye Alberto, pero nos tenemos que pegar duro. Esto es noche y día.
**Alberto:** Sí, pero podremos hacerlo a nuestra forma y para tener algo hay que sacrificarse. Vamos a pedirle a Julio el rotulista que nos haga el lumínico. ¿Cómo se llamará nuestro restaurante? (Salen abrazados).

2. El animador pide a los participantes que respondan a las preguntas siguientes:

 -¿Por qué Alberto dejó el trabajo?
 - ¿Por qué empezaron a organizar la "paladar" con tanto embullo si había que trabajar más?

El animador oye varias opiniones y relaciona las respuestas con el desarrollo de este tema y sus objetivos.

## Desarrollo

**1.** El trabajo es una obra creadora que aporta a la naturaleza y a la sociedad el ingenio, la inteligencia y la voluntad del ciudadano. Por el trabajo la persona humana se hace co-creadora y colaboradora en dominar la naturaleza, cuidarla y ponerla al servicio del ser humano y de la sociedad.

El trabajo debe ser un medio para que cada persona humana alcance su plena y feliz realización. La realización personal no excluye el sacrificio, pero este se hará siempre que tenga un sentido y una motivación profunda y seria.

Una vieja canción popular ponía en boca del "negrito del batey" una frase que nos da todavía hoy mucho que pensar: "El trabajo lo hizo Dios como castigo". Tan absurda es la afirmación como el concepto mismo de trabajo que de ella se desprende. Por eso debemos reflexionar sobre el sentido y la finalidad del quehacer laboral que caracteriza al ser humano.

Con bastante frecuencia, nos encontramos con personas que al caminar por las mañanas a su trabajo o al tener que tomar cualquier tipo de transporte para llegar a él, parece que cargan con una pesada cruz, o por lo menos que tanto la labor que realizan como las relaciones humanas que caracterizan su centro de trabajo no son nada gratificantes; no logran satisfacer, por lo menos en parte, sus expectativas como personas.

Otros, sin embargo, aún cuando las condiciones son peores que la de los primeros, se sienten realizados como trabajadores y profundamente motivados por la labor que realizan, progresan y expresan su creatividad e iniciativas con tanta audacia y genialidad que nos hacen exclamar continuamente: ¡Los cubanos, los cubanos... inventando no hay quien les ponga un pie delante en la lucha por la vida!

Estos ejemplos nos conducen a pensar que todo trabajo humano puede ser digno y estimulante. No importa si es manual o intelectual. No importa si está lejos o cerca. El problema está en la vocación y la motivación profunda que estimula nuestro trabajo.

No hay trabajo verdaderamente humano si no responde a la vocación del que lo realiza. Vocación es llamada invitación y voluntariado. Trabajo sin vocación es aburrimiento, agonía y obligación.

La ubicación de las personas en el trabajo para responder a "las necesidades" sin tener en cuenta la vocación es poner sobre los hombros del trabajador una pesada carga sin sentido y poner sobre los hombros del país el fardo de quienes perciben un salario insuficiente sin poder aportar todos sus talentos puesto que no se sienten llamados, no tienen inclinación, carismas para la labor que les "fue recomendada".

**2. El trabajo sin vocación es deshumanizante.** Ninguna razón: ni religiosa, ni política; ningún cálculo económico o estadístico, pueden justificar la penosa desviación de la verdadera vocación de una persona "por razones superiores". Tarde o temprano se verá claro que en otro trabajo esa persona rinde más. Entonces el ser humano y el país pierden precisamente lo que "las razones superiores" deseaban garantizar.

Tampoco hay trabajo verdaderamente humano si no hay una motivación seria y estimulante. Es la motivación la que engendra, da razón y proyección futura a las iniciativas propias o compartidas. Trabajo sin motivación profunda es esterilidad, caos incoherente y estancamiento cotidiano.

Miremos a nuestro alrededor, en muchos centros de trabajo, que los responsables se preguntan por qué hay trabajadores que no generan, otros que solo saben "cumplir tareas" de un plan de trabajo y otros que van "matando el tiempo de cada día" sin levantar la cabeza hacia un futuro construido a base de inventiva y proyectos personales y empresariales.

Es cierto que hay trabajadores con vocación y motivación estimulante, hay trabajadores cubanos con innovaciones y suficiente creatividad. Pero que estos árboles insignes del trabajo no nos impida ver con realismo el bosque de la mediocridad laboral.

Que esa mediocridad no nos invada con el tedio de cada día. El problema del trabajo no se puede reducir a "estímulos" que vengan de "fuera" de la persona misma, ya sean estímulos materiales a cambio de ciertos "indicadores medibles", ni tampoco los llamados estímulos morales que se reducen a menciones y certificados en asambleas y expedientes.

Estos viejos métodos de estimulación no tienen en cuenta que lo que hay que estimular es el alma, la subjetividad de la persona, la moral del trabajador, y esto difícilmente se puede medir por una comisión, ni estimular con dinero o comida. La susceptibilidad de los trabajadores no debe herirse con estímulos demasiado "contables" ni con motivaciones pegadas al suelo. El trabajador merece un salario digno y suficiente.

Cada trabajador debe sentirse un creador. Pero no solo "sentirse" sino tener la posibilidad y el espacio de libertad de acción para llegar a serlo. Cada trabajador debe sentirse "dueño", es decir, responsable de su trabajo. Pero no se trata solo de sentirse dueño o responsable, sino de tener la posibilidad y la libertad de acción para llegar a serlo de verdad.

Desvío de la vocación personal, falta de motivación interior, estímulos demasiado materialistas o demasiado moralistas, falta de oportunidades y espacios de creación libre y responsable, exceso de paternalismo o apadrinamientos que hacen aparecer, como asumidas por los trabajadores, decisiones en las cuales no participó, ni en la planeación, ni participará en la evaluación. Estas son algunas de las causas que desvirtúan una verdadera cultura del trabajo humano.

Sin vocación, motivación profunda y espacios de participación no hay mística del trabajo. Sin embargo nuestro pueblo que tiene una tradición laboral y sindical, tiene sobradas pruebas de que es capaz de trabajar duro y bien cuando está motivado. Es un pueblo que aquí y en otras latitudes ha demostrado ser muy emprendedor y tener una insospechada capacidad de recuperación.

Identifiquemos, pues, estos fallos en el mundo laboral para rectificar sus consecuencias. Lo primero es encaminar la vocación personal con una adecuada formación. También eliminar las discriminaciones que aún subsisten con relación al acceso a algunos servicios, carreras universitarias, oficios y negocios que no cuentan con el espacio de desarrollo ni con la igualdad de oportunidades para todos.

Es necesario que se destaque más aún la primacía del trabajo sobre el capital y de la persona humana sobre el trabajo, de modo que el mismo sea un acto de creación y un medio de desarrollo personal y social. Es indispensable además crear en cada centro de trabajo un clima de respeto, solidaridad y participación real que haga de esos ambientes verdaderos lugares de convivencia.

La justa retribución del esfuerzo laboral, la auténtica estimulación que suscite creatividad y empeño por la calidad y la elevación del prestigio social de ciertos trabajos que aún son marginales pueden contribuir a mejorar la espiritualidad del trabajo. Esto no basta, es necesario que se disminuya el creciente desempleo con la posibilidad de crear nuevas fuentes empleadoras que den trabajo por su cuenta. Es necesaria la libertad de empresa.

La recuperación del verdadero espíritu sindical lejos de politizaciones partidistas debe luchar por la promoción y conquistas de los trabajadores desde el seno mismo del mundo laboral. Todo trabajador merece su salario con justicia, todo con el fin de destacar la importancia prominente del trabajo humano.

Cuba necesita recuperar una mística del trabajo que lo motive desde lo profundo de la persona. Que lo fecunde con energía creadora. Que lo libere con espacios cada vez más amplios de participación laboral y sindical. Cuba necesita que el trabajo sea verdaderamente lo que es: fuente inagotable de desarrollo personal y social.

### Ejercitación

**1.** Se forman equipos y se prepara una plenaria de tres intervenciones durante 10 minutos que pueden ser leídas o espontáneas contestando estas preguntas:

- ¿Qué medidas concretas recomendarías para motivar a los cubanos a trabajar con seriedad y creatividad?
- ¿Qué estímulos consideras justos y dignos para incentivar el trabajo de los cubanos hoy?

**2.** Se realiza la plenaria en forma de panel y se debaten las tres intervenciones.

**3.** El animador hace una pequeña evaluación del encuentro.

## TEMA 3: "DEBERES Y DERECHOS DE LOS TRABAJADORES"

**OBJETIVOS:**
**1.** Conocer los deberes y derechos de los trabajadores.

### MOTIVACIÓN

**Juego de dominó**

**1.** Se confeccionan tarjetas con situaciones que tengan que ver con el mundo del trabajo, principios, deberes, derechos, etc.

*Variante:* Se pueden hacer dibujos o gráficos que tengan que ver con la realidad.

**2.** Se reparten las tarjetas a cada participante.

**3.** Se comienza el juego: cada participante va colocando las tarjetas, buscando relación con la tarjeta anterior.

*Reglas:*
 - El que no tenga una tarjeta que concuerde "se pasa".
 - A medida que se van quedando sin tarjetas la persona resulta ganadora.
 - Se juega hasta que se hayan agotado todas las tarjetas.

**4.** El animador evalúa el juego, anuncia el tema y explica los objetivos.

### DESARROLLO

**1.** Vamos a reflexionar sobre este texto del Concilio Ecuménico Vaticano II:

"El trabajo humano que se ejerce en la producción, en el comercio y en los servicios es muy superior a los restantes elementos de la vida económica, pues estos últimos no tienen otro papel que el de instrumentos.

Pues el trabajo humano, autónomo o dirigido, procede inmediatamente de la persona, la cual marca con su impronta la materia sobre la que trabaja y la somete a su voluntad.

Esta es para el trabajador y su familia el medio ordinario de subsistencia. Por él el hombre se relaciona con sus hermanos y les hace un servicio, puede practicar la verdadera caridad y cooperar al perfeccionamiento de la creación divina. De aquí se deriva para todo hombre el deber de trabajar, así como el derecho al trabajo.

La sociedad, por su parte, debe esforzarse, según sus propias circunstancias, por ayudar a los ciudadanos para que logren encontrar la oportunidad de un suficiente trabajo. Por último, la remuneración del trabajo debe ser tal que permita al hombre y a su familia una vida digna en el plano material, social, cultural y espiritual, teniendo presentes el puesto de trabajo y la productividad de cada uno, así como las condiciones de la empresa y el bien común.

La actividad económica es de ordinario fruto del trabajo asociado de los hombres; por ello es injusto e inhumano organizarlo con daño de algunos trabajadores. Ahora bien, por desgracia, es demasiado frecuente también hoy que los trabajadores resulten en cierto sentido esclavos de su propio trabajo. Lo cual de ningún modo queda justificado por las llamadas leyes económicas. El conjunto del proceso de la producción debe ajustarse a las necesidades de la persona y a las condiciones de vida de cada uno en particular, de su vida familiar, principalmente en lo que toca a las madres de familia, teniendo siempre en cuenta el sexo y la edad.

Los trabajadores deben tener, además, la posibilidad de desarrollar sus cualidades y su personalidad en el trabajo mismo. Después de haber aplicado a este trabajo su tiempo y sus fuerzas, con la debida responsabilidad, tienen derecho al tiempo de reposo y descanso que les permita una vida familiar, cultural, social y religiosa; es preciso también que tengan la posibilidad de entregarse al libre ejercicio de su capacidad para el desarrollo de facultades que en su trabajo cotidiano, por falta de ocasión, no han podido ejercitar.

**Las empresas económicas son comunidades de personas**, es decir, de hombres libres, autónomos, creados a imagen de Dios. Teniendo en cuenta las diversas funciones de cada uno, y quedando a salvo la necesaria unidad en la dirección, se ha de promover la activa participación de todos en la gestión de la empresa, según formas que habrá que determinar con acierto. Con todo, como en muchos casos no es a nivel de empresa, sino en niveles institucionales superiores, donde se toman las decisiones económicas y sociales, de las que depende el porvenir de los trabajadores. Estos deben participar también en semejantes decisiones, por sí mismos o por medio de representantes libremente elegidos.

Entre los derechos fundamentales de la persona debe contarse el derecho a fundar libremente asociaciones obreras que representen auténticamente al trabajador y puedan colaborar en la recta ordenación de la vida económica, así como también el derecho a participar libremente en las actividades de las asociaciones, sin riesgo de represalias (...)

En caso de conflictos económico-sociales hay que esforzarse por encontrarles soluciones pacíficas. Aunque se ha de recurrir siempre primero a un sincero diálogo entre los participantes, sin embargo, en la situación presente, la huelga puede seguir siendo medio necesario, aunque extremo, para la defensa de los derechos y el logro de las aspiraciones justas de los trabajadores. Búsquense, con todo, cuanto antes, caminos para negociar y para reanudar el diálogo conciliatorio" (Cf. *Gaudium et spes*).

### Ejercitación

**1.** Después de haber debatido en plenaria los fragmentos anteriores y de haber escuchado los comentarios y preguntas del animador y de los que lo deseen, se forman, al menos, dos equipos para responder estas preguntas. A partir de lo leído hoy y basados en nuestra experiencia:

- ¿Cuáles son los deberes de los trabajadores que se cumplen en Cuba?
- ¿Cuáles son los derechos de los trabajadores que se cumplen en Cuba?

**2.** Plenaria.

### Evaluación

**1.** El animador termina la reunión preguntando:

- ¿Hemos aprendido algo nuevo hoy?
- ¿Lo comentado hoy nos ayuda para nuestra vida?

### Tarjetas para la motivación "Juego de dominó"

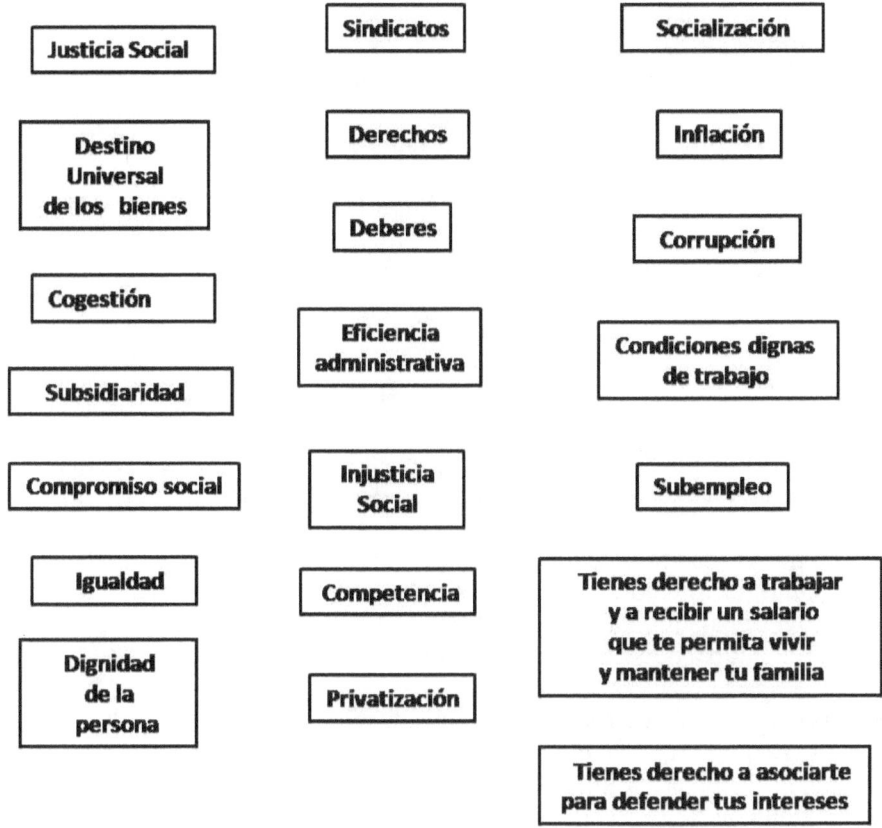

## Tema 4: "Espiritualidad del trabajo"

**Objetivos:**
1. Conocer algunos elementos de la espiritualidad del trabajo.

### Motivación

**1.** Cada participante deberá representar a través de un símbolo, qué significa el trabajo para él.

**a.** Se debe dar un tiempo para el trabajo personal.
**b.** Se pueden representar gráficamente o a través de un objeto. (El animador debe facilitar hojas, tijeras, marcadores para la representación gráfica).
**c.** Plenaria.

**2.** Será un ejercicio de "concordar y discordar". Se formarán dos o tres equipos para discutir los siguientes refranes populares:

- El que no trabaja que no coma.
- El trabajo lo hizo Dios como castigo.
- El que trabaja merece su salario.
- El trabajo redime al hombre.
- Trabajar ¡qué horror! majacear es lo mejor.

**3.** Plenaria. (El animador puede escoger una de las dos motivaciones).

**4.** Al terminar resume refiriéndose a la importancia de revitalizar el valor del trabajo y rescatar su sentido espiritual para lograrlo. Presenta el tema y anuncia los objetivos.

### Desarrollo

### Algunos elementos de la espiritualidad cristiana del trabajo

Mediante el trabajo el hombre participa en la obra del Creador y, según sus posibilidades, en cierto sentido, la continúa desarrollando y completando.

Dios ha presentado la obra creadora bajo la forma del trabajo y del descanso. Por lo tanto, el trabajo humano no consiste solo en el mero ejercicio de las fuerzas del trabajador, sino que debe dejar un espacio por él que el hombre se vaya preparando a aquel descanso que merece él y su familia.

Jesucristo ha puesto de relieve esta participación del hombre en la obra del Creador. Él pertenece al mundo del trabajo, reconoce y respeta el trabajo humano, mira con amor al trabajo. En sus parábolas se refiere constantemente al trabajo humano.

Esta enseñanza de Jesucristo acerca del trabajo encuentra eco en las enseñanzas de San Pablo. Él se gloriaba de trabajar y de vivir de su oficio "para no ser gravoso a ninguno de ustedes" (2 Tes 3, 8).

Todo trabajo está unido a la fatiga. El poema del Génesis lo expresa de manera penetrante contraponiendo a la originaria bendición del trabajo, la maldición de la vagancia y el egoísmo que el pecado ha llevado consigo. "Con sudor de tu rostro comerás el pan hasta que vuelvas a la tierra, pues de ella has sido tomado" (Gn 3, 19).

Asumiendo la fatiga del trabajo, por su espiritualidad, el trabajador colabora en cierto modo con el Hijo de Dios en la Redención del mundo. En el trabajo, descubre una pequeña parte de la cruz de Cristo, y la acepta con espíritu de redención.

El trabajador uniendo el trabajo a la oración, sabe el lugar que ocupa su trabajo no solo en el progreso terreno, sino también en el desarrollo de una mística laboral a la que todos somos llamados con la fuerza del Espíritu Santo y con la palabra del Evangelio (Cfr. Juan Pablo II, encíclica *Laborem exercens*, 24-27).

### EJERCITACIÓN

1. En el equipo, evaluar cómo se realiza el trabajo en nuestra sociedad, teniendo en cuenta:

**ASPECTOS**                                              **ESCALA (0-20 ptos)**

1. Vocación
2. Servicio a los demás
3. Calidad del trabajo
4. Preocupación por la superación
5. Mejoramiento de las relaciones interpersonales

2. Plenaria.

### EVALUACIÓN

El animador termina la reunión preguntando:

- ¿Hemos aprendido algo nuevo hoy?
- ¿Lo comentado hoy nos ayuda para la vida?

## TEMA 5: "EL TRABAJO Y LA FAMILIA"

**OBJETIVOS:**
1. Destacar que el trabajo constituye una dimensión fundamental para la existencia de la familia.

### MOTIVACIÓN

1. Se trata de preparar un noticiero que tratará la problemática familiar. Se forman grupos de 5 o 6 personas quienes redactarán, a modo de noticia, una situación relacionada con la familia (que le afecte o beneficie) analizando sus causas y consecuencias. En plenaria se presentan todas las noticias a modo de un noticiero. (Es importante crear ambiente de noticiero sin que se pierda el valor del contenido. Ej: referirse a "centro de noticia", "sucursales", etc.).

Cada participante anota si hay información que no conocía o con la que no está de acuerdo. El plenario discute y decide si la acepta o no.

2. El animador hace el resumen y enuncia los objetivos del tema.

## Desarrollo

**1.** El trabajo es una actividad que empieza en el sujeto humano y está dirigido hacia un objeto externo, suponiendo un dominio específico del hombre sobre la "tierra". Por extensión se puede entender todo el mundo visible que se encuentra en el radio de influencia de la persona y donde puede satisfacer todas sus necesidades.

Es deber de todo ciudadano, defender la dignidad y los derechos del trabajador, denunciando las situaciones en que se violan dichos derechos para contribuir a los cambios que se realizan en beneficio de los trabajadores, la familia y la sociedad.

Es cierto que la persona está destinada y llamada al trabajo, pero ante todo, el trabajo está en función de la persona y no la persona en función del trabajo. Es un error tratar al hombre como si fuera uno más de los medios materiales de producción y no con la verdadera dignidad de su trabajo, es decir, como sujeto y autor y por consiguiente como verdadero fin de todo el proceso productivo. El trabajo es un bien para la persona y su familia porque mediante el trabajo no solo transforma la naturaleza adaptándola a las propias necesidades sino que se realizan así mismo como ser humano. Ello deja implícito que el trabajo no debe usarse en contra del ser humano ni utilizarlo como medio de presión o como castigo que lo degrada y menoscaba su propia dignidad.

El trabajo es el fundamento sobre el que se forma la vida familiar, lo cual es un derecho natural y una vocación del hombre. Estos dos ámbitos de valores deben unirse entre sí y compenetrarse. El trabajo es una condición para hacer posible la fundación de la familia ya que esta exige los medios de subsistencia que la persona adquiere normalmente mediante el trabajo. Trabajo y laboriosidad condicionan todo el proceso de educación de la familia, por la razón de que cada uno se hace persona entre otras cosas, mediante el trabajo y este expresa precisamente el fin principal de todo el proceso educativo. Aquí se ponen de manifiesto dos significados del trabajo: El que sostiene la vida y manutención de la familia y aquel por el cual se realizan los fines de la familia misma, especialmente la educación. No obstante, estos dos significados del trabajo están unidos entre sí y se complementan en varios puntos.

Debe tenerse presente que la familia constituye uno de los puntos de referencia más importante, según los cuales debe formarse el orden socio-ético del trabajo humano. Por lo tanto, podemos asegurar que la familia es una comunidad hecha posible gracias al trabajo y es la primera escuela de trabajo para toda persona.

La persona debe trabajar por respeto al prójimo y especialmente por respeto a su propia familia sin la cual no será ejemplo de educador y forjador de sus hijos y demás familiares.

### Ejercitación

Retomando el caso expuesto al comienzo del tema:

**1.** Destacar los aspectos positivos y negativos que han encontrado en el diálogo del comienzo.

**2.** Exponer ejemplos de la vida cotidiana donde se hayan manifestado situaciones semejantes u otras.

## Tema 6: "La mujer y el trabajo"

**Objetivos:**
**1.** Reconocer las dificultades que presenta la mujer para llevar a cabo su vida laboral.
**2.** Encontrar soluciones que faciliten cumplir con el postulado de igualdad de derechos de la mujer y el hombre en materia del trabajo.
**3.** Reconocer que la igualdad entre el hombre y la mujer en el trabajo no puede conllevar al detrimento de la mujer, teniendo en cuenta el papel de la mujer en la familia.

### Motivación

**1.** Se forman varios grupos de participantes según el número matriculado y se estudia el caso que a continuación se expone, abriendo un amplio diálogo y contestando a la interrogante que se hace al final del mismo:

*Teresa es una mujer embarazada que tiene 12 semanas de embarazo, trabajadora de la farmacia de un hospital. Presenta mareos, vómitos y vértigos a causa del propio embarazo. A su puesto de trabajo le corresponden horarios rotativos de 7 am a 3 pm y de 3 pm a 11 pm. Teniendo en cuenta que el local de trabajo (farmacia) se encuentra aislado del resto de los trabajadores le pide a la administración que le ponga horario fijo de trabajo de 7 am a 3 pm en el cual siempre tiene compañía de otro trabajador el que le auxiliaría en caso de sentirse mal. El horario de 3 pm a 11 pm labora ella sola porque hay menos presión de trabajo.*

*El administrador para poder cumplir la exigencia de Teresa se ve en la disyuntiva de perjudicar a los otros dos trabajadores del departamento que tendrían que repetir con más frecuencia el horario de 3 pm a 11 pm.*

*Al plantearle el administrador dicho problema a las dos compañeras de Teresa ellas se niegan a cubrir el horario de 3 pm a 11 pm más de lo que le corresponde.*

¿Qué hará el administrador en tal situación?

## Desarrollo

**1.** A través de la historia de la humanidad y en todos los regímenes socioeconómicos que se han conocido, la mujer casi siempre se ha ocupado solamente del hogar, limitada en sus posibilidades de participar en sociedad, viéndose frenados su propio desarrollo y el de la sociedad.

**2.** En la actualidad subsisten situaciones de desigualdad de género que muchas veces están en contradicción con la legislación vigente, pero que son originadas por prejuicios, criterios y actitudes de gran parte de los miembros de la sociedad.

**3.** No obstante la mujer siempre que se le ha presentado la oportunidad, ha dado incuestionables muestras de su capacidad intelectual, laboriosidad, dinamismo e inteligencia, por lo que es merecedora de que la sociedad le brinde el derecho de lograr su pleno desarrollo, extirpando la supervivencia de las actitudes discriminatorias que aún subsisten como herencia de los siglos de degradación que ha sufrido.

**4.** En un momento de la historia la mujer sintió la necesidad de dar su aporte a la sociedad fuera del hogar como parte de su realización como persona, logrando que la sociedad también tomara conciencia de ello. Al mismo tiempo el propio desarrollo de la economía y las estructuras sociales llegó al punto de hacerse imposible sin una participación mayor de la mujer.

**5.** La revolución industrial puso fin al trabajo familiar hace más de doscientos años por lo que el hogar como centro de trabajo se ha visto sustituido por la fábrica, lo que ha originado nuevos dilemas en la mujer como es el de decidir si va en busca de ese salario tan necesario para la manutención de su hijo, relegando la crianza de este a otras personas o se queda en el hogar atendiendo a su hijo pero sufriendo las privaciones de una insuficiente economía.

**6.** En los últimos tiempos son cada vez más las mujeres que se deciden por la primera opción y es obvio que una mejora económica que solo puede ofrecer a la mujer un trabajo fuera del hogar, supondrá una alteración de las relaciones familiares caracterizada por la presencia de la madre en el hogar. Actualmente las nuevas tecnologías y medios de comunicación permiten que algunos trabajos se realicen desde el hogar.

**7.** La mujer puede y debe dar una notable contribución en la producción y los servicios en el trabajo social, en la educación y en todos los aspectos de la vida económica y laboral de un país. Ahora bien, esta participación de la mujer debe hacerse en absoluta igualdad con el hombre en cuanto a derechos se refiere como son: salario igual por igual trabajo, descanso retribuido, libre acceso al ejercicio de todas las profesiones y otras leyes que tienden a lograr su máxima protección en su condición de madre y trabajadora.

**8.** El ejercicio de esa igualdad debe llevarse a cabo preservando a la mujer de aquellos tipos de trabajo que por sus características se pudieran afectar en sus función biológica como futura madre o que resultasen un peligro para el desarrollo del embarazo y la constitución del niño.

**9.** En tal sentido para lograr una justa incorporación de la mujer al trabajo hay que erradicar limitantes como las que expresamos a continuación y que se presentan a diario en cualquier centro laboral:

- Se da preferencia a los hombres para ocupar una plaza disponible utilizando como pretexto "que las mujeres tienen muchos problemas en el hogar que interfieren su vida laboral".
- Cuando se debe promover a alguien a un cargo de dirección (superioridad técnica o jerárquica) se prioriza al hombre alegando las dificultades anteriores o que el hombre es más enérgico y responsable.
- A la hora de evaluar la actitud ante el trabajo no se tienen en cuenta los problemas que se utilizan como pretexto para no beneficiarla como son los hijos pequeños o el cuidado de enfermos o ancianos en la familia.
- Se planifican diferentes actividades (reuniones, actos políticos, trabajo voluntario) en horarios extralaborales sin tener en cuenta la sobrecarga que esto significa para la mujer que tiene que enfrentar su quehacer del hogar una vez terminada la jornada laboral.

Estos casos son ejemplos de manifestaciones de desigualdad que establecen situaciones injustas para la mujer.

**10.** Ningún ser humano, ni el Estado, ni la sociedad civil, deben ser indiferentes ante la gravedad que reviste el hecho de que la mujer no labore o deje de hacerlo por causas como las que hemos mencionado u otras. Por ello se hace indispensable que:

- Hombres y mujeres compartan la responsabilidad del cuidado de sus hijos, rechazándose el criterio de que el cuidado del niño corresponde exclusivamente a la madre.
- La carga de las tareas del hogar no deben recaer solo en la mujer y deben compartirse con los demás miembros de la familia, lo cual facilitará una mejor y mayor participación de la mujer en la vida laboral.
- El Estado y la sociedad civil deben crear e incrementar, según el caso, instituciones y servicios que den solución a muchos de los problemas de la mujer trabajadora como son círculos infantiles, seminternados, comedores obreros, servicios de tintorería y lavandería, despacho de víveres en cantidad suficiente, etc. También la venta de artículos industriales que viabilizan la labor hogareña.
- En los centros de trabajo deben eliminarse los esquemas y la rigidez a la hora de analizar la disciplina laboral de la mujer como son las ausencias y llegadas tardes que muchas veces olvidan la situación que presenta en el hogar

originando, por la presión injusta que esto significa, la deserción laboral de la mujer.

- Garantizar que la remuneración por el trabajo sea suficiente para mantener dignamente a la familia y que esta no difiera de la que recibe un hombre por la misma labor.

- Lograr que en ningún centro laboral, independientemente de la rama económica o de servicio que sea, la mujer sea sometida a los mismos trabajos que los hombres por una malentendida igualdad y mucho menos a la mujer embarazada o con hijos pequeños.

- Evitar que se limite el trabajo libre de la mujer trabajadora por actividades extralaborales, que sin duda va en detrimento de la dedicación de las mujeres a sus funciones en el hogar o del tiempo dedicado a la recreación de ella y sus hijos.

### Ejercitación

**1.** Se forman dos grupos.

**2.** Un grupo tiene que señalar las limitaciones orgánicas que pueden presentar las mujeres en su vida laboral.

**3.** Otro grupo debe citar ejemplos de cuándo se debe romper el concepto de igualdad del hombre y la mujer con respecto al trabajo.

## Tema 7: "Relaciones humanas en el trabajo"

**Objetivos:**
1. Comprender la importancia de que el centro de trabajo sea un lugar de diálogo y convivencia fraterna.

### Motivación

**1.** El animador pedirá que los participantes enumeren algunas actitudes que se dan entre los trabajadores en su empresa por orden de prioridades.

**2.** Se forman 2 equipos: el primero buscará causas de las actitudes y el segundo consecuencias.

**3.** Se lleva a plenaria y el animador resume en la pizarra.

### Desarrollo

**1.** El centro de trabajo es un medio propicio para lograr la comunión entre el hombre y la naturaleza, entre las personas. A esto le llamamos relaciones humanas. Para sentirse parte de su centro de trabajo no basta con conocer a las personas y características del centro. Es solo el primer paso, lo más importante es establecer y estrechar las relaciones humanas.

**2.** Las relaciones humanas son la base, el cimiento, de la vida en el trabajo. Puede existir un grupo de trabajadores que laboran en el mismo lugar pero no se llevan bien, no hay relación y ni si quiera se ayudan en la necesidad, esto no es una comunidad de trabajadores.

**3.** Puede haber un trabajador que esté sensibilizado con los problemas de su centro laboral y de sus compañeros, pero no pasa de ahí. En realidad las buenas relaciones consisten en pasar de sentir el problema a tratar de ayudar y acompañar en su solución.

**4.** Acompañar a los compañeros en los momentos difíciles y también en los buenos es tener buenas relaciones humanas. El otro debe saber y sentir que puede contar contigo, estar al lado de su compañero de trabajo en un mal momento vale más que cualquier cosa que podamos dar.

**5.** La amistad -ayuda solidaria- es otra forma de relaciones humanas, es la mayor expresión de la fraternidad humana. Esta relación es muy estrecha y comprometida exigiendo sacrificio y entrega desinteresada. Nuestros compañeros de trabajo deben ser nuestros amigos más cercanos, son los que más tiempo vemos diariamente, por eso debemos estrechar los lazos de convivencia con ellos.

**6.** La conversación y el diálogo son expresión de buenas relaciones humanas, nuestro centro debe ser lugar donde además de compartir el trabajo organicemos encuentros, fiestas, etc. Conversar es una manera de relacionarse "hablando la gente se entiende", el diálogo es la forma mejor de resolver los problemas.

**7.** Existen también actitudes que dificultan nuestras relaciones humanas en nuestro trabajo, algunos son:

- egoísmo: resolver yo, vivir yo.
- hipocresía: doble cara.
- chisme: divulgar o difamar defectos para alcanzar un mejor lugar.
- delación o "chivatería".

Son males que debemos eliminar pues crean un ambiente de desconfianza, que afecta nuestras relaciones con los demás. Nos hace sentir molestos, no nos deja ser como somos y nos indispone para trabajar.

**8.** A estas dificultades podemos reaccionar con otras actitudes distintas:

- **compartir:** lo poco que tenemos.
- **sinceridad:** la verdad delante.
- **reconocer las cualidades de los demás:** destacar lo bueno.
- **tolerancia:** aceptar que todos somos diversos y merecemos respeto, aceptar la pluralidad.

- **diálogo:** como actitud entre los problemas para resolver las discrepancias.
- **perdón:** todos tenemos algo que perdonar y algo que nos perdonen.
- **trabajar:** entre todos para el bien común.

### Ejercitación

El grupo reunido responderá las siguientes preguntas:

- ¿Cómo evaluarías las relaciones humanas en tu centro de trabajo?
- ¿Qué acciones concretas te propones hacer para mejorarlas?

## Tema 8: "Trabajo y descanso"

**Objetivos:**
1. Destacar la importancia física y espiritual del descanso.
2. Precisar la relación y el equilibrio que deben existir entre el trabajo y el descanso.

### Motivación

**1.** La dinámica de hoy será el juego de la "estatua de sal". El animador pedirá que todos se pongan en semicírculo, de pie de frente a él y estén atentos a las señales que se den.

**2.** Después pide un voluntario que será "reloj": su función será detener o continuar los movimientos de los participantes independientemente de las órdenes que dé el animador.

- Si dice "las 8": es continuar.
- Si dice "las 12": es detenerse y quedarse en la misma posición.
- Si dice "las 5": es detenerse pero descansando de la posición que tenía "12".

**3.** El animador explica que el juego consiste en que todos deben hacer el trabajo que él le mande, por ejemplo: cortar caña, ensartar tabaco, picar piedra, sembrar árboles, escribir, pintar paredes, etc., (debe llevar hecha una lista de trabajos); pero que por encima de esto deben obedecer al reloj.

**4.** Los que pierdan porque no hicieron lo que se ordenó o confundieron las orientaciones del "reloj", reciben un castigo: se convierten en "estatuas de sal": es decir, deben permanecer en la posición que tenían cuando se equivocaron. Enseguida pedirán descansar.

**5.** Terminado el juego, que durará 10 minutos, el animador saca la "moraleja" de este juego. Es necesario trabajar, pero es necesario obedecer al "reloj" que marcaba los tiempos de descanso, receso, etc. Las "estatuas de sal" que habían recibido "castigo" también necesitan descansar. Mientras más incómodo es el trabajo más necesario es el descanso.

**6.** Introduce el tema y pone el título en la pizarra.

## Desarrollo

**1.** Toda persona necesita trabajar y descansar. Tanto el trabajo como el descanso contribuyen a la humanización de las personas.

**2.** Tanto las condiciones de trabajo como las condiciones de descanso son derechos de los trabajadores y sin ellas se comete una injusticia contra la calidad de vida de los mismos.

**3.** Desde la Biblia, se ha consagrado el carácter "sagrado" del descanso: "Al séptimo día descansó Dios de todos los trabajos que había hecho" (Gn 2, 2). Evidentemente Dios no necesita "descansar" pero el poema bíblico de la creación quiere señalarnos en este lenguaje poético que el descanso está establecido por Dios mismo y que es necesario para la persona, es más aún, sagrado.

**4.** La tradición cristiana estableció después el "domingo", que significa "Día del Señor", como día de descanso semanal. Así se establece desde la más antigua tradición el ritmo, el tiempo, del trabajo-descanso.

**5.** Todo el que trabaja tiene derecho y deber de descansar:

- Cada 8 horas de trabajo: descanso diario.
- Cada semana de trabajo (5 o 6 días): descanso semanal.
- Cada año de trabajo (10 u 11 meses): descanso anual.

**6.** Estas son "conquistas laborales" en casi todo el mundo, que deben ser respetadas y defendidas por los mismos trabajadores. En aquellos países donde aún no se ha logrado deben ser reivindicadas y exigidas por los mismos trabajadores.

**7.** El descanso es "sagrado" pues contribuye a que el ambiente de trabajo sea un verdadero espacio de personalización y no de "esclavización", es decir, de explotación del hombre como si fuera una máquina de trabajo o un animal.

**8.** El descanso es "sagrado" también porque debe contribuir a la recuperación física, al respeto del cuerpo como parte importante de la persona; debe contribuir al equilibrio psicológico, emocional, espiritual del trabajador. Debe fomentar el desarrollo de su vida familiar. El descanso es un "espacio ecológico" para que cada persona pueda reconciliarse con la naturaleza: contemplar la belleza de la creación, cuidarla, recrearse en ella, seguir sus ritmos naturales, crear inspirados en su contemplación.

**9.** El descanso es "sagrado" además porque es un espacio para las relaciones humanas, la amistad, el amor, las relaciones grupales que contribuyen a fomentar la intersubjetividad y la socialización de las personas. Es un tiempo para compartir, entregarse gratuitamente al servicio de los demás, disfrutar un descanso compartido, etc.

**10.** El descanso es "sagrado" porque debe ser un espacio para la familia. Es un momento en que se estrechan los lazos familiares, se cambia la actividad cotidiana del hogar y la recreación y la reposición de fuerzas físicas contribuye a mejorar el clima espiritual hogareño. El descanso, además, sirve al trabajador para entrar en contacto con otros ambientes: leer, ver la televisión, participar en las artes, viajar, superarse intelectualmente, etc.

**11.** Cada trabajador debe aprender a defender el carácter "sagrado" del descanso y argumentar las razones que consagran este derecho como hemos esbozado en este tema. Nadie, ningún propietario, ninguna empresa, ningún Estado, es "dueño" del descanso diario, semanal y anual de los trabajadores. Tampoco los dirigentes de esos trabajos deben ser considerados como obligados a trabajar con su empresa las 24 horas del día, los 365 días del año.

**12.** Ningún centro de trabajo debe exigir trabajo en tiempo de descanso, ni chantajear al trabajador con "resolverle" necesidades personales o familiares, que son un derecho y no una dádiva, con tal que trabaje en tiempo de descanso. Aquellas necesidades que se intentan convertir en "moneda de cambio" a costa del tiempo de descanso es un derecho del trabajador por el tiempo que ha trabajado. Que nadie nos engañe.

**13.** Los trabajadores por cuenta propia y empleadores particulares tienen también la obligación "sagrada" de descansar ellos mismos y dejar espacio para que sus empleados planifiquen su descanso.

Que el ansia de ganancias y oportunidades no los lleve a esclavizarse por el dinero o el mercado, violando el ritmo diario, semanal y anual de descanso y vacaciones. Aún cuando el trabajo sea gratificante, violar el tiempo de descanso es romper el ritmo humano de la vida y contribuir a la despersonalización del trabajador.

### Ejercitación

**1.** Trabajo en equipo para:

**a.** Hacer un "reloj" en el que destaquemos la utilización del tiempo en nuestras vidas: un día de 24 horas. Una semana (los 7 días). Diferenciar bien cuánto tiempo y en qué se utiliza el "descanso" (guiarse por los números del 7 al 10 del recuadro).

**b.** El equipo debe hacer una lista de razones o argumentos que puede utilizar un trabajador para defender su derecho a no trabajar más de 8 horas y al descanso semanal y anual.

**2.** Plenaria: Se ponen en común los "relojes" y las razones.

**3.** El animador anima o pide a algún participante que anime una evaluación de este encuentro

## Tema 9: "Trabajo y participación"

**Objetivos:**
**1.** Identificar los distintos campos de participación de la persona en el mundo del trabajo.
**2.** Conocer qué es participar en el mundo del trabajo.

### Motivación

**1.** El animador forma varios equipos. Cada equipo en 6 minutos aportará 6 ideas que definan ¿qué es participar? y ¿por qué no participamos?

**2.** Se reúnen en plenaria y se debate. El animador resume y presenta el tema.

### Desarrollo

**1. Participar:** es formar parte, tener parte en alguna acción o tocarle algo en ella, ser parte en todas las etapas de un proceso para alcanzar objetivos que trasciendan con miras a transformar la sociedad.

**2.** La participación debe ser:

- **libre:** sin estar presionado, coaccionado, amenazado o con miedo.
- **consciente:** sabiendo en qué estamos participando y por qué lo hacemos.
- **constructiva:** para ayudar, aportando ideas o soluciones y no para perjudicar o para criticar solamente.
- **respetuosa:** reconociendo que cada cual tiene derecho a participar y sus opiniones merecen respeto y escucha.
- **comprometida:** "como cosa de uno", "metiendo el cuerpo".
- **perseverante:** sin desanimar ni desanimarnos. Toda obra buena merece constancia.

**3.** Para participar como personas es necesario saber en qué vamos a participar y hacerlo plenamente en todas las partes y etapas del proyecto. Todo proyecto de participación debe tener las siguientes partes:

- Análisis de la realidad.
- Fin o meta.
- Necesidades concretas.
- Objetivos.
- Tareas concretas.
- Medios y recursos que necesitamos.
- Etapas-tiempo-cronograma.
- Participantes y coordinadores.

**4.** El trabajo está establecido en la sociedad porque es una condición natural y un derecho social de la persona. Sin su participación en el trabajo no existiría sociedad civil. En su trabajo el hombre puede participar en los siguientes campos:

- En la propiedad.
- En la gestión: producción o servicio.
- En los resultados.
- En la planificación.
- En la evaluación.
- En la organización sindical.
- En las asociaciones: gremiales, empresariales y profesionales.

**5.** Sin la participación en el trabajo, el ciudadano no se reivindica, pues el trabajo tiene un valor positivo en todas sus dimensiones, los trabajadores tienen el derecho y el deber de participar activamente en las empresas donde se desempeñan, asumiendo responsabilidades pertinentes.

**6.** En ocasiones el trabajador no participa en su ámbito porque desconoce el derecho a participar, en otros casos "porque es mejor no comprometerse con lo que se decida porque ¿y si sale mal?" Y es mejor acomodarse a que otros decidan.

También encontramos ocasiones en que no se le permite al trabajador participar en las decisiones y gestiones de su centro de trabajo y otras veces porque no nos interesa la sociedad, cayendo en el egoísmo de sobrevivir sin importar lo demás.

**7.** La participación en el trabajo regenera al hombre y eleva así sus valores. El trabajo permite al hombre realizarse, ofreciendo sus servicios a la sociedad, de esta forma participa en la promoción y realización del bien común. Esta entrega y participación deben ir motivadas porque la sociedad alcance formas superiores de desarrollo.

**8.** El trabajador está llamado a educar a sus compañeros para la participación libre y responsable, promoviendo proyectos de participación, así mismo participar en las gestiones de administración y productividad de las empresas. Es importante también que el trabajador se convierta en revitalizador de los grupos intermedios ya existentes y no solo esto, sino, creando otros organismos de la sociedad civil capaces de echar a andar y transformar la sociedad.

**9.** Es necesario promover la participación de los trabajadores en la propiedad de la empresa, ya sea estatal o privada. Para que esta participación sea efectiva es necesario que trabajadores, empresarios y Estado actúen en el marco de un espíritu solidario, de cooperación y de respeto mutuo, es necesario crear espacios de participación a través de una verdadera socialización, a través de la cual los trabajadores son incorporados a la propiedad y a la gestión de las empresas donde trabajan.

Es deber de todo trabajador participar en todo su ámbito laboral asumiendo responsabilidades laborales o sindicales.

### Ejercitación

El animador forma equipos de personas con trabajos afines (si se puede). Cada equipo hará un proyecto de participación en su trabajo.

## Tema 10:"El trabajo por cuenta propia"

### Objetivos:
**1.** Reconocer el trabajo por cuenta propia como un derecho de toda persona.
**2.** Conocer los derechos y los deberes de un trabajador por cuenta propia o pequeños empresarios.
**3.** Comprender el rol que juega el trabajador por cuenta propia en la sociedad.

### Motivación

Se forman equipos para analizar los siguientes casos:

**Caso A:** Miriam es ama de casa y tiene suficiente tiempo libre, pues organiza muy bien su trabajo. Su familia está atravesando una difícil situación económica y a ella se le ha ocurrido que puede ayudar, dedicándose a cuidar niños pequeños que no van al círculo infantil y cuyas madres trabajan. El impuesto que debe pagar Miriam y las multas de los inspectores la obligaron a dejar este trabajo que le gustaba. ¿Tiene derecho Miriam a dedicarse a cuidar niños?

**Caso B:** Carlos tiene una "paladar". Le han otorgado el permiso para que venda comida elaborada y cerveza, siempre que pueda "justificar" su adquisición. Puesto que no hay ninguna empresa privada que se dedique regularmente a la venta mayorista, Carlos ha tenido que comprarlas "por la izquierda". Le dijeron que debía tener un "papel" para no tener problemas, pero resulta que ese papel, normalmente no se da. Carlos ha decidido arriesgarse. ¿Cómo solucionar el problema de Carlos?

El animador escucha lo que contestó cada equipo, pide otras opiniones e introduce el tema y sus objetivos e invita a compartir el recuadro.

### Desarrollo

**1.** Trabajar por cuenta propia significa ser un pequeño empresario. Significa ganarse el sustento con el propio esfuerzo y ejerciendo la propia vocación en una empresa privada. El trabajo por cuenta propia incluye a artesanos, mensajeros, barberos, mecánicos, dulceros, pintores y a todos aquellos que, de forma personal y privada, a veces asociados, encuentran la manera de ganarse el sustento, realizarse personalmente y de dar su aporte a la sociedad. Esta "lista" debe ser eliminada y debe existir la libertad de empresa privada y cooperativa.

**2.** El trabajo por cuenta propia permite materializar la iniciativa creadora de la persona, por tanto es un derecho que tiene todo ser humano .

**3.** El trabajador por cuenta propia tiene derecho a que estén creados en la sociedad, los mecanismos necesarios para que su actividad pueda desarrollarse:

- Libertad de importación-exportación.
- Libertad de inversión.
- Libertad de empresa.
- Empresas mayoristas privadas.
- Ley antimonopolio para poder participar.

**4.** Debe existir oportunidad legal y real para el trabajo por cuenta propia, es decir, no basta con que se "autorice", es necesario que el mecanismo que permita legalizar cualquier actividad por cuenta propia sea asequible. Su costo no debe ser elevado al punto de ser imposible de pagar por el sector popular, ni los trámites deben complicarse. Cualquier actividad que no afecte el bien de otra persona o el bien común debe poderse legalizar.

El trabajador por cuenta propia no necesariamente tiene que ser productor, puede dedicarse solo al comercio. Una persona puede dedicarse a vender las mercancías que otro produce, por supuesto cobrando su trabajo, al aumentar el precio a las mercancías. Entre los trabajadores por cuenta propia deben establecer una serie de relaciones que aseguren la continuidad del proceso. Unos tienen habilidades para producir y otros las tienen para comerciar. Es importante que se reconozca el derecho de cada cual a desarrollar sus propias aptitudes. No debe ser un problema que algunos se dediquen a servir de "intermediarios" entre los productores y los consumidores. Pero es necesario que estos intermediarios valoren justamente su trabajo y no cobren a los consumidores precios excesivamente altos, muy por encima de los que en verdad vale el trabajo que realizan.

**5.** Si se da la oportunidad legal, debe procurarse brindar la posibilidad material que realmente permita el trabajo por cuenta propia. Toda persona por su propia naturaleza, tiene derecho a la propiedad privada, por tanto debe reconocer el derecho del trabajador por cuenta propia a ser el único propietario de los medios que utiliza. Nadie puede trabajar constantemente amenazado con la expropiación de los medios que está utilizando. Además hay que asegurar el acceso a los recursos sobre los que se va a aplicar el trabajo para aumentar su valor, es decir, es necesario que exista un lugar donde el trabajador por cuenta propia pueda adquirir materias primas para realizar su trabajo. Es injusto que un Estado, una organización económica o política, o un solo particular, monopolice la propiedad sobre los medios o el exceso a los recursos.

**6.** A nadie le gusta pagar impuestos, pero, si son justos, por lo general, el trabajador los paga sin protestar. El problema está en que, en la misma medida en que los impuestos justos pueden estimular la producción, los impuestos injustos desincentivan la actividad económica. Se debe garantizar la aplicación de un sistema tributario que esté acorde con las condiciones socioeconómicas vigentes y que esté estrechamente vinculado con los ingresos de los trabajadores por cuenta propia.

**7.** Como grupo distinto al resto de la sociedad, a los trabajadores por cuenta propia debe reconocérsele el derecho de asociación según sus propios intereses. Estos trabajadores deben tener su "espacio" para intercambiar ideas, opiniones. No le corresponde al Estado, ni a ninguna otra institución, organizarle a los trabajadores por cuenta propia sus asociaciones .

**8.** Los trabajadores por cuenta propia tienen también deberes. Cada cuentapropista está obligado moralmente a mantener en la legalidad la actividad que realiza, siempre, que el mecanismo creado para ello sea realmente asequible. Debe, además, pagar puntualmente sus impuestos si es que estos son justos. Todo trabajador por cuenta propia está obligado a brindar productos o servicios que tengan la calidad requerida por las personas hacia quienes están destinados y su propio interés material no debe hacerle eludir este deber. Es decir, no se justifica la fabricación de un artículo de baja calidad para reducir el costo y aumentar la ganancia.

**9.** Tampoco es justo que los precios sean excesivamente altos. Ya se sabe que nadie podría vender a un precio inferior a lo que cuesta producir, pero es importante que el precio no se convierta en un instrumento de explotación. El trabajador por cuenta propia debe tratar de mantener los precios de sus productos dentro de los límites que marcan su costo de producción, más una razonable ganancia y las posibilidades adquisitivas de la media de los consumidores.

Entre los trabajadores por cuenta propia siempre habrá competencia y esto es algo que la sociedad debe agradecer porque es un estímulo al trabajo. Cada cual intenta que el producto o el servicio que ofrece tenga el máximo de calidad. Pero esta competencia no debe entorpecer las relaciones de respeto, solidaridad, de colaboración que deben existir por encima de las relaciones mercantiles.

**10.** La microempresa y la empresa de mediana proporción son las formas de organización laboral que corresponden a los trabajadores por cuenta propia. Estas, son insustituibles y muy beneficiosas para la economía sostenible a escala humana. No hay sociedad civil sana y próspera sin microempresas y empresas de mediano tamaño.

**11.** Tanto el Estado como la sociedad civil deben estar conscientes del papel que juega el trabajador por cuenta propia en la economía. Ofrecen lo que no ofertan otros; viven dónde los grandes productores o comerciantes no pueden o no quieren establecerse; mientras las grandes empresas fabrican soluciones desde lejos, ellos conviven con la necesidad.

**12.** Para que la economía sea sostenida por la sociedad civil y no por la hegemonía estatal -cuya ineficiencia está probada- debe favorecerse y traspasarse a la sociedad civil, es decir a los trabajadores por cuenta propia, a las microempresas y empresas medianas, el peso de la producción y los servicios.

### Ejercitación

1. Se forman dos equipos:

**Equipo 1:** Evalúe el cumplimiento de los deberes del Estado cubano para con el trabajador por cuenta propia (pueden basarse en las siguientes preguntas):

   - ¿Brinda oportunidad legal real para cualquiera actividad que no afecte a otra persona o al bien común?
   - ¿Reconoce el derecho de los trabajadores por cuenta propia a la propiedad privada y a los beneficios que esta le reporte?
   - ¿Garantiza la aplicación de un sistema tributario acorde con las condiciones socioeconómicas y vinculado con los ingresos?
   - ¿Reconoce el derecho de asociación de los trabajadores por cuenta propia sin pretender organizar él estas asociaciones?
   - ¿Brinda la posibilidad de tener acceso a los recursos?

A cada pregunta puede dársele un valor de 0-20 puntos. Al final se suman y se tendrá la evaluación del Estado cubano con respecto a sus deberes para con los trabajadores por cuenta propia.

**Equipo 2:** Evalúe el cumplimiento de los deberes de un trabajador por cuenta propia cubano promedio. Pueden basarse en las siguientes preguntas:

- ¿Tienen los artículos o servicios brindados la calidad requerida?
- ¿Está el precio acorde con los costos de producción y con el poder adquisitivo de la media de los trabajadores?
- ¿Intenta mantenerse dentro de la ley (lo que no quiere decir que sea "esclavo" de un "legalismo insoportable")?
- ¿Mantiene, por encima de la competencia necesaria, relaciones de respeto y colaboración con los demás trabajadores por cuenta propia?

A cada pregunta se le dará un valor de 0-25 puntos. El animador invita a compartir los puntos del desarrollo con amigos y familiares.

**2.** Se realiza la evaluación del encuentro.

## TEMA 11: "TRABAJO Y EMPRESA"

OBJETIVOS:
**1.** Diferenciar el objetivo de la empresa de su responsabilidad social para comprender que la empresa está subordinada al trabajo.

### MOTIVACIÓN

Juego de "Discusión de gabinete-Consejo de dirección".

**1.** Se reparten roles o funciones a realizar en una empresa.

**Ejemplo:**

- El director,
- El de capacitación,
- El de relaciones públicas,
- El de sindicatos y asociaciones,
- El de seguridad social.

Estos roles se reparten por dúos o tríos. Si el animador conoce el grupo, reparte roles según cada caso.

**2.** Durante un tiempo determinado: investigarán y analizarán el desempeño de su rol en nuestro centro de trabajo. Eligen un participante para la "Discusión del gabinete".

**3.** Se realiza la simulación de la "Discusión del gabinete" o consejo de dirección (el asunto a tratar puede ser, por ejemplo, la reestructuración de la plantilla de la empresa), donde el animador actúa como moderador, determinando cuándo terminará el juego. Hace las conclusiones enuncia el tema y los objetivos.

### Desarrollo

**1.** Empresa procede del término "emprender". Para crear los medios necesarios para su desarrollo, el hombre tiene que "emprender" una serie de acciones. Esas acciones no pueden realizarse aisladamente. Los hombres forman agrupaciones económicas llamadas empresas.

**2.** Las empresas en la sociedad cumplen una triple función:

- Producir con calidad,
- Distribuir proporcionalmente la renta generada,
- Mantener la dinámica innovación-progreso.

**3.** La empresa es el lugar del encuentro diario del capital y el trabajo y es dónde se debe manifestar, por tanto, la prioridad del trabajo sobre el capital.

**4.** Existen varios tipos de empresa:

**a. Privadas:** Son empresas que tienen uno o varios propietarios particulares.
**b. Estatales:** Son empresas cuyos medios pertenecen al Estado.
**c. Cooperativas:** Son empresas cuyo capital es aportado por varias personas que la trabajan.
**d. Mixtas:** En ellas se funden el capital público y el privado.

**5.** Al hablar de la empresa, hay que hablar necesariamente de la propiedad privada. Toda persona tiene derecho a ser propietaria, porque eso está en su propia naturaleza. Pero este derecho no justifica cualquier forma de uso de los bienes: conlleva la obligación de hacer un uso de ellos que permita el acceso paulatino de todos a la propiedad.

**6.** Por esta razón, en las empresas, es necesario abrir a los trabajadores amplios espacios de participación. Es decir, un empresario ético y cívico debe proporcionar la oportunidad a los trabajadores de incorporarse a la propiedad y a la gestión de la empresa y a su vez, los trabajadores tienen el deber cívico de interesarse por la gestión de la empresa y no solo de su salario.

**7.** Se dice que el objetivo de la empresa es obtener el máximo de ganancia y consolidar su posición en el mercado. Es justo que cada empresa intente lograr este objetivo. La competencia que se producirá entre ellas es algo bueno y estimulante para la actividad productiva, lo que redunda en beneficio de las personas. Pero, por encima de la competencia entre las empresas, deben primar las relaciones de solidaridad, colaboración y respeto.

**8.** La finalidad de la empresa no es únicamente la producción de beneficios, sino también la existencia misma de la empresa como comunidad de hombres y mujeres que buscan la satisfacción de sus necesidades fundamentales y constituyen un grupo particular al servicio de la sociedad entera.

**9.** La consolidación de la empresa, que supone unos beneficios adecuados, solo se justifica si esta cumple con su responsabilidad social, o sea, que la empresa debe obtener beneficios, y destinar un por ciento de las ganancias a una obra de beneficio social: capacitación de empleados, seguridad y protección, obras humanitarias, etc. La empresa está subordinada a la persona humana y por tanto al trabajo.

### Ejercitación

Se forman tres equipos:

**Equipo 1:** Evalúe el cumplimiento de las funciones de la empresa en Cuba, tomando como base el tipo de empresa que usted conoce.

**Equipo 2:** Diga cómo considera la actitud de los trabajadores en las empresas cubanas según su nivel de participación en la gestión de la empresa.

¿Qué sugiere para elevar el nivel de participación de estos trabajadores en la gestión de la empresa?

**Equipo 2:** Elabore una lista de obras o proyectos sociales o humanitarios en los que una empresa pudiera dedicar el 7% de sus ganancias por concepto de "responsabilidad social".

## Tema 12: "Trabajo y capital"

**Objetivos:**
1. Comprender la prioridad del trabajo sobre el capital, por ser fruto del esfuerzo humano.
2. Reconocer la participación como forma de lograr el justo equilibrio entre ambos.

### Motivación

Se le propone al grupo el siguiente caso: Usted es el director de una empresa importante de producción de jabón. Este año el plan no debe podrá cumplirse, por un atraso que hay, debido a la falta de materias primas. De todas maneras, el mercado exige el cumplimiento del plan a todo costo, puesto que se trata de un producto de gran demanda. Si no se cumple el plan no podrá darse jabón a los bebitos y la oferta en las tiendas disminuirá. Por otra parte, los obreros no están dispuestos a trabajar horas extras, pues la labor es muy agotadora. ¿Que haría usted?

Cada participante irá dando su opinión. Unos priorizarán el trabajo y otros los intereses del capital. Se anuncia el tema y los objetivos.

### Desarrollo

**1.** El principal conflicto entre los regímenes socio-económicos que existen actualmente es precisamente con relación al trabajo y al capital:

 - El capitalismo salvaje defiende la prioridad del capital sobre el trabajo y sobre la persona. La persona está en función del capital.
 - El socialismo real defiende la prioridad del trabajo sobre el capital y sobre la persona. La persona está en función del trabajo.
 - Pero esto no es ético: la dignidad de la persona está por encima del capital y del trabajo.

**2.** ¿ Qué es el capital? Cuando escuchamos la palabra "capital", no podemos evitar identificarla con la palabra "dinero". Y es que capital es dinero. Pero no todo dinero es capital. Capital es el dinero que se utiliza para generar más dinero, es decir, aquel dinero que se invierte. El capital puede ser privado o publico.

**3.** El objetivo principal de cualquier inversionista (aunque no sea el único) es obtener el máximo beneficio de su inversión y luchará por ello. Quien aporta capital tiene derecho a recibir una retribución por el servicio que presta a la empresa y por tanto, a la sociedad. Para esta retribución debe tenerse en cuenta, entre otras cosas, el grado de riesgo que debe enfrentar el que aporta el capital.

**4.** Lo que no es justo es que esta retribución del capital se confunda con lo que se llama "excedente empresarial". El excedente empresarial es lo que queda después de retribuir al capital y de pagar el salario a los trabajadores. Este debe repartirse entre el capital y el trabajo. Es injusto que solo el capital se apropie de él.

**5.** Es indiscutible la importancia del capital para la empresa pero el aporte del capital no valdría nada si no se articula con el trabajo humano.

**6.** Pero, ya sabemos que el trabajo no debe considerarse únicamente como factor de producción, porque el trabajo es, ante todo, la actividad que realiza la persona para satisfacer sus necesidades para conservar su vida; es fuente de realización personal e instrumento de integración social.

**7.** Para que una empresa produzca, es necesario la articulación del capital y el trabajo. Ambos son imprescindibles para el proceso productivo, ambos tienen derecho a la participación en la gestión de la empresa y en la renta generada.

**8.** No es justo que en la gestión de la empresa participe solo el capital. Por lo general, el trabajador tiene más elementos de juicio para una decisión, que el dueño del capital, por estar vinculado directamente al proceso productivo. Todo trabajador debe interesarse por participar en la gestión de la empresa donde labora. Todo dueño de capital debe reconocer el derecho del trabajador a participar en la gestión de la empresa.

**9** Ahora bien, que deba existir un equilibrio entre el trabajo y el capital no significa que estén en el mismo nivel. Necesariamente debe tenerse claro cuál es la posición que le corresponde a cada uno en un proceso productivo justo.

**10.** Priorizar el capital significa que los intereses de este son el principal criterio a tener en cuenta a la hora de tomar una decisión. Priorizar el trabajo significa que lo más importante, es la actividad realizada por el trabajador. Si se entiende el capital como cuestión referida únicamente a intereses materiales y el trabajo como algo personal y teniendo en cuenta que todo capital es fruto del trabajo, es indiscutible la prioridad del trabajo sobre el capital .

**11.** Ahora bien, es muy importante considerar que el trabajo adquiere valor, solo si se tiene en cuenta que es una persona la que lo realiza. Por lo tanto, el trabajo tiene prioridad sobre el capital pero la persona humana tiene prioridad sobre el trabajo. No se justifica aquello que se haga por el trabajo, se afecta a la persona humana.

### Ejercitación

**1.** Ponga ejemplos de situaciones en la empresa donde trabaje, donde se hayan priorizado los intereses del capital sobre los del trabajo y viceversa.

**2.** Evaluación del tema.

## Tema 13: "Trabajo y salario"

**Objetivos:**
**1.** Comprender la importancia de la justicia en el pago del salario.
**2.** Conocer los criterios a tener en cuenta para la determinación del salario justo.

## Motivación

Se forman 3 equipos y a cada equipo se le da un trabajo, por ejemplo:

**Equipo 1:** Dibujar flores.
**Equipo 2:** Recortar flores.
**Equipo 3:** Colorear las flores.

El animador deberá preparar previamente unos "billetes" para pagar a cada "trabajador".

- A los que dibujan flores, se les pagará: $80,00 por cada flor dibujada.
- A los que recortan flores, se les pagará: $20,00 por cada flor recortada.
- A los que colorean las flores se les pagará: $50,00 independientemente de lo que hagan.

Al mismo tiempo se expondrán tarjetas (preparadas por el animador) con productos que necesitan los participantes, a precios elevados. Ej:

- una libra de pan: $25,00
- una libra de carne: $75,00
- un pantalón: $100,00
- un par de zapatos: $250,00

Deben hacerse varias tarjetas de cada producto, de modo que cada cual pueda adquirir lo que desee. El animador explicará que el objetivo es adquirir la mayor cantidad de productos posibles.

## Desarrollo

**1.** Una de las funciones del trabajo es, precisamente, la de ser la vía más común de acceso a la renta creada. Puesto que tan solo unos pocos pueden ser dueños de capital. Es mediante el trabajo que la mayoría puede acceder a los bienes que están destinados al uso común. La forma concreta de lograr esto es el salario.

**2.** El salario es lo que se le paga al trabajador en términos monetarios según la cantidad y calidad de su trabajo. Hay una diferencia entre el salario nominal y lo que es el salario real. El salario nominal es lo que un trabajador recibe en dinero. El salario real es lo que realmente el trabajador puede adquirir con ese dinero. Por ejemplo: Un trabajador puede tener un salario de $500,00 (salario nominal) pero puede ser que con $500,00 solo pueda adquirir el alimento que necesita para una semana del mes (salario real). Por eso el salario nominal no es el que indica verdaderamente la situación salarial en una empresa o en un país.

**3.** En las condiciones históricas actuales en que aún está marcada la contraposición entre el capital y el trabajo, el salario justo es el mejor modo de resolver la relación entre empresario y trabajador.

**4.** Para que el salario sea justo debe fijarse en primer lugar, según un criterio humano. Es decir el salario ha de tener en cuenta ante todo, a la persona que trabaja; debe cubrir sus necesidades y las de los que dependen de ella. Una justa remuneración del trabajo debe incluir la posibilidad de fundar y mantener una familia, de elevar el nivel de bienestar y de acumular, mediante el ahorro, un patrimonio que le permita mirar al futuro con mayor seguridad.

**5.** También debe seguirse para la fijación del salario, un criterio contractual. El trabajador debe ser remunerado según su productividad, o sea, según lo que aporta. Cuando el salario está por debajo o por encima de la productividad, es decir, cuando el salario no depende del trabajo que se realiza, se desestimula la labor del trabajador, que sabiendo que va a recibir el mismo salario, sin importar lo que haga ni la calidad con que lo haga, no se esfuerza al máximo, contribuyendo a que se cree un clima de desaliento y despreocupación que perjudica al trabajador desde el punto de vista de su realización personal y que perjudica a la economía del país y a los intereses de la empresa.

**6.** Otro criterio según el cual debe fijarse el salario de un trabajador es el criterio microeconómico, o sea, la situación real de la empresa. Para esto es necesario que el trabajador participe realmente en la gestión de la empresa, de modo que pueda defender sus intereses. En caso de prosperidad, el trabajador tiene derecho a participar de los frutos de la misma aunque siempre teniendo en cuenta que él vive de un salario no tiene la misma capacidad que el dueño de capital para enfrentar una situación de pérdida.

**7.** Por último, el criterio macroeconómico obliga a tener en cuenta que los niveles salariales inciden en el bien común. No sería justo que unos salarios irracionalmente elevados, incrementaran de forma alarmante el nivel de paro o dificultaran la creación del empleo.

**8.** Debe saberse que el salario no es la única forma de retribuir el trabajo. Las cotizaciones sociales que paga la empresa son también retribución del trabajo. Por ejemplo, el acceso a la salud, el derecho al descanso, derecho a pensión, el derecho a la jubilación por vejez. Esta especie de ahorro forzoso sirve como fuente de seguridad y garantía ante el futuro.

**9.** El salario injusto convierte al empresario (sea privado o público) en un explotador del trabajo humano. El salario justo es la "...verificación concreta de la justicia de todo sistema socioeconómico y de todos modos, de su justo funcionamiento." No es esta la única verificación, pero es particularmente importante y es en cierto sentido la verificación clave".

#### EJERCITACIÓN

**1.** Se le pedirá a cada participante que califique de justo o injusto su propio salario o el de un amigo o familiar, guiándose por los criterios tratados en el tema.

**2.** Se realizará la evaluación del encuentro.

## TEMA 15: "DESEMPLEO Y SUBEMPLEO"

**OBJETIVOS:**
**1.** Conocer las causas del desempleo y subempleo.
**2.** Reflexionar sobre las pistas de acción para solucionar estos problemas.

#### MOTIVACIÓN

**1.** Cada equipo hará un análisis de un determinado caso:

**Caso 1:** Ana María quien siempre había sido una trabajadora con problemas de ausencias y llegadas tardes, ya que tiene un niño chiquito así como poco interés por su trabajo, ha sufrido un cambio sustancial en su actitud después que ha comenzado a laborar en una oficina que presta servicios para el turismo.

**Caso 2:** Hoy se han reunido en el departamento de Rosa para anunciar que debido a cambios en la Empresa se fusionarán varios departamentos y posiblemente algunos trabajadores serán "ubicados" en otro tipo y centro de trabajo.

**2.** Cada equipo responderá:

 - ¿Por qué sucede esto en nuestra sociedad?
 - ¿Cuáles son las causas fundamentales de este problema?

#### DESARROLLO

**1. Desempleo y subempleo**

Los problemas entorno al empleo se han convertido en un hecho desconcertante en el mundo de hoy. Por un lado, existen recursos naturales que siguen sin utilizarse suficientemente y por otro, grandes grupos de desocupados o subocupados. Toda persona capacitada para trabajar tiene derecho a trabajar de manera que pueda hacer uso común de los bienes de la naturaleza para contribuir al bien de la sociedad. Este es un derecho fundamental de todos los hombres.

El desempleo no es más que la no existencia de empleos adecuados para todos los sujetos capaces de él. Puede ser que se trate de falta de empleos en sentido general o en determinados sectores de trabajo. Con frecuencia se presenta otro problema que consiste en mantener a un trabajador sin aprovechar al máximo sus capacidades físicas o intelectuales, se mantiene subempleado. Esto ocurre cuando por diferentes razones ya sean políticas o económicas se quiere disimular el problema social que origina el desempleo.

**2. Algunas de las causas del desempleo son:**

- Quiebra por insuficiente gestión económica empresarial.
- La no correspondencia entre vocación-empleo-trabajo realizado-utilidad social-satisfacción de las necesidades.
- Falta de capital.
- Ineficiencia estatal en la creación de nuevos puestos de trabajo y limitación a la iniciativa de los particulares para crear nuevos empleos.
- Existencia de mecanismos sociales que ponen la eficiencia productiva por encima de la persona.
- Política discriminatoria de empleo por razón de: edad, sexo, ideología, capacitación, etc.
- Limitación en la diversidad de la producción y formas de propiedad.
- Disponibilidad de mano de obra.
- Desarrollo tecnológico que desplaza a la persona.

Estos causas anteriores originan otros problemas sociales como son:

- Pobreza, al no trabajar la persona no puede contribuir al sostenimiento de la familia.
- Desarraigo, si la persona no toma parte en la gestión de su empresa no se siente sujeto, responsable del desarrollo social.
- Frustración, al limitar la realización personal y la creatividad.
- Conflictos sociales, marginación, violencia, delincuencia.
- Despilfarro de recursos naturales y humanos al no aprovecharlos en la producción.

El desempleo es justo y lícito cuando el trabajador no cumple con su deber o constituye un peligro para los demás. Pero es injusto cuando, por amenaza de despido, se obliga al trabajador a aceptar condiciones injustas de trabajo o se le fuerza en materia de conciencia. A pesar de tener difícil solución esta es posible si se logra:

- Crecimiento económico sostenido.
- Mejoramiento de la gestión económica completada con la participación de todos: autogestión.
- Planificación global con referencia a la disponibilidad de puestos de trabajo.
- Adecuada financiación, con un ahorro de todas las unidades económicas: familias, empresas, administraciones públicas

(nacionales, regionales, locales) y con una moderación del crecimiento del consumo (austeridad).
- Reducción del déficit público.
- Promoviendo iniciativas privadas (individuales o colectivas) que creen nuevos puestos de trabajo y hagan efectiva la gestión económica.
- Favoreciendo el surgimiento de las proyectos económicos viables, necesarios.
- Brindando un sistema de instrucción y educación que tenga como finalidad la preparación específica del trabajador para que ocupe con provecho su puesto.
- Creando organizaciones sindicales que defiendan los derechos de los trabajadores.

### Ejercitación

**1.** Se forman varios equipos, por afinidad, para la creación de nuevos empleos:

**Campo:** organizar una pequeña cooperativa.
**Servicios:** organizar cafeterías, restaurantes, talleres de reparación de calzado, de costura, grupos de enfermeras, etc.
**Educación:** Círculo infantil, escuelita, etc.

**2.** Cada equipo tratará de organizar su proyecto.

**3.** Plenaria.

**4.** Al final del tema el animador hace el resumen y evalúa el encuentro.

# CURSO 11
# "SOMOS PEQUEÑOS EMPRESARIOS"

**Características:** Contribuye a la promoción del empresario como persona y a su formación técnica elemental para ejercer la actividad empresarial; al reconocimiento de la importancia que tiene para el ciudadano y para la sociedad la creación de empresas y microempresas que cumplan su función social. Explica que existen modos de lograr que una empresa combine sus objetivos económicos con la ética en su gestión y, a su vez, muestra un procedimiento fácil para evaluar la gestión empresarial.

**Destinatarios:** Es un curso destinado a toda persona, porque el emprender es una necesidad humana. Especialmente para trabajadores por cuenta propia, empresarios estatales y para aquellas personas que tienen inquietudes empresariales.

**Temas:**

1. La persona del empresario
2. Características de un empresario de éxito
3. ¿Qué es una empresa?
4. ¿Cómo lograr los objetivos de una empresa?
5. Una buena administración
6. ¿Calidad o productividad?
7. La propiedad privada al alcance de todos
8. La participación en la gestión de la empresa
9. Los controles en una microempresa

# Tema 1: "La persona del empresario"

**Objetivos:**
**1.** Comprender que para ser un buen empresario, se necesita ser plenamente una persona humana y como ciudadano.

## Motivación

**1.** Se forman 2 equipos para analizar los siguientes casos:

**Equipo 1:** Pedro es considerado por todos los que lo conocen como una buena persona. Es muy trabajador y muy responsable. El hace todo lo que le indican, su jefe en el trabajo y su esposa en la casa. Lo que hace falta es que se lo digan con tiempo porque es muy meticuloso y le gusta hacer bien las cosas. Ahora la esposa de Pedro quiere que este emprenda un trabajo por cuenta propia y le asegura que tendrá éxito. ¿Qué considera usted?

**Equipo 2:** Mario es una persona muy creativa, no pasa un día en que no se le ocurra algo diferente. Él ha emprendido ya varios proyectos, aunque solo uno lo ha llevado hasta el final. El problema de Mario es que cualquiera lo convence de que no vale la pena lo que está haciendo y pierde el impulso que naturalmente tiene. Si usted pone algo en manos de Mario puede estar convencido de que saldrá bien... si sale.

¿Crees que Mario sería un buen empresario? ¿Por qué?

**2.** Los equipos llevarán la respuesta a plenaria.

**3.** El animador resumirá, diciendo que para ser buen empresario es necesario ser una persona humana en el pleno sentido de la palabra.

**4.** Se enuncia el tema y los objetivos.

## Desarrollo

**1. ¿Qué es ser un empresario?** Es la persona encargada de organizar una empresa, es quien dirige las operaciones y quien soporta el riesgo que implica emprender algo.

**2.** El empresario es el factor fundamental en la formación de una empresa. Pero no basta con organizar una empresa para ser un buen empresario. La capacidad de emprender está en la misma naturaleza del hombre, pero se necesita que la persona la cultive.

**3.** Nadie puede llegar a ser un profesional realizado, si no es una persona en el pleno sentido de la palabra. Quien tenga la intención de no ser un empresario mediocre debe luchar primero por cultivar en él los valores que debe reunir un ser humano para ser plenamente una persona:

**a. Ser libre y tener libertad:** Un empresario debe ser una persona libre; necesita desembarazarse de miedos, de prejuicios, de ataduras políticas, económicas, culturales, seudo-religiosas, que le impidan actuar libremente. Y también necesita tener libertades para ejercer su iniciativa, para poder hacer lo que crea más conveniente para su empresa. Pero esto no significa que su libertad no tenga límites. La libertad de cada persona debe ser regulada, de modo que no afecte la libertad de los demás o el bien común. La libertad debe complementarse con la responsabilidad.

**b. Un ser creativo y responsable:** Toda persona debe ser capaz de crear, de tener iniciativas, de pensar con su propia cabeza; pero en el caso de los empresarios esto es particularmente importante. Es más probable tener éxito cuando descubrimos y ponemos en práctica nuestras habilidades para crear.
Por otra parte, a cada momento un empresario se ve en la necesidad de tomar decisiones y aunque oiga la opinión de los demás, debe decidir por él mismo porque después debe responder por lo que haya decidido y enfrentar todas las consecuencias de su decisión que, en la mayoría de los casos, no lo afecta solamente a él sino a todos los que tienen que ver con la empresa. Por eso el empresario debe "aprender a pensar", entrenarse para decidir y estar dispuesto a hacerse responsable de esa decisión.

**c. Un ser en relación:** Un empresario no puede vivir en un mundo aparte, ni tratar a las personas desde una posición superior. Debe relacionarse personalmente con las demás personas, especialmente con los que trabajan en su empresa; debe salir de sí mismo, del individualismo, del egoísmo. Muchos empresarios aparentan preocuparse por los problemas de sus trabajadores, solo porque les han dicho que así tendrán más éxito. Verdaderamente los empleados trabajarán más y mejor si se sienten bien en la empresa, si su empleador se preocupa por sus problemas. Pero esto no puede ser una "actuación" del empresario, tiene que ser algo real porque siempre se identifica lo genuino.
Un buen empresario debe ser capaz de, sin prescindir de él, no dejarse dominar por el interés de ganar dinero o prestigio. Debe tener sentido de la generosidad, de la donación personal, de la responsabilidad social. Cada vez que un empresario no se deje dominar por ese interés, estará creciendo como persona y por tanto como empresario.

**d. Un ser en el mundo:** Un empresario tiene que tener "los pies puestos sobre la tierra". Tiene que contar con el mundo en que vivimos, con su historia concreta, con sus limitaciones actuales, con sus oportunidades, con sus proyectos futuros. No se puede andar "por el aire", vivir del pasado o no aceptar la situación del presente sin luchar por superarla. Vivir en el mundo también implica respetarlo; respetar la naturaleza, tratando de dominarla para el beneficio del hombre pero sin destruirla.

**e. Un ser social:** El empresario debe ser capaz de vivir en sociedad como persona y no como masa; debe ser capaz de vivir en comunidad. Un empresario debe luchar por hacer de su empresa una comunidad de personas de la que él, por supuesto, sea parte. Si en la empresa se respetan los derechos y los deberes de los trabajadores, si se logra tener un proyecto común y trabajar por él sin excluir ni aplastar a nadie, se puede hablar de una comunidad empresarial. Claro, que esto debe extenderse a la sociedad, un empresario no puede limitarse a su micromundo, sino que debe relacionarse con toda la sociedad.

**f. Un ser trascendente:** El empresario, como todo ser humano, necesita abrirse a la búsqueda de "algo más" que dé sentido a su vida, que le permita salir de su experiencia cotidiana; unos valores que lo ayuden a luchar por ser más humano: la verdad, lo bueno, lo bello, el amor, la paz.

Es bueno que un empresario encuentre en su negocio un proyecto de vida, pero su negocio no puede ser el único proyecto de su vida, de manera que el fracaso del negocio no represente el fracaso de toda su vida.

**4. La persona del empresario es más importante que el empresario** como tal. En la misma medida en que el empresario va creciendo como persona, crece su posibilidad de éxito como empresario. Pero en el caso de que no logre el éxito como empresario, porque sus habilidades no son las necesarias (lo trataremos en el próximo tema) al haber crecido como persona sabrá enfrentar la situación con adultez. A lo mejor no es un empresario de éxito, pero será una persona humana que siempre tendrá nuevos horizontes.

### Ejercitación

Se forma el grupo en equipos:

**Equipo A:** Evalúe la aptitud de los empresarios estatales cubanos actuales.
**Equipo B:** Evalúe la aptitud de los empresarios extranjeros que han invertido en Cuba.

Puede usarse la siguiente escala:

¿Son libres y luchan por su libertad?....................................................10 puntos
¿Se relacionan personalmente con los trabajadores?..........................10 puntos
¿Tienen en cuenta el mundo en que vivimos y lo respetan?...............10 puntos
¿Son creativos?........................................................................................10 puntos
¿Son responsables?.................................................................................10 puntos
¿Luchan porque se trabaje en comunidad?..........................................10 puntos

El animador invita a compartir el recuadro con familiares y amigos y se realiza la evaluación del encuentro.

## Tema 2: "Características de un empresario de éxito"

**Objetivos:**
1. Conocer cuáles son las características que debe tener una persona para tener mayores probabilidades de éxito como empresario.

### Motivación

Se forma el grupo en equipos de no más de tres personas. Breve cuchicheo de tres minutos para responder la siguiente pregunta:

- ¿Cualquier persona con las características que tratamos en el encuentro anterior puede llegar a ser un empresario de éxito?¿Por qué?

El animador escuchará las respuestas y comentará la necesidad de algunas características para que una persona logre convertirse en empresario. Enuncia el tema y los objetivos.

### Desarrollo

1. Ya sabemos que antes de ser un empresario, debemos luchar por ser plenamente una persona humana. Esta es la base del éxito, pero no todo el éxito. Para esto, son necesarias otras posibilidades, otras características y capacidades que no cualquiera puede desarrollar, porque somos diferentes. ¿Cuáles son algunas de estas características?

**2. Independencia y autonomía:** Si usted no puede ser independiente y autónomo, no puede emprender. La dependencia de otra persona o de una institución, no permite que se actúe libremente. Esto no significa que no se establezcan relaciones, que por el contrario, son indispensables. Pero estas relaciones deben ser de interdependencia. Mientras más grados de autonomía tenga un empresario, menos miedo a equivocarse y más disposición a aprender de los errores, más sostenible será el éxito que obtenga.

**3. Autorrealización:** En la empresa debe encontrar un buen empresario, la vía para sentirse plenamente persona, y, además, un medio para obtener ingresos.

**4. Confianza en sí mismo (autoestima):** Valorarse a sí mismo y confiar en las propias capacidades, considerando las limitaciones, permite aceptar y respetar a los demás, conscientes de que son diferentes a nosotros, sin intentar manipularlos, ni utilizarlos; permite tomar decisiones, teniendo en cuenta las opiniones de otros, pero sin subvalorar las propias, y responsabilizarse con ellas, asumir riesgos, tomar iniciativas.

**5. Disposición al riesgo y a la prudencia:** Un empresario que no se arriesga, jamás logrará el éxito. Pero no se trata de asumir riesgos "a tontas y a locas".

Los riesgos deben ser estudiados, calculados, moderados. Sus consecuencias, sus ventajas y sus desventajas deben ser estudiadas y consideradas.

**6. Tenacidad y perseverancia:** El empresario tiene que enfrentarse con la adversidad constantemente y sobre todo al principio, los fracasos pueden desalentarlo. El empresario que se deja dominar por el desaliento y no persiste, no logrará nunca su objetivo. La perseverancia es un factor importante para que una empresa triunfe.

**7. Facilidad para comunicarse:** Dada la importancia que tienen las relaciones para cualquier empresa, una persona con aptitudes para comunicarse fácilmente con los demás, tiene mayores posibilidades de éxito.

**8. Capacidad para motivar:** No basta con la motivación propia. La empresa debe ser un proyecto común en el que estén implicados todos. El empresario debe ser capaz de convocar con él, de contagiar de su entusiasmo a todos los que van a participar en la empresa.

**9.** No hay que desalentarse si no se posee alguna de estas características. Si usted quiere, puede cultivarlas y alcanzar el éxito, porque además de poseerlas, es necesario usarlas adecuadamente. No tendrán gran valor esas cualidades si no se combinan con los valores humanos. Por ejemplo:

- Si para mantenerse la autonomía e independencia no se relaciona con los demás.
- Si porque tiene confianza en sí mismo no considera las opiniones de los demás y no está dispuesto a trabajar en equipo.
- Si asume los riesgos sin pensar en sus consecuencias.
- Si por ser perseverante, se aferra a proyectos decididamente acabados o verdaderamente temerarios.
- Si aprovecha su facilidad para la comunicación en aras de "envolver" a los demás y manipularlos o engañarlos.

### Ejercitación

Se invita a hacer un trabajo personal: Evalúe su aptitud para convertirse en empresario según los puntos del 2 al 8.

## Tema 3: ¿Qué es una empresa?

**Objetivos:**
1. Comprender qué es una empresa.
2. Conocer cuáles son los objetivos y la función de una empresa y la relación entre ellos.

## Motivación

**1.** Se lanza la siguiente pregunta: ¿Cree usted que su negocio es realmente una empresa? Unos opinarán que sí y otros que no. El animador pedirá que se agrupen según la opinión, es decir, los que opinan que no en el equipo 1 y los que opinan que sí en el equipo 2. Cada equipo debe dar razones de su respuesta.

**2.** Se enuncia el tema y los objetivos.

## Desarrollo

**1.** "Empresa" viene del verbo "emprender" que significa empezar. Por tanto, cualquier proyecto que se empiece es una empresa. Pueden ser empresas **con fines lucrativos o no**, pero son empresas. Ahora bien, desde el punto de vista económico, una empresa es la unidad básica de producción o servicios, es el lugar de encuentro entre el capital (dinero) y el trabajo. Las empresas pueden ser grandes, pequeñas o medianas. Cuando la empresa es muy pequeña se le llama microempresa, pero no deja de ser empresa.

**2.** Cualquier empresa en la actualidad se empeña fundamentalmente por lograr dos objetivos generales: **1) obtener el máximo de beneficio y 2) lograr un lugar en el mercado y mantenerse.**

**3.** Descubrir cómo lograr estos objetivos es algo en lo que se afanan todos los que emprenden algo. Cada cual encuentra su propia manera. Pero lo importante es tener en cuenta que no debe ser "a toda costa". La empresa no existe solo para satisfacer las necesidades de su dueño o de los que trabajan en ella, sino que ocupa un lugar en la sociedad y por tanto tiene una obligación con ella. **Tiene y debe tener una responsabilidad social.**

**4.** Cuando el empresario vaya a planificar cómo va a llegar a posicionarse en el mercado, debe tener en cuenta, la responsabilidad social de la empresa, es decir, lo que la empresa debe aportar a la sociedad para tener derecho a conseguir sus objetivos.

**5.** La empresa tiene una triple función social que consiste en:

- Producir bienes y servicios con calidad.
- Distribuir, con justicia, entre el capital y el trabajo, la renta generada.
- Mantener la dinámica innovación-progreso.

**6.** Si la empresa no produce algún bien para la sociedad o presta algún servicio útil a la misma con calidad, pierde su razón de ser y no merece lograr sus objetivos.

**7.** Si la empresa no distribuye con justicia la ganancia obtenida, que significa pagar salarios justos, de modo que tanto el capital como el trabajador obtengan lo que se merecen de los beneficios, no tiene derecho a lograr sus objetivos.

**8.** Si la empresa no tiene disposición a enfrentar riesgos y no se inserta en la dinámica del progreso científico-técnico no merece lograr sus objetivos.

**9.** Resumiendo: el logro de los objetivos de la empresa solo es justo si esa empresa cumple su función social. Las ganancias de la empresa y su puesto en el mercado, vienen siendo algo así como el pago por un servicio que la empresa brinda a la sociedad. Existen también empresas y empresarios éticos que cumplen su responsabilidad social contribuyendo con obras sociales voluntariamente.

**10.** Desde luego, esto generalmente no sucede solo por conciencia de los empresarios, sino que existen mecanismos económicos que contribuyen a que se establezca correctamente esta relación. Por ejemplo: en una economía sana, si no se produce con calidad se pierden clientes, si no se pagan salarios justos, el trabajador no rinde el máximo, no se encuentran buenos empleados, etc.

**11.** En el mundo hay muchas empresas y microempresas que logran sus objetivos sin cumplir su función social. Esto se debe a que los mecanismos establecidos no son justos. Por ejemplo: una empresa que no tenga competidores puede obtener ganancias aunque no produzca lo suficiente ni con calidad, porque a los consumidores no les queda más remedio que servirse de ella; o una empresa que no paga salarios justos puede obtener grandes beneficios si el nivel de desempleo es alto y no hay otras opciones.

**12.** La sociedad civil y el Estado tienen la obligación de establecer los mecanismos adecuados para que no se produzcan desviaciones entre lo que la empresa busca y lo que la sociedad tiene derecho a exigirle. Uno de estos mecanismos es el funcionamiento del mercado, que obliga a acogerse a sus leyes. También existen mecanismos como los tributos, que puede utilizar el Estado para estimular o no algunos negocios. O la política monetaria.

**13.** Pero **¿qué puede hacer un empresario?** No hay que esperar a que la sociedad cambie. Desde una pequeña empresa puede ir cambiando la sociedad. Si nos decidimos a emprender algo, no debemos pensar solamente en lograr nuestros objetivos sino que combinémoslos con el cumplimiento de la función social. No debemos conformarnos con recibir un pago que no nos merecemos.

### Ejercitación

Se divide el grupo en dos equipos:

**Equipo 1:** Evaluar el cumplimiento de la función social de una empresa estatal.

**Equipo 2:** Evaluar el cumplimiento de la función social de un trabajo por cuenta propia.

## TEMA 4: "¿CÓMO LOGRAR LOS OBJETIVOS DE UNA EMPRESA?"

**OBJETIVOS:**
1. Informar acerca de los métodos, instrumentos y técnicas más frecuentemente usados por las empresas para conseguir sus objetivos.

### MOTIVACIÓN

**Una micro-historia de amor**

Una hermosísima mujer espera en la parada de ómnibus que está frente a la casa de Alberto. El corazón de Alberto se desboca. He aquí mi oportunidad -se dice. Piensa cruzar la calle, decirle que la ama y proponerle matrimonio. Pero allí, junto a la beldad, hay un hombre leyendo un periódico. ¿Lo hace? Piensa en entrar a su casa, ponerse su mejor ropa, arreglarse el cabello, perfumarse, construir un breve discurso amoroso y cruzar la calle. No lo piensa dos veces. Se lanza a la calle, llega hasta la dama y le dispara todos sus dardos de amor. Las palabras que salen de su boca no son las mismas que pensó, ni está tan seguro, pero sigue adelante. Acuerdan una cita. Alberto se retira satisfecho pero pensativo: todo no le salió como había previsto pero casi conquistó a la dama.

(Esta historia se lee o se cuenta por el animador del grupo. Se dramatiza con humor).

### DESARROLLO

**1.** Ya aprendimos en el encuentro anterior que la empresa tiene como objetivo obtener el máximo de ganancias y lograr un puesto en el mercado. En este tema veremos algunas recomendaciones para alcanzar estos objetivos.

**2.** No por trivial la anterior trama deja de ser instructiva. Casi todos los ingredientes del éxito empresarial están contenidos en la misma. Veámoslo:

**a. Aprovechar oportunidades:** Para lograr sus objetivos las empresas no pueden dejar pasar las oportunidades. El empresario que hace triunfar a su negocio tiene siempre los ojos abiertos, el oído atento y la mente y los músculos en acción. Hacen como hizo el Romeo de nuestra historia: aprovechó la oportunidad que se presentó en la parada.

**b. Correr riesgos:** Las oportunidades no son aves dormidas ni mansas. Vuelan y atacan. A veces hacen daño. No siempre se puede estar seguro de ganarlo todo, o de ganar la mayor parte o la mejor. También se puede perder, incluso todo. Ese es el riesgo presente en toda empresa humana. El que no arriesga no pierde, pero nunca gana. La seguridad y la tranquilidad no son sustancias de los negocios. Para lograr metas importantes hay que arriesgar. Fue lo que hizo Alberto: cruzó la calle a pesar del hombre del periódico.

**c. Planificar:** La economía no se improvisa como un verso repentista. No le crea al que le diga que la planificación es un fracaso. La experiencia nos dice que toda obra buena fue hecha por etapas, difícilmente no obedientes a un deseo previo. Pero aparte de eso, sin fijar objetivos, sin estrategias claras, sin saber qué se va a hacer o qué se quiere alcanzar, es decir, sin planificar, la empresa pierde el rumbo. Este curso, este encuentro, fueron planificados; nuestro Romeo planificó cruzar la calle y conquistar a la beldad.

**d. Organizar:** Los empeños empresariales, los grandes y los pequeños, se logran organizando los recursos humanos, materiales y financieros para cumplir los objetivos programados. Hacia la meta se avanza con orden, incluso cuando se usa lo que estaba previsto como alternativa. Organizar es coordinar acciones, disponer los actos y las cosas en el tiempo y en el lugar en que son necesarias: es decir cómo se van a hacer las cosas. Alberto coordinó el peinado con la ropa y el discurso con el perfume y se lanzó a cruzar la calle.

**e. Ejecutar:** La planificación y la organización tienen que dar paso a la ejecución para que las ideas se conviertan en acciones que empujen a la empresa hacia sus objetivos. La ejecución es el cómo se están haciendo las cosas que se proyectaron hacer. Uno trata de hacerlo como lo pensó, proyectó o planificó. Es fiel y debe ser fiel a sus propios proyectos. Pero ello no quiere decir que por cumplir el plan, si las condiciones cambian haya que hacer algo que no encaja en la vida real. Alberto pensó en proponerle matrimonio a la belleza, pero cuando la "atacó" la encontró un poco "fácil", y concertó una cita pero postergó la proposición de llevarla al altar hasta conocerla mejor.

**f. Controlar:** ¿Cómo se sabe si se hizo de acuerdo con el proyecto? Uno sabe si las cosas marchan en la empresa de acuerdo con el plan, si controla el proceso, es decir, si compara la ejecución real con el proyecto: si conoce si los indicadores escogidos alcanzan las cantidades y calidades previstas. El control es imprescindible. Alberto supo que su discurso y su serenidad no fueron las que se propuso porque contrastó y comparó lo que hizo con lo que imaginó hacer. De ahí derivó experiencias y estuvo en condiciones de perfeccionar su actuación.

**g. Hacia objetivos específicos y medibles:** Se planifica, organiza, ejecuta y controla en pos de objetivos claros, precisos y cuantificables. Se trata de convertir en objetivos bien definidos aquellas necesidades que se deben satisfacer de todos modos, y definirlos de manera que puedan ser medibles o controlables. Los objetivos pueden ser de ventas, de producción, de crecimiento estratégico, de capacitación, de marketing, de imagen o de cultura.

**h. Involucrar a la gente:** Los objetivos y metas empresariales no deben ser conocidas por unos pocos cuadros, o por el ápice directivo o por toda la línea de mando. No, no deben ser "dominados" por un grupo de elegidos al estilo que el latín era en la Edad Media prerrogativa de unos pocos. Que todos conozcan los objetivos, desde el portero hasta el presidente, será siempre un importante ingrediente de la cultura empresarial. La madre y la hermana de Alberto conocían sus objetivos románticos, por ello, sin que él se los pidiera, lo ayudaron a vestirse bien y a perfumarse.

**i. Desatar la energía:** Cuando todos conocen hacia dónde se dirige la empresa, cuáles los destinos parciales y finales y cuáles los caminos y los medios para llegar, solo resta encender la mecha y hacer explotar el entusiasmo; que la energía fluya organizadamente hacia las metas. La madre de Alberto le dijo a este: hijo, cruza la calle: ¡Tú puedes hacerlo!

**j. Estimular y premiar:** Los estímulos y los premios, tanto morales como materiales, son la pólvora del entusiasmo. Sin reconocimiento no hay lealtad perdurable, al menos en las empresas económicas es así. Alberto tuvo un doble acicate: el estímulo de su madre al creer en él y la sonrisa de la mujer.

**k. No temer al error y aprender de él:** Solo el que no hace nada no yerra, pero este es el mayor error: no hacer nada. El que crea, lucha y trabaja puede errar, siempre que aprenda de los errores. Es mejor equivocarse avanzando que no equivocarse sentado. Alberto no debió proponerle matrimonio a una desconocida, pero de todos modos empezó a conocerla errando, y aprendió que era un "precipitado".

**l. Trabajar duro:** El trabajo es el padre del éxito; obviamente tiene una madre y hermanos y primos: la oportunidad, la justicia y la sociedad. Pero sin trabajo duro no hay empresa exitosa. Ni en el amor. Alberto deberá insistir una y otra vez.

**m. Producir con calidad:** Sin calidad se le vende a los que no les queda más remedio que comprar lo que no sirve, pero no se puede triunfar. Sin calidad (aún donde hay competencia y alternativas) solo se puede subsistir vendiéndole a los segmentos de poca solvencia. El discurso de Alberto no fue óptimo al estilo de Pericles, pero al menos era tan bueno como uno de Montoro.

**n. Calidad, precio, distribución y publicidad:** Son los cuatro elementos de la mezcla de marketing. Así se avanza hacia los objetivos de victoria: produciendo con calidad, ofertando a precios halagüeños, distribuyendo en lugares adecuados y dando a conocer las bondades del producto.

**ñ. Soberanía del consumidor:** Se debe producir lo que la gente quiere. El éxito es de los que satisfacen al consumidor, aún en aquellas sutiles necesidades que permanecen en el inconsciente. No por hacerlo así, Alberto será un marido flojo.

**o. Innovar:** El que no es creativo y se estanca, el que no cambia con el tiempo, el que no perfecciona sus tecnologías, productos o servicios, o incluso, el que no los sustituye por otros nuevos, ese desaparece. O puede permanecer, pero en el grupo de los intrascendentes.

**p. Capacitar:** Sin un equipo capacitado y constantemente actualizado, la empresa se gana un puesto en la retaguardia. La capacitación es la mejor inversión.

**3. Conceptos claves del éxito:**

- aprovechar oportunidades
- correr riesgos
- planificar, organizar, ejecutar, controlar
- calidad, precio, distribución, publicidad
- tolerar el error
- trabajar duro
- desatar la energía
- estimular
- capacitar
- innovar
- involucrar a todos

### Ejercitación

Solicite a los asistentes (a varios) que empleen los conceptos clave arriba enunciados en una autovaloración del negocio o empresa que seleccionen.

## Tema 5: "Una buena administración"

**Objetivos:**
**1.** Conocer los factores para realizar una buena administración de una empresa.

### Motivación

Se forman equipos y se les da un tiempo prudente para responder las siguientes preguntas. En el encuentro anterior analizamos cómo llegar al éxito empresarial:
 - ¿Solo estos ingredientes bastarían?
 - ¿Qué entiende usted por administración de una empresa?
 - ¿Qué factores deben servir de base a un administrador?
El animador escucha la respuesta de los diferentes equipos y comentará algunos principios y factores que deben tenerse en cuenta en la administración.

### Desarrollo

**1.** El enorme interés por el estudio de la administración ha creado enfoques diferentes sobre la misma, originándose una serie de escuelas o teorías administrativas teniendo estos diversos puntos de vista y entrando a menudo en conflictos.

A continuación daremos un resumen de algunas teorías administrativas de estas escuelas.

### Cuadro resumen de las corrientes administrativas

| Nombre | Lo fundamental es | Se apoya en |
|---|---|---|
| Empírica | La experiencia | Estudio de casos |
| Científica | La eficiencia del trabajador | Estudio de métodos de trabajo |
| Clásica | Estudio de las funciones administrativas y la aplicación de principios | Modelos de proceso administrativo y principios de administración |
| Humano-Relacionista | Las relaciones humanas | Conocimiento de ciencias de la conducta |
| Estructural | La organización como sistema social | Estudio de las relaciones internas y externas de la organización |
| Humano-Conductista | La adaptación del hombre a la organización | La participación democrática |
| Decisional | La toma de decisiones | Modelos matemáticos y y computadoras |
| De sistemas | Sistemas operables | Diseño de modelos de de organización |

## 2. ¿Qué es la administración?

- Es un sistema de funciones coordinadas, que contiene las decisiones adoptadas para lograr con máxima eficiencia los objetivos de un organismo social.

- Es un proceso necesario en cualquier empresa o microempresa, pero es necesario tener claro cuáles son las funciones de cada dirigente según el puesto de trabajo que desarrolle, ya que no serán las mismas funciones las de un gerente de ventas que las de un gerente encargado de la contabilidad de una empresa, que las de un pequeño empresario o las del que vende mercancías que no produce él, etc. No obstante, hay principios que son comunes a la administración de cualquier tipo de actividad y que recomendamos a todo empresario para lograr una buena administración:

- **División del Trabajo:** Permite obtener un mayor provecho del trabajo, pues se logra la especialización por actividades.
- **Autoridad:** Quien tiene autoridad, adquiere, por consecuencia, responsabilidad. La autoridad es el derecho de exigir un comportamiento determinado. Pero no todo poder implica autoridad. El poder que solo logra la obediencia por coacción o por la fuerza no es verdadera autoridad. La autoridad permite mantener la disciplina, que es el respeto a las normas establecidas. La autoridad se adquiere con conocimientos, actitudes, acciones que los demás reconozcan como admirables y dignas.
- **Unidad de dirección:** Aunque participen muchas personas en la dirección de la empresa (lo cual es muy bueno), esta debe tener un solo sentido, para lo que es necesario que exista un solo jefe que, sin dejar de escuchar y de velar por los intereses de todos, decida en un momento dado y en última instancia, después de la consulta, qué es lo que se va a hacer.
- **Subordinación del interés particular al interés general:** El interés de la organización debe estar por encima del interés de cada uno, dando por supuesto que el interés de la organización es el interés de todos. Pero esto no significa que no se tengan en cuenta los intereses particulares. Esto solo puede lograrse verdaderamente actuando de forma justa, con un buen ejemplo de los superiores, involucrando a todos. Deben quedar a salvo la dignidad y los derechos de la persona humana.
- **Remuneración justa de los trabajadores:** Debe establecerse un sistema de remuneración que tenga en cuenta, tanto las necesidades del trabajador y su familia, como las posibilidades de la empresa. El salario justo contribuye a disminuir las diferencias entre el capital y el trabajo.
- **Lograr el orden:** En dos sentidos: 1) *Orden material:* un lugar para cada cosa y cada cosa en su lugar y 2) *Orden social:* un lugar para cada persona y cada persona en su lugar.
- **Estabilidad del personal:** Brindar oportunidad a las personas de demostrar que pueden desempeñar un buen trabajo y, en cuanto sea posible, darles seguridad de su permanencia en la organización.
- **Estimular la iniciativa:** Los dirigentes deben estimular la iniciativa de los subordinados. Por una parte, porque las ideas que se generen pueden ser utilizadas en la solución de problemas comunes y, por otra parte, porque es una fuerte motivación y fuente de satisfacción personal el hecho de que el trabajador vea sus ideas puestas en práctica.
- **Capacitación:** Brindar la posibilidad al trabajador de superarse, de adquirir conocimientos, como vía de realización personal y de aumento de la productividad. Es siempre una buena inversión.
- **Unión del personal:** La unión hace la fuerza. Debe fomentarse el espíritu de cooperación y solidaridad entre los integrantes y tratar

de mantener buenas relaciones interpersonales sin que para eso se sacrifique la diversidad.

**3.** El trabajador como persona-centro de la empresa constituye el eslabón fundamental de los resultados a lograr por la misma, es por ello que la conducta de estos es de importancia vital. Esta conducta, dentro de la empresa, tiene que estar motivada correctamente por el dirigente a través de un uso moderado de su autoridad, ya que si esta autoridad es ejercida de forma "bruta" en vez de resolver problemas a la organización se crearán nuevos problemas.

Tiene que existir la preocupación por los demás, como persona, la ocupación por los problemas de los subordinados; escuchar, hacerse acreedor de la confianza de cada trabajador. El dirigente o administrativo, debe ser receptivo, amable, brindar confianza sin perder la autoridad ganada con su ejemplo.

Se tiene que estar claro que la persona del trabajador es el centro de toda actividad social y como tal requiere todas las atenciones y cuidados, motivaciones sociales, etc. No se puede perder de vista que esa persona siente sobre sí la fuerza de la motivación social, de estima y de realización.

El administrativo, como persona, también siente sobre él, con menor o mayor fuerza, los problemas de la sociedad. Él debe apoyarse en los logros científico-técnicos para desarrollar una buena labor de dirección o administración sobre los subordinados, no debe eludir las técnicas más modernas de toma de decisiones, debe hacer uso de medios filosóficos, sociales, matemáticos, computacionales, etc., que hagan de la toma de decisión un arte a favor de la persona del trabajador. Pero también es importante que el administrador aplique toda su sabiduría, sus habilidades, su intuición para lograr que cada trabajador desarrolle sus potencialidades y las ponga en función de la empresa.

### Ejercitación

Solicite a cada equipo que emplee los factores enunciados en una evaluación de una empresa seleccionada.

## Tema 6: "¿Calidad o productividad?"

**Objetivos:**
1. Explicar qué es la calidad y qué es la productividad.
2. Demostrar que la relación existente entre ellos no es inversa.

### Motivación

Se forman dos equipos para analizar los siguientes casos: Dos jóvenes trabajadores conversan en su centro de trabajo acerca de este tema:

**Pedro:** Para mí lo más importante es la calidad de la producción porque es lo que nos permite vender más. Por mucho que tú produzcas, si no tiene calidad, la gente no lo compra.

**Mario:** Yo creo que la productividad es lo principal porque la gente ahora compra cualquier cosa sin estar mirando mucho la calidad.

El animador escucha las respuestas y hace énfasis en la importancia de ambas cosas para la microempresa.

Enuncia el tema y los objetivos.

### DESARROLLO

**1. ¿Qué es la calidad?** Es el conjunto de cualidades que tiene un producto o servicio que le permiten satisfacer, en mayor o menor medida, las necesidades del cliente o del consumidor. La calidad es un factor determinante para la participación en el mercado.

La experiencia de muchos pequeños empresarios demuestra que el aumento de la calidad significa:

- Mayor lealtad al cliente
- Mejor participación en el mercado
- Menos reclamaciones
- Precios más altos
- Mayor productividad

**2.** Puede ser que a usted le asombre la afirmación de que a mayor calidad, mayor productividad. Y es que, hasta ahora, nos parece, a casi todos, que si queremos producir con calidad, tenemos que gastar más; y si tenemos que gastar más, produciremos menos; y si producimos menos, ganamos menos. ¿Cómo resolver este aparente conflicto? ¿Trabajamos más o trabajamos mejor?

**3.** Muchos afirman que el mejoramiento de la calidad provoca perturbaciones y retrasos que redundan en una menor producción. Aunque esto puede ser cierto a corto plazo y también en épocas de crisis económicas u otras circunstancias (guerras, desastres naturales), en que la gente debe comprar "lo que hay", lo que necesita y no lo que le gusta, lo más barato y no lo mejor, en realidad, no ocurre así en circunstancias normales.

**4. ¿Qué es la productividad?** La productividad es la producción que puede obtenerse por cada factor de producción. Por ejemplo: los productos que puede hacer un trabajador en un día; los pañuelos que pueden hacerse con un metro de tela en un día; las pizzas que pueden hacerse con un Kg de harina. Mientras mayor sea el volumen de producción obtenido con la misma cantidad de gastos, mayor es la productividad, es decir, la productividad significa reducir los costos.

**5.** Pues bien, **la calidad también puede reducir los costos**. Es necesario que la calidad abarque todos los procesos de la empresa. En realidad, lo que más cuesta es la falta de calidad. Cuanto antes usted se da cuenta de que el producto tiene un defecto, menos le costará ese defecto. Por ejemplo:

- Si usted detecta que el paquete de refrescos que va a usar está vencido antes de usarlo, solo pierde lo que le costó el paquete de refrescos; si lo detecta después que lo hizo, le costará además el tiempo y el trabajo que invirtió en hacerlo; y si lo detecta después que lo empezó a vender, le costará además clientes.
- Si usted se dedica a pintar vehículos (carros, motos, bicicletas) y se da cuenta de que no está quedando bien la pintura cuando está empezando a pintar, le costará mucho menos que si permite que el cliente se la lleve así.

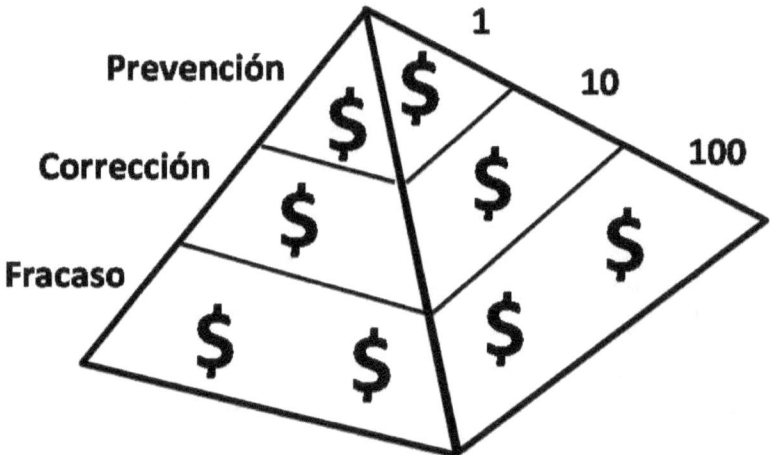

**6. La productividad es hacer el mismo producto con menos gasto.** Pero fijémonos bien que es el mismo producto, sin alteración de su calidad. Si para producir más o para gastar menos, hacemos un producto que no era el que habíamos planificado hacer, no hemos aumentado la productividad.

**7. La calidad de los productos condiciona su precio.** Las producciones de baja calidad se comercializan a precios bajos, y son demandados solamente por las personas de escasos recursos que requieren satisfacer sus necesidades a los más bajos precios. Esto, unido a que los productos de primera calidad son menos costosos que los productos de baja calidad, hacen que las ganancias más altas se logran con producciones de calidad superior.

**8.** Por otra parte, **la calidad es respeto a las personas** a quienes va destinado el producto o servicio. Recordemos que la empresa debe lograr el máximo de ganancia solo cuando cumpla su función social. A todos nos gusta que el servicio que nos prestan o el producto que compramos, satisfaga verdaderamente nuestras necesidades. Pensemos que a los demás también. El empresario o trabajador que considere primero la calidad que la cantidad, lograra el éxito como empresario y logrará crecer como persona.

### Ejercitación

**1.** Solicite a los participantes que evalúen críticamente los conceptos claves señalados anteriormente.

**2.** Resuma brevemente el tema señalado como principales aspectos del mismo, la calidad del trabajo y el pleno reconocimiento del trabajador como ser social que requiere de estímulos materiales adecuados, pero del reconocimiento social para que sienta el trabajo no como una obligación, sino como una necesidad, que disfrute de él, para que aporte al máximo de sus posibilidades, de sus capacidades físicas e intelectuales en beneficio propio y de la sociedad en que habita.

## Tema 7: "La propiedad privada al alcance de todos"

**Objetivos:**
**1.** Conocer que la propiedad privada es un derecho de toda persona.
**2.** Conocer que este derecho implica el deber de un uso responsable de los bienes.
**3.** Conocer cómo puede la empresa cumplir este deber.

### Motivación

**1.** Se pone a la consideración del grupo el siguiente caso:

Carlos es propietario de un molino de arroz. Es el único molino que hay por su zona. Todos los campesinos necesitan del molino de Carlos, pero este no lo presta. Cuando alguien cuestiona su proceder, él explica que el molino necesita petróleo, que está muy viejo y hay que repararlo, que no resistiría mucho trabajo sin darle un mantenimiento, que todo eso cuesta y que le daría vergüenza cobrar por el servicio. Como consecuencia, todos tienen que trasladarse 20 Km para moler el arroz.

- ¿Tiene derecho Carlos a no prestar su molino?
- Si usted tuviera autoridad legal ¿qué haría?

**2.** El animador escucha las respuestas y aclara que el problema no es ser propietario del molino, sino el uso que se hace de él. Enuncia el tema y los objetivos.

## Desarrollo

**1. El origen de la propiedad privada** se remonta a los tiempos de las primeras manifestaciones de organización social del hombre primitivo. El original sentido de la propiedad está íntimamente ligado a su factura, al fenómeno de hacerla para sí, de procurársela y trabajar para lograrla y así satisfacer sus propias necesidades básicas y las de quienes se sienten responsables.

**2.** En la sociedad industrial es cuando la propiedad se consolida en sus dos formas fundamentales:
**a. la propiedad privada (individual y familiar).**
**b. la propiedad pública (estatal y social)** en sus múltiples y distintas formas *de facto* o *de jure*.

**3.** Endilgarle a la propiedad privada la culpa de todos los males que padece la humanidad en nuestros tiempos, es tan falaz y tendencioso como otorgarle el crédito de todo lo bueno que se haya logrado hasta nuestros días. Si a algo hay que concederle los laureles en todo tiempo y lugar, es al equilibrio, con todo el significado ético y práctico que el mismo implica. Adjudicarle a la propiedad privada las bondades o maldades de la realidad es culpar al síntoma y no a la causa de la enfermedad.

**4.** En síntesis, ninguna forma de propiedad privada es buena o mala en sí, conveniente o indeseable, todo está en función del uso que se le dé, la forma en la que se inserte en la realidad, de cómo se le regule sin ponerle una camisa de fuerza, o de que se le incentive sin darle "licencia para matar", de que se le mantenga cuidada en los dos sentidos en forma responsable.

**5.** Por eso, no podemos decir que una sociedad justa es aquella en que no exista propiedad privada. La propiedad privada es un derecho de la persona humana porque es inherente a su naturaleza. La propiedad privada permite al ciudadano manifestar su creatividad, su iniciativa. Una sociedad justa sería aquella en la que todos sean propietarios, porque esta es la base de la seguridad personal y familiar.

**6.** Ahora bien, esto no es solo un derecho humano, sino que implica un deber: hacer un uso de los bienes que sirva al trabajo, que sirva a la persona y que permita el acceso paulatino de todos a la propiedad. Si la propiedad privada es un derecho humano, es porque ayuda a la realización del destino universal de los bienes creados. El Creador, quiere que el conjunto de bienes de la creación estén al servicio de la humanidad entera. El propietario no puede olvidar que no es dueño absoluto, sino "administrador" de los bienes.

En cada bien de que disfrutamos hoy, está presente el trabajo y la creatividad desarrollada durante siglos por la humanidad. ¿Cómo podemos pensar en ser dueños absolutos, por ejemplo, de un molino, cuando muchos siglos atrás alguien descubrió la utilidad del metal o la madera que lo forman, el mecanismo de su funcionamiento, cómo determinar la dirección del viento, etc.? Eso, por supuesto, no da derecho a confiscar, sin más, una propiedad.

7. Y es aquí donde las empresas encuentran su función con relación a la propiedad. ¿Cómo pueden las empresas contribuir a que todos tengan acceso a la propiedad?

8. Para muchos, la única forma de compartir los bienes es la ayuda material voluntaria o la llamada limosna o subsidio puntual y aislado. La limosna siempre será una forma de compartir los bienes y de atender a situaciones marginales de miseria. Pero no puede reducirse a esa forma primitiva y casi humillante, la función de la propiedad. Ya sabemos que en las empresas se crea la renta y esa renta se distribuye entre el capital (empresario dueño) y el trabajo (los trabajadores). Por tanto, las empresas tienen que crear y mantener puestos de trabajo, de manera que contribuya al acceso a la renta de la mayor cantidad posible de personas, lo cual estará garantizando el acceso de esas personas a los bienes.

9. La forma en que esa renta llegue a los trabajadores no tiene que ser únicamente el salario justo. Actualmente se promueven diferentes formas de participación de los trabajadores en los beneficios de la empresa, como por ejemplo, la venta de acciones que, al mismo tiempo que permite al trabajador tener parte en las ganancias, aumenta el interés que este pone en la calidad y cantidad de su trabajo, es decir, beneficia al trabajador y al empresario, así como a toda la sociedad que recibe el servicio de esta empresa. O el acceso a un seguro médico digno, cubierto por la empresa, etc.

10. Retener bienes, sin hacerlos producir es perjudicar a todo el que necesita que esa capital esté siendo empleado para que él pueda trabajar, así como a toda la sociedad. Quizás todo se pueda sintetizar en esta frase de S. Gregorio Magno: *El que tuviere talento, cuide de no callar; el que tuviere abundancia de bienes, vele no se entorpezca en él la largueza de la misericordia, el que supiere un oficio con que manejarse, ponga gran empeño en hacer al prójimo participante de su utilidad y provecho.*

### Ejercitación

Para todo el grupo: ¿Cambió su opinión sobre el caso de Carlos?

Se forman dos equipos:

**Equipo 1:** Qué tendrían que hacer las empresas estatales (propiedad del Estado) para cumplir su deber con relación a la propiedad?

**Equipo 2:** ¿Qué podrían hacer los trabajadores por cuenta propia?

# Tema 8: "La participación en la gestión de la empresa"

**Objetivos:**
1. Reconocer la verdadera participación de los trabajadores en una empresa, así como la necesidad de esa participación para el éxito de la empresa.

## Motivación

**1.** Se hará la siguiente pregunta para que cada cual la responda en 5 minutos: ¿En cuántos ambientes de la vida social usted participa? ¿De qué forma?

**2.** Se hace una plenaria para que algunos o cada cual diga su respuesta.

**3.** El animador aclarará que hay una diferencia entre participar (ser parte) y asistir. Enuncia el tema y los objetivos.

## Desarrollo

**1.** Si la empresa que tenemos quiere verdaderamente salvaguardar la dignidad de la persona humana, debe garantizar la necesaria unidad de una dirección eficiente, pero esto no significa que los demás trabajadores sean solamente ejecutores, sin la posibilidad de opinar e influir en las decisiones que tienen relación con su trabajo.

**2.** Si todos estamos conscientes de que tenemos derecho a participar en la vida económica, política y social de nuestro país, debemos ser conscientes también de que tenemos la obligación de reconocer el derecho de todos a manifestar su iniciativa y su creatividad. Y reconocerlo significa brindar posibilidad real de ejercerlo.

**3.** Pero no es solo para responder a la naturaleza humana que se debe reconocer el derecho de los trabajadores a la participación, sino que es también para responder a una necesidad económica de la empresa. Por un lado, se pueden aprovechar mejor las experiencias acumuladas por los trabajadores y sus ideas; y por otro lado, al poder manifestar su iniciativa, el trabajador se hace más persona y esto influye en el desempeño de su labor.

**4.** Ahora bien, no es posible fijar con normas ciertas y definidas cómo debe ser esta participación, ya que eso depende de las particularidades de cada empresa. Solamente hablaremos de algunas formas de participación que actualmente se están aplicando en el mundo, tanto en empresas públicas, como en empresas privadas.

- **El sistema de cogestión:** Es un modelo en el que la dirección de la empresa está integrada, no solo por representantes de los intereses del capital, sino también por representantes de los intereses de los trabajadores.

- **El sistema de autogestión:** Consiste en otorgar plena autonomía para la gestión empresarial. Se pone a disposición de un grupo de trabajadores un conjunto de medios de producción y se encarga a estos la gestión de los mismos. El funcionamiento de una empresa puede estar basado en este sistema, pero a su vez la empresa puede organizar varios equipos de trabajo basados en este sistema también.

**7.** El éxito de algunas empresas en el mundo ha sido atribuido a la colaboración de una fuerza de trabajo leal, reducida y muy involucrada, de manera que se fortalece la unión entre los empleados y se promueven sentimientos de responsabilidad y orgullo.

**8.** La incorporación a un equipo de trabajo:

- Confiere responsabilidad.
- Permite ver los resultados del trabajo.
- Permite elegir las propias metas.
- Hace sentir el reconocimiento de compañeros y supervisores.
- Facilita la comunicación interpersonal.

**9.** Otra forma de propiciar la participación real de los trabajadores en una empresa es la venta de acciones a empleados. Esto significa que el empleado tenga parte en la ganancia de la empresa, lo que será un incentivo para la participación en la gestión.

**10.** En resumen, cada empresa deberá promover la participación real y consciente de todos los trabajadores en la gestión. Las formas en que puede hacerlo deberá determinarlo ella misma.

Ahora bien, es muy importante que diferenciemos bien lo que es participación de lo que no lo es. No se trata de escuchar las sugerencias y las opiniones de los empleados, o simplemente informarles las decisiones que se tomen; se trata de brindar verdaderamente la posibilidad de ejercitar la iniciativa, la creatividad.

### Ejercitación

Si usted pudiera organizar la participación en la gestión de la empresa en que trabaja ¿cómo lo haría?

### Notas para el animador

## La participación como concepto

La participación es también un fenómeno de antigua data. Claro que es en los últimos años que ha proliferado tan masivamente, que ha devenido en cierto tipo de movimiento universal, hasta convertirse en una especie de doctrina, especialmente para unos cuantos que desde siempre han tenido predilección por el dogma como objeto de negocio, y para otros tantos que lo aceptan como concesión temporal, en función de la necesidad ingente de encontrar un elixir milagroso que cure o al menos alivie sus males empresariales.

Y es que la participación puede verse desde dos ángulos distintos pero que producen el mismo efecto, el interés de los participantes. Uno es dar participación porque se tiene la vocación ética genuina de compartir entre los corresponsables de lo que se hace y se logra. El otro es simplemente, en la forma que se mire y en cualquiera de sus versiones, despertar la avidez del cómplice para la ulterior repartición del botín. De esta manera, desde la sempiterna participación en las ganancias hasta la moderna participación en la gestión, no son más que instrumentos de motivación, desde los más sanos y loables que se puedan concebir, hasta los más espúreos y deleznables que se quiera imaginar.

No obstante, la participación honestamente utilizada por quienes la dan, y sanamente interpretada por quienes la reciben, indiscutiblemente produce los efectos milagrosos que son característicos a toda forma de comunión. En esta forma deja de ser el ente táctico que se ha instrumentalizado a lo largo, ancho y alto de la historia, y deviene en el ente estratégico que excepcionalmente se ha usado con excelentes resultados.

Es decir que, cuando la participación es una idea orientada a la consecución de la justicia social, de la equidad económica entre quienes participan en un proceso productivo, de la oportunidad vivencial de aportar lo mejor de sí en un proyecto de vida, como una forma de realización individual contribuyente hacia el bien común, entonces es idónea desde el punto de vista moral.

No podemos dejar de mencionar las simulaciones de participación, desde las cacareadas democracias participativas en las que la gente aparentemente participa en hacer lo que sutilmente el dirigismo camarillista les orienta, hasta la cosmética participación en la que los empleados pueden escoger entre varias opciones predelimitadas por los jefes, excluyendo por supuesto todas las que puedan convenir a los trabajadores.

**La gestión de la empresa**

La empresa, como la familia, ha experimentado una metamorfosis adyacente a las transformaciones de la sociedad humana. Desde el paternalismo o el despotismo más ancestrales que eventualmente toleraban algunas tímidas manifestaciones, a título de sanos consejos de parte de los empleados de más confianza, hasta las formas y modos más normales de participación de nuestros tiempos, unas veces en forma de confidencia informal en la intimidad de los cubículos, otras veces como sugerencia u opinión personal en las reuniones formales, o los sofisticados memorándums personales de análisis y evaluación con recomendaciones incluidas.

La participación en la gestión de la empresa es un fenómeno que produce tanto resultados positivos como negativos. La cuantía, magnitud y calidad, unos y otros, dependerán fundamentalmente de la capacidad de la dirección de la empresa de magnificar los primeros de ser posible hasta la optimización, y por otra parte, de neutralizar los segundos si lo permiten las circunstancias hasta su nihilización.

Entre los aspectos positivos más relevantes cabe resaltar la posibilidad de la empresa de explotar al máximo la capacidad integral del personal, de los aspectos vivenciales del sujeto de trabajo como el entusiasmo, la disposición, la receptividad, la identificación, la honestidad, la entrega, etc., hasta los aspectos que se revierten en los objetos de trabajo como la dedicación, la creatividad, el talento, la calidad, la comunicación, la precisión, el cumplimiento, etc.

Entre los negativos destaca por su importancia, la proclividad de manipulación que se da cuando en una organización se presenta un proceso de encarnizada lucha por el poder entre dos o más gestores, cuando hay choque de intereses entre los participantes en la gestión y la contienda se extiende a los niveles subordinados, tomando cariz de virtual lucha entre pandillas, en aras de los intereses personales de los gestores, y por ende, en detrimento de los intereses de la empresa. Por supuesto, que estamos hablando de lo que sucede en el mundo desarrollado, pero de estos entuertos no se salva el resto de la humanidad, ya que por emulación o por contagio, los estilos del mundo de las tecnologías de punta terminan echando raíces y acodos en nuestros vulnerables entornos subdesarrollados, en los que existe la tendencia de practicar recetas enmohecidas recién lustradas que ya han caído en la obsolescencia en sus lugares de origen.

Pero no por todas estas expresiones tan negativas vamos a colegiar que la participación en la gestión de la empresa sea de dudosa efectividad. Todo lo contrario, pero para hablar de lo bueno de algo, siempre es recomendable pensar exhaustivamente en los puntos malos, en las facetas negativas, en los ángulos obtusos, en las desviaciones dañinas, etc.

La participación en la gestión de la empresa es a la vez un derecho y un deber del trabajador. Con ella se garantiza el compromiso de dar lo mejor de sí en beneficio de la entidad que crea empleos, de las que salen los salarios, en las que se genera el movimiento económico que satisface las necesidades de los clientes, que significa una fuente de negocio para los proveedores, que implica seguridad a las instituciones crediticias que la financian y rentabilidad para los empresarios que en ella invierten, etc.

Las ventajas que ofrece la adopción de una correcta participación del personal en la gestión de una empresa son obvias, pero tan numerosas y diversas que es preferible que cada quien las deduzca por sí mismo en su caso.

## Tema 9: "Los controles en una microempresa"

**Objetivos:**
1. Ser capaces de saber registrar en los diarios auxiliares de contabilidad, los recursos materiales, los Ingresos y los Gastos Monetarios.

### Motivación

- ¿Qué es la contabilidad?
- ¿Cuál es el propósito fundamental de la misma?
- ¿Qué significa el término transacción comercial?
- ¿Qué ventajas ofrece el uso de diarios o registros en una pequeña empresa?

### Desarrollo

**1.** Mientras más grandes, complejas y diversificadas sean las empresas, mayores, mejores y más precisos controles requieren, pero por el contrario, no hay empresa por muy pequeña, sencilla y simple que sea, que no amerite llevar uno que otro control, que le permita tener el conocimiento de sí misma, la certidumbre de sí misma, y el historial que fehacientemente muestre lo que ella es y lo que vale, tanto para fines propios como ajenos, como por ejemplo, el pago de impuestos, la "declaración jurada anual", etc.

**2.** La inmensa mayoría de lo que se concibe como microempresa corresponde a iniciativas empresariales individuales y familiares, aunque se den excepciones de pequeñas sociedades de personas o capital. Dentro de esa mayoría, en un número generalmente significativo, los intereses del individuo o de la familia están imbricadamente entrelazados y raras veces se da el caso de una clara y concreta diferenciación y separación de tales intereses.

**3.** En tales circunstancias resulta difícil llevar el control del negocio en forma inequívoca, ya que se presta a confusión determinar con claridad meridiana el importe imputable a la satisfacción de las necesidades del individuo o la familia, y aquellas erogaciones que son específicamente aplicables a los costos o gastos de la actividad microempresarial, sobre todo cuando son varios los miembros de la familia que pueden disponer de los recursos.

**4.** Por tanto es recomendable que el microempresario implante, aunque sea en forma muy elemental, ciertos registros de su actividad que le permitan conocer globalmente pero sin equívocos el estado de su negocio, cómo marcha, cuáles son sus resultados y sus tendencias a fin de saber con certeza si continuar, liquidar o cambiar hacia otras actividades en las que se cumpla el cometido deseado.

**5.** El sistema puede ser tan simple como el registro diario de operaciones con una hoja para los ingresos percibidos diariamente y otra hoja para los egresos percibidos o salidas diarias. El diseño que proponemos de este sistema es el que mostramos a continuación:

## REGISTRO DIARIO DE LOS INGRESOS PERCIBIDOS
Mes_____                                    Año_____

| FECHA | DESCRIPCIÓN DEL INGRESO REGISTRADO | CÓDIGO | INGRESO | ACUMULADO |
|---|---|---|---|---|
| | Ventas realizadas en el día | | | |
| | Propinas recibidas del día | | | |
| | Otros ingresos | | | |

## REGISTRO DIARIO DE LOS EGRESOS PERCIBIDOS
Mes_____                                    Año_____

| FECHA | DESCRIPCIÓN DEL INGRESO REGISTRADO | CÓDIGO | INGRESO | ACUMULADO |
|---|---|---|---|---|
| | Compra de materia prima o insumos | | | |
| | Compra de utensilios o instrumentos | | | |
| | Pago de impuestos o contribuciones | | | |

**Explicación de los formatos**

**Registro diario de los ingresos percibidos:**

La primera columna, como su nombre lo indica, sirve para registrar la fecha de cada operación. Primeramente se anota el año en que transcurre, a continuación en orden cronológico, cada operación que se efectúe.

La siguiente columna se utiliza para la descripción de la operación efectuada, el ingreso registrado en este caso. Puede describirse utilizando tantos renglones como sea necesario para que la anotación sea entendida fácilmente. Debe ser lo más explícito posible, sintetizadamente.

En la siguiente columna se anota el código, abreviatura de la operación registrada, lo cual permite identificar las operaciones de una misma índole para su trabajo posterior, digamos al final de cada etapa que usted quiere balancear, por ejemplo, las operaciones de una semana o de un mes.

Como se aprecia en el modelo, se proponen algunas anotaciones con sus códigos, entre ellos: Ventas realizadas (VR). Si usted va a sumar todas las Ventas del mes, el código (VR) ayuda a identificar fácilmente todas esas anotaciones a simple vista.

La columna siguiente le corresponde a la anotación del Total del Ingreso registrado y la última columna se utilizará para ir sumando constantemente las operaciones y resgitrando el "Saldo Acumulado".

El registro diario de los Egresos Percibidos cuenta con el mismo formato. En él se anotará todo lo que gastamos por cualquier concepto, siempre y cuando tenga relación con las operaciones relacionadas con la gestión empresarial.

Al cierre de operaciones la diferencia entre los saldos de ambos registros debe coincidir con el efectivo en Caja. Si se han efectuado otras extracciones de efectivo para gastos ajenos a las operaciones mercantiles, digamos para gastos del núcleo familiar y ha controlado las mismas, entonces la suma del efectivo más los gastos registrados para el sustento del núcleo familiar deben coincidir con la diferencia entre Saldos de los Registros, si no ocurre que algo se olvidó, no fue registrado o alguien además de usted hace extracciones de efectivo y no se controlan.

**6.** En una microempresa, los principales controles que se deben llevar en forma de registros, desde el punto de vista contable, aunque sea en una forma simplificada y rústica, son los que se detallan a continuación:

- **Registro del movimiento o flujo de dinero en efectivo**, o sea de los ingresos y egresos en recursos monetarios.
- **Registro de los recursos materiales** con los que cuenta la actividad para realizar su proceso mercantil independientemente de su situación y condición.
- **Registro de costos y/o gastos** aplicables al procesamiento de los objetos de negocio de la microempresa para poder determinar con precisión los márgenes de ganancia y por ende los precios a los que hay que vender.
- Tales registros se pueden diseñar en una forma tan sencilla y simple que bastaría un mínimo de instrucción no solo para llevarlos, sino también para entenderlos lo suficiente como para utilizarlos como un rudimentario pero muy efectivo medio de autodiagnóstico de la situación financiera de la empresa.

**REGISTRO DE FLUJO DE EFECTIVO O DIARIO DE INGRESO Y EGRESOS DE CAJA** (Diseño propuesto)

| FECHA | DESCRIPCIÓN | AUMENTOS | DISMINUCIONES |
|---|---|---|---|
| 1 | 2 | 3 | 4 |

El objetivo de este diario es registrar todas las transacciones económicas de la empresa, que implique una entrada o salida de efectivo de la caja.

La primera columna será para anotar la fecha de la transacción, incluyendo: día, mes y año de la misma. La segunda columna, denominada "descripción" como su nombre lo indica se utilizará para describir brevemente la operación realizada, es decir, reseñar, explicar con claridad de forma abreviada la operación que se desarrolló. Las anotaciones mantendrán un orden cronológico riguroso. En la tercera columna se anotarán los aumentos de efectivo, es decir, las entradas de dinero a la caja. En la cuarta columna se anotarán las salidas o disminuciones de efectivo en caja. Restando la columna (4) de la columna (3), se obtendrá el saldo del efectivo en caja.

**Registro de compras de recursos materiales**

En este registro se anotarán las compras diarias de recursos materiales que son necesarias para el desarrollo del negocio. Lo llamaremos Diario de Compras. Contará con 6 columnas. Su diseño puede ser el siguiente:

| FECHA | CONCEPTO | U.M. | CANTIDAD | PRECIO UNITARIO | IMPORTE |
|---|---|---|---|---|---|
| 1 | 2 | 3 | 4 | 5 | 6 |

La primera columna se llena igual que la del registro anterior. La segunda y tercera columna corresponden al nombre de los materiales comprados y la unidad de medida en que se expresa cada cual. El la cuarta columna se anotará la cantidad comprada del producto. En la quinta columna su precio por unidad y en la sexta, el importe total de la compra. La cantidad anotada en la columna 6 (importe), debe coincidir con el resultado de la multiplicación de la columna 4 por la columna 6.

Sumando verticalmente la columna 6 al final del mes, se obtiene como resultado el total de las compras de dicho período, expresada en unidades monetarias.

**Registro de gastos**

El registro riguroso de los gastos diarios de toda índole, permite determinar con precisión los márgenes de ganancia que obtenemos en el negocio o empresa, en un período de tiempo dado. Puede ser una semana, un mes o un año. El formato del mismo puede ser el siguiente:

| FECHA | CONCEPTO | U.M. | CANTIDAD | PRECIO UNITARIO | TOTAL |
|---|---|---|---|---|---|
| 1 | 2 | 3 | 4 | 5 | 6 |

Como se aprecia, su formato coincide con el del Registro de Compras.

En este Registro de Gastos, en la columna 2 se anotará la denominación del gasto de que se trate. La suma de la columna 6 coincidirá con el total de los gastos del período.

Se consideran gastos de operación de la microempresa, todas aquellas erogaciones, salidas de efectivos, que se requieren para poder operar la microempresa. Son indispensables para tal fin y no representan gastos de materias primas o materiales utilizados en el proceso de producción. Por ejemplo:

El pago de todo tipo de impuestos, multas, etc.; el pago de la participación por la ayuda familiar, los materiales y útiles de limpieza que son comprados y gastados para preservar la higiene de los locales que se utilizan con fines mercantiles, según las normas sanitarias vigentes; las compras de vasos y otros medios que se requieren para reponer roturas, etc. Veamos un ejemplo del uso de estos registros:

### Ejercicio Práctico

Registre en los distintos Diarios de su microempresa, las operaciones siguientes:

### AÑO 1997

| | | |
|---|---|---|
| **Mayo 1** | Venta del día................................................................$ 325 | |
| | Compra de 10 Kg de harina de trigo................................$ 273 | |
| **Mayo 2** | Ventas del día...............................................................$ 420 | |
| | Compra de 40 libras de azúcar........................................$ 80 | |
| **Mayo 3** | Ventas del día...............................................................$ 216 | |
| | Compra de una caja de detergente....................................$ 45 | |
| | Compra de 3 vasos para reposición de rotura.....................$ 9 | |
| **Mayo 4** | Compra de 10 libras de sal en el Mercado Agropecuario...$ 20 | |
| | Alimentos para la venta...................................................$ 16 | |
| | Ventas del día...............................................................$ 516 | |
| **Mayo 5** | Ventas del día...............................................................$ 610 | |
| | Compra de 8 sobres de refrescos de 1 dólar.....................$ 200 | |
| **Mayo 25** | Ventas del día...............................................................$ 485 | |
| | Pago del impuesto mensual.............................................$ 360 | |
| **Mayo 31** | Ventas del día...............................................................$ 650 | |
| | Pago de la ayuda familiar................................................$ 250 | |
| | Reparación de un equipo electrodoméstico........................$ 75 | |

El sistema aplicado anteriormente puede ser de utilidad para todos aquellos pequeños negocios donde la complejidad de las operaciones mercantiles lo aconsejen.

Este tipo de empresa se caracteriza fundamentalmente por:

- La no existencia de inventarios, o en caso de existir alguno, su diferencia con el saldo que se registra entre una y otra etapa es despreciable, se compensan de uno a otro período, no influyendo en los resultados calculados en la etapa que se balancea.
- Por lo general estos pequeños empresarios compran a diario sus recursos productivos. Compran, elaboran y venden a diario para continuar repitiendo continuamente el ciclo productivo. De los resultados de su gestión sacan el sustento diario.
- Solo una o dos personas como máximo, operan este tipo de empresa en pequeña escala, fundamentalmente familiares de un mismo núcleo, empleando recursos financieros que no rebasan las cantidades necesarias para uno o dos días de operación. Estas pequeñas empresas se observan a diario operando en distintas ramas de la economía, productivas y de servicio, tales como:

- Pequeñas cafeterías que ofertan alimentos ligeros con reducidas variedades. Incluye desde puestos de frita hasta una guarapera.
- Pequeñas empresas de servicio que reparan equipos electrodomésticos, fogones, relojes, poncheras, zapaterías, etc.

El empleo de un sistema contable simplificado como el descrito anteriormente les proporciona a estos pequeños empresarios la oportunidad de determinar con exactitud los beneficios económicos que obtienen de sus microempresas, al deslindar los gastos propios de su gestión empresarial, de los correspondientes al sustento del hogar o al suyo propio y al mismo tiempo, los inicia en el uso de técnicas contables para cuando estén en condiciones de emprender actividades más complejas que requieran de sistemas de contabilidad más tecnificados, asimilarlos con más facilidad.

### Notas para el animador

Desde los primeros rudimentos de la división del trabajo, cuando el artesano comenzó a ampliar su producción con el empleo de aprendices, incluso cuando estos fueran familiares cercanos, el productor comenzó a llevar cuentas al menos mentalmente, para saber sacar el balance entre lo que le costaba la comida del aprendiz y el beneficio adicional que el trabajo del mismo aportaba a su productividad, para poner el ejemplo menos complicado de lo que ha ocurrido a lo largo de milenios de actividades mercantiles.

Quien piense que los controles de costos, calidad, producción, gastos, desperdicios, excedentes, ganancias, pérdidas, etc., son cosas de los últimos siglos y peor aún de estos tiempos, está diametral y tácitamente equivocado. El control empresarial es tan antiguo como las primeras y rudimentarias manifestaciones de la actividad productiva y mercantil, y estamos hablando de hace milenios, nos referimos a casos como el del mediterráneo mercantil de fines de la era antes de Cristo, para poner un solo pero contundente ejemplo.

Que generaciones enteras hayan ignorado o estado al margen de estas cosas, no implica que las mismas no existieran, pero hay intereses en hacer pensar a la gente que se está hablando de cosas nuevas, que no son más que antiquísimas recetas innovadas ante el peso de una realidad cada vez más difícil de ocultar, y a la luz del conocimiento que el desarrollo de la sociedad ha puesto al alcance del nivel de la calle, en la que cada día hay menos incautos pero de los que todavía hay demasiados.

### Glosario de términos

**Acciones:** Son instrumentos financieros que representan la propiedad de una empresa.
**Capital:** Es el dinero que se emplea para comprar bienes que producirán más dinero (maquinarias, herramientas, equipos).
**Costos:** Es la expresión en dinero de todos los gastos.
**Eficaz:** Acción o trabajo que logra obtener el resultado deseado.
**Eficiente:** Acción o trabajo que logra obtener el resultado deseado con el mínimo de tiempo y de gastos.
**Ganancia:** Es la diferencia entre los ingresos y los gastos cuando los ingresos son mayores que los gastos.
**Impuestos:** Es una cantidad de dinero que se entrega al Estado para que redistribuya, con justicia social, las riquezas creadas por el trabajo. Esta redistribución se hace mediante el "Presupuesto del Estado" para cada año. Incluye gastos del gobierno pero también, y sobre todo, los gastos sociales: salud, educación, cultura, deportes, etc.
**Ingreso bruto:** Es todo lo que obtiene por las ventas o servicios prestados, todo lo que recibimos sin tener en cuenta los gastos.
**Materias primas:** Es el material principal de un proceso de producción sobre el cual se trabaja para producir un bien.
**Mercado:** Es el conjunto de relaciones entre los compradores y vendedores de un producto o servicio
**Pérdida:** Es la diferencia entre los ingresos y los gastos, cuando los gastos son mayores que los ingresos.
**Productividad:** Se refiere a la cantidad de producto que genera un factor de producción. Por ejemplo, lo que produce un hombre en un año es productividad del trabajo.
**Renta:** Se refiere a los ingresos percibidos regularmente por las personas, las empresas o los gobiernos en un tiempo determinado.

# CURSO 12
# "APRENDEMOS ECONOMÍA"

**Características:** Proporciona a los participantes una debida educación cívica, ética, filosófica, económica y política en sentido amplio y como búsqueda del bien común. Se estudian los diferentes ambientes sociales y aprender a discernir tareas y medios apropiados para promover la participación activa de los ciudadanos en la vida económica y social del país.

**Destinatarios:** Se recomienda especialmente para trabajadores de la economía (técnicos y profesionales) aunque pueden participar otras personas que se interesen por el tema.

**Temas:**

1. La persona humana: centro, sujeto y fin de la economía
2. *Marketing*: La economía al servicio del consumidor
3. ¿Qué, cómo y para quién producir?
4. Malformaciones de la economía
5. ¿Con qué producir?
6. ¿Cómo ser propietario?
7. ¿Dónde se produce?
8. ¿Cuánto cuesta producir?
9. Impuestos y Seguros
10. La economía en el mundo: Organizaciones Económicas Internacionales
11. La economía en el mundo: relaciones económicas internacionales
12. Un proyecto económico viable y justo para Cuba

# Tema 1: "La persona humana: centro, sujeto y fin de la economía"

**Objetivos:**
1. Conocer que la persona humana es y debe ser el centro, el sujeto y el fin de la economía.
2. Comprender que la economía debe estar al servicio del ser humano y no al revés.

## Motivación

**1.** El animador deberá preparar previamente una tarjetas con diferentes elementos que intervienen en la economía de un país: medios de trabajo, objetos de trabajo, relaciones de producción. Una de las tarjetas será para poner PERSONA HUMANA.

**2.** Se forman equipos. Debe hacerse un juego de tarjetas para cada equipo.

La dinámica consistirá en ubicar las tarjetas de modo que representen a cada elemento en la sociedad que a cada equipo le gustaría construir. Los equipos traerán sus esquemas a plenaria.

**3.** El animador anunciará el tema y los objetivos.

## Desarrollo

**1. ¿Que es la economía?** Es la ciencia que estudia la utilización de los recursos existentes para su conversión en bienes y servicios que puedan ser distribuidos y consumidos por las personas y grupos que componen la sociedad. La economía debe estar al servicio de la persona humana. ¿Ocurre esto actualmente en el mundo?

**2.** El principal postulado ético de la actividad económica fue proclamado por el Concilio Vaticano II: "el hombre es el autor, el centro y el fin de toda la vida económica y social".

**3.** Que la persona es centro de la vida económica significa que todo lo que se haga en la economía debe estar pensado y organizado en función de lo que es la persona.

**4.** Que la persona es fin de la vida económica significa que todo debe estar encaminado a lograr el desarrollo humano integral, o sea, el bien de todas las personas.

**5.** Que la persona es autor de la vida económica significa que la persona debe ser protagonista y no solo destinatario; que la persona debe dejar de ser "objeto" para convertirse en sujeto del proceso económico. O sea, la persona debe participar libre, consciente y responsablemente en el proceso de creación de bienes.

**6.** Para crear las condiciones que garanticen el cumplimiento de este principio, la sociedad cuenta: con una estructura que deben respetar los intereses de todos: El Estado, con un mecanismo cuyas leyes deben ser reguladas pero respetadas: el Mercado y con un soberano que ejerce su control sobre el Estado y el Mercado: la sociedad civil.

**7.** La función del **Estado** es garantizar que en la sociedad haya un ambiente donde las personas puedan vivir como personas y desarrollarse y para ello debe:

**a.** Asumir los intereses de todos, que son más que la suma de los intereses particulares. Esto se conoce como bien común.
**b.** Prevenir los abusos de los que olvidan los principios morales en el ejercicio de cualquier actividad económica.

**8.** La función del **Mercado** es hacer funcionar la economía hacia la prosperidad, aprovechando oportunidades, descubriéndolas y poniéndolas al servicio del desarrollo económico. Asegurar la eficiencia en la gestión y su eficacia.

**9.** La función de la **sociedad civil** es regular al Estado y al Mercado, de manera que la primacía social sea el bien de la persona. Que ni el poder del Estado o la atracción de las bondades del Mercado (el consumismo, la competencia, por ejemplo) se erijan por sobre el bien de las personas y su desarrollo humano integral.

### Ejercitación

Se forman 2 equipos que evaluarán lo siguiente:

**Equipo 1:** Evaluar la economía cubana (puede ser alguna de las medidas tomadas) desde el punto de vista ético.

**Equipo 2:** Evaluar la actitud del Estado cubano con respecto a su política económica.

## Tema 2: *"Marketing*: la economía al servicio del consumidor"

**Objetivos:**
1. Conocer el concepto y la utilidad de las modernas técnicas de comercialización (mercadotecnia) que pone la producción de mercancías y servicios en función de las necesidades de los consumidores.

## Motivación

Se dramatiza una situación de compraventa en la que toman parte, tanto el animador como los asistentes. Así:

**Animador:** Por favor, solicito la colaboración de ustedes. Uno de ustedes vendrá y anotará en la pizarra las respuestas que darán algunos a la siguiente pregunta. Escuchen bien: ¿Qué objeto material compraría ahora y aquí, si tuviera dinero para comprarlo y alguien quisiera venderlo? ¿Se entiende? Se repite y explica la pregunta.

**Respuestas hipotéticas:**

- un batido
- un bocadito
- un perfume
- unos caramelos
- un bolígrafo

Recuérdese que cada una de las respuestas se escribe en la pizarra. Después que varios asistentes han mostrado sus deseos y necesidades de compra, se agrupan formando un micromercado, y el animador escoge a un vendedor, otro asistente o el mismo animador) para que trate de venderle un libro de estadísticas de 1927, por ejemplo, a cada uno de los integrantes del grupo de compradores.

Nótese que el libro no figuraba entre los deseos del grupo de "consumidores" según se puede apreciar en la lista escrita en la pizarra.

Lo que importa aquí es tratar de vender algo que no está en la lista de la pizarra, un producto no deseado o necesitado por el grupo. Se insiste unos diez minutos alabando la calidad, el precio y la utilidad del objeto ofrecido y al fin se desiste. Como se aprecia, se ha escenificado el anti*marketing*, y ello da pie para el desarrollo del tema.

## Desarrollo

Se pone el título en la pizarra y se lee el objetivo. Se entrega, si es posible en una hoja, los puntos del Desarrollo y se propone su lectura y comentarios. Se sugiere que los comentarios vinculen los conceptos estudiados con vivencias personales como compradores-vendedores.

**1.** *Marketing* no es una palabra en inglés solamente. Su traducción literal no expresa el significado esencial del concepto. No se trata de "mercadear" o de vender más y ganar más. *Marketing* es una visión moderna del proceso que va desde el lugar en que se produce algo hasta el otro lugar en que se consume ese algo. Es una filosofía de hacer negocios que pone al consumidor en el centro de atención de los propósitos y metas de las empresas. En español se le llama mercadotecnia.

**2.** Creer en el *Marketing* y actuar en correspondencia con ese credo, es averiguar primero qué necesitan y desean los consumidores, y luego tratar de producirlo con alta calidad, precios razonables y, desde luego, rentabilidad aceptable.

**3.** Para saber qué necesitan y desean los consumidores, y en qué cantidad debe producirse un bien o servicio, los empresarios tienen que poseer mucha información acerca del ambiente que rodea a las empresas. El entorno empresarial está compuesto por la geografía, las condiciones económicas, las leyes, la cultura, la política, la demografía y otras variables entre las que se encuentran importantes aspectos psicológicos y sociológicos de los consumidores.

**4.** No solo es necesario conocer bien el ambiente externo de las empresas. También es importante que se conozcan a sí mismas, que sepan objetivamente con qué recursos materiales y financieros cuenta, de qué capacidades disponen y cuáles son sus fuerzas financieras, científicas, técnicas y laborales.

**5.** Es de imperiosa necesidad conocer bien el mercado para el cual se va a producir.

**6.** En términos de *Marketing* se entiende por mercado a las personas o entidades con necesidades por satisfacer, y disposiciones para gastar dinero. Los necesitados insolventes son representados en el mercado por la asistencia social. Los que tienen dinero, pero prefieren no gastarlo, no figuran en el mercado. Tampoco son parte del mismo los que no tienen la necesidad de comprar lo que alguien intenta vender.

**7.** Para conocer el mercado se realizan investigaciones de mercado. Estas se llevan a cabo por medio de técnicas estadísticas y tienen por objeto revelar qué se necesita, quiénes y cuántos lo necesitan, cuánto podrían pagar por lo que necesitan, dónde lo necesitan, quién más puede producirlo, etc.

**8.** El mercado se puede tratar como un todo homogéneo, agregado o diferenciado por objetivos específicos llamados segmentos. Un vendedor de arroz pudiera considerar a la población cubana como un consumidor homogéneo de arroz y tratarlo como un mercado agregado. Un vendedor de automóviles Ferrari pudiera considerar que sus compradores serían hombres jóvenes y ricos y de acuerdo con ello segmentaría el mercado tomando como base, la edad, sexo y el *status* económico.

**9.** Para poner en práctica un programa de *Marketing* se diseña lo que se ha dado en llamar mezcla. Esta es la combinación inteligente y sopesada de un(os) producto(s) o servicio(s), de precios, de canales de distribución y de la promoción (publicidad, propaganda) adecuados al mercado elegido como objetivo de ventas.

**10.** El *Marketing* no solo es utilizable por las instituciones y empresas lucrativas. También las empresas o instituciones no lucrativas se sirven del mismo para obtener sus fines humanitarios, fraternales o religiosos y políticos. De acuerdo con esto, las iglesias, logias, la Liga contra la ceguera o la FEU, suelen ser sujetos de *Marketing*.

**11.** En todas las universidades del mundo se enseñan sus técnicas y principios, bien sea como postgrados, especialidades o maestrías.

**12.** Desde el punto de vista ético, la técnica (cualquiera que sea) debe estar al servicio de la persona humana. La mercadotecnia considera al mercado como las personas o entidades con necesidades por satisfacer, por tanto el *Marketing* debe responder a las necesidades de las personas y no debe crearlas artificialmente.

**13.** Las personas no deben ser esclavizadas por la propaganda y técnica del mercado que irrumpe en todos los ambientes de su vida y no le dejen libertad para discernir las verdaderas necesidades y los criterios de valor para satisfacerlas. Por ejemplo:

*Una sola mirada a este coche Ford 1995 puede hacerte dudar. Hace pensar en la sabiduría japonesa. Tiene algo de la arrogancia alemana, deja sentir la sensualidad italiana. Pero una mirada más profunda descubre algo totalmente diferente: un punto de osadía que lo hace ser tremendamente individualista, exclusivo, asombroso; solo apto para mentes desinhibidas* (Revista española *El País*, p. 46).

**14.** El *Marketing* puede incitar a realizar producciones que sean perjudiciales a la salud o la dignidad de las personas, solamente por responder a criterios de deseo o gusto. Por ejemplo: la producción y venta de drogas, trata de blancas, etc.

### Ejercitación

**1.** Se solicita entre los asistentes, voluntarios para responder las siguientes preguntas:

  - ¿Por qué no se pudo vender el libro de estadísticas en la sección inicial? ¿Qué falló en el *Marketing* del vendedor?
  - Decir tres lugares en que haya quedado insatisfecho como comprador. ¿Por qué?
  - Decir tres lugares en que haya quedado satisfecho como comprador. ¿Por qué?
  - ¿Conoce algún lugar de su provincia/municipio/pueblo donde se aplique algún elemento de *Marketing*?
  - ¿Tiene alguien alguna experiencia como vendedor que pueda relatar?

**2.** El animador resume enfatizando en la importancia que tiene la difusión de las ideas y técnicas de *Marketing* para la economía y el consumidor cubano, el cual no siempre será gobernado por una oferta deficiente desde todo punto de vista.

**3.** Invita a compartir los puntos del Desarrollo con la familia y los amigos y hace una evaluación del encuentro.

## Tema 3: ¿Qué, cómo y para quién producir?

**Objetivos:**
**1.** Identificar los modelos utilizados por la humanidad para resolver el problema de: qué, cómo y para quién producir.

### Motivación

**1.** Se forman cuatro equipos. Dos equipos serán de "consumidores", los otros dos serán de "trabajadores".

Los consumidores tienen necesidad de adornar sus casas y por eso quieren comprar "adornos" para ello. Además es necesario adornar los barrios por las fiestas de Navidad y fin de año. Los trabajadores tratarán de satisfacer esas necesidades.

En uno de los equipos de trabajadores se selecciona un voluntario que será el encargado de organizar el trabajo y la distribución de los productos, quién dispondrá por ejemplo: Berta hará dos campanas de papel para la casa de Ernesto. Pedro y Juan harán banderitas triangulares para la cuadra. María hará un abanico de papel plegado para adornar la casa de Cecilia. El animador puede utilizar recortes de papel que reparte a cada uno y le enseña cómo hacerlo o un modelo para que lo repitan.

Después, este equipo distribuye como disponga el organizador los adornos fabricados, que serán recibidos por los clientes. Si alguno no compra los papeles que le "tocan" no podrá adornar su casa. Mientras tanto, el otro equipo también irá fabricando adornos según la iniciativa de cada uno, pero deben lograr que a los consumidores les gusten y los compren todos.

**2.** Se pregunta:

- ¿Cuándo quedó mejor satisfecho el público?
- ¿Dónde se sintieron mejor los trabajadores?
- ¿Qué pasó con el adorno de la cuadra?

El animador resumirá las respuestas, anunciará el tema y los objetivos.

## Desarrollo

**1.** El problema esencial que han enfrentado todas las sociedades, a través de los tiempos ha sido decidir qué producir, cómo producirlo y para quién producirlo. Durante la historia han sido utilizadas diversas formas de resolver este problema. Se han conocido tres:

- Modelo tradicional
- Economía de mercado
- Economía centralizada

**2.** En el **modelo tradicionalista**, la base para decidir qué, cómo y para quién producir, es la tradición. Esta es una forma de economía comunitaria (comunidad primitiva, países del sur de África). Por ejemplo: por tradición se come pescado; por tradición los hombres pescan y las mujeres tejen las redes; por tradición al jefe le toca más que a los demás. Este modelo casi no existe en la actualidad. **Desde el punto de vista ético** este modelo establecía discriminaciones por sexo, jerarquía, edades y no permitía el desarrollo progresivo por apegarse solo a la tradición.

**3.** En una **economía de mercado** (entendido este como una institución donde los individuos actúan de manera libre y todo se rige por la ley de la oferta y la demanda) el principio fundamental es "dejar hacer" (*laissez faire*). La libertad del individuo no tiene límites, es muy respetada. Se orienta la producción en función de las necesidades del consumidor. Mediante tanteos los consumidores y productores logran ajustes que llevan a un equilibrio entre lo que la sociedad desea y lo que produce.

**Desde el punto de vista ético:** ¿Qué consecuencias se derivan de este tipo de libertad sin límites? El uso que de la libertad hacen algunas personas perjudica a otras. Lo fundamental no son las necesidades del consumidor, sino su capacidad económica para adquirir los medios que satisfagan sus necesidades. Quien no posea capacidad económica no podrá cubrir sus necesidades. Esto elimina de la vida económica al que no posea capacidad económica. Además, el mercado no funciona en relación con los bienes públicos. Nadie paga por un servicio de cuyo disfrute no pueda excluir a los demás. Por ejemplo: la producción de aire puro para contrarrestar los efectos de la contaminación ambiental, solo podrá asumirla el Estado. Ahora bien, la economía de mercado no es una ideología, es un conjunto de prácticas que, indudablemente han demostrado eficiencia. Si cada individuo gana al servir a los demás, lo hace. Pero este mercado debe tener una regulación ética, humanista, que no olvide a las personas más desprotegidas, que atienda los servicios públicos, las seguridad social y la protección de la naturaleza.

**4.** En una **economía centralizada** existe un "centro" compuesto por "expertos" en producción y por funcionarios políticos que determina, qué, cómo y para quién producir. Además fija el salario de los obreros y el precio de los productos. En este sistema, se supone que no se producen las crisis a que está expuesta una economía de mercado. Todo está "planificado". **Desde el punto de vista ético:** Las crisis surgen debido a que nadie tiene que pensar en lo que va a producir la empresa que administra ni a quién se lo va a vender. Todos se acomodan a no pensar. Lo más importante son los intereses del Estado o la sociedad como masa.

Pero, ¿qué pasa cuando aumenta el número de personas, la cantidad y complejidad de los productos y por tanto, el trabajo del centro?

A este cada vez le resultan más difíciles las cosas. El asunto "se le va de la mano". Le es poco menos que imposible evitar o eliminar la escasez de los bienes que el consumidor desea o los excedentes de los productos que nadie quiere. Hay que aumentar la burocracia para poder controlarlo todo. Las crisis se producen en este modelo económico debido a que:

- el centro no puede;
- los individuos no saben, porque no tienen preocupación;
- no quieren, porque no tienen motivación;
- no pueden, porque no tienen libertad ya que el Estado lo controla todo.

**5. Desde el punto de vista ético.** La persona humana es lo primero, sin dejar de tener en cuenta que esta solo puede desarrollarse en sociedad. Por eso es importante alimentar valores tales como la justicia, la solidaridad, la igualdad (entendida la igualdad como: igualdad de oportunidades y libertad de opción).

**6.** Es indispensable "desatar" la iniciativa creadora de las personas, no solo para tener más, sino sobre todo para ser más libres. Debemos respetar la libertad de las personas.

**7.** Pero es necesario evitar que esa libertad se convierta en "libertinaje". Además, alguien debe ocuparse del bien común, que no es la simple suma del bienestar de cada individuo, sino aquellas cosas que benefician a la sociedad en su conjunto: la defensa del país, la seguridad social, el alumbrado de las calles, la garantía de un marco legal, etc.

**8.** Ese alguien debe ser el Estado, cuyo papel será complementar y regular la actividad privada. Juan Pablo II subraya que la economía de mercado y la economía centralizada convergen en su profundo materialismo, subordinan la persona y sus dimensiones más valiosas a la necesidad insaciable de poseer bienes materiales. El Papa evalúa la capacidad humanizadora de uno y otro y la posibilidad de hacerlos evolucionar en el sentido de una mayor participación de todos en la gestión y en la vida económica.

**9. En resumen: La economía tradicionalista** está limitada por ser esquemática, discriminatoria y cerrada al progreso. Debía abrirse y se abrió.

- **La economía de mercado** está limitada por el individualismo, el materialismo, la falta de regulación ética y la subordinación de la persona y el bien común a los intereses del mercado. Debe ser regulada por el Estado y la sociedad civil.

- **La economía centralizada** está limitada por el colectivismo, el materialismo, el bloqueo a la iniciativa personal, por el excesivo control de la burocracia, y a la subordinación de la persona y el bien común a los intereses del Estado. Debe ser descentralizada y liberalizada la iniciativa personal dentro de un marco de subsidiariedad y solidaridad.

### Ejercitación

Se forman dos equipos:

Cada equipo analizará el caso A y determinará cómo resolverlo:

**Caso A:** Para salvar el sistema socio-político de nuestro país se han abierto las tiendas que operan con dólares. Los dólares que en ellas se recaudan son para el Estado, que los utilizará en lo que considere más de acuerdo con sus planes. Juana no tiene familia en el extranjero, ni gana un salario en dólares, ni que le permita cambiarlos en el mercado subterráneo. Ella necesita comprar jabón, aceite y detergente, pero solo lo encuentra en esas tiendas. Juana intentó hacer trabajo por cuenta propia para poder ganar dinero para después cambiarlo y comprar en esas tiendas; pero no le dan la licencia porque lo que ella sabe y quiere hacer no está permitido por el control del Estado.

**1.** ¿Qué modelos se reflejan en esta situación?

**2.** Si el Estado diera todas las licencias y permitiera el trabajo particular y hubiera una sola moneda Juana pudiera ir a comprar ¿qué modelo reflejaría esta situación?

**3.** Expresa qué problemas trae cada uno y cómo los resolverías.

**4.** Se pone en común en la plenaria. Se realiza la evaluación del tema.

## Tema 4: "Malformaciones de la economía"

**Objetivos:**
**1.** Definir algunas malformaciones que puede presentar la economía de un país.
**2.** Comprender la importancia y el significado que tiene en la sociedad evitar estas manifestaciones y remediarlas.

## MOTIVACIÓN

El animador preparará con antelación esta dinámica que consiste en: preferiblemente en cartón o cartulina dibujará una muñeca grande, horrible, cabeza enorme y las extremidades cortas, pudiera quedar como se muestra en la siguiente figura.

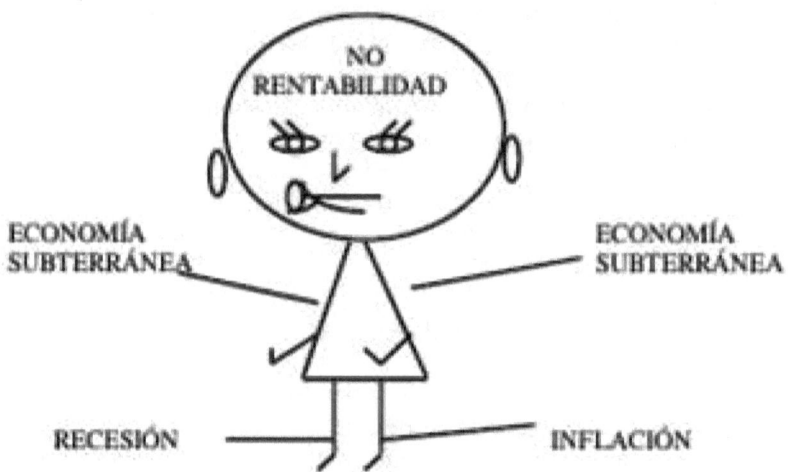

En la pizarra se coloca solamente el tórax y se entregan a algunos de los participantes las piezas (5), poco a poco cada uno irá colocando cada pieza en el lugar que le corresponde, quedando ante el grupo una muñeca malformada que representa una economía enferma y ahí precisamente enuncia el tema a tratar y los objetivos que perseguimos.

## DESARROLLO

**1. La Economía Subterránea (E.S)**: es llamada de muchas formas: invisible, oculta, sumergida, informal, secundaria, paralela, sombreada, irregular, no oficial, no registrada, negra, clandestina. Como quiera que le llamemos puede definirse como las actividades (legales e ilegales), las transacciones, que no se informan ni se registran y se realizan al margen de la reglamentación oficial. Recoge desde la producción de drogas hasta la simple adquisición de un artículo de primera necesidad que no se encuentre en el mercado legal. Por lo general, se comercia ilegalmente con productos deficitarios.

**2. La Economía Subterránea** tiende a ser un fenómeno universal, sin importar el modo de producción o el nivel de desarrollo de un país. Pero en una nación donde predomine la E.S el sistema económico está en crisis. El hecho de participar en la E.S es estar fuera de la ley. Cuando alguien no paga los impuestos fijados por cualquier actividad económica que realice, es un competidor con ventaja sobre los que sí lo hacen. Además priva al Estado de recursos que están destinados al bien común.

Todo esto sin contar con que, muchas veces, se apoya, en la comisión de delitos (robos, falsificaciones de documentos, estafas, etc.). Aunque otras veces es solo vender lo que es de uno sin pagar impuestos por ello. Es un deber de toda persona cumplir las leyes, siempre que estas sean justas.

**3.** Pero, **¿qué sucede cuando las leyes son injustas?** Entonces hay que intentar cambiar las leyes. Por ejemplo: si la ley prohíbe empresas, negocios y trabajos por cuenta propia a cubanos, mientras lo permite a extranjeros o al Estado, esta ley es injusta y discriminatoria y debe ser cambiada. Si la burocracia entorpece la legalización de los negocios, hay que eliminar mecanismos innecesarios. Pero mientras esto ocurre, la ley natural de la subsistencia se impondrá por la fuerza de necesidad, a la ley positiva o jurídicamente escrita que no responde al bien de la sociedad.

Cuando no aparece otra alternativa que este tipo de ilegalidad, que se produce, no por la inmortalidad del ciudadano, sino por la inmoralidad del excesivo control del Estado en detrimento de los derechos de la persona humana, entonces la supuesta ilegalidad debe ser reconocida como lícita porque al ciudadano no le queda otra alternativa para sobrevivir, y la vida es el valor supremo.

**4.** Qué bueno sería que analizáramos: ¿qué nos obliga a ser personas al margen de la ley? Unas veces la actitud de los que no quieren trabajar y optan por las gestiones ilícitas. Otras veces el total control del Estado, único dueño, y su ineficiencia para satisfacer las necesidades de los ciudadanos, obligan a las personas a vivir transgrediendo las excesivas normas, lo que no significa siempre estar al margen de la ley, sino de un legalismo insoportable.

**5. La Economía Subsidiada** externamente es otra de las malformaciones que trataremos: es aquella que precisa de recursos materiales y financieros procedentes de otras economías, para cubrir los déficit propios. Es una economía que no puede satisfacer sus necesidades de mantenimiento y expansión a costa de la propia riqueza que crea, y precisa de la inacción de otra economía para lograrlo. No se trata de una economía abierta e interdependiente como debe ser, sino se trata de la obligada dependencia del subsidio permanente o ayuda externa sin crecimiento interno. La economía subsidiada y dependiente de uno o varios países es una malformación porque su ineficacia interna hace parásito de otra economía al país donde se produce este mal.

En el plano interno el subsidio permanente de la economía acostumbra a los productores del país a la inercia, ineficiencia, la mala calidad de los productos y la deformación de todos los resortes de la economía. La salida ética a un subsidio temporal sería la diversificación de la economía externa y el crecimiento de la economía interna con eficiencia y aumento de los niveles de producción.

**6. Recesión:** esta palabra tiene su raíz en el vocablo latino *recedere*, que significa moverse hacia atrás. La recesión es una crisis económica, es la caída de la actividad económica de una nación durante un tiempo más o menos prolongado. Los primeros síntomas de la recesión se detectan cuando cae la actividad comercial y las empresas comienzan a acumular mercancías sin vender. Al descender el nivel de ventas, las empresas dejan de solicitar más mercancías y materias primas. La industria, por supuesto, al no recibir nuevos pedidos y ver sus inventarios crecer, deja de producir o reduce su producción. Como las fábricas se ponen a media máquina, o tal vez paradas, estas despiden o disminuyen su personal.

**7.** En resumen, la recesión hace que: desciendan los volúmenes de venta, bajen los precios, se contraiga la producción, no se otorguen créditos, aumente el desempleo (paro forzoso), desaparezcan ramas enteras de la economía y los bancos vayan a la quiebra. En todo proceso de recesión se debe salvar la dignidad y los derechos de las personas, paliando temporalmente su seguridad personal y familiar. Los ciudadanos a su vez deben comprometerse con austeridad y trabajo para salir lo más rápidamente posible de la recesión.

**8.** Cuando la demanda supera a la oferta, los precios tienden a subir. La **inflación** se define como un proceso económico continuo y generalizado de alza de los precios. El fenómeno inflacionista tiene la virtualidad de autoalimentarse: la inflación genera más inflación. Porque todo el que ve cómo suben los precios que tiene que pagar, hace todo lo posible por elevar los precios de lo que él vende. A muchos les convienen los períodos inflacionarios.

Detrás de la inflación hay un problema de poder, donde siempre sale perdedor el que más débil se muestra: el que se ve forzado a aceptar ciertas subidas, pero carece de capacidad para imponer las que a él le benefician. Por eso el Estado debe asumir el control de la inflación y no solamente por esta consecuencia discriminatoria sino porque dicho fenómeno es perjudicial para toda la economía. El deterioro del poder adquisitivo, como consecuencia de la inflación, afecta también el valor de la moneda nacional en relación con otras monedas extranjeras, lo que señala un empobrecimiento del país.

**9.** Cuando las empresas de un país en su mayoría no consiguen alcanzar índices aceptables de rentabilidad, estamos ante una deformación grave de esa economía, y esto está condicionado por:

- La centralización excesiva o falta de autonomía.
- La ineficiencia.
- La baja productividad.
- La falta de estímulos y motivaciones en los trabajadores.

La **irrentabilidad** consiste en que una empresa gaste más que lo que produce, por lo que no puede ni siquiera cubrir sus gastos con sus ingresos.

La **no rentabilidad** genera y da pie para que se produzcan las "enfermedades económicas" que analizamos en los puntos anteriores. Es el punto de partida del desequilibrio económico de un país.

**11.** Urge ir a las causas de estos graves problemas económicos, que, a fin de cuentas, a quien afectan profundamente es al ser humano y sobre todo a aquellos con menos posibilidades en la sociedad.

### Ejercitación

**Variante 1:** Se pueden formar varios equipos para responder las siguientes preguntas:

- ¿En nuestro país, en la actualidad, están presentes estas deformaciones o enfermedades? Ponga algún ejemplo.
- ¿Qué usted propone para cambiar esta situación?

**Variante 2:** Enlace las situaciones populares con los tipos de malformaciones económicas estudiadas.

| MALFORMACIONES | SITUACIONES |
|---|---|
| 1. Economía subterránea | ___ Mario tiene mucho dinero en su bolsillo pero no tiene qué comprar porque no hay nada en las tiendas con dinero cubano. |
| 2. Economía subsidiada | ___ Julio no tiene dólares para comprar en las tiendas con esa moneda y le compra a un amigo un tubo de luz fría en $100.00. |
| 3. Recesión | ___ Cuba recibió durante muchos años petróleo de la URSS a precio fijo aunque subiera el precio del petróleo y vendía azúcar a la URSS a preciosos fijos aunque bajaran los precios del azúcar. Luego de la desaparición de la URSS comenzó en Cuba el período especial. |
| 4. Inflación | ___ A una empresa le cuesta producir un metro de tela tres veces más que el precio al que puede venderlo. |
| | ___ En la calle comercial de mi pueblo han comenzado a llenarse las vidrieras de objetos que no se venden. Algunas de estas tiendas han cerrado y sus trabajadores quedaron desempleados. |

Realizar la evaluación del tema.

## Tema 5: "¿Con qué producir?"

**Objetivos:**
**1.** Comprender la posición de los elementos que se articulan en la empresa: Capital y Trabajo.

## MOTIVACIÓN

Se forman varios equipos de cuatro o cinco personas para que respondan las siguientes preguntas.

 - Si se le fuera a conceder lo que usted pudiera en el orden material ¿qué pediría? (Una sola cosa).

Lo más probable es que algunos de los equipos mencione dinero. De no ser así, el animador puede introducirlo como algo que les va a permitir cualquier otra cosa: Si usted fuera a organizar una nueva empresa ¿qué elementos no podrían faltarle?

El animador resumirá los elementos mencionados ubicándolos como capital o como trabajo.

## DESARROLLO

Se menciona el título y los objetivos del tema.

**1. El dinero es algo que todos necesitamos.** ¿Por qué el dinero y no cualquier otra cosa material? Pues, porque cualquier artículo o servicio lo podemos conseguir con dinero. Todos lo aceptan como medio de pago.

**2.** Podemos conseguir dinero de varias maneras. Las que fundamentalmente vemos en la economía actual son:

- **Trabajando** a cambio de un salario.
- **Invirtiéndolo** de modo que genere ganancia o dividendos.
- **Ahorrándolo** de modo que genere interés.

**3. Capital es dinero, pero no cualquier dinero.** Es aquel dinero que se utiliza para obtener más dinero. Es la riqueza que se emplea como fuente de creación de nueva riqueza. Es algo imprescindible en la producción actual. Puede ser privado o público. Constituye una vía de acceso a la renta, o sea, quien invierte capital tiene derecho a la retribución correspondiente al riesgo que enfrenta.

**4.** Trabajo es la actividad que la persona humana realiza para satisfacer sus necesidades, para conservar su vida. El trabajo es fuente de creación de riquezas. El trabajo es, ante todo, factor de producción en la sociedad industrial. Por eso, el criterio clave para valorarlo es la productividad económica. Pero, por esa misma razón puede ser deshumanizador, ya que desarrolla las dimensiones menos humanas mientras que apenas potencia las más propias del ser humano. Pero el trabajo no debe ser considerado como factor de producción, en el sentido restringido de que sea una actividad productiva y remunerada, es necesario recuperar la concepción amplia de trabajo que incluya actividades asistenciales, educativas, religiosas, etc., que son no productivas y, muchas veces, no remuneradas. El trabajo, para el ciudadano de nuestro tiempo, tiene un extraordinario significado, que se puede resumir en tres funciones fundamentales:

- **En fuente de realización personal:** Siempre que con lo que se hace se pueda expresar y desarrollar lo que se es.
- **Es instrumento de integración social:** quien no hace nada cree que no es nada y que, por tanto, no tiene la consideración de la sociedad y no da su aporte al progreso social.
- **Constituye la principal vía de acceso a la renta:** El que trabaja recibe la parte de los resultados del trabajo a través de los salarios. Puesto que el capital solo puede ser aportado por pocos, mediante los salarios, es retribuida la mayor parte de la renta de la sociedad.

**5.** Para que una empresa funcione es necesario **la articulación del capital y el trabajo.** El principal conflicto de los sistemas socioeconómicos que existen en la actualidad es, precisamente, en relación con estos elementos. El capitalismo considera al capital como lo primero y el socialismo defiende la posición primaria del trabajo, muchas veces por encima de la persona del trabajador.

**6. ¿Quién es el más importante: ¿trabajo o capital?** Debemos partir de dos consideraciones fundamentales: Ambos son imprescindibles para el proceso productivo. Ambos tienen derecho a participar en la gestión de la empresa y en la renta generada. Por tanto, debe existir un equilibrio justo entre ambos. ¿Significa esto que el capital y el trabajo están al mismo nivel?

**7.** Si se entiende el capital como cuestión referida únicamente a intereses materiales y el trabajo como algo personal, manteniendo la posición de la persona como centro de toda la actividad económica, es indiscutible la prioridad del trabajo sobre el capital. Además, todo el capital es fruto del trabajo, o sea, está subordinado a él.

**8.** Pero la postura éticamente adecuada sitúa a la persona del trabajador y la persona del empresario, con prioridad con relación al trabajo realizado y al capital aportado.

### Ejercitación

**1.** Se forman equipos.

**a.** El primer equipo debe hacer un esquema que refleje el lugar que ocupan el capital, el trabajo, la persona y el Estado en la sociedad cubana y poner un ejemplo que lo ilustre.

**b.** El otro equipo evaluará la concepción que tiene del trabajo por parte del cubano promedio. Le dará a cada aspecto de 0-30 puntos. Y dará de 0-10 puntos si funcionan las tres formas de generar capital (ahorro, inversión, trabajo).

La puntuación final se dará basados en la siguiente escala:

De 0-25: concepción incorrecta
De 26-50: concepción deficiente
De 51-75: concepción aceptable
De 76 a 100: concepción correcta.

**2.** Se realizará la evaluación del tema.

## TEMA 6: ¿CÓMO SER PROPIETARIOS?

**OBJETIVOS:**
**1.** Comprender la subordinación de la propiedad a la persona humana.

### MOTIVACIÓN

El animador puede remitirse a la parábola de los talentos (Mt 25, 14-30). Basándose en ella puede poner algunos ejemplos prácticos o realizar la dramatización de la misma para destacar lo siguiente: "El problema no es tener si saber tener. Lo importante es el uso que se hace de los bienes que uno posee."

### DESARROLLO

Se enuncian los objetivos y el título del tema.

**1.** ¿Qué entendemos cuando decimos que algo "es mío"?

En nuestros ambientes circula una concepción bastante estricta de propiedad. La entendemos como derecho prácticamente ilimitado a usar las cosas. Hay diferencia entre lo que es posesión y lo que es propiedad.

**Posesión:** Es la facultad de disponer de una cosa de hecho.

**Propiedad:** Es la facultad de disponer de una cosa conforme a un derecho.

Es decir, que si una persona se adueña de una cosa sin tener derecho a ella, solo es poseedor de esa cosa, no propietario. Para ser propietario es necesario tener derecho a poseer algo.

**2.** Existen diferentes tipos de propiedad:

- Propiedad privada individual
- Propiedad privada colectiva
- Propiedad pública colectiva

**La propiedad pública individual** no es una posibilidad aceptable, pues significa que el que tiene a su cargo la administración de bienes destinados a la gestión pública y al bien común, es dueño de los mismos. Cuando esto sucede se le llama CORRUPCIÓN.

**La propiedad privada** se apoya en la naturaleza y en los bienes de cada uno de los elementos que la constituyen: los bienes materiales, la persona humana y el bien común. Estos tres elementos deben estar relacionados inseparablemente. Cuando la relación se reduce al particular y los bienes materiales, resulta una forma extrema de individualismo. Para superar eso hace falta la relación entre las personas propietarias de los bienes y la sociedad en la búsqueda del bien común.

**3.** Toda persona tiene derecho a ser propietario, porque eso está en su propia naturaleza:

- La persona humana es un ser racional y social y como tal tiene capacidad de servirse de las criaturas irracionales y de entablar relaciones de servicio complementarias con las demás personas.
- La persona humana es capaz de prever el futuro y de proyectarse en el mundo y lograr estabilidad para satisfacer las necesidades materiales.
- La persona humana es capaz de lograr el dominio de los bienes materiales para el sostenimiento propio y de su familia.

**4. La propiedad privada** es un derecho del hombre puesto que está enraizado en su misma naturaleza. Pero este derecho no justifica cualquier forma de uso de los bienes: conlleva la obligación de hacer un uso de ello que permita el acceso paulatino de todos a la propiedad. Una sociedad justa no es una sociedad sin propiedad privada, sino una sociedad donde todos sean propietarios, porque esta es la base de la seguridad personal y familiar.

**5. La propiedad privada** es estímulo de la actividad productiva. Cuando los resultados obtenidos se corresponden con el esfuerzo realizado, la persona se esforzará cada vez más. Por el contrario, si los resultados son malos aunque se haga el mayor esfuerzo, o son buenos aunque se haga el menor esfuerzo, la persona no tiene estímulo para hacer bien su trabajo.

**6.** La persona humana es un ser social que vive en familia, en comunidad, en sociedad. La sociedad se organiza a sí misma políticamente y forma las estructuras del Estado que, por ello, debe ser un servidor de la sociedad y debe tener como fin, la realización y promoción del bien común. En un justo orden social, la sociedad políticamente organizada, dotada de autoridad gubernamental, tiene derecho a la propiedad pública o social, acorde con las exigencias del bien común, es decir, que la propiedad social no debe alcanzar la máxima magnitud posible, ni exceder los límites del bien común.

**7.** Cuando el Estado es el único titular de los bienes y no se reconoce el derecho a la propiedad privada, las personas dejan de ver la correspondencia entre el esfuerzo que realizan y los resultados que obtiene, por tanto, no hacen bien su trabajo, despilfarran los recursos, etc. Por otra parte el Estado no puede garantizar el uso de todos los bienes en beneficio de todas las personas.

**8.** Éticamente hablando el único título legítimo para la posesión de los medios de producción es que sirvan al trabajo y por tanto al bien común.

**9.** Por lo tanto para determinar si las formas de propiedad privada o pública son justas o no, debemos considerar, en qué medida contribuyen al cumplimiento del destino universal de los bienes, o sea, a proporcionar nuevas posibilidades para que cada vez exista mayor acceso a la renta y a la propiedad de cada vez más personas.

### EJERCITACIÓN

**1.** Analizar por equipos los siguientes modelos:

| La propiedad de los medios de producción social es derecho exclusivo de los propietarios | La propiedad de los medios de producción social es derecho exclusivo del Estado | La propiedad de los medios de producción social es derecho de todos |
|---|---|---|
| | | Medios para lograr esto:<br>✓ salario justo<br>✓ accionado obrero<br>✓ co-gestión<br>✓ auto-gestión<br>✓ cooperativización |

## TEMA 7: ¿DÓNDE SE PRODUCE?

**OBJETIVOS:**
**1.** Comprender cuál es la función de una empresa en la sociedad y la responsabilidad que tiene cada trabajador en el cumplimiento de la misma.
**2.** Contribuir a que las personas, la familia, conozcan aspectos mínimos indispensables de las formaciones socioeconómicas denominadas empresas.

**3.** Destacar las diferencias que existen en cada una de estas formaciones económicas, a partir de las relaciones de propiedad con los medios de producción y del aspecto jurídico que se deriva de la responsabilidad a partir del acto de constitución de una empresa.

### Motivación

Los participantes forman pequeños grupos de dos o tres personas. En un breve cuchicheo de no más de tres minutos, cada equipo tratará de definir el vocablo "empresa" y los objetivos de esta. Después de escuchar algunas respuestas el animador deberá anunciar el tema y los objetivos de este.

**1.** El término "empresa", se deriva del verbo "emprender". Una empresa es una agrupación económica que debe desempeñar una triple función en la sociedad:

- **Función productiva:** es en las empresas donde se realiza el proceso de creación de bienes materiales; se combinan las materias primas, los equipos, la fuerza de trabajo, para obtener como resultado un producto que debe reunir la calidad suficiente para satisfacer lo mejor posible las necesidades de las personas.

- **Función distributiva:** La empresa juega un papel importante en la distribución de la renta generada, ya que se unen en ella los dos grandes factores de producción: el trabajo y el capital. El valor obtenido en el proceso de producción se reparte entre ambos, excepto la pequeña porción que se queda como beneficio de la propia empresa (excedente). El excedente no debe confundirse con la retribución del capital: la empresa debe retribuir al capital como hace con el trabajo a través de los salarios; el excedente empresarial es el remanente que queda después de retribuir a ambos. Este excedente no es propiedad del capital, sino que tanto este, como el trabajo tienen derecho sobre él. Un obrero tiene derecho a exigir información sobre la ganancia que ha obtenido la empresa y su distribución. El trabajo y el capital tienen intereses contrapuestos, pero esto no significa que la empresa tenga que regirse por los intereses de una sola parte.

- **Función innovación-progreso:** Un empresario, como indica el vocablo, debe acometer iniciativas, enfrentar riesgos, mantener la dinámica innovación-progreso.

**2.** Claro, una cosa es la función de la empresa en la sociedad y otra los objetivos que ella se propone. Muchas veces se dice que el objetivo de la empresa es obtener el máximo de ganancia, pero en la economía actual, los empresarios suelen decirse: "Fracasará la empresa que antes de luchar por obtener beneficios, no luche por tener clientes". Es decir, a los empresarios les interesa mucho hoy, consolidar su posición en el mercado.

**3.** Si la empresa logra consolidar su posición en el mercado, obtendrá beneficios adecuados; pero esto se justifica, o sea, solamente es justo que la empresa obtenga ganancias cuando cumple su triple función social:

- Si produce con calidad.
- Si distribuye proporcionalmente la renta generada, entre el trabajo y el capital.
- Si se mantiene activa y progresando.

Es responsabilidad de la sociedad civil buscar medios para que no se produzcan desviaciones entre lo que la empresa busca y lo que la sociedad tiene derecho a exigirle. Un empresario cívico cuida por que la ganancia de su negocio no aumente por el hecho de disminuir la calidad del producto o del servicio, incurriendo en menos gastos o como resultado del pago de salarios mínimos a los obreros. Un trabajador cívico debe exigir su participación en la gestión de la empresa en que trabaja, de modo que pueda velar por el cumplimiento de las funciones de la misma y no solo preocuparse por su salario.

**4.** Por encima de la competencia entre las empresas, deben primar las relaciones de solidaridad, respeto, colaboración. La competencia leal es efectiva y obliga a la eficiencia, a la calidad, al buen servicio. Pero intentar ganar la competencia con trampas y medios deshonestos perjudica a la empresa y a la sociedad.

**5. Las empresas se clasifican de diversas formas.** Por su tamaño, por el tipo de actividad que realizan, de acuerdo a la posesión de la propiedad sobre los medios de producción, según la responsabilidad delimitada en el acto jurídico de su constitución, etc.

**6.** La **clasificación de las empresas a partir de la tenencia de la propiedad** sobre los medios de producción, de acuerdo a este rasgo que las distingue, es la siguiente:

- privadas
- estatales
- cooperativas
- mixtas

Las empresas cooperativas y mixtas han surgido como alternativa a los dos tipos de empresas iniciales.

**7. La empresa privada o capitalista** es las más primitiva, nació con el capitalismo y es un elemento esencial en el desarrollo del capitalismo industrial.

**La pequeña empresa individual o familiar** fue la precursora de las distintas formaciones empresariales que hoy se conocen y aún subsisten en nuestros días. A medida que, fue creciendo la producción, se fue mecanizando el proceso productivo, que se fue desarrollando la sociedad y fue teniendo más y más necesidades, que se desarrolló la Banca y el comercio, que se ampliaron las comunicaciones y el transporte y las relaciones entre los hombres fueron amparadas por un basamento jurídico, se multiplicaron las posibilidades productivas de estos y en la mayoría de los casos necesitó asociarse a otros hombres para emprender empresas más complejas, que demandaban capitales muy voluminosos, que empresarios aislados no podían satisfacer.

En este proceso de desarrollo surge la empresa de capital colectivo que permitió agrupar los recursos financieros necesarios para emprender tareas tales como la electrificación, la construcción del ferrocarril, el canal de Panamá y otros.

**8.** De esa forma surgen las asociaciones o sociedades por acciones que son también empresas privadas, pero ahora no pertenecen a un solo propietario, o varios, pertenecen a toda persona que posea una acción. Estas sociedades pueden tener tantos propietarios como acciones emita y sean capaces de vender.

**9.** Se conocen actualmente, la sociedad regular colectiva, la comanditaria y la que más ha proliferado en el mundo en los últimos tiempos, la sociedad anónima, la que también se puede presentar como una empresa pública y últimamente aparece en una nueva variante, la empresa de capital mixto.

**10.** El rasgo fundamental que distingue estas sociedades es la responsabilidad jurídica de los propietarios para responder a los acreedores ante la quiebra económica de la empresa. Esta responsabilidad es limitada.

**11. La sociedad regular colectiva** consiste en la asociación de dos o más personas para operar una empresa.

Los socios contribuyen con sus propiedades, trabajo y experiencia, o con una parte de ellas, con el objetivo de operar una empresa y participar en las ganancias o pérdidas que resulten. Esta forma de sociedad se encuentra usualmente en pequeñas empresas donde solo se requieren algunos socios para obtener el capital necesario.

En este tipo de sociedades, los nombres de los socios deben aparecer en la "razón social" de la empresa.

En algunos casos, la empresa opera bajo un nombre comercial, pero debajo el mismo, deben aparecer los nombres de los propietarios. La responsabilidad de los socios por los resultados de la gestión de la empresa es ilimitada. Esto implica que los socios responderán hasta con sus bienes personales en el caso de que las deudas de la empresa no puedan ser satisfechas con los recursos de la misma.

Como resultado de esto el crédito de la empresa depende fundamentalmente, de la solvencia individual de los socios. Si uno o más socios posee bienes personales de consideración, el crédito de que goza la empresa aumentará por el respaldo financiero que ello representa.

**12. La sociedad en comandita** constituye una modificación de la anterior, en el sentido de que, aparte de los socios con responsabilidad ilimitada que ya conocemos, forma parte de la sociedad un socio con características especiales: el socio comanditario. El nombre de este socio no aparece en la razón social y su responsabilidad se limita al aporte que realice a la sociedad. Además, no participa en la dirección de la empresa, percibiendo una participación en las utilidades que se obtengan. En la razón social de la empresa aparecerán los nombres de los socios colectivos, seguidos de las siglas "S en C". La comandita puede ser personal o simple y anónima o por acciones.

**13. La sociedad anónima** es una asociación de personas unidas bajo un propósito común autorizadas para usar un nombre común y a cambiar sus miembros sin disolver la asociación. Estas sociedades o corporaciones se constituyen de acuerdo con las leyes vigentes en cada país.

El instrumento escrito donde constan las condiciones bajo las cuales puede operar la sociedad y que autoriza su formación se conoce como la "escritura de sociedad anónima".

La propiedad de una sociedad anónima está representada por títulos de participación o acciones. El poseedor de una o más acciones es conocido como "accionista".

Una sociedad anónima puede tener tantos propietarios como acciones haya emitido. Teóricamente esto es así, aunque hay que tener en cuenta que el control de la empresa está, generalmente, en las manos de un pequeño grupo de accionistas que, a través de la tenencia de más del 50% de las acciones emitidas, obtienen dicho control.

Este tipo de empresa se presta fácilmente para el fraude, por lo que los Estados han tenido que establecer leyes rigurosas que deben ser cumplidas para poder constituir una de estas sociedades, con el fin de proteger a los inversionistas.

**14. La empresa pública o estatal**, cuando surgió marcó una gran diferencia con las empresas conocidas hasta entonces, pues en ella el capital no pertenece a una persona o grupo de personas en particular, los medios de producción de estas empresas pertenecen a la sociedad en su conjunto.

Esta empresa es típica de los regímenes sociales, aunque está presente prácticamente en todos los países, donde coexisten con la empresa privada, pero su presencia se encuentra en sectores muy determinados, estratégicos para un país, por ejemplo, las comunicaciones, recursos claves para la seguridad del país, los servicios sociales, la defensa, etc.

En los países capitalistas, cuando alguna actividad económica de importancia entra en crisis, el Estado la asume y la subsidia hasta que posteriormente la vuelva a privatizar en épocas de auge, es decir, se utiliza la formación de la empresa estatal como una política económica de ayuda a sectores priorizados de un país en época de crisis.

En un país socialista, esta empresa es el eslabón principal en el cual descansa el sistema de planificación centralizado de la economía.

A menudo se le señalan a las empresas estatales problemas graves de ineficiencia económica, traducido en una falta de rentabilidad y desaprovechamiento de sus posibilidades productivas, asociándose esto con la falta de estímulo con que suelen actuar sus colectivos a no ser dueños de los medios de producción, toda persona que trabaja en estas entidades son empleados asalariados del Estado.

**15.** Las cooperativas de producción o servicios nacen como una alternativa a la empresa capitalista. En las cooperativas se elimina la contraposición trabajo-capital haciendo coincidir en las mismas personas la actividad laboral y la propiedad del capital, el que es aportado por los mismos trabajadores.

En nuestro país se conoce este tipo de empresa desde hace muchos años, ejemplo de ello, era la antigua empresa de transporte "Cooperativa de ómnibus aliados S.A.", que pertenecía a los trabajadores transportistas. En nuestros días, este tipo de formación económica es más popular en el campo, son las conocidas Cooperativas de Créditos y Servicios (CCS) y recién comienzan hasta privadas.

Es de señalar que el carácter limitado del concepto de propiedad privada en nuestro país, hace que el carácter jurídico de formación económica no estatal de estas empresas, se frustra en parte, ante el no reconocimiento de su independencia económica.

En la actualidad, se ha autorizado la formación de cooperativas en sectores no agropecuarios y recién comienzan a operar 11 cooperativas en La Habana, sujetas a regulaciones y controles que las alejan de la empresa privada.

**16.** Las empresas mixtas surgen como la fusión del capital y el privado. Esta forma empresarial está progresando rápidamente en nuestro país, principalmente en el desarrollo turístico, es una alternativa para el déficit de financiamiento externo que se presenta hoy, debido a la crisis económica que vivimos y también, una solución para explotar nuevos mercados y marcas de renombre internacional.

En esencia esta es una forma de sociedad anónima en que las acciones se distribuyen entre el Estado y personas o grupos.

### EJERCITACIÓN

Se forman equipos:

**Equipo 1:** Debe evaluar la gestión de las empresas cubanas en cuanto a la calidad de la producción.
**Equipo 2:** Debe evaluar la distribución que hacen las empresas cubanas de la renta generada.
**Equipo 3:** Debe evaluar la empresa cubana en cuanto a la dinámica innovación progreso.

Cada equipo le dará una puntuación de 0-30 al aspecto que le corresponda. Además cada equipo debe evaluar también en una escala de 0-10 puntos como son las relaciones entre las empresas en Cuba. Al final se suman los resultados de cada equipo y la empresa cubana tendrá una evaluación entre 0-100 puntos.

## TEMA 8: ¿CUÁNTO CUESTA PRODUCIR?

**OBJETIVOS:**
1. Aprender que todo lo que se produce tiene un costo.
2. Despertar la responsabilidad de cada ciudadano sobre lo que cuesta producir y que es su deber cívico calcular los costos de cada obra, empresa, negocio por cuenta propia, de una empresa estatal, etc.

### MOTIVACIÓN

1. El animador propondrá analizar la siguiente situación:

Caruca hace buñuelos para vender. El precio de cada buñuelo es $1,00. Caruca necesita saber si vendiéndolos a ese precio le va a dar resultado su negocio. Ella consulta con su hermana que le dice: "Vamos a sacar la cuenta para ver cuánto cuesta hacer los buñuelos".

La cuenta es la siguiente:

| Producto | UM | Precio |
|---|---|---|
| Harina de pan | media libra | $ 2.00 |
| Yuca | tres libras | $ 3.60 |
| Grasa | un cuarto de libra | $ 11.00 |
| Azúcar | dos libras | $ 8.00 |

¿Qué le recomendaría usted a Caruca?

**Nota:** El animador deja que el equipo saque su cuenta y dé sugerencias a la dueña de la "paladar". La cuenta consistiría en sumar todos los gastos ($24.60) y compararlos con el resultado de la venta ($20.00).

Posibles recomendaciones:

- no producir los buñuelos a ese costo
- conseguir la materia prima a menor precio
- subir el precio de los buñuelos
- hacer más buñuelos con el mismo material (esta solución disminuirá la calidad y tiene objeciones éticas)
- otras

### Desarrollo

El animador resumirá las respuestas haciendo énfasis en la importancia de determinar los costos de cualquier obra a emprender. Después anunciará el título y los objetivos del tema.

**1.** Es un deber cívico de toda persona tomar conciencia de que todo lo que hace, se produce o se brinda como servicio, tiene su costo. "Las cosas no caen del cielo". Cuesta hacerlas y debemos aprender a calcular cuánto.

**2.** Luego de muchos años de economía subsidiaria y gratuidades excesivas que provocó, entre otras cosas, el paternalismo del Estado, los ciudadanos nos hemos acostumbrado a consumir, gastar y producir sin pensar en lo que cuesta. Para ello se necesita un mínimo de conocimiento.

**3. Costo:** es la sumatoria de gastos en que se incurre para la producción de un bien o un servicio.

**4. Ingreso:** es el dinero que se obtiene como resultado de las ventas.

**5. Resultado del negocio:** es la diferencia entre los ingresos y los costos. Los resultados pueden ser:

- **Ganancia:** si los ingresos son mayores que los costos
- **Pérdida:** si los ingresos son menores que los costos

**6.** Toda persona que emprenda una obra, un negocio, una microempresa debe esforzarse por que los resultados sean positivos, es decir, que se obtengan ganancias. Una empresa o negocio que obtenga ganancia es rentable. Si no lo tiene o tiene pérdida es irrentable. Si no tiene ganancia, aunque no tenga pérdida, o sea, si el resultado es cero, puede considerarse que la empresa perdió, porque solo recuperó lo que invirtió, pero en ello perdió el esfuerzo y riesgo.

**7.** El costo debe ser un medidor del aprovechamiento de los recursos materiales, laborales y financieros en el proceso de producción.

**8.** Cuando usted va a producir algo debe tener en cuenta cuánto le va a costar. Esto le servirá de base para fijar un precio al producto en correspondencia con lo que usted gasta en fabricar y con lo que el consumidor pueda pagar por él.

**9.** A medida que una empresa disminuya sus costos, tendrá mayores probabilidades de aumentar su ganancia. Por eso es muy importante la lucha por disminuir el costo. Entre las vías más efectivas para lograrlo se encuentran:

- el aprovechamiento máximo del tiempo de trabajo
- el uso racional de todos los recursos
- la calidad de los recursos que se utilicen como materia prima

**10.** Para una correcta determinación de los costos es indispensable la veracidad de la información. La inexactitud de las cifras registradas y los desajustes en el control primario limitan la utilización del costo como instrumento cotidiano de trabajo.

**11.** Para el logro de la función del costo se requiere de una voluntad cívica ciudadana libre de presiones políticas, capaz de obligar social y profesionalmente a utilizar el costo como un verdadero instrumento de dirección por quienes tienen la responsabilidad de dirigir la producción.

**12.** Desde el punto de vista ético no es aceptable emprender ninguna obra sin calcular sus costos. Tampoco es lícito continuar una obra que da pérdida sin tomar las medidas que resuelvan esa situación. Hay obras que no serán nunca rentables, pero que por su importancia y su dimensión económica y social merecen ser subsidiadas por la misma sociedad o a través del Estado.

### EJERCITACIÓN

**1.** Se forman equipos. Cada equipo escogerá una obra, negocio o microempresa que conozca y hará los cálculos de costo y resultados y recomendará tres medidas que beneficien los resultados. Se informa en plenaria. Los demás pueden criticar y preguntar en cada caso.

**2.** Evaluación del tema.

## TEMA 9: "IMPUESTOS Y SEGUROS"

**OBJETIVOS:**
**1.** Tener una noción elemental de estas categorías y formas en que se expresan las relaciones económicas y su influencia en la vida cotidiana de las personas.

## Motivación

**1.** Se forman equipos: uno será una cooperativa campesina, en el otro habrá un dueño de automóvil y en el otro es el caso de un enfermo que necesita operarse.

**Caso 1:** La Cooperativa de Créditos y Servicios invirtió en la reparación de las casas de tabaco y terminando la cosecha se presentó un mal tiempo que les hizo perder todo el tabaco. Se quedaron sin fondos disponibles. ¿Qué formas ustedes sugerirán para solucionar esta situación?

**Caso 2:** Carlos tiene un automóvil nuevo y en un accidente que casi le cuesta la vida, se destruyó el Lada totalmente. Había invertido sus ahorros en este carro y ahora no tiene cómo repararlo. ¿Crees que Carlos fue un hombre previsor? ¿Qué hubieras hecho al comprar el carro nuevo?

**Caso 3:** Comenzaron a cobrarse los servicios médicos de cirugía y Enrique es un obrero que tiene tres hijos y no tiene cómo pagar su operación de vesícula. Su abuela le recuerda que hace un tiempo ella se operó en la Quinta de la Colonia española y no tuvo que pagar en el momento de la operación ni un centavo porque era socia de ese centro hospitalario. ¿Qué soluciones propondrías para que casos como el de Enrique pudieran recibir sus servicios médicos?

**2.** El animador hará la introducción destacando la importancia de los seguros en la vida de las personas o el desconocimiento que hay sobre este tema por parte de la mayoría de los cubanos.

## Desarrollo

**1.** Otro de los deberes cívicos de toda persona es satisfacer los impuestos establecidos por el Estado, si son justos. Y si no lo son, luchar porque se establezcan contribuciones justas y proporcionales a los ingresos de cada ciudadano o empresa.

**2. Impuesto:** Aportación obligatoria que exige el poder público a los ciudadanos con el fin de atender a la propia subsistencia del Estado y a los gastos y servicios de carácter público establecidos en beneficio de todos. Los impuestos tuvieron su origen en la antigüedad y también una historia controvertida, puesto que en la Edad Media los pueblos europeos y asiáticos se vieron obligados a pagar abusivas cargas impositivas.

Los ciudadanos que pagan puntualmente sus impuestos tiene el derecho y el deber de exigir al Estado que utilice los mismos, al servicio de aquellos sectores de la sociedad que más lo necesitan y que más contribuyan al mejoramiento humano. Por ejemplo: salud, seguridad social, educación, servicios de agua, electricidad, transporte, etc., y no para fuerzas armadas, burocracia estatal, sostenimiento de estructuras partidarias, etc.

**La persona que paga impuestos se llama contribuyente** y tiene derecho a ser informado de cómo se distribuye y en qué se gastan las contribuciones de su país y exigir por una ética del manejo de los fondos de los contribuyentes. La conciencia cívica de los ciudadanos de un país se puede medir, entre otras cosas, por su actitud frente a la satisfacción de los impuestos y la distribución y uso de los fondos creados por esas contribuciones. En la medida que pague más impuestos adquiere más derecho a exigir al Estado su buena utilización. Es una injusticia imponer impuestos mayores a personas con ingresos menores y viceversa.

Los impuestos deben ser establecidos con justicia, porque si no son "atracos", es robo a los ciudadanos. Pagando impuestos justos, el ciudadano contribuye al Bien Común y a garantizar el servicio que debe brindar el Estado a la Nación. El pago de impuestos debe dar seguridad al ciudadano que los paga. Otra manera de asegurarse, más independiente y autónoma, son los seguros.

**3.** En la vida cotidiana de los ciudadanos se presentan accidentes, desastres naturales imprevistos, robos, incendios, etc., que dejan a las personas desprovistas de una propiedad, de un dinero o de su propia salud y hasta de su vida sin que se pueda planificar un tipo de gastos de esta naturaleza. Para que las personas no queden indefensas ante estos imprevistos existen los seguros.

**Seguro:** es un contrato con el que se asegura una o varias cosas materiales, incluyendo la vida de las personas, que tengan como condición la posibilidad de correr algún riesgo. Es un derecho de los ciudadanos hacer tantos contratos de seguros como desee y es su deber pagar puntualmente las obligaciones del seguro. Es éticamente inaceptable burlar el pago del seguro o provocar voluntariamente los accidentes para cobrar a la compañía aseguradora el importe del mismo.

Existen diferentes tipos de seguros: médicos, contra accidentes, seguros de vida. También pueden asegurarse los bienes: viviendas, automóviles, empresas. Estar asegurado permite vivir con más tranquilidad los fracasos económicos o los sucesos eventuales.

### Ejercitación

**1.** Los participantes se forman en equipos y se les planteará: Sobre estas dos situaciones diga:

- ¿Quién tiene la razón?
- ¿Quién ha cumplido con su deber?
- ¿Cuáles son los derechos de cada cual?

**Situación 1:** Alfredo lleva al mercado, para vender, una caja de tomates. Allí le cobran el impuesto que corresponde a esa caja, pero Alfredo tiene fuera en su camioneta 15 cajas más que va trayendo una a una a medida que va vendiendo. El inspector no se da cuenta del cambio de cajas vacías por las llenas y cree que ya le cobró el impuesto adecuado.

**Situación 2:** El gobierno de un país utiliza los fondos de los contribuyentes, fruto del pago de los impuestos, para hacer un aeropuerto militar en otro país, mientras que el transporte del propio está muy deficiente.

**2.** Se comparte en plenaria y se hace la evaluación del tema.

## TEMA 10: "LA ECONOMÍA EN EL MUNDO: ORGANIZACIONES ECONÓMICAS INTERNACIONALES"

**OBJETIVOS:**
**1.** Comprender la importancia de las Organizaciones Económicas Internacionales en el desarrollo de las relaciones económicas entre los distintos países del mundo.

### MOTIVACIÓN

Los participantes se forman en equipos y debaten el siguiente caso:

José llegó un día a su trabajo y le dijeron que quedaba desempleado por un reajuste de plantilla. Al día siguiente, mientras buscaba nuevo trabajo leyó en el periódico una serie de medidas económicas para sanear las finanzas internas, como recoger el dinero circulante en exceso y disminuir el poder adquisitivo de los ciudadanos. El fin de semana siguiente fue a comprar la leche en polvo de la dieta de su abuela y le dijeron en la bodega que no había, porque es de importación y ya no viene más. Por la tarde, cansado y agobiado, José se tiró en un sillón de su casa y le preguntó a su esposa: ¿Por qué se está poniendo tan mala la situación? La señora le dice: Yo no sé, pero todo el mundo se queja de las consecuencias de las medidas de ajuste económico y en los discursos se dice que hay que ser más austeros y apretarse el cinturón para que nos den más créditos y nos presten dinero para salir de la crisis.

- ¿Qué está pasando?
- ¿Qué es un plan de medidas de ajuste económico?
- ¿Quién presta y da créditos al país?
- ¿Esta situación de la familia de José se debe solo a las medidas internas?

### DESARROLLO

Se pone el título y se analizan los siguientes puntos:

**1.** En el marco de las Relaciones Económicas Internacionales es necesario que existan instituciones que organicen, fomenten y controlen, la política de intercambios comerciales entre las naciones. Algunas de las más relevantes han sido: el GATT, la UNCTAD, CEPAL, CARICOM, FAO, y OMC.

**2.** La palabra GATT está formada por las siglas en inglés de: *General Agramen of Tarifas and Trade* (en español, Acuerdo General entre Aranceles y Comercio). Podemos definirlo como un instrumento universal que coloca bajo reglas previamente acordadas al comercio internacional encaminadas a la reducción o eliminación de las trabas que entorpecen al comercio exterior, así como al fomento de este. A esto contribuye la actual Organización Mundial del Comercio.

**3.** Los principios y artículos del GATT se orientan hacia fines constructivos de beneficio común, son en "teoría justos". Ejemplos de ellos: Aboga porque exista el comercio sin discriminaciones. Lucha por la eliminación o reducción de los aranceles en general. ¿Se cumplen realmente los principios y artículos del GATT?

En la práctica, las grandes potencias violan tales principios o se valen de interpretaciones arbitrarias del articulado del GATT. Diríase que el primer gran defecto del GATT es que no establece una diferenciación clara y orgánica entre naciones industrializadas y subdesarrolladas, las que van a negociar allí en igualdad de condiciones. En la actualidad, después de la Ronda Uruguay, esta organización de 47 años es absorbida por una nueva Organización Mundial del Comercio.

**4.** La Conferencia de Naciones Unidas sobre Comercio y Desarrollo, conocida por sus siglas en inglés UNCTAD (*United Nations Conference on Trade and Development*), fue creada como órgano de la ONU en diciembre de 1964. La UNCTAD ha realizado una importante contribución en diferentes sectores de vital importancia para el Tercer Mundo:

- El incremento de la cooperación económica entre países subdesarrollados.
- El estímulo al comercio entre países con distintos regímenes socio-económicos.
- El estudio de los problemas que limitan el comercio internacional.

**5.** La Comisión Económica para los Países de América Latina (CEPAL), es una institución especializada en economía (organismo de la ONU), que está dedicada a producir estudios encaminados a explicar la problemática económica latinoamericana y a brindar o proponer soluciones a los acuciantes problemas de la región. Promueve el crecimiento y el desarrollo económico a través de programas que propone a los gobiernos.

**6.** La Comunidad del Caribe (CARICOM), está formada por los 13 países de habla inglesa del Caribe. Es una asociación comercial y, en cierto sentido, un bloque.

Aquí no hay integración, ni única moneda. Hay acuerdos de libre comercio y disposiciones favorables, relativos a aspectos aduanales y arancelarios.

**7.** La Organización de Naciones Unidas para la Agricultura y la Alimentación, conocida por sus siglas en inglés (FAO) (*Food and Agricultural Organization*), fue fundada en octubre de 1945 en Canadá. Es un organismo especializado de la ONU, y uno de los principales.

Su misión es de contribuir a solucionar el problema del hambre y el atraso agrícola que afectan a millones de personas. La FAO, sin embargo, no es ni un organismo de ayuda propiamente dicho, ni un banco agrícola (o sea, no concede créditos, etc.), pues sus propios recursos financieros solo representan una fracción de lo que se necesita en esta esfera.

La FAO es una fuente de conocimientos técnicos e información, y constituye un foro para que la comunidad internacional pueda analizar la producción agrícola y el hambre. Y, sobre todo, esta entidad se encarga de organizar y canalizar fondos y recursos diversos para la agricultura o la ayuda alimentaria.

**8.** En la encíclica *Centesimus annus* (58), el papa Juan Pablo II aborda el tema de la importancia del buen desempeño de las Organizaciones Económicas Internacionales (OEI), y así lo plantea:

*Hoy se está experimentando ya la llamada "economía planetaria", fenómeno que no hay que despreciar, porque puede crear oportunidades extraordinarias de mayor bienestar. Pero se siente cada día más la necesidad de que a esta creciente internacionalización de la economía, correspondan adecuados órganos internacionales de control y de guía válidos, que orienten la economía misma hacia el bien común, cosa que un Estado solo, aunque fuese el más poderoso de la tierra, no es capaz de lograr.*

Para poder conseguir este resultado, es necesario que aumente la concertación entre los grandes países y que en los organismos internacionales estén igualmente representados los intereses de toda la gran familia humana. Hoy en día, el mundo camina hacia la integración. Cada vez más desaparecen las fronteras en el comercio. Tratados de libre comercio, áreas de libre comercio, unión monetaria, son términos que cada vez más sirven como referencia.

### Ejercitación

**1.** Los participantes forman dos equipos para responder las siguientes preguntas:

**Equipo 1:** ¿La actualización del modelo económico cubano es un plan de medidas de ajuste económico al estilo de las Organizaciones Económicas Internacionales?

**Equipo 2:** ¿Cómo se inserta Cuba actualmente en las Organizaciones Económicas Internacionales?

**2.** Se comparten las respuestas en plenaria y se hace la evaluación del encuentro.

## TEMA 11: "LA ECONOMÍA EN EL MUNDO: RELACIONES ECONÓMICAS INTERNACIONALES"

### OBJETIVOS:
**1.** Reconocer la importancia de llevar a cabo un Nuevo Orden Económico Internacional (NOEI).
**2.** Valorar la incidencia que tendría lograr un Nuevo Orden Económico Internacional para los países del Tercer Mundo.

### MOTIVACIÓN

**1.** Se forman 4 equipos que representan 4 países diferentes:

- Uno es propietario de la materia prima (plátanos y guayabas).
- Otro es propietario de los equipos para procesarla.
- Otro tiene el capital para invertir en esa producción (dinero).
- Otro tiene la fuerza de trabajo: personas para emplear.

La tarea es llegar a producir dulces en conserva y poder vender en su país y en los otros tres, pero sin desintegrar el equipo, es decir, el país. El equipo se desintegra si da todo lo que tiene y no recibe nada. Tienen 10 minutos para resolver el problema de producir dulces en conservas.

**2.** Puede elegir a algunos que negocien o sirvan de enlace. Cada miembro del equipo tiene en su mano una tarjeta o pedazo de papel que representa o dice lo que tiene el equipo. Ej: un plátano, una guayaba, una moledora, el dinero, las plantillas con listas de personas que buscan trabajo.

**3.** El animador está al tanto para que al final se hayan intercambiado y vendido los productos. Si un país se encerró, no logró producir o vender, destacarlo. Si un país vendió todo y entregó todo, declararlo desintegrado. Vinculará los resultados de este juego con las relaciones económicas entre países y enunciando los objetivos, procederá al desarrollo.

### DESARROLLO

**1. Ninguna economía es autosuficiente.** Todas las naciones necesitan establecer relaciones económicas con los demás. Ha sido necesario para los países establecer relaciones de colaboración e integración económica. No deben confundirse estos términos:

**Colaboración:** es un proceso de establecimiento de vínculos económicos, comerciales y científico-técnicos entre países. Tienen carácter regular e irregular.

**Integración:** es un proceso largo de acercamiento, interacción y compenetración de las economías de los distintos países, que presupone la elaboración de políticas económicas comunes.

**2.** En la actualidad el sistema capitalista va incorporando a un único mercado a todos los países y continentes, eliminando las barreras defensivas de cada uno y dejándolos abiertos a las fuerzas de la competencia en ese gran mercado de dimensiones mundiales. Los países más débiles quedan como en la periferia y en condiciones de dependencia: ello permite que sean los Grandes Centros de Poder Económico (Estados Nacionales o Empresas Transnacionales) quienes impongan sus intereses en todos los intercambios. ¿Se vislumbran soluciones para esta compleja problemática?

Los países del Tercer Mundo intentan desde hace años formar un frente común para hacer valer sus intereses en los foros internacionales. Sus propuestas, siempre recibidas con buenas palabras pero con escasa respuesta práctica para la mayoría de los gobiernos de los países industrializados, se orientan a la construcción de un Nuevo Orden Económico Internacional. Es decir, nuevas estructuras que rijan las relaciones económicas comerciales y financieras, entre todos los pueblos. Juan Pablo II se hizo eco de estas propuestas en su encíclica *Sollicitudo rei socialis*, en el No. 43:

- La reforma del sistema internacional del comercio: para no discriminar a las materias primas o a los productos de las industrias incipientes de los países en vías de desarrollo, ni permitir beneficios desproporcionados a las Empresas Transnacionales a costa de los trabajadores del tercer Mundo.
- Las reformas de sistema monetario y financiero mundial: para evitar fluctuaciones excesivas de los tipos de cambios e interés que perjudican a los países endeudados.
- Los intercambios de tecnología: de forma que se facilite a los países más atrasados tecnologías adaptadas a sus posibilidades.
- Reforma de las instituciones internacionales: para que no sean instrumentalizadas por algunos países, sino que sirvan efectivamente al bien común.
- La consolidación de un orden jurídico internacional: que garantice los derechos de los pueblos y la convivencia de todos en la justicia y la paz.

**3.** Actualmente los países desarrollados necesitan cada vez menos los productos primarios, que son el principal renglón exportable de los países subdesarrollados, quedando estos en desventaja en el actual orden económico internacional, lo que indica la injusticia del mismo y la necesidad de un Nuevo Orden Económico Internacional (NOEI). El mundo transita hacia la formación de tres grandes bloques regionales: América, Europa y Asia, quedando una vasta periferia marginal. Es indispensable un verdadero orden económico internacional que no solo signifique el predominio de las empresas transnacionales y las grandes potencias económicas, sino que incorpore al conjunto de países en desarrollo, actualmente marginados de las corrientes del comercio del capital.

**4.** La brecha que separa al norte industrializado del sur subdesarrollado, lejos de estrecharse se ensancha cada vez más. En un extremo los países desarrollados económica, industrial, tecnológica y científicamente; en el otro extremo los países subdesarrollados donde existe el analfabetismo y la imposibilidad de acceder a los niveles superiores de instrucción, el desempleo, la dependencia económica, el intercambio desigual, el elevado monto de la deuda externa.

**5.** Cuba, además de compartir la situación de los países subdesarrollados descrita anteriormente, se ha visto aislada por razones políticas, sobre todo después de la caída del campo socialista y la desaparición de la URSS, de la que dependería alrededor del 85% de nuestro comercio exterior. Es imposible en el mundo actual que una economía viva y se desarrolle aisladamente. Resulta improcedente, además, que se mantenga ese aislamiento también desde el interior del país, por falta de flexibilidad y cambios políticos, a los que está condicionado el desarrollo económico.

Por otra parte, durante 5 largas décadas todas las situaciones económicas se subordinaron a las decisiones políticas. Es vital para Cuba, integrarse a un bloque donde pueda encontrar un espacio para la apertura y el desarrollo de su economía. El bloque natural donde esta integración debía realizarse, no era ni el bloque socialista, ni la comunidad europea, sino aquel que se está formando en las Américas.

**6.** La división del mundo en bloques económicos tiene sus raíces en la gran internacionalización de las economías, así como en la revolución científico-técnica y la profundización de la división internacional del trabajo. En la actualidad se distinguen tres bloque s económicos principales:

- **Bloque de las Américas:** EE.UU., México y Canadá con perspectivas de incorporar a otros países de América Latina.
- **Bloque Europeo:** Alemania, Países de la Unión Europea (UE) y Asociación Europea de Libre Comercio (AELC). Ya se han integrado otros países de Europa del este que se han visto beneficiados.
- **Bloque Asiático:** Japón, Corea del Sur, Hong Kong, Taiwán y Singapur, Asociación de Naciones del Sudeste Asiático (ASEAN), formadas por Indonesia, Malaysia, Filipinas, Singapur y Tailandia, a la que se incorporó Brunei, tras obtener su independencia en 1984, y posteriormente Vietnam, Laos, Myanmar (antigua Birmania) y Camboya; y que podría extenderse a Australia, Nueva Zelandia y China.

En los procesos de desintegración y colaboración es importante tener en cuenta el beneficio para todas las partes, así como las diferencias de cada territorio.

**7.** El término Mercado Mundial que juega un importante papel en las relaciones comerciales entre las naciones, podemos definirlo como el conjunto de los mercados nacionales de los diversos países, unidos entre sí por relaciones económico-comerciales.

**8.** Algunos de los estilos o tipos de Mercado Mundial que funcionan hoy en el mundo son:

**Mercado Mundial base o representativo:** Aquel en el que se realizan regularmente las transacciones de una mercancía y que, por tanto, por su volumen, como por su importancia, influye en el precio y en el Mercado Mundial de ese producto. Para que un mercado pueda ser considerado Mercado Mundial base o representativo debe reunir algunas características como son:

**a.** Que en el mismo se realicen un volumen considerable de las transacciones mundiales del producto dado.
**b.** Que las operaciones se realicen regularmente en este mercado.

**Mercados bursátiles:** Son aquellos en los cuales se concentra un peso significativo de la oferta y demanda mundiales de un producto dado. En estos mercados las operaciones tienen un carácter especulativo. El mercado bursátil es el que está formado por las bolsas.

**Bolsas o mercados de valor:** Son instituciones en las que se venden y se compran diariamente millones de acciones, bonos y otros valores industriales, bancarios y comerciales. Son entidades a las que se asocian magnates y empresarios para vender y comprar valores, actividad de la que se encargan los corredores o profesionales de la bolsa. Cuba tuvo también su bolsa de valores hasta 1960. Algo que caracteriza por igual a todas las bolsas de valores es la especulación. Participan y están asociados a la bolsa grandes empresas y corporaciones de las grandes potencias quedando al margen de esta, la mayoría de las empresas de los países del Tercer Mundo.

**9.** Las acciones que se venden y se compran en las bolsas, son títulos de valor que atestiguan haber aportado determinada cantidad de dinero al capital de la sociedad anónima u otra entidad económica, brindando a su poseedor el derecho a recibir un ingreso anual en forma de dividendo de los beneficios de esa sociedad.

**10.** Los accionistas son los poseedores de estos títulos, es decir, de las acciones y tiene derecho a vender los mismos en el mercado, es decir, en la bolsa de valores o a otros accionistas. A partir del número de acciones que posee el accionista, su participación es más activa en la toma de decisiones de una compañía o negocio.

Por ejemplo, si un accionista posee el 51% de las acciones de una empresa, tiene un poder determinante en la toma de decisiones de esa empresa.

**11.** El hecho de funcionar una sociedad o empresa con acciones, demuestra que el sistema económico es mas participativo y democrático que si toda la decisión de la empresa o de la sociedad recayera en un único dueño. La democratización de la economía supone el incremento del número de accionistas, sobre todo, entre los propios trabajadores de la empresa.

### Ejercitación

**1.** Los participantes forman dos grupos:

- Un grupo es la bolsa de valores.
- El otro es un grupo de accionistas de una empresa.

El animador prepara anticipadamente 50 tarjeticas o papeles en cada uno de los cuales se colocará el 2% de las acciones. Entrega 30 tarjetas a la bolsa de valores en la proporción que estime cada miembro. Ejemplo: A uno 3 tarjetas, es decir, el 6% de las acciones, a otro 5 tarjetas, a otro 1 tarjeta, etc.

Por otro lado entrega 20 tarjetas al otro equipo en la proporción que desee. La tarea es que los accionistas de la empresa deben tomar la decisión de comenzar a producir zapatos, pero no pueden decidir si no cuentan con el 82% de las acciones de esa empresa. Una parte de esas acciones está en la bolsa y otra parte en la empresa.

Hay un inconveniente: la mitad de los accionistas de esa empresa (previamente alertados por el animador) no quieren producir zapatos, sino conseguir el 82% de las acciones para decidir producir carteras.

Todos los accionistas del equipo de la empresa tendrán otro papel que es un cheque con dinero por si desean comprar o vender sus acciones dentro de la empresa o en la Bolsa, ofreciendo a los operadores de la bolsa una cantidad de dinero por conseguir acciones de aquella empresa.

**2.** El animador aclarará al final del juego el funcionamiento de la bolsa y de las empresas que funcionan con acciones.

**3.** Se realizará la evaluación del tema.

### Tema 12: "Un proyecto económico viable y justo para Cuba"

**Objetivos:**
**1.** Poner en manos de los ciudadanos instrumentos para evaluar o diseñar proyectos económicos viables y justos.

## Motivación

**1.** Se seleccionan tres participantes a los cuales se les concederá el título de Ministros de Economía. ¿Por qué no? Cualquier ciudadano que goce plenamente de sus derechos civiles y políticos puede en una democracia, al menos en teoría, ser nombrado Ministro. Claro, también debe gozar de salud mental... y estar desde luego, en el ángulo visual de los que escogen a los altos funcionarios. ¡Ah! y ser capaz intelectualmente, y persona moral.

Pues bien, hay razones sobradas para pensar que pueden ser escogidos esos tres Ministros entre la concurrencia y se les nombra por decreto del animador. Lo decreta con un dedo: señala a cada uno de los tres. Una vez nombrados los flamantes Ministros se estrenan en el cargo.

Lo primero que hacen es, como es lógico, sentarse en sus respectivas butacas. Se sientan los tres frente al público o si lo prefieren, por modestia, se paran frente al auditorio. ¿Y qué hacen? Bueno, pues, con sus palabras, tal como lo entienden, le dicen a sus compañeros de estudio cómo arreglarían ellos la economía cubana; qué cambiarían, qué dejarían como está. En fin, todo lo que dispondrían para sacar a Cuba de la situación actual. Desde luego que hablarán uno a uno, es obvio.

Los Ministros recibirán del primer Ministro (animador), una orientación inicial, esta: no deben pensar en las soluciones que impliquen que otros nos resolverán los problemas. Se deben preferir soluciones cubanas, pensadas y aplicadas por los actores reales del drama actual del archipiélago. El animador tendrá cuidado en anotar las principales medidas que proponga cada Ministro. Anotarlos breve y esencialmente, y guardarlas para la ejercitación final.

Una vez concluidas las intervenciones de los ministros, se reparten los puntos del Desarrollo. Inmediatamente se forman tres grupos de trabajo presididos por los Ministros. En cada grupo se analizará el Desarrollo y el proyecto de cada Ministro y se pensará en la forma de mejorarlos o enriquecerlos. Desde luego que el Ministro deberá contar al menos con una hoja de papel y un lápiz.

## Desarrollo

**1.** Todo el mundo opina sobre economía y muchas personas se atreven a diagnosticar los males económicos y a recetar medicinas y modos de curación de las enfermedades de la economía. Claro, que la libertad de opiniones le da derecho a todo el mundo a expresarse sobre cualquier tema. Además, opinar es útil y no es difícil. Pero elaborar un proyecto económico para un país y que ese proyecto reúna la doble condición de ser viable y justo, es algo verdaderamente difícil, aunque no imposible. Precisamente, las mayores dificultades estimulan fuertemente la capacidad humana de buscar soluciones. Si se quiere, se puede.

**2.** Las primeras y más generales condiciones que debe reunir un proyecto económico son:

**a. La viabilidad:** ante todo el proyecto debe ser posible, adecuado al país de que se trate y a la época en que se vive. Posiblemente en un horizonte de tiempo largo, es decir, que sea sostenible históricamente. Para que sea sostenible, tiene que ser sustentable, esto quiere decir, que por su propia eficiencia sea capaz de mantenerse y desarrollarse.

**b. La justicia:** paralelamente, debe centrarse en el hombre, tener al ser humano como destino, pero no a unos hombres y a otros no, sino a todos. El proyecto debe distribuir con justicia lo que produce con eficiencia.

**3.** Adecuar un proyecto económico a las condiciones específicas de un país quiere decir ponerlo en correspondencia con sus:

- Recursos naturales (minerales, suelos, fuentes energéticas, etc.)
- Infraestructura (industrias, carreteras, etc.)
- Base técnica (maquinarias, tecnología, etc.)
- Recursos financieros (fondos, presupuestos, créditos, etc.)
- Capital humano (personas trabajadoras, emprendedoras, población laboralmente activa)
- Tradiciones productivas
- Coyuntura internacional
- Situación política interna
- Situación geográfica

**4.** No es lo mismo un proyecto económico para un país desarrollado que para uno que no lo es. Nosotros debemos desarrollarnos, ante todo, a partir de nuestras limitaciones materiales y financieras, aprovechando la infraestructura creada y el valioso capital humano de que dispone el país. Claro que se precisa de la ayuda y la colaboración externa, pero el principal y decisivo esfuerzo debe hacerlo la Nación.

La ayuda y la colaboración para el desarrollo no son un acto de caridad internacional, sino un negocio que conviene al que la brinda y al que la recibe. Las verdadera ayuda y colaboración internacional no compromete la soberanía del país receptor ni hacen un neocolonialista ni un imperialista al país que las ofrece. Ni la dependencia, ni la independencia económica total dan resultados aceptables. Las relaciones económicas del mundo de hoy se deben cada vez más a la interdependencia, mutuamente ventajosa.

**5.** Para que los recursos que se poseen y los que se reciben de la colaboración internacional no se despilfarren, mejor aún, para que se utilicen no mediocre ni aceptablemente, sino en el entorno óptimo, es decir, eficientemente, la economía no podrá ser vista como un monolito, como una actividad única y homogénea, sino como algo diverso con múltiples actores e intereses. Deberá ser una economía de diversidades, viva, dinámica y descentralizada.

**6.** Una economía dinámica y descentralizada no debe ni puede ser la economía de un solo dueño. Por lo tanto, en un proyecto viable en el mundo de hoy, deben considerarse y respetarse distintos tipos de propiedad: estatal, privada, mixta y cooperativa. El mercado y la planificación deben convivir en proporciones que dicte la necesidad de alcanzar los objetivos de viabilidad y justicia.

**7.** Es un proyecto viable y justo el Estado tiene un espacio inalienable como trazador de pautas y normas generales de desarrollo; como gestionador de producciones específicas, como cogestionados de otras y como garante insustituible del equilibrio general de intereses. El Estado puede ser el gran organizador del proyecto y el celoso creador y velador de las condiciones para que se cumpla. Pero no debe y no puede maniatar la creatividad, la competitividad y el libre accionar de los sujetos económicos en pos de la eficiencia. Sujetos económicos no son solo los privados y cooperativizados, sino también las empresas estatales.

**8.** El proyecto de un país subdesarrollado no debe oír los cantos de sirena del neoliberalismo. La eficiencia sustentada sobre la fría racionalidad económica y el abandono de la ética humanista no conducen al desarrollo sino a un falso desarrollo que lleva solamente al crecimiento de indicadores deslumbrantes y la confortable postmodernidad de la vida de los que más ingresos tienen tras de todo lo cual se esconde el hombre necesitado. La incultura y la falta de las más elementales atenciones sociales y comunitarias de miles de millones de personas en el mundo, comprueba la injusticia de un sistema salvaje de mercado sin justicia social.

**9.** El proyecto económico sostenible implica una atención prioritaria al desarrollo de la ciencia y la técnica, y la aplicación de las mismas al quehacer productivo habitual. También implica una legislación económica sabia y el respeto irrestricto a las leyes que deben regular el uso de los recursos naturales de hoy y la preservación de los recursos del mañana.

**10.** El proyecto económico viable y justo se diseña y se ejecuta para el bien de la persona humana y esta vive en sociedad, por lo que no puede existir un proyecto de desarrollo económico duro, sin dimensión social, objetivos y preocupaciones sociales. Por lo tanto, el proyecto económico viable y justo debe ser un proyecto económico para el desarrollo integral.

**11.** El hombre que vive en sociedad pertenece a grupos, estratos o clases sociales diferentes. Esto no lo ha podido eliminar ni el comunismo real, por más que se lo propuso en sus programas. Una variable que determina la pertenencia a estratos o clases es el ingreso, y este vincula los aspectos económicos y sociales de tales asociaciones "naturales". Los grupos, estratos y clases tienen intereses y no solo sociales: tienen intereses económicos. La política es el arte de que se valen las sociedades para equilibrar los intereses socioeconómicos sin violencia; y para fomentar el bienestar y la conservación de los pueblos. Por lo tanto, un proyecto económico y social viable y justo implica un proyecto político.

**12.** El proyecto político implicado en el proyecto económico y social viable y justo puede tener y de hecho tiene otros nombres, pero esencialmente es la democracia participativa, es decir, un proyecto eficiente y humanista, hecho, al decir martiano, "con todos y para el bien de todos".

**13.** La democracia participativa debe funcionar en la realidad sin manipulaciones y camuflaje que la coarten en sus fines o la conviertan en parodia indispensable para que funcione la democracia participativa y un proyecto económico y social justo y viable.

**14.** Si como ciudadano usted tuviera que dar su voto a un proyecto económico que se desea implantar en su país, ponemos a su disposición estos criterios de juicio:

- ¿Es viable, es decir, realizable?
- ¿Es justo, es decir, da igualdad de posibilidades a todos?
- ¿Tiene a la persona, al ser humano, como centro y prioridad?
- ¿Se adapta a las condiciones específicas de un país actualmente?
- ¿Basa sus relaciones económicas internacionales en la interdependencia mutuamente ventajosa o en la dependencia?
- ¿El aporte principal que sostiene la economía lo pone la nación o la ayuda externa?
- ¿Es una economía descentralizada donde el Estado no lo controla todo?
- ¿Es un proyecto que contempla y valora la diversidad de actores, de intereses, de dueños?
- ¿Reconoce y fomenta la existencia de todos los tipos de propiedades: privada, cooperativa, estatal, mixta?
- ¿Conviven proporcionalmente el mercado y la planificación o se va hasta alguno de los dos extremos?
- ¿El papel del Estado es de regulador discreto o interviene preponderantemente y es totalitario en su planificación hasta maniatar la iniciativa y la creatividad de personas e instituciones?
- ¿Este proyecto se sustenta en la fría racionalidad económica y el crecimiento material o se basa en una ética humanista?
- ¿Es un proyecto sostenible a largo plazo sin derrochar hoy los recursos del mañana?
- ¿Tiene una fuerte dimensión social o es un proyecto para el desarrollo individualista?
- ¿Implica un proyecto político que equilibre los intereses socioeconómicos sin violencia por medio de una democracia participativa, eficiente y humanista?

**Nota:** Se recomienda el estudio y debate del "Itinerario de reflexión sobre un pensamiento económico para Cuba" donde se proponen estas bases éticas para un futuro proyecto económico para nuestro País, que sea un proyecto económico:

**a.** Eficiente.
**b.** Solidario
**c.** Subsidiario (donde el Estado solo asuma subsidiariamente aquello que no puedan asumir los ciudadanos y la sociedad civil).
**d.** Abierto al mundo (interdependiente).

Publicado en 2008 por *Ediciones Convivencia*.

### Ejercitación

**1.** Evalúe en dos equipos, según los aspectos del punto 14:

- El proyecto económico del socialismo real existente en Cuba hasta 1991.
- El proyecto económico de mercado neoliberal que existe en países capitalistas.

**2.** Otorgue a cada aspecto de 0-6 puntos y 0-10 puntos si los ciudadanos participan realmente en la evaluación de esos proyectos.

**3.** Evaluación del tema.

### Bibliografía

- IITD: Texto para el estudio y reflexión sobre la economía, p. 3-83.
- Michael, Watts: "¿Qué es una economía de mercado?", p. 4-26.
- Samuelson-Nordhaus: "Economía", p. 269-307.
- CFCR. Ciclo 4 "Doctrina Social de la Iglesia". Tema 5, p. 1-20.
- Juan Pablo II- Encíclica *Laborem exercens*.
- Juan Pablo II- Encíclica *Sollicitudo rei socialis*.
- Juan Pablo II- Encíclica *Centesimus annus*.
- M. Vidal, "Para conocer la ética cristiana", p. 244-253.
- "Itinerario de reflexión sobre un pensamiento económico para Cuba". Centro de Formación Cívica y Religiosa de Pinar del Río. *Ediciones Convivencia*.

# CURSO 13
# "SOMOS UNIVERSITARIOS"

**Características:** Contribuye a educar a los universitarios sobre su papel en la sociedad. Aborda los puntos fundamentales de la universidad como comunidad al servicio de la sociedad.

**Destinatarios:** Universitarios, es decir, personas ligadas de alguna manera a la universidad (alumnos, profesores, técnicos, etc.).

**Temas:**

1. Somos universitarios
2. Aprendemos a participar
3. Aprendemos a organizarnos
4. Miramos la historia y sacamos lecciones
5. La universidad, una casa de todos
6. Somos una comunidad autónoma y autogestionada
7. El cristiano y otros creyentes en la universidad

# Tema 1: "Somos universitarios"

**Objetivos:**
1. Clarificar la identidad de los estudiantes universitarios atendiendo a su papel en la universidad y en la sociedad.

### Motivación

**1.** Se ponen en un bombo las preguntas que siguen, cada participante escoge una al azar y la contesta, el resto del grupo, si lo desea, hace su comentario. Si el número de participantes es grande se pueden hacer varios grupos:

- Muchos vienen a la Universidad por diferentes motivos, tú ¿a qué viniste?
- ¿Te sientes satisfecho con tus resultados docentes, cómo es tu método de estudio, cuánto tiempo le dedicas, estudias algo fuera de los contenidos que se imparten en el aula?
- ¿Cuál es para ti el sentido de tu estancia en la Universidad?
- ¿Cuándo termines tus estudios serás un profesional? ¿Cuál debe ser, a tu juicio, tu función en la sociedad?
- ¿Cómo describirías el ambiente, las relaciones interpersonales en la Universidad?
- ¿Te sientes en alguna manera responsable de lo que acontece en la Universidad, participas o eres simple espectador? ¿Por qué?

**2.** Cuando se hayan contestado las preguntas, el animador trata de que se saquen conclusiones acerca de las características del universitario promedio de Cuba hoy, a partir de las respuestas dadas a las preguntas.

### Desarrollo

**1.** El animador dice los objetivos del encuentro y escribe en la pizarra:

SER UNIVERSITARIO~ESTAR EN LA UNIVERSIDAD

A continuación se pide a los participantes que comenten qué les sugiere lo que está escrito en la pizarra.

Ser universitario no es solo una situación académica o docente. Este hecho representa formar parte de un sector de la sociedad, que tiene acceso al más alto nivel de instrucción a la vez que se debe educar ética, cívica y moralmente para servir a la sociedad. Este servicio será, en la mayoría de los casos, participando de la dirección en las distintas esferas sociales (economía, política, etc.). Los universitarios llevan un gran peso en las investigaciones en todas las ramas de la ciencia, por ello su responsabilidad en el progreso de la sociedad y en la búsqueda del bien común es muy grande.

**La estancia en la universidad debe ser**, para los estudiantes, un tiempo de:

**Aprendizaje:** En su especialidad, de manera que tenga los conocimientos necesarios para afrontar los problemas de la vida cotidiana en dicha rama. Debe adquirir también los conocimientos necesarios en el resto de las esferas del saber humano para que incorpore a su cultura lo mejor de la herencia histórica.

**Entrenamiento:** En el servicio a la sociedad a partir de los conocimientos que va adquiriendo. Es importante que en la medida en que se aprenda, se vaya aplicando lo que se aprende, de forma tal que se creen actitudes y disponibilidades que permitirán al universitario ser un buen profesional en el futuro. Un profesional que pueda "chocar con la realidad" y se ubique en medio de su realidad, un agente de cambio, es decir, una persona capaz de trasformar la realidad que le rodea en favor del bien común.

Muchos jóvenes van a la universidad solamente en busca de un título, su participación se reduce a la actividad docente, sin miras a la investigación, son simples transeúntes de su Facultad, ni dejan ni llevan nada, estos simplemente: están en la universidad. Otros asisten con el deseo de prepararse para ser buenos profesionales, y están interesados en servir desde ya a la sociedad. No son simples "acumuladores de conocimientos" o "aprobadores de asignaturas", sino que tratan de poner en práctica lo que aprenden en el aula y lo que investigan por su cuenta. Son los que participan en aquellos espacios donde sienten realizar su vocación de servicio a la comunidad universitaria y a la sociedad: **esos son universitarios.**

**2.** La universidad también juega un papel muy importante en la formación del estudiante como una persona integral. Un ser humano es realmente persona cuando:

**Es libre:** Piensa con su cabeza, es responsable de sus actos, no deja que otros decidan por él, logra liberarse de instintos, complejos, individualismos, opresiones de todo tipo...

**Se relaciona:** Es capaz de vivir para los demás, de amar, de interactuar con otros con respeto y sin "caretas", de compadecer (sentir lo que otros sienten), de hacer entrega desinteresada de sí mismos...

**Es un ser en el mundo:** Vive consciente de la realidad, conoce su historia, sus limitaciones actuales, tiene proyectos para el futuro, trata de cambiar lo que le rodea...

**Es un ser social:** Sabe vivir en sociedad, como persona, no como masa, respeta a los demás integrantes de la sociedad y participa con ellos en la construcción de la misma sin excluir ni aplastar a nadie.

**Un ser trascendente:** Que sale de sí mismo, de la existencia cotidiana y se abre a la búsqueda de "algo más", del absoluto, trata de buscar respuesta a la incógnita de su existencia y su destino.

El animador invita a los presentes a perfilar los rasgos de la personalidad de un universitario que le permitan cumplir con su vocación. Esto puede hacerse reunidos en parejas o en tríos (15 minutos). Una vez sacadas estas características se ponen en común, y se completan, en caso necesario con las siguientes:

**Protagonista:** Que no se deja manipular, toma la iniciativa y no se contenta con "hacer lo que le toca", que no se "suma" sino que actúa aportando sus propios carismas.

**Creativo:** Promotor de proyectos dentro y fuera de la universidad (de promoción cultural, religiosa, técnica) que no deja que le digan lo que tiene que hacer, no tiene esquemas fijos y no se detiene ante las dificultades porque siempre intenta encontrar solución para ellas.

**Crítico:** Que cuestiona en todo momento su forma de actuar, el ambiente que le rodea, la universidad, la sociedad, a la luz de criterios morales, en busca del bien común.

**Comprometido:** Que se solidariza con el sentir de los que le rodean, no se queda cruzado de brazos ante sus necesidades y "mete el cuerpo por los otros".

**Persona comunitaria:** Que no ve a sus compañeros de aula como rivales a superar, promueve buenas relaciones interpersonales, ayuda a los demás, critica y se deja criticar, se enriquece de la comunidad universitaria sin "masificarse".

**Persona coherente:** Que habla y actúa como piensa, que tiene "una sola cara" y trata de construir en su vida el ideal que profesa. Actúa en consecuencia con él hasta el final y en todos los ambientes en los que se relaciona.

**Investigador:** En su especialidad, en la búsqueda de la verdad y de la respuesta a sus inquietudes. Está al tanto de los nuevos adelantos de la ciencia y trata de aplicarlos, busca constantemente nuevas referencias que iluminen su camino por la vida.

**Persona de utopía:** Capaz de soñar con un mundo mejor y de luchar pro ello, que se traza objetivos a largo y a corto plazo para hacer realidad su sueño.

**Universitario** significa "hombre de universidad" y podríamos decir que ello debe ser equivalente a "hombre de cultura universitaria", es decir, persona con educación universalista no tanto por la cantidad enciclopédica de conocimientos acumulados sino más bien por la calidad de conocimientos, valores, actitudes, hábitos intelectuales y estéticos de orden superior. Persona cuyo modo de vivir (cultura) está estrechamente ligado al servicio a la sociedad desde y con la comunidad universitaria. En este sentido, universitario es tanto el profesor como el alumno.

**El profesor** es básicamente un "animador cultural" que, desde su posición de especialista, prepara al alumno en determinada asignatura o rama del saber, y además procura una correcta formación ética y moral, que le permita formarse como un profesional competente y como agente del desarrollo social.

El profesor debe ser, junto con sus alumnos, un incansable buscador de la verdad, y no pensar nunca que "se las sabe todas", aún cuando una de sus tareas principales sea la de enseñar.

El animador puede invitar al grupo a que se formen dos grupos, una parte describirá cómo piensa que debe ser el profesor en cuanto a su relación con el alumno. La otra parte del grupo tratará de describir la relación inversa. Pasados 10 minutos se pone en común el trabajo.

**Relaciones estudiante-profesor**

**En su relación con el estudiante el profesor debe:**

- Procurar que sus clases sean amenas, donde los estudiantes participen, y la disciplina sea buena.
- Educar en el espíritu investigativo, dejando bajo responsabilidad del estudiante el estudio de fragmentos del contenido que se imparte.
- Educar en el trabajo en equipo, promoviendo la investigación conjunta y multidisciplinaria de los estudiantes.
- Respetar al estudiante como a un semejante, no como a un subordinado, sin que ello haga disminuir su autoridad docente.
- Recto y exigente en las evaluaciones, de manera tal que sus alumnos promuevan solo cuando tienen habilidades y conocimientos sólidos.

**En su relación con el profesor el alumno debe:**

- Saber escuchar y cuestionar, conveniente y respetuosamente lo que dice el profesor.
- Respetar al profesor, como persona y por su autoridad docente, nunca creerse inferior o superior a él ni "incapacitado" para interpelarle.
- Tratar de obtener, en su relación con el profesor la mayor cantidad posible de conocimientos. El alumno debe requerir del profesor que le trasmita su experiencia práctica en la rama del saber que imparte, que le hable de sus aciertos y errores que puedan servirle de lección.

*Es propio de la vida universitaria la ardiente búsqueda de la verdad y su transmisión desinteresada a los jóvenes y a todos aquellos que aprenden a razonar con rigor, para obrar con rectitud y para servir mejor a la sociedad.* (Juan Pablo II, encíclica *Ex corde ecclesiae*. p. 2)

### Ejercitación

**1.** Cada participante hace una autoevaluación de su persona como universitario, atendiendo a las características que acabamos de discutir. A cada una le da un valor entre 2 y 5 puntos (5 min.)

**2.** Luego nos volvemos a reunir en los mismos dúos (o tríos) y hacemos la misma evaluación pero ahora pensando en el universitario promedio de Cuba en la actualidad, usando la misma puntuación.

**3.** Finalmente se reúne todo el grupo y se llega a consenso sobre la evaluación de universitario promedio. Cada dúo (o trío) debe argumentar el por qué de la puntuación que ha dado a cada aspecto.

**4** Terminamos evaluando el encuentro:

- ¿De qué nos ha servido el encuentro?
- ¿Qué nos ha parecido la participación? ¿Hubo diálogo?
- ¿En qué puede mejorar?

**Nota:** Si el animador lo cree pertinente, y el grupo lo desea antes de la evaluación del encuentro puede incluirse una parte en la que se trate de concretar algún tipo de acción individual o colectiva que trate de cambiar la realidad sobre la que se ha reflexionado.

**Algunos conceptos que se han manejado:**

**Bien común:** No es el conjunto de los bienes particulares de cada persona. Lo cual recalcaría los intereses individuales a expensas del bienestar de la sociedad.

- No es el bien colectivo a expensas de los bienes del individuo.
- Es el bien de las personas en cuanto estas se encuentran abiertas entre sí a la realización de un proyecto unificador que beneficia a todos.
- El contenido del bien común no se restringe a los valores económicos, sino que abarca todos los ámbitos de la vida social: el conjunto de bienes, fines y condiciones que interesan a todos y de los cuales todos pueden participar.

**Profesional:** Persona que posee suficientes conocimientos y habilidades prácticas en una rama del saber humano (técnica, económica, artística, etc.) tal que pueda ofrecer un servicio eficaz a la sociedad al tiempo que reciba de ella el pago de su trabajo. Es, por su preparación intelectual, un agente de cambio social; competentemente facultado para ello.

## TEMA 2: "APRENDEMOS A PARTICIPAR"

**OBJETIVOS:**
1. Conocer qué significa participar, las distintas formas de participación y los elementos que favorecen una participación plena en la comunidad universitaria.
2. Aprender a hacer un proyecto de participación.

### MOTIVACIÓN

1. Se hacen dos equipos, cada uno tratará de organizar un grupo de investigaciones sobre una temática de interés en la cual participarían (se puede escoger otro evento a organizar, por ejemplo, una fiesta). El animador elige 3 personas (con características de líder si es posible) cuyo trabajo se le explica individualmente.

Los grupos empiezan a trabajar tratando de organizar algo realmente funcional aclarando lo mejor posible todos los detalles: objetivos, medios, métodos, lugar, otras personas que participarían, etc. Las otras personas harán lo siguiente:

**El Director:** Proyectará, él solo, la investigación (en la que él también participará). No puede consultar a nadie sobre ninguna cuestión, papel y lápiz en mano apunta objetivos, medios, métodos a usar, etc. Es de los que prefiere encargarse él solo de todo, para que quede mejor y no "haya embarque".

**El soñador:** Sueña cómo le gustaría que funcionase el grupo, apunta todo en un papel y cuando los demás hablen el dirá en qué grupo le gustaría estar.

**El criticón:** Estos (2 personas) harán de "abogados del diablo" y se dedicarán a criticar cualquier cosa que propongan los demás, ellos no van a participar por todos los inconvenientes que plantean, pero se incorporarán a uno de los grupos si son convencidos.

2. Una vez comenzado el trabajo, todos tienen 15 minutos para preparar lo que llevarán a plenaria. Pasado este tiempo expondrán en el siguiente orden: el director, los equipos y el soñador. Los criticones hablarán cuando lo deseen, pidiendo la palabra.

3. El animador modera y trata de que se lleguen a conclusiones:

   - ¿Cuál de los grupos está mejor organizado? ¿Por qué?
   - ¿Cuáles de las actitudes son criticables y cuáles aprobables? ¿Por qué?
   - ¿Cómo es mejor organizar cualquier cosa?

Para la realización de cualquier proyecto es imprescindible la participación activa y responsable de todos.

### Desarrollo

La participación en distintos ambientes es imprescindible para la realización de todo hombre como persona. Para el universitario en específico es la manera de realizar, junto con otros, su vocación de servicio a la sociedad.

**Participación:** Es la presencia de la persona en el tejido familiar, laboral, social, escolar, vecinal, sindical, deportivo, eclesial y cultural que le permite ser y actuar no como simple objeto de decisiones procedentes de arriba sino como sujeto con posibilidades y garantías reales de participar de manera activa, responsable y no manipulada en la determinación y evaluación de las decisiones, de su planificación y ejecución. Esta participación puede ser en grupos espontáneos, asociativos, institucionales o productivos (Cfr. Diccionario Sociológico, p. 130).

Consiste en la intervención de los ciudadanos en los asuntos públicos, en diversos niveles administrativos y políticos de decisión, y por diversos medios, desde la emisión del sufragio hasta la intervención de las personas en el funcionamiento de las organizaciones que moldean la vida cotidiana, de estudio, de trabajo, etc. Tales esfuerzos de participación tienen como objetivo aunar esfuerzos y cualesquiera otros recursos a fin de alcanzar los objetivos que se han fijado.

Existen distintos espacios de participación relacionados con los diferentes ambientes en que nos movemos. Cada uno de ellos tiene un grado de compromiso y unos métodos propios:

**Espacios de participación**

- **Familiar:** Es el primer espacio donde comienza a formarse y socializarse el individuo, es el núcleo fundamental de la sociedad. La universidad no debe anular la participación del universitario en la familia, sino más bien complementarla.

- **Grupal:** Cuando un conjunto de personas se juntan por una causa que les es afín a todos, por ejemplo: deporte, equipo de estudio, manifestaciones artísticas, etc. Aquí se comparte, se cultivan las relaciones interpersonales, pero no hay objetivos a largo plazo, proyectos concretos de acción, etc.

- **Barrial:** Con personas y familias que viven en el mismo barrio, que comparten problemáticas parecidas a las nuestras, relacionadas con las características específicas del lugar donde vivimos, con las condiciones económicas y de convivencia. La vida del universitario becado no debe romper con los lazos barriales. Este universitario debe, al mismo tiempo, abrirse a otros ambientes barriales: el de la propia beca, el de compañeros de estudios, etc.

- **Laboral:** Cuando los trabajadores se ponen de acuerdo para realizar actividades relacionadas con su profesión (cooperativas), o para defender sus derechos. La universidad debe crear espacios de participación que sirvan como "entrenamiento" para la participación laboral.

- **Política:** Es la presencia, la intervención libre y responsable, no manipulada de las personas en la búsqueda del bien común en la sociedad así como el desarrollo pleno de las personas que en ella conviven. Dentro y fuera de la universidad existen organizaciones políticas, esto es, organizaciones con un proyecto concreto en relación con la sociedad. El universitario debe escoger libremente su participación en ellas o no.

- **Religiosa:** Es el compromiso de las personas en la vida de una comunidad religiosa: en la práctica, en el culto, en la misión, en el diálogo, desde su fe, con todos los hombres, el universitario debe escoger libremente su participación en ella o no.

- **Universitaria:** La universidad es un especial espacio de participación con sus ambientes muy particulares: el grupo de clases, la residencia estudiantil, la organización a la que se pertenece, etc.

## Actitudes ante la participación

El animador pide al plenario que formen pequeños grupos, cada uno de los cuales tratará de definir las distintas actitudes del universitario ante la participación. El trabajo de los grupos se lleva luego al plenario y se complementan con las que le proponemos.

Ante la realidad que le rodea, la persona puede tomar dos actitudes distintas y opuestas: ser protagonista o ser objeto de esa realidad. Nadie es totalmente protagonista ni totalmente objeto de esa realidad, ambas actitudes estarán siempre entremezcladas, y la inclinación de la balanza a un lado o al otro dependerá de nosotros mismos, se pueden encontrar algunas actitudes típicas:

- **Apático:** No le interesa lo que sucede a su alrededor, se mantiene al margen, simplemente está en la universidad. No se mueve.

- **Espectador:** Su compromiso es mínimo, espera a ver cómo se desarrollan los acontecimientos para luego tomar partido. Le gusta "ver los toros desde la barrera".

- **Frustrado:** Ha participado antes en algún proyecto, pero se decepcionó, perdió por alguna causa las expectativas iniciales y ahora se niega a participar en cualquier proyecto. Se frustra ante la poca realización de su vocación o estado universitario.

- **Oportunista:** Participa porque le conviene, para quedar bien, para que no piensen mal de él.

- **Luchador:** Hace suyo un proyecto de participación determinado, y dedica a este todas sus fuerzas. Va adelante, si fracasa, toma lecciones y empieza otra vez.

**Para que la participación sea realmente personalizada y eficaz:**

**DEBE SER:**

- **Libre**, por decisión propia, sin paternalismos.

- **Comprometida:** "Metiendo el hombro", como "cosa de uno". Es propio del universitario tomar parte activa en la transformación de la universidad y la sociedad en aras del bien común. Como somos, teniendo en cuenta nuestras virtudes y limitaciones. El universitario debe conocerse a sí mismo y saber en qué campos y con qué servicios puede concretar su aporte sin sentirse nunca menos capacitados o inferiores a nadie.

- **Críticamente:** reconociendo lo bueno y lo malo de lo que se proyecta y lo que se hace. Discrepando sana y constructivamente. El universitario debe entrenarse en el diálogo, como forma insustituible de construcción de un proyecto de participación, como proceso de búsqueda de la verdad en medio de puntos de vista que pueden ser distintos.

- **Respetuosa:** Reconociendo el valor de lo que aportan los demás, reconociendo la diversidad de opiniones como una riqueza. El universitario debe aprender a participar aún cuando el consenso de su grupo no apruebe sus criterios.

- **Perseverante:** De manera que el trabajo realizado tenga continuidad, que no sea "pan de hoy y hambre de mañana", solo el que persevera triunfa. Gran parte del compromiso universitario tiene que ver con el mejoramiento social, y los procesos en este sentido son lentos y requieren esfuerzo y atención constantes.

- **Plenamente:** En la planificación, en la ejecución del proyecto, en la evaluación, en el mejoramiento.

**NO DEBE SER:**

- Por presiones, coacción, amenazas o miedo, "porque me mandaron", porque "hay que hacerlo para quedar bien". Tradicionalmente muchos intereses políticos, económicos o de otra índole han tratado de manipular a la universidad a su favor.

- **Sin compromiso "a ver si se puede", "desde afuera", "zafando el cuerpo".** En la sociedad cubana actual el compromiso social ha quedado desvirtuado, "fuera de moda" y en la universidad también se encuentra este fenómeno. Mostrándonos cómo quisieran que fuéramos, diciendo lo que a otros les gustaría que digamos. Diciendo que sí a lo que otros ya pensaron y decidieron, apoyando siempre las propuestas ajenas, "haciendo el juego" o poniendo "podridas" para poner mala la cosa simplemente. Muchos universitarios no tienen conciencia de su papel en la crítica y la transformación de la realidad.

- **Imponiendo los criterios propios**, aceptando solo los aportes de otras personas que me convengan, silenciando a los demás. En la Universidad puede verse el deseo de sobresalir y dominar de unos universitarios sobre otros.

- **Con "apagones".** Hoy sí y mañana no, mostrando inmadurez como personas: "arrancando bien y perdiendo la cuerda rápido". Solo cuando conviene a otros que yo participe, cuando ya se han tomado las principales decisiones. De esta manera el universitario sería un mero instrumento de intereses ajenos.

El animador puede pedir un "cuchicheo", en pequeños grupos de seis personas con las siguientes preguntas:

- ¿Encuentras en la universidad estas actitudes? ¿Cuáles otras se pueden encontrar?
- ¿Cuáles son las causas y las consecuencias de estas actitudes?

**Elementos que favorecen la participación**

- **Autoestima:** Cuando una persona puede reconocer objetivamente su propia dignidad, sus valores, su grandeza, sus defectos, sus carismas. De eso depende su capacidad y el tipo de servicio que pueda brindar. De eso depende el término de su carrera y la calidad de su proyección profesional.

- **Autogestión:** Es una forma de participación en la cual las personas implicadas son las máximas responsables de los objetivos, los métodos, los medios y las metas de la acción conjunta a realizar. Sin el interés de ejercer dominio sobre otros hombres ni de lograr primacías, sino de realizar determinados servicios acompañando y favoreciendo el desarrollo libre y responsable con que cada uno se relaciona consigo mismo y con los demás. La universidad debe ser "lugar" para entrenarse en la autogestión empresarial o profesional. "Es el esfuerzo de los hombres por asumir por sí mismos la organización de lo cotidiano, por adueñarse de su propio ser social para poner fin a la separación entre el dominio técnico del mundo y el estancamiento de las relaciones prácticas, entre el poder sobre la naturaleza y la indigencia de la de la naturaleza humana" (Lefevre H.).

La autogestión significa, en la universidad, el esfuerzo de la institución por autorregularse y autofinanciarse. El esfuerzo de los estudiantes y profesores, para ser protagonistas, por sí mismos, de los reglamentos, el gobierno, los proyectos de investigación y extensión universitaria, la estructura y alcance de las organizaciones universitarias, etc.

La universidad es un sitio eminente para la participación, por la diversidad de elementos que la integran y por la variedad de espacios de participación que en ella existen, estos son:

- La docencia
- La investigación
- Las organizaciones estudiantiles
- El deporte y las manifestaciones artísticas
- La política
- El gobierno universitario
- La extensión universitaria (servicio de la universidad a la sociedad)

Para lograr una participación plena y efectiva en cualquier ambiente la acción debe ser cuidadosamente proyectada, ejecutada y evaluada. Para hacer un proyecto de participación no se deben olvidar los puntos que describiremos a continuación:

- ¿Cómo está esta persona, ambiente o grupo hoy? Análisis de la realidad.
- ¿Cómo pensamos que debe estar o queremos que esté? Objetivo.
- ¿Qué se necesita para llegar a esa meta? Medios.
- ¿Cómo satisfacer esas necesidades? Método.
- ¿Qué tareas concretas debemos realizar? Tareas Concretas.
- ¿Qué necesitamos para hacer esas tareas? Medios-Recursos.
- ¿En qué tiempo lo podemos hacer? Etapa-Tiempo-Programa.
- ¿Quiénes realizan cada tarea? Participantes y Coordinadores.

Lo que resta es la ACCIÓN y luego la EVALUACIÓN. El proyecto debe ser elaborado teniendo en cuenta la opinión de todos los interesados en participar y debe permitir que todos participen plenamente de acuerdo a sus posibilidades y aptitudes.

### EJERCITACIÓN

**1.** Hacer una auto evaluación de nuestra actitud personal ante la participación, teniendo en cuenta los elementos vistos. ¿Cuáles son las causas de nuestra actitud ante la participación?

**2.** Reunión en pequeños grupos, cada grupo escoge uno o dos de los espacios de participación analizados y contestan:

**a.** ¿Qué características tiene la participación del universitario promedio en estos ambientes?
**b.** ¿Cómo debe ser la participación en estos ambientes para responder a los desafíos que hoy se le presentan a la universidad y a la sociedad?

**3.** Luego de acabado el trabajo en grupos se lleva a plenario el resultado y el animador va conformando en pizarra las características que debe tener la participación de los universitarios en los distintos ambientes (junto con la evaluación de la participación actual).

**4.** Al final evaluamos el encuentro.

## TEMA 3: "APRENDEMOS A ORGANIZARNOS"

**OBJETIVOS:**
**1.** Conocer qué es una organización, los tipos de organizaciones que existen y su razón de ser fundamental.
**2.** Descubrir el papel que debe jugar una organización estudiantil en la universidad y de cara a la sociedad.

### MOTIVACIÓN

**1.** Los participantes forman equipos y cada grupo hace un pequeño proyecto para organizar:

- Un festival de cultura en una facultad.
- Unos juegos deportivos interfacultades.
- Un equipo de pelota para un campeonato universitario.
- Una jornada científica en la facultad.

**2.** Cada equipo tiene 20 minutos para hacerlo. Debe tener en cuenta que su proyecto sea realizable, que se hayan dividido correctamente las responsabilidades y que responda a las necesidades concretas de las facultades que se tomen como ejemplo. Después de terminado el trabajo exponen su proyecto y los demás participantes critican teniendo en cuenta los aspectos que hemos señalado.

**3.** Al final el animador trata de resumir lanzando al plenario preguntas como estas:

- ¿Con qué dificultades nos encontramos?
- ¿Qué hemos sentido durante la dinámica?
- ¿Es siempre útil el tiempo empleado en la organización de cualquier cosa? ¿Por qué?
- ¿A qué conclusiones podemos llegar?

Para hacer una organización eficiente de cualquier cosa es necesario tener los pies sobre la tierra, compartir oportunamente las responsabilidades, tener objetivos claros y audacia en resolver los problemas que se presentan. Debe tenerse en cuenta también las características e intereses de los participantes.

### Desarrollo

**1.** Los distintos tipos de organizaciones que existen en la sociedad son medios a través de los cuales se realiza la participación de las personas y por ende su socialización.

Todo grupo de personas que se reúne para llevar a su término un proyecto acorde a sus intereses comunes, para lo cual fijan determinados objetivos, métodos, reglas, etc., es una organización de la sociedad civil. Las organizaciones tienen distintas características acorde a sus miembros, a la realidad a la que responde y a su manera de actuar. Las organizaciones que pretenden la búsqueda del bien común en la sociedad o en una parte de ella se llaman organizaciones cívicas (en sentido amplio). En sentido más estricto las organizaciones políticas son aquellas que tratan de llevar a cabo un proyecto dado de sociedad y de alguna manera aspiran a tener parte en el poder político (Ej: los partidos políticos).

Respecto al **grado de compromiso con el poder** político las organizaciones pueden ser:

- **Gubernamentales:** Responden a los intereses del Estado y son cogestoras de su proyecto económico, político o social; son en muchas ocasiones "brazos" a través de los cuales el Estado puede ejercer sus influencias en la sociedad.

- **No gubernamental:** Tiene un proyecto de acción independiente de los intereses específicos de los grupos que detentan el poder, o a los de cualquier partido político. Su labor es normalmente, de promoción humana, social, económica, de determinados sectores de la sociedad, son organizaciones políticas de oposición. Se dice de las organizaciones políticas (partidos casi siempre) que no están representadas en el gobierno (al menos en mayoría) y pueden constituir la oposición crítica al proyecto político del gobierno, conforman "el otro polo" de las interacciones políticas en la sociedad democrática).

En cuanto al **grado de participación** de las distintas capas sociales, las organizaciones se clasifican en :

- **Grandes organizaciones:** Son aquellas donde participan personas de la mayoría de la sociedad, por ejemplo los partidos políticos mayoritarios.
- **Organizaciones pequeñas:** Casi siempre en un barrio o una zona especialmente vinculada a la realidad local y a los intereses de pequeños grupos de personas pertenecientes en su mayoría a la misma capa social. Por ejemplo una cooperativa, una agrupación de vecinos, etc.
- **Organizaciones intermedias:** Son un organismo intermedio entre lo local y el poder político de tal manera que pueden responder a las necesidades de determinados sectores teniendo en cuenta sus peculiaridades concretas, y al mismo tiempo pueden servir de voz de dichos sectores hacia el gobierno y el resto de la sociedad. Son el "amplificador" de la voz popular y al mismo tiempo el "amortiguador" de posibles autoritarismos.

**Otros tipos de organizaciones pueden ser:**

- **Sindicato:** Grupo de trabajadores que se reúnen en la defensa de sus intereses y en la lucha por mejoras de su *status* social.
- **Gremio:** Grupo de personas con el mismo oficio o condición social (carpintero, estudiante, jubilado, etc.) que se reúnen para ayudarse mutuamente en su promoción social).
- **Organizaciones estudiantiles:** Agrupa a estudiantes que comparten intereses políticos, culturales, sociales, académicos, etc.; que actúa dentro o fuera de la universidad o de otras escuelas.

En la universidad pueden coexistir la mayoría de los tipos de organizaciones antes descritos, y ellas constituyen el espacio idóneo donde los universitarios pueden realizar su vocación de servicio a la comunidad universitaria y a la comunidad social a través de la participación.

2. Para que una organización sea eficaz y funcione correctamente debe poseer:

**a. Proyecto histórico:** que determine el ideal al cual se quiere arribar.
**b. Objetivos específicos evaluables a corto y mediano plazo:** a través de los cuales se vaya concretando el ideal al que se quiere llegar.
**c. Método de trabajo:** claro y ético, acorde con lo que se quiere hacer; que permita desarrollar organizadamente la reflexión y la acción. Por ejemplo el método de Ver-Juzgar-Actuar. "El fin no justifica los medios".
**d. Una estrategia adecuada:** a las circunstancias de cada momento, tratando de superar los escollos que se van presentando como línea de acción sin perder de vista los objetivos y metas.
**e. Evaluación periódica**: de lo que se ha hecho que permita no desviarse de los objetivos primarios e ir subsanando errores.

*Yo desearía, mi Elpidio, que antes de proceder en materias políticas lo mismo que en las morales, no se formasen cálculos en el papel, ni se copiasen arengas ridículas de obras irrealizables, sino que se hiciesen observaciones prácticas...* (Padre Varela, Cartas a Elpidio).

**3.** Para que una organización sea realmente un espacio eficaz de participación:

**DEBE SER:**

- **Democrática:** Donde las decisiones sean tomadas teniendo en cuenta la opinión y los intereses de todos.

- **Participativa:** Donde todos se sientan responsables y tengan responsabilidades. Donde cada cual pueda aportar según sus carismas y posibilidades.

- **Pluralista:** Donde se aproveche la riqueza de la diversidad y nadie sea discriminado por sus criterios, sus condiciones económicas o su credo.

- **Autónoma**: Que aunque colabore con otras organizaciones no se deja manipular ni dirigir por ninguna. Que sea creadora y responsable de sus decisiones.

**NO DEBE SER:**

- **Paternalista:** donde las decisiones sean tomadas por una minoría o una persona y sean dadas a los demás como orientaciones. Donde unos pocos sean los que piensan y todos los demás obedecen.

- **Autoritaria:** En la que unos pocos son los que tienen la última palabra.

- **Anárquica:** Donde todos hagan lo que estimen conveniente y cada cual actúe por su cuenta sin hacer caso a otros. Se desconoce la autoridad sana y el liderazgo auténtico.

- **Discriminatoria:** Donde unos sean más importantes que otros por sus condiciones económicas, intelectuales, raza, sexo, etc.

- **Cerrada:** Que ignora la necesaria interdependencia y relación con el resto de la sociedad.

- **Manipulada:** Que sea títere de los intereses de otras personas u organizaciones. Dependiente y sometida.

La autogestión, como característica operativa de una organización, permite un mayor grado de libertad y eficacia a la hora de actuar en pos de un objetivo.

La autogestión es "...una forma de gestión social efectuada por todos los sujetos interesados y en todos los ámbitos a los que la misma se extienda. Por tanto ella no constituye una atomización del cuerpo social, sino una asociación del mismo bajo una forma nueva, en la gestión directa tanto del poder como de la autoridad (reducidos a sus funciones esenciales) no crea ni desempeña ningún tipo de dominio del hombre sobre el hombre..." (Lefevre H.).

Se tiende entonces a debilitar toda forma institucionalizada (estatal, partidista, etc.) de dominio humano pero no se acaba con todo tipo de organización social o política. Esto permite afirmar que la autogestión es hoy una apertura hacia lo posible.

Las organizaciones estudiantiles han nacido históricamente de las necesidades e inquietudes de los estudiantes (Federación Estudiantil Universitaria, FEU; Directorio Estudiantil Universitario, DEU; Asociación de Segunda Enseñanza, ASE) y en gran medida fueron autónomas y autogestionadas. Su proyección ha sido en unos casos de defensa de los intereses de los estudiantes solamente, y en otros casos su opción se ha abierto a la lucha por la justicia social.

Muchas organizaciones han surgido desde una perspectiva eclesial (Agrupación Católica Universitaria, ACU; Juventud Universitaria Católica, JUC) y han pretendido llevar a la universidad el mensaje de Cristo al tiempo que han brindado múltiples servicios a la Universidad y a la sociedad, tratando de potenciar la dimensión humanística y la auténtica búsqueda de la verdad desde la inspiración cristiana. A la cooperación entre organizaciones más o menos autogestionadas se le llama cogestión; y al igual que la autogestión, son características irrenunciables de una organización para funcionar eficazmente en la Universidad donde existe una diversidad de carismas y actitudes.

### Ejercitación

Los participantes se reúnen en equipos y hacen entre todos un proyecto de participación en una organización que se dedique a trabajar en uno de los ambientes de participación de la universidad o fuera de ella.

Cada equipo escoge un ambiente específico y "sueña" como debería ser la estructura, los objetivos, etc., de una organización, que responda a los desafíos de ese ambiente en particular. (Se debe usar el esquema de proyecto de participación del encuentro anterior). Sería muy bueno que del grupo saliera un proyecto que pudiese llevarse a la práctica.

El animador podría entregar el material complementario sobre historia de la universidad en Cuba para que sea estudiado para el próximo encuentro y sugerir, a los que lo deseen, el estudio de algún otro material sobre este tema.

# Tema 4: "Miramos la historia y sacamos lecciones"

**Objetivos:**
1. Descubrir, a través de la historia, cuál ha sido el papel de los estudiantes en la universidad y en la sociedad.
2. Analizar las lecciones que nos ha dejado esta historia para iluminar el presente y el futuro.

## Motivación

Se pide a los participantes que, reunidos en pequeños grupos, se enumeren los distintos servicios que han brindado los universitarios a la universidad y a la sociedad a lo largo de la historia. El resultado se lleva a plenario y el animador los anota en la pizarra o papelógrafo.

## Desarrollo

**1.** Reunidos en grupos se analiza la reseña histórica que se ofrece (u otro material complementario) buscando en qué momentos y por quiénes fueron brindados los servicios antes mencionados, u otros.

Además se pide que se haga un análisis crítico de la eficacia lograda en cada ocasión teniendo en cuenta las condiciones concretas del momento histórico. Se pueden, además, analizar hechos conocidos que no estén en el material que se estudia. Para facilitar el análisis se puede hacer uso de la siguiente tabla:

| HECHOS | PROTAGONISTA(S) | SERVICIO(S) | ANÁLISIS CRÍTICO |
|---|---|---|---|
|  |  |  |  |

En plenario cada grupo da su aporte y el animador trata de hacer un cuadro resumen en pizarra. Si se considera necesario el tema puede darse en dos encuentros, uno en el que se estudie la historia de la universidad, usando el resumen que se ofrece u otros materiales y otro, en el que se haga el análisis crítico sugerido.

Reunidos en equipos nuevamente, analizamos las "Lecciones de la historia de la Universidad" que presentamos a continuación. Teniendo en cuenta lo antes analizado, vemos con cuáles coincidimos, con cuáles no estamos de acuerdo, cuáles agregaríamos.

**2. Lecciones de la historia de la Universidad**

- **La autonomía** es una condición indispensable para el cumplimiento de la misión social de la universidad.

- **El diálogo** ha sido un factor importante en el logro de un orden jurídico interno satisfactorio y en la conciliación de la diferencia de intereses Institución-Estudiantado.
- En los momentos en los que el estudiantado permaneció **neutral** proliferó la corrupción en la universidad (bonchismo) y no se combatió suficiente la misma fuera de la universidad.
- En la medida que los estudiantes tuvieron **más participación en el gobierno de la universidad** mejor fue el orden interno y la universidad pudo cumplir mejor su cometido de servicio a la sociedad.
- La universidad no puede dejar de un lado **el mejoramiento moral** de toda la comunidad, de forma tal que se infundan al hombre altos valores cívicos, humanos, morales para que a su vez contribuyan al mejoramiento moral y político de la sociedad.
- La universidad debe ser:

  - **No partidista:** Que no reine, dentro de la institución, la doctrina o la práctica de ninguna corriente política específica. Donde los estatutos sean libres de coacción política y solo respondan a las necesidades de la Universidad y a las necesidades concretas del país.
  - **Comprometida:** Formada por un alumnado y un claustro con postura crítica y comprometida ante los problemas sociales. Que sean capaces de proponer acciones concretas para el mejoramiento social.

Los resultados del trabajo se ponen en común y el animador escribe en pizarra unas lecciones de la historia que sea el consenso de todas las discutidas.

### EJERCITACIÓN

**1.** Entre todos se completa el cuadro del punto 1 con los servicios que pensamos es necesario que realicen los estudiantes y las organizaciones estudiantiles en las actuales condiciones de la universidad.

**2.** Se termina evaluando el encuentro.

### 3. Breve reseña histórica de la universidad en Cuba

**1728:** Fundación de la Universidad de La Habana por los padres Dominicos del Convento de San Juan de Letrán, el día 5 de enero en La Habana.

**1734:** Se aprueban los estatutos y se declara: Real y Pontificia Universidad de San Jerónimo de La Habana, con 21 cátedras, un rector, un vice-rector y cuatro conciliarios.

**1841:** Es aprobado un plan de reconstrucción de la Universidad y se fija un nuevo plan de estudios.

**1842:** A 114 años de fundada se seculariza y comienza un rápido crecimiento bajo el influjo del pensamiento moderno.

**1895:** Gran actividad patriótica de círculos universitarios, conspiración, búsqueda de fondos y armas.

**1900:** Sustitución del hasta entonces vigente plan de estudios creado por el Dr. Enrique José Varona agrupándose cátedras y reduciéndose el número de profesores. Se fundan las escuelas de Pedagogía, Ingeniería Civil, Eléctrica y Agrónoma y la Escuela de Arquitectura.

**1902:** Con el advenimiento de la República se crea un cuerpo consultivo gubernamental que inspecciona la universidad, comenzando entonces la subvención estatal que relativiza la Autonomía.

**1922:** Fundación de la FEU por Julio A. Mella, en diciembre, con el objetivo de unificar las federaciones estudiantiles que ya venían trabajando en algunas facultades. Esta organización tenía como objetivos defender los intereses de los estudiantes frente a los de la Institución Universitaria y aunar esfuerzos estudiantiles en el servicio a la sociedad. La FEU surge esgrimiendo un pliego de demandas con las que pretendían el mejoramiento universitario y social.

**1923:** Se produce un fuerte intercambio universitario con instituciones docentes similares de otros países. La FEU lanza un manifiesto en el que exige reforma universitaria, autonomía y cambios políticos en el país. En estos años funcionó la "Universidad Popular José Martí", como un servicio de la FEU a la educación del pueblo.

**1929:** Intensa oposición universitaria al gobierno de Gerardo Machado. Solidaridad con el resto de los movimientos nacionales, demandas de reformas político-sociales profundas.

**1930:** Huelga del 30 de septiembre en protesta por el aplazamiento del inicio de las clases hasta noviembre (fecha de las elecciones), cierre de la universidad.

**1931:** Se crea el Directorio Estudiantil Universitario (DEU), por estudiantes de pensamiento liberal, auténticos, y una minoría comunista, con el objetivo de derrocar a Machado y lograr una serie de cambios de carácter nacionalista. Reapertura de la Universidad.

**1931-33:** Incremento de número de organizaciones políticas dentro de la Universidad, compulsadas por la inestabilidad política del país. Entre ellas el Ala Izquierda Estudiantil (AIE) y el Frente Único Revolucionario (FUR).

**1932:** El DEU pasó de una posición pacifista y un discurso legalista que le habían caracterizado a una radicalización y llamado a las armas. Irrupción de la policía en el recinto universitario. Cierre de la Universidad.

**1933:** Con la caída de Machado el DEU se vincula al gobierno de la Pentarquía, perdiendo popularidad entre los estudiantes, por no estar a la altura de sus postulados iniciales. Con la llegada al gobierno de Grau San Martín, con Guiteras como Primer Ministro se abre nuevamente la Universidad y se le reconoce su Autonomía, por primera vez en la República. No le es permitido al DEU su entrada a la Universidad como organización.

**1934:** Con la caída del Gobierno de los Cien Días, el presidente Mendieta instituye nuevamente las inspecciones estatales a la Universidad provocando gran repulsa entre los estudiantes.

Surge en este año la Agrupación Católica Universitaria (ACU), Organización Laical Cristiana dirigida por los padres jesuitas, con el objetivo de hacer presente el pensamiento y el testimonio católicos en la Universidad. Pretendía, mayormente, formar profesionales competentes y con un alto sentido del compromiso con la Iglesia y el pueblo, que fueran capaces de influir en las altas esferas del acontecer nacional. La constituían estudiantes y profesionales, tenía una junta directiva laica y un sacerdote asesor.

**1935:** Se redacta un decreto gubernamental que elimina la autonomía jurídica. Radicalización violenta del movimiento estudiantil protagonizado por la Joven Cuba y el AIE, en demanda de la autonomía y de cambios políticos, gran apoyo a otros movimientos nacionales. Cierre en agosto de la Universidad tras sangrienta huelga dirigida por un Comité de Huelga.

**1937:** Reapertura de la Universidad en marzo tras una fuerte polémica sobre las condiciones de reapertura, en la cual los profesores y las distintas organizaciones estudiantiles trataron de que sus intereses estuvieran representados en el nuevo *status* jurídico de la Universidad. Se creó la Ley Docente tras un proceso de consulta en el que participaron, además de estudiantes y profesores, algunas personalidades científicas y políticas del país. Esta ley definió el *status* jurídico de la Universidad hasta 1959. Vale destacar que en este proceso jugaron un papel muy importante las organizaciones estudiantiles, en especial el Comité de Huelga. Los estudiantes estaban claros que sin autonomía y sin profundas reformas en las que se tuvieran en cuenta, incluso, algunos aspectos de la educación media superior, era inútil la reapertura de la Universidad.

En abril de ese mismo año se celebró un pleno de la Segunda Enseñanza donde participaron alumnos y profesores, y organizaciones estudiantiles de la Universidad. Se trató el tema de una reforma de la Segunda Enseñanza, derogación de leyes obsoletas dictadas en gobiernos anteriores, creación de nuevos centros de estudio así como la reforma de los planes docentes.

En estos años se hicieron populares entre los estudiantes las propuestas de diálogo, y fue muy rica la polémica entre los estudiantes y la institución.

La Ley Docente ordena la reapertura de todos los centros cerrados y una reforma en la Segunda Enseñanza. Además devuelve la autonomía a la Universidad, prohíbe actos de política partidista dentro de la Universidad, se decreta un 20% de matrículas gratis, se fijan las cuotas de subsidio estatal y se da estructura al gobierno universitario. Este último queda compuesto por un rector, un grupo de cargos intermedios y profesores, la Federación Estudiantil está representada pero solo de forma consultiva.

**1942:** Reforma en los estatutos quedando constituida la Universidad en 13 escuelas. Comienza una década de "calma relativa" en cuanto a la actividad política de los estudiantes. Surge en esta etapa el "bonche" (pandillismo) como fenómeno de corrupción y violencia dentro de la Universidad, asociado con prácticas de soborno, chantaje, politiquería, etc.

**1944:** Surge la Juventud Universitaria Católica (JUC), como especialización de la ya existente Acción Católica, y tenía como principal objetivo hacer presente el pensamiento y el testimonio cristiano en la Universidad. Brindó múltiples servicios dentro y fuera de la Universidad, entre los que se encuentran:

- Orientación vocacional y escuelas nocturnas para obreros.
- Acogida a los estudiantes que llegaban nuevos, sobre todo a los del interior del país.
- Conferencias y cursos para complementar la formación recibida en la Universidad.
- Hogar Católico Universitario (Residencia estudiantil).
- Encuestas sobre la realidad del joven universitario.
- Presencia activa en las estructuras organizativas (estudiantiles e institucionales) de la Universidad.

**1947:** Creación de la Universidad Central de Las Villas.

**1948:** Creación de la Universidad de Oriente.

**1950-52:** Toma de conciencia de la FEU contra el bonche y comienzo de la lucha abierta contra el mismo. El 10 de marzo de 1952 se organiza una protesta contra el golpe de Batista. Comienzan otra vez las luchas nacionalistas.

**1953:** Surge la Universidad de Occidente "Rafael Morales", la cual solo funcionó un año, por razones de coyunturas económico-sociales.

**1954:** José A. Echevarría es elegido presidente de la FEU, comienza una campaña de concientización cívica y política del alumnado.

**1955:** Un grupo de jóvenes de la dirección de la FEU, con el objetivo de luchar abiertamente contra Batista (quedando de esta forma la FEU más abierta al estudiantado menos radical políticamente). Este mismo año se firma la "Carta de México", alianza entre el Directorio y el Movimiento 26 de Julio para la lucha coordinada contra Batista. Se celebra el II Congreso Estudiantil Latinoamericano en Chile donde participa José Antonio y otros dirigentes de la FEU y el Directorio, ahí se firma el documento "Contra las dictaduras de América". Se coordina trabajo entre organizaciones. En septiembre se celebra en Ceilán el Congreso Mundial de Estudiantes, en el que José Antonio es elegido coordinador.

**1956:** Se funda la Universidad Católica de Santo Tomás de Villanueva en La Habana.

**1957:** Asalto al Palacio Presidencial y a Radio Reloj. Muere José Antonio Echevarría.

**1958:** La FEU convoca a una huelga general que fue ahogada en sangre.

**1959:** Comienza el proceso de reformas en la Universidad al triunfo de la Revolución. La Universidad en su conjunto acoge de forma muy entusiasta el triunfo revolucionario y se inserta en el proceso.

**1961:** Comienza cambio institucional que eliminará totalmente la autonomía. Se inicia, además, el proceso de subordinación a la Unión de Jóvenes Comunistas (UJC). Una parte del estudiantado acoge el proceso, otra parte (menor) se opone y es "depurado" de la Universidad. La reforma del 1962 abre la Universidad a todas las capas sociales, declara la matrícula gratuita, renueva los planes de estudio, crea nuevas cátedras y combate fuertemente los estudiantes y profesores que se oponían al rumbo socialista-comunista que tomaba el proceso revolucionario.

**1962:** Se crea el Instituto Superior Politécnico José Antonio Echevarría (ISPJAE), conocido también como CUJAE. A partir de este año comienza la fundación de sedes universitarias en todo el país. Se funda el Ministerio de Educación Superior que centraliza el gobierno de todas las Universidades del país.

En los años que siguen la FEU toma una estructura nacional y trabaja coordinadamente con la UJC. Ha estado inserta en el acontecer político-económico-social cumpliendo las orientaciones del Partido Comunista de Cuba. En el interior de la Universidad, la FEU organiza y dirige a los estudiantes en los distintos espacios de participación. Hacia afuera, organiza múltiples actividades deportivas, culturales, político-ideológicas, siempre en consonancia con la dirección del Partido Comunista de Cuba y la Unión de Jóvenes Comunistas.

**1972:** Pinar del Río vuelve a tener Universidad, con la fundación del Centro Universitario Hermanos Saíz.

El animador podría pedir a los participantes que ampliaran el resumen con los hechos más importantes de la historia más reciente.

## Tema 5: "La Universidad, una casa de todos"

**Objetivos:**
1. Conocer los distintos tipos de universidades que existen y sus principales características.
2. Conocer las distintas funciones que debe realizar la universidad en la sociedad y las características internas que permiten realizar estas funciones.

### Motivación

Reunidos en pequeños grupos se comparten las siguientes preguntas:
   - ¿Qué cosas ves que diferencian a la universidad del resto de los centros educacionales donde has estado?
   - ¿Qué significa para ti la frase: "La universidad debe ser una comunidad de comunidades"?
   - ¿Que relación existe entre tu universidad y la sociedad? ¿Qué participación tienes tú en esta relación?

### Desarrollo

**1.** La palabra Universidad viene del latín *universitas* que significa: "la unidad de todas las cosas", o "la unidad de lo diverso".

La Universidad debe ser una institución de carácter educativo, que reúne en torno a sí, como en una gran familia, a los que de lleno se dedican a las tareas de la ciencia, es decir, una comunidad de investigadores, profesores, estudiantes y personal de oficios varios que sirve a esta común finalidad (Cfr. Pastoral Universitaria, CELAM, p. 12).

*...Es una comunidad académica, que, de modo riguroso y crítico, contribuye a la tutela y desarrollo de la dignidad humana y de la herencia cultural mediante la investigación, la enseñanza y los diversos servicios ofrecidos a las comunidades locales, nacionales e internacionales...* (Juan Pablo II, encíclica *Ex corde ecclesiae*).

De ambas definiciones se puede ver que la universidad debe ser una institución de servicio a la sociedad, creadora de cultura, ella reúne en su seno a varias comunidades que a su vez prestan servicios específicos a la sociedad y a la misma universidad (cátedras, organizaciones intermedias, equipos de investigación, etc.). Por ello la universidad es llamada muchas veces "comunidad de comunidades" o "unidad viva de organismos dedicados a la investigación de la Verdad"(Juan Pablo II, encíclica *Ex corde ecclesiae*).

Esta comunidad debe permanecer unida por la común consagración de sus miembros a la búsqueda de la verdad y el servicio a la sociedad, así como por el respeto y la promoción de la dignidad humana. En ella debe primar el diálogo sincero, la libertad, la tolerancia, la inclusión y el respeto a los derechos de cada uno. La universidad debe tener un orden jurídico interno, es decir, un conjunto de leyes, que velen por el cumplimiento de estos criterios y que regulen el funcionamiento de la misma.

## 2. Tipos de universidad

Por sus objetivos específicos como institución y por su organización interna se pueden distinguir varios tipos de universidades:

**Universidad Secular o Laica:** La institución no tiene vínculo explícito con ninguna religión o ideología, se rige por criterios éticos y morales generales y por los propios de la cultura de la nación (está claro que en toda cultura existe una mezcla de aportes de distintos credos e ideologías).

**Universidad de Inspiración Cristiana:** No posee relación de pertenencia o vinculación jurídica con la Iglesia Católica ni con ninguna otra confesión cristiana, pero el modelo de persona que promueve la institución, su antropología, así como sus métodos de trabajo, sus normas internas, etc., están inspiradas en la doctrina de Cristo. Es muy popular en nuestros días y es una especie de híbrido entre la universidad Católica y entre la Universidad Laica.

**Universidades Confesionales:** Se dice, en general, de aquellas universidades donde la institución es portadora de alguna religión o ideología determinada, de forma explícita y la promueve, haciendo presente la misma en sus métodos de trabajo, en su proyección al resto de la sociedad y en el modelo de hombre que pretende formar, en los criterios éticos y morales, que rigen la misma y en su orden jurídico interno. Por ejemplo la Católica, la Musulmana, la Masónica, la Marxista, las pertenecientes a otras confesiones cristianas, etc.

Las universidades pueden clasificarse también en **privadas o nacionales** en dependencia de las instituciones que la rigen y subsidian económicamente. Cualquiera sea la inspiración de una institución universitaria debe respetar la libertad de credo e ideología de cada uno de sus miembros.

**Universidad Católica:** Es un tipo de universidad confesional, su objetivo principal es: "garantizar de forma institucional la presencia cristiana en la universidad". Está estrechamente ligada a la Iglesia local y está tutelada por un obispo. Cumple determinados requisitos prefijados por el Papa y le puede ser otorgada esa condición por un obispo o Conferencia de Obispos.

Una universidad católica debe tener, como institución, las siguientes características esenciales:

- Inspiración cristiana, no solo en cada miembro, sino en la comunidad como tal.
- Una reflexión continua a la luz de la fe católica, sobre el creciente tesoro del saber humano, al que trata de ofrecer una contribución con sus propias investigaciones.
- Fidelidad al mensaje de Cristo tal como lo presenta la Iglesia.
- Esfuerzo institucional al servicio del pueblo de Dios y de la comunidad humana.
- Apertura y diálogo respetuoso con otros credos y con ateísmo.

En algunas universidades católicas existen disciplinas obligatorias para todos los estudiantes, que tienen relación con la fe cristiana y la Iglesia (teología, Doctrina Social Cristiana, etc.) pero la inspiración cristiana que se pretende por parte de cada miembro, no pasa necesariamente por la profesión de la fe católica.

Las universidades católicas forman parte de la intelectualidad de la Iglesia, que busca la verdad, procura la promoción del hombre, un diálogo entre la fe y la razón humana y un aporte cualificado al problema de la evangelización, tal como se presenta en nuestros días. La Universidad Católica puede brindar un aporte decisivo al caminar del pueblo hacia "una nueva cultura cristiana", ayudando y asesorando el discernimiento de estrategias pastorales, maneras de servir a los más pobres y oprimidos, formas de educar, etc., que sepan dar respuesta eficaz a la realidad en que se inserta, respetando todos los credos y al agnosticismo y el ateísmo.

## 3. Funciones de la universidad

**Educativa:** Debe formar profesionales competentes, a la altura de los avances científico-técnicos, con gran capacidad de asimilar lo nuevo, capaces de poner su conocimiento al servicio del desarrollo nacional.

Debe formar hombres como personas maduras, con altos valores morales, éticos, con gran sentido de la responsabilidad y el respeto a la vida. Que vean su posición social como una posibilidad mayor de servir, no como facilidad para el lucro. Que tenga como primacía la verdad sobre la persona humana y la sociedad sobre la estrategia de los políticos, que tenga como primacía los valores éticos sobre lo que se puede lograr usando la técnica.

**Investigativa:** Que busca la respuesta a los problemas no resueltos en el saber y en la técnica. Que procura adaptar los adelantos de la ciencia a la realidad nacional, buscando soluciones nuevas que sirvan para mejorar las condiciones de vida del pueblo e incrementar el nivel educativo.

**Creadora de cultura:** Que busca y pone en práctica propuestas que ayuden a mejorar el modo de vida de las personas, "apuntar soluciones a complejos problemas no resueltos de la cultura emergente, de las nuevas estructuras sociales, como la dignidad de la persona, los derechos inviolables de todos, la solidaridad a los distintos niveles, el compromiso propio de una sociedad democrática, la velocidad del cambio cultural, etc." La universidad debe procurar la conservación de lo más positivo de la herencia cultural de la nación y defenderla de los influjos externos que pretendan destruirla o minimizarla (invasión de la cultura de consumo, de grupos fundamentalistas, etc.). Debe procurar un auténtico diálogo de esta con lo nuevo.

**Crítica y promoción social:** Como vanguardia intelectual de la sociedad debe estar siempre a la expectativa para valorar, apoyar, rechazar, cuestionar las distintas estrategias y proyectos que, en los distintos niveles de la sociedad, pretenden trasformar la misma. Debe ser promotora de procesos de socialización que puedan surgir: democratización, promoción de organizaciones autogestionadas, movimientos populares, es decir, cogestora de proyectos de participación social.

**Centro de educación popular:** En la universidad se forman profesionales, es decir, una parte de la élite de la sociedad. No todos pueden ser universitarios por razones obvias: pero la universidad debe tener una palabra para la educación de las grandes comunidades populares, ayudando a incrementar su nivel académico, su formación humana, cívica y política, ayudándolos a superar las condiciones sociales que viven y superar las dificultades más comunes con que el pueblo tienen que enfrentarse.

**Centro de intercambio cultural y científico:** La universidad debe fomentar todo tipo de intercambio a nivel nacional e internacional, para enriquecer al país y a ella misma de experiencias válidas y aplicables en una sociedad planetaria.

### 4. Estructura interna de la universidad

Como ejemplo presentamos la estructura que más o menos ha mantenido la Universidad desde la aprobación de la Ley Docente de 1937 hasta hoy, en que aparece con algunas modificaciones:

**Junta de Gobierno:** Rector, Vicerrectores, autoridades administrativas, extensión universitaria, etc.

**Junta de Gobierno por facultades:** Decano, Vicedecanos, Jefes de Departamentos (cátedras), etc.

**Unidades de servicio docente a las distintas especialidades:** cátedras, departamentos...

La universidad debe ser una institución de concientización cívica y política, en el sentido amplio, que ayude a eliminar la imagen de "algo sucio" que ha generado la práctica política en América Latina y en Cuba, y al mismo tiempo eduque (dentro y fuera de ella) en la participación activa y responsable en la política sin politiquerías, ni exclusiones ideológicas. Esta gestión toca tanto a la institución como a las organizaciones intermedias que funcionan dentro de la universidad.

## 5. La residencia estudiantil

Uno de los principales servicios que debe brindar una universidad es la residencia estudiantil en la que convivan los estudiantes que proceden de lugares distantes a la misma. Este servicio es imprescindible para que la educación superior esté realmente al alcance de todos.

La residencia estudiantil debe:

- Respetar la libertad y la vida privada del becario o el usufructuario.
- Ser subsidiada por la institución, para abrirla a los menos favorecidos económicamente.
- Tener un reglamento justo que asegure el orden interno y el cuidado de las instalaciones.

El residente está lejos de sus espacios de socialización más importantes: la familia, el barrio, etc. Está necesitado, pues, de espacios donde pueda relacionarse, educarse, darse a otros, recibir ayuda, amar, etc. Esto último no depende tanto de la Institución como de la disponibilidad de las personas a relacionarse y a las formas en que esta relación se organice. He aquí un enorme reto para las organizaciones intermedias y a las comunidades religiosas dentro de la universidad.

El animador puede proponer una lluvia de ideas sobre qué hacer para mejorar las condiciones de vida en la residencia, teniendo en cuenta lo visto anteriormente y lo realmente posible. En Cuba hay una rica experiencia de residencias universitarias. Por supuesto hay muchas cosas que pueden mejorarse con una acción responsable y creativa de todos los universitarios.

## 6. Características que debe tener una universidad para realizar eficazmente sus funciones

**Pluralista:** Que tengan cabida todas las corrientes políticas, las distintas religiosidades y estilos organizativos, dentro de los límites del respeto mutuo y el bien común.

**Democrática:** Las decisiones más importantes de tipo jurídicas, sobre el contenido a impartir, etc., deben ser tomadas con el consenso de la mayoría de los miembros de la comunidad. Donde exista un eficaz co-gobierno entre alumnos y profesores. La libertad de cátedra debe estar garantizada.

**Participativa:** Donde haya posibilidad y espacios de participación para todos.

**Competitiva:** A la altura de lo mejor del conocimiento moderno, capaz de formar profesionales competentes, con conocimientos actualizados y prácticos. En esto es importante la libertad de cátedra, para que se pueda ir renovando el plan de estudios al ritmo de lo nuevo, sin perder de vista los objetivos generales de la enseñanza que tenga la institución.

**Flexible:** En las condiciones de entrada y permanencia, en los currículos, en la administración, etc.

**Comunitaria:** Donde las distintas comunidades que la forman se respetan y colaboren entre sí en lo posible; donde la corrupción, la discriminación y el fraude sean tratados con tolerancia cero.

**Lugar de diálogo:** Entre corrientes filosóficas, políticas, culturales, entre las utopías y la práctica, entre la religión y la razón, etc.

### Ejercitación

Se hace entre todos una lluvia de ideas y se sacan las características que debe tener una Universidad para cumplir satisfactoriamente estas funciones.

Una vez terminada se expone el contenido del punto 6 y se completa el misma con las ideas que no estén expresadas en él, y que se acaban de obtener.

El animador lanza las preguntas:

- ¿Cuál o cuáles de los tipos de universidad vistos se adapta más a las necesidades de Cuba hoy?
- ¿Qué variaciones crees necesarias para introducir en las estructuras de tu universidad, para que cumplamos más eficazmente sus funciones?
- ¿Qué otras funciones, que no han sido expuestas, toca realizar a la universidad en Cuba hoy?
- ¿Qué cambios se podrían hacer a la actual estructura organizativa de la universidad para aumentar la eficacia de sus funciones?

## Tema 6: "Somos una comunidad autónoma y autogestionada"

**Objetivos:**
1. Conocer qué significa autonomía universitaria, las condiciones necesarias para su establecimiento y los responsables de velar por ella.

**2.** Conocer qué significa autogestión a nivel universitario y su relación con la autonomía universitaria.

### Motivación

Se trata de que los participantes en el encuentro se conozcan un poco mejor. Un grupo de ellos (dos o tres) elaborará una pequeña entrevista para aplicarla al resto, con el objetivo dicho anteriormente.

El animador dará a los entrevistadores, excepto a uno, un papelito que tiene unas restricciones sobre el tipo de pregunta que puede hacer, por ejemplo: "prohibido preguntar sobre el pasado", "prohibido preguntar sobre su familia", "...algo cuya respuesta sea un número", "...algo cuya respuesta sea un nombre propio". Se tienen 15 minutos para elaborar y realizar las entrevistas.

Al finalizar el ejercicio el animador pregunta:

- ¿Quién cree que pudo conocer mejor a los entrevistados?
- ¿Con qué dificultades se encontraron?

Para relacionarnos con los demás, igual que para muchas otras cosas de la vida es necesaria la libertad de acción, la autonomía.

### Desarrollo

**1.** Autonomía (de *auto* que significa propio y *nomia* que significa norma, ley) es la capacidad de un objeto, de una persona o grupo de ellas de realizar determinadas acciones por sí solos sin injerencias externas.

El animador podría comenzar preguntando en qué aspectos debe ser autónoma la universidad. Debe tomar lo que le responde el grupo y luego complementarlo con los puntos del desarrollo.

Aplicado a la universidad la autonomía es el *status* jurídico que permite a la misma realizar todas sus funciones sin que el resto de la sociedad actúe sobre ella de forma directiva.

**La autonomía tiene cuatro dimensiones:**

**Jurídica:** Las leyes que sobre la autonomía universitaria se dictan por parte de la República son independientes de las intensiones políticas del partido que se encuentre en el poder (deben ser constitucionales). Las leyes internas, estatutos, códigos de disciplina, etc. son de total incumbencia de la universidad. Las fuerzas del orden público no podrán entrar al recinto universitario salvo que esto sea solicitado por parte del gobierno universitario.

**Institucional:** La estructura interna de la institución, sus relaciones públicas, su jerarquización, sus estrategias de desarrollo, etc., son determinados por el gobierno autónomo de la universidad.

**Docente:** El contenido de los currículos debe ser elegido por las autoridades docentes de la universidad y la representación de las organizaciones estudiantiles (aunque para ello cuente con colaboración externa).

**Económica:** El Estado está en el deber de conceder subsidio a la universidad, pero no tiene derecho, por ello, de presionar a la institución de acuerdo a intereses específicos*. La universidad debe tener, a su vez, su propia estrategia de autofinanciamiento e interacción con el sistema económico nacional y mundial. Se autofinancia o cofinancia por otras instituciones no gubernamentales.

Veamos un ejemplo en lo establecido por la Ley Docente de 1937 respecto a la universidad:

- Todos los ciudadanos cubanos tienen igual derecho a ella.
- No debe existir privilegio de pertenencia para ningún partido político u organización.
- Es obligatoria la enseñanza de la Historia de Cuba.
- No deben existir sedes de partidos políticos dentro de la universidad.

El *status* jurídico de la universidad contempla, por supuesto, ciertas condiciones que la Constitución, o las leyes que existen al respecto, exigen que sean cumplidas como condiciones para la autonomía universitaria.

La autonomía es necesaria para que la universidad pueda brindar un servicio cívico, cultural a la sociedad; libre de la influencia de los grupos políticos que están en el poder, para que este servicio no quede reducido a la estrategia específica de algún partido.

Así como la universidad es una comunidad autónoma ante la sociedad, dentro de ella es necesaria la autonomía de los grupos, las organizaciones, los movimientos, etc. Siempre que se respete el orden jurídico y que todos, de alguna manera, contribuyan al desarrollo global de la comunidad universitaria.

**Una universidad es autónoma cuando:**

- Tiene plena libertad para establecer su orden interno y sus servicios a la sociedad.
- Cuenta con organizaciones internas creativas y con libertad de acción.
- Cuenta con estudiantes y profesores responsables, creativos y con libertad de acción.

**La libertad de cátedra**, de la que ya hemos hablado, es otra expresión de la autonomía interna de la universidad. Consiste en la libertad que tienen las cátedras, y a su vez los profesores, de enseñar con su propio estilo y metodología, poniendo énfasis en aquellos contenidos que a estos le parezcan más importantes; sin restricciones de tipo filosófico o ideológico. Al mismo tiempo, la universidad debe tener un plan de estudios específico para cada carrera y para cada asignatura, con objetivos y recomendaciones de contenido y de tipo metodológicas, los cuales garantizan los objetivos docentes de la institución y evitan la anarquía en ese sentido.

Este plan de estudios debe ser aprobado por las autoridades docentes de la universidad, en colaboración con los alumnos, y con especialistas directamente vinculados al mundo laboral en las distintas especialidades.

## 2. Principales problemas que se han presentado históricamente con relación con la autonomía universitaria

El animador puede invitar a los participantes a reunirse en pequeños grupos para reflexionar sobre qué problemas se podrían presentar a la autonomía así entendida y a hacer un balance entre estos problemas y las ventajas que esta ofrece para llegar a conclusiones:

- Manipulación de la legislatura interna por parte de determinado grupo político: de forma tal que se relativiza la autonomía interna de las organizaciones, la libertad de cátedra, la libertad de afiliación política, etc.
- El hecho de que en la Universidad Autónoma no están presentes las fuerzas del orden público (policía, ejército, etc.) ha sido, muchas veces, aprovechado por grupos gansteriles para tratar de imponer "su propio orden" a punta de pistola y convertir a la universidad en antro de corrupción (el bonche de los años 40, por ejemplo). Por eso se puede decir que no bastan unas buenas reglas y unas autoridades competentes dentro de la universidad para mantener el orden; este es responsabilidad de toda la comunidad universitaria lo cual requiere una gran madurez.

Muchos veces los gobiernos, en determinadas coyunturas, dictan decretos que ponen condiciones a la autonomía que, de alguna manera, son violatorios de la misma.

## 3. Autogestión

La autogestión de la Universidad como institución está muy relacionada con su autonomía, si bien la autonomía se refiere a la posibilidad de actuar libremente, la autogestión se refiere a la capacidad de hacerlo, es decir, a los métodos que emplean la institución y los demás miembros de la comunidad para desarrollar sus funciones de forma eficaz.

**Autogestión** en la universidad significa, por ejemplo:

- **Autofinanciamiento (o cofinanciamiento)**, tanto de la institución, como de las organizaciones internas.
- **Elaboración de planes de estudios** atendiendo a la propia visión que la Universidad tenga del mundo y de la problemática social, a sus propios criterios de eficacia, etc.
- **Interacción económica** con distintos sectores de la producción brindando asesoría y recibiendo ayuda financiera.
- **Formación de organizaciones estudiantiles y profesorales** internas sin que estas sean regidas desde afuera.

### 4. Responsables de la autonomía

- **La dirección de la institución:** que debe mantenerse en diálogo con las autoridades políticas del país y velar por el orden interno.
- **Las organizaciones estudiantiles y de otro tipo que existen en la universidad:** en la medida en que cada uno respete la dignidad y la gestión de las otras, en la medida que cuestionen con actitud de diálogo el orden interno de la universidad para su mejoramiento.
- **El Estado:** en la medida que aprenda a dialogar con la universidad y a dejarse cuestionar por ella.
- **Cada uno de los estudiantes:** en la medida en que se sientan libres y aprendan a respetar la libertad de los demás.

#### EJERCITACIÓN

Evaluar el grado de autonomía de:

- Nuestras universidades.
- Las organizaciones estudiantiles.
- Los estudiantes.

El animador puede sugerir que se tengan en cuenta las cuatro dimensiones de la autonomía. Se puede sugerir una clave de calificación entre 2 y 5 para cada aspecto:

**2:** Ninguna autonomía.
**3:** Autonomía muy limitada, solo en algunas esferas.
**4:** Autonomía en desarrollo y fortalecimiento.
**5:** Plenamente autónoma.

*La Constitución de muchas Repúblicas establece (y así se estableció en Cuba, a partir de la ley Docente de 1937) que el Estado está obligado a subsidiar a las Universidades nacionales o estatales, no así necesariamente, a las Universidades privadas.

# Tema 7: "El cristiano y otros creyentes en la Universidad"

**Objetivos:**
1. Que los jóvenes cristianos y otros creyentes clarifiquen su papel como laicos en la universidad.
2. Conocer el significado de evangelizar la universidad.

### Motivación

Reunidos en pequeños grupos compartimos nuestras experiencias de fe más importantes vividas en la universidad. Posteriormente respondemos: ¿Cómo ve el medio universitario a los creyentes?

### Desarrollo

**1.** Como laicos cristianos o de otros credos las Iglesias nos invitan a cumplir nuestra misión específica en el mundo:

*Los seglares, cuya vocación específica los coloca en el corazón del mundo y a la guía de las más variadas tareas temporales; deben ejercer por lo mismo, una forma singular de evangelización. Su tarea primera e inmediata no es la instalación y el desarrollo de la comunidad eclesial -esta es función específica de los pastores- sino el poner en práctica todas las posibilidades cristianas y evangélicas escondidas, pero a su vez ya presentes y activas en las cosas del mundo. El campo propio de su actividad evangelizadora es el mundo vasto y complejo de la política, de lo social, de la economía, y también de la cultura, de las ciencias, de las artes, de la vida internacional, de los medios masivos de comunicación, así como otras realidades abiertas a la evangelización como el AMOR, la FAMILIA y la EDUCACIÓN de los niños y jóvenes, el trabajo profesional y el sufrimiento.*
*...Cuantos más seglares haya impregnados del Evangelio, responsables de estas realidades y claramente comprometidos con ella... tanto más estas realidades sin perder o sacrificar nada de su coeficiente humano (...) estarán al servicio de la edificación del Reino de Dios...* (EN 70).

Como todo universitario, el estudiante cristiano o de otros credos también está llamado a desempeñar la función creativa y crítica que antes hemos discutido. Pero por su condición religiosa está llamado también a ser testigo de la espiritualidad y la trascendencia. A él le toca, junto con una comunidad evangelizadora que lo acompaña, el discernimiento de la manera más eficaz de presentar el mensaje de Cristo en el medio universitario y en el vasto medio de la cultura.

**2.** Las Iglesias han estado presentes en la Universidad a través de la pastoral universitaria, de los movimientos y de múltiples organizaciones de inspiración cristiana surgidas a lo largo de la historia (ACU, Acción Católica):

**Pastoral Universitaria:** Es la presencia, acción, influencias y todo el conjunto de esfuerzos que hacen las Iglesias por llevar a la práctica el mensaje religioso y sus exigencias en el medio universitario. Esta acción no solo pretende llegar a los estudiantes, sino a todos los miembros de la comunidad universitaria, al mismo tiempo intenta estar presente en los servicios que brinda la universidad a la sociedad.

**Movimientos:** Organizaciones eclesiales que, sin perder su sentido de pertenencia, desarrollan de forma más autónoma su opción evangelizadora en el medio universitario.

### 3. Perfil del universitario evangelizador

El animador forma pequeños grupos y les pide que determinen las características específicas que debe tener un religioso que se proponga evangelizar la universidad. Después de 10 minutos se lleva a plenaria o se trata de resumir el "perfil" a partir del aporte de todos.

Para realizar su misión específica como laico, el universitario cristiano debe:

 - Ser una persona que sabe discernir, escuchar, renunciar al egoísmo, criticar de forma constructiva y sin atacar a nadie, guiado por la luz de su fe.
 - Tener un compromiso apostólico que, de manera responsable, le lleve a buscar constantemente la libertad y la verdad y lo lleve a la acción concreta en el medio, sin esperar recompensa. Este compromiso debe procurar prioritariamente el que la universidad sirva al bien común, como institución y a través de cada uno de sus miembros.
 - Una persona que ama el estudio y se prepara para ser un agente de cambio de la sociedad.
 - Capaz de asumir el estilo de vida de Jesús con todo lo que ello trae aparejado, que trata constantemente de hablar el lenguaje de la reconciliación y el diálogo en un medio tan especial como el universitario. Que aprenda el amor a su Patria.
 - Capaz de ser profeta: escrutando los "signos de los tiempos", denunciando las realidades injustas del medio universitario y anunciando la forma de cambiarlas en bien de todos.

#### EJERCITACIÓN

**1.** Reunidos en pequeños grupos tratamos de discernir cuál es el rol de los creyentes en la universidad y en qué consiste anunciar hoy la fe en la universidad. Se trata de escribir en un papel tres o cuatro ideas bien claras. Después se ponen en común.

**2.** Se termina evaluando este encuentro y todo el curso.

# CURSO 14
# "APRENDEMOS DINÁMICAS DE GRUPO"

**Características:** El objetivo más importante es ayudar al desarrollo de grupos libres y sanos, así como capacitar a personas sencillas para aprender a participar y animar en su grupo, ambiente, comunidad eclesial, grupo de trabajo o del barrio, sin dejarse manipular. Aquí radica la necesidad de este curso. Todo grupo debe tener conciencia de sí mismo, conocer sus objetivos y fines, considerar a cada participante como persona, conocer el proceso de formación y crecimiento del grupo, conocer "formas" o "técnicas" que ayuden a su mejor funcionamiento y plena participación sin manipulaciones. Los responsables de cualquier grupo, comisión, pequeña comunidad deben conocer las características de un buen animador, al servicio de los demás.

**Destinatarios:** Animadores y responsables de grupo, equipos de trabajo, comunidades de barrio, consejos vecinales, grupos de la sociedad civil. No solo para responsables sino para cualquier persona de buena voluntad que desee aprender a participar y a conocer mejor su grupo de pertenencia.

**Temas:**

**1.** Características y funcionamiento de un grupo
**2.** Estructura interna del grupo
**3.** El animador del grupo
**4.** Tipos de reuniones. ¿Cómo prepararlas?
**5.** Técnicas de trabajo en grupo: liberación o manipulación

# Tema 1: "Características y funcionamiento del grupo"

**Objetivos:**
1. Reconocer las etapas para la formación de un grupo.
2. Conocer los distintos tipos de grupo.
3. Conocer los principios para el funcionamiento de un grupo.

## Motivación

**"Encuentro entre dos grupos"**

**1.** El ejercicio empieza con una reunión general en la que el animador explica los objetivos y el funcionamiento del trabajo.

**2.** Se forman los dos grupos. Cada uno de ellos deberá responder en un papel a las siguientes preguntas:

  - ¿Cómo ve nuestro grupo al otro grupo?
  - ¿Cómo piensa nuestro grupo que le ve a él el otro grupo?
(Esto llevará aproximadamente una hora).

**3.** Se reúnen de nuevo todos en plenaria y un representante de cada grupo lee y explica a todos el contenido del papel de su grupo. El animador procurará mantener la disciplina de la reunión, no permitiendo explicaciones o defensas por parte del otro grupo.

**4.** Los dos grupos se reúnen de nuevo por separado para planear sus respuestas a las observaciones hechas en la exposición anterior. Este trabajo llevará una media hora.

**5.** En asamblea general se exponen las reacciones de los grupos. Y se hacen los comentarios apropiados a lo que se ha vivenciado en el ejercicio.

## Desarrollo

### 1. Etapas de la formación de un grupo

**Primera etapa:**

- Seguridad ante la novedad de un grupo.
- Novedad ante la existencia del grupo.
- Planteamiento de interrogante sobre el grupo y sobre los integrantes.
- Las relaciones interpersonales no son espontáneas sino formales. Ej: se recurre a las "máscaras sociales", es decir, asumir en el grupo el rol que desempeñamos en la sociedad.
- El grupo se refugia en el animador.

**Segunda etapa:**

- Seguridad ante la confianza interpersonal.
- Necesidad de conocimiento interpersonal.
- Las relaciones interpersonales son sinceras y buscando la autenticidad.
- Comienzan a desaparecer las "máscaras sociales", la competencia, rivalidad y actitudes defensivas van siendo sustituidas por la colaboración y la tolerancia.

**Tercera etapa:**

- Seguridad ante la confianza interpersonal.
- Nacimiento del grupo, "conciencia de nosotros".
- *1er momento:* No hay participación real. El miedo a que el desarrollo cree divisiones en el grupo lleva a los integrantes a hacer concesiones y a adherirse a las opiniones de los otros.
- *2do momento:* Definición de la participación. Reconocimiento de que la diversidad es una riqueza. Necesidad de llegar a un consenso. Participación de forma creativa y productiva.

**Cuarta etapa:**

- Estructura del grupo.
- Elaboración de un proyecto.
- Definición de objetivos.
- Organización del trabajo.
- Repartición de responsabilidades.
- Toma de decisiones.
- Surgimiento de líderes.
- El grupo reconoce sus limitaciones y comparte sus esperanzas.
- Calidad afectiva de las relaciones interpersonales.
- Se logra la cohesión del grupo.

**Quinta etapa:**

- Autorregulación del funcionamiento del grupo.
- El grupo alcanza su autonomía porque:
  - Controla su funcionamiento.
  - Evalúa su progreso.
  - Modera las tensiones.

La formación de un grupo es un proceso evolutivo que se realiza por etapas, por lo tanto, no se debe pasar a una nueva etapa si no se ha consolidado la anterior, es importante para el buen funcionamiento de un grupo no saltar etapas. El animador debe evaluar la calidad de las relaciones interpersonales entre los integrantes del grupo para lograr la cohesión del grupo.

## 2. Clasificación de los grupos

**a.** Los grupos pequeños pueden ser:

- ***Primarios:*** Hay asociaciones y cooperación íntima entre los participantes. La vida es común está por encima de las individualidades.
- ***Secundarios:*** Las relaciones entre los participantes son funcionales y están basadas en los intereses personales.

**b.** Los grupos grandes pueden ser:

*Grupo-masa:*

- Las relaciones interpersonales están basadas en los sentimientos y las emociones. No es reflexivo.
- No hay responsabilidades, pasividad.
- Es fácil de manipular.
- Se actúa por contagio o sugestión.

*Grupo-organización:*

- Las relaciones están basadas en la utilidad y la eficacia.
- Es ante todo un grupo reflexivo y activo.
- La persona pierde su valor, porque se instrumentaliza, no mejora al deficiente.

*Grupo-comunidad:*

- Es personalizador. Contribuye a mejorar la libertad, la responsabilidad y la seguridad de los integrantes del grupo.
- Relaciones interpersonales son profundas, basadas en la confianza, respeto, aceptación.
- El proceso de formación de un grupo debe estar encaminado a formar grupos-comunidad, donde las personas sean cada día más humanas y donde el grupo ayude a su promoción.
- Según el tamaño pueden ser: pequeños o grandes (ver recuadros de la página siguiente).

No hay número ideal a la hora de formar un grupo, aunque se recomienda para el trabajo en pequeños grupos el número de alrededor 18 participantes. La animación de un grupo, ya sea grande o pequeño, depende del animador y de la dinámica que este utilice.

| PEQUEÑOS | GRANDES |
|---|---|
| 1. Compromiso personal auténtico<br>2. Comunicación basada en la libre expresión de todos y cada uno de los integrantes.<br>3. Mayor participación en la toma de decisiones, el reparto de las tareas y en la organización.<br>4. Cada participante es un agente activo de su aprendizaje.<br>5. Discusión más profunda de los problemas.<br>6. Mayor compromiso en la realización de las tareas.<br>7. Sirve como agente de cambio a nivel personal y social.<br><br>**Limitaciones**<br><br>1. Dificultad a la hora de encontrar recursos.<br>2. Impotencia ante problemas amplios.<br>3. Riesgo de llegar a parte mínima de la sociedad.<br>4. Peligro de cerrarse en sí mismo.<br>5. En ausencia del animador el grupo puede ser fácilmente arrastrado por otra persona. | 1. Compromiso personal mínimo.<br>2. Comunicación basada en la recepción y transmisión de información.<br>3. Participación no completa.<br>4. Mayor dependencia del animador.<br>5. Discusión más general.<br>6. Los proyectos o tareas no son realizados por todos.<br>7. Casi nunca es agente de cambio.<br><br>**Limitaciones**<br><br>1. Peligro de ser impersonal.<br>2. Confirma las ideas y el comportamiento de los integrantes del grupo.<br>3. La tendencia a la pasividad. |

**3. Funciones del grupo**

**Dinámica:** Consiste en lograr por parte del grupo la tarea de personalizar a sus integrantes. Esta función incluye tres niveles:

*Nivel socioemotivo:*

- Crear un clima de acogida y confianza mutua.
- Favorecer la intervinculación de los miembros del grupo para lograr la cohesión.
- Fomentar relaciones interpersonales abiertas, basadas en la expresividad y la comunión.
- Despertar la conciencia de grupo en todos los miembros.

*Nivel de contenido:*

- Clasificación de los objetivos.
- Ayudar a concretar el trabajo.
- Apoyar en la toma de conciencia de todos para participar en el trabajo.

*Nivel de procedimiento:*

- Buscando la dinámica adecuada, de forma que despierte la motivación, estimulan la participación, la responsabilidad y la toma de decisiones.
- Identificación de la "conciencia de grupo", que tiene una imagen que lo trasciende, que se proyecta en la sociedad.

### 4. Funcionamiento del grupo

**a. Tamaño del grupo:** Influye en las relaciones interpersonales, en la fluidez del diálogo, en la participación, en la profundidad del tratamiento del tema, en la agilidad del trabajo, etc.

**b. Heterogeneidad:** La diversidad de un grupo es un aporte positivo, aunque puede hacer que el trabajo sea más lento porque es más difícil llegar a un consenso.

**c. Pertenencia:** La identificación con el grupo mejora la participación.

**d. Vida en común:** Mejora las relaciones interpersonales y la cohesión.

**e. Mejoramiento personal:** Toda persona en un grupo tiene necesidad de inclusión: sentir que cuenta o prescinden de uno; necesidad de afecto: ser aceptado por los otros; necesidad de control hacia el grupo: sentir que tiene responsabilidades en el grupo.

**f. Cohesión:** Es la tendencia a permanecer juntos y a resistir los factores que pueden desintegrarlos, que pueden ser: extrínsecos (estos proceden a la formación del grupo), ejemplo: dependencia de otras estructuras, la opinión pública, etc., o intrínsecos, que son de tipo socio-emotivos: afinidad, intereses, objetivos, y de tipo socio-operativos: articulación y distribución de roles para la realización de las distintas actividades.

**g. Tensiones:** Estas pueden influenciar de forma positiva porque hacen que surja la diversidad de opiniones, eliminan la falta de creatividad y la pasividad que pueden llevar a la esterilidad o la vulgaridad de un grupo; también hay tensiones negativas: que crean insatisfacciones en el grupo, que de no ser superadas (lo que ayuda a crecer un grupo) pueden afectar la estructura del grupo.

## 5. Principios fundamentales para el trabajo de un grupo

**a. Ambiente:** Debe ayuda a la participación, cooperación y favorecer la espontaneidad.

**b. Reducción de la intimidación:** La reducción de las tensiones aumenta el rendimiento del grupo.

**c. Liderazgo distribuido:** El desarrollo de las capacidades de todos los miembros favorece el cumplimiento de las tareas y el logro de los objetivos, así como se logra la cogestión entre todos los del grupo.

**d. Formulación del objetivo:** Este se debe establecer con la participación de todos para que el grupo trabaje más unido y con intereses comunes.

**e. Flexibilidad:** Se debe evitar la excesiva rigidez de las normas del grupo y de ser necesario por las circunstancias, el grupo debe adaptar los objetivos y procedimientos a las nuevas situaciones.

**f. Consenso:** Este se obtiene mediante un buen clima de grupo, se puede llegar a un consenso en las decisiones.

**g. Comprensión del proceso:** Facilita la participación afectiva y oportuna, el logro de los objetivos, y ayuda a la necesidad de los propios miembros. Los miembros del grupo deben distinguir siempre: ¿Qué se dice? ¿Cómo se va a trabajar? ¿Quiénes? ¿Para qué?

**h. Evaluación continua:** Se debe realizar en todo momento y a todos los niveles: objetivos, procedimientos, etc.

### EJERCITACIÓN

1. Formación de pequeños grupos, de no más de 8 personas, para responder: ¿Cómo aplicarías este tema en los grupos donde participas: sociedad civil, Iglesia, barrio, amigos?

2. Evalúa los grupos en que te desenvuelves, según los principios fundamentales para el trabajo de un grupo, evaluando cada punto en escala de 0 a 10. El animador escoge la ejercitación que más convenga, o realiza ambos. Los resultados se discuten en plenaria. Se realiza la evaluación del tema.

## TEMA 2: "ESTRUCTURA INTERNA DEL GRUPO"

**OBJETIVOS:**
1. Conocer la estructura interna de un grupo y las funciones de cada uno de sus miembros.

## Motivación

### Alinearse según la influencia

**1.** El animador pide que los participantes se ordenen en hileras según la influencia que cada miembro ejerce sobre el grupo. En caso de haber varios subgrupos harán el ejercicio simultáneamente. Se hace todo en silencio.

**2.** Terminada la tarea, el animador escribirá el orden en que se han quedado, en una de las cartulinas o en la pizarra, de forma que todos lo puedan ver.

**3.** A continuación, se sientan en círculo y se afronta la discusión del ejercicio y la situación en que ha quedado la hilera. El animador podrá hacer algunas observaciones referidas al ejercicio y al comportamiento que han tenido los individuos en su colocación.

**4.** Hay que reiterar el ejercicio tantas veces cuantas sean necesarias hasta que todos estén satisfechos con el orden de la hilera, de acuerdo con la influencia que cada uno ejerce sobre el grupo.

**5.** Se sigue una discusión del grupo, en torno al impacto que les ha causado el ejercicio.

## Desarrollo

### 1. Estructura de un grupo

Es el conjunto específico de los elementos constitutivos de un todo, cuya razón de ser se define por su funcionalidad con miras a un objetivo determinado. Las partes que integran ese todo vivo y en interacción se llaman roles y de su cohesión dependerá la mayor o menor estabilidad del grupo. Los vínculos que unen los roles son las normas, los valores y la relación afectiva establecida. Una de las funciones más importantes de la estructura es la de definir el grado de comunicabilidad.

### 2. Tipos de estructuras

**Externa:** Se manifiesta en el ambiente, la actividad, las tareas.
**Interna:** Está dada por la interacción afectiva o socioemocional.

**a.** Atendiendo a la organización del grupo, la estructura puede ser:

**Formal:** Aquella estructura organizada, jerárquica y funcional. Su actividad tiene cierto carácter oficial y obligatorio.
**Informal:** Cuando carece de toda institucionalización y su carácter es más bien espontáneo.

**b.** Atendiendo al sistema de comunicación puede ser:

*Autocrática:*

- El líder actúa como cabeza que toma decisiones en nombre de todo el grupo.
- Engendra cierta rutina.
- La comunicación encerrada y vertical, origina pasividad.
- El líder es inflexible y agresivo.
- La desaparición del líder provoca la desintegración del grupo.

*Paternalista:*

- El líder trabaja para el grupo y toma decisiones tal como él las interpreta.
- El líder teme dar responsabilidades, actúa como un padre bueno.
- En el grupo se crea dependencia, inmadurez, infantilismo, etc.

*Permisiva:*

- El líder deja a los demás en completa libertad hasta el punto de dejar pasar o permitir todo.
- La influencia entre los miembros es casual y la integración es escasa.
- Son frecuentes las improvisaciones y los individualismos.

*Participativa o democrática:*

- El líder trabaja inicialmente con el grupo distribuyendo funciones, hasta que estas son asumidas por todos.
- Al llegar un grupo a este grado de madurez se puede prescindir del líder o reducir su rol a coordinador.
- La comunicación entre los miembros es abierta y flexible.
- Hay un alto nivel de cooperación, integración y productividad.

La estructura interna de un grupo depende del nivel y las formas de interacción, la afinidad y el rechazo entre los miembros, la articulación entre los subgrupos, el liderazgo. Debemos tratar que nuestros grupos se acerquen más cada día al modelo participativo y democrático.

### 3. Desempeño de los roles en un grupo

Llamamos rol al comportamiento que asume una persona en el grupo, según el lugar que ocupa. Los roles pueden ser:
**Informales:** Comportamiento de un individuo según sus habilidades personales.
**Formales:** Comportamiento que le es asignado a un miembro del grupo por los demás. Estos hacen referencia a cuatro posiciones:

**a. Animador:** Estimula y regula la participación de todos, ayuda a conseguir los objetivos.

**b. Secretario:** Es la memoria del grupo, anota todo aquello que facilita el trabajo, los acuerdos tomados, los compromisos personales, etc.

**c. Observador:** No interviene durante la sesión de trabajo, al final ofrece su visión de los aspectos que influyen positiva y negativamente en el trabajo del grupo.

**d. Participantes:** Son todos los componentes del grupo, y su función es aportar en el grupo.

### 4. Papeles en el grupo. Funciones

1. **De rendimiento:** Están destinados a conseguir los objetivos.
2. **De mantenimiento:** Su función es lograr la cohesión del grupo.
3. **Individuales:** Que satisfacen las necesidades y los interés de las personas.
4. **Liderazgo:** Es la capacidad de obtener de los otros las respuestas deseadas.
5. **De producción:** Referida a aspectos socio-operativos, a la consecución de las tareas.

**a. Relativa a la información y al método de trabajo:**

- Formular con claridad el objetivo.
- Presentar las etapas de la tarea o problema a resolver.
- Aportar sugerencias.
- Evaluar.

**b. Relativa a la coordinación:**

- Ayudar a desempeñar los "roles" en el grupo.
- Asegurar y controlar la articulación de los "roles".
- Analizar las etapas del trabajo.

**c. Relativa a las decisiones:**

- Incluye medios, fines, etc.

**Función de mantenimiento:** Se refiere a los aspectos socio-afectivos, clima psicológico, integración.

**a. Estímulo y mantenimiento:**

- Hacer que la participación se haga al máximo.
- Nivelar tensiones y ansiedades.

**b. Facilitación social:**

- Establecer y reforzar la comunicación.
- Expresiones de dificultades y preocupaciones.
- Descubrir defensas y bloqueos que amenazan.

**c. Elucidación:**

- Preocupación y formación del líder para facilitar el trabajo.

Todo líder debe tener ciertas cualidades: sensibilidad para percibir el ambiente, tendencias, preocupaciones; decisión y coraje para enfrentarse a las dificultades; suscitar la reflexión; estimular las responsabilidades, entrega al trabajo, comprensión y aceptación de los otros, confianza y sinceridad; disposición y disponibilidad para armonizar las diferencias.

Todo grupo debe ayudar a sus miembros a que desempeñen sus roles y funciones según sus cualidades personales, así como ayudarlos a que adquieran otras actitudes necesarias para el buen funcionamiento del grupo y que el grupo sea un espacio donde se ejerciten estos roles para el bien de toda la sociedad.

### Ejercitación

**1.** Formación de pequeños grupos de 6-8 personas que sean los encargados de la animación en su ambiente específico: grupo de amigos, barrio, trabajo, escuela, familia, teniendo en cuenta los papeles en el grupo y sus funciones.

**2.** Evalúa los grupos donde nos desenvolvemos en la sociedad en cuanto al sistema de comunicación.

Se puede escoger la ejercitación que más convenga. Los resultados de los equipos se discuten en plenaria y se realiza el resumen del tema.

**3.** Evaluación del tema.

## Tema 3: "El animador del grupo"

**Objetivos:**
1. Conocer qué es un animador de grupo.
2. Valorar las actitudes básicas para la animación de un grupo.
3. Estimular a los participantes del grupo a que sean animadores de sus grupos.

## Motivación

**El decálogo del buen animador**

**1.** Se divide el grupo en dos partes.

**2.** Los primeros diez reciben una hojita con una actitud equivocada del animador, en su función en el grupo (escrita de manera cómica: el animador es aquel que determina la hora en que cada cuál se debe bañar, etc.).

**3.** Los otros reciben una hojita con un punto serio del trabajo del animador del grupo (decálogo).

**4.** Sentados de frente los equipos van a ir leyendo un punto serio (Ej: número 7) y el número 7 cómico lee lo que le tocó en el papelito.

**5.** Al final se archivan en el mural del grupo los puntos serios del ejercicio, que formarán el decálogo del buen animador y se desecha lo cómico.

## Desarrollo

**1. Animador:** Persona que, surgida espontáneamente o elegida por el grupo, lo cohesiona, impulsa, educa, ayuda a caminar para lograr su objetivo. Nunca puede hacerlo todo en el grupo. No debe verse como alguien excepcional, ni diferente a los demás, sino consciente de sus capacidades y limitaciones. El animador no nace, se hace, se requiere de un número de conocimientos sobre su papel, la animación, con un período de formación y crecimiento para llegar a ser un buen animador.

**2. Actitudes fundamentales**

- Conoce y acepta a las personas como son en realidad.
- Ayuda al grupo a tomar conciencia de su situación: somos un grupo, romper dependencias, buscar autonomía, crea un ambiente de libertad entre los participantes y entre estos y su persona.
- Acepta ser cuestionado por el grupo.
- Admite cambiar su función.
- Trabaja en conformidad consigo mismo: se conoce a sí mismo, se acepta como es, reflexiona y se autoprepara para servir mejor al grupo. Acepta a los otros respetando su persona, sus actitudes y su trabajo. Tiene confianza en sí mismo. Es innovador y creativo.

**3. Funciones del animador**

Su función principal es coordinar y estructurar la marcha del grupo.

Su papel debe estar orientado a:

- Identificar las necesidades, proponer objetivos, facilitar lo decidido y evaluar lo realizado.
- Cuidar que el grupo permanezca fiel a los objetivos.
- Garantizar la unión entre los miembros del grupo.
- Animar técnicamente al grupo.
- Ayudar al progreso y madurez de los integrantes del grupo.

## 4. Principios de animación

- Ser modelo de conducta: que tenga coherencia entre lo que se dice y lo que se hace.
- Estimular los talentos: desarrollar las facultades de los participantes según sus talentos.
- Favorecer la autonomía del grupo y de sus integrantes para que conociendo sus capacidades y limitaciones actúen responsablemente según las necesidades.
- Ayudar a establecer una jerarquía de valores.
- Estimular la creatividad de los participantes.

## 5. Tipos de animación

### JEFE

- Establece las direcciones generales del grupo.
- Tiene elevado control sobre los objetivos.
- Determina, da órdenes, mientras que el grupo obedece.
- Conoce a sus hombres sacando de ellos el máximo de rendimiento.
- Elimina a los incapaces.
- No tiene conciencia de someter las propuestas a crítica y análisis.
- Su objetivo es tangible, conseguir su prestigio como jefe eficaz y competente.

### ANIMADOR

- No tiene proyecto preconcebido e inmutable.
- El objetivo es escogido entre todos así como las metas y direcciones.
- Respeta a los otros y los anima para que participen activamente.
- Cuenta con todos, atiende a cada uno, acepta a cada uno sin ningún tipo de alienación.
- Su objetivo es que cada persona llegue a ser autónoma mediante el desarrollo completo y armónico de sus facultades.

### Ejercitación

**1.** Se forman pequeños grupos de 6-8 personas, donde tratarán de formar el modelo de animador teniendo en cuenta: ideas, sentimientos, relación con los demás, entrega, compromiso, principios, carácter, comunicación. Los resultados se traen a plenaria y el animador hace el modelo ideal de animador.

**2.** Se evalúa el encuentro.

## Tema 4: "Tipos de reuniones. ¿Cómo prepararlas?"

**Objetivos:**
1. Conocer los distintos tipos de reuniones.
2. Aprender a preparar una reunión.

### Motivación

**Miniclase**

**1.** El animador entrega a cada uno un tema sobre el que deberá exponer sus propias ideas durante dos o tres minutos.

**2.** La persona anterior o posterior dará una nota al expositor, aunque no se le comunique hasta el final de todo el ejercicio.

**3.** La miniclase admite diversas variaciones tales como:

**a.** En lugar de dar un tema a cada participante se le dan algunos pensamientos, para que el expositor se pronuncie sobre ellos comentándolos.

**b.** Se puede dar una papeleta en blanco para que cada participante pueda proponer en ella por lo menos dos asuntos de actualidad o noticias recientes de periódicos. Se recogen los asuntos y se distribuyen como vayan saliendo para que cada participante de su miniclase escogiendo uno de los temas que constan en su papeleta.

**4.** A final todos exponen sus testimonios sobre la experiencia vivida.

### Desarrollo

Las reuniones son los encuentros que realiza un grupo con vistas a satisfacer un objetivo.

## 1. Tipos de reuniones

**a. De información:** Se utiliza preferentemente en grandes grupos.
**Objetivos:**
- Ofrecer un conocimiento objetivo de una situación determinada.
- Transmitir información.
- Satisfacer curiosidades del grupo.
- Transmitir una orden y motivar a las personas a su cumplimiento.
- Presentar resultados.
- 

**b. De amigos:** Ayudan a estrechar las relaciones interpersonales. Se basan en el compartir y en la alegría. El ambiente es festivo.
**Objetivos:**
- Encuentro entre amigos. Conocer valores y preocupaciones de los otros.

**c. De tormenta de ideas:** Se basa en la producción espontánea de ideas, sin criticarlas.
**Objetivos:**
- Desarrollar la creatividad en los participantes.
- Aumentar la interacción.
- Estimular el surgimiento de otras ideas o soluciones.

**d. De discusión:**

*Diálogo*
**Objetivos:**
- Conocer las diferentes opiniones que existen en un grupo.
- Provocar el máximo de contraste para conocer las diferencias.
- No pretende llegar a un acuerdo.

*Estímulo*
**Objetivos:**
- Obtener el conocimiento más completo sobre un determinado tema.
- Abordar el tema desde todas las perspectivas.

*Decisión*
**Objetivos:**
- Analizar y comprender la realidad para aportar soluciones.

**2.** El animador debe recoger el tipo de reunión según los objetivos que se ha propuesto el grupo para cada encuentro. Toda reunión tiene una fase preparatoria, un desarrollo, una conclusión y una continuidad. El éxito de una reunión depende de la preparación, del plan metodológico y del desarrollo. Veamos:

## 3. Preparación de la reunión

El animador y la comisión o equipo preparatorio tienen este trabajo:

### 3.1 Antes de la reunión

**a.** Definir los objetivos de la reunión.
**b.** Citar a los participantes (a reunión debe ser convocada con tiempo suficiente para que los participantes se preparen si es necesario).
**c.** Proponer el orden del día: el proceso ordenado y lógico que seguirá el grupo para alcanzar el objetivo.
**d.** Proponer el plan de la reunión, que puede ser de tres tipos diferentes.

### 3.2 Plan metodológico

**Tipos:**

**a.** VER-JUZGAR-ACTUAR.
**b.** QUÉ-QUIÉN-DÓNDE -CUÁNDO.

*Plan cronológico:* Consiste en enumerar los elementos del problema en un orden de sucesión: pasado-presente-futuro.

*Plan descriptivo:* Aborda el problema en su totalidad. Su estructura sería: definir personas, medios, locales, materiales, horarios, programas, etc.

*Plan lógico:* Es el más eficaz porque aborda directamente el objetivo. Se tratan de descomponer los elementos del objetivo.

### 3.3 Desarrollo de la reunión

El animador o animadores cuidan estos aspectos durante la reunión:

**a. Roles:** que pueden ser según las capacidades o habilidades de cada participante, o designados por el grupo según las responsabilidades.

**b. Plan de trabajo:** propone ordenadamente los pasos que se han de dar en la reunión. Somete a discusión el orden del día.

**c. Animación:** depende del animador y tiene como objetivos: que el grupo rinda en su trabajo, que sea efectiva la participación de cada miembro, que el grupo progrese.

**d. Conclusión y continuidad:** Se declara el cumplimiento de los objetivos, se concretan las tareas y se habla si la reunión tendrá o no continuidad. Si tuviera, se trazan tareas o metas para garantizar la continuidad y se define la fecha de la próxima.

#### EJERCITACIÓN

**1.** Se organizan 6 grupos que prepararán un tipo diferente de reunión: información, amigos, tormenta de ideas, diálogo, estudio y de decisión. Los resultados se traen a plenaria.

**2.** El animador hace el resumen del tema y la evaluación del encuentro.

## TEMA 5: "TÉCNICAS DE TRABAJO EN GRUPO: LIBERACIÓN O MANIPULACIÓN"

**Objetivos:**
1. Conocer qué son las técnicas de trabajo en grupo.
2. Aprender a utilizar estas técnicas de forma liberadora-transformadora.
3. Saber utilizar las técnicas según los objetivos a lograr.

#### MOTIVACIÓN

**1.** Hacer dos equipos que definan:

**Equipo 1:** Diferencia entre medio y fin.
**Equipo 2.** Diferencia entre liberación y manipulación.

**2.** Plenaria. Se aplican estos conceptos a las "técnicas del grupo".

#### DESARROLLO

### 1. Finalidades del trabajo en grupo

- Da la posibilidad de introspección y autoconocimiento por medio del grupo.
- Permite comprender las condiciones que inhiben o facilitan el buen funcionamiento del grupo.
- Profundizar las relaciones interpersonales, permite que estas sean más auténticas.
- Desarrolla la capacidad de diagnóstico individual y grupal.
- Da mayor libertad a la hora de hacer elecciones.
- Aumenta el espíritu de búsqueda e investigación.
- Aumenta el sentido de colaboración.

### 2. Frutos del trabajo en grupo

- Mejora las relaciones humanas porque es necesario escuchar y comprender al otro, se mejora la fraternidad y aumenta la preocupación por mejorar las relaciones interpersonales.

- Aumenta el grado de concientización: nos permite profundizar, pensar, reflexionar sobre los hechos y las realidades, así como nos ayuda a buscar las causas y las consecuencias.
- Permite la revisión constante que nos hace hacer cambios en la forma de ser y actuar para así lograr la superación personal.
- Ayuda a clarificar los objetivos, enfoques y visiones de la realidad para así transformarla.
- También las técnicas de trabajo en grupos pueden ser utilizadas de forma negativa: para salir del paso y ocupar el tiempo animadamente; para que el animador se luzca, presentando técnicas novedosas. Además si se utilizan como fines en sí mismas o si se pretende manipular el grupo.

**3.** Las dinámicas de grupo se pueden ver con dos mentalidades, una tradicional y la otra liberadora:

**Mentalidad tradicional**

- Como un juego que divierte y facilita el trabajo.
- Fomenta la camaradería.
- Oportunidad para hablar y especular.
- Logra la efectividad y economiza la acción.
- Conserva en excelentes condiciones los grupos, cerrados en sí mismo.
- Da un excesivo valor a lo psicológico.
- No se preocupa por transformar la sociedad.

**Mentalidad liberadora**

- Como algo serio, que logra unir, crear ciertas actitudes, recrear, buscar la reflexión, etc.
- Crea comunidades donde las relaciones humanas sean profundas y desarrollen la fraternidad.
- Se dialoga de forma comprometida.
- Potencia la efectividad de economizar tiempo.
- Ayuda a plantearse grandes retos sociales y a preocuparse por transformar la sociedad.
- Se ayuda de las dinámicas para solucionar los problemas.
- Se centra en las necesidades de la sociedad.

Las dinámicas de grupo deben ser un agente que transforme a las personas y libere a estas, así como deben ser un agente transformador de las estructuras de la sociedad.

Las técnicas de trabajo en grupo pueden ser utilizadas de diferentes formas. Veamos la siguiente tabla:

### Ejercitación

**1.** Formación de pequeños grupos para buscar aspectos positivos y negativos de las técnicas de trabajo en grupos. Los resultados son traídos a plenaria.

**2.** El animador hace el resumen del tema y estimula a todos para hacer la evaluación del encuentro.

### Notas para el animador

**1.** Confeccionar pancartas, cuadros comparativos y gráficos para transmitir los contenidos del tema.

**3.** Al finalizar el curso se sugiere un encuentro para la evaluación donde se evalúen:

- Aspectos positivos del curso.
- Aspectos negativos del curso.
- Sugerencias para los animadores.
- ¿Qué fue lo que más te gustó?
- ¿Qué fue lo que menos te gustó?

**3.** Lo más importante:

**La dinámica de grupo no es un fin:** es un medio para mejorar la vida del grupo.

**La dinámica de grupo no es para manipular:** es un medio para que el grupo sea libre, participativo y responsable.

|  | MAGISTRAL | ACTIVA | INSTITUCIONAL | RELACIONAL | SITUACIONAL | TRANS-FORMADORA |
|---|---|---|---|---|---|---|
| AGENTE | El maestro | Especialistas | Grupo investigador Todo el grupo | Facilitador Todo el grupo | Coordinador Todo el grupo | Coordinador Todo el grupo |
| OBJETIVO | Diseñar | Hacer | Modificar la institución | Comunicar | Analizar hechos Modificar las actitudes | Cambiar la realidad |
| DESTINATARIOS | Alumnos como individuos | Grupos o individuos | Institución | Grupo | Grupo | Sociedad |
| PUNTO DE PARTIDA | Contenidos intelectuales | Contenidos interesantes | Estado actual de la institución | Relaciones humanas | Hechos de vida | Situarse en el contexto social |
| MEDIOS | Discursos Conferencias Charlas | Medios de Comunicación Social | Análisis institucional | Dinámicas de revisión de vida | Dinámicas vivenciales | Dinámicas transformadoras Instrumentos de análisis y planificación |
| ADVERTENCIAS | No forma comunidades Pasividad | Peligro de lo fácil | La institución es para la persona Excluir a los demás | Centrarse en el grupo | Se pueden quedar enseñanzas | No olvidar que influyen las anteriores |

*Aprendiendo a ser persona y a vivir en sociedad*

# CONCLUSIONES

## Veinte años de educación ética y cívica

Para continuar la raigal tradición educativa del Padre Varela, de Luz y de Martí, padres fundadores de la Nación cubana, se ha publicado este libro de texto de "Ética y Cívica". Se ha editado para celebrar los 20 años de experiencia desde el comienzo del Centro de Formación Cívica y Religiosa que fue un empeño de concientización y empoderamiento de ciudadanos cubanos para aprender a pensar con autonomía, a sentir con el corazón de Cuba y a actuar con libertad y responsabilidad en democracia.

Desde la fundación, hace 20 años, del Centro de Formación Cívica y Religiosa de la Diócesis de Pinar del Río, el 29 de enero de 1993, y desde el 15 de octubre de 2007 con la fundación del *Proyecto Convivencia*, iniciativa independiente desde la sociedad civil que se considera uno de sus continuadores, hemos querido inspirarnos en aquella Cátedra de Constitución fundada por Espada y Varela en el Seminario de San Carlos, cuna de nuestra nacionalidad, llamada por el propio Varela como "la cátedra de la libertad, de los derechos del hombre."

El origen de estos cursos fue en el seno de la Iglesia Católica en Pinar del Río, Cuba. Su inspiración cristiana es constitutiva. Sin embargo, desde el inicio de su redacción hace dos décadas, quisimos que fuera una obra no confesional, respetuosa de la diversidad de credos e iglesias, del agnosticismo de algunos e, incluso, del ateísmo de otros cubanos. Las citas de la Biblia, y de otros libros sagrados de varias religiones e incluso a documentos de Pontífices que han visitado Cuba, son solo una referencia ética y cultural sin ninguna pretensión proselitista o confesional. Si así fuera, negaríamos el espíritu plural e inclusivo de estos Cursos destinados a una educación laica pero no antirreligiosa.

Esta labor de educación moral y cívica mira desde ya, sobre todo, al futuro de Cuba. Oteamos en el horizonte cercano grandes transformaciones económicas, políticas y sociales, que exigirán de todos los cubanos y cubanas recurrir a esa gran reserva de eticidad y vocación de paz que sembró José de la Luz y Caballero para que no caiga nunca del pecho humano "el sentimiento de justicia, ese sol del mundo moral".

Este libro está destinado a todos los cubanos, los de la Isla y los de la Diáspora, única Nación que, como dijera e hiciera José Martí, vive en vigilia, ganando corazones, y atrayendo,"para el bien de todos, el alma que se desmigajaba en el país." Ojalá sea una obra educativa mancomunada desde ambas orillas que nos una más como un solo pueblo que somos. Este es un libro de texto para los educandos y, al mismo tiempo, un sugestivo plan de clases para los nuevos "maestros ambulantes", que deseen entregar su esfuerzo y voluntariado generoso para ir labrando, desde ahora, "sin alarde, un porvenir en que quepamos todos".

Estas son las motivaciones y propósitos del equipo de educadores que por dos decenios ha ido soñando, realizando y compartiendo esta faena de siembra de virtudes y valores, siempre necesaria, ahora más urgente. Ponemos, sin distinción ni exclusiones, este fruto plural y cubanísimo, en manos de cuantos están preocupados por el alma de la Nación y todos los que están empeñados en la reconstrucción ética y cívica de una República cordial, incluyente y democrática.

Esta obra es para que los que se lamentan tengan consuelo práctico y viable, para que los que se preocupan tengan en qué ocuparse, y para que los que ya reconstruyen tengan nuevas y experimentadas herramientas para seguir edificando el porvenir virtuoso de la Nación, porque hacemos nuestro este aforismo del Padre Varela: "no hay Patria sin virtud, ni virtud con impiedad".

Dagoberto Valdés Hernández y equipo del *Proyecto Convivencia*
**www.convivenciacuba.es**

## Otros títulos de *Ediciones Convivencia*

*Itinerario de reflexión sobre un pensamiento económico para Cuba.*
**Editora: Karina Gálvez Chiú. 2008.**

*El daño antropológico y los derechos humanos en Cuba.*
**Virgilio Toledo López. 2009.**

*Cuba: hora de levantar cabeza.*
**Dagoberto Valdés Hernández. 2009.**

*Apuntes para una Historia de Pinar del Río.*
**Wilfredo Denie Valdés. 2012.**

*Memoria de la presentación del libro
"Apuntes para una Historia de Pinar del Río"*
**Editor: Yoandy Izquierdo Toledo. 2013.**

"Yo llamaría a esta cátedra, la cátedra de la libertad, de los derechos del hombre, de las garantías nacionales... la fuente de las virtudes cívicas, la base del gran edificio de nuestra felicidad"... "Se trata de formar hombres de conciencia y no farsantes de sociedad... hombres que no sean soberbios con los débiles, ni débiles con los poderosos."

(Padre Félix Varela Morales)

"Cuando se cultiva, moraliza e instruye a la vez, es cuando el maestro cumple con los fines de su ministerio, porque cultivar las facultades todas, moralizar al individuo y transmitirles conocimientos: tales son los fines de la verdadera enseñanza"... "Antes quisiera yo ver desplomadas, no digo las instituciones de los hombres, sino las estrellas todas del firmamento, que ver caer del pecho humano el sentimiento de justicia, ese sol del mundo moral."

(José de la Luz y Caballero)

"Aquí velábamos; aquí aguardábamos; aquí anticipábamos; aquí ordenábamos nuestras fuerzas; aquí nos ganábamos los corazones; aquí recogíamos y fundíamos y sublimábamos, y atraíamos para el bien de todos, el alma que se desmigajaba en el país. Con el dolor de toda la patria padecemos, y para el bien de toda la patria edificamos, y no queremos revolución de exclusiones ni de banderías... Razón y corazón nos llevan juntos. Ni nos ofuscamos, ni nos acobardamos. Ni compelemos, ni excluimos. ¿Qué es la mejor libertad sino el deber de emplearla en bien de los que tienen menos libertad que nosotros? ¿Para qué es la fe, sino para enardecer a los que no la tienen? Es cierto que las primeras señales de los pueblos nacientes, no las saben discernir, ni las saben obedecer, sino las almas republicanas. Y esto hacemos aquí, y labramos aquí sin alarde un porvenir en que quepamos todos."

(José Martí. Discurso del 10 de octubre de 1891)

**EDICIONES CONVIVENCIA**
www.convivenciacuba.es

www.ingramcontent.com/pod-product-compliance
Lightning Source LLC
Chambersburg PA
CBHW030256080526
44584CB00012B/342